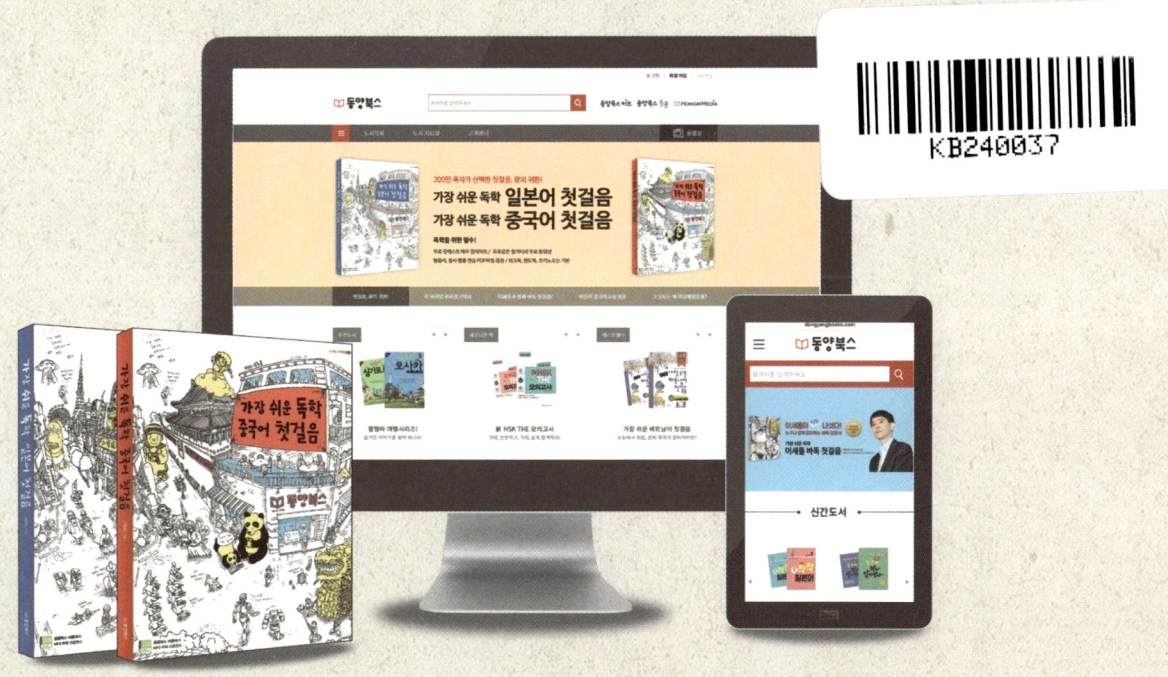

300만 독자가 선택한

가장 쉬운
독학 일본어 첫걸음
14,000원

가장 쉬운
독학 중국어 첫걸음
14,000원

가장 쉬운
프랑스어 첫걸음의 모든 것
17,000원

가장 쉬운
독일어 첫걸음의 모든 것
18,000원

가장 쉬운
스페인어 첫걸음의 모든 것
14,500원

버전업! 가장 쉬운
베트남어 첫걸음
16,000원

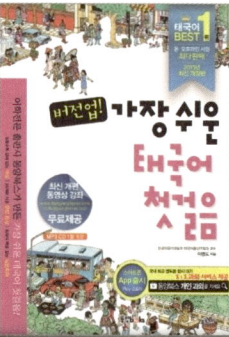

버전업! 가장 쉬운
태국어 첫걸음
16,800원

가장 쉬운
러시아어 첫걸음의 모든 것
16,000원

가장 쉬운
이탈리아어 첫걸음의 모든 것
17,500원

첫걸음 베스트 1위!

가장 쉬운
포르투갈어 첫걸음의 모든 것
18,000원

가장 쉬운
터키어 첫걸음의 모든 것
16,500원

버전업! 가장 쉬운
아랍어 첫걸음
18,500원

가장 쉬운
인도네시아어 첫걸음의 모든 것
18,500원

가장 쉬운
영어 첫걸음의 모든 것
16,500원

버전업! 굿모닝
독학 일본어 첫걸음
14,500원

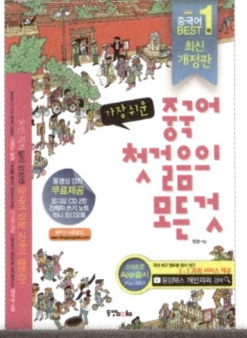

가장 쉬운
중국어 첫걸음의 모든 것
14,500원

동양북스
www.dongyangbooks.com
m.dongyangbooks.com

가장 쉬운 독학
중국어 첫걸음

가장 쉬운 독학
일본어 첫걸음

오늘부터는
팟캐스트로 공부하자!

팟캐스트 무료 음성 강의

▸1
iOS 사용자

Podcast 앱에서
'동양북스' 검색

▸2
안드로이드 사용자

플레이스토어에서 '팟빵' 등
팟캐스트 앱 다운로드,
다운받은 앱에서
'동양북스' 검색

▸3
PC에서

팟빵(www.podbbang.com)에서
'동양북스' 검색
애플 iTunes 프로그램에서
'동양북스' 검색

** 신규 팟캐스트 강의가 계속 추가될 예정입니다.

정 말
반 드시
합 격한다

정반합

중국어
관광통역
안 내 사

500

변형우 · 진희 지음

동양북스

정말 반드시 합격한다

중국어 관광통역
안내사 500

초판 인쇄 | 2017년 3월 5일
초판 발행 | 2017년 3월 10일

지은이 | 변형우, 진희
옮긴이 | 진여옥
발행인 | 김태웅
총   괄 | 권혁주
편집장 | 강석기
책임편집 | 권민서
디자인 | 방혜자, 성지현
마케팅 총괄 | 나재승
마케팅 | 서재욱, 김귀찬, 이종민, 조경현
온라인 마케팅 | 김철영, 양윤모, 탁수지
제   작 | 현대순
총   무 | 한경숙, 안서현, 최여진, 강아담
관   리 | 김훈희, 이국희, 김승훈, 이규재

발행처 | (주)동양북스
등   록 | 제2014-000055호(2014년 2월 7일)
주   소 | 서울시 마포구 동교로 22길 12(04030)
전   화 | (02)337-1737
팩   스 | (02)334-6624

www.dongyangbooks.com

ⓒ 변형우, 진희, 2017

ISBN 979-11-5768-243-0 13720

이 도서의 국립중앙도서관 출판예정도서목록(CIP)은 서지정보유통지원시스템 홈페이지(http://seoji.nl.go.kr)와
국가자료공동목록시스템(http://www.nl.go.kr/kolisnet)에서 이용하실 수 있습니다.
(CIP제어번호:CIP2017003526)

관광통역안내사라는 직업은 상당히 매력적이다. 모국어가 아닌 타국 언어로 본국에 여행 온 관광객들에게 자국의 관광지를 안내하면서 자국의 역사와 문화를 소개하고 알려 주는 역할뿐만 아니라 자국의 정치와 경제 상황도 전달해 주는 민간 외교관의 역할도 담당하기 때문이다.

관광통역안내사는 자국의 역사와 문화, 정치, 경제 등 한국 사회 흐름의 맥을 세밀하면서도 정확하게 인지하고 있어야 한다. 관광통역안내사 자격시험을 치르고자 하는 수험생 수는 나날이 증가하는 추세이며, 현재 중국 대륙의 경제적 부흥에 따른 중국인 관광객이 급증함에 따라 더욱더 많은 중국어 관광 전문 통역안내사들이 요구되고 있다. 2016년 12월 말 요우커의 한 해 방문객 수가 800만을 돌파했다고 발표했을 뿐만 아니라 이후에 중국인 관광객의 수는 더욱 증가할 것이라고 전망하고 있다. 그러나 현재 그러한 현실에 부합하는 제반 서비스 시설이나 올바른 교육을 받은 중국어 관광통역안내사가 절대적으로 부족하며, 이에 따라 관광 서비스의 질이 낮아지고 적지 않은 중국 관광객들의 불만도 늘어가고 있는 실정이다.

전문 중국어 관광통역안내사가 되기 위해서는 꼭 거쳐야 하는 관문이 있다. 구술 면접이다. 대략 10분 ~15분 가량의 시간 동안 단순한 개인적 신상 질문도 있지만, 관광과 한국 역사와 문화에 대한 포괄적이면서도 상당히 구체적인 질문들을 하기 때문에 짧은 시간 내에 중국어로 조리 있고 요점을 명확하게 표현해 낼 수 있어야 한다. 이는 한국의 역사와 문화, 정치, 경제 등에 관한 전반적인 사항에 대한 이해는 물론이거니와 관련 지식에 관한 암기도 요구된다. 동시에 단순한 생활 중국어 회화가 아닌 전문적 지식을 중국어로 말하는 연습이 필요하다. 이를 위해서는 다양한 중국어 표현 방식과 어휘들을 숙지하여야 하며 중국어로 유창하게 말하는 연습을 하지 않으면 안 된다.

본 교재는 포괄적이면서도 상당히 구체적인 면접 질문에 보다 유용하게 대처할 수 있도록 다양하고 풍부한 문제 항목과 자세하고 명확한 답변을 제시하고자 하였다. 중국어 관광통역안내사 구술 면접 시험에 임하는 수험생들이 이 교재를 효율적으로 이용하여 좋은 결과를 얻는 데 보탬이 되기를 바란다.

지은이 변형우, 진희

이 교재는 실전 면접 준비서인 〈본 책〉과 〈해석집〉으로 나누어 구성되어 있습니다.
〈본 책〉에는 Part01 '실전 면접 질문 500제'과 Part02 '모의 면접 고사'가 수록되어 있고,
〈해석집〉에는 Part03 '본문 해석 및 플러스 질문 모범 대답'이 실려 있습니다.
각 권의 내용 구성은 다음과 같습니다.

▶ 본 책

▶ Part 01 실전 면접 질문 500제

1 각 Chapter의 Unit에 나오는 주요 **키워드**로 질문의 내용을 예측하고 대답을 준비할 수 있도록 가이드합니다.
2 **실전 면접 질문**(1~500제)
3 **모범 대답**

4 **여러 가지 답변 형태**를 제시하여 상황에 따른 다양한 대답을 준비할 수 있도록 하였습니다.
5 면접 질문과 모범 대답에 대한 **해석 페이지**를 표시하여 빠른 내용 이해를 돕습니다.

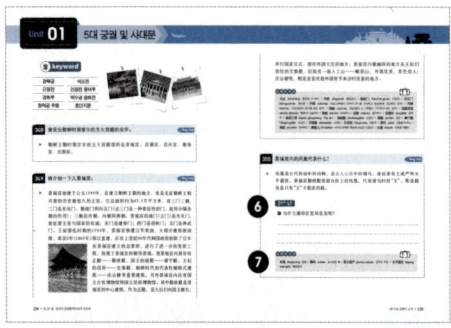

6 해당 질문과 관련된 **플러스 질문**들을 제공해 학습자 스스로 대답을 준비할 수 있도록 하였습니다.
7 각 질문에 나오는 주요 **단어와 표현**을 병음과 함께 제시해 학습에 편의를 제공하였습니다.

▶ **Part 02** 모의 면접 고사

1 모의 면접 고사 5set 제공(1set 당 6문제로 구성)
2 모의 면접 고사에 대한 모범 대답 제시

▶ **해석집**

▶ **Part 03** 본문 해석 및 플러스 질문 모범 대답

1 500제의 모범 대답에 대한 해석을 제공하여 내용 이해를 돕습니다.
2 '플러스 질문'에 대한 모범 대답을 제공하여 출제될 수 있는 모든 질문에 대비하였습니다.
3 '플러스 질문'의 대답으로 활용할 수 있는 단어를 제시하여 답변 준비에 도움이 되도록 하였습니다.

1 관광통역안내사란?

국가 경제에 큰 비중을 차지하는 관광산업 활성화를 위해, 문화체육관광부(관광사업과)에서 실시하는 통역 분야의 유일한 국가 공인 자격증입니다. 관광통역안내사는 외국인 관광객에게 국내 여행지 및 관광 대상물을 안내하고 한국의 문화를 소개하여, 이들이 인터넷이나 책에서 접하지 못한 한국의 면면을 체험하고 느낄 수 있도록 하는 대한민국 홍보 대사입니다. 또 근래 들어서는 해외 바이어나 산업 시찰단의 방문이 늘어난 만큼 전문화된 지식을 바탕으로 국내 산업 발전에 기여하는 역할을 하고 있습니다. 이처럼 관광통역안내사는 다양성과 창의성, 전문성을 두루 갖출 수 있는 인재 중의 인재입니다.

2 진로 및 전망

관광통역안내사는 여행사, 호텔, 항공사 등 여행업계는 물론 무역업, 카지노업에서도 활동하고 있으며, 근래 들어서는 국제 의료관광 코디네이터, 국제회의 기획자(PCO) 등으로 널리 활동할 수 있습니다.

※외국인 관광객을 대상으로 하는 여행업자는 관광통역안내사 자격을 가진 사람을 관광 안내에 종사하도록 관광진흥법이 개정되었습니다.(동법 제38조 제1항 단서 신설, 2009. 3. 2 일부 개정)

3 응시 자격

학력, 연령, 경력, 국적 제한 없음.

4 시험 구성

(1) 외국어 시험
　　공인 외국어 시험으로 대체
　　※응시 원서 접수 마감일 기준 2년 이내에 시행되고 성적 발표 및 성적표가 교부된 공인 어학 성적이 기준 점수 이상이어야 함.

①新HSK(新 한어수평고시) 5급 이상
②FLEX 776점 이상
③BCT 4급 이상(듣기/읽기 601점 이상, 듣기/읽기/쓰기 181점 이상)
④CPT 750점 이상
⑤TOP(TOCEL) 고급 5급 이상

(2) 제1차 필기 시험
　①문제 구성: 각 교시 50분, 객관식 문제 과목별 25문항
　②평가 과목: 1교시- 국사 40%, 관광자원해설 20%
　　　　　　　　2교시- 관광법규 20%, 관광학개론 20%
　③합격 기준: 각 과목 40% 이상, 전 과목 점수가 배점 비율로 환산하여 60% 이상

(3) 제2차 면접 시험
　①응시 자격: 외국어 시험 및 필기 시험 합격자에 한함
　②시간/방식: 개별 면접으로 이루어지며, 1인당 10~15분 내외
　③평가 사항: 국가관, 사명감 등 정신 자세, 전문 지식과 응용 능력, 예의, 품행 및 성실성,
　　　　　　　　의사 발표의 정확성과 논리성
　④합격 기준: 총점의 60% 이상

5 2017년도 시험 일정

1차 원서 접수	1차 필기 시험일	1차 합격자 발표	2차 원서 접수	2차 면접 시험일	2차 합격자 발표
7.31-8.9	9.23	11.1	1, 2차 동시 접수	12.9-12.10	12.27

(1) 접수처: 국가 자격 시험 관광통역안내사 홈페이지 www.Q-net.or.kr
　　　　　인터넷 접수만 가능.

(2) 비고 : 필기 및 면접 시험 동시 접수.
　　　　　면접 시험만 응시하는 수험자도 동일 기간에 접수해야 함.

6 시험 당일 준비물

수험표, 유효한 신분증

7 수험자 유의 사항

해당 수험자는 시험 일시 및 시험 장소를 정확하게 확인하여 신분증 및 수험표를 소지하고 지정된 시각까지 수험자 대기실에 입실해야 합니다.
소속 회사 근무복이나 군복 등의 제복을 착용하고 시험장에 입실할 수 없습니다.

8 합격자 발표

국가 자격 시험 관광통역안내사 홈페이지 www.Q-net.or.kr 에서 60일간 조회 가능

관광통역안내사 자격 동향

수험자 동향

관광통역안내사는 1962년에 처음 관광 통역 안내업 제도를 도입한 이후, 약 50년의 역사를 가진 국가 자격으로 2009년에 외국인 관광가이드 업무의 자격증 의무화 제도를 시행한 후 수험자 전체 인원은 증가하였으며, 영어와 일어 등 대부분 언어의 시장 수요는 포화 상태로 평가되나, 중국어 및 동남아시아권 소수 언어의 경우에는 단체 관광객 증가에 따라 산업 현장의 수요 및 수험자도 꾸준히 증가하고 있는 추세이다.

최근 수험자 현황(합격 인원/수험 인원)

	구분	2009년	2010년	2011년	2012년	2013년	2014년
1차	영어	197/395	302/769	224/440	231/522	395/774	578/937
	일어	255/478	507/1289	488/829	388/759	378/698	329/594
	중국어	74/224	189/943	487/1615	860/46799	1663/7811	3259/9639
	기타	4/16	15/66	15/46	24/123	40/140	94/295
2차	영어	116/236	20/136	156/308	166/331	238/507	379/747
	일어	165/286	72/271	357/589	278/527	244/519	266/482
	중국어	51/84	14/63	307/611	698/824	1160/2048	2468/4884
	기타	5/8	3/6	16/22	22/32	32/49	85/120

※매년 언어별 응시자 수는 큰 편차가 없이 일정 수를 유지하고 있으나, 최근 중국어 관광통역안내사 응시자 수가 현저히 증가했다.

자격 등록자 수

14년 기준 중국어 6450 / 영어 5436 / 일어 9927

향후 전망

관광통역안내사는 자격시험 제도가 시행된 역사가 길며, 현재까지 자격 소지자가 꾸준하게 배출되어 일부 언어를 제외하고는 산업 현장의 수요보다는 공급이 많다고 평가되나 2009년에 자격증 소지 의무화 제도가 도입된 이후 현장에서 활동 중인 무자격 가이드, 취업을 희망하는 관광 분야 전공자 등이 응시하여 자격 취득 수요는 증가하였다. 부처의 무자격 가이드 단속, 중국인 관광객 증가 등으로 관광통역안내사의 취득 수요는 중국어를 위주로 현재 수준이 지속될 것으로 전망된다.

Part

01

실전 면접 질문 500제

CHAPTER 01

개인 사항 질문

출제 포인트

면접에 참가하는 예비 관광통역안내사의 일상적인 취미 생활, 성격, 가치관, 외국어 학습 경로 등 관광통역안내사로서의 기본 자질을 갖추고 있는지를 파악하려는 질문들이 중심을 이룬다. 최근에는 이와 같은 기본 사항에 대한 질문이 다소 적어진 경향이 있지만 가장 기초적인 회화 수준을 파악할 수 있는 척도가 되기도 하니 성실하게 준비해야 한다.

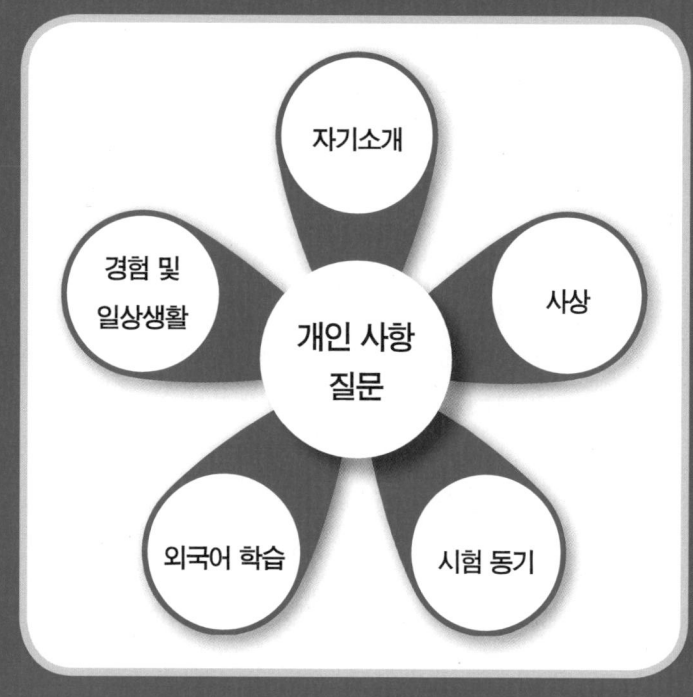

keyword

가정환경
나이
취미
성격 장단점

---

001 请简单自我介绍一下儿。

해석 6p

▶ （没有导游经验者）

尊敬的各位考官好。

对于只学了一年汉语的我来说，能参加这次面试，说心里话，非常紧张，但是更多的是激动和自豪，希望我今天的表现能让各位考官满意。

我是一个开朗乐观的人，很有亲和力，更有责任感。我从小喜欢旅行，韩国的大小旅游景点可以说都有我的足迹，旅行丰富了我的知识，扩大了我的视野，让我有了导游梦。如今随着中国游客的增加，让我充满了挑战"中国导游"这个职业的自信。除了旅游外，我还喜欢跳舞和运动，这样的业余爱好增强了我的体力，消除了生活压力，我的爱好让我的每一天都精彩纷呈！

现在我的汉语水平还不高，但是我相信"功夫不负有心人"，相信凭我的热情和坚定的信心，一定会实现梦想。谢谢各位考官。

▶ （有导游经验者）

尊敬的各位考官好。

由于学习汉语的时间不长，今天在各位考官面前我有些紧张。我是一个文静的人，喜欢交朋友并且十分善解人意，人们跟我在一起都说感到很舒服；在生活中，我喜欢挑战，所以我的生活总是让人充满期待；在工作中我是一个很有责任感的人，严于律己，宽于待人。十多年前我选择了旅游观光业，事实证明我的选择是正确的，我曾经连续获得过最佳导游奖，10多年的日语导游工作让我很有成就感，很幸福。如今，由于中国

游客大幅增加，我辞掉了工作，开始专心准备汉语导游资格考试。我的座右铭是"一分耕耘，一份收获"。虽然我的汉语水平还不高，但是相信只要我努力，我会实现这个中国导游梦。希望在不久的将来，我能凭10多年来积累的丰富的导游经验、专业知识和业务能力，成为一名合格的汉语导游，再次找到我的成就感和幸福，为韩国观光事业发展做出一份贡献。恳请各位考官给我一个圆梦的机会！谢谢！

플러스 질문

❶ 你说你做过日本导游，请说说日本游客最喜欢的韩国观光地是哪里？

_____

_____

❷ 你觉得日本游客和中国游客有什么不一样？

_____

_____

_____

❸ 做日本导游的过程中，印象最深的事儿是什么？

_____

_____

_____

_____

단어와 표현

说心里话 shuō xīnlihuà 솔직하게 말하면 | 激动 jīdòng 흥분하다, 흥분되다 | 自豪 zìháo 스스로 자랑스럽게 여기다 | 开朗 kāilǎng 쾌활하다 | 足迹 zújì 발자취 | 丰富知识 fēngfù zhīshi 지식을 풍부하게 하다 | 扩大视野 kuòdà shìyě 시야를 넓히다 | 随着…的增加 suízhe…de zēngjiā ~이 증가함에 따라서 | 充满…自信 chōngmǎn…zìxìn ~한 자신감이 충만하다 | 增强体力 zēngqiáng tǐlì 체력을 증진시키다 | 消除…压力 xiāochú…yālì ~ 스트레스를 해소하다 | 精彩纷呈 jīngcǎi fēnchéng 다채로움을 띠다 | 功夫不负有心人 gōngfu bú fù yǒuxīnrén 하늘은 스스로 돕는 자를 돕는다 | 文静 wénjìng 조용하다 | 善解人意 shànjiě rényì 사람의 마음을 잘 헤아리다 | 充满期待 chōngmǎn qīdài 기대에 가득 차다 | 严于律己 yányú lǜjǐ 자신에게 엄격하다 | 宽于待人 kuānyú dàirén 타인에게 관대하다 | 大幅增加 dàfú zēngjiā 크게 증가하다 | 座右铭 zuòyòumíng 좌우명 | 一分耕耘一分收获 yì fēn gēngyún yì fēn shōuhuò 일한 만큼 대가를 받다 | 虽然…但是相信只要…会…(的) suīrán…dànshì xiāngxìn zhǐyào…huì…(de) 비록 ~하지만, 단지 ~한다면 ~하리라고 믿다 | 希望在不久的将来… xīwàng zài bùjiǔ de jiānglái… 조만간 ~를 희망하다 | 为…做出贡献 wèi…zuòchū gòngxiàn ~을 위하여 공헌하다 | 恳请 kěnqǐng 간청하다 | 圆梦 yuánmèng 꿈을 실현하다

---

002 你今年多大？ 属什么的？ 해석 7P

▶ 我今年20岁，属狗的。/ 我周岁20岁，是属狗的。/ 我虚岁20岁，属狗。

플러스 질문

❶ 十二生肖都有什么？

---

003 请简单说说你的优缺点。 해석 7P

▶ 我觉得我最大的优点是善良有同情心，乐于助人，具有很好的服务意识；缺点呢，就是不会拒绝别人，有时因为这样的性格而让自己很累。但是我并不想去改变，因为我觉得做为一名导游，这也许应该是一种必要的工作态度。

▶ 说到优点，我觉得我具有强烈的团结协作意识和沟通能力，而且做事情有条不紊；缺点呢，就是有时太在乎别人对自己的看法，虽然这给我很大压力，但是这样的缺点也让我总是保持努力向上的心态。

▶ 朋友们都说我是一个善于倾听而且善解人意、让人很舒服的人，我想这应该是我最大的优点；缺点呢就是性子有些急，但是我正在努力改变，比如说做什么事情前，先在心里数1,2,3……，现在的我对自己比较满意。

플러스 질문

❶ 能不能具体说一个由于不会"拒绝"而让自己觉得很累的经历？

> **단어와 표현**
>
> 具有⋯服务意识 jùyǒu⋯fúwù yìshí ~한 서비스 의식을 갖추다 | **强烈** qiángliè 강렬하다 | **有条不紊** yǒutiáo bùwěn 조리 있고 질서 정연하다 | **保持⋯心态** bǎochí⋯xīntài ~한 마음을 유지하다 | **善于倾听** shànyú qīngtīng (남의 말을) 잘 경청하다

004　你有什么兴趣爱好？

▶ 我的爱好是登山和旅行。登山运动呢，不但能缓解压力，还能增强体力，能让我时刻都充满热情地投入到工作中；旅行呢，能让我扩大视野，增长见识，其中我特别喜欢随团旅行，因为中国有句话说"他山之石，可以攻玉。"随团旅行对我的导游工作很有帮助。

▶ 我是一个爱好十分广泛的人，好动又好静。众多爱好中，读书是我的最爱。一杯浓香的咖啡，一本书可以伴我度过非常快乐的时光。

> **플러스 질문**
>
> ❶ 随团旅行和个人旅行有什么不同点？
>
> _____
>
> _____

> **단어와 표현**
>
> 缓解压力 huǎnjiě yālì 스트레스를 풀다 | **时刻** shíkè 시시각각, 늘 | **充满热情** chōngmǎn rèqíng 열정으로 가득 차다 | **投入到⋯中** tóurùdào⋯zhōng ~에 집중하다 | **呢, ⋯呢** ⋯ne, ⋯ne ~은(는), ~은(는) | **增长见识** zēngzhǎng jiànshi 견문을 넓히다 | **随团旅行** suítuán lǚxíng 단체 여행 | **他山之石, 可以攻玉** tāshān zhī shí, kěyǐ gōngyù 다른 산의 돌로 옥을 갈 수 있다 | **广泛** guǎngfàn 광범위하다 | **好动** hàodòng 동적인 것을 좋아하다 | **好静** hàojìng 정적인 것을 좋아하다 | **浓香** nóngxiāng 그윽한 향기, 짙은 향기 | **度过⋯时光** dùguò⋯shíguāng ~한 시간을 보내다

---

005 你住在哪里？从家到考场远吗？大概要多长时间？　◀ 해석 8p

▶ 我住在麻浦区，从家到考场坐地铁大概要50分钟。

▶ 我住在江东区，离考场不太远，可是得换一次车，先坐公共汽车到〇〇，然后换地铁2号线，坐两站就到了。

▶ 我住在麻浦区〇〇洞，从家到这里坐地铁(公共汽车/车)要一个小时左右。

---

006 你的故乡是哪里？请简单介绍一下儿。　◀ 해석 9p

▶ 我生在首尔长在首尔。众所周知，首尔作为韩国的首都，是韩国政治、经济和文化的中心。首尔是集古代文明与现代文化于一体的深受世界各地游客喜欢的国际大都市。我觉得首尔的物价虽然在亚洲算是比较高，但是四季气候宜人，交通便利，文化氛围深厚，是一座充满魅力的城市。

> **단어와 표현**
>
> 作为 zuòwéi ~로서 | 集…于一体 jí…yú yìtǐ ~이 함께 어우러지다 | 深受 shēnshòu 상당한 ~을 받다 | 算是 suànshì ~라고 할 수 있다 | 气候宜人 qìhòu yírén 기후가 알맞다 | 文化氛围深厚 wénhuà fēnwéi shēnhòu 문화적 분위기가 농후하다 | 充满魅力 chōngmǎn mèilì 매력이 충만하다

---

007 结婚了吗？(为什么还没结婚？) 你跟谁住在一起？　◀ 해석 9p

▶ 我结婚了，我有一个儿子和一个女儿，儿子帅气，女儿很乖，我们一家四口非常和睦，非常幸福。

▶ 我还没结婚，目前与父母住在一起，不过如果导游考试通过了，我马上就要结婚。

▶ 我还没有结婚，也许是缘分还没到吧，我在等我的另一半。现在我自己生活，周末回父母家。

단어와 표현

帅气 shuàiqi 멋지다, 스마트하다 ㅣ **和睦** hémù 화목하다 ㅣ **缘分** yuánfēn 인연 ㅣ **另一半** lìng yíbàn 다른 반쪽, 배우자

---

008 请简单介绍一下儿你的家庭。

▶ 我家有四口人，爱人、两个儿子和我。我的爱人是一个普通的公司职员，他性格开朗，善于言谈，因此我们家也总是充满笑声。我的大儿子今年16岁，小儿子今年14岁，我们一家四口有时间的话一起登山，一起聊天，非常幸福。

▶ 我家有5口人，爸爸、妈妈、一个哥哥、一个妹妹和我。爸爸、妈妈都已经退休，他们二老是非常开明的老人。在父母的影响下，我们兄弟姐妹也互相尊重、互相帮助，有他们做我的坚强后盾，我常常充满自信。

플러스 질문

❶ 导游工作非常忙，家人支持你吗？

_____

❷ 你们家人一起去旅行过吗？印象最深的地方是哪里？

_____

단어와 표현

善于言谈 shànyú yántán 말주변이 좋다 ㅣ **充满笑声** chōngmǎn xiàoshēng 웃음소리로 가득하다 ㅣ **退休** tuìxiū 퇴직하다 ㅣ **开明** kāimíng (생각이) 깨어 있다, 진보적이다 ㅣ **在…的影响下** zài…de yǐngxiǎng xià ~의 영향으로 ㅣ **互相尊重** hùxiāng zūnzhòng 상호 존중하다 ㅣ **坚强后盾** jiānqiáng hòudùn 든든한 버팀목

 keyword

종교
직업관
자부심
좌우명

009 你有宗教信仰吗?

 해석 TOP

▶ 我没有宗教信仰。

▶ 有，我是虔诚的基督信徒，每个星期都会去做礼拜。

▶ 受父母的影响，我从小就是天主教徒。

▶ 我信佛教。

단 어 와 표 현

宗教信仰 zōngjiào xìnyǎng 신앙 ┃ 虔诚 qiánchéng 경건한, 독실한 ┃ 信徒 xìntú 신도, 신자 ┃ 做礼拜 zuò lǐbài 예배를 드리다 ┃ 天主教徒 tiānzhǔjiàotú 천주교 신자 ┃ 佛教 fójiào 불교

010 有没有最喜欢的中国名言? 你的座右铭是什么?

해석 TOP

▶ 我有一句最喜欢的中国名言，就是孔子说的"三人行，必有我师。"这句话告诉我做人要谦虚，让我知道"人外有人，天外有天"的道理。我的座右铭正是这句名言，日常生活中，无论年龄、身份，我尊重身边每一个人，这种人生态度让我获得很多人生经验。

▶ 我喜欢的一句中国名言是"活到老，学到老。"这也是我的座右铭。学无止境，正是这句名言，激励着我挑战汉语导游这份工作。

플러스 질문

❶ 韩国的俗语中，最喜欢的是什么?

_____

단어와 표현

三人行，必有我师 sān rén xíng, bì yǒu wǒ shī 세 사람이 길을 걸으면, 그 가운데에는 반드시 자신의 스승이 될 만한 사람이 있다 ┃ 人外有人，天外有天 rén wài yǒu rén, tiān wài yǒu tiān 세상에는 나보다 뛰어난 사람들이 많다 ┃ 活到老，学到老 huódào lǎo, xuédào lǎo 살아 있는 한 배우기를 멈추지 않는다 ┃ 学无止境 xué wúzhǐjìng 배움에는 끝이 없다 ┃ 激励 jīlì 격려하다

---

011 你最尊敬的人是谁? 你有崇拜的偶像吗?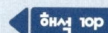

▶ 我最尊敬的人是我的父亲。父亲只是一位普通的公司职员，但是父亲无论是对工作还是对家庭，尽职尽责，从不抱怨，为我们这个家庭付出了很多，所以我最尊敬我的父亲。他可以说是我崇拜的偶像，父亲用行动告诉我人要有责任感。

▶ 我觉得生活中每一个对社会有贡献的人都值得尊敬，无论是总统还是清扫工人。要说我最崇拜的偶像，我觉得那些白手起家，靠自己双手创造奇迹的人都是我崇拜的偶像。比如说中国的马云吧，创业故事很让人感动。

플러스 질문

❶ 中国历史人物中，最尊敬的是谁?

_____

_____

尽职尽责 jìnzhí jìnzé 맡은 바 책임을 다하다 | 从不 cóngbù 지금까지 ~하지 않다 | 抱怨 bàoyuàn 원망하다 | 为···付出 wèi···fùchū ~을 위하여 헌신하다 | 可以说是 kěyǐ shuō shì ~라고 말할 수 있다 | 用行动告诉我 yòng xíngdòng gàosu wǒ 실천을 통해서 내게 알려 주다 | 要说··· yàoshuō··· ~에 대해서 말하자면 | 白手起家 báishǒu qǐjiā 자수성가하다 | 靠···创造奇迹 kào···chuàngzào qíjì ~을 의지해 기적을 이루어 내다 | 比如说···吧 bǐrúshuō···ba 예를 들면 ~이다

---

012 你觉得人生中最宝贵的是什么？ 해석 11p

▶ 我觉得人生中最宝贵的是时间。因为正如名言所说"一寸光阴一寸金，寸金难买寸光阴。"时间一去不复返，所以我觉得人生中最宝贵的就是时间。

▶ 我觉得人生中最宝贵的是友谊。朋友是人生中最大的一笔财富，特别是在如今这样的物欲横流的社会中，我想一份纯真的友谊可以说是最宝贵的东西了。

一寸光阴一寸金，寸金难买寸光阴 yí cùn guāngyīn yí cùn jīn, cùn jīn nán mǎi cùn guāngyīn 시간은 금이다. 그러나 금으로는 시간을 살 수 없다 | 时间一去不复返 shíjiān yí qù bú fùfǎn 한번 지나간 시간은 돌아오지 않는다 | 一笔财富 yì bǐ cáifù 큰 재산 | 物欲横流 wùyù héngliú 물욕이 흘러넘치다 | 纯真的友谊 chúnzhēn de yǒuyì 진실된 우정

---

013 作为韩国人，你觉得最骄傲和自豪的是什么？ 해석 11p

▶ 作为韩国人，我觉得最骄傲和自豪的应该就是我们韩民族不怕困难勇于挑战的精神。我们国家没有什么资源，人口也不多，但是我们凭着我们的聪明和努力可以成为经济发达，对外输出文化的大国，这真让人自豪。

플러스 질문

❶ 对外输出文化主要指的是什么？

단어와표현

勇于挑战 yǒngyú tiǎozhàn 용감히 도전하다 ┃ **凭着** píngzhe ~에 근거하여 ┃ **输出文化** shūchū wénhuà 문화를 수출하다

---

014 请讲讲你的职业观。 해석 11p

▶ 首先，我觉得选择职业时，虽然我们不能否认待遇的重要，但是我觉得最重要的是要对那个职业有热情。我想只有心中有热情，才能更努力更快乐地去做好一件事；其次，我觉得工作中要有很强的责任感，有责任感，才可能避免不必要的麻烦，把工作做到位。

단어와표현

不能否认 bùnéng fǒurèn 부인할 수 없다 ┃ **对…有热情** duì…yǒu rèqíng ~에 대하여 열정이 있다 ┃ **责任感** zérèngǎn 책임감 ┃ **避免不必要的麻烦** bìmiǎn bú bìyào de máfan 불필요한 번잡함을 피하다 ┃ **把工作做到位** bǎ gōngzuò zuò dàowèi 업무를 완수하다

keyword

민간 외교관

활동적 성향

경쟁력 향상

015 为什么要当一名汉语导游？ 想成为一名什么样的导游？ ◀ 해석 12p

▶ 我特别喜欢旅游，所以导游这份工作可以说是一举两得，在工作的同时能享受到旅游的乐趣。而且导游被称为"民间外交家"，我觉得这是一份十分有意义的工作。我想成为一名深受游客好评，让每位游客都"乘兴而来，满意而归"的导游。

▶ 我觉得导游是一份很有魅力，相对来说比较自由的工作。我这个人比较好动，不太喜欢每天坐在办公桌前，因此我决定要做一名导游；还有随着韩国的发展，韩流走向世界等很多原因，赴韩游客特别是中国游客激增，导游应该很有未来。导游有"民间外交家"之称，我希望我能让每位游客都对韩国之行赞不绝口，爱上韩国。

플러스 질문

❶ 导游为什么被称为"民间外交官"？

_____

_____

_____

❷ 你认为导游最基本的素质是什么？

_____

_____

_____

_____

---

016 现在做什么工作？目前为止做过什么工作？
这些经历对你今后的导游工作会有什么帮助？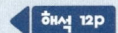

▶ 我现在是普通的公司职员，目前为止做过的工作主要是公司总务、管理等类的工作。因为有这些经验，我觉得我做事非常认真，考虑事情比较全面。在今后的导游工作中，我想这些经验会让我做事情有条不紊，会让游客有很强的安全感。

▶ 我以前是一名日语导游，我熟悉导游业务，能急客人所急，所以我想过去十多年的日语导游工作会帮助我在汉语导游工作中很快就得心应手，游刃有余。

플러스 질문

❶ 与一般办公室职员不同，导游需要很强的体力，你觉得你可以胜任吗？

_____

目前为止 mùqián wéizhǐ 현재까지, 지금까지 ∣ **总务** zǒngwù 총무 ∣ **有条不紊** yǒutiáo bùwěn 조리 있고 질서
정연하다 ∣ **熟悉** shúxī 익숙하다 ∣ **急客人所急** jí kèrén suǒ jí 손님이 급히 필요로 하는 것을 처리하다 ∣ **得心应手**
déxīn yìngshǒu (일이) 마음먹은 대로 되다, 익숙하여 자유자재로 하다 ∣ **游刃有余** yóurèn yǒuyú 힘들이지 않고 여유 있
게 일을 하다

---

017 你认为你在工作上的优势是什么?

 해석 13P

▶ 我觉得我最大的优势就是我的性格。我乐观向上，善解人意，不但有很
强的责任感，而且很有领导能力。这些都可以说是我的优势吧。

▶ 我觉得我最大的优势可以说是10几年的日语导游工作的经历吧。我专业
知识丰富，懂得急客人所急，能从客人的角度出发竭诚为客人服务。

乐观向上 lèguān xiàngshàng 낙관적이고 발전적이다 ∣ **善解人意** shànjiě rényì 사람의 마음을 잘 헤아리다 ∣ **领**
导能力 lǐngdǎo nénglì 지도력, 리더십 ∣ **从…的角度** cóng…de jiǎodù ~의 입장에서 ∣ **竭诚为…服务** jiéchéng
wèi…fúwù 성심성의껏 ~를 위해 서비스하다

---

018 为什么想从日本导游转为汉语导游?

 해석 13P

▶ 其实不能说转为汉语导游，而是为了增强自己的竞争力，在做日语导游
的同时，还要做汉语导游。至于动机，说心里话，随着中国经济的发
展，来韩旅游的中国游客大幅增加，再说中国是世界人口大国，未来的
中国旅游市场一定前途无量，因此，我想到在做日语导游的同时，还要
做汉语导游。

增强竞争力 zēngqiáng jìngzhēnglì 경쟁력을 높이다 ∣ **在…的同时，还要…** zài…de tóngshí, hái yào… ~와 동
시에 ~하려고 하다 ∣ **至于** zhìyú ~에 대해서는 ∣ **说心里话** shuō xīnlihuà 솔직하게 말하자면 ∣ **大幅增加** dàfú
zēngjiā 큰 폭으로 증가하다 ∣ **前途无量** qiántú wúliàng 전도유망하다, 장래가 밝다

019 为什么选择了与自己专业不同的导游这份工作?

▶ 因为与我的专业对口的工作大多都是每天坐在办公室里的工作,而我这个人好动,几年的办公室生活,让我觉得我还是更适合做一些室外活动性比较强的工作,同时最近关于中国游客日益增多的报道也不绝于耳,所以我就想到了挑战汉语导游这份工作。

단어와표현

与专业对口 yǔ zhuānyè duìkǒu 전공에 부합하다 ㅣ **适合** shìhé 적합하다 ㅣ **日益增多** rìyì zēngduō 나날이 증가하다 ㅣ **报道** bàodào 보도 ㅣ **不绝于耳** bùjué yú ěr 귀에 계속 들리다 ㅣ **挑战** tiǎozhàn 도전하다

keyword

학습 동기
중국어 특징
성조
듣기 능력 향상

导游
dǎoyóu

---

020 开始学习汉语的动机是什么? ◀ 해석 14p

▶ 我做过日语导游，看到旅韩中国游客日益增多，我想到挑战中国导游这份工作，因此我开始学习汉语。

▶ 三年前，我有机会去中国旅行，学了几句汉语，从那以后，我就一发不可收拾地对汉语产生了浓厚的兴趣，就这样我开始了汉语学习。

▶ 社会竞争越来越激烈，为了让自己更有竞争力，我上大学时就选修过汉语，如今随着中国经济的发展和中国的强大，我觉得我的选择是很聪明的。

플러스 질문

❶ 汉语学习和日语学习最大的不同点是什么?

_____

_____

단어와표현

一发不可收拾 yì fā bùkě shōushi 점점 더 수습할 수 없다 I **对…产生浓厚兴趣** duì…chǎnshēng nónghòu xìngqù ~에 대해 대단한 흥미가 생기다 I **竞争激烈** jìngzhēng jīliè 경쟁이 치열하다 I **有竞争力** yǒu jìngzhēnglì 경쟁력이 있다 I **选修** xuǎnxiū 선택과목으로 이수하다 I **随着…的强大** suízhe…de qiángdà ~이 점차 강대해짐에 따라

021 学汉语多长时间了？是怎么学习的？ 해석 14p

▶ 我学汉语快一年了，我是在首尔的一家补习班学的。

▶ 高中时的第二外语是汉语，但当时并没有很认真学习，去年才又重新开始，所以真正算起来，我学汉语的时间应该有一年半了吧。我主要是听网络课程，然后还请了一位中国大学生做课外辅导，练习会话。

> **플러스 질문**
>
> ❶ 在哪家补习班学的汉语？
>
> _____
>
> ❷ 主要听什么网络讲义？
>
> _____
>
> _____

> **단어와 표현**
>
> 补习班 bǔxíbān 학원 | 真正算起来 zhēnzhèng suàn qǐlái 실제적으로 계산하면 | 应该有…了吧 yīnggāi yǒu… le ba 마땅히 ~이 되었을 것이다 | 网络课程 wǎngluò kèchéng 인터넷으로 수업을 듣다 | 课外辅导 kèwài fǔdǎo 과외지도 | 网络讲义 wǎngluò jiǎngyì 인터넷 강의

022 学习汉语最大的困难是什么？怎么克服的？ 해석 14p

▶ 对我来说，学习汉语最大的困难就是发音，特别是声调。我在练习的时候，首先多读，然后给自己录音，接下来听录音寻找自己的差距，渐渐地，发音有了明显的改变。

▶ 我觉得学习汉语最难的就是背生词，因为对我们来说，学习一个生词，既要背意思，还要背发音，同时还得会写。为了克服这个难关，我做了很多小纸条，贴在冰箱上、镜子上、衣柜上等等，在不知不觉中加强记忆，我觉得这真是不错的选择。

▶ 因为我没去过中国，所以对我来说听力非常难。为了提高我的听力水平，我故意坐地铁上下班时练习听力，在有些嘈杂的环境中，集中听，并且跟读，效果不错。当然我的听力水平还有待提高，但是我觉得我的努力是有成绩的。

> **단 어 와 표 현**
>
>
>
> 首先…然后…，接下来(最后)… shǒuxiān…ránhòu…，jiē xiàlái(zuìhòu)… 먼저 ~한 후에 ~하고 이어서 ~하다 ┃ 录音 lùyīn 녹음하다 ┃ 寻找差距 xúnzhǎo chājù 차이점을 찾다 ┃ 渐渐地 jiànjiàn de 점차 ┃ 既要…，还要…，同时还得… jì yào…，hái yào…，tóngshí hái děi… ~도 하고 ~도 하며 동시에 ~도 해야 한다 ┃ 克服难关 kèfú nánguān 난관을 극복하다 ┃ 小纸条 xiǎo zhǐtiáo 메모 ┃ 贴在… tiē zài… ~에 붙이다 ┃ 不知不觉 bùzhī bùjué 자기도 모르게 ┃ 加强记忆 jiāqiáng jìyì 기억력을 강화시키다 ┃ 故意 gùyì 일부러 ┃ 嘈杂 cáozá 시끌벅적하다 ┃ 跟读 gēndú 따라 읽다 ┃ 有待提高 yǒudài tígāo 향상시킬 필요가 있다

---

023 学习汉语过程中，最难忘的是什么？ ◀ 해석 15P

▶ 学习汉语过程中，难忘的事情有很多，要说最难忘的，应该是我只用了两个月就通过了HSK5级考试的经历吧，学习过程非常辛苦，但是我尝到了成功的喜悦，对汉语更充满了自信。

▶ 学习汉语过程中，最让我难忘的是我第一次跟中国人交流，虽然是很简单的日常问候语，但是那种快乐让我至今回味无穷。

> **단 어 와 표 현**
>
>
>
> 要说最…应该是… yàoshuō zuì…yīnggāi shì… 가장 ~한 것을 말한다면 바로 ~일 것이다 ┃ 尝到成功的喜悦 chángdào chénggōng de xǐyuè 성공의 기쁨을 맛보다 ┃ 充满自信 chōngmǎn zìxìn 자신감이 충만하다 ┃ 至今 zhìjīn 지금까지 ┃ 回味无穷 huíwèi wúqióng 여운이 오래 남다

---

024 汉语最大的特点是什么？与韩语有什么不同？ ◀ 해석 15P

▶ 汉语属于汉藏语系，语言形态是孤立语，而韩语属于阿尔泰语系，语言形态是粘着语。

汉语的语音特点是复辅音少，元音多，且有声调，因此汉语有很强的音乐性；韩语的语音特点是辅音韵尾多，复合元音少，没有声调，连音，同化等音变现象多。在词汇方面汉语的单音节词汇多，韩语的汉字词大部分是双音节词汇。在语法方面，汉语是靠语序和虚词来是实现语法功能的，没有词形变化；而韩国语则靠词尾来实现，有词形的变化。汉语的语顺是主语、谓语、宾语，而韩语是主语、宾语、谓语。

단 어 와 표 현

汉藏语系 hànzàng yǔxì 중국티베트어계 ㅣ **孤立语** gūlìyǔ 고립어(글자의 변화가 없는 언어) ㅣ **阿尔泰语系** ā'ěrtài yǔxì 알타이어계 ㅣ **粘着语** niánzháoyǔ 교착어(실질적인 의미를 가진 단어 또는 어간에 문법적인 기능을 가진 요소가 결합함으로써 문장 속에서의 문법적인 역할이나 관계의 차이를 나타내는 언어) ㅣ **辅音** fǔyīn 자음 ㅣ **元音** yuányīn 모음 ㅣ **声调** shēngdiào 성조(중국어의 높낮이) ㅣ **韵尾** yùnwěi 끝소리 ㅣ **复合元音** fùhéyuányīn 복모음 ㅣ **音变现象** yīnbiàn xiànxiàng 음의 변화 현상 ㅣ **单音节词汇** dānyīnjié cíhuì 단음절 어휘 ㅣ **双音节词汇** shuāngyīnjié cíhuì 이음절 어휘 ㅣ **语序** yǔxù 어순 ㅣ **虚词** xūcí 허사 ㅣ **词尾** cíwěi 어미 ㅣ **谓语** wèiyǔ 서술어 ㅣ **宾语** bīnyǔ 목적어

---

025 你是第一次参加面试吗？（上次考试为什么没有通过？）  해석 15P

▶ 我不是第一次参加面试。上次考试很遗憾没有通过，其实我对我的专业知识还是很有自信的，但是毕竟我的汉语水平有限，特别是听力水平不高，所以面试时我特别紧张，知道的问题也想不起来，结果失败了。希望这次考试能顺利通过。

단 어 와 표 현

遗憾 yíhàn 유감이다 ㅣ **毕竟** bìjìng 분명히, 필시 ㅣ **水平有限** shuǐpíng yǒuxiàn 능력에 한계가 있다

keyword

중국 여행	음식 소개
독서	명소 소개
영화	운동
여가 생활	스트레스

---

026 你去过中国吗? 印象最深的地方是哪里?　　◀ 해석 16p

▶ 我去过很多次中国，我印象最深的地方是云南大理，那里风景优美，空气清新，特别是少数民族特有的民俗风情让我十分难忘。

▶ 我只去过中国的北京，印象最深的地方也就是北京吧。北京最让我着迷的当然就是故宫和长城了，历史悠久的中国古建筑，让我对古代文明感慨万千。

▶ 很遗憾，目前为止我还没去过中国。但在学汉语的过程中，我对中国的一些地方有些了解。其中印象最深的是位于西安的秦始皇兵马俑。以后有机会，我一定要去看看。

플러스 질문

❶ 中国有多少个民族? 多少个少数民族? 云南主要有什么少数民族?

_____

_____

❷ 跟故宫比，景福宫的魅力是什么?

_____

_____

❸ 为什么要去看西安的兵马俑? 西安还有什么值得去的旅游景点?

_____

_____

단어와 표현

印象最深的 yìnxiàng zuì shēn de 가장 인상 깊은 ∣ 民俗风情 mínsú fēngqíng 민속 풍습 ∣ 着迷 zháomí 마음을 사로잡다 ∣ 历史悠久 lìshǐ yōujiǔ 역사가 유구하다 ∣ 感慨万千 gǎnkǎi wànqiān 감개무량하다 ∣ 目前为止 mùqián wéizhǐ 지금까지 ∣ 位于…的 wèiyú…de ～에 위치한

---

027 和中国人交流过吗? 当时印象怎样? 해석 16p

▶ 学习汉语过程中,有一些跟中国人交流的机会。记得第一次跟中国人交流是我学汉语两个月左右的时候,那时虽然只是简单的问候,但是能听懂对方的话,给了我很大的自信,现在想想都很开心。

단어와 표현

记得…是…的时候 jìde…shì…de shíhou ～한 것은 ～때라고 기억하다 ∣ …给了我很大的自信 …gěile wǒ hěn dà de zìxìn 나에게 큰 자신감을 주다 ∣ 现在想想都… xiànzài xiǎngxiǎng dōu 지금 생각해도 ～하다

---

028 介绍一下儿你印象最深的一本书。 해석 17p

▶ 我印象最深的一本书是最近的畅销书《哈佛凌晨四点半》,这本书的作者是一位毕业于哈佛大学的中国女孩儿,她用亲身经历告诉我们人生没有"不可能"这三个字,关键是我们要用怎样的心态和努力去面对生活,这本励志书可以说在我准备考试的过程中给了我很多勇气和力量。

단어와 표현

畅销书 chàngxiāoshū 베스트셀러 ∣ 亲身经历 qīnshēn jīnglì 직접 겪은 경험 ∣ 关键 guānjiàn 중요한 것, 관건 ∣ 励志 lìzhì 자기 계발, 스스로 분발하다

029 介绍一下儿你印象最深的一部电影。

 해석 17P

▶ 我印象最深的电影是伊朗电影《天堂的小孩》，又名为《小鞋子》。这部电影不是美国大片，没有大制作，没有名导演，当然更没有名演员，但是在电影中我感受到了温暖和真诚、力量和希望。

这部电影讲了小男主人公不小心弄丢了妹妹唯一的鞋子，因此他们商量好每天换着穿哥哥的鞋子去上学(那所学校每天小学和中学各上半天课)。他们既要逃避父母以及迟到可能带来的惩罚，又要承受换鞋带来的种种不便，还要忍受对他人鞋子的羡慕所带来的折磨。但电影决不是贫困的展览，而是表现孩子们怎样用自己的智慧和毅力走出困境，如何不愿给操劳的父母增添一丝负担而独自度过难关的故事。这部电影告诉我不要说放弃。

단어와표현

又名为 yòumíng wéi 다른 이름은 ~이다 ‖ 美国大片 Měiguó dàpiàn 미국 블록버스터 ‖ 大制作 dà zhìzuò 대형 제작 ‖ 逃避 táobì 도피하다 ‖ 惩罚 chéngfá 징벌(하다) ‖ 种种不便 zhǒngzhǒng búbiàn 여러 불편 ‖ 忍受 rěnshòu 감내하다, 인내하다 ‖ 折磨 zhémó 고통을 주다, 고통을 받다 ‖ 贫困 pínkùn 가난하다 ‖ 展览 zhǎnlǎn 펼쳐 보이다 ‖ 毅力 yìlì 굳센 의지 ‖ 操劳 cāoláo 열심히 일하다 ‖ 增添负担 zēngtiān fùdān 부담을 증가시키다 ‖ 度过难关 dùguò nánguān 난관을 이겨 내다 ‖ 放弃 fàngqì 버리다, 포기하다

030 你最想向外国人介绍的韩国景点是哪里？

 해석 17P

▶ 我最想向外国人介绍的韩国景点呢，不是众所周知的名胜古迹，也不是吸引外国游客的购物名所，而是韩国的普通民宅和我们小区内的市场。我想对外国人来说，名胜古迹等自然十分重要，但是能真正了解韩国、韩国文化和韩国人的，应该是我们生活中最平凡的东西。

단어와표현

不是…也不是…而是… búshì…yě búshì…érshì… ~이 아니고 ~도 아니고 ~이다 ‖ 众所周知 zhòng suǒ zhōuzhī 모두가 알고 있다 ‖ 购物名所 gòuwù míngsuǒ 쇼핑 명소 ‖ 普通民宅 pǔtōng mínzhái 일반 주택가 ‖ 对…来说 duì…láishuō ~에게 있어서 ‖ …自然重要，但是 …zìrán zhòngyào, dànshì ~도 당연히 중요하지만, 그러나

031　最想向外国人介绍的韩国饮食是什么？

해석 18p

▶ 我最想向外国人介绍的韩国饮食是"炖泡菜"，因为首先这道菜的基本原材料是我们韩国人日常生活离不开的泡菜，可以说是最有韩国特色了；其次这道菜是韩国人日常生活的家常菜，家家都吃，但是又各有特色，每个家庭都有自己独特的做法，我觉得这对外国人来说应该是很新奇；最后一个理由呢，我想就是这道菜不但味美，而且很容易学。

플러스 질문

❶ 除了炖泡菜以外，还有什么代表性的韩国菜吗？

단어와표현

首先…，其次…，最后… shǒuxiān…, qícì…, zuìhòu… 먼저 ~이며, 다음은 ~이며, 마지막으로는 ~이다 │ 家常菜 jiācháng cài 일상 가정 요리 │ 各有特色 gè yǒu tèsè 각기 특색이 있다 │ 独特 dútè 독특한

032　休息日一般做什么？

해석 18p

▶ 我听说中国有一句话说"身体是革命的本钱。"，所以我的休息日是健康休闲的。我一般起早去登山，然后去桑拿浴好好儿放松一下儿，晚上呢，我一定要在家亲自做饭吃，享受一下儿"慢餐"的乐趣，同时与家人交流感情。

단어와표현

中国有一句话说… Zhōngguó yǒu yí jù huà shuō… 중국에는 ~ 말이 있다 │ 身体是革命的本钱 shēntǐ shì gémìng de běnqián 신체는 혁명을 위한 밑천이다 │ 健康休闲 jiànkāng xiūxián 건강하고 한가롭게 보내다 │ 起早 qǐzǎo 일찍 일어나다 │ 亲自 qīnzì 몸소, 직접 │ 享受…的乐趣 xiǎngshòu…de lèqù ~한 즐거움을 만끽하다 │ 与…交流感情 yǔ…jiāoliú gǎnqíng ~와 정서적 교류를 갖다

033   你喜欢运动吗？喜欢什么运动？   해석 18p

▶   我是一个非常喜欢运动的人。我最喜欢的运动是登山和打羽毛球。登山不但能欣赏大自然，增强体力，更重要的是它能增强我的耐性；打羽毛球这项运动呢，培养了我团结合作，与队友配合的精神。运动让我的每一天都自信无比。

▶   说心里话，我不太喜欢运动，但是为了健康及能拥有苗条的身材，我最近开始练习做瑜伽。运动让我精神饱满，学习工作更有劲头了。

> **단 어 와 표 현**
>
> **打羽毛球** dǎ yǔmáoqiú 배드민턴을 치다 ǀ **增强体力** zēngqiáng tǐlì 체력을 강화하다 ǀ **增强耐性** zēngqiáng nàixìng 인내심을 기르다 ǀ **队友** duìyǒu 멤버, 회원, 동료 ǀ **培养…精神** péiyǎng…jīngshén ~정신을 기르다 ǀ **团结合作** tuánjié hézuò 단결하여 협력하다 ǀ **与…配合** yǔ…pèihé ~와 협조하다 ǀ **自信无比** zìxìn wúbǐ 자신감이 넘치다 ǀ **瑜伽** yújiā 요가 ǀ **精神饱满** jīngshen bǎomǎn 활력이 넘치다 ǀ **有劲头** yǒu jìntóu 힘이 나다

034   你一般怎么缓解压力？   해석 19p

▶   我一般通过运动缓解压力。运动能锻炼身体，增强体质，还能让我忘掉烦恼，可以说是一举三得。

▶   我一般通过散步缓解压力。欣赏一下儿自然美景，回想一下儿自己走过的路，想像一下儿梦想实现后自己的样子，我的心情会变得轻松，压力自然就得到了缓解。

> **단 어 와 표 현**
>
> **缓解压力** huǎnjiě yālì 스트레스를 해소하다 ǀ **锻炼身体** duànliàn shēntǐ 신체를 단련하다 ǀ **增强体质** zēngqiáng tǐzhì 체력을 증강하다 ǀ **一举三得** yìjǔ sāndé 일거삼득 ǀ **回想** huíxiǎng 회상하다 ǀ **想像** xiǎngxiàng 상상하다

CHAPTER 02

관광통역안내사의 기본 소양

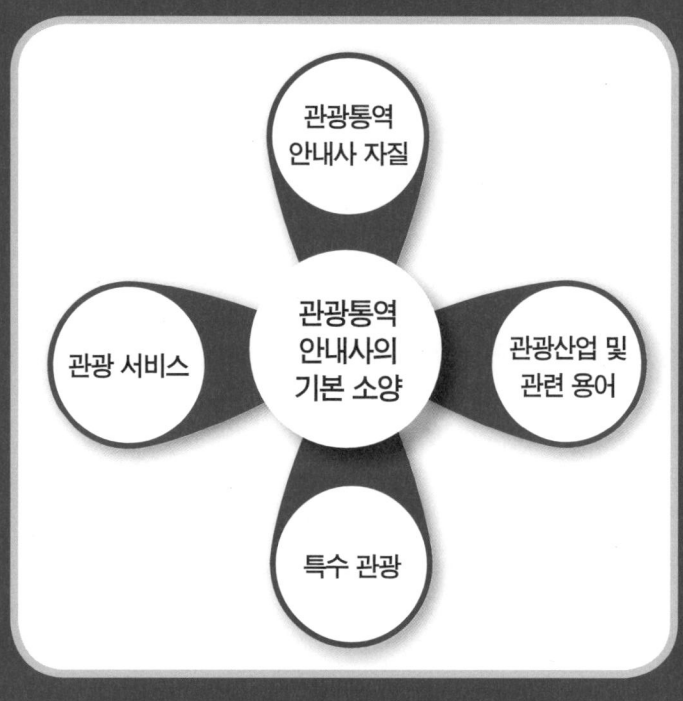

 keyword

민간 외교관	의사소통
안내 설명	직업의식
임기응변	인내심

---

035 什么是观光? 什么是旅游?　◀ 해석 20p

▶ 观光是指观赏美丽的景点风光，了解当地的风土人情，增加阅历、增长见识，促进交流的旅游活动。旅游是指为了满足物质和精神上的某种需要，以游览、娱乐为主要目的，在异地至少停留24小时以上的活动。

> **단 어 와 표 현**
>
> 观赏 guānshǎng 감상하다 ㅣ 风土人情 fēngtǔ rénqíng 지방 특색과 풍습 ㅣ 增加阅历 zēngjiā yuèlì 경험을 넓히다 ㅣ 增长见识 zēngzhǎng jiànshí 견문을 넓히다 ㅣ 促进交流 cùjìn jiāoliú 교류를 촉진하다 ㅣ 以…为目的 yǐ…wéi mùdì ~를 목적으로 하다

---

036 导游是一份什么样的工作?　◀ 해석 20p

▶ 导游是为旅游者提供生活服务和各种景点讲解服务的人，是旅行社的代表，对外国游客来说，也是国家的代表，可以说是最基层的外交工作，因此导游有民间外交官之称。

> **단 어 와 표 현**
>
> 提供…服务 tígòng…fúwù ~ 서비스를 제공하다 ㅣ 景点 jǐngdiǎn 관광 명소 ㅣ 基层的外交工作 jīcéng de wàijiāo gōngzuò 낮은 단계의 외교 업무 ㅣ 有…之称 yǒu…zhī chēng ~라고 부르다

037 导游业务内容包括什么？

해석 20p

▶ 导游业务内容具体应包括以下几点：

1. 根据旅行社与游客签订的合同，安排组织游客参观游览，
2. 在游览参观过程中负责向游客讲解说明，介绍当地的特色，
3. 在游览过程中按照合同安排游客的交通、食宿等，
4. 耐心倾听并解答游客的询问，协助处理游客在旅途中遇到的各种问题，
5. 向旅行社反映游客的意见和要求，作为旅行社和游客沟通的桥梁，尽量妥善处理一切可能发生的事情。

단어와 표현

耐心倾听 nàixīn qīngtīng 인내심을 가지고 경청하다 ㅣ 询问 xúnwèn 질문하다, 묻다 ㅣ 协助 xiézhù 협조하다 ㅣ 作为…桥梁 zuòwéi…qiáoliáng ~의 교량으로서 ㅣ 妥善处理 tuǒshàn chǔlǐ 적절하게 일을 처리하다

038 为什么说导游是民间外交官？

해석 20p

▶ 对游客来说，导游就是一个国家和城市的形象代表。游客通过导游的介绍来了解这个地方，感受当地人们的精神面貌、了解当地的风土人情，导游可以说起着桥梁的作用，因此说导游是民间外交官。

단어와 표현

形象代表 xíngxiàng dàibiǎo 이미지의 대표 ㅣ 感受 gǎnshòu 느끼다 ㅣ 面貌 miànmào 면모, 상태, 용모

039 导游与一般的随同翻译有什么不同？

해석 21p

▶ 一般的随同翻译只是把客人的话翻译成另一种语言，为客人与别人沟通提供帮助；而导游则要按照合同要求安排客人吃、住、游、玩，因此导游要有更强的各种综合能力。

040 你觉得什么样的人适合当导游?

▶ 我觉得有很好的体力，具备领导能力、沟通能力等各种能力是当导游的基本条件，除此以外真正喜欢"导游"这份工作的人最适合做导游，因为只有真正喜欢，才能做到"敬业"，才应该能全心全意为游客服务。

단어와표현

具备…能力 jùbèi…nénglì ~한 능력을 갖추다 | 敬业 jìngyè 직업의식이 투철하다 | 全心全意 quánxīn quányì
성심성의, 전심전력

041 你觉得导游工作中最大的困难是什么?

▶ 我觉得导游工作最大的困难是遇到比较"刁钻"，会提一些可能会是"无理要求"的游客，正如成语"众口难调"一样。不过我有很强的应变能力及沟通能力，相信我能应付得了。

플러스 질문

❶ 什么样的游客是比较"刁钻"的游客，能具体说明吗?

_____

❷ "无理要求"可能会有什么? 举一个例子，并说明一下儿你将怎么解决?

_____

_____

_____

_____

단어와표현

刁钻 diāozuān 괴까다롭다 | 无理要求 wúlǐ yāoqiú 무리한 요구를 하다 | 众口难调 zhòngkǒu nántiáo 모든 사람
들의 요구를 만족시킬 수 없다 | 应变能力 yìngbiàn nénglì 임기응변 능력 | 沟通能力 gōutōng nénglì 의사소통 능력
| 应付得了 yìngfu de liǎo 대응할 수 있다

042 如果马上让你做导游工作，你觉得你最大的困难可能是什么？ 해석 21p

▶ 无论做什么工作，都会有很多困难。但我最担心的还是与游客的语言交流问题，我有点儿担心听不懂游客的话，特别是口音比较重的游客。但我想熟能生巧，而且听不懂的话，可以写，还可以用身体语言，总之我相信我能努力克服。

> **단어와표현**
>
>
>
> **口音比较重** kǒuyīn bǐjiào zhòng 억양이 비교적 강하다 ┃ **熟能生巧** shú néng shēngqiǎo 익숙해지면 요령이 생기다
> ┃ **身体语言** shēntǐ yǔyán 보디랭귀지, 몸짓으로 소통하다 ┃ **总之** zǒngzhī 결국에는, 어쨌든

043 你觉得作为导游最辛苦的是什么？ 해석 22p

▶ 每份工作都有不同的特点，导游这份工作呢，没有节假日，风吹日晒、早出晚归，而且工作量大，收入却不那么稳定。对我来说早出晚归算是最辛苦的吧。

> **단어와표현**
>
>
>
> **风吹日晒** fēngchuī rìshài 바람 불고 햇볕이 내리쬐다 ┃ **收入稳定** shōurù wěndìng 수입이 안정적이다 ┃ **早出晚归**
> zǎochū wǎnguī 아침에 나가서 저녁 늦게 돌아오다

044 你觉得作为一名导游，最重要的是什么？ 해석 22p

▶ 作为导游，要具备各种能力，比如说领导能力、沟通能力、理解别人的能力等等，其中我认为最重要的是"敬业"，要热爱自己的工作。

045 作为导游应该有怎样的素质? 해석 22p

▶ 我觉得导游是一份很有挑战性的工作。作为一名导游，至少应具备以下几种能力。

第一、具有丰富的旅游知识，夸张地说应该是"上知天文，下知地理"，要了解历史、文化、习俗、各种神话传说及相关景点知识。

第二、作为接待外国游客的导游，至少能流畅地说一门外语，随着世界化的到来，掌握多种语言是一种趋势。

第三、导游应具有极强的沟通能力，能与来自五湖四海、有不同文化背景的人交流沟通。

第四、接待外国游客的导游，应有理解宽容之心，应对他国文化有一定了解，能"换位思考"。

第五、导游要有很强的应变能力和解决问题的能力，以应对旅游过程中可能发生的各种突发事情。

第六、导游应有彬彬有礼的态度，有乐于助人的精神，有很强的亲和力。

第七、导游应有学习热情，能做到"与时俱进"，掌握最新信息，给游客提供最新最好的服务。

플러스 질문

❶ 怎么处理与游客的文化差异问题?

_____

_____

단어와표현

有挑战性 yǒu tiǎozhànxìng 도전적이다 **| 夸张地说** kuāzhāng de shuō 과장해서 말하자면 **| 上知天文，下知地理** shàng zhī tiānwén, xià zhī dìlǐ 위로는 천문을 알고 아래로는 땅의 이치를 알다, 박학다식하다 **| 流畅** liúchàng 유창하다 **| 趋势** qūshì 추세 **| 来自五湖四海** láizì wǔhú sìhǎi 사방팔방에서 오다 **| 换位思考** huànwèi sīkǎo 입장을 바꾸어 생각하다 **| 彬彬有礼的态度** bīnbīn yǒulǐ de tàidù 예의 바른 태도 **| 很强的亲和力** hěn qiáng de qīnhélì 친화력이 뛰어나다 **| 与时俱进** yǔshí jùjìn 시류를 따라가다

046 你心目中理想的导游是什么样子的？ 해석 23P

▶ 我心目中理想的导游应该散发着活力，给人以信赖感，能成功地完成导游任务。相信我就是这样的一名导游。

> **단어와표현**
>
> 散发活力 sànfā huólì 활력을 발산하다 | 信赖感 xìnlàigǎn 신뢰감

047 给中国游客推荐什么作为旅游纪念品好？为什么？ 해석 23P

▶ 我想体现韩国传统文化特色的各种纪念品，比如说假面具、筷子、书签儿等等都是不错的选择；有子女的人还可以考虑首尔大学、成均馆大学或梨花女子大学的纪念品。

> **단어와표현**
>
> 体现 tǐxiàn 드러내다 | 假面具 jiǎmiànjù 가면, 탈 | 筷子 kuàizi 젓가락 | 书签儿 shūqiānr 책갈피

048 如果你是一家旅行社总经理，你会开发哪些旅游产品？ 해석 23P

▶ 如今的旅游产品已经可以说是十分丰富了，如果我作为一家旅行社经理要开发旅游产品的话，我想开发一些能真正体验当地文化、能真正了解当地人生活习惯的旅游产品。比如说在我生活的小区附近寻找值得一游的地方、逛各种有特色的传统市场或到我们韩国人常去的韩国餐厅品尝韩国家常菜等有特色的旅游产品。

> **단어와표현**
>
> 小区 xiǎoqū 동네 | 品尝 pǐncháng 맛보다

049 介绍韩国旅游景点的时候，用汉语还是用韩语？

해석 23p

▶ 虽然我是韩国人，但我是为来韩国旅行的中国游客服务的汉语导游，所以在介绍韩国旅游景点的时候，当然要用汉语说明介绍。不过，对于一些专有名词等，可以考虑用汉语和韩语并用，这样，既不失专业性，游客也能学几句韩语，或许也会增添旅游乐趣。

플러스 질문

❶ 比如说什么专有名词，你要汉语和韩语并用呢？

_____

_____

단어와표현

专有名词 zhuānyǒu míngcí 고유명사 ❙ 并用 bìngyòng 함께 쓰다 ❙ 不失专业性 bù shī zhuānyèxìng 전문성을 잃지 않다 ❙ 增添旅游乐趣 zēngtiān lǚyóu lèqù 여행의 즐거움을 더하다

050 请推荐韩国有代表性的特产。

해석 24p

▶ 韩国最有代表性的特产呢，我想首选红参；其次呢，应该是韩国的各种泡菜和小咸菜；再有呢，用韩国特产制作的各种产品，比如说济州岛柑橘巧克力等；最后呢，我想可以考虑包装精致的韩国打糕。

단어와표현

首选红参 shǒu xuǎn hóngshēn 홍삼을 우선으로 꼽다 ❙ 各种泡菜和小咸菜 gèzhǒng pàocài hé xiǎo xiáncài 각종 김치와 반찬 ❙ 柑橘 gānjú 감귤 ❙ 包装精致 bāozhuāng jīngzhì 포장이 섬세하다 ❙ 打糕 dǎgāo 떡

051 导游绝对不能做的行动有哪些？

해석 24p

▶ 导游绝对不能做的行动除了作为一个自然人不能做的所有行动之外，再就是有违职业道德的行为，比如不尊重游客，不尊重游客所属国家的历

史文化，引导游客过度购物消费等不妥当行为；还有绝对不能做有损国家形象的行动。

단 어 와 표 현

自然人 zìránrén 자연인, 일반인 ┃ **有违职业道德** yǒu wéi zhíyè dàodé 직업윤리를 위배하다 ┃ **不妥当** bù tuǒdang 타당하지 않다 ┃ **有损国家形象的行动** yǒu sǔn guójiā xíngxiàng de xíngdòng 국가 이미지를 손상시키는 행동

---

052 在执行导游业务过程中，最需要耐心的是什么？ 해석 24p

▶ 在执行导游业务过程中，我认为最需要耐心的是要向游客讲解旅游行程及注意事项，因为每个人的想法和理解能力都不同，所以同样的说明有时可能要反复讲很多遍，这时，我想最需要的就是耐心，要百问不厌地热情服务。

단 어 와 표 현

执行 zhíxíng 집행하다, 수행하다 ┃ **百问不厌** bǎiwèn búyàn 백 번을 물어도 짜증 내지 않다

---

053 带团过程中集合时需要做什么？一定要注意的是什么？ 해석 24p

▶ 到达观光场所后，在自由活动前，首先一定要告知游客集合地点和时间，并强调一定要遵守时间！其次如果是在车上集合的话，嘱咐游客记住车牌号和停车位置；还有嘱咐游客记住导游的联系方式，遇到意外等特殊情况时要跟导游联系；最后呢就是自由活动结束，集合时一定要仔细清点确认好人数后，再准备出发。如果已经超过集合时间，比如说已超过15分钟，还有人没有归队，而为不影响其他游客行程不得不提前出发去下一旅游景点时，要联系迟到的游客，让其自行回酒店等候联系。

단 어 와 표 현

嘱咐 zhǔfù 당부하다, 주문하다 ┃ **车牌号** chēpáihào 차량 번호 ┃ **归队** guīduì 여행단으로 돌아오다 ┃ **自行回酒店** zìxíng huí jiǔdiàn 알아서 호텔로 돌아가다

keyword

무자격자	투어 에스코트
베니키아	배낭여행
3S	인센티브 투어
패키지 투어	MICE

054 韩国观光产业的前景如何?

해석 25P

▶ 随着经济的发展及通讯业的发达，世界一体化的进程日益加快，特别是韩国的地理位置——毗邻经济快速发展的中国，加之韩国的韩流影响和韩国的化妆品等韩国产品的畅销，特别是2018年平昌冬季奥运会的举办等，相信韩国的观光产业会越来越辉煌。

플러스 질문

❶ 那么韩国观光产业目前的主要问题有什么呢? 为了促进韩国观光产业的发展，我们还需做怎样的努力呢?

_____

_____

_____

_____

단어와 표현

随着… suízhe… ~에 따라 ┃ 一体化 yìtǐhuà 단일화 ┃ 日益加快 rìyì jiākuài 점점 가속화되다 ┃ 毗邻 pílín 인접하다 ┃ 加之 jiāzhī 더욱이 ┃ 畅销 chàngxiāo 잘 팔리다, 인기리에 팔리다 ┃ 平昌冬季奥运会的举办 Píngchāng Dōngjì Àoyùnhuì de jǔbàn 평창 동계올림픽 개최 ┃ 辉煌 huīhuáng 휘황찬란하다, 눈부시다

055 无证导游对韩国旅游业有什么负面影响？
你认为应怎么处理无证导游问题？

▶ 国家实行导游资格考试的目的就是要给游客提供高质量的服务，把最美的韩国展现给来自五湖四海的游客。那么无证导游呢，没有受过专业的导游训练，没有通过专业的考试，根本不具备导游资格，很难保证他们在工作过程中能正确介绍韩国的历史和传统文化，甚至可能会出现"胡说八道"的现象；还有呢无证导游在没有正规管理的情况下，可能会出现服务态度恶劣等问题，这会使游客对韩国产生误解，对韩国观光事业造成极坏影响。我觉得对无证导游要严加管制，严格处理，一经发现，对涉事旅行社一并处罚，从而杜绝无证导游现象。

> **단어와 표현**
>
> **展现给游客** zhǎnxiàn gěi yóukè 관광객들에게 보여 주다 | **很难保证** hěn nán bǎozhèng 보장하기 어렵다 | **胡说八道** húshuō bādào 터무니없는 말을 하다 | **正规管理** zhèngguī guǎnlǐ 규정에 따른 관리 | **服务态度恶劣** fúwù tàidù èliè 열악한 서비스 태도 | **对…造成影响** duì…zàochéng yǐngxiǎng ~에 대해 영향을 끼치다 | **严加** yánjiā 더욱 엄격하게 하다 | **一经发现** yì jīng fāxiàn 일단 발견하게 된다면 | **涉事旅行社** shèshì lǚxíngshè 관련 여행사 | **一并处罚** yíbìng chǔfá 함께 처벌하다 | **从而** cóng'ér 그렇게 함으로써 | **杜绝…现象** dùjué…xiànxiàng ~한 현상을 막다

056 请介绍一下儿观光产业的功能。

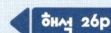

▶ 首先观光产业能赚取外汇，改善国际收支；其次观光产业能创造大量就业岗位，促进经济繁荣；再次观光产业能促进运输业、服务业等的蓬勃发展，从而带动经济发展；最后呢，观光产业能增进各国人民之间的友好往来，为世界和平作出贡献，为世界一体化发展奠定基础。

> **단어와 표현**
>
> **赚取外汇** zhuànqǔ wàihuì 외화를 벌어들이다 | **改善收支** gǎishàn shōuzhī 수지를 개선하다 | **就业岗位** jiùyè gǎngwèi 일자리 | **促进经济繁荣** cùjìn jīngjì fánróng 경제 번영을 촉진하다 | **蓬勃发展** péngbó fāzhǎn 활발하게 발전하다 | **带动经济发展** dàidòng jīngjì fāzhǎn 경제 발전을 일으키다 | **增进友好往来** zēngjìn yǒuhǎo wǎnglái 우호적인 교류를 증진하다 | **为…作出贡献** wèi…zuòchū gòngxiàn ~를 위해 공헌하다 | **为…奠定基础** wèi…diàndìng jīchǔ ~를 위한 기초를 다지다

057 如何发展韩国的观光产业? 해석 26p

▶ 发展韩国的观光产业需要我们全国民共同的努力。首先应考虑多开发一些适应时代潮流的旅游产品;其次考虑针对不同国家游客特征开展特色游活动;再次简化出入境手续;还有要改善观光咨询体系,提供多样化、人性化的服务;最后呢,可以考虑多引进国际会议等提高韩国观光知名度。当然还有一个最重要的、绝对不能忽视的就是提高全国民的服务精神,坚决杜绝欺客、宰客等不良现象。

> **단어와표현**
>
> **适应时代潮流** shìyìng shídài cháoliú 시대의 조류에 부응하다 ∣ **针对** zhēnduì 초점을 맞추다 ∣ **开展特色游活动** kāizhǎn tèsèyóu huódòng 특색 있는 관광 활동을 진행하다 ∣ **简化出入境手续** jiǎnhuà chūrùjìng shǒuxù 출입국 수속을 간소화하다 ∣ **改善观光咨询体系** gǎishàn guānguāng zīxún tǐxì 관광 안내 시스템을 개선하다 ∣ **提供多样化、人性化的服务** tígōng duōyànghuà、rénxìnghuà de fúwù 다양하고 인간적인 서비스 ∣ **引进国际会议** yǐnjìn guójì huìyì 국제회의를 유치하다 ∣ **提高韩国观光知名度** tígāo Hánguó guānguāng zhīmíngdù 한국 관광의 지명도를 높이다 ∣ **忽视** hūshì 무시하다 ∣ **坚决杜绝** jiānjué dùjué 강력히 근절하다 ∣ **欺客、宰客** qīkè、zǎikè 관광객을 속이고 바가지 씌우다

058 BENIKEA是什么? 해석 26p

▶ 这是韩国观光公社经营的商务连锁酒店,是"最美韩国之夜"的英文"Best Night in Korea"的缩写,言外之意即会提供最好的服务。加盟该连锁酒店必须要通过BENIKEA的服务评选标准,并通过职员培训、问卷调查和各种检查来保证服务质量。其宗旨是以合理的价格提供优质的服务,提升国内旅游业的竞争力。

> **단어와표현**
>
> **商务连锁酒店** shāngwù liánsuǒ jiǔdiàn 비즈니스 호텔 체인 ∣ **言外之意** yán wài zhī yì 숨은 뜻 ∣ **加盟** jiāméng 단체에 가입하다 ∣ **职员培训** zhíyuán péixùn 직원 교육 ∣ **问卷调查** wènjuàn diàochá 설문 조사 ∣ **宗旨** zōngzhǐ 취지, 목적 ∣ **提升竞争力** tíshēng jìngzhēnglì 경쟁력을 향상시키다

059 KATA是什么？ 해석 26p

▶ 是韩国观光联合会的英文(Korea Association of Travel Agents)简称。

060 EATA是什么？ 해석 26p

▶ EATA是"East Asia Travel Association"的简称，即东亚旅行协会，是由东亚地区一些国家创办的旅游联合组织，成立于1961年3月4日，秘书处设在日本东京。

061 观光的3S指的是什么？ 해석 27p

▶ 观光的3S是指微笑(Smile)、速度(Speed)、诚实(Sincerity)。

062 In-bound观光和Out-bound观光分别指的是什么？
二者有何差异？ 해석 27p

▶ 分别指的是"入境观光游"和"出境观光游"。入境观光是针对访问韩国的外国游客而言的观光旅游，而出境观光是针对出国旅游的韩国人而言的观光旅游。入境观光游客多的话，外国游客会在酒店、餐厅、交通、购买纪念品等方面大量消费，这会带来巨大的经济效益；而出境观光虽然会在飞机票或者旅游产品上获得收益，但游客在境外的消费毕竟还是会导致资金外流。因此出境观光多于入境观光的话，该国就会出现观光赤字现象。

❶ 我们应大力提倡哪种旅游方式?

_____

_____

针对⋯而言 zhēnduì⋯ér yán ~를 대상으로 말하다 ❙ 带来经济效益 dàilái jīngjì xiàoyì 경제적 이윤을 가져오다 ❙ 导致 dǎozhì ~을 초래하다 ❙ 资金外流 zījīn wàiliú 자금의 국외 유출 ❙ 观光赤字 guānguāng chìzì 관광 적자

---

063 Incentive-Tour是什么? 해석 27p

▶ 是指奖励旅游。顾名思义即公司给员工提供的福利待遇,是公司对员工做出突出的工作业绩的一种奖励,也是加强公司职员团结力的方法,更是企业文化的一种表现。公司期待通过这样的活动,激励职员更努力工作。奖励旅游给旅游业带来了莫大的经济效益。

❶ 韩国最有名的奖励旅游区是哪里?

_____

_____

顾名思义 gùmíng sīyì 명칭에서 의미를 알 수 있다 ❙ 福利待遇 fúlì dàiyù 복지 대우 ❙ 是⋯,也是⋯,更是⋯ shì⋯,yě shì⋯,gèng shì⋯ ~이고, ~이며, 또한 ~이다 ❙ 突出的工作业绩 tūchū de gōngzuò yèjì 특출한 업무 실적 ❙ 加强团结力 jiāqiáng tuánjiélì 단결력을 강화하다

064 MICE是什么意思？它的特征是什么？

해석 28p

▶ MICE是会议(Meeting)、奖励旅游(Incentives)、学术会议(Conference)和展览会议(Exhibition)的首字母组合。会议是很多人一起讨论特定主题的形式；奖励旅游是公司给员工提供的一种福利，同时会伴有考察等特殊目的；学术会议是讨论共享某个特定主题的研讨会；展览会议是展示产品和服务的一种活动。他们的共同特征是都与旅游业有关，是高附加值产业，这些会议的成功举办会给当地带来许多经济收益，比如旅游收入、新工作岗位的增加、促进地域发展等，同时也是宣传韩国的好机会。

플러스 질문

❶ 韩国具有代表性的大型展览中心都有哪里？

_____

_____

❷ 韩国规模最大的展览中心是哪里？

_____

단어와 표현

伴有 bànyǒu 부수적으로 수반되다 **ㅣ 共享** gòngxiǎng 함께 누리다 **ㅣ 高附加值** gāofùjiāzhí 고부가가치 **ㅣ 带来经济收益** dàilái jīngjì shōuyì 경제적 이익을 가져오다 **ㅣ 工作岗位** gōngzuò gǎngwèi 일자리 **ㅣ 促进地域发展** cùjìn dìyù fāzhǎn 지역 발전을 촉진하다

065 KTO指的是什么？

해석 28p

▶ KTO是"Korea National Tourism Organization"即"韩国旅游发展局"的英语简称，也称韩国观光公社。

066　什么是旅游考察团(或称线路体验游)?

해석 28p

▶　旅游考察团是指旅行社邀请旅行社人员和媒体人员组成旅游考察团，先游客一步体验新的旅游产品的一种形式。也称为"Fam Tour"，是英文"Familiarization Tour"的缩写，一般旅行社为推销新的旅游产品会组织这种旅游，当然最终目的是为了吸引更多游客。

> **단 어 와 표 현**
>
> **媒体人员** méitǐ rényuán 대중매체 종사자 | **先…一步** xiān…yíbù ~보다 한발 앞에서 | **推销** tuīxiāo 판로를 확장하다, 마케팅하다

067　FIT是什么?

해석 28p

▶　FIT(Foreign Independent Tour)是指个人自由旅游，也称背包游。旅客在旅游过程中没有导游陪同，独自安排行程，可根据自己喜好享受旅游的乐趣。一般情况下可通过旅行社买机票和订酒店，或者通过智能手机的各种应用程序自行订票、订酒店。

> **플러스 질문**
>
> ❶ 个人自由旅游的优缺点是什么?
>
> _____
>
> _____
>
> _____

> **단 어 와 표 현**
>
> **背包游** bèibāoyóu 배낭여행, 자유 여행 | **享受乐趣** xiǎngshòu lèqù 즐거움을 누리다 | **应用程序** yìngyòng chéngxù 응용 소프트웨어, 애플리케이션(application) | **订票** dìngpiào 표를 예약하다 | **订酒店** dìng jiǔdiàn 호텔을 예약하다

068 SIT是什么?

 해석 29p

▶ SIT(Special Interest Travel)是指特殊目的观光，一般指以欣赏文学、艺术，体验历史文化等为目的或主题的旅游形式。这种旅游要求导游有丰富的专业知识和很强的计划安排能力。通过这样的旅游，游客可以得到相关主题的各种信息。

> **단어와표현**
>
> **特殊** tèshū 특수하다, 특별하다 | **欣赏** xīnshǎng 감상하다 | **以…为目的的…形式** yǐ…wéi mùdì de…xíngshì ~을 주요 목적으로 하는 ~ 형식 | **通过…可以得到…** tōngguò…kěyǐ dédào… ~을 통하여 ~을 얻을 수 있다

069 什么叫Package Tour?

 해석 29p

▶ 就是旅行社组织的旅游团包价旅游，又称散团，即一种包括交通工具、住宿和其他旅游服务的套餐旅游。旅行社廉价购买旅游产品后，召集游客组团，游客在行程中要遵守旅行社的要求，按照旅行社提供的行程走。行程中可能会含有一些游客可选择观光的特定旅游体验，当然费用要额外支付。

> **단어와표현**
>
> **包价旅游** bāojià lǚyóu 패키지 여행 | **散团** sàntuán 일시적 여행단 | **套餐旅游** tàocān lǚyóu 패키지 여행, 기획 여행 | **廉价** liánjià 싼 값 | **召集** zhàojí 소집하다 | **组团** zǔtuán 소그룹 | **遵守要求** zūnshǒu yāoqiú 요구 사항을 준수하다 | **选择观光** xuǎnzé guānguāng 선택 관광 | **额外支付** éwài zhīfù 별도 경비를 지불하다

070　领队(Tour Escort)是做什么的？

해석 29p

▶　领队就是旅游团队中带领队伍的导游，他的任务是协助旅行团成员顺利
完成旅行。具体来说领队要统计人数、帮游客寄送行李、领取登机牌及
协助游客顺利通过安检，到达目的地后，还要负责酒店、餐厅和具体观
光的所有事宜。

플러스 질문

❶ 领队应具备什么能力？

_____

_____

_____

단 어 와 표 현

协助 xiézhù 협조하다 **ㅣ 统计人数** tǒngjì rénshù 인원수를 통계 내다 **ㅣ 寄送行李** jìsòng xínglǐ 여행 짐을 부치다 **ㅣ**
领取登机牌 lǐngqǔ dēngjīpái 탑승권을 수령하다 **ㅣ 安检** ānjiǎn 보안 검색 **ㅣ 所有事宜** suǒyǒu shìyí 모든 사무

071　什么是可持续旅游(Sustainable Tourism)？

해석 30p

▶　可持续旅游这个概念来自1987年的布伦特兰报告。它要求人们尽量减少
对环境和地域文化的影响，以经济成长、环境保护和社会平等为宗旨，
来保证我们可以有长期的可持续旅游。为了保持经济开发和自然环境之
间的平衡，必须减少一味地开发，充分考虑环境保护问题；为了社会平
等，要鼓励当地人参与旅游业，以期待通过经济收入来缩短贫富差距。

단 어 와 표 현

可持续旅游 kěchíxù lǚyóu 지속 가능한 관광 **ㅣ 布伦特兰报告** Bùlúntèlán bàogào 브룬트란트 보고서 **ㅣ 地域文化**
dìyù wénhuà 지역 문화 **ㅣ 以…为宗旨** yǐ…wéi zōngzhǐ ~을 취지로 삼다 **ㅣ 一味地开发** yíwèi de kāifā 무턱대고
개발하다 **ㅣ 充分考虑** chōngfēn kǎolǜ 충분히 고려하다 **ㅣ 参与旅游业** cānyù lǚyóuyè 관광업에 참여하다 **ㅣ 以期待**
yǐqīdài ~을 기대하다

072 世界观光日是几月几号?

해석 30p

▶ 世界观光日是9月27日。

Unit 03　특수 관광

 **keyword**

녹색관광	의료관광
블랙투어	슬로시티
생태관광	스마트관광

---

073 绿色旅游(Green Tourism)是指什么? 해석 31p

▶ 绿色旅游本来是指游览乡村等生态观光区，游客可以远离都市的喧嚣，享受大自然的宁静。最近绿色旅游还指可持续无公害观光，包含了"低碳"理念。

> **플러스 질문**
>
> ❶ 韩国最有名的绿色旅游景点是哪里?
>
> _____
>
> _____
>
> **단 어 와 표 현**
>
> 生态观光区 shēngtài guānguāngqū 생태 관광지 | 远离都市喧嚣 yuǎnlí dūshì xuānxiāo 도시의 시끄러움을 벗어나다 | 可持续无公害观光 kěchíxù wúgōnghài guānguāng 지속 가능한 무공해 관광 | 包含…理念 bāohán…lǐniàn ~ 이념을 내포하다 | 低碳 dītàn 저탄소

---

074 所谓的黑色旅游指的是什么? 这种旅游有什么意义? 해석 31p

▶ 黑色旅游是游客到悲剧发生地参观的一种旅游形式，比如战争、大屠杀等灾难发生的地方，或者是经历过大型自然灾害的地方等。在旅游过程中，游客可以从中得到很多教训，所以黑色旅游意义深远。

❶ 韩国有哪些黑色旅游景点?

屠杀 túshā 학살하다 | 意义深远 yìyì shēnyuǎn 상당한 의의를 지니다

해석 31p

075 什么是生态旅游?

▶ "生态旅游"是以有特色的生态环境为主要景观的旅游。是以可持续发展为理念，以保护生态环境为前提，以统筹人与自然和谐发展为准则，并依托良好的自然生态环境和独特的人文生态系统，采取生态友好方式，开展的生态体验、生态教育、生态认知并获得心身愉悦的旅游方式。

❶ 生态旅游这个概念是谁什么时候提出的? 其内涵和目的是什么?

❷ 韩国有哪些景区可以称为生态旅游?

生态旅游 shēngtài lǚyóu 생태관광 | 以…为理念 yǐ…wéi lǐniàn ~을 이념으로 삼다 | 可持续发展 kěchíxù fāzhǎn 지속 가능한 발전 | 以…为前提 yǐ…wéi qiántí ~을 전제로 삼다 | 以…为准则 yǐ…wéi zhǔnzé ~을 규범으로 삼다 | 统筹人与自然和谐发展 tǒngchóu rén yǔ zìrán héxié fāzhǎn 인간과 자연의 조화로운 발전을 전면적으로 계획하다 | 依托 yītuō 의탁하다 | 采取生态友好方式 cǎiqǔ shēngtài yǒuhǎo fāngshì 생태 우호적인 방식을 채택하다 | 开展…(活动) kāizhǎn…(huódòng) (~활동을) 전개하다 | 生态认知 shēngtài rènzhī 생태 이해 | 心身愉悦 xīnshēn yúyuè 몸과 마음이 기쁘다

076 什么是医疗观光?

해석 32P

▶ "医疗观光"顾名思义即提供医疗服务的观光。随着韩国医疗水平的提高，众多外国游客选择来韩国接受癌症治疗、牙科治疗、整容手术等等各种医疗服务，其中特别是韩国的整容手术，在中国乃至亚洲都颇有人气。

플러스 질문

❶ 韩国有名的整容手术医院集中在哪里?

❷ 韩国医疗观光的优势有哪些?

❸ 韩国的医疗观光游目前存在什么问题?

❹ 政府对改进医疗观光游制定了什么政策? 你认为有效果吗? 除此以外, 我们还应做出什么努力?

단어와표현

顾名思义 gùmíng sīyì 이름에서 그 의미를 알 수 있다 | 众多外国游客 zhòngduō wàiguó yóukè 많은 외국 관광객 | 癌症治疗 áizhèng zhìliáo 암 치료 | 中国乃至亚洲 Zhōngguó nǎizhì Yàzhōu 중국을 비롯한 아시아 지역

077 慢城(Slow City)运动是什么意思?

해석 33P

▶ 慢城运动是指在一切都快速发展, 人们压力日益增大的生活中提倡追求缓慢的生活节奏。这种运动兴起于意大利, 最初是慢食, 如今扩展到追求过去那种自然和传统的生活方式。慢城是没有污染、生活节奏缓慢，并且有不多的交通工具、更小的噪音和更少的居民的地方。韩国的国际慢城有莞岛的青山岛、庆尚南道的河东、全罗南道的潭阳昌平三支川村、忠清南道的礼山、南阳州的鸟安和全州的韩屋村等。

플러스 질문

❶ 请具体介绍一处慢城。

_____

_____

_____

단어와 표현

提倡 tíchàng 제창하다 | **兴起于** xīngqǐ yú ~에서 시작되다 | **慢食** mànshí 느리게 식사하다 | **扩展** kuòzhǎn 확대 발전시키다 | **噪音** zàoyīn 잡음, 시끄러움 | **莞岛** Wǎndǎo 완도 | **潭阳昌平三支川村** Tányáng Chāngpíng Sānzhīchuāncūn 담양 창평 삼지내 마을

---

078 你知道什么是智慧旅游吗?

▶ 智慧旅游又称为智能旅游， 简单地说，是指通过互联网，随时查询旅游信息，旅游景点，购物点，酒店，美食店，交通等各种信息的集导游,导购，导航于一体的旅游形式。目前，韩国旅游发展局和文化体育观光部共同推出了"智能旅游小助手"手机应用软件(APP)，只要下载安装一个，就可以随时查询韩国的旅游信息，为游客在韩国旅行提供了极大的方便。

단어와 표현

智慧旅游 zhìhuì lǚyóu 스마트여행 | **查询旅游信息** cháxún lǚyóu xìnxī 여행 정보를 검색하다 | **集…于一体** jí…yú yìtǐ ~이 한데 어우러지다 | **推出** tuīchū 출시하다 | **智能旅游小助手** zhìnéng lǚyóu xiǎozhùshǒu 스마트관광 가이드 | **应用软件** yìngyòng ruǎnjiàn 응용 프로그램, 애플리케이션(App) | **提高方便** tígāo fāngbiàn 편리함을 향상시키다

Unit 04 관광 서비스

keyword

관광 안내 번호
관광 경찰
세금 환급
KOREA Pass card
호텔 등급

---

079 韩国旅游发展局(观光公社)提供的旅游咨询电话号码是多少？具体有什么服务？　　〔해석 34P〕

▶ 旅游咨询号码是1330号。这个咨询电话可以提供韩语、汉语、英语和日语四种语言的各种旅游咨询服务，其中包括韩国大部分地区的旅游信息。

---

080 什么是观光警察？　　〔해석 34P〕

▶ 观光警察是专门为打击各种针对外国游客的乱收费及非法出租车问题而设立的，旨在保护外国游客的合法权益。

플러스 질문

❶ 观光警察成立背景是什么？

_____

_____

❷ 观光警察是什么时候成立的？

_____

❸ 目前韩国在哪些景点有观光警察？

_____

❹ 世界上有观光警察的国家有哪些?

_____

해석 34p

081　请介绍一下儿TAX-FREE制度，如何办理退税？

▶ TAX-FREE制度是指外国游客在有TAX-FREE标示的商店一次性消费满3万韩元以上时，可以申请退税服务的制度，最大限度退税率为总消费额的8.18%。退税手续呢，首先消费后向店员索要退税申请单，填写后连同购物发票、购买物品(要求未开封、未使用)、护照和机票(机场退税时可以持登机牌)一起在出境时到海关退税窗口申请退税即可。韩国目前除仁川机场外，在首尔市内也设立了退税办公室，但在首尔市内退税时必须要有信用卡。

단어와 표현

一次性消费 yícìxìng xiāofèi 일회성 소비 | **申请退税服务** shēnqǐng tuìshuì fúwù 세금 환급 서비스를 신청하다 | **最大限度** zuìdà xiàndù 최대 한도 | **退税率** tuìshuìlǜ 세금 환급율 | **退税手续** tuìshuì shǒuxù 세금 환급 수속 | **索要** suǒyào 요구하다, 독촉하다 | **连同** liántóng ~와 더불어 | **未开封** wèi kāifēng 미개봉 | **持登机牌** chí dēngjīpái 탑승권을 지니다

해석 35p

082　请介绍一下儿韩国的KOREA Pass card。

▶ KOREA Pass card是由韩国旅游发展局发行，专门为外国游客制作的可用于交通、旅游设施、住宿、购物等消费活动结算时使用的综合性电子消费卡。在所有信用卡加盟店都可以使用，而且在部分加盟店可以享受一定优惠。KOREA Pass card为预付卡，面值有5、10、30、50万韩元的，在仁川机场内的韩亚银行，7-ELEVEN便利店和机场地铁咨询处都可以买到，在市内的话，可以在乐天玛特，7-ELEVEN便利店买到。

플러스 질문

❶ 预付卡余额不足或有余额时该怎么处理?

_____

_____

_____

_____

단어와 표현

由韩国旅游发展局发行 yóu Hánguó Lǚyóu Fāzhǎnjú fāxíng 한국관광공사에서 발행하다 ❙ **综合性电子消费卡** zōnghéxìng diànzǐ xiāofèikǎ 멀티 전자 결제 카드 ❙ **信用卡加盟店** xìnyòngkǎ jiāméngdiàn 신용카드 가맹점 ❙ **享受 一定优惠** xiǎngshòu yídìng yōuhuì 정해진 우대를 받다 ❙ **咨询处** zīxúnchù 안내소, 상담소

---

083 请介绍一下儿韩国的住宿设施。

해석 35P

▶ 韩国的住宿设施大体可以分为以下5种:

第一、韩国的各大酒店;

第二、韩国旅游发展局运营的连锁观光酒店(BENIKEA);

第三、客房旅馆(Guest House),包括一些以出租为目的而改建的"改良韩屋";

第四、家庭寄宿。

플러스 질문

❶ 请简单介绍一下儿客房旅馆。

_____

_____

❷ 请简单介绍一下儿家庭寄宿。

_____

_____

_____

084 韩国的酒店分类，与中国有什么不同？

해석 36p

▶ 在2016年以前，韩国的酒店等级用"无穷花"表示。按照酒店星级标准分类的话，韩国酒店的"花"类似于中国的"星"，但是两者并不等同。韩国的酒店分为超豪华（金色牌子上有5朵无穷花）、豪华（绿色牌子上有5朵无穷花）、一级（无穷花4朵）、二级（无穷花3朵）和三级（无穷花2朵），共5种；而中国的酒店虽然也是5种，但分为一星、二星、三星、四星和五星（四星豪华）酒店。

五花酒店是韩国特级酒店，是级别最高的一级酒店，韩国五花酒店是可作为国宾住宿用的豪华酒店，有健身室、桑拿、泳池、即时传译的会场等设备。这类酒店通常相当于中国挂牌四星级以上的酒店。

四花酒店是韩国的一级酒店，四花酒店通常是客房内无电脑的，客房内可提供电视、炊具（也就是厨房），四花酒店房间数一般有100—250间左右，酒店设有餐厅等设施。可以说相当于中国国内的酒店式公寓或3星级标准。

可是从2016年开始，韩国酒店的等级划分方式有了新的规定。即按照国际标准，采用"星"的个数来划分酒店等级。与以前的等级对比说明的话，以前的"超豪华酒店"现为5星级，"豪华酒店"现为4星级，"一级"现为3星级，"二级"现为2星级，"三级"现为1星级。

플러스 질문

❶ 说说韩国酒店客房的种类。

_____

_____

_____

085　2014年，韩国首次指定了一处会奖观光特区，在哪里？　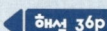해석 36p

▶　是江南会奖观光特区，在江南三成洞Coex-mall和贸易中心一带。

086　在韩国，有一条叫宝健路的街道，你知道这个名字的由来吗？　해석 36p

▶　知道。宝健路原名叫银南路，2011年中韩建交20周年时，中国宝健集团
　　组织万人旅游团分批来韩国旅游，为感谢宝健集团，也为纪念韩中友
　　谊，把这条路改名为宝健路。

087　护照和签证有什么区别？　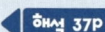해석 37P

▶　护照简单的说是国际身份证，是一国公民出入国境时必备的证件之一，
　　由所属国政府机关颁发。而签证是指某国政府允许其他国家公民进入其
　　国境的通行证，由驻在国大使馆或领事馆颁发。

CHAPTER 03

상황별 대처법

출제 포인트

관광통역안내사는 다양한 상황에 적절하게 대처하기 위하여 항상 대비하고 있어야 한다. 관광객을 맞이하고 환송하는 기본적인 상황에서부터 질병, 사고 혹은 불만 등의 비상사태에도 순발력과 재치 있는 태도가 필요하다고 할 수 있다. 다양한 상황과 비상사태에 대해 적절하게 대처하는 방법을 알아보자.

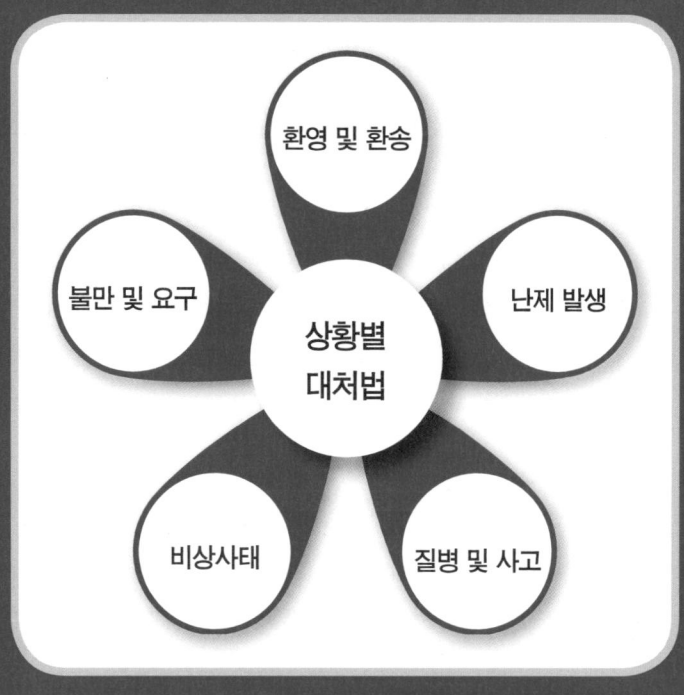

환영 및 환송

불만 및 요구

난제 발생

상황별
대처법

비상사태

질병 및 사고

Unit 01 환영 및 환송

keyword

- 환영사
- 환송사
- 인원수 확인
- 일정 확인
- 위챗 교환

---

088 接到旅行社下达的接待任务后，导游应有哪些准备?　〈해석 38p〉

▶ 首先要掌握游客数，确定航班号以及到达时间、下榻酒店、游览日程等相关事项；然后与旅行社司机联络做好接机准备工作；最后至少比约定接团时间早30分钟到达接团地点，确认接团车的停车位置。

단어와표현

下达 xiàdá (지시·명령 등을) 하달하다 ┃ 下榻酒店 xiàtà jiǔdiàn 투숙 호텔 ┃ 相关事项 xiāngguān shìxiàng 관련 사항

---

089 旅游团到达旅游景点后，应向游客交代哪些事情?　〈해석 38p〉

▶ 第一、下车前，一定要告诉游客记住集合地点、车牌号和导游的联系方式。
第二、要向游客讲清楚游览路线、注意事项及游览时间。
第三、自由活动时，要提醒游客遵守时间，一定要在指定时间到达指定地点。

---

090 介绍自己以及致欢迎词(接团词)。　〈해석 38p〉

▶ 大家好! 欢迎各位来韩国旅行，很高兴认识大家，很高兴有机会与大家同游韩国。我是〇〇〇旅行社的〇〇〇，大家就叫我〇〇〇好了!

中国有句俗话说"有缘千里来相会"，我能代表旅行社与各位一起旅行，尽管是短暂的几天，也是一种缘分吧，我很珍惜这份缘，我会竭尽所能为大家服务。如果大家在旅途中有什么困难和要求，可以随时与我沟通，希望我们能一起顺利地度过韩国的〇天之旅！谢谢大家！

> **단어와 표현**
>
> 致欢迎词 zhì huānyíngcí 환영 인사를 하다 ┃ 有缘千里来相会 yǒu yuán qiānlǐ lái xiānghuì 천리 밖에서도 인연이 있으면 만난다 ┃ 尽管…也是… jǐnguǎn…yě shì… 비록 ~이지만 그래도 ~하다 ┃ 短暂 duǎnzàn 짧다 ┃ 珍惜这份缘 zhēnxī zhè fèn yuán 이 인연을 소중히 여기다 ┃ 竭尽所能 jiéjìn suǒnéng 할 수 있는 모든 것을 다하다 ┃ 随时沟通 suíshí gōutōng 수시로 소통하다 ┃ 顺利度过 shùnlì dùguò 순조롭게 보내다
>
>

---

091 旅游团刚刚抵达韩国，从机场到酒店的车上，导游应说明哪些内容？

▶ 首先应致欢迎词，表达对游客的热烈欢迎；然后，告诉大家自己的联络方式，可能的话，利用社交网络应用程序建立一个大家共同参与的群聊房间，以保证做到与每位游客的随时沟通；再向大家简单说明一下儿几天的行程安排；最后向大家讲清楚旅途中一定要遵守的注意事项。当然不能忘记的是要随时穿插介绍从机场到酒店的沿途风光。

> **단어와 표현**
>
> 社交网络应用程序 shèjiāo wǎngluò yìngyòng chéngxù 소셜 네트워크 응용 프로그램 ┃ 建立群聊房间 jiànlì qúnliáo fángjiān 단체 대화방을 개설하다 ┃ 遵守 zūnshǒu 준수하다 ┃ 注意事项 zhùyì shìxiàng 주의 사항 ┃ 随时穿插介绍 suíshí chuānchā jièshào 수시로 중간에 소개하다 ┃ 沿途风光 yántú fēngguāng 이동 중의 경치
>
>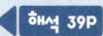

---

092 请说一下儿从仁川机场到首尔市内的沿途导游词。

▶ 各位朋友，我们的车已经驶出仁川机场。为了安全，请大家一定要系好安全带。从仁川机场到首尔市内我们下榻的酒店大概要一个小时的时间。听说中国有句俗话"有缘千里来相会"今天我们在此相遇也是一种缘分吧，我很珍惜这份缘，很珍惜这个与大家同游首尔的机会，我会竭诚为大家服务，也希望大家在这个旅程中能"放心、开心"地度过，我、我们的司机、我们的旅行社保证会给大家一个既"放心"又"开心"的难忘之旅！我也有微信，我的微信号是○○○○○○，请大家加我，我们建立一个群，以便随时沟通联系。哦，大家不用担心手机流量啊，韩国可以说处处都有无线网络。接下来呢，我把我们这几天的行程安排及注意事项发到群里，请大家一定要仔细看一下儿。在此我要特别强调一下儿，请大家保持车里的清洁，保管好手机、钱包、护照等重要个人物品。还有呀，麻烦各位，请大家调整好时间，韩国和中国的时差是一个小时，这里比中国快一个小时，从现在开始，我们的所有行动时间都以韩国当地时间为准。现在请大家看看窗外，我们的车正行驶在永宗大桥上，这座桥是仁川机场高速公路的一部分，全长4.42公里，它将仁川西侧的永宗岛与陆地连接起来。刚才各位下飞机的仁川国际机场呢，就位于永宗岛上。我们的车正驶向市内，现在大家可以闭上眼睛休息一小会儿，也可以看看窗外放松一下儿，等我们的车进入市内，我再给大家进一步介绍说明。

단어와 표현

驶出 shǐchū 몰고 나아가다 | 相遇 xiāngyù 만나다, 마주치다 | 竭诚为大家服务 jiéchéng wèi dàjiā fúwù 여러분을 위하여 성심껏 서비스하다 | 难忘之旅 nánwàng zhī lǚ 잊을 수 없는 여행 | 微信 wēixìn 위챗(중국의 SNS 일종) | 以便… yǐbiàn… ~하기에 편리하게 하다 | 手机流量 shǒujī liúliàng 휴대전화 데이터 용량 | 无线网络 wúxiàn wǎngluò 무선 인터넷 | 发到群里 fādào qúnlǐ 단체 대화방에 보내다 | 调整 tiáozhěng 조절하다, 조정하다 | 永宗大桥 Yǒngzōng Dàqiáo 영종대교 | 永宗岛 Yǒngzōngdǎo 영종도 | 连接 liánjiē 연결하다, 연접시키다

---

093 旅游团抵达酒店后，(或送客人回酒店时)导游应做好哪些工作？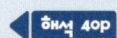

▶ 旅游团初次抵达酒店的话，首先协助办理入住手续，分发住房卡；然后介绍酒店设施，讲清楚住店注意事项；最后宣布当日或次日的活动安排，告诉游客做好相应准备，同时交待清楚集合时间和地点。如果是结束一天行程送客人回酒店的话，在解散前要宣布第二天行程安排，告知游客准备事项及注意事项，同时交待集合时间和地点。

094　退房时有什么注意事项?

해석 40p

▶　退房时一定要向客人强调随身携带好各自的物品，比如说提醒客人护照等贵重物品是否都带好了，保存在冰箱里的东西是否都拿出来了，如果有寄存在前台的东西的话别忘了取等等，然后嘱咐客人一定要把房间钥匙交到前台，并且向游客说明有使用迷你吧物品的游客要自行结算。

095　请说一下儿旅游大巴内的送团词。

해석 40p

▶　各位朋友，一会儿我们就要说再见了，谢谢大家这几天的支持和配合! 行程中，如果我们有什么服务不周的地方，还请大家多多包涵。几天的相处，感到大家都那么真诚，感到了中国人的魅力，只可惜"天下没有不散的宴席"，希望我们还有机会再见面，再为大家提供服务。今后如果需要韩国旅行的信息或有什么需要咨询的，可以随时"微信"我! 最后祝大家一路平安! 谢谢大家!

Unit 02　난제 발생

keyword

민감 역사
단독 행동
시간 불준수
문화 경시

---

096 如果有游客问一些关于政治或历史等敏感问题时，应怎么回答？　〔해석 41p〕

▶ 应随机应变地根据不同情况巧妙应对，其中最简单的方法就是告诉游客，那是学术问题，还是留给专家解决比较好，我们的目的是旅游观光，所以最好是轻松地让大脑"休息"。

> **단어와 표현**
>
> 随机应变 suíjī yìngbiàn 임기응변하다 ǀ 巧妙应对 qiǎomiào yìngduì 영리하게 대처하다

---

097 如果有游客轻视本国文化该怎么办？　〔해석 41p〕

▶ 我会委婉地告诉游客"一方水土养一方人"，每个地方都有自己的特色，境外旅游特征之一就是要体验理解当地的文化，那才可以适应"世界一体化"潮流。

> **플러스 질문**
>
> ❶ 如果中国游客在游览古宫时，觉得跟中国的故宫、颐和园相比，韩国的景点太小，没有意思的话，你会怎办？
>
> _____
>
> _____

단어와표현

委婉 wěiwǎn 완곡하다 | **一方水土养一方人** yì fāng shuǐtǔ yǎng yì fāng rén 한 지역의 풍토가 그 지역의 사람을 기른다 | **适应···潮流** shìyìng···cháoliú ~흐름에 적응하다

---

098 在导游过程中，与游客有沟通障碍时应怎么办？ 해석 41p

▶ 沟通有障碍的话，我想大体可以分为两种情况，一是游客听不懂或不能理解导游的意思；二是导游听不懂或不能理解游客的意思。无论哪种情况，首先自己或对方要慢慢重新说明，必要时可配合身体语言，如打手势等；或者考虑拿出笔来写给对方看；再或者考虑寻求身边人的帮助。

단어와표현

沟通障碍 gōutōng zhàng'ài 의사소통이 안 되다 | **打手势** dǎ shǒushì 손짓을 하다 | **或者···再或者···** huòzhě··· zài huòzhě··· 혹은 ~하거나 또 혹은 ~하다 | **寻求帮助** xúnqiú bāngzhù 도움을 요청하다

---

099 在导游服务过程中，游客表现出不愿听导游员讲解的样子时，应如何应对？ 해석 41p

▶ 首先与游客沟通，找出原因。如果游客是对导游的讲解不满意而消极对待的话，要深刻反省，找出自己的不足，并在后续导游过程中，寻求变化，让自己的解说更有吸引力；如果是游客对相关说明本身不感兴趣的话，我想那没有太大关系，在其他景点，游客自然会调整自己的状态；如果游客是因疲劳而对讲解表现出漠不关心的话，要考虑给游客休息的时间。

단어와표현

消极对待 xiāojí duìdài 소극적으로 대하다 | **深刻反省** shēnkè fǎnshěng 진지하게 반성하다 | **后续导游** hòuxù dǎoyóu 후속 여행 안내 | **漠不关心** mò bù guānxīn 전혀 관심이 없다

100 有游客提出结束当日行程后单独外出购物的意向时，作为导游应怎么做？

 해석 42p

▶ 应该根据不同情况灵活处理。一般情况下我会考虑帮助游客。比如说，给游客介绍比较合适的购物地点，告诉游客坐车的方法等，条件允许的话，也许会考虑陪同购物。

> **단 어 와 표 현**
>
> **条件允许的话** tiáojiàn yǔnxǔ dehuà 조건이 허락한다면

101 对于一些常常不遵守时间的游客，导游应怎么对待？

 해석 42p

▶ 如果个别游客因为特殊原因迟到了，我会表示理解，并向其他游客解释。为避免"迟到"的现象发生，我会再三向大家强调团队旅行遵守时间，既是对自己的尊重，也是对别人的尊重。也许会考虑事先跟游客定一个惩罚规则，迟到的话请大家喝饮料，或者在大家面前唱个歌儿什么的，这样既能调节气氛又能拉近彼此间的距离，重要的是还能增强大家的"时间观念"。

> **단 어 와 표 현**
>
> **特殊原因** tèshū yuányīn 특수한 이유 ┃ **再三强调** zàisān qiángdiào 재삼 강조하다 ┃ **定惩罚规则** dìng chéngfá guīzé 벌칙을 정하다 ┃ **调节气氛** tiáojié qìfēn 분위기를 조절하다 ┃ **拉近彼此间的距离** lājìn bǐcǐ jiān de jùlí 서로 간의 거리를 좁히다 ┃ **增强时间观念** zēngqiáng shíjiān guānniàn 시간 관념을 강화하다

102 有游客咨询买什么特产做礼物好时，你怎么回答？

해석 42p

▶ 中国有句成语"投其所好"，我想礼物不在贵贱，关键是收到礼物的人是否喜欢。所以我想有游客咨询买什么特产时，应首先问问游客收礼物的人的年龄、身份、爱好等信息，然后根据不同情况，选择合适的东西推荐给游客。

단어와표현

投其所好 tóu qí suǒ hào 상대방이 좋아하는 것을 따르다 ǀ **不在贵贱** búzài guìjiàn 비싸고 싼 것에 있지 않다 ǀ **关键** guānjiàn 관건, 중요한 점 ǀ **首先…, 然后…** shǒuxiān…, ránhòu… 먼저 ～하고, 그 다음에 ～하다

103 游客在去机场的路上或已经到机场时突然发现贵重物品落在酒店，应如何处理？

해석 42p

▶ 应马上跟酒店联系，请他们帮忙确认寻找。如果找到了，时间允许的话，请酒店派人帮忙送到机场。时间不允许的话，请游客留下一个联系方式，回头给游客寄回去。但要告知游客相关费用自付。

단어와표현

时间允许的话 shíjiān yǔnxǔ dehuà 시간이 허락한다면 ǀ 派人 pàirén 사람을 보내다 ǀ 留下一个联系方式 liúxià yí ge liánxì fāngshì 연락 방법을 남기다 ǀ 回头 huítóu 나중에 ǀ 告知 gàozhī 고지하다, 알리다 ǀ 相关费用 xiāngguān fèiyòng 관련 비용 ǀ 自付 zìfù 자비로 부담하다

keyword

응급 대처
멀미
수하물 분실
갈등
고장

---

104 导游过程中，游客身体突然不舒服时应该怎么办？ ◁해석 43P

▶ 向旅行社报告，同时根据情况选择就近就医或安排休息。若症状比较严重的话，要打急救电话119寻求帮助。就医的话，要记住请医生开诊断证明。如果是重病或受重伤时，应该帮助游客与大使馆或领事馆取得联系，寻求帮助。

단어와표현

就近 jiùjìn 근방에, 부근에 ┃ **就医** jiùyī 진찰을 받다 ┃ **症状严重** zhèngzhuàng yánzhòng 증상이 심각하다 ┃ **开诊断证明** kāi zhěnduàn zhèngmíng 진단서를 발급하다

---

105 行程中，有游客晕车时，应如何处理呢？ ◁해석 43P

▶ 在行程中，当然不能忘记提醒晕车游客提前吃晕车药，并尽量安排晕车游客坐在前排靠窗位置。如果晕车厉害的话，在条件允许的情况下，可以考虑请司机暂时停一会儿车。还有一定要随车准备一些塑料袋。

단어와표현

提醒 tíxǐng 각성시키다, 주의를 주다 ┃ **前排靠窗位置** qiánpái kàochuāng wèizhi 앞 좌석 창가 위치 ┃ **条件允许的情况下** tiáojiàn yǔnxǔ de qíngkuàng xià 여건이 허락하는 상황하에서 ┃ **随车准备** suíchē zhǔnbèi 차 안에 구비하다 ┃ **塑料袋** sùliàodài 비닐 봉투

106 旅游团队中的游客之间或游客与观光地其他游人、
当地业主等发生冲突时应怎么办？

 해석 43P

▶ 遇到这种情况，首先在保持中立的前提下，劝阻双方，尽量做好调节工作；如果是团队游客之间发生了矛盾并不可调节的话，要考虑团队利益，尽量避免安排双方同桌吃饭、同组旅行等。如果是与其他游人或当地业主等发生冲突时，调节未果的情况下，尽量做到大事化小，小事化了。

단어와 표현

当地业主 dāngdì yèzhǔ 현지 업주 | 保持中立 bǎochí zhōnglì 중립을 유지하다 | 劝阻双方 quànzǔ shuāngfāng 쌍방을 말리다 | 不可调节 bù kě tiáojié 화해할 수 없다 | 调节未果 tiáojié wèi guǒ 조정이 성과가 없다 | 大事化小，小事化了 dà shì huà xiǎo, xiǎo shì huà liǎo 갈등이 생겨난 후 완화되도록 노력하다

107 发生误机事故的话，导游应如何处理？

 해석 43P

▶ 首先马上向旅行社报告，请求协助，同时真诚地向游客赔礼道歉，稳定游客情绪，尽量安排好游客滞留期间的食宿等事宜；然后跟航空公司联系，尽量让游客尽快改签航班。

단어와 표현

误机 wùjī 비행기를 제시간에 탑승하지 못하다 | 赔礼道歉 péilǐ dàoqiàn 예의를 갖추어 사과하다 | 滞留期间 zhìliú qījiān 체류 기간 | 改签 gǎiqiān (비행기표·기차표를) 바꾸다

108 游客下飞机后发现行李丢失的话，该如何处理？

 해석 44P

▶ 首先向游客了解具体情况，然后根据不同情况尽量与相关单位联系协助查找。如行李不能找回，确定非个人原因后，到有关单位办理索赔手续，尽快帮助游客处理。

단어와 표현

相关单位 xiāngguān dānwèi 관련 부서 | 非个人原因 fēi gèrén yuányīn 개인적 원인이 아니다 | 办理索赔手续 bànlǐ suǒpéi shǒuxù 배상 수속을 처리하다

109 在游览过程中，导游突然生病怎么办？

 해석 44p

▶ 导游在任何情况下都应尽量坚守岗位，突然生病时，如果还能坚持的话，应在尽量不给游客带来麻烦的情况下继续工作；如果因病情严重可能会影响游客行程的话，要及时跟旅行社沟通，请求替换导游。

단어와표현

坚守 jiānshǒu 꿋꿋이 지키다

---

110 旅游团已到机场，导游却迟到了的话，作为导游要怎么办？

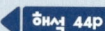 해석 44p

▶ 当然要坚决杜绝这种情况的出现。但是由于不得已的原因，出现了这种情况的话，无论如何首先要真诚地向游客道歉，然后实事求是地向游客说明迟到的原因，恳请大家原谅，并保证在带团过程中以热情、诚恳、周到的服务弥补自己迟到给游客带来的不便。

단어와표현

杜绝 dùjué 두절하다, 철저히 막다 | 不得已 bùdéyǐ 부득이하다, 어쩔 수 없다 | 实事求是 shíshì qiúshì 사실대로 | 恳请原谅 kěnqǐng yuánliàng 용서를 간절히 청하다 | 带团过程 dàituán guòchéng 단체 인솔 과정 | 以…的服务 yǐ…de fúwù ~한 서비스로 | 诚恳 chéngkěn 진실하다, 간절하다 | 弥补 míbǔ 메우다, 보상하다

---

111 接团过程中，万一发生空接，导游应如何处理？

 해석 44p

▶ 要立刻与旅行社联系，了解确定发生空接的原因。如果是游客在出发地发生了意外，要根据具体情况考虑留在机场等候或另作安排；如果是在目的地发生了意外，应一边等候，一边根据具体情况寻找解决办法。

단어와표현

发生意外 fāshēng yìwài 생각지 못한 일이 발생하다 | 另作安排 lìng zuò ānpái 다른 계획을 안배하다

112 接团过程中，万一发生漏接，导游应如何处理？ 해석 45P

▶ 遇到这种情况，第一、了解情况后，立刻请别的导游帮忙接团。第二、向游客赔礼道歉，并真诚地说明事由。第三、在后续行程中，要保证服务质量，消除游客因漏接产生的不满情绪。

플러스 질문

❶ 什么是空接？什么是漏接？

---

113 旅游车在途中出现故障，比如说抛锚或者爆胎的话，导游应如何处理？ 해석 45P

▶ 首先要向游客说明情况，寻求谅解。如果车子不能就地修理，会影响行程的话，要向旅行社报告，请求安排别的车辆。

단 어 와 표 현

出现故障 chūxiàn gùzhàng 고장이 발생하다 ┃ 抛锚 pāomáo 고장이 나서 중간에 멈추다 ┃ 爆胎 bàotāi 타이어가 터지다 ┃ 寻求谅解 xúnqiú liàngjiě 양해를 구하다 ┃ 就地修理 jiùdì xiūlǐ 그 자리에서 수리를 하다

---

114 在机场接团时，如果旅游巴士没有在指定时间到达指定地点，怎么办？ 해석 45P

▶ 这种情况，首先应与巴士司机或其所属单位联系确定巴士停车地点，要求对方必须尽快到达指定停车地点。如若发生意外，要马上通过各种渠道联系其他车辆。

단 어 와 표 현

所属单位 suǒshǔ dānwèi 소속 부서 ┃ 各种渠道 gèzhǒng qúdào 여러 방법

keyword

여권 분실

행방불명

여행 취소

실종

화재

---

115 已按计划准备去机场接团时，突然接到旅行团延迟抵达的
通知，该如何处理? 해석 46p

▶ 首先联系已经预定的车辆，告知其旅行团延迟抵达的事实，并通知具体
接团时间；然后联系已预订的餐厅和住宿酒店，取消原预订后重新预
订。

단어와표현

延迟抵达 yánchí dǐdá 도착이 지연되다 | 取消原预订 qǔxiāo yuán yùdìng 원래 예약을 취소하다

---

116 游客丢了护照怎么办? 해석 46p

▶ 如果确定护照丢失，应第一时间到当地移民局或警察局报案挂失，并开
具遗失证明；然后带游客到中国驻韩国大使馆或领事馆补办护照或旅行
证。

단어와표현

第一时间 dìyī shíjiān 즉각 | 挂失 guàshī 분실 신고를 하다 | 开具证明 kāijù zhèngmíng 증명서를 발급받다 | 补
办 bǔbàn (증명서·수속 등을) 사후에 처리하다, 재발급하다

117 在游览过程中，有游客走失怎么办？

 해석 46p

▶ 首先了解情况，考虑游客可能走失的地方，利用景点广播等尽力寻找。寻找未果时，应及时向旅行社报告，同时联系酒店，请求协助，告知酒店若游客回酒店了的话，请酒店及时与导游联系。然后，由领队继续寻找，导游呢，则带团继续后续游览日程，并随时与领队及旅行社沟通。

단어와표현

走失 zǒushī 행방불명이 되다, 실종되다 | **寻找未果** xúnzhǎo wèi guǒ 찾는 데 성과가 없다 | **后续** hòuxù 후속의

118 在景点游览过程中，导游应如何预防游客走失？

 해석 46p

▶ 一是要尽量保持集体行动，在每个景点游客自行游览前，一定再三强调集合时间和集合地点；二是要让每位游客都确切记下导游的联络方式；三是告诉游客万一与导游失联又找不到集合地点的话，应采取的补救措施，比如到景点大门、旅游大巴或一些有特殊标记的地方等待；四是随时清点人数。

단어와표현

自行游览 zìxíng yóulǎn 자유로이 관람하다 | **确切** quèqiè 확실하다 | **补救措施** bǔjiù cuòshī 보완 조치를 취하다 | **清点人数** qīngdiǎn rénshù 인원수를 정확히 파악하다

119 如果发生游客擅自脱团的情况，作为导游，应如何处理？

 해석 47p

▶ 如果发生脱团事件，会对旅行社造成不良影响，如果情节严重，旅行社甚至有可能会被吊销执照。所以我会时刻注意游客动向，随时清点人数。万一发现有人擅自脱团，要第一时间向旅行社报告，并就近寻找。

단어와표현

擅自脱团 shànzì tuōtuán 무단이탈을 하다 | **造成不良影响** zàochéng bùliáng yǐngxiǎng 좋지 않은 영향을 끼치다 | **情节严重** qíngjié yánzhòng 상황이 심각하다 | **吊销执照** diàoxiāo zhízhào 면허를 취소하다, 영업을 중단하다 | **动向** dòngxiàng 동향, 흐름, 추세 | **清点人数** qīngdiǎn rénshù 인원을 점검하다 | **就近寻找** jiùjìn xúnzhǎo 근처를 수색하다

---

120 有游客要求中途退团时，导游应如何处理？　　　 해석 47P

▶ 首先确认游客中途退团的原因，如果因为身体不适、家有急事等不可避免的原因的话，要向旅行社报告并让其填写退团申请，但要告知游客部分费用不能退款的事实。如果没有上述特殊原因，游客提出中途退团时，首先要尽量劝说游客跟团结束旅行，但顾客坚持退团的话，要向旅行社报告，并让其填写退团申请，同时根据合同告知游客一些基本事项，比如不能退款等事实。

단어와표현

中途退团 zhōngtú tuìtuán 중도에 여행을 중단하다 | **不可避免** bùkě bìmiǎn 피할 수가 없다 | **填写申请** tiánxiě shēnqǐng 신청서를 작성하다 | **劝说** quànshuō 설득하다

---

121 由于客观原因，行程不能实际履行时应怎么办？　　　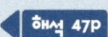 해석 47P

▶ 由于天气或交通等客观原因，行程不能实际履行的话，首先应向旅行社汇报，然后向游客充分说明当时的情况，在获得全体游客的同意下，签订日程变更同意书，最后按照变更旅行计划履行日程。

단어와표현

实际履行 shíjì lǚxíng 실제적으로 이행하다 | **向…回报** xiàng…huíbào ~에 보고하다 | **签订变更同意书** qiāndìng biàngēng tóngyìshū 변경 동의서에 함께 서명하다 | **履行日程** lǚxíng rìchéng 일정을 이행하다

해석 47P

122 游览某个室内景点时，不幸发生火灾时应如何应对？

▶ 首先在游览开始前，应事先告诉游客"安全门"的位置等基本安全常识。游览过程中，若不幸发生火灾，应镇定地尽快把游客带到安全地带。

단 어 와 표 현

事先 shìxiān 사전에, 미리 | 镇定 zhèndìng 침착하다, 차분하다, 진정시키다 | 安全地带 ānquán dìdài 안전 지역

해석 47P

123 游客在登机1小时前发现护照不见了，作为导游应如何处理？

▶ 护照在登机前不见了，游客肯定会惊慌失措，所以首先要安抚好游客，同时请她认真回忆，了解情况后，尽量帮助游客寻找，同时向旅行社报告请求帮助。

단 어 와 표 현

登机 dēngjī 탑승하다 | 惊慌失措 jīnghuāng shīcuò 당황하여 실수하다 | 安抚 ānfǔ 위로하다, 안정시키다 | 认真回忆 rènzhēn huíyì 진지하게 기억을 더듬다

 **keyword**

메뉴 교체

불법 유흥

술 권하기

일정 변경

---

124 旅行途中如果游客有不满情绪时该怎么办? 해석 48p

▶ 如果游客是轻微的不满抱怨，我会耐心地解释说明当时的情况；如果事态比较严重的话，我会根据具体情况，竭尽全力予以解决。当然应尽量避免这样的事情发生，因此我会提前确认好行程中的每个细节。

플러스 질문

❶ 比较严重的具体情况可能是什么?

_____

_____

단어와표현

轻微 qīngwēi 경미하다, 미비하다 | **不满抱怨** bùmǎn bàoyuàn 불만을 가지고 원망하다 | **事态严重** shìtài yánzhòng 사태가 심각하다 | **竭尽全力** jiéjìn quánlì 최선을 다하다 | **予以** yǔyǐ ~을 주다

---

125 在带团过程中，游客向导游提出不满，或者被游客口头投诉的话，应怎么处理? 해석 48p

▶ 导游的职责之一就是"让游客满意"，因此在工作中我会自始至终保持微笑。如果游客提出不满或口头投诉，我会第一时间了解情况，并自我反省，有错就改，没错呢，以后要注意避免误会。但要注意的是，无论如何，都不要当游客面辩解。

126 游客对住宿、饮食或行程提出不满时应怎么办?

 해석 48p

▶ 对住宿提出不满的话,要具体了解不满的原因是什么,在同等费用的前提下,与酒店沟通,寻求帮助,如换房间等;若对饮食提出不满的话,也同样首先要倾听游客的意见,在合理要求范围内,通知下一个餐厅提前做好准备;对行程提出不满的话,参考游客与旅行社签订的协议,在可调节范围内应尽量满足游客要求。

플러스 질문

❶ 举例说明可能出现的住宿、饮食或行程不满。

_____

_____

127 旅游团对餐饮表示强烈不满时,导游应采取什么补救措施?

 해석 49p

▶ 一般应该不会出现这种情况,但如果真的发生这样的事情的话,首先应向游客赔礼道歉,并认真倾听游客意见,然后向旅行社和餐厅通报情况,并根据具体情况考虑通知下一站餐厅,避免类似问题再次出现。

---

128 就餐时，若游客要求换餐，该如何处理？ 〈해석 49p〉

▶ 首先向游客说明所提供餐饮均是按照合同提供的，如果游客觉得饮食不那么丰富而要求换餐，在跟旅行社沟通后，与就餐餐厅协商换菜单，但一定要告知游客可能会产生额外费用；如果游客觉得饮食不合口味而要求换餐时，在条件允许的情况下与餐厅商量换菜单。

플러스 질문

❶ 就餐时，若游客要求自己点菜，该如何处理？

---

129 遇到故意刁难导游或者提出一些非合理要求的游客，
应怎么做？ 〈해석 49p〉

▶ 对于故意刁难导游或提非合理要求的游客，我会"易地思之"，站在游客角度，尽量去满足顾客的要求；关键是要随机应变，灵活处理问题。不管怎样，游客出来玩儿也是为了开心，应该不会故意找气生，所以我想只要真的理解他们，真心地对待他们，相信什么问题都会迎刃而解。如果真的无法协调的话，会考虑向旅行社报告，请求协助。

---

130 如果有游客要求导游组织夜间非法娱乐活动，该怎么办? 해설 49p

▶ 要明确告诉游客不能提供非法的娱乐项目，但是时间和条件允许的话，可以考虑向游客推荐合法的娱乐场所。比如说卡吉诺赌场、夜总会和合法的按摩院等地方。

---

131 旅游团要缩短原定游览计划，比如说由四天改为三天，或者提出改变行程，如减少或增加游览项目时，应怎么做? 해설 50p

▶ 旅游计划是由旅行社负责安排的，所以对于旅游团要求缩短游览计划的要求，要听从旅行社的安排; 对于游客要求增加或减少游览项目的要求，可以在不增加旅行社费用(包括景点门票)，不影响旅游车运行线路和时间的情况下，尽量满足游客的要求; 如果即便费用增加，游客也愿意承担的话，可以向旅行社报告，尽量安排; 如果由于各种客观原因不能满足游客要求的话，应耐心地向游客解释说明。

Unit 05 불만 및 요구

132 如果有游客请你喝酒，你会怎么办？ 해석 50p

▶ 导游在工作时间，不可以喝酒，所以我会礼貌地拒绝。但是考虑当时的气氛，不扫大家的兴的话，可以给对方倒一杯酒表示谢意，或是以水代酒表达诚意。

단어와표현

扫大家的兴 sǎo dàjiā de xìng 사람들의 흥을 깨다 | 表示谢意 biǎoshì xièyì 감사를 표하다 | 以水代酒 yǐ shuǐ dài jiǔ 물로 술을 대신하다 | 表达诚意 biǎodá chéngyì 성의를 표하다

CHAPTER

04

한중 문화 차이

출제 포인트

두 나라는 동일한 동양 문화권에 속하며 역사적으로 상호 긴밀한 관계 속에서 사회적 문화적 유사성도 존재하지만 동시에 이질성이 존재한다. 두 나라 간의 정치제도 혹은 사상, 문화 인식적 차이점에 대해 알아보고자 하는 질문이 출제된다.

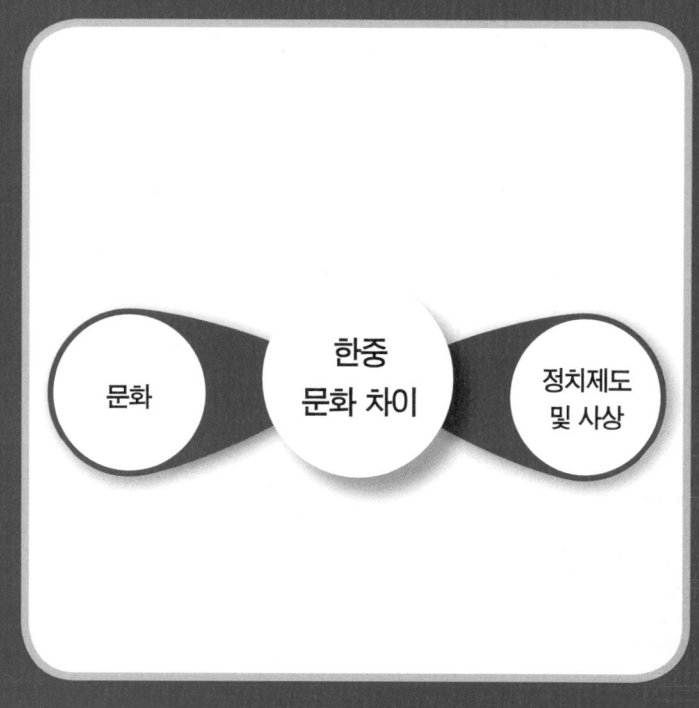

문화   한중 문화 차이   정치제도 및 사상

 keyword

자본주의	유가 사상
사회주의	취업관
병역제도	결혼관
종교	역사 인식

---

133 韩中两国的政治体系有什么不同? ◀ 해석 51p

▶ 韩国和中国的基本政治制度不同，韩国是资本主义制度，中国是社会主义制度。韩国的政治制度是民主制度，行政权、立法权（议员制国会）、司法权三权分立。在韩国，年满19岁的韩国公民都享有选举权。总统由选民直选产生，任期为5年；国会议员选举和地方议会议员选举均为每四年举行一次。而中国的政治制度是人民代表大会制度。全国人民代表大会由省、自治区、直辖市和军队选出的代表组成，每届任期为5年。常设机构为全国人民代表大会常务委员会，大会会议每年举行一次。

플러스 질문

❶ 中国现任国家主席是谁?

_____

❷ 能不能简单介绍一下儿中国的人民代表大会制度?

_____

_____

_____

단어와 표현

行政权 xíngzhèngquán 행정권 ㅣ 立法权 lìfǎquán 입법권 ㅣ 司法权 sīfǎquán 사법권 ㅣ 三权分立 sān quán fēnlì 삼권분립 ㅣ 享有选举权 xiǎngyǒu xuǎnjǔquán 선거권을 누리다 ㅣ 直选 zhíxuǎn 직접 선출하다 ㅣ 任期为… rènqī wéi… 임기가 ~이다 ㅣ 届 jiè 회(回), 기(期), 차(次)

134 韩中两国的兵役制度有什么不同?

해석 51p

▶ 韩国执行的是强制性义务兵役制，凡是20到36岁的男性公民经兵役厅体检合格均要服从国家兵役制度，任何人不得违抗；而中国实行义务兵役制为主体的义务兵与志愿兵相结合的制度，即国家需要时，每位公民，都有依照法律服兵役的义务，但目前主要执行的是志愿兵制度。

> **단 어 와 표 현**
>
>
>
> **强制性义务兵役制** qiángzhìxìng yìwù bīngyìzhì 강제성을 띤 의무병역제 | **兵役厅** bīngyìtīng 병무청 | **体检** tǐjiǎn 신체 검사(하다) | **违抗** wéikàng 거역하다 | **志愿兵** zhìyuànbīng 지원병

135 韩中两国人民的宗教信仰有什么不同?

해석 51p

▶ 据调查，韩国一半以上人口信奉宗教。基督教、佛教和天主教是主要宗教，构成韩国三大宗教。而历史上中国人大多数信仰道教和佛教，后来天主教、基督教传入中国，又有一些人开始信仰这些宗教。一般的中国人，在崇拜祖先的基础上，都受到道教和佛教的影响。

136 谈谈儒家思想对中韩两国的影响。

해석 52p

▶ 中韩两国都深受儒家思想文化影响。中国几千年来的封建社会，所传授的不外《四书》《五经》，传统的责任感思想、节制思想和忠孝思想等都是中国从古至今的主流思想；在韩国，信奉各种宗教的人很多，但是在伦理道德上却以儒家为主。可是新中国成立后，在西方文化和反封建思想的影响下，中国人对儒家思想中的等级制度和期数文化等进行了选择性继承，因此从表面上看来，韩国的儒家思想似乎比中国继承得更为彻底。

플러스 질문

❶ 中韩两国在等级文化方面的不同具体表现在哪里?

_____

_____

_____

_____

단어와 표현

深受儒家思想文化影响 shēnshòu rújiā sīxiǎng wénhuà yǐngxiǎng 유가 사상 문화의 깊은 영향을 받다 ┃ 所传授的 suǒ chuánshòu de 전수되어 온 것 ┃ 不外 búwài (어떤 범위를) 벗어나지 못하다 ┃ 《四书》 《Sìshū》 『사서』(논어, 맹자, 대학, 중용) ┃ 《五经》 《Wǔjīng》 『오경』(시경, 서경, 역경, 예기, 춘추) ┃ 节制思想 jiézhì sīxiǎng 절제 사상 ┃ 主流思想 zhǔliú sīxiǎng 주류 사상 ┃ 伦理道德 lúnlǐ dàodé 윤리 도덕 ┃ 选择性继承 xuǎnzéxìng jìchéng 선별적 계승 ┃ 似乎 sìhū 마치 (~인 것 같다) ┃ 继承得更为彻底 jìchéng de gèngwéi chèdǐ 더욱 철저하게 계승하다

---

137 "儒家思想"在韩国和现代中国人生活中是怎样的一种存在? 해석 52p

▶ 儒家的核心思想是仁、义、礼、智、信，在韩国尊老爱幼，强调恭顺，对长辈或地位高的人要使用尊称和敬语等都是韩国的儒家思想的一种表现，儒家思想在韩国人的生活中可以说是一种普遍的存在。儒家思想的创始人孔子虽是中国人，但是在中国的发展过程中，特别是解放后反封建、反统治的思想日益强烈，追求男女平等，甚至曾经有过"反孔"运动，所以相对来说，在生活细节上，中国的老百姓不像韩国人那样注意小节，但并不能说中国人不讲儒学，不懂礼仪，因为中国人骨子里的尊老爱幼等思想还是根深蒂固的。现在，随着社会的发展，儒学在中国又有了一定的社会地位，特别是在习近平主席亲自参加了孔子诞辰纪念等活动后，社会各界都在强调儒学对社会发展的重要性。

단어와 표현

尊老爱幼 zūnlǎo àiyòu 노인을 공경하고 어린아이를 아끼다 ┃ 强调恭顺 qiángdiào gōngshùn 공손함을 강조하다 ┃ 日益强烈 rìyì qiángliè 갈수록 심해지다 ┃ "反孔"运动 "fǎn Kǒng" yùndòng '공자 타도' 운동 ┃ 注意小节 zhùyì xiǎojié 사소한 일에 신경쓰다 ┃ 根深蒂固 gēnshēn dìgù 뿌리가 깊다, 기초가 튼튼하여 쉽게 흔들리지 않다

138 请分别谈谈韩国年轻人和中国年轻人的就业观。 해석 53P

▶ 无论是韩国年轻人还是中国年轻人，在就业方面首先都热衷于"铁饭碗"或大企业，大多都是"高不成低不就"，"这山望着那山高"。韩国年轻人都会为了就业不惜投资，从外语成绩到各种资格证，竭尽全力地为就业努力；而中国年轻人虽然也非常努力，但相比获取就业保障，他们更加重视工作所带来的满足感。相当一部分年轻人认为如果一直做自己不喜欢的工作，会让人觉得生命没有了意义。由此可见，在就业观方面，韩国年轻人好像比中国年轻人更现实些。

단어와 표현

热衷于 rèzhōng yú ~에 열중하다 | 铁饭碗 tiěfànwǎn 철밥통, 평생 직업 | 高不成低不就 gāo bù chéng dī bú jiù 높은 곳은 능력 부족이고 낮은 곳은 가고 싶지 않다 | 这山望着那山高 zhè shān wàngzhe nà shān gāo 남의 떡이 커 보이다 | 不惜投资 bùxī tóuzī 투자를 아끼지 않다 | 竭尽全力 jiéjìn quánlì 전심전력을 다하다 | 相比 xiāngbǐ 서로 비교하다 | 获取就业保障 huòqǔ jiùyè bǎozhàng 취업 보장을 획득하다 | 由此可见 yóucǐ kějiàn 이로써 알 수 있다

139 请谈谈韩国年轻人和中国年轻人的婚姻观。 해석 53P

▶ 随着社会的发展和竞争的激烈，年轻人的婚姻观也有一定变化。如今与中国社会比起来，韩国社会似乎更讲究门当户对，而且由于结婚成本及育儿费用的增多，越来越多的年轻人对婚姻"敬而远之"；而中国年轻人虽然也同样面对众多经济压力，但相对来说"适龄结婚"仍是理所当然的，同时也许是因为如今的年轻人多是独生子女的原因，他们更追求自我和自由，对婚姻的责任感日渐不足。

단어와 표현

门当户对 méndāng hùduì 남녀 집안의 사회적 지위와 경제적 형편이 비슷하다 | 结婚成本 jiéhūn chéngběn 결혼 비용 | 敬而远之 jìng ér yuǎn zhī 공경하되 가까이 하지 않다(논어) | 适龄结婚 shìlíng jiéhūn 결혼 적령기 | 理所当然 lǐ suǒ dāngrán 당연하다 | 日渐不足 rìjiàn bùzú 점차로 부족해지다

140　请举例介绍一下儿韩中两国人生活中的忌讳。

해석 53p

▶　禁忌本是古代人敬畏超自然力量或因为迷信观念而采取的消极防范措施，如今仍有不少禁忌遗留下来并影响着人们的生活。比如说对数字的禁忌吧，中国人认为双数数字吉利，可是又同时忌讳数字"4"，所以，选择吉日日期呀、选择号码呀什么的会尽量避免数字"4"，但是家人团聚或朋友聚餐时，3个人或4个人时则要点四个菜，绝对避免点"单数"，如"3、5、7……"；而韩国人好像无论什么场合都对"4"很敏感，连电梯里的楼层都用"F"取而代之，对中国人绝对没有好感的数字"7"却认为是幸运的代表，还有韩国人受传统的"天、地、人"观念影响，还特别喜欢数字3。此外因谐音现象，中国人喜欢6、8、9，其中6表示顺利，8表示发财，9则表示永久。除了数字禁忌，再比如生活中新年时的生活习惯呀什么的也不尽相同。

단 어 와 표 현

忌讳 jìhuì 금기 | 禁忌 jìnjì 금기 | 敬畏 jìngwèi 경외하다 | 迷信观念 míxìn guānniàn 미신 관념 | 消极防范 xiāojí fángfàn 소극적 방어 | 双数 shuāngshù 짝수 | 吉日 jírì 길일 | 单数 dānshù 홀수 | 取而代之 qǔ ér dài zhī 다른 것으로서 대신하다 | 谐音现象 xiéyīn xiànxiàng 동음 및 유사음 현상 | 不尽相同 bújìn xiāngtóng 다 같은 것은 아니다, 다르다

141　请介绍一下儿东北工程，并谈谈你的看法。

해석 54p

▶　说到"东北工程"，韩国人可以说家喻户晓，可在中国，可能会有很多人不知道。这是为什么呢？"东北工程"即"东北边疆历史与现状系列研究工程"，是由中国社会科学院和东北三省相关学术机构及大学联合组织的大型学术项目，由于其研究内容涉及到古朝鲜、高句丽、渤海史研究等，韩国社会对此比较敏感。可是我认为这个问题毕竟是学术问题，对于争端最好是留给历史学者研究。

단 어 와 표 현

东北工程 dōngběi gōngchéng 동북공정(동북 변경 지역의 역사와 현상에 관한 체계적인 연구 프로젝트) | 家喻户晓 jiāyù hùxiǎo 모두가 알고 있다 | 涉及到 shèjídào ~에 미치다 | 渤海 Bóhǎi 발해 | 敏感 mǐngǎn 민감하다 | 学术问题 xuéshù wèntí 학술 문제 | 争端 zhēngduān 다툼의 쟁점

142 介绍一下儿渤海。

해석 54p

▶ 大多数中国人认为"渤海国"名称来自于唐朝所赐的"渤海郡王"封号。而韩国方面则认为"渤海"一名不是源于唐朝封号，是韩民族的祖先——渤海人自己所定，唐朝册封只是承认既成事实而已。并且指出"渤(bal)"是古韩语中的"光明"、"光亮"之意，而"海(hae)"在韩语中则是"太阳"的意思，因此借用汉字标记为"渤海"，意为"阳光鲜明的地方"，与"朝鲜"等称谓的含义一脉相承。有关渤海的记载少之又少，因此"渤海"也一直是人们有所争议的问题之一，但我认为历史问题还是要留给专家学者们研究比较好，不应因历史问题影响两国人民的交流与感情。

> **단 어 와 표 현**
>
> **赐** cì 하사하다 ┃ **封号** fēnghào 작호, 칭호 ┃ **唐朝册封** Tángcháo cèfēng 당나라 때 책봉하다 ┃ **既成事实** jìchéng shìshí 기정사실 ┃ **而已** éryǐ ~일 뿐이다 ┃ **借用** jièyòng 차용하다 ┃ **一脉相承** yímài xiāngchéng 일맥상통하다 ┃ **记载** jìzǎi 기록, 사료 ┃ **少之又少** shǎo zhī yòu shǎo 극히 드물다, 아주 적다

keyword

음식 문화	성격
술 문화	대인 관계
교육관	소비 관념
여가 생활	경조사

143 谈谈中韩两国的文化差异。 해석 55P

▶ 尽管韩中两国地缘相近、人缘相亲、文缘相通，可是文化上仍存在很多差异，简单概括如下：

首先从饮食方面来说，韩国饮食比较清淡，韩国人喜欢吃辣的，习惯喝冷水；而中国饮食呢比较油腻，中国人习惯喝热水。至于味道呢，素有"南甜北咸东辣西酸"之说。

其次从生活习惯来说，韩国人习惯于晚睡，而中国人却习惯于早睡早起，特别是中午会睡会儿午觉。生活中的韩国人生活节奏非常快，比较注重生活质量，相对来说大部分中国人没有韩国人这么爱保养，生活比较简单，比较喜欢看热闹，让人感觉更随和更亲切。

再次从宗教信仰上来看，韩国人大多有宗教信仰，如基督教、天主教、佛教等，而中国人呢则以佛教、道教为主。

最后从文化传承来看，虽然我们都受儒家思想的影响，但是中国没有韩国继承得这么彻底，在中国追求男女平等，没有韩国这么严格的等级制度和期数文化，比如说年龄不同的人可以互称朋友，甚至有"忘年交"之称。

단어와 표현

地缘相近 dìyuán xiāngjìn 지리적으로 근접하다 | 人缘相亲 rényuán xiāngqīn 인적 교류가 잦아서 서로 친근하게 느끼다 | 文缘相通 wényuán xiāngtōng 문자가 서로 통하다 | 简单概括 jiǎndān gàikuò 간략하게 개괄하다 | 至于… zhìyú… ~에 관해서는 | 素有"南甜北咸东辣西酸"之说 sù yǒu "nán tián běi xián dōng là xī suān" zhī shuō '남쪽 음식은 달고 북쪽 음식은 짜고 동쪽 음식은 맵고 서쪽 음식은 시큼하다'라는 말이 있다 | 随和亲切 suíhé qīnqiè 상냥하고 친절하다 | 文化传承 wénhuà chuánchéng 문화 계승 | 等级制度 děngjí zhìdù 서열 제도 | 期数文化 qīshù wénhuà 기수 문화 | 忘年交 wàngniánjiāo 망년지우, 나이에 상관없이 허물없이 사귄 벗

144 韩中两国人的饮食和饮食文化大体上有什么不同?

해석 55P

▶ 韩国和中国有个共同点就是南北跨度比较大，所以南方人和北方人的饮食习惯都各有不同，整体来说呢，韩国菜比较清淡，以泡菜和各种凉拌菜为主，当然各种炖菜也很普遍，味道呢辣中带甜，很有魅力；而中国菜花样众多，讲究色香味俱全，蒸、煮、炖、炒都是日常菜的主要做菜方法，其中以炒菜为主，比较油腻，味道呢素有南甜北咸东辣西酸之说。从饮食习惯上来说，韩国人喜欢凉的，比如吃冷面，喝冷水、冷牛奶、冰镇啤酒，而中国人不习惯凉的，要喝热水，至于牛奶、啤酒什么的，要喝常温的；还有韩国人的夜宵文化特别发达，而中国人则相对来说更重视早餐，中国人的早餐要比韩国人丰富得多。从饮食礼仪上来说，主要不同之处是韩国人勺子和筷子分开使用，很多人一起吃的菜肴，要用小盘子分装给每个人；中国人呢筷子和勺子没有那么明确的分工。

단어와 표현

南北跨度 nánběi kuàdù 남북 간 차이 **l** 凉拌菜 liángbàncài 나물 무침 **l** 炖菜 dùncài 오랜 시간 고아 낸 요리, 찌개 **l** 辣中带甜 làzhōng dàitián 매운맛 속에 단맛이 있다 **l** 花样众多 huāyàng zhòngduō 종류가 다양하다 **l** 色香味俱全 sè xiāng wèi jùquán (음식의) 색, 향, 맛을 모두 갖추다 **l** 蒸、煮、炖、炒 zhēng、zhǔ、dùn、chǎo 삶다, 끓이다, 고다, 볶다 **l** 素有…之说 sùyǒu…zhǐ shuō 본래 ~ 말이 있다 **l** 夜宵文化 yèxiāo wénhuà 야식 문화 **l** 菜肴 càiyáo 요리 **l** 分装 fēnzhuāng 나누어 담다 **l** 明确分工 míngquè fēngōng 명확하게 분담하다

145 韩国菜和中国菜有什么不同之处?

해석 56P

▶ 韩国菜和中国菜整体来说基本烹饪方式不同，中国菜基本以炒为主，而韩国菜则以炖、拌为主；其次味道也大有不同，中国菜比较腻，而韩国菜则相对比较清淡；再次中国菜的食材更丰富，青菜种类更多；最后呢，中国菜一般都是现做现吃，而韩国菜很多都是做好后放在冰箱里可以吃几天。

단어와 표현

整体来说 zhěngtǐ láishuō 전체적으로 말하자면 **l** 烹饪方式 pēngrèn fāngshì 조리 방식 **l** 以炖、拌为主 yǐ dùn、bàn wéizhǔ 푹 끓이고 무치는 것을 위주로 하다 **l** 大有不同 dà yǒu bùtóng 크게 다르다 **l** 清淡 qīngdàn 담백하다 **l** 食材更丰富 shícái gèng fēngfù 음식 재료가 풍부하다 **l** 现做现吃 xiànzuò xiànchī 바로 요리해서 바로 먹다

146 韩国炸酱面和中国炸酱面一样吗？有什么不同？ 해석 56p

▶ 韩国炸酱面在韩国作为中国饮食的代表，在中国却难匿其踪迹。为什么会这样呢？韩国炸酱面是生活在韩国的老华侨将中国炸酱面"改良"而成的。韩国炸酱面的主材料是春酱，亦称为甜面酱，更适合韩国人的口味，而中国的炸酱面一般用的是黄酱，味道较咸。韩国的炸酱面味道都大同小异，而中国的炸酱面则随着地域不同，味道也千差万别，最有代表性的应该是老北京的炸酱面了。

> **단 어 와 표 현**
>
> 难匿其踪迹 nán nì qí zōngjì 흔적을 찾아보기 힘들다 ▮ 春酱 chūnjiàng 춘장 ▮ 甜面酱 tiánmiànjiàng 달콤한 된장,
> 춘장(검고 단맛이 나는 소스) ▮ 黄酱 huángjiàng 황장(콩이 주원료인 된장) ▮ 大同小异 dàtóng xiǎoyì 대동소이 ▮ 千
> 差万别 qiānchā wànbié 천차만별

147 中国游客吃不惯哪些韩国的东西或饮食？ 해석 56p

▶ 我觉得个体差异很大，但整体来说的话，首先大部分中国人吃不惯苏子叶，就像很多韩国人吃不惯中国的香菜一样；其次呢，大部分中国人吃不惯"生"的，比如说生牛肉，生鱼片什么的；最后呢，还有很多中国人特别是南方人吃不惯韩国冒着热气的又辣又甜的菜。

> **단 어 와 표 현**
>
> 吃不惯 chībúguàn ～을 먹는 것이 익숙하지 않다 ▮ 个体差异 gètǐ chāyì 사람마다 차이가 있다 ▮ 苏子叶 sūziyè
> 깻잎 ▮ 香菜 xiāngcài 고수, 샹차이 ▮ 生牛肉 shēngniúròu 육회 ▮ 生鱼片 shēngyúpiàn 생선회 ▮ 冒着热气
> màozhe rèqì 뜨거운 김이 올라오다

148 你知道韩国人和中国人酒文化的差异是什么吗？ 해석 56p

▶ 说到酒文化，首先因儒家思想的影响，韩国人晚辈在长辈面前喝酒时要转过身喝，而中国呢，可面对面痛快畅饮；其次呢，韩国人喝酒时花样更多，特别是晚上的聚餐，要分几轮；而中国人喝酒喜欢在一个大的包间，

边说边聊，甚至是边唱，一个地方可以喝到曲终人散；再次韩国人要等酒都喝完了，才可以倒酒，而中国则可以随时添酒。倒酒时韩国人在酒桌上要给同桌人添酒，避免自己倒酒的现象，而中国人喝酒没有这样的习惯；还有韩国人说"干杯"，一般是为了调节气氛，酒呢，随意；而中国人说"干杯"则是真的要把杯中酒喝完。

> **단어와 표현**
>
> 转过身 zhuǎnguò shēn 몸을 돌리다 | 面对面 miàn duì miàn 얼굴을 맞대다 | 痛快畅饮 tòngkuài chàngyǐn 통쾌하게 마시다 | 花样更多 huāyàng gèng duō 방식이 다양하다 | 几轮 jǐ lún 몇 차례 | 包间 bāojiān 방을 빌리다 | 曲终人散 qǔzhōng rénsàn 어떤 일이 끝나고 사람들이 흩어지다 | 随时添酒 suíshí tiānjiǔ 수시로 술을 보태다

---

149 中国白酒和韩国烧酒的不同之处是什么？　　해석 57P

▶ 中国人喝白酒讲究味香，只香型就要分为酱香、浓香、清香等多种香型，韩国烧酒却没有那么浓烈的酒味；中国白酒的度数相对较高，普遍至少高于30度，而且根据度数、工艺的不同，入口感觉有很大差异，一杯酒下肚，从心里自外发热，但是不上头；而韩国的烧酒度数不高，口感相对较柔和，会让人不知不觉喝醉。

> **단어와 표현**
>
> 讲究味香 jiǎngjiū wèixiāng 향미를 중요시하다 | 香型 xiāngxíng 향기의 종류 | 酱香 jiàngxiāng 장향 | 浓香 nóngxiāng 농향 | 清香 qīngxiāng 청향 | 浓烈的酒味 nóngliè de jiǔwèi 강하고 농후한 술 맛 | 白酒的度数 báijiǔ de dùshù 고량주의 도수 | 上头 shàngtóu 머리 위로 올라오다 | 口感柔和 kǒugǎn róuhé 맛이 부드럽다 | 不知不觉 bùzhī bùjué 부지불식간에, 자신도 모르게

---

150 韩国传统烧酒和餐饮酒店及市面上卖的一般烧酒一样吗？　　해석 57P

▶ 不一样。韩国传统烧酒是发酵酒，酒精含量较高，大概40度，喝起来有点儿辣。其中，最具代表性的传统烧酒是安东烧酒和梨姜酒。而餐饮酒店及市面上卖的一般烧酒，不是发酵酒，是稀释酒，口感柔和，可以说是韩国的国民酒。其中，最具代表性的是真露、初饮初乐等。

단어와표현

发酵酒 fājiàojiǔ 발효주 | **安东烧酒** Āndōng Shāojiǔ 안동소주(경상북도 안동에서 만드는 소주) | **梨姜酒** líjiāngjiǔ 이강주(전라북도 전주에서 만드는 소주) | **市面** shìmiàn 시장, 거리 | **稀释酒** xīshìjiǔ 희석주 | **真露** Zhēnlù 진로(소 주명) | **初饮初乐** Chūyǐn chūlè 처음처럼(소주명)

---

151 韩中两国的教育制度一样吗? 在子女教育方面人们观念一样吗? 해석 57P

▶ 韩中两国的教育制度大体一样，都是执行12年基础教育，其中小学6年，初中3年为义务教育。韩国和中国都十分重视教育，在子女教育方面父母都有着"望子成龙、望女成凤"的想法，韩国的妈妈们绝不亚于中国的"虎妈"。但是我想是因为中国的独生子女政策的原因，中国的父母对孩子更多了一份溺爱，在素质教育方面，韩国的父母似乎更严厉一些。

단어와표현

执行 zhíxíng 실시하다 | **望子成龙、望女成凤** wàngzǐ chénglóng、wàngnǚ chéngfèng 자녀가 훌륭하게 성장하기 를 바라다 | **绝不亚于…** juébú yà yú… 절대 ~에 뒤지지 않는다 | **素质教育** sùzhì jiàoyù 인성 교육 | **严厉** yánlì 엄격하다

---

152 韩国人和中国人在业余生活方面有什么相同点及不同点?  해석 57P

▶ 大部分人的业余生活可能都差不多，比如通过各种学习提高自己的水平、锻炼身体、做各种业余爱好活动或见朋友、看电影等。说到不同的话，我觉得中国人的生活好像比韩国人更轻松一些，早上或晚上在公园或广场上，众人在一起打太极拳、跳广场舞，老人坐在小区路边聊天、下棋等看上去特别惬意；而韩国人生活节奏好像更快一些，即使是锻炼身体也似乎是忙忙碌碌的，看上去生活好像特别充实。

단어와표현

太极拳 tàijíquán 태극권 | **广场舞** guǎngchǎngwǔ 광장무(공터나 넓은 곳에 함께 모여 추는 춤) | **小区** xiǎoqū 동네, 지역 | **惬意** qièyì 만족스럽다 | **忙忙碌碌** mángmáng lùlù 매우 바쁘다

153 韩国人和中国人的性格差异大吗？

해석 58p

▶ 无论是韩国人还是中国人，每个人的性格都不一样，概括地说的话，我觉得韩国人不屈不挠，很有忍耐力，很乐观，很努力，做事情充满热情，大部分人性子比较急；中国人呢不拘小节，爱面子，特别是北方人性格豪爽，为人大方，花钱也比较大手大脚，甚至是有些铺张浪费。

단어와 표현

概括地说 gàikuò de shuō 개괄적으로 말하자면 ㅣ **不屈不挠** bùqū bùnáo 불요불굴의, 굽힘이 없다 ㅣ **忍耐力** rěnnàilì 인내심 ㅣ **不拘小节** bùjū xiǎojié 사소한 일에 구애받지 않다 ㅣ **性格豪爽** xìnggé háoshuǎng 호방한 성격 ㅣ **为人大方** wéirén dàfāng 사람이 대범하다 ㅣ **大手大脚** dàshǒu dàjiǎo 씀씀이가 크다 ㅣ **铺张浪费** pūzhāng làngfèi 겉치레에 치중하며 낭비하다

154 韩国人和中国人在为人处世方面的表现一样吗？

해석 58p

▶ 在为人处世上，我想我们两国人都重视人情，讲究礼尚往来，但是也有一些差异，比如说韩国人好像更谨慎小心，表达自己的意见时比较委婉，尽量不直接说"不"；中国人呢相对来说比较直接，因此感觉上中国人之间性格相投的话很容易成为朋友，还有呢中国人大多都讲究"中庸之道"。

플러스 질문

❶ 什么叫"中庸之道"？

단어와 표현

为人处世 wéirén chǔshì 남과 잘 어울리며 처세하다, 대인 관계 ㅣ **重视人情** zhòngshì rénqíng 인정을 중시하다 ㅣ **礼尚往来** lǐshàng wǎnglái 예의를 지키며 교류하다 ㅣ **谨慎小心** jǐnshèn xiǎoxīn 신중하고 조심스럽다 ㅣ **委婉** wěiwǎn 완곡하다, 부드럽다 ㅣ **性格相投** xìnggé xiāngtóu 성격이 서로 잘 맞다 ㅣ **中庸之道** zhōngyōng zhī dào 중용의 도

155 韩国人和中国人的消费观念是否一样?

 해석 58p

▶ 我想消费观念因人而异,而且我觉得不论是中国人还是韩国人,随着年龄的不同,消费观念也存在一定差异。整体来说呢,韩国的老年人比较重视自己的老年生活,所以在自己的生活方面投资相对较多,而中国的老年人则更重视子女,对自己却比较"吝啬";中年人的消费都比较趋向于实际,投资占相对大的比例;年轻人则大不相同,中国的年轻人几乎都是独生子女,俗称"小皇帝",这些年轻人追求高消费,懂得享受生活,而比较而言,韩国年轻人消费好像更理智些。

단어와표현

因人而异 yīn rén ér yì 사람에 따라 다르다 | 吝啬 lìnsè 인색하다 | 趋向于实际 qūxiàng yú shíjì 실질적인 것을 추구하다 | 占…比例 zhàn…bǐlì ~비율을 차지하다 | 俗称 súchēng 속칭 ~라고 부르다 | 享受生活 xiǎngshòu shēnghuó 생활을 누리다 | 理智 lǐzhì 이성적이고 지혜롭다

156 韩国人和中国人在红白喜事时的风俗一样吗?

 해석 59p

▶ 韩国人和中国人在红白喜事时的风俗可以说有很多不同。比如说结婚吧,结婚前韩国的女方要给男方家人买礼物的习俗在中国就没有,相反是男方要给女方家彩礼;婚礼时中国人是中西方式结合,更讲究排场,有些铺张浪费,韩国人的婚礼大多以西式婚礼为主;婚礼后韩国人直接去蜜月旅行,而中国人则相对随意一些。而说到葬礼呢,韩国人常常要熬夜守灵,亲戚朋友"大聚会"一样喝酒,互相安慰,而中国执行火葬,仪式没有像韩国这样的公式化。还有一点呢,无论是红白喜事,韩国人都会把礼金放到白色信封里送给对方表示心意,而中国人结婚时要把钱放在红包里喜庆地表示祝贺,丧事呢,则用白包包钱。

단어와표현

红白喜事 hóngbái xǐshì 경조사 | 彩礼 cǎilǐ 예물 | 讲究排场 jiǎngjiū páichǎng 겉모습을 중시하다 | 葬礼 zànglǐ 장례(식) | 熬夜守灵 áoyè shǒulíng 경야하다(죽은 사람을 장사 지내기 전에 가까운 친척이나 친구들이 관 옆에서 밤을 새워 지키다) | 公式化 gōngshìhuà 공식화되다 | 喜庆 xǐqìng 즐겁고 경사스럽다, 기쁘게 경축하다 | 丧事 sāngshì 장례, 장의

157 中国游客对韩国印象如何？

해석 59P

▶ 中国游客对韩国的印象整体来看是韩国干净、整齐，公共设施卫生且人性化，人们彬彬有礼、热情好客，是一个充满魅力的国家。但是也有一些不和谐的声音，比如说旅游景点或出租车的宰客黑客行为，部分韩国人戴有色眼镜看待中国游客，还有旅游景点过于单一乏味等让人遗憾。

단어와 표현

公共设施 gōnggòng shèshī 공공시설 ㅣ **人性化** rénxìnghuà 인간 친화적이다 ㅣ **彬彬有礼** bīnbīn yǒulǐ 점잖고 예의 바르다 ㅣ **不和谐** bù héxié 조화롭지 못하다 ㅣ **宰客黑客** zǎikè hēikè 손님을 속이고 바가지를 씌우다 ㅣ **戴有色眼镜** dài yǒusè yǎnjìng 색안경을 끼고 보다 ㅣ **单一乏味** dānyī fáwèi 일률적이고 지루하다

158 你觉得韩国的传统建筑"韩屋"与中国的四合院有什么异同？

해석 59P

▶ 韩屋是韩国的传统住宅，一般以顺应周边地形和不破坏自然环境为基本原则，因此大部分建筑都很和谐地与自然融为一体；而且韩屋的建筑各地不同，在比较寒冷的北部地区，韩屋呈口字形，而在比较温暖的南部地区呢，韩屋呈一字形，到了中部地区呢，韩屋则呈ㄱ形。
四合院作为中国传统住房形式，其格局为一个院子四面建有房屋，从四面将庭院合围在中间，形成了相对比较隐秘的庭院空间。四合院的建筑格局体现了中国传统的尊卑等级思想及阴阳五行学说。还有韩屋的围墙大都不遮挡房屋，而四合院的围墙则完全将房屋封闭起来，增添一股神秘感。

단어와 표현

顺应 shùnyìng 적응하다, 순응하다 ㅣ **和谐地与自然融为一体** héxié de yǔ zìrán róngwéi yìtǐ 자연과 조화롭게 하나를 이루다 ㅣ **呈口字形** chéng kǒu zì xíng ㅁ자 모양을 이루다 ㅣ **将庭院合围在中间** jiāng tíngyuàn héwéi zài zhōngjiān 정원을 중앙으로 둘러싸다 ㅣ **隐秘的庭院空间** yǐnmì de tíngyuàn kōngjiān 은밀한 정원 공간 ㅣ **尊卑等级思想** zūnbēi děngjí sīxiǎng 상하 신분 사상 ㅣ **大都** dàdōu 대부분 ㅣ **不遮挡房屋** bù zhēdǎng fángwū 가옥을 가리지 않다 ㅣ **增添一股神秘感** zēngtiān yì gǔ shénmìgǎn 신비감을 더하다

159 请简单介绍一下儿韩国的"阿里郎"和中国的"茉莉花"。 해석 60p

▶ "阿里郎"是韩国的代表民歌，而且不同地区都有独具特色的阿里郎。节奏为3/4拍子，旋律平稳舒展，优美动听，歌者载歌载舞，但略有悲伤的感觉。而"茉莉花"呢，是中国家喻户晓的民歌儿。节奏是2/4拍，旋律轻盈活泼，充分体现了江南女子的美丽与羞涩。"茉莉花"在海内外华人和西方音乐界广为流传。

단어와표현

阿里郎 ālǐláng 아리랑 ㅣ **民歌** míngē 민요 ㅣ **独具特色** dújù tèsè 독특한 특색 ㅣ **节奏为3/4拍子** jiézòu wéi 3/4 pāizi 리듬은 3/4박자이다 ㅣ **旋律平稳舒展** xuánlǜ píngwěn shūzhǎn 선율이 평온하고 편안하다 ㅣ **优美动听** yōuměi dòngtīng 아름답고 듣기 좋다 ㅣ **载歌载舞** zàigē zàiwǔ 노래하며 춤추다 ㅣ **略有悲伤的感觉** lüèyǒu bēishāng de gǎnjué 다소 슬픈 느낌이 있다 ㅣ **旋律轻盈活泼** xuánlǜ qīngyíng huópō 선율이 가볍고 경쾌하다 ㅣ **羞涩** xiūsè 부끄러워하다 ㅣ **广为流传** guǎngwéi liúchuán 널리 알려져 있다

CHAPTER 05

한국에 관한 기본 문제

관광통역안내사는 '민간 외교관'이라는 별칭에 맞게 관광 온 여행객들에게 한국을 소개하는 것이 자연스러운 직업이다. 때문에 한국의 정치, 경제, 사회 등 한국에 관한 가장 기본적인 사항들을 묻는 질문들이 출제되고 있다. 대한민국의 정부 수립일, 국화, 국기, 국가, 기후, 인구, 언어, 행정구역, 교육제도, 정치제도 등 한국이라는 나라가 대략 어떤 나라인지에 대한 기본적 지식을 조리 있게 대답하는 준비가 필요하겠다.

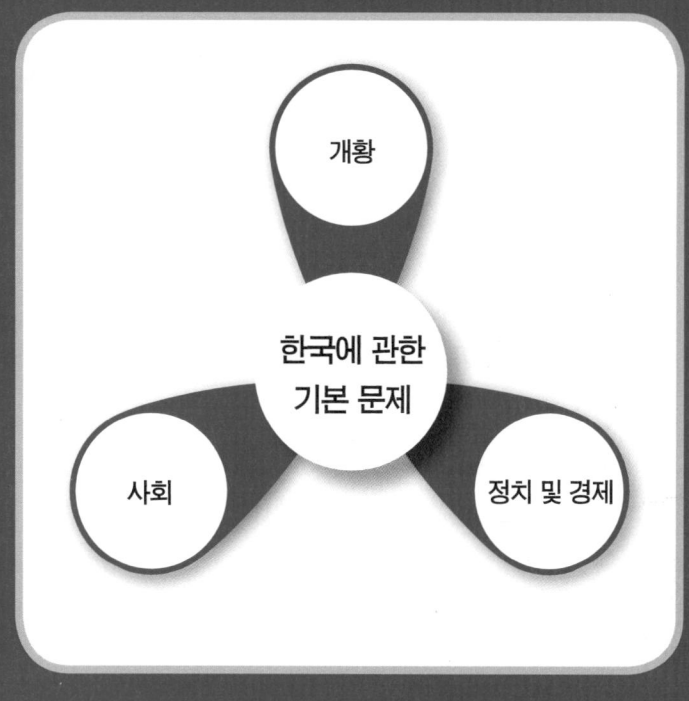

keyword

정부 수립일
국기
국화
국가

---

160 大韩民国政府是什么时候成立的? 해석 61p

▶ 大韩民国政府是1948年8月15日成立的。

---

161 介绍一下儿韩国概况。 해석 61p

▶ 韩国的全称是大韩民国，位于亚洲东北部，有5100多万人口。按照陆地面积计算，韩国在世界上仅仅排在第111位，但它作为亚洲四小龙之一，可以说是亚洲经济、文化和艺术的中心。在二十世纪早期，韩国曾受日本殖民统治，此后又经历了韩国战争(1950—1953)，但韩国在短期内实现了举世瞩目的经济增长，创造了被誉为"汉江奇迹"的神话。韩国的科技资讯产业多年来一直处于世界领先地位；在文化艺术方面，韩国电影、电视剧和韩国音乐已经走出亚洲、走向世界，韩流之风影响深远。韩国是20国集团和世界经合组织(OECD)成员之一，也是亚太经合组织(APEC)和东亚峰会的创始国，与众多国家签订了FTA，韩国的国际影响力可以说是越来越大。

플러스 질문

❶ 韩国都与哪些国家签订了FTA？

_____

_____

❷ 韩中FTA对韩国旅游业会有什么影响？

_____

_____

_____

_____

단어와 표현

可以说是··· kěyǐ shuō shì··· ~라고 말할 수 있다 ㅣ **曾受···统治** céngshòu···tǒngzhì ~의 지배를 받았었다 ㅣ **举世瞩目** jǔshì zhǔmù 전 세계 사람들이 주목하다 ㅣ **创造了·神话** chuàngzàole···shénhuà ~ 신화를 창조했다 ㅣ **被誉为···** bèi yùwéi··· ~로 불리워지다 ㅣ **科技资讯产业** kējì zīxùn chǎnyè 기술 정보 산업 ㅣ **世界领先** shìjiè lǐngxiān 세계를 선도하는 ㅣ **韩流之风** hánliú zhī fēng 한류 ㅣ **影响深远** yǐngxiǎng shēnyuǎn 깊은 영향을 끼치다 ㅣ **20国集团** 20 guó jítuán G20(Group of 20) ㅣ **世界经合组织(世界经济合作与发展组织)** Shìjiè Jīnghé Zǔzhī(Shìjiè Jīngjì Hézuò Yǔ Fāzhǎn Zǔzhī) 경제협력개발기구(OECD) ㅣ **亚太经合组织(亚太经济合作组织)** Yàtài Jīnghé Zǔzhī(Yàtài Jīngjì Hézuò Zǔzhī) 아시아태평양경제협력체(APEC)

162 韩国的国旗叫什么？请简单说明一下儿韩国国旗。 해석 61p

▶ 韩国的国旗是太极旗。太极旗旗面为白色，中央为红蓝圆形太极两仪，上红下蓝，代表阴和阳；四角是四个卦象，分别为乾卦、坤卦、坎卦、离卦，代表天、地、水、火；太极旗象征和平、统一、光明、创造和无穷。

플러스 질문

❶ 具体介绍一下儿韩国国旗。

_____

_____

_____

_____

_____

_____

❷ 说说韩国国旗的由来。

_____

_____

_____

_____

_____

단어와표현

太极旗 tàijíqí 태극기 ┃ **卦象** guàxiàng 괘상(『주역』의 八卦에서 옴) ┃ **乾卦** qiánguà 건괘 ┃ **坤卦** kūnguà 곤괘 ┃
坎卦 kǎnguà 감괘 ┃ **离卦** líguà 이괘 ┃ **无穷** wúqióng 무궁하다

---

163 开天节是什么日子?

해석 62p

▶ 开天节是韩国的建国日。韩民族的始祖檀君在阳历10月3日建立了古朝
鲜，为了纪念檀君开国，韩国政府于1949年10月1日制定宣布了"关于国庆
日的法律"，将每年的阳历10月3日定为开天节，即国庆日。

단어와표현

建国日 jiànguórì 건국일 ┃ **始祖** shǐzǔ 시조 ┃ **檀君** tánjūn 단군 ┃ **将…定为…** jiāng…dìngwéi… ~을 ~로 정하다

---

164 韩国的国花儿是什么?

해석 62p

▶ 韩国的国花儿是无穷花，学名木槿花。因为无穷花花开花落生生不息，
生命力较强，充分体现了韩民族不屈不挠坚韧不拔的精神，而且花朵果
实用途广泛，和"弘益人间"的理想也一脉相承，因此被定为国花。

단어와 표현

无穷花 wúqiónghuā 무궁화 | 木槿花 mùjǐnhuā 무궁화 | 花开花落 huā kāi huā luò 꽃이 피었다 지다 | 生生不息 shēngshēng bùxī 끊임없이 생장하며 이어지다 | 体现了…精神 tǐxiànle…jīngshén ~한 정신을 나타내다 | 不屈不挠 bùqū bùnáo 흔들리거나 굽힘이 없다 | 坚韧不拔 jiānrèn bùbá 의지가 강하여 꺾이지 않다 | 用途广泛 yòngtú guǎngfàn 용도가 광범위하다 | 弘益人间 hóngyì rénjiān 홍익인간(널리 인간을 이롭게 하다) | 一脉相承 yímài xiāngchéng 일맥상통하다

---

165 韩国的国歌是什么?

해석 62p

▶ 韩国的国歌是《爱国歌》。

플러스 질문

❶《爱国歌》内涵是什么?

_____

_____

❷《爱国歌》的词曲作者分别是谁?何时将其定为国歌的?

_____

_____

---

166 韩国的国鸟是什么?

해석 63p

▶ 韩国的国鸟为喜鹊。它象征好运和福气。在韩国,早上如果听到喜鹊的叫声,则预示贵客来临或好运临门。

단어와 표현

国鸟 guóniǎo 국조 | 喜鹊 xǐquè 까치 | 好运和福气 hǎoyùn hé fúqì 행운과 복 | 预示 yùshì 암시하다 | 好运临门 hǎoyùn línmén 행운이 오다

keyword

행정구역
정치체제
대통령 선출
새마을운동
한강의 기적

167 介绍一下儿韩国的行政划分。　해석 64p

▶ 韩国整体分为1个特别市，一个特别自治市，6个广域市、8个道和一个特别自治道。一个特别市是首尔特别市；一个特别自治市是世宗特别自治市；6个广域市包括釜山、仁川、大邱、光州、大田和蔚山；8个道为京畿道、江原道、忠清北道、忠清南道、全罗北道、全罗南道、庆尚北道、庆尚南道；一个特别自治道是济州道。

플러스 질문

❶ 韩国的"市、区、洞、道、郡、面、邑、里"分别对应的中国行政区域名称是什么？

_____

_____

_____

_____

_____

_____

단어와 표현

自治市 zìzhìshì 자치시 | **广域市** guǎngyùshì 광역시 | **自治道** zìzhìdào 자치도 | **蔚山** Yùshān 울산

168 介绍韩国的政治体系。

해석 64p

▶ 韩国的政治制度是民主制度，行政权、立法权（议员制国会）、司法权三权分立。在韩国，年满19岁的韩国公民都享有选举权。总统由选民直选产生，任期为5年；国会议员选举和地方议会议员选举均为每四年举行一次。

> **단 어 와 표 현**
>
>
>
> **政治制度** zhèngzhì zhìdù 정치제도 ▎**民主制度** mínzhǔ zhìdù 민주제도 ▎**三权分立** sānquán fēnlì 삼권분립 ▎
> **年满** niánmǎn (나이가) 차다 ▎**享有选举权** xiǎngyǒu xuǎnjǔquán 선거권을 누리다 ▎**选民** xuǎnmín 선거 유권자 ▎
> **直选** zhíxuǎn 직접 선출하다 ▎**任期** rènqī 임기

169 韩国总统如何选出？

해석 64p

▶ 韩国总统的选举是在全国范围内进行的平等的无记名投票。具体过程是首先各政党内部推选总统候选人，其后各候选人在全国范围内进行拉票活动，最后在全国范围内无记名投票。

> **단 어 와 표 현**
>
>
>
> **选举** xuǎnjǔ 선거 ▎**无记名投票** wújìmíng tóupiào 무기명 투표 ▎**推选** tuīxuǎn 추천 선발하다 ▎**总统候选人**
> zǒngtǒng hòuxuǎnrén 대통령 후보 ▎**拉票** lāpiào 표를 끌어들이다, 표심을 잡다

170 介绍一下儿韩国历代总统。

해석 65p

▶ 韩国历代总统如下：
1. 李承晚：1948年7月24日—1960年4月26日，独立促成会/民主国民党/自由党，第1到第3届连任3届
2. 尹普善：1960年8月12日—1962年3月24日，韩国民主党，第4届
3. 朴正熙：1963年12月24日—1979年10月26日，民主共和党，第5届到第9届连任5届

4. 崔圭夏：1979年12月6日—1980年8月16日，无党籍，第10届

5. 全斗焕：1980年9月1日—1988年2月25日，民主正义党，第11届到第12届连任2届

6. 卢泰愚：1988年2月25日—1993年2月25日，民主正义党，第13届

7. 金泳三：1993年2月25日—1998年2月25日，民主自由党/新韩国党/大国家党，第14届

8. 金大中：1998年2月25日—2003年2月25日，新政治国民会议/新千年民主党，第15届

9. 卢武铉：2003年2月25日—2008年2月25日，新千年民主党/开放国民党，第16届

10. 李明博：2008年2月25日—2013年2月25日，大国家党/新世界党，第17届

11. 朴槿惠：2013年2月25日—，新世界党，第18届

171　介绍一下朴正熙总统。　◀ 해석 65p

▶　朴正熙总统是韩国第三任总统，他连任5届（第五届到第九届）总统，为韩国经济的发展做出了重大贡献。最重要的贡献是开展新村运动和实行了韩国经济发展五年计划，使韩国的农业和工业得到快速发展，创造了"汉江奇迹"。

플러스 질문

❶ 对朴正熙总统的评价可以说是有功有过，能分别说一下儿吗？

_____

_____

단어와 표현

第三任 dì sān rèn 제3대 ㅣ 连任5届 liánrèn wǔ jiè 5번의 연임 ㅣ 为…做出重大贡献 wéi…zuòchū zhòngdà gòngxiàn ～을 위하여 중대한 공헌을 하다 ㅣ 开展运动 kāizhǎn yùndòng 운동을 전개하다 ㅣ 实行计划 shíxíng jìhuà 계획을 실행하다 ㅣ 得到快速发展 dédào kuàisù fāzhǎn 급속한 발전을 이룩하다 ㅣ 创造奇迹 chuàngzào qíjì 기적을 창조하다

172 介绍一下儿新村运动。

해석 65p

▶ 新村运动是指上世纪70年代初期朴正熙总统执政期间，开展的农村建设运动。目的是使农村脱贫致富，拉近农村和城市的贫富差距，使韩国走向富强之路。新村运动使韩国成为经济强国。

단어와 표현

新村运动 Xīncūn Yùndòng 새마을운동 | 执政期间 zhízhèng qījiān 집권 기간 | 开展的…运动 kāizhǎn de… yùndòng 전개한 ~ 운동 | 脱贫致富 tuōpín zhìfù 가난함에서 벗어나 부유함을 이룩하다 | 拉近…的贫富差距 lājìn… de pínfù chājù ~의 빈부 격차를 줄이다 | 走向富强之路 zǒuxiàng fùqiáng zhī lù 부강의 길을 걸어가다

173 介绍韩国经济的发展历史。

해석 66p

▶ 从上世纪60年代起，韩国开始通过出口型发展计划推动经济发展。60年代以纤维等轻工业产品为主要出口对象；70年代以后，重点发展重工业，主要生产和出口船舶、汽车等重工业产品，创造了"汉江奇迹"的神话；到了80年代，以引进外国技术为主的韩国科技政策转向培养高级人才，提高韩国自身科技水平；90年代韩国政府开始致力于增强韩国技术竞争力。韩国政府坚持全力推动企业、公共和劳动部门改革，改善企业环境、开放市场，通过这些政策先后走出1997年亚洲经济危机和2008年全球经济危机。如今的韩国是世界上签订FTA最多的国家，是经合组织(OECD)自成立以来第一个从受援国变为捐赠国的国家。

플러스 질문

❶ 快速发展的韩国经济虽值得称赞，但是其中的负面影响也不少，你认为其中最大的问题是什么？

_____

_____

_____

174 韩国经济开发五年计划是从哪年开始的?

해석 66p

▶ 是朴正熙总统执政的第二年，即1964年开始的。第一个五年经济发展计划是鼓励开矿，扶植制造业，使韩国经济从此步上了持续成长之路。

175 "汉江奇迹"指的是什么?

해석 66p

▶ 广义上讲指韩国的经济快速发展史，具体指的是从1953年到1996年间韩国经济的迅速发展。韩国经济的迅猛发展使韩国从战争的废墟转变成为世界第11大经济体，并造就了三星、LG和现代等世界知名跨国集团。短短40年的时间，首尔从一片废墟发展成为一个世界有名大都市。因汉江由东向西贯穿首尔，因此海外媒体借鉴"莱茵河奇迹"称号，把韩国经济发展誉为"汉江奇迹"。侠义上指朴正熙总统在位期间的韩国经济快速发展史。在其掌权的1961年至1979年十八年期间，朴正熙总统按照韩国国情开展了新乡村运动和韩国五年计划，使韩国的农业和工业得到了快速的发展。

176 韩国第一条高速公路是什么?(或最早开通的高速公路是什么?)

▶ 韩国1967年开始兴建高速公路，第二年汉城至仁川和釜山的京仁、京釜高速公路部分开通，揭开了韩国的"高速公路时代"的序幕。第一条高速公路是京仁高速公路。

keyword

기후	병역제도
지리	교육제도
언어	교통
절기 및 휴일	화폐

---

177 介绍一下儿韩国的气候。 ◀해석 68p

▶　韩国属于大陆性气候，四季分明，冬季寒冷干燥，夏季炎热多湿，但是
　　近年来由于地球温暖化现象，韩国的春秋两季相对变短。韩国各地区之
　　间的温差比较大，平均温度为6℃至16℃，在全年最热的8月份，平均温
　　度为19℃至27℃，而在全年最冷的1月份，平均温度则在零下7℃至8℃。

> **단 어 와 표 현**　
>
> **大陆性气候** dàlùxìng qìhòu 대륙성기후 I **寒冷干燥** hánlěng gānzào 한랭 건조, 차고 건조하다 I **炎热多湿** yánrè
> duōshī 고온 다습, 무덥고 습하다 I **地球温暖化** dìqiú wēnnuǎnhuà 지구온난화

---

178 介绍一下儿韩国的四季。 ◀해석 68p

▶　韩国四季分明，虽然近年来由于地球温暖化，春秋两季相对变短，但整
　　体来说春暖、夏热、秋凉、冬冷，各具特色，各有千秋。春天是希望的
　　季节，阳光明媚，万物复苏，到处都充满活力，生机勃勃。夏天气候炎
　　热，高温多雨，但韩国三面临海，名山众多，海边或者溪谷都是很好的
　　避暑胜地。秋天秋高气爽、天高云淡。金色的稻谷、红色的树叶、蓝天
　　白云，风景如画。冬季漫长，干燥而且寒冷，偶尔下大雪。

❶ 你认为韩国四个季节中，哪个季节最适合旅游？

_____

_____

_____

❷ 韩国枫叶最美的地方是哪里？

_____

_____

_____

단어와 표현

各有千秋 gèyǒu qiānqiū 제각각 장점을 가지고 있다 | 阳光明媚 yángguāng míngmèi 햇빛이 밝고 아름답다 | 万物复苏 wànwù fùsū 만물이 소생하다 | 生机勃勃 shēngjī bóbó 생명력이 왕성하다 | 气候炎热 qìhòu yánrè 날씨가 무덥다 | 临海 línhǎi 바다를 마주하다 | 溪谷 xīgǔ 계곡 | 避暑胜地 bìshǔ shèngdì 피서지로 유명한 곳 | 秋高气爽 qiūgāo qìshuǎng 가을 하늘은 높고 날씨는 상쾌하다 | 天高云淡 tiāngāo yúndàn 하늘이 높고 구름은 엷다 | 稻谷 dàogǔ 벼 | 风景如画 fēngjǐng rúhuà 그림과 같은 풍경

---

179 韩国的地理环境怎么样？

▶ 韩国位于韩半岛南部，三面环海，西濒临黄海，与胶东半岛隔海相望，东南是大韩海峡，东边是东海，北面隔着三八线非军事区与北韩相邻，领土面积占韩半岛总面积的4/9。山地占韩半岛面积的三分之二左右，地形具有多样性，低山、丘陵和平原交错分布。低山和丘陵主要分布在中部和东部，海拔多在500米以下。平原主要分布于南部和西部，海拔多在200米以下。

플러스 질문

❶ 韩半岛三面环海的地理特征特有的优势是什么？

_____

_____

❷ 韩半岛海岸线有什么特点?

_____

_____

_____

_____

_____

> **단어와표현**
>
> 位于 wèiyú ~에 위치하다 ┃ **韩半岛** Hánbàndǎo 한반도(중국 정부의 공식 명칭은 **朝鲜半岛**임) ┃ **三面环海** sānmiàn huánhǎi 삼면이 바다로 둘러싸여 있다 ┃ **濒临** bīnlín 인접하다 ┃ **与…隔海相望** yǔ…gé hǎi xiāngwàng ~와 바다를 사이에 두고 마주 보다 ┃ **胶东半岛** Jiāodōng Bàndǎo 자오둥반도(옌타이, 웨이하이, 칭다오 지역을 포함하는 산둥반도의 일부) ┃ **大韩海峡** Dàhán Hǎixiá 대한해협(중국 정부의 공식 명칭은 **朝鲜海峡**임) ┃ **隔着** gézhe 경계로 하다 ┃ **与…相邻** yǔ…xiānglín ~와 인접하고 있다 ┃ **北韩** Běihán 북한(중국 정부의 공식 명칭은 **朝鲜**임) ┃ **丘陵** qiūlíng 구릉, 언덕 ┃ **交错分布** jiāocuò fēnbù 교차 분포하다 ┃ **海拔** hǎibá 해발

---

180 请说说阴阳五行说指的是什么?   해석 69p

▶ 阴阳五行说,可分为阴阳说与五行说,两者相辅相成,五行说必合阴阳,阴阳说必兼五行。阴阳说早在中国夏朝就已形成,它认为世界是在阴阳二气作用的推动下孪生、发展和变化;而五行学说是古代人民创造的一种哲学思想,它以日常生活的五种运动方式:金、木、水、火、土条件,作为构成宇宙万物及各种自然现象变化的基础。天文学、气象学等很多学科都是在阴阳五行学说的基础上发展起来的。

> **단어와표현**
>
> 阴阳五行 yīnyáng wǔxíng 음양오행 ┃ **相辅相成** xiāngfǔ xiāngchéng 서로 보완을 이루다 ┃ **合** hé 부합하다 ┃ **兼** jiān 겸하다 ┃ **在…推动下** zài…tuīdòngxia ~의 추진하에 ┃ **孪生** luánshēng 쌍둥이로 태어나다 ┃ **以…条件作为…的基础** yǐ…tiáojiàn zuòwéi…de jīchǔ ~ 조건을 ~의 기초로 삼다 ┃ **在…基础上** zài…jīchǔshang ~를 기초로 하여

181 介绍一下儿韩国人口与语言。

해석 69p

▶ 韩国人口有五千一百多万，是以韩民族构成的单一民族国家，随着世界一体化进程的加快，韩国社会形成多文化社会，韩国的外来人口也有一定程度增加。韩国的语言为韩语。

단어와표현

单一民族 dānyī mínzú 단일민족 ┃ **随着···加快** suízhe···jiākuài ～이 보다 빨라짐에 따라 ┃ **世界一体化** shìjiè yìtǐhuà 세계화 ┃ **多文化** duōwénhuà 다문화 ┃ **外来人口** wàilái rénkǒu 외래 인구

182 汉字文化圈儿指的是什么？

해석 69p

▶ 汉字文化圈指历史上受中华政治及中华文化影响、曾经或现在仍然使用汉字，文化、习俗等各方面相近的国家和地区，主要包括中国、日本、韩半岛、越南等东亚和东南亚国家。

단어와표현

汉字文化圈 Hànzì wénhuàquān 한자 문화권

183 介绍韩国的教育制度。

해석 69p

▶ 韩国的教育分为幼儿园教育、六年制小学教育、三年制初中教育、三年制高中教育、专科或四年制大学教育。大学还提供研究生课程和博士学位教育。目前小学教育和初中教育为义务教育。

단어와표현

提供 tígōng ～을 제공하다 ┃ **义务教育** yìwù jiāoyù 의무교육

184 韩国最大的宗教是什么?

해석 70p

▶ 根据2005年调查，韩国一半以上人口信奉宗教。基督教、佛教和天主教是主要宗教，构成韩国三大宗教。

단어와표현

根据··调查 gēnjù··diàochá ~조사에 근거하면 │ **信奉** xìnfèng 신봉하다

185 介绍韩国的兵役制度。

해석 70p

▶ 韩国的兵役制度为义务兵役制度。韩国兵役法规定，凡是20到36岁的男性公民经兵役厅体检合格后，都得义务服从国家兵役制度。目前的服役期间为22个月。

단어와표현

义务兵役制 yìwù bīngyìzhì 의무병역제 │ **兵役法** bīngyìfǎ 병역법 │ **凡是** fánshì 모든 │ **体检** tǐjiǎn 신체검사 │ **服从··制度** fúcóng··zhìdù ~제도를 따르다

186 介绍一下儿韩国传统的四大节日。

해석 70p

▶ 韩国传统的四大节日是春节、寒食节、端午节、中秋节。
1. 春节是一年中最隆重的节日，是新的一年开始之日。在春节到来之前，家家户户要做一些迎新年的准备，新年那天按照传统习俗要举行祭祀仪式，然后据说为了避邪气要喝屠苏酒(饮福)。祭祀结束后，晚辈向长辈磕头拜年，这时长辈通常要给晚辈压岁钱，大家一起说些吉祥话，玩儿一些传统游戏。春节时，韩国人一定要吃的饮食是年糕汤，因为普遍认为吃了年糕汤才能长一岁。春节时的民俗活动主要有放风筝，玩尤茨，跳板，摔跤。

2. 寒食节，即清明节，是指冬至后第105天，寒食日这天要禁火，只吃瓜果点心等冷食。这一天韩国人会到祖先坟墓前扫墓，并摆上供品进行祭祀。

3. 端午节是阴历5月5日。人们认为这天阳气十足，是生命力最强的时期，这一天人们用菖蒲水洗发，吃艾蒿饼，以求驱逐邪气，去病健身，还会举行各种活动，如摔跤、荡秋千等。在韩国最具代表性的要数江陵端午祭了，庆典活动要持续50多天，已于2005年11月25日被联合国教科文组织批准为世界无形文化遗产。端午节始于中国端午节，但韩国端午节在发展变化中，已经有了自己的特色，完全不同于中国的端午节了。

4. 中秋节是阴历8月15日。秋天是收获的季节，人们在庆祝丰收的同时，感谢祖先神灵的关照。那一天不论身在何处，人们都会尽量赶回家乡，与亲人团聚。中秋节的主要活动是祭祀，代表饮食是松糕。

플러스 질문

❶ 简单说说中国端午节的由来。

_____

_____

_____

_____

단어와 표현

隆重 lóngzhòng 성대하고 장중하다 | 举行仪式 jǔxíng yíshì 의식을 거행하다 | 祭祀 jìsì 제사 지내다 | 避邪气 bì xiéqì 사악한 기운을 물리치다 | 屠苏酒 túsūjiǔ 정월 초하루에 악귀를 물리치기 위하여 마시는 술(우리나라의 음복饮福과 유사한 개념으로, 우리나라에서 음복의 의미는 조상의 음덕을 빌어 자손들의 부귀 영화를 기원함에 있다) | 磕头 kētóu 이마를 땅에 조아리다 | 拜年 bàinián 세배하다 | 压岁钱 yāsuìqián 세뱃돈 | 吉祥话 jíxiánghuà 덕담 | 年糕汤 niángāotāng 떡국 | 放风筝 fàng fēngzheng 연날리기 | 玩尤茨 wán yóucí 윷놀이 | 跳板 tiàobǎn 널뛰기 | 摔跤 shuāijiāo 씨름 | 禁火 jìnhuǒ 불꽃놀이를 금지하다 | 坟墓 fénmù 무덤 | 扫墓 sǎomù 성묘하다 | 摆上供品 bǎishang gòngpǐn 제수를 진설하다(제수를 배열하다) | 菖蒲水 chāngpúshuǐ 창포물 | 艾蒿 àihāo 쑥 | 驱逐邪气 qūzhú xiéqì 사악한 기운을 몰아 내다 | 荡秋千 dàng qiūqiān 그네를 뛰다 | 江陵端午祭 Jiānglíng Duānwǔjì 강릉 단오제 | 庆典 qìngdiǎn 경축 의식 | 联合国教科文组织 Liánhéguó Jiàokēwén Zǔzhī 국제연합 교육과학문화기구, 유네스코(UNESCO) | 世界无形文化遗产 shìjiè wúxíng wénhuà yíchǎn 인류무형문화유산 | 赶回家乡 gǎnhuí jiāxiāng 고향으로 돌아가다 | 松糕 sōnggāo 송편

187 请简单介绍一下儿韩国的节假日。 해석 71p

▶ 韩国的节假日主要如下:

1. 元旦(阳历1月1日):新年第一天,人们互相拜年,可是这一天不是真正的传统节日,所以人们不太重视元旦,而更重视春节。

2. 春节(阴历1月1日):这是韩国最重要的传统节日之一,连续三天不办公。在早饭前,人们穿着韩国传统衣服举行祭祀仪式,向长辈拜年。早饭吃用大米做的年糕汤,饭后全家人聚集一堂叙旧,玩各种各样的传统游戏。

3. 3·1节(阳历3月1日):纪念1919年韩国国民反对日本对韩国的殖民统治而进行的独立运动的日子。

4. 植树节(阳历4月5日):是为了多种树木而指定的节日。公务员和市民参加种树活动。

5. 寒食节(冬至后105天):即清明节。是祭祖扫墓的日子。

6. 佛祖诞生日(阴历4月8日):是纪念释迦牟尼诞辰的节日。在节前,除了所有的寺庙开莲花灯以外,在街上也到处可以看到五花八门的花灯。

7. 儿童节(阳历5月5日):这天孩子们收到很多礼物,跟家长一起玩个痛快。所以对孩子们来说,这一天可以说是最高兴的一天。

8. 父母节(阳历5月8日):是为继承和发展传统孝道而设立的纪念日。

9. 教师节(阳历5月15日):是为向恩师表达感谢之情而设定的纪念日。

10. 端午节(阴历5月5日):人们认为这天是一年中阳气最足的日子,这一天男女老少穿着新衣一起做各种传统游戏。其中最有名的是江陵端午祭。

11. 显忠日(阳历6月6日):这是悼念为祖国牺牲自己生命的所有烈士,并向他们表示缅怀的一天。

12. 制宪节(阳历7月17日):是纪念韩国1948年制定宪法的日子。

13. 光复节(阳历8月15日):庆祝韩国摆脱长达35年的日本殖民统治的日子。在全国各地都有燃放鞭炮等各种各样的庆祝活动。

14. 中秋节(阴历8月15日):和春节一样,中秋节是韩国最大的传统节日之一。也是三天不办公。大部分人为看望父母,携带礼物赶回故乡,所以高速公路常常发生交通堵塞现象。首尔市内的交通反而非常通畅。

15. 建国日(阳历10月3日)：这是檀君公元前2333年建立国家的日子。

16. 韩文节(阳历10月9日)：纪念韩民族自己的文字诞生的日子。

17. 圣诞节(阳历12月25日)：这天是耶稣的诞辰日，人们互相赠送圣诞卡和礼物。

단 어 와 표 현

互相拜年 hùxiāng bàinián 서로 세배를 하다 | **连续三天** liánxù sāntiān 3일 연속 | **不办公** bú bàngōng 업무를 보지 않다 | **向长辈拜年** xiàng zhǎngbèi bàinián 웃어른들께 세배를 하다 | **聚集一堂** jùjí yìtáng 한자리에 모이다 | **叙旧** xùjiù 지나간 이야기를 하다, 회포를 풀다 | **祭祖扫墓的日子** jìzǔ sǎomù de rìzi 조상에게 제사 지내고 성묘를 하는 날 | **佛祖诞生日** fózǔ dànshēngrì 석가탄신일 | **释迦牟尼** Shìjiāmóuní 석가모니 | **诞辰** dànchén 탄신, 생일 | **开莲花灯** kāi liánhuādēng 연등을 켜다 | **五花八门** wǔhuā bāmén 각양각색, 형형색색 | **显忠日** Xiǎnzhōngrì 현충일 | **悼念** dàoniàn 애도하다 | **烈士** lièshì 열사 | **缅怀** miǎnhuái (지나간 사건·사람을) 회고하다 | **制宪节** Zhìxiànjié 제헌절 | **制定宪法** zhìdìng xiànfǎ 헌법을 제정하다 | **摆脱…统治** bǎituō…tǒngzhì ~ 통치에서 벗어나다 | **燃放鞭炮** ránfàng biānpào 폭죽을 터트리다 | **交通堵塞** jiāotōng dǔsāi 교통 체증 | **通畅** tōngchàng (통행이) 원활하다 | **韩文节** Hánwénjié 한글날 | **耶稣** Yēsū 예수(Jesus)

---

188 韩文的特点是什么？

해석 72p

▶ 韩文是1443年世宗大王创制的，被称为"训民正音"。韩文是表音文字，由10个元音和14个辅音组合而成的，可以表现或模仿各种声音，其科学性已经得到广泛认可，特别是印度尼西亚的吉阿吉阿族曾决定采用韩文作为他们的文字。1997年10月，联合国教科文组织将韩文(训民正音)列入世界文化记忆遗产。

플러스 질문

❶ 韩文的具体创造原理是什么？

_____

_____

단 어 와 표 현

训民正音 Xùnmín Zhèngyīn 훈민정음 | **得到广泛认可** dédào guǎngfàn rènkě 널리 인정을 받다 | **印度尼西亚** Yìndùníxīyà 인도네시아 | **吉阿吉阿族** jí'ājí'āzú 찌아찌아족 | **世界文化记忆遗产** shìjiè wénhuà jìyì yíchǎn 세계기록유산

189 介绍一下儿首尔的交通情况。

▶ 首尔的交通十分便利，但是难以避免上下班高峰期时的堵车拥挤现象。首尔的交通方式大体分为公共汽车、地铁、私家车、出租车。韩国政府为了解决交通拥挤状况及出于对环境保护的考虑，积极改善大众交通的乘车环境及努力开展便民措施，大力鼓励市民利用大众交通工具，如开设公交车专用路线，在各站点安装车辆运行状况显示器，实行公共交通免费换乘政策等，整体来看首尔的交通状况还算可以。

> **단어와표현**
>
> **便利** biànlì 편리하다 | **难以避免** nányǐ bìmiǎn 피하기가 쉽지 않다 | **上下班高峰期** shàngxiàbān gāofēngqī 출퇴근 러시아워 | **堵车** dǔchē 차가 막히다 | **拥挤** yōngjǐ 빽빽하다, 혼잡하다 | **出于对…的考虑** chūyú duì…de kǎolǜ ~을 고려하여 | **大众交通** dàzhòng jiāotōng 대중교통 | **便民措施** biànmín cuòshī 사람들에게 편리함을 주는 정책 | **大力鼓励** dàlì gǔlì 적극적으로 독려하다 | **安装** ānzhuāng 설치하다 | **运行状况** yùnxíng zhuàngkuàng 운행 상황 | **显示器** xiǎnshìqì 모니터 | **实行…政策** shíxíng…zhèngcè ~ 정책을 실행하다 | **免费换乘** miǎnfèi huànchéng 무료 환승

190 首尔地铁有几条线路?

▶ (首尔地铁是载客量排在世界前五名的铁路系统，其服务范围为韩国首都首尔特别市和周边的仁川、京畿道等首都圈地区。)首尔地铁以首尔的九条地下铁路为主，并辅以韩国铁道公社的盆唐线、中央线及仁川地铁等线路，截至2017年1月，共有21条路线。

> **단어와표현**
>
> **载客量** zàikèliàng 승객 승차율(승객 이용률) | **服务范围** fúwù fànwéi 서비스 범위 | **首都圈** shǒudūquān 수도권 | **以…为主** yǐ…wéizhǔ ~을 중심으로 하다 | **辅以…** fǔyǐ… ~으로 보충하다, 보조하다 | **盆唐线** Péntángxiàn 분당선 | **截至** jiézhì ~에 이르다

191 请介绍一下儿韩国的出租车。 해석 73P

▶ 韩国的出租车一般根据颜色分为普通出租车和模范出租车两种。普通出租车的颜色大部分是橙色，也有银色、白色的；模范出租车的颜色是黑色。普通出租车的起步价(起价费)是3000韩元，大概合人民币15块左右，不过晚上12点到凌晨4点加收百分之二十的夜间服务费。模范出租车的起步价是5000韩元，约合人民币25块，但没有夜间服务费。模范出租车比普通出租车宽敞、舒适，而且服务态度更亲切。

> **단어와표현**
>
> 根据颜色分为… gēnjù yánsè fēnwéi… 색깔에 따라 ~로 나뉘다 ┃ 起步价(起价费) qǐbùjià(qǐjiàfèi) 기본요금 ┃ 加收 jiāshōu 추가로 받다 ┃ 服务费 fúwùfèi 서비스 요금 ┃ 宽敞 kuānchǎng 넓다 ┃ 舒适 shūshì 편안하다 ┃ 态度亲切 tàidù qīnqiè 태도가 친절하다

192 有游客问在韩国怎么使用无线网络的问题的话，你怎么回答? 해석 73P

▶ 韩国的无线网络非常发达，每个通讯公司都有针对自己客户的无线网，但对外国游客来说最方便的还是免费的Seoul Wifi。韩国目前已经设有128个Seoul Wifi区域，像南大门市场、明洞等热点旅游区都可以免费上网；此外一般咖啡厅、百货商店也有免费的无线网络，大部分无需密码可以直接连接，部分需要密码的可直接向店员询问。此外还可以在仁川机场租借随身Wifi终端，即"egg",有了它，可以随时上网，当然要缴纳一定费用。

> **단어와표현**
>
> 网络发达 wǎngluò fādá 인터넷이 발달하다 ┃ 通讯公司 tōngxùn gōngsī 통신 회사 ┃ 针对 zhēnduì ~를 대상으로 ┃ 无线网 wúxiànwǎng 무선망 ┃ 设有…区域 shèyǒu…qūyù ~ 구역이 설치되어 있다 ┃ 向…询问 xiàng…xúnwèn ~에게 문의하다 ┃ 租借 zūjiè 돈을 내고 빌리다 ┃ 随身Wifi终端 suíshēn Wifi zhōngduān 포켓 와이파이 단말기 ┃ 缴纳费用 jiǎonà fèiyòng 비용을 납부하다

193 韩国人的共性是什么?

해석 73P

▶ 韩国人普遍具有很强的竞争挑战意识，有很强的不服输的精神。在韩国社会的不断发展变化中，韩国人形成的最大共性是注重血缘、学缘、地缘；受儒教思想的影响，韩国人讲究"孝"和"礼"，重视期数文化，讲究等级有别，尊老爱幼；此外韩国人的性格就像韩国的网速世界最高一样，普遍比较急躁，喜欢"快、快、快"，当然其中也不乏一些"慢性子"；还有韩国中老年男人普遍存在大男子主义，而年轻人受世界一体化形势下的多文化影响，很注重男女平等；最后呢就是韩国人集体意识比较强，受这种"集体文化"的传统影响，韩国人喜欢各种聚会，无论是工作、学习还是参加一些趣味活动，这种意识也可以说是韩国迅速摆脱经济危机，成功举办各种国际大型体育赛事的原动力。

단어와표현

具有…意识 jùyǒu…yìshí ～한 의식을 지니다 ▎**不服输** bù fúshū 패배에 굴복하지 않다 ▎**注重血缘、学缘、地缘** zhùzhòng xuèyuán、xuéyuán、dìyuán 혈연, 학연, 지연을 중요시하다 ▎**受…的影响** shòu…de yǐngxiǎng ～의 영향을 받다 ▎**讲究** jiǎngjiū 중시하다 ▎**期数文化** qīshù wénhuà 기수 문화 ▎**尊老爱幼** zūnlǎo àiyòu 노인을 공경하고 어린이를 좋아하다 ▎**急躁** jízào 성질이 급하다 ▎**不乏** bùfá 적지 않다 ▎**集体意识** jítǐ yìshí 단체 의식 ▎**趣味** qùwèi 취미 ▎**原动力** yuándònglì 원동력

194 驻韩中国大使馆在哪儿?

해석 74p

▶ 驻韩中国大使馆在明洞，具体地址为首尔特别市中区明洞2路27号，即原台湾驻韩办事处所在地。

단어와표현

大使馆 dàshǐguǎn 대사관 ▎**所在地** suǒzàidì 소재지

해석 74p

195 请分别介绍一下儿韩国纸币1000圆、5000圆、 10000圆、50000圆和硬币上的人物和画儿。

▶ 韩国的纸币有1000圆、5000圆、10000圆和50000圆。韩国的硬币有500圆、100圆、50圆和10圆。

1000圆纸币上的人物是退溪李滉(1501—1570)，5000圆纸币上的人物是栗谷李珥(1536—1584)，两位都是16世纪朝鲜时代著名的学者，他们将性理学发展成为独具一格的理论体系，对中国和日本的儒学界产生了深远影响。10000圆纸币上的人物是世宗大王(1397—1450)，他是朝鲜王朝

(1392—1910)第四代王，于1443年创制了《训民正音》，为韩民族创造了自己的书写文字；而且他巩固军事，大力支持发展科技，是一位使百姓过上富足生活的圣君。现在在首尔市中心光化门广场有一座世宗大王的铜像。

50000圆是2009年6月开始发行的货币，纸币上的人物是朝鲜中期女书画家申师任堂(1504—1551)，栗谷李珥的才学得益于母亲申师任堂的胎教，当时曾一度成为人们关心的话题。她不仅是孝顺的女人、贤惠的妻子、

还是一位了不起的母亲和卓越的艺术家。她被后人看成是"妇德"的代表人物，在21世纪的今天，她成为女性积极参与社会活动的象征性人物。纸币上肖像画旁边是她杰出的作品之一——《墨葡萄图》(藏于涧松美术馆)。

此外，500圆硬币上的图画是仙鹤。100圆硬币上刻有忠武公李舜臣的肖像，他是在壬辰倭乱(1592—1598)时期抵抗日本侵略的民族英雄。他所

建造的龟甲船是全世界第一艘铁甲战船，也是韩国最引以为豪的发明之一，在韩国很多地方可以看到李舜臣将军的铜像。50圆硬币上的图画是稻穗，10圆硬币上的图画是多宝塔。

단어와표현

退溪李滉 Tuìxī Lǐ Huàng 퇴계 이황 | 栗谷李珥 Lìgǔ Lǐ Ěr 율곡 이이 | 性理学 xìnglǐxué 성리학 | 独具一格 dújù yìgé 독보적이나 | 对…产生了深远影响 duì…chǎnshēngle shēnyuǎn yǐngxiǎng ~에 지대한 영향을 끼치다 | 巩固军事 gǒnggù jūnshì 군사를 공고히 하다 | 过上富足生活 guòshàng fùzú shēnghuó 풍족한 생활을 지내다 | 圣君 shèngjūn 성군 | 铜像 tóngxiàng 동상 | 发行货币 fāxíng huòbì 화폐를 발행하다 | 申师任堂 Shēnshīrèntáng 신사임당 | 得益于 déyì yú ~ 덕분이다 | 胎教 tāijiào 태교하다 | 曾一度 céng yídù 한때 | 成为…话题 chéngwéi…huàtí ~의 화제가 되다 | 孝顺 xiàoshùn 효성이 지극하다 | 贤惠 xiánhuì 현명하다 | 卓越的艺术家 zhuóyuè de yìshùjiā 탁월한 예술가 | 肖像画 xiàoxiànghuà 초상화 | 杰出 jiéchū 걸출하다 | 涧松美术馆 Jiànsōng Měishùguǎn 간송미술관(우리나라 최초의 사립 박물관으로서 간송 전형필이 일본인에 의해 우리나라 문화재가 해외로 유출되는 것을 안타깝게 여기고 전 재산을 바쳐 국가 유물을 사들이고 보전함) | 仙鹤 xiānhè 두루미 | 忠武公 Zhōngwǔgōng 충무공(이순신의 시호) | 抵抗侵略 dǐkàng qīnlüè 침략에 대항하다 | 龟甲船 guījiǎchuán 거북선 | 第一艘铁甲战船 dì yī sōu tiějiǎ zhànchuán 첫 번째 철갑 전투함 | 引以为豪 yǐn yǐ wéi háo 자랑으로 여기다 | 稻穗 dàosuì 벼 이삭 | 多宝塔 Duōbǎotǎ 다보탑

CHAPTER 06

한국의 역사

출제 포인트

역사에 관련된 질문은 면접에서 상당히 중요한 부분을 차지한다. 관광이라는 것은 단순히 풍광을 감상하는 것만이 아니라 그 나라, 그 지역의 역사와 관련된 사건, 이야기, 인물, 유적과 유물 등 다양한 볼거리를 비롯하여 진솔한 스토리를 느낄 수 있는 기회이기 때문이다. 면접에서 한국의 역사 문화 유적지에 대한 기본적인 지식과 설화 등을 섬세하게 묻곤 한다. 한국의 각 시기 역사마다 지닌 독특한 세계와 특징을 이해하고 중국과의 연관성도 고려해 보도록 하자.

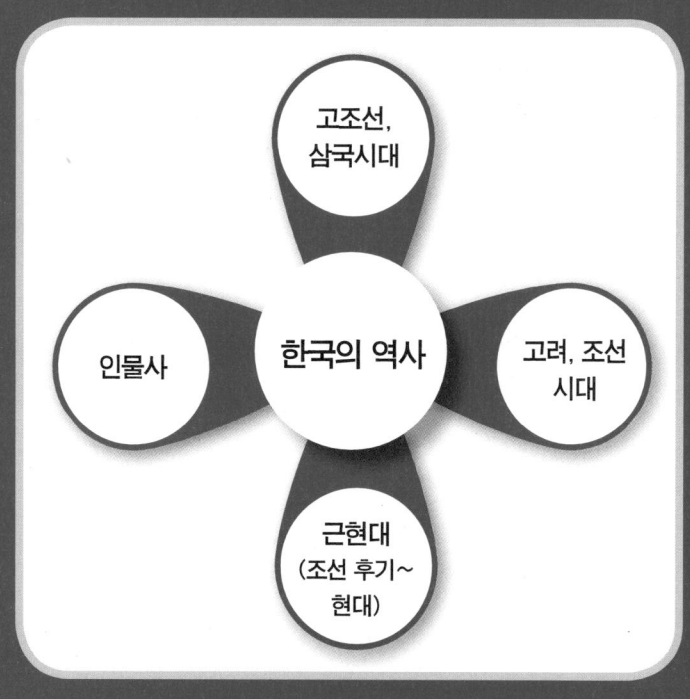

keyword

건국신화	주몽
단군 왕검	박혁거세
삼국유사	온조
홍익인간	견훤

196 介绍韩国的历史。 〈해석 75P〉

▶ 韩国的历史始于公元前2333年檀君建立的古朝鲜。此后经历了三国时代、南北国时代、高丽时代和朝鲜时代后，有过35年被日本殖民统治的屈辱，于1945年8月15日光复解放。1948年大韩民国政府正式成立，可是命运多劫，1950年又爆发了韩国战争，中国人称之为6·25战争，这场战争持续了三年，签订休战协议后，韩半岛分裂为韩国和北韩，直到目前，仍为世界上唯一被分裂的国家。

플러스 질문

❶ 请说一下儿具体年代大事记。

_____

_____

_____

_____

_____

_____

_____

_____

_____

_____

_____

_____

_____

단 어 와 표 현

始于 shǐyú ~에서 시작되다 ▎**檀君建立的古朝鲜** tánjūn jiànlì de Gǔcháoxiǎn 단군이 세운 고조선 ▎**经历了…时代** jīnglìle…shídài ~ 시대를 겪다 ▎**有过…的屈辱** yǒuguo…de qūrǔ ~한 굴욕을 당하다 ▎**光复解放** guāngfù jiěfàng 광복 해방되다 ▎**命运多劫** mìngyùn duōjié 운명이 순탄치 않다 ▎**爆发战争** bàofā zhànzhēng 전쟁이 일어 나다 ▎**签订休战协议** qiāndìng xiūzhàn xiéyì 휴전 협정을 맺다 ▎**分裂** fēnliè 분열되다

---

197 请说一下儿韩国的建国神话。

해석 75P

▶ 据一本记载高句丽、新罗、百济三国时代的传说、神话和历史的书籍《三国遗事》记录，古朝鲜是韩国历史上的第一个国家。因此韩国的建国神话即檀君的建国神话。

단 어 와 표 현

记载 jìzǎi ~을 기재하다 ▎**书籍** shūjí 서적 ▎**记录** jìlù 기록하다 ▎**檀君建国神话** tánjūn jiànguó shénhuà 단군 건국 신화

---

198 什么是檀君神话?

해석 76P

▶ 檀君神话是关于古朝鲜的建国神话。传说天上有一位王叫桓仁，得知儿子桓雄想下凡，便答应了儿子，希望它能造福于人间。桓雄带着风伯、雨师和云师等在太白山神檀树下降临人间，称当地为"神市"，管理人间的疾病、善恶、刑罚等，并教化老百姓。

一天，熊和老虎请桓雄把他们变成人，桓雄说如果他们能做到躲在山洞里，一百天内不见天日，而且只吃艾蒿和大蒜，就满足他们的要求。老虎在山洞里呆了几天就受不了了，而熊坚持到了最后，于是它变成了女人，后来桓雄和熊女结婚，生下的儿子即檀君。

公元前2333年10月3日，檀君定都阿斯达（今平壤），建立了韩半岛第一个国家古朝鲜。檀君是韩民族的第一位王，10月3日也因此被称为"开天节"，是韩民族的诞生日。

단어와표현

建国神话 jiànguó shénhuà 건국신화 ｜ 桓仁 Huánrén 환인(단군 신화에 나오는 인물) ｜ 得知 dézhī 알게 되다 ｜ 桓雄 Huánxióng 환웅(단군 신화에 나오는 인물) ｜ 下凡 xiàfán 속세로 내려오다 ｜ 造福于人间 zàofú yú rénjiān 인간들에게 복을 주다 ｜ 风伯、雨师、云师 fēngbó、yǔshī、yúnshī 풍백, 우사, 운사(바람, 비, 구름을 관장하는 신) ｜ 神檀树 shéntánshù 신단수 ｜ 降临人间 jiànglín rénjiān 인간 세상으로 강림하다 ｜ 刑罚 xíngfá 형벌 ｜ 教化老百姓 jiàohuà lǎobǎixìng 백성들을 교화하다 ｜ 艾蒿 àihāo 쑥 ｜ 大蒜 dàsuàn 마늘 ｜ 满足…的要求 mǎnzú…de yāoqiú ~의 요구를 만족시키다 ｜ 坚持 jiānchí 견지하다, 어떤 상태나 행위를 계속 하다 ｜ 定都 dìngdū 도읍을 정하다 ｜ 平壤 Píngrǎng 평양 ｜ 诞生日 dànshēngrì 탄생일

---

199 介绍一下儿古朝鲜。

 해석 76p

▶ 韩半岛大约在70万年前就有人居住，公元前8000年前新石器时代的出土文物，从地域上看范围覆盖整个韩半岛。据历史记载，公元前2000—1500年之间的青铜器时代起源于中国东北和韩半岛地区，那时有些部族生活在现中国辽宁地区和韩半岛的西北部地区，韩国建国神话中的檀君治理这些部族，后统一建立国家称为古朝鲜，定都于现平壤地区。从古朝鲜时期就有的哲学思想——弘益人间，后来成为大韩民国的建国理念。

弘益人间就是令天下苍生共同受益。

단어와표현

地域 dìyù 지역 ㅣ 范围 fànwéi 범위 ㅣ 覆盖 fùgài 덮다, 뒤덮다 ㅣ 起源于… qǐyuán yú… ~에서 기원하다 ㅣ 部族 bùzú 부족 ㅣ 治理 zhìlǐ 통치하다, 지배하다 ㅣ 弘益人间 hóngyì rénjiān 홍익인간 ㅣ 建国理念 jiànguó lǐniàn 건국이념 ㅣ 令 lìng ~하게 하다 ㅣ 天下苍生 tiānxià cāngshēng 천하의 백성 ㅣ 共同受益 gòngtóng shòuyì 공동으로 이익을 얻다

---

200 伽倻灭亡的原因是什么？

해석 76p

▶ 伽倻(公元42—532年)是位于韩半岛南部洛东江流域的一个国家联盟，由许多小的城邦组成。伽倻后被韩半岛三国之一的新罗所吸收。391至412年之间，伽倻联盟在高句丽的压力下瓦解，不过伽倻联盟的剩余仍保持着政治上的独立。由于伽倻与百济联盟攻打新罗，于是新罗于562年吞并了伽倻的剩余势力。一部分伽倻遗民逃到日本。

플러스 질문

❶ 请说说伽倻琴的由来。

_____

_____

_____

_____

_____

단어와표현

伽倻 Jiāyē 가야 ㅣ 灭亡 mièwáng 멸망하다 ㅣ 洛东江流域 Luòdōngjiāng Liúyù 낙동강 유역 ㅣ 国家联盟 guójiā liánméng 국가 연맹 ㅣ 由…组成 yóu…zǔchéng ~로 구성되다 ㅣ 城邦 chéngbāng 도시국가 ㅣ 瓦解 wǎjiě 와해되다, 무너지다 ㅣ 剩余 shèngyú 나머지 ㅣ 攻打 gōngdǎ 공격하다 ㅣ 吞并 tūnbìng 삼키다

---

201 介绍韩国的三国时代。 해석 77P

▶ 在公元前后(《三国史记》记载在公元前一世纪中)，韩半岛上出现了三大
政权：新罗(公元前57年—935年)、高句丽(公元前37年—668年)、百济
(公元前18年—660年)。在半岛南端还有伽倻等政权。各国互相攻伐，出
现了韩国历史上的一个鼎盛时期。新罗、百济日渐强盛，公元4世纪，韩
半岛形成高句丽、新罗、百济三国鼎立时期。此时期即历史上的韩国三
国时代。

> **단어와표현**
>
> **政权** zhèngquán 정권 | **互相攻伐** hùxiāng gōngfá 서로 공격하고 토벌하다 | **鼎盛时期** dǐngshèng shíqī 전성기
> | **日渐强盛** rìjiàn qiángshèng 날로 강성해지다 | **三国鼎立** sān guó dǐnglì 삼국이 정립하다

---

202 请介绍一下儿高句丽。 해석 77P

▶ 高句丽(公元前37年—668年)是韩国三国时代的国家之一，也是三国中领
土面积最大的国家。公元前37年朱蒙建国后，以韩半岛北部和满洲一代
为根据地逐渐发展起来。曾和中国当时王朝展开过激烈战争，公元668年
在新罗和唐朝的联合围剿下灭亡。高句丽与新罗、百济一起被称为韩国
历史上的三国时代。

> **플러스 질문**
>
> ❶ 请简单介绍一下儿朱蒙。
>
> _____
>
> _____
>
> _____

단어와 표현

领土面积 lǐngtǔ miànjī 영토 면적 | 朱蒙 Zhūméng 주몽(고구려의 시조) | 以…为根据地 yǐ…wéi gēnjùdì ~을 근거지로 삼다 | 逐渐 zhújiàn 점차 | 激烈战争 jīliè zhànzhēng 치열한 전쟁을 하다 | 围剿 wéijiǎo 포위하여 토벌하다

---

203 | **请介绍一下儿新罗。** 해석 77p

▶ 新罗(公元前57年—935年)是韩国三国时代中的国家之一，是朴赫居世在韩半岛东南部建立的国家，7世纪中叶，新罗和唐朝联合平定了百济和高句丽，统一了三国，此后集合三国力量在大同江和元山湾以南地区建立了韩国历史上第一个单一民族国家。新罗与高句丽、百济一起被称为韩国历史上的三国时代。

플러스 질문

❶ 请简单介绍一下儿朴赫居世。

_____

_____

_____

단어와 표현

朴赫居世 Piáo Hèjūshì 박혁거세(신라의 시조) | 平定 píngdìng 평정하다 | 集合三国力量 jíhé sān guó lìliang 삼국의 힘을 모으다 | 单一民族 dānyī mínzú 단일민족

---

204 | **请介绍一下儿百济。** 해석 78p

▶ 百济(公元前18年—660年)，又称南扶余，是古代扶余人南下在韩半岛西南部地区建立起来的国家。创始人是高句丽创始者朱蒙的第三个儿子温祚。统治范围在韩半岛西南部，后与高句丽接壤，东与新罗为邻。百济时代文化发展比较突出，对日本文化影响颇大。在660年被唐与新罗联军灭亡。

---

❶ 百济时代对日本文化影响颇大的具体表现有什么?

_____

_____

단 어 와 표 현

南扶余 Nánfúyú 남부여 I **南下** nánxià 남하하다 I **温祚** Wēnzuò 온조(백제의 시조) I **统治范围** tǒngzhì fànwéi 통치 범위 I **与··接壤** yǔ··jiērǎng ~와 영토가 인접하다 I **与··为邻** yǔ··wéilín ~와 이웃하고 있다 I **突出** tūchū 두드러지다, 뛰어나다 I **颇大** pō dà 상당히 크다

---

205 百济的首都在哪儿?

해석 78p

▶ 都城先在慰礼城(今首尔),后相继迁都熊津(今公州)、泗沘城(今扶余郡)。

단 어 와 표 현

慰礼城 Wèilǐchéng 위례성(백제 한성 시대의 도성) I **相继** xiāngjì 연이어, 계속해서 I **迁都** qiāndū 도읍을 옮기다 I **熊津** Xióngjīn 웅진(공주의 옛 이름) I **泗沘城** Sìbìchéng 사비성(웅진에서 천도한 백제의 수도)

---

206 后百济是谁建立的?

해석 78p

▶ 后百济建立者为甄萱。甄萱本姓李,是黄磵甄氏的始祖,出身于尚州加恩县,今闻庆市。甄萱在西南海防卫中立了功,当上了边防裨将,但是他也在892年(真圣女王6年)趁乱揭竿而起,背叛了政府。他攻占了武珍州(现在的光州)和其他城,在900年(孝恭王4年)定都完山州(现在的全州)后,建立了后百济国。

플러스 질문

❶ 简单介绍一下儿"后百济"。

_____

_____

_____

단 어 와 표 현

甄萱 Zhēnxuān 견훤(후백제의 시조) ㅣ 黄磵甄氏 Huángjiàn Zhēn shì 황간 견씨 ㅣ 出身于 chūshēn yú ~의 출신이다 ㅣ 防卫 fángwèi 방위하다, 방어하다 ㅣ 立功 lìgōng 공을 세우다 ㅣ 边防裨将 biānfáng píjiāng 변방의 부장(副將) ㅣ 趁乱揭竿而起 chèn luàn jiēgān ér qǐ 혼란을 틈타 봉기하다 ㅣ 背叛政府 bèipàn zhèngfǔ 정부를 배반하다 ㅣ 攻占 gōngzhàn 공격하여 점령하다

keyword

왕건	양반
코리아	임진왜란
이성계	병자호란

---

207 介绍一下儿高丽。 해석 79P

▶ 高丽王朝(公元918年—1392年)由王建所建。王建建国后，选择自己的家乡松岳(现开城)为首都，并宣称要收复高句丽在中国东北的失地。他将他的王国定为高丽，韩国现在的英文名称"KOREA"即来源于此。尽管高丽王朝没能收复失地，但却取得了以青瓷和繁荣兴盛的佛教为代表的辉煌灿烂的文化成就。"直指心体要节"和《八万大藏经》是高丽时代具有代表性的文化遗产。

> **단어와표현**
>
> **王建** Wáng Jiàn 왕건(고려 제1대 왕) ㅣ **宣称** xuānchēng 선포하다 ㅣ **收复失地** shōufù shīdì 빼앗긴 영토를 수복하다 ㅣ **来源于此** láiyuán yúcǐ 여기에서 유래되다 ㅣ **取得了…成就** qǔdéle…chéngjiù ~한 성취를 얻다 ㅣ **以…为代表** yǐ…wéi dàibiǎo ~으로 대표되다 ㅣ **繁荣兴盛** fánróng xīngshèng 크게 흥성하다 ㅣ **辉煌灿烂** huīhuáng cànlàn 휘황찬란하다 ㅣ **直指心体要节** Zhízhǐxīntǐyàojié 직지심체요절 ㅣ **八万大藏经** Bāwàn Dàcángjīng 팔만대장경

---

208 请介绍一下儿朝鲜。 해석 79P

▶ 朝鲜王朝(1392—1910年)，又称李氏朝鲜，是韩半岛历史上最后一个统一王朝，于1392年由李成桂建立。李朝历经27代君主共五百余年。1896年，第26代王高宗李熙称帝改国号为大韩帝国，1910年日本侵吞韩半岛，李朝灭亡。朝鲜以儒教治国，儒家思想取代佛教成为国家统治理念。朝鲜时期

特别是世宗大王时期文字的发明为朝鲜时代的文化普及提供了条件，那段时期也是朝鲜时代的鼎盛时期。16世纪末和17世纪初，朝鲜由于遭到后金和日本的攻击而采取闭关锁国的政策，发展受到一定影响，在19世纪初，朝鲜的内部纷争使国家日益衰落。

플러스 질문

❶ 朝鲜王朝大体可以分为几个时期? 请分别简单介绍一下儿。

_____

_____

_____

_____

_____

단어와 표현

侵吞 qīntūn 무력으로 다른 나라나 다른 나라의 영토의 일부를 차지하다 | 以…治国 yǐ…zhìguó ~으로 나라를 다스리다 | 取代 qǔdài 대체하다 | 文化普及 wénhuà pǔjí 문화 보급 | 提供条件 tígòng tiáojiàn 조건을 제공하다 | 遭到攻击 zāodào gōngjī 공격을 받다 | 采取…政策 cǎiqǔ…zhèngcè ~ 정책을 채택하다 | 闭关锁国 bìguān suǒguó 쇄국정책 | 纷争 fēnzhēng 분규, 분쟁 | 日益衰落 rìyì shuāiluò 갈수록 쇠락하다

209 朝鲜时代韩中关系如何?

해석 8op

▶ 朝鲜时代韩中关系大体可以分为朝鲜和明朝的关系、朝鲜和清朝的关系。朝鲜和明朝几乎是在同一时期开国的。明朝时期两国关系友好。万历年间，日本侵略朝鲜("壬辰倭乱")，明朝派大兵援朝抗日，最后打败了日本侵略军，保护了朝鲜主权。明朝时期的萨尔浒之战，朝鲜也派军来华，助明朝作战。与清朝的关系尽管清朝初期想要联合朝鲜，但朝鲜却始终站在明朝一方，结果导致清军入侵。在清朝的压力下，朝鲜政务受到清朝的干涉，断绝了与明朝的关系。此后，在朝鲜内部亲明派和亲清派的角逐中，朝鲜与清朝的关系时好时坏。直到朝鲜第二十一代国王

英祖时期，亲清派被铲除。然而，由于明朝灭亡已经超过百年，英祖从国家大局考虑，向清朝妥协。但民间的民族独立主义和反清思想日益强烈。

단어와 표현

开国 kāiguó 나라를 세우다 ㅣ 万历年间 wànlì niánjiān 만력(명明 신종神宗의 연호) 시기, 만력 연간 ㅣ 侵略 qīnlüè 침략하다 ㅣ 壬辰倭乱 Rénchénwōluàn 임진왜란 ㅣ 援朝抗日 yuáncháo kàngrì 조선을 도와 일본에 대항하다 ㅣ 萨尔浒之战 Sà'ěrhǔ zhī zhàn 사르후 전투(명과 후금이 1619년 지금의 요령성 소자하蘇子河 유역 사르후 지역에서 벌인 전투) ㅣ 始终站在⋯一方 shǐzhōng zhànzài⋯yìfāng 일관되게 ~편에 서다 ㅣ 断绝与⋯关系 duànjué yǔ⋯guānxi ~와의 관계를 단절하다 ㅣ 在⋯角逐中 zài⋯juézhú zhōng ~와 각축을 벌이는 중에 ㅣ 铲除 chǎnchú 뿌리 뽑다 ㅣ 从⋯大局考虑 cóng⋯dàjú kǎolǜ ~의 전반적인 정세에서 고려하다 ㅣ 大局 dàjú 대국, 대세 ㅣ 向⋯妥协 xiàng⋯tuǒxié ~와 타협하다 ㅣ 日益强烈 rìyì qiángliè 날로 강해지다

---

210 高丽与朝鲜的区别是什么？

▶ 说道高丽与朝鲜的区别，首先从政治方面看，高丽认可地方自治，当时大多数州县都没有派遣地方官，实行自治；从社会方面来看，高丽是名门贵族的社会，而朝鲜则是达官贵族占主流的社会；在思想文化方面，高丽是蒙古入侵，固守自主意识较强，人们崇尚佛教，而朝鲜呢，相信性理学，崇尚儒教，不断扩大教育，科学发展取得了巨大成就，而且国家的统治体制有了规范。

단어와 표현

派遣 pàiqiǎn 파견하다 ㅣ 崇尚 chóngshàng 숭상하다 ㅣ 取得巨大成就 qǔdé jùdà chéngjiù 큰 성과를 이루다

---

211 什么是"两班"？

▶ "两班"是古代高丽和朝鲜的贵族阶级。"两班"一词指上朝时，君王坐北向南，以君王为中心，文官排列在东边，武官排列在西边，即"文武两班"；之后，"两班"专指上朝会的官员，后延伸到"两班"官员的家族，"两班"的子弟通过科举和荫职取得官位，同时也通过婚姻关系来维持"两班"的地位，因此"两班"阶级具有世袭的特色。

212 请介绍一下儿丙子胡乱。

해석 81p

▶ 丙子胡乱是指1636年到1637年间，清军第二次入侵朝鲜事件。当时朝鲜国王仁祖避难到南汉山城。

플러스 질문

❶ 丙子胡乱与丁卯胡乱统称为什么?

_____

213 请介绍一下儿壬辰倭乱。

해석 81p

▶ 壬辰倭乱是指1592年到1598年的7年间，日本与朝鲜、明朝之间爆发的战争。日本侵略朝鲜，明朝派兵援助，最终粉碎了日本想占领朝鲜并以之为跳板进攻明朝的美梦。中国称之为"万历朝鲜战争"。

 keyword

을미사변	한국전쟁
아관파천	4·19
경술국치	5·18
3·1운동	독도

---

214 你知道乙未事变吗? 简单介绍一下儿。　　　　　해석 82p

▶ 乙未事变就是指闵妃被杀事件，是指1895年10月8日，朝鲜王后闵氏(明成皇后)在汉城(今首尔)景福宫被日本人谋杀的历史事件。乙未事变的缘起是日本人谋求重振在朝鲜的优势地位，因此暗杀了有亲俄排日倾向的明成皇后。事变真相被披露后，引起国际舆论的谴责和朝鲜人民的反抗。

> **단어와표현**
>
> 闵妃 Mǐnfēi 민비 ǀ 谋杀 móushā 계획하여 죽이다 ǀ 缘起 yuánqǐ 이유, 원인 ǀ 谋求 móuqiú 모색하다 ǀ 重振 chóngzhèn 다시 가다듬다 ǀ 亲俄排日 qīn é pái rì 배일친러(러시아와 친하고 일본을 배척하다) ǀ 有…倾向 yǒu…qīngxiàng ~한 경향이 있다 ǀ 披露真相 pīlù zhēnxiàng 진상이 드러나다 ǀ 舆论的谴责 yúlùn de qiǎnzé 여론의 비난

---

215 介绍说明一下儿俄馆播迁。　　　　　해석 82p

▶ "俄馆播迁"又称为"露馆播迁"，是指1896年2月11日高宗李熙率领王族从日本控制的景福宫逃到俄国驻朝公使馆的事件。俄馆播迁事件发生后，日本在韩半岛的地位迅速下降。当时朝鲜亲俄派势力膨胀，朝鲜亲俄政府随之建立。高宗直到1897年2月20日，才从俄国公使馆搬出。

단어와 표현

俄馆播迁 éguǎn bōqiān 아관파천 | 率领 shuàilǐng 인솔하다 | 控制 kòngzhì 장악하다, 통제하다 | 逃到… táodào… ～로 도망하다 | 公使馆 gōngshǐguǎn 공사관(공사가 주재지에서 사무를 보는 곳, 국제법에서 대사관에 준하며, 치외법권이 있다) | 迅速下降 xùnsù xiàjiàng 급속히 떨어지다 | 膨胀 péngzhàng 팽창하다 | 随之建立 suízhī jiànlì 그에 따라 수립되다 | 从…搬出 cóng…bānchū ～에서 옮겨가다

---

216 在韩国历史上，1897年发生过什么大事件？

해석 82p

▶ 1897年，朝鲜改国号为"大韩帝国"。

단어와 표현

改…为… gǎi…wéi ～을 ～로 바꾸다

---

217 庚戌国耻指的是什么？

해석 82p

▶ 1910年8月22日韩日之间签订了不平等条约——《韩日合并条约》。该条约的签订使日本正式吞并了韩半岛并进行了长达35年的殖民统治。由于该条约使韩国沦为了殖民地，所以韩国又称《韩日合并条约》的签订为"庚戌国耻"（1910年为庚戌年）。

플러스 질문

❶ 韩国什么时候摆脱了日本的殖民统治？

_____

_____

단어와 표현

庚戌国耻 gēngxū guóchǐ 경술국치(경술년에 일어난 국가의 치욕) | 签订条约 qiānding tiáoyuē 조약을 체결하다 | 不平等条约 bù píngděng tiáoyuē 불평등조약 | 合并 hébìng 합병하다 | 吞并 tūnbìng 병탄하다, 삼키다 | 殖民统治 zhímín tǒngzhì 식민 통치 | 沦为殖民地 lúnwéi zhímíndì 식민지로 전락하다

218 请介绍一下儿三一运动。 해석 83p

▶ "三一运动"又称"独立万岁运动"，是指1919年3月1日处于日本殖民统治的韩半岛爆发的一次大规模的民族解放运动。三一运动是由朝鲜宗教界人士组成的"民族代表"和青年学生发起，以朝鲜高宗李熙的葬礼为契机在京城(今韩国首尔)举行的民众集会，他们宣读《己未独立宣言》，要求独立。在日本殖民当局的镇压政策下，三一运动迅速由和平示威转化为人民起义，席卷整个韩半岛。最后由于日本的镇压，在1919年6月运动以失败告终。为纪念三一运动，韩国把3月1日定为"三一节"。

> **단어와표현**
>
> **日本殖民统治** Rìběn zhímín tǒngzhì 일본 식민 통치 | **爆发** bàofā 갑자기 터져 나오다 | **大规模运动** dàguīmó yùndòng 대규모 운동 | **民族解放** mínzú jiěfàng 민족 해방 | **由…发起** yóu…fāqǐ ~에 의하여 일어나다 | **以…为契机** yǐ…wéi qìjī ~을 계기로 | **集会** jíhuì 집회를 열다, 집회 | **宣读** xuāndú 대중 앞에서 낭독하다 | **当局** dāngjú 당국, 정부 기관 | **镇压** zhènyā 진압하다 | **和平示威** hépíng shìwēi 평화 시위 | **席卷** xíjuǎn 석권하다, 휩쓸다 | **以失败告终** yǐ shībài gàozhōng 실패로 끝나다

219 韩国战争爆发的原因是什么? 해석 83p

▶ 韩国战争，也称为6·25战争，中国称其为抗美援朝战争。1945年8月9日，在日本战败投降前夕，美国提出以北纬38度线为界，美国和苏联分别占领半岛南部和北部的提议，并得到了苏联的认可，由此演变成后来韩半岛分裂为南北阵营的导火线，北纬38度线亦被称为三八线。从1949年1月至1950年6月，南北韩双方在"三八线"附近共发生2000多起纠纷。这种武装冲突不断升级，结果北韩于1950年6月25日不宣而战，发动了对韩国的突然进攻，爆发了韩国战争。

220 介绍一下儿四一九革命。

해석 83p

▶ 四一九革命是1960年4月19日由韩国劳工和学生领导发起的人民起义，该革命推翻了李承晚独裁统治之下的韩国第一共和国。此后，李承晚辞职。

플러스 질문

❶ 4·19运动发起的根本原因是什么?

_____

_____

_____

_____

221 介绍一下儿五一八民主化运动。

해석 83p

▶ 五一八民主化运动也称光州事件，是指1980年5月18日至27日，广大市民在光州自发要求民主的运动。该事件虽然很不幸地造成了大量平民和学生死亡或受伤，但加速了韩国民主政治的到来。

단어와표현

五一八民主化运动 Wǔyībā Mínzhǔhuà Yùndòng 5·18 민주화운동, 광주사태 | **自发** zìfā 자발적인 | **虽然···但** suīrán···dàn 비록 ~이지만, 그러나 | **不幸地** búxìng de 불행히도 | **造成** zàochéng (좋지 않은 결과를) 초래하다 | **加速了···的到来** jiāsùle···de dàolái ~의 도래를 가속화하다

222 请讲一下儿独岛是韩国领土的依据。

해석 84p

▶ 国际法判断一个有争议地区的法定所有权规定，第一是要有能证实其归属的最早的有效历史记录；第二是该地区的实际控制权。韩国目前已证实于1471—1481年间有确切的历史记录，早于日本200多年，而且1667年日本的史料记载也承认独岛是韩国的领土，同时韩国现又拥有独岛的实际控制权，因此我们有充分的证据表明独岛是韩国的领土。

플러스 질문

❶ 中国和日本之间也存在领土纷争问题，能不能说说是什么地方？

단어와표현

依据 yījù 의거하다, 근거하다, 근거 | **国际法** guójìfǎ 국제법 | **争议地区** zhēngyì dìqū 논쟁 지역 | **所有权** suǒyǒuquán 소유권 | **归属** guīshǔ ~에 속하다 | **有效历史记录** yǒuxiào lìshǐ jìlù 유효한 역사 기록 | **实际控制权** shíjì kòngzhìquán 실질 지배권 | **证实** zhèngshí 사실을 증명하다, 실증하다 | **确切** quèqiè 확실하다 | **承认** chéngrèn 인정하다, 승인하다, 동의하다 | **充分的证据** chōngfèn de zhèngjù 충분한 증거 | **表明** biǎomíng 표명하다

223 韩中是什么时候建交的?

해석 84p

▶ 韩国和中国是1992年8月24日建交的。

단 어 와 표 현

建交 jiànjiāo 국교를 수립하다, 수교하다, 정식 외교 관계를 수립하다

keyword

단군 왕검	정조
선덕여왕	신사임당
광개토대왕	명성황후
세종대왕	안중근
이순신	김구

---

224 韩国历史上很有代表性的王和王妃都有谁? 해석 85p

▶ 韩半岛历代王朝中出现了几位很有代表性的王、女王和王妃，他们的事迹在现代仍被人们津津乐道，有的还被拍成了电影或电视剧。我认为王呢，应该有檀君王俭、真兴王、高句丽广开土大王、高丽太祖王建、李成桂、世宗大王、正祖；女王呢有善德女王；王后呢当然是明成皇后了。

단어와 표현

事迹 shìjì 사적 ｜ 津津乐道 jīnjīn lèdào 흥미진진하게 이야기하다 ｜ **檀君王俭** tánjūn Wángjiǎn 단군 왕검(고조선의 시조) ｜ **真兴王** Zhēnxīngwáng 진흥왕(신라 제24대 왕) ｜ **广开土大王** Guǎngkāitǔ Dàwáng 광개토대왕(고구려 제19대 왕) ｜ **太祖王建** Tàizǔ Wáng Jiàn 태조 왕건(고려 제1대 왕) ｜ **李成桂** Lǐ Chéngguì 이성계(조선 제1대 왕) ｜ **正祖** Zhèngzǔ 정조(조선 제22대 왕) ｜ **善德女王** Shàndé Nǚwáng 선덕여왕(신라 제27대 왕) ｜ **明成皇后** Míngchéng Huánghòu 명성황후(고종 황제의 비)

---

225 请介绍一下儿檀君王俭。 해석 85p

▶ 檀君王俭是天帝之子桓雄和凡间的熊女所生之子，传说他于公元前2333年建立了韩国最早的国家——古朝鲜，因此他被称为韩民族的始祖。王俭是檀君的名字，他统治古朝鲜长达1500年，1908岁时成为山神。如今在韩国的几处高山山顶有纪念檀君的祭坛。韩国将檀君建立古朝鲜的日期10月3日定为建国日，称为"开天节"。

---

226 檀君王俭的名字是什么意思？

▶ 檀君，名王俭，传说是天神桓雄与熊女的孩子，是传说中的檀君朝鲜的开国国君。说到檀君王俭的意思呢，有很多种说法，其中最普遍的说法是天上神圣的祖先。

---

227 简单介绍一下儿朴赫居世。

▶ 朴赫居世是韩半岛三国时期新罗的始祖。据记载，朴赫居世生于从天而降的巨蛋，被认为是如今朴姓家族的始祖。13岁时被拥为王，他仁慈而且英明，提高了农业产量，深受百姓爱戴。他曾以"将别人的不幸当作一种机会是不道德的"拒绝攻打敌国。朴赫居世在那片土地上管理治国61年，最终在公元3年去世。

228 高句丽东明圣王(朱蒙)是谁?

해석 86p

▶ 高句丽东明王，即高朱蒙(公元前58年—公元前19年)，姓高，名朱蒙，是传说中高句丽王国的开国国君。传说他是柳花夫人与天帝之子解慕漱之子，诞生于卵。朱蒙幼年便善于狩猎，百发百中，朱蒙即为善射之意。

단어와표현

解慕漱之子 Jiěmùshù zhī zǐ 해모수의 아들 | **诞生于卵** dànshēng yú luǎn 알에서 태어나다 | **善于狩猎** shànyú shòuliè 수렵에 능하다 | **百发百中** bǎifā bǎizhōng 백발백중, 백발백중하다 | **善射之意** shànshè 활쏘기를 잘하다

229 请介绍一下儿召西奴夫人(公元前67—6年)。

해석 86p

▶ 朱蒙的第二任夫人召西奴夫人是建立高句丽和百济的重要人物。现存比较普遍的说法是召西奴夫人的长子沸流是百济的始祖，次子温祚是百济的第一代王。召西奴夫人在朱蒙建立高句丽时提供了财政支援，在朱蒙的第一任王妃俞氏夫人之子琉璃继承了朱蒙的王位后，她离开高句丽去了南方，与两个儿子一同建立了新王朝——百济。

플러스 질문

❶ 新王朝百济的创始者是谁?

_____

_____

_____

단어와표현

召西奴夫人 Zhàoxīnú fūrén 소서노 부인(백제 건국 설화에 나오는 비류와 온조의 어머니이자 고구려 동명성왕의 두 번째 부인) | **现存** xiàncún 현존하다 | **普遍说法** pǔbiàn shuōfǎ 보편적인 견해 | **长子沸流** zhǎngzǐ Fèiliú 큰 아들 비류 | **次子温祚** cìzǐ Wēnzuò 차남 온조 | **提供财政支援** tígōng cáizhèng zhīyuán 재정 지원을 제공하다 | **继承王位** jìchéng wángwèi 왕위를 계승하다

230 介绍一下儿善德女王。

해석 86p

▶ 善德女王原名金德曼，是新罗及韩国有历史记载以来的首位女王。她是新罗第27代女王，从公元632年至647年期间统治新罗16年。她对唐朝保持独立自主的态度。派遣官员赈济百姓，收复民心，借用佛教的力量巩固政治；在国家危难之际，对内她努力谋求百姓的团结，对外展现了新罗的实力，为新罗文化艺术发展作出了贡献。作为"韩国史上第一位女王"，公元647年，在大臣毗昙和廉宗策动的叛乱中去世。

善德女王有女性特有的细心和可以克服乱世之难的能力。她时刻把国家和百姓紧系于心，为三国的统一奠定了基础。可以说在新罗危难时期，是善德女王引领国家走向了安定。

단 어 와 표 현

有历史记载以来 yǒu lìshǐ jìzǎi yǐlái 역사 기록 이래로 ┃ 对···保持···的态度 duì···bǎochí···de tàidù ~에 대해 ~한 태도를 유지하다 ┃ 独立自主 dúlì zìzhǔ 자주독립 ┃ 派遣官员 pàiqiǎn guānyuán 관리를 파견하다 ┃ 赈济百姓 zhènjì bǎixìng 백성을 구제하다 ┃ 收复民心 shōufù mínxīn 민심을 수습하다 ┃ 巩固政治 gǒnggù zhèngzhì 정치를 공고히 하다 ┃ 在···之际 zài···zhī jì ~의 때에 ┃ 对内 duìnèi 대내적으로는 ┃ 谋求 móuqiú ~을 강구하다 ┃ 对外 duìwài 대외적으로는 ┃ 展现实力 zhǎnxiàn shílì 실력을 드러내다 ┃ 为···作出贡献 wèi···zuòchū gòngxiàn ~을 위해 공헌하다 ┃ 毗昙 Pítán 비담(신라 시대의 귀족) ┃ 廉宗 Liánzōng 염종(신라 시대의 귀족) ┃ 策动 cèdòng 책동하다 ┃ 叛乱 pànluàn 반란 ┃ 克服乱世之难 kèfú luànshì zhī nán 난세의 어려움을 극복하다 ┃ 把···紧系于心 bǎ···jǐnxì yú xīn ~을 마음에 두다 ┃ 为···奠定基础 wéi···diàndìng jīchǔ ~을 위해 기초를 다지다 ┃ 引领 yǐnlǐng 이끌다 ┃ 走向安定 zǒuxiàng āndìng 안정적인 방향으로 가다

---

231 简单介绍一下儿高句丽广开土大王。

해석 87p

▶ 广开土大王是高句丽第十九代君主，又名"好太王"。虽然在位仅仅22年，英年早逝，但在位期间使高句丽成为当时东亚的霸主。广开土大王创造了韩国史上最大的版图疆域，并构建了一个强大的东亚帝国，而他所拓展的也不仅仅是领土，更是韩民族的自豪感和心中的希望。跆拳道ITF(International Taekwondo Federation)的"广开"套路就是以他的名字命名的。

> **단 어 와 표 현**
>
> **在位** zàiwèi (군주의 자리에) 재위하다 **｜ 英年早逝** yīngnián zǎoshì 젊은 나이에 죽다 **｜ 霸王** bàwáng 패왕 **｜ 版图疆域** bǎntú jiāngyù 국토 **｜ 构建强大帝国** gòujiàn qiángdà dìguó 강대한 제국을 건설하다 **｜ 拓展** tuòzhǎn 확장하다 **｜ 跆拳道** Táiquándào 태권도 **｜ 套路** tàolù 품세 **｜ 以…命名** yǐ…mìngmíng ~으로 명명하다

232　高句丽鼎盛时期的国王是谁？　〈해석 87p〉

▶　高句丽鼎盛时期的国王是广开土大王，他在统治时期创造了辉煌业绩，不但在与新罗和百济的战斗中取得了胜利，而且在历史上最大范围地扩展了疆域。

> **단 어 와 표 현**
>
> **鼎盛时期** dǐngshèng shíqī 전성기 **｜ 创造了辉煌业绩** chuàngzàole huīhuáng yèjì 눈부신 업적을 이루다 **｜ 扩展疆域** kuòzhǎn jiāngyù 영토를 확장하다

233　简单介绍一下儿高丽太祖王建。　〈해석 87p〉

▶　高丽太祖王建建立了高丽王朝，于公元918年到1392年统治韩半岛。他出生于开城地区的一个商人家庭，具有高句丽血统，作为泰封的名将，因看不惯泰封王屡施暴政，与其他四位泰封将领一起推翻国王统治，并被拥戴为王，他建立了新王朝，改国号为高丽。

> **단 어 와 표 현**
>
> **具有…血统** jùyǒu…xuètǒng ~ 혈통을 지니다 **｜ 泰封** Tàifēng 태봉, 후고구려(901년 궁예에 의해 건국되어 918년 왕건에게 멸망할 때까지 18년간 존속한 나라) **｜ 作为名将** zuòwéi míngjiàng 명장으로서 **｜ 看不惯** kànbúguàn 간과할 수 없다 **｜ 屡施暴政** lǚ shī bàozhèng 여러 차례 폭정을 하다 **｜ 推翻统治** tuīfān tǒngzhì 쿠데타를 일으키다 **｜ 被拥戴为王** bèi yōngdài wéi wáng 왕으로 추대되다

234 朝鲜王朝是谁建立的？简单介绍一下儿他。

해석 87p

▶ 朝鲜王朝是武将出身的李成桂建立的。他是韩国妇孺皆知的朝鲜王朝开国之君。1356年，李成桂与其父亲一起帮助高丽王朝收复双城总管府后归附高丽。由于在抵御元朝红巾军的入侵中战功显赫而被提拔。1392年，李成桂自立为王，改国号为朝鲜，定都汉城。即位后，李成桂对内实行改革，清除了原高丽的势力，对外通过招抚、武力征服等扩大疆土，是韩国历史上一位举足轻重的人物。

> **단어와 표현**
>
> **妇孺皆知** fùrú jiēzhī 모든 사람들이 알다 ㅣ **开国之君** kāiguó zhī jūn 나라를 세운 왕 ㅣ **收复** shōufù 수복하다 ㅣ **双城总管府** shuāngchéng zǒngguǎnfǔ 쌍성총관부(고려 후기 몽고가 고려의 화주[현 함경남도 영흥] 이북을 직접 통치하기 위해 설치했던 관공서) ㅣ **归附** guīfù 귀순하여 따르다 ㅣ **抵御** dǐyù 막아 내다 ㅣ **入侵** rùqīn 침입하다 ㅣ **战功显赫** zhàngōng xiǎnhè 전쟁터에서 혁혁한 공을 세우다 ㅣ **提拔** tíbá 선발되다 ㅣ **自立为王** zìlì wéi wáng 스스로 왕이 되다 ㅣ **定都** dìngdū 수도를 정하다 ㅣ **即位** jíwèi 즉위하다 ㅣ **实行改革** shíxíng gǎigé 개혁을 실시하다 ㅣ **清除了…势力** qīngchúle…shìlì ~세력을 제거하다 ㅣ **招抚** zhāofǔ 투항하게 하다, 귀순시키다 ㅣ **武力征服** wǔlì zhēngfú 무력으로 정벌하다 ㅣ **扩大疆土** kuòdà jiāngtǔ 영토를 확장하다 ㅣ **举足轻重** jǔzú qīngzhòng 대단히 중요하다

235 请介绍一下儿世宗大王。

해석 88p

▶ 世宗大王(1397—1450)是朝鲜第四代王，在位时期为1418年到1450年，他可以说是韩国历史上最伟大的人物。世宗大王勤政爱民，爱惜人才，具有很强的革新意识。在他的治理下，国家繁荣强大、文化和科技都得到很大发展。最杰出的成就是他召集学者共同创制了训民正音，使大韩民国有了自己的文字。此外他还支持鼓励当时的科学家发明了日晷、浑天仪等天文仪器等，不但促进了科技和农业的发展，而且创立了新的立法。韩国人都十分尊敬他，现在在光化门广场等很多地方都可以看到他的铜像。

236 请介绍一下儿李舜臣将军。

해석 88p

▶ 李舜臣将军是朝鲜时期的抗倭名将，谥号忠武，深受韩国人尊敬。在"壬辰倭乱"时期，李舜臣将军击溃了日军，用生命保卫了韩半岛。他一生征战无数，从第一次使用龟船的成名战——玉浦海之战，到鸣梁海之战、闲山大捷、露梁海之战，他创造了一个又一个奇迹，特别是鸣梁海之战，李舜臣将军用12艘战船击溃了日本的133艘战舰，堪称世界海战史上最著名的"以少胜多"的战役。不幸的是他在露梁海之战中以身殉国。最后时刻他仍心念国家安危，留下了"战方急，慎勿言我死"的遗言。殉国后被誉为民族英雄—忠武公。为纪念他的伟大，在100韩元硬币上印上了他的头像，在光化门广场、国会门外等很多地方都有他的铜像。2014年，《鸣梁战役》被拍成了电影，给现代韩国人以极大震撼。

플러스 질문

❶ 供奉李舜臣将军灵位的地方叫什么？是什么时候修建的？

237 请你说明一下儿燕山君。

해석 88p

▶ 燕山君是韩国历史上最残暴君王。他是朝鲜王朝第九代君王成宗的长子，在得知其母亲被父王成宗无故赐死后性格变得残酷无情，将很多大臣无故赐死，甚至开棺鞭尸。后来被他的弟弟废黜，最后病死于江华岛。他的坟墓位于首尔道峰区，坟墓规模比其他君王小很多。

단어와 표현

燕山君 Yànshānjūn 연산군(조선 제10대 왕) ǀ **残暴** cánbào 잔혹하고 포악하다 ǀ **无故赐死** wúgù cìsǐ 이유 없이 사약을 받아 죽다 ǀ **残酷无情** cánkù wúqíng 잔혹하고 무정하다 ǀ **开棺鞭尸** kāiguān biānshī 관속의 시체를 매질하다 ǀ **废黜** fèichù 폐위시키다 ǀ **坟墓** fénmù 무덤 ǀ **道峰区** Dàofēngqū 도봉구

238 介绍一下儿朝鲜第22代王——正祖。

해석 89p

▶ 朝鲜第22代王——正祖是继世宗大王以来最知进取、最有成就、最伟大的君主，他设立了王立图书馆——奎章阁，向优秀人才打开了通往受社会地位限制的官员职位之门。

他还是被公认的最有孝心的国王。他为了悼念父亲，将父亲的坟墓迁到了京畿道的水原显隆园，并在陵园附近修建了自己的墓陵，以长伴父亲亡灵。他为了悼念自己的父亲让丁若镛在水原修筑了城郭(城廊)——水原华城。

플러스 질문

❶ 丁若镛是谁?

_____

_____

_____

❷ 请简单介绍一下儿水原华城。

_____

_____

_____

단어와 표현

进取 jìnqǔ 진취적이다 ǀ 奎章阁 Kuízhānggé 규장각 ǀ 向…打开了通往…之门 xiàng…dǎkāile tōngwǎng…zhī
mén ~에게 ~로 통하는 문을 개방하다 ǀ 公认 gōngrèn 많은 사람들이 인정하다 ǀ 悼念 dàoniàn 애도하다 ǀ 迁 qiān
옮기다 ǀ 显隆园 Xiǎnlóngyuán 현릉원(이전 후 사도세자의 무덤) ǀ 陵园 língyuán 묘와 그 주위의 조경 ǀ 修建墓陵
xiūjiàn mùlíng 능을 건설하다 ǀ 亡灵 wánglíng 망령(죽은 영혼) ǀ 丁若镛 Dīng Ruòyōng 정약용(조선 후기의 실학자)
ǀ 修筑城郭 xiūzhù chéngguō 성곽을 건설하다 ǀ 水原华城 Shuǐyuán Huáchéng 수원 화성

---

239 介绍一下儿申师任堂。

해석 89p

▶ 申师任堂是朝鲜时代著名的女书画家，更是韩国贤妻良母的典范，被誉
   为韩国的"孟母"。在她的教育熏陶下，她的子女也都十分出色，最有名
   的是著名儒学家栗谷李珥。申师任堂的代表作是草虫图和墨葡萄图，她
   的肖像和墨葡萄图被印在了50000韩元纸币上。

플러스 질문

❶ 50000韩币上的人物为什么选择了申师任堂?

_____

_____

_____

단어와 표현

申师任堂 Shēnshīrèntáng 신사임당 ǀ 贤妻良母 xiánqī liángmǔ 현모양처 ǀ 典范 diǎnfàn 본보기 ǀ 被誉为…
bèi yùwéi… ~라고 추앙받다 ǀ 熏陶 xūntáo 영향, 훈도 ǀ 儒学家 rúxuéjiā 유학자 ǀ 栗谷李珥 Lìgǔ Lǐ Ěr 율곡 이
이(조선 중기의 유학자) ǀ 代表作 dàibiǎozuò 대표작 ǀ 肖像 xiàoxiàng 초상 ǀ 印在…上 yìnzài…shang ~에 새겨
져 있다

240 介绍一下儿退溪李滉。

해석 89p

▶ 退溪李滉是朝鲜时代著名儒学家，是栗谷李珥的老师。他创建了陶山书堂，培养了众多优秀人才。他的肖像被印在1000韩元纸币上以示纪念。此外，首尔市钟路区的一条路也以他的名字命名。

> **단어와 표현**
>
> **退溪李滉** Tuìxī Lǐ Huàng 퇴계 이황(조선 중기의 유학자) ┃ **创建** chuàngjiàn 창건하다 ┃ **陶山书堂** Táoshān shūtáng 도산서당(퇴계 이황이 만년에 기거하며 제자들을 가르치고 책을 읽던 곳) ┃ **培养人才** péiyǎng réncái 인재를 양성하다 ┃ **众多** zhòngduō 많은 ┃ **以示纪念** yǐshì jìniàn 이로써 기념하다

241 介绍一下儿栗谷李珥。

해석 90p

▶ 栗谷李珥是朝鲜时代著名的儒学家，他拜退溪李滉为师，与"退溪李滉"并称为"二大儒"。后世为了纪念他，把他的肖像印在了5000韩元纸币上。

> **단어와 표현**
>
> **拜…为师** bài…wéi shī ～를 스승으로 섬기다 ┃ **与…并称为…** yǔ…bìngchēng wéi ～와 함께 ~라고 칭하다

242 请介绍一下儿明成皇后。

해석 90p

▶ 明成皇后是朝鲜末代国王高宗的王妃，亦是朝鲜近代史上的女政治家，她聪明睿智，力抗日本，因此被日本人认为是日本入侵朝鲜的最大绊脚石，结果在乾清宫被日本人杀害。今天的众多韩国人都十分认可她为抵御外国势力侵略、维护国家主权而做出的外交和政治上的努力，将其视为国家英雄。

243 朝鲜时代最后一位王是谁?

▶ 朝鲜时代最后一位王是高宗李熙，也称光武帝。是朝鲜王朝第26代国王，也是大韩帝国开国皇帝。

플러스 질문

❶ 请简单介绍一下儿高宗。

_____

_____

_____

_____

_____

단 어 와 표 현

开国皇帝 kāiguó huángdì 개국 황제

244 请介绍一下儿安重根。

해석 90p

▶ 安重根是朝鲜近代史上著名的独立运动家。1909年10月26日，安重根在哈尔滨火车站击毙了日本的朝鲜统监伊藤博文，结果当场被捕，后关押在大连的旅顺监狱，最后被杀害。为了纪念这位民族英雄，中国政府应韩国朴槿惠总统之请在哈尔滨火车站建立了安重根义士纪念馆，于2014年年初开馆，免费对方开放。（纪念馆内设有安重根义士事迹陈列馆，安重根击毙伊藤博文的地点标示等。）

단어와 표현

安重根 Ān Zhònggēn 안중근 Ⅰ **独立运动家** dúlì yùndòngjiā 독립운동가 Ⅰ **击毙** jībì 저격하다 Ⅰ **伊藤博文** Yīténg Bówén 이토 히로부미 Ⅰ **当场被捕** dāngchǎng bèibǔ 현장에서 체포되다 Ⅰ **关押** guānyā 수감되다 Ⅰ **旅顺监狱** Lǚshùn jiānyù 뤼순 감옥(중국 라오닝辽宁성 다롄大连시에 있는 옛 감옥) Ⅰ **应…之请** yīng…zhī qǐng ～의 요청에 응하다 Ⅰ **建立纪念馆** jiànlì jìniànguǎn 기념관을 건립하다 Ⅰ **免费开放** miǎnfèi kāifàng 무료로 개방하다 Ⅰ **陈列馆** chénlièguǎn 전시관

245 请介绍一下儿金九。

해석 91p

▶ 金九生于1876年7月11日，卒于1949年6月26日，号白凡，别名金昌洙、金斗来。他是韩国著名的独立运动家，一生富有传奇色彩。他早年参加了韩国的独立运动并被称为领导人。在中国抗日时期，作为大韩民国临时政府的领导人与中华民国政府走得很近，曾随国民政府迁址重庆。由于他在民间颇有声望，因而受到政敌敌视，结果在战后遭遇暗杀。他被韩国人誉为抗日英雄，被现代韩国人尊称为"韩国的国父"。

단어와 표현

卒于 zúyú ～에 사망하다 | 富有传奇色彩 fùyǒu chuánqí sècǎi 전기적인 색채가 농후하다 | 临时政府 línshí zhèngfǔ 임시정부 | 与…走得很近 yǔ…zǒu de hěn jìn ～와 가깝게 지내다 | 迁址 qiānzhǐ 이전하다 | 颇有声望 pōyǒu shēngwàng 명성이 자자하다 | 受到敌视 shòudào díshì 적대시를 받다 | 政敌 zhèngdí 정적(정치적으로 대립되는 처지에 있는 사람) | 遭遇暗杀 zāoyù ànshā 암살당하다 | 抗日英雄 kàngrì yīngxióng 항일 영웅 | 尊称为… zūnchēng wéi… ～으로 존경하여 부르다

CHAPTER 07

한국 문화

출제 포인트

한류가 아시아를 비롯 전 세계로 퍼지면서 한국 문화에 대한 관심도 나날이 높아지고 있다. 이를 반영하여 관광통역안내사 면접에서는 전통적인 한국 문화는 물론 현재 변화하고 있는 한국인들의 문화까지도 질문하는 경우가 많으므로 다방면의 지식을 두루 숙지하는 것이 좋다. 최근 몇 년간의 기출문제를 들여다 보면, 한국 문화에 대한 질문이 굉장히 다양하게 출제되었으며 심도 있는 전통 문화의 기본 지식에 대한 질문 비율이 점차 높아지고 있다. 본 챕터에서는 이러한 경향을 반영하여 최신 문화 현상뿐 아니라 기본적 한국 문화에 대한 자세한 접근을 시도했다.

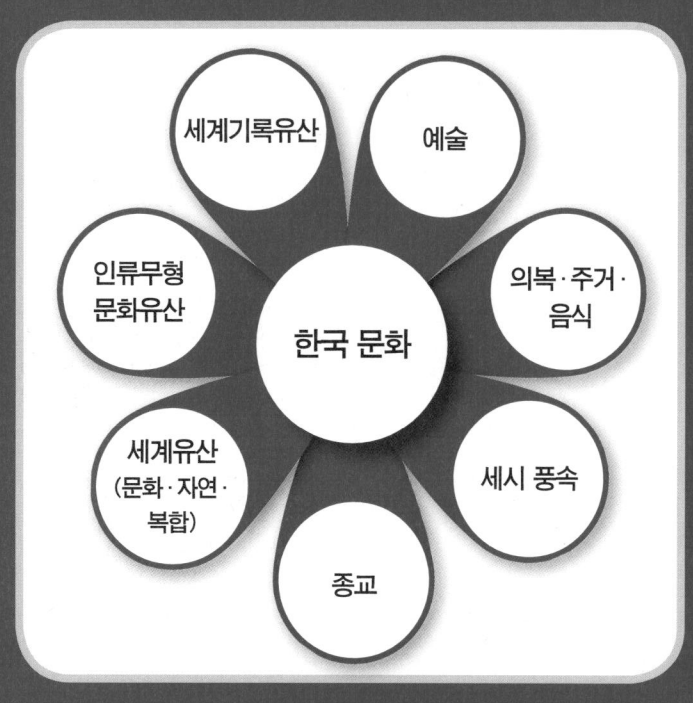

keyword

공연	하회탈
음악	사물놀이
춤	태권도
도자기	화랑

246 非语言表演指的是什么?

해석 92p

▶ 非语言表演是指没有任何台词，只是通过表演者的动作、各种声音配以节奏进行的一种表演。非语言表演从舞蹈到杂技，穿越语言障碍，将传统融入现代元素，精彩展现了韩国的美术、音乐、武术等传统艺术。

플러스 질문

❶ 请介绍一个韩国著名的非语言表演。

_____

_____

_____

_____

_____

_____

_____

_____

_____

단 어 와 표 현

非语言表演 fēi yǔyán biǎoyǎn 넌버벌 퍼포먼스 | **配以节奏** pèi yǐ jiézòu 리듬에 맞추다 | **杂技** zájì 잡기 | **穿越** chuānyuè 초월하다, 넘어서다 | **语言障碍** yǔyán zhàng'ài 언어 장벽 | **将…融入…** jiāng…róngrù… ~을 ~에 녹여 내다 | **精彩展现** jīngcǎi zhǎnxiàn 아름답게 표현하다

---

247 请比较一下儿高丽青瓷和朝鲜白瓷。

해석 92p

▶ 高丽青瓷和朝鲜白瓷都是陶瓷器。高丽青瓷表面呈淡绿色，富有贵族风格。用镶嵌技法，即在陶瓷表面刻画多种花纹图案后，再嵌入其他材料制作而成。高丽青瓷是韩国陶瓷艺术发展的顶峰。朝鲜白瓷是以表面呈白色的白瓷和粉青沙器为主的瓷器，基本的色调是白色，而且花纹简洁，外观简单，充分表现了朝鲜时代两班的清廉和节俭朴素的生活作风。

플러스 질문

❶ 什么是陶瓷器艺术?

_____

_____

_____

❷ 简单概括一下儿韩国陶瓷器发展过程。

_____

_____

_____

단 어 와 표 현

高丽青瓷 Gāolì qīngcí 고려청자 | **白瓷** báicí 백자 | **陶瓷器** táocíqì 도자기 | **呈淡绿色** chéng dànlǜsè 옅은 녹색을 띠다 | **富有贵族风格** fùyǒu guìzú fēnggé 귀족적 풍격이 풍부하다 | **镶嵌技法** xiāngqiàn jìfǎ 상감기법 | **花纹图案** huāwén tú'àn 꽃무늬 도안 | **嵌入** qiànrù 새겨 넣다 | **艺术发展的顶峰** yìshù fāzhǎn de dǐngfēng 예술 발전의 최고봉 | **粉青沙器** fěnqīngshāqì 분청사기 | **色调** sèdiào 색조 | **花纹简洁** huāwén jiǎnjié 꽃무늬가 간결하다 | **外观简单** wàiguān jiǎndān 겉모습이 단순하다 | **清廉** qīnglián 청렴하다 | **节俭朴素** jiéjiǎn pǔsù 소박하고 검소하다

248 介绍一下儿韩国的传统舞蹈。

▶ 韩国传统舞蹈始于史前时代宗教仪式，在朝鲜时代分别以宫廷舞和民俗舞为中心发展起来。宫廷舞指宫中宴会或招待贵宾时所跳的舞蹈，舞者服饰华丽，充分体现王室的尊严，其中有代表性的舞蹈是剑舞、鹤舞和处容舞；民俗舞呢是随着农业生产力的提高和工商业的发达，由老百姓自发创作表演的舞蹈，不仅生动形象地表现老百姓的社会生活，还有对社会的讽刺和批判。具代表性的有假面舞、僧舞、太平舞、闲良舞和驱邪舞等等。

플러스 질문

❶ 什么是韩国的假面舞?

_____

_____

❷ 假面舞的功能是什么?

_____

_____

_____

단어와표현

始于 shǐyú ~에서 기원하다 ┃ 宫廷舞 gōngtíngwǔ 궁중무 ┃ 民俗舞 mínsúwǔ 민속무 ┃ 宴会 yànhuì 연회 ┃ 招待贵宾 zhāodài guìbīn 귀빈을 초대하다 ┃ 服饰华丽 fúshì huálì 복식이 화려하다 ┃ 王室尊严 wángshì zūnyán 왕실의 존엄 ┃ 剑舞 jiànwǔ 검무 ┃ 鹤舞 hèwǔ 학무 ┃ 处容舞 chùróngwǔ 처용무 ┃ 自发创作 zìfā chuàngzuò 스스로 창작해 내다 ┃ 讽刺和批判 fěngcì hé pīpàn 풍자와 비판 ┃ 假面舞 jiǎmiànwǔ 가면무 ┃ 僧舞 sēngwǔ 승무 ┃ 太平舞 tàipíngwǔ 태평무(나라의 태평성대를 기원하는 춤) ┃ 闲良舞 xiánliángwǔ 한량무(계급사회의 시대상을 풍자한 일종의 춤극) ┃ 驱邪舞 qūxiéwǔ 구사무(악귀를 쫓는 춤)

249 介绍一下儿河回假面。 해석 93P

▶ 河回假面又叫屏山假面，是用杨树为材料制作的假面具，在假面舞表演中使用。制作年代大约在11—12世纪(高丽中叶)。河回假面中最具代表性的假面就是"两班(贵族)"假面，仰视与俯看时表情分别为大笑和生气。1964年河回假面被指定为韩国第121号国宝，据说共有14个，但有3个遗失，现存11个收藏于韩国国立中央博物馆。

> **플러스 질문**
>
> ❶ 请说说河回假面的由来。
>
> _____
>
> _____
>
> _____
>
> _____
>
> _____

> **단어와 표현**
>
> 河回假面 Héhuí jiǎmiàn 하회탈 ㅣ **屏山假面** Píngshān jiǎmiàn 병산탈 ㅣ **杨树** yángshù 버드나무 ㅣ **两班** liǎngbān 양반 ㅣ **仰视** yǎngshì 위로 쳐다보다 ㅣ **附看** fùkàn 아래로 쳐다보다 ㅣ **遗失** yíshī 유실되다

250 请介绍一下儿韩国的传统音乐。 해석 94P

▶ 韩国的传统音乐有很多种，从大类上说分为宫廷乐和民俗乐。如今所说的宫廷乐始于朝鲜时代，代表乐种为源于中国祭礼乐的"雅乐"、流传最普遍的韩国传统祭礼乐"乡乐"、韩国音乐和中国音乐相融合的"唐乐"；而民俗乐则更加复杂多样，但大体都有强烈的节奏感。其中较为盛行的民俗乐是农乐戏，是以农耕文化为背景，舞蹈和歌曲相结合的富有打击乐特色的音乐表现形式。最具有代表性的农乐形式是"四物游戏"。

251 四物游戏指的是什么?

 해석 94p

▶ "四物游戏"是最广为人知的农乐形式。所谓"四物游戏"是指用小罗、长鼓、鼓、锣等四种乐器演奏的一种农乐戏。

플러스 질문

❶ 请具体说说"四物游戏"的表演方式。

_____

_____

_____

252 韩国的传统乐器都有什么?

 해석 94p

▶ 韩国有大量的乐器,如牙筝、奚琴、伽倻琴等,现在一共有65种不同的乐器保存在国立国乐院。其中十五种已经不再使用,这或者是因为音乐的风尚发生了变化,或者是因为同宫廷有关的仪式不复存在。其余40种乐器现在都有演奏。

플러스 질문

❶ 请介绍一种韩国的传统乐器。

_____

_____

_____

_____

단 어 와 표 현

牙筝 yázhēng 아쟁 | **奚琴** xīqín 해금 | **伽倻琴** jiāyēqín 가야금 | **国立国乐院** Guólì Guóyuèyuàn 국립국악원
(우리나라의 전통음악과 전통무용을 관장하는 국립 예술 기관)

---

253 介绍一下儿韩国传统武术。 해석 95P

▶ 韩国传统武术的代表是跆拳道，是一种使用拳脚格斗、对抗的体育项目，始于三国时代的护国武术，在高丽时代发展成为老百姓的民俗武艺，到了朝鲜时代，跆拳道进一步发展成为捍卫国家的军人武艺。近代在人们的不断推广发扬下，跆拳道成为1988年韩国奥运会的示范项目，于2000年成为奥运会正式比赛项目。如今的跆拳道可以说是成了每个小孩子都要学习的修心养性的国民运动。

플러스 질문

❶ 跆拳道跟跆跟有什么差异?

_____

_____

_____

_____

단어와표현

跆拳道 Táiquándào 태권도 I **格斗** gédòu 격투 I **对抗** duìkàng 대항하다 I **体育项目** tǐyù xiàngmù 체육 종목 I
护国武术 hùguó wǔshù 호국 무술 I **捍卫国家** hànwèi guójiā 국가를 지키다 I **不断推广发扬** búduàn tuīguǎng
fāyáng 지속적으로 보급하여 발전시키다 I **示范项目** shìfàn xiàngmù 시범 종목 I **修心养性** xiūxīn yǎngxìng 심신
수양

---

254 什么叫花郎? 해석 96p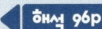

▶ 古代的花郎有两种说法。一是一种思想精神,二是一种团体组织。具体
的说呢,花郎是古代韩国的一种思想精神,以这种思想精神为主创建的
花郎团体组织,是韩国三国时期新罗封建贵族阶级建立的青少年社会团
体,其创建目的是通过组织青少年进行各种集体活动,宣传爱国主义精
神,并以此了解他们的才智和品德,择其优者推荐国家录用。从新罗中
期开始,国家的重要官职主要是从花郎的成员(郎徒)中选任的。

단어와표현

花郎 huāláng 화랑 I **团体组织** tuántǐ zǔzhī 단체 조직 I **宣传爱国主义精神** xuānchuán àiguó zhǔyì jīngshén
애국주의 정신을 선전하다 I **择其优者** zé qí yōuzhě 뛰어난 자들을 선임하다 I **推荐** tuījiàn 추천하다 I **重要官职**
zhòngyào guānzhí 주요 관직 I **选任** xuǎnrèn 선출되어 임명되다

---

255 什么叫花郎道? 해석 96p

▶ 按照通行的说法,花郎道是韩国古代武术,跆拳道的前身。新罗时代一
个叫花郎的士兵凭借这种武术一战成名,被新罗王帝召进王宫表演,赐
名"花郎道",在军队中推广。李成桂建立朝鲜后,推崇儒家,不主张武
力,花郎道逐渐没落。二十世纪初经韩国武术家改革,演化成跆拳道。
但由于时代的变化,花郎道与跆拳道有极大不同,如跆拳道以高腿踢法
为主,但是花郎道主张脚不过膝。

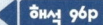

단 어 와 표 현

花郎道 huālángdào 화랑도 | 按照通行说法 ànzhào tōngxíng shuōfǎ 일반적인 견해에 따르면 | 前身 qiánshēn 전신, 이전의 신분 | 凭借 píngjiè ~을 근거로 | 一战成名 yízhàn chéngmíng 전투에서 이름을 날리다 | 赐名 cìmíng 이름을 하사하다 | 推广 tuīguǎng 보급하다 | 推崇 tuīchóng 숭상하다 | 主张 zhǔzhāng 주장하다 | 逐渐 没落 zhújiàn mòluò 점차 몰락하다 | 改革 gǎigé 개혁하다 | 演化成… yǎnhuàchéng… ~로 변화 발전하다 | 高 腿踢 gāo tuǐ tī 발로 높게 차다 | 脚不过膝 jiǎo búguò xī 발이 무릎 위로 올라가지 않다

Unit 02 의복·주거·음식

keyword

한복	김치
개량 한복	유산균
온돌	불고기
기와집	구절판
초가집	인삼

---

256 简单介绍一下儿韩国传统服装韩服。 해석 97P

▶ 韩国的传统服装韩服一般指的是李氏朝鲜时代定型的民族服装。其最大特色是颜色艳丽，兼具曲线与直线之美，尤其是女士韩服的短上衣和长裙倍显女性的端庄娴雅。如今，各种改良韩服(生活韩服)作为日常生活穿着之用相继出现。

플러스 질문

❶ 你觉得韩服的美丽何在?

_____

_____

_____

❷ 生活改良韩服与传统韩服相比有什么特点?

_____

_____

_____

단어와 표현

定型 dìngxíng 규격화된, 표준화된 ǀ 颜色艳丽 yánsè yànlì 색이 아름답고 곱다 ǀ 兼具…之美 jiānjù…zhī měi ~한 아름다움을 겸비하다 ǀ 曲线 qǔxiàn 곡선 ǀ 直线 zhíxiàn 직선 ǀ 倍显 bèixiǎn 더욱 두드러지게 드러나다 ǀ 端庄娴雅 duānzhuāng xiányǎ 단아하고 우아하다 ǀ 相继 xiāngjì 잇따라

257 请分别介绍一下儿女性韩服和男性韩服的样式、特征和分类。 ◀ 해석 97P

▶ 女性的韩服是短上衣搭配优雅的长裙，可掩饰体形上的不足，增添女性之美；男性则是马褂子或者"褙子"搭配长裤，并以细带缚住宽大的裤脚。上衣、长裙的颜色五彩缤纷，有的甚至加刺明艳华丽的锦绣。作为白衣民族，韩服基本色为白色，不过根据不同的季节和身份，韩服的穿法、布料、色彩并不同。整体来说现代穿韩服的人主要还是女多男少，而穿着的场合大部份也都是像节日、婚礼等隆重场合。现代韩服可以根据身份、功能、性别、年龄、用途、材料进行分类。其中根据生活风俗用途分类的话，现代韩服可分为节日服、甲宴服、周岁服、仪式礼服、婚礼服。

> **단어와 표현**
>
> 搭配 dāpèi 짝을 이루다 | 掩饰…不足 yǎnshì…bùzú ~한 부족함을 감추다 | 马褂 mǎguà 마고자(남자들이 웃옷 위에 입는 허리까지 오는 짧은 상의. 원래는 만주족이 말 탈 때 입는 옷이었음) | 褙子 bèizǐ 배자(추울 때 저고리 위에 덧입는 주머니나 소매가 없는 옷) | 缚住 fùzhù 묶다, 동여매다 | 裤脚 kùjiǎo 바짓단, 바지통 | 五彩缤纷 wǔcǎi bīnfēn 오색찬란하다 | 加刺…锦绣 jiācì…jǐnxiù ~금수를 놓다 | 隆重场合 lóngzhòng chǎnghé 성대한 모임

258 请比较一下儿韩国传统服装韩服与中国传统服装。 ◀ 해석 97P

▶ 韩国的传统服装是韩服，色彩艳丽，兼具曲线与直线之美，可掩饰体形上的不足，穿起来尽显喜庆，因此在节日或者婚礼等隆重场合是必不可少的，但是由于女式韩服下摆太大，穿起来略有不便。

中国的传统服装呢，女装是被誉为国粹的旗袍，旗袍风尚始于20世纪民国时期，它一改清代旗装采用平直的线条、衣身宽松、下摆不开衩的传统样式，大胆加入新鲜元素，尽显女性曲线之美，如今在商家庆典、各种大型文艺活动中等，旗袍当之无愧地作为国服被人们接受；中国传统男装呢，应该是唐装，即唐代汉服。

> **단어와 표현**
>
> 尽显喜庆 jìnxiǎn xǐqìng 경사스러움을 충분히 나타내다 | 下摆 xiàbǎi (치마 등의) 하단 | 略有不便 lüèyǒu búbiàn 다소 불편하다 | 国粹 guócuì 국수(나라가 지닌 고유한 문화의 정화) | 风尚 fēngshàng 풍습 | 开衩 kāichà 트임을 내다 | 新鲜元素 xīnxiān yuánsù 새로운 요소 | 商家庆典 shāngjiā qìngdiǎn 상점의 축하 행사 | 当之无愧 dāngzhī wúkuì 그 이름에 부끄럽지 않다, 어떤 칭호나 영예를 받기에 충분한 자격이 있다

259 请介绍一下儿韩国的韩屋。 해석 98p

▶ 韩屋是按照韩国传统建筑形式建造的房屋。它最大的特征是"背山临水"，即韩屋的后面通常要有山，前面通常要有水，而且考虑到冬季寒冷夏季炎热的气候特征，在房间设置暖炕(地热)取暖，房屋结构采取宽敞过厅的形式，以达到良好的通风效果。不同地区的韩屋结构也不同，寒冷的北方采取封闭式"ㅁ"字形结构，中部呢采取"ㄱ"字形结构，而气候温暖的南部则呈现"一"字形。韩屋还按照主人的社会地位分为高级韩屋和中低级韩屋，上流社会的韩屋用瓦作屋顶，因此也称为"瓦房"，普通百姓的住宅结构简单，屋顶一般为稻草，因此亦成为"草房"。

플러스 질문

❶ 什么是改良韩屋？

_____

_____

_____

단어와 표현

按照 ànzhào ~에 따라서 l 背山临水 bèishān línshuǐ 배산임수(산을 등지고 강을 바라보는 풍수 지형) l 暖炕 nuǎnkàng 온돌, 구들 l 地热 dìrè 바닥에서 올라오는 열, 지열, 바닥 난방 l 宽敞过厅 kuānchǎng guòtīng 넓은 대청 마루 l 屋顶 wūdǐng 옥상, 지붕 l 瓦房 wǎfáng 기와집 l 草房 cǎofáng 초가집

260 请介绍说明一下儿什么是火炕。 해석 98p

▶ 火炕亦称暖炕或温突，是利用厨房或屋外设置的炉灶产生的热气使房屋地面变热，从而达到取暖的目的。火炕作为传统住宅建设技术的精华，流传并使用至今。传统韩国民居家家有暖炕，进门即可席地而坐，拉开被子可就地睡觉。如今韩国的地热采暖技术就是来自于此。专家认为，暖炕技术具有值得被人类保护的世界遗产价值，因此决定启动暖炕申遗工作。

단어와 표현

火炕 huǒkàng 온돌 | **温突** wēntū 온돌 | **炉灶** lúzào 아궁이, 부뚜막 | **精华** jīnghuá 정수, 엑기스 | **席地而坐** xí dì ér zuò 땅바닥에 앉다 | **拉开被子** lākāi bèizi 이부자리를 펴다 | **就地** jiùdì 그 자리에서 | **启动…工作** qǐdòng… gōngzuò ~ 업무를 시작하다 | **申遗** shēnyí 세계문화유산 등록을 신청하다

---

261 请说说韩国饮食的特点。

> 韩国饮食清淡可口，辣为一大特色，多以发酵食品、蔬菜和米饭为主，有健康绿色美食之称。韩餐的核心是米饭和泡菜，传统韩餐一般每餐一定要有汤，如牛骨汤、大酱汤、海带汤等，同时配以多种多样的小菜。韩国菜肴以炖煮和烤制为主，加以各种拌菜为辅。在药食同源、以食为补的理念下，人参、生姜、桂皮等药材广泛用于饮食烹调中。韩国饮食可以说是健康饮食的代表。

단어와 표현

清淡可口 qīngdàn kěkǒu 담백하고 맛나다 | **辣为一大特色** là wéi yídà tèsè 매운맛을 특색으로 하다 | **发酵食品** fājiào shípǐn 발효 식품 | **有…之称** yǒu…zhī chēng ~으로 불리다 | **核心** héxīn 핵심 | **牛骨汤** niúgǔtāng 갈비탕 | **大酱汤** dàjiàngtāng 된장찌개 | **海带汤** hǎidàitāng 미역국 | **配以小菜** pèi yǐ xiǎocài 반찬과 곁들이다 | **菜肴** càiyáo 요리 | **炖煮** dùnzhǔ 끓이다 | **烤制** kǎozhì 굽다 | **加以** jiāyǐ 더욱이 | **拌菜为辅** bàncài wéi fǔ 나물무침을 곁들이다 | **药食同源** yào shí tóng yuán 약과 음식은 근원이 같다 | **以食为补** yǐ shí wéi bǔ 음식으로 보양하다 | **生姜** shēngjiāng 생강 | **桂皮** guìpí 계피 | **广泛用于…中** guǎngfàn yòngyú…zhōng ~에 광범위하게 사용되다 | **烹调** pēngtiáo 요리하다, 요리

---

262 简单介绍一下儿韩国的代表饮食。

> 说起韩国代表饮食可以分为三大类，一是家常菜，具有代表性的是泡菜、酱汤、拌饭、烤肉和参鸡汤等，其中泡菜有世界健康饮食的美誉；二是具有代表性的宫廷御膳，主要代表为神仙炉和九折板；三是最具人气的方便饮食及街头小吃，代表为紫菜米饭、炒年糕、米肠，鱼丸等。此外韩国最具代表性的点心是打糕。

家常菜 jiāchángcài 일상 가정 요리 **|** 参鸡汤 shēnjītāng 삼계탕 **|** 美誉 měiyù 명성 **|** 宫廷御膳 gōngtíng yùshàn 궁중 수라 **|** 神仙炉 shénxiānlú 신선로 **|** 九折板 jiǔzhébǎn 구절판 **|** 街头小吃 jiētóu xiǎochī 길거리 음식 **|** 米肠 mǐcháng 순대 **|** 打糕 dǎgāo 떡

---

263 请具体说说宫廷御膳的代表饮食。 해석 99P

▶ 神仙锅是韩国的代表御膳，因为需要调配多种调料，所以制作时需要投入时间和精力，主要是用牛肉高汤煮各种肉丸、鱼丸及各种蔬菜一起吃的一种饮食。

御膳代表饮食九折板的中央是薄薄的煎饼，周围是切成细丝的8种用调料炒过的食品，如胡萝卜丝儿、萝卜丝儿等等，吃时用煎饼卷着八种材料蘸酱吃。

投入时间和精力 tóurù shíjiān hé jīnglì 시간과 정성을 들이다 **|** 牛肉高汤 niúròu gāotāng 쇠고기 육수 **|** 薄薄的煎饼 báobáo de jiānbǐng 얇은 전병 **|** 切成细丝 qiēchéng xìsī 가늘게 채로 썰다 **|** 用煎饼卷着八种材料蘸酱吃 yòng jiānbǐng juǎnzhe bā zhǒng cáiliào zhàn jiàng chī 전병으로 8종류의 재료를 싸서 소스에 찍어 먹다

---

264 请介绍一下儿韩国的家常饮食。 해석 99P

▶ 韩国家常饮食有参鸡汤、烤肉、拌饭等。参鸡汤是将小鸡洗干净，剖开肚子，放进人参、大枣、糯米等，加上适量盐调味后放在水里煮熟后食用的夏季健康饮食。韩国人有在夏季初伏、中伏、末伏时节吃参鸡汤补充体力的传统。参鸡汤也是外国人普遍喜好的饮食之一。拌饭是在米饭上，放炒肉或各种蔬菜，与辣椒酱、香油等一起伴着吃的制作简单、营养丰富、食用方便的饮食。韩国最有名的拌饭是全州拌饭。

剖开肚子 pōukāi dùzi 배를 가르다 **|** 初伏 chūfú 초복 **|** 中伏 zhōngfú 중복 **|** 末伏 mòfú 말복 **|** 辣椒酱 làjiāojiàng 고추장 **|** 香油 xiāngyóu 참기름 **|** 搅拌 jiǎobàn 섞다

265 简单介绍几种韩国的街头小吃。

▶ 韩国的街头小吃主要有紫菜米饭、炒年糕、米肠等。
紫菜米饭是先把米饭加上盐、芝麻搅拌，然后把米饭放在紫菜中间摊开，注意不要把米饭铺得太满，再把切成条的鸡蛋饼、菠菜、胡萝卜、火腿等放在米饭上一起卷起来而成的一种方便食品。炒年糕是将切成条状的粘糕和鱼丸等，加上辣椒酱炒制的街头小吃，味道以辣甜为主。米肠是在猪肠中灌入猪血、蔬菜、粉丝等混合馅儿的韩国传统小吃。

> **단어와 표현**
>
> 摊开 tānkāi 펼쳐 놓다 ▎卷起来 juǎn qǐlái 둘둘 말다 ▎切成条状的粘糕 qiēchéng tiáozhuàng de zhāngāo 길게 썰어진 떡 ▎猪肠 zhūcháng 돼지 창자 ▎灌入猪血、蔬菜、粉丝等混合馅儿 guànrù zhūxuè、shūcài、fěnsī děng hùnhé xiànr 돼지 피, 채소, 당면 등을 혼합한 소를 집어 넣다

266 介绍一下儿韩国的代表饮食"打糕"。

▶ 打糕类似于西方的糕点，以糯米为主要原料制作而成，其中还可以加入各种杂谷、栗子、大枣、艾草、南瓜等各种材料做出各种各具特色的香甜打糕。打糕是生日、宴会和祭祀时必不可少的食品。

> **단어와 표현**
>
> 类似于 lèisì yú ~와 비슷하다, 유사하다 ▎杂谷 zágǔ 잡곡 ▎栗子 lìzi 밤 ▎大枣 dàzǎo 대추 ▎艾草 àicǎo 쑥

267 韩国人为什么喜欢喝冷饮?

▶ 韩国人为什么喜欢喝冷饮，我想这是一个有待研究的话题，因为每个人都没有一个准确的答案。我想呢，是因为韩国饮食比较辣和咸，因此人们自然喝冷水才解渴，这样久而久之而养成了习惯。

> **단어와 표현**
>
> 有待研究 yǒudài yánjiū 연구해 볼 만하다, 연구해 볼 필요가 있다 ▎解渴 jiěkě 갈증을 해소하다 ▎久而久之 jiǔ ér jiǔ zhī 오래 지속되다 ▎养成了习惯 yǎngchéngle xíguàn 습관이 되다

268 韩国的辣椒酱怎么做?

▶ 韩国饮食的一大特色是辣，而辣味的主要来源之一便是辣椒酱。辣椒酱的做法非常麻烦，现在的年轻人大都是买着吃。

辣椒酱的具体做法如下:

先将糯米粉和好蒸熟，然后加入豆酱饼粉搅拌均匀，放置等其变稀了以后，再放入辣椒粉，用盐或酱油调好味后，使其发酵，这样辣椒酱就做好了。有些地方呢用粳米、面粉和大麦代替糯米粉。

단어와표현

糯米粉 nuòmǐfěn 찹쌀가루 ㅣ 和好 héhǎo 잘 배합하다 ㅣ 蒸熟 zhēngshú 쩌서 익히다 ㅣ 豆酱饼粉 dòujiàngbǐngfěn 메줏가루 ㅣ 搅拌均匀 jiǎobàn jūnyún 골고루 섞다 ㅣ 放置 fàngzhì ~에 놓아두다 ㅣ 变稀 biànxī 묽어지다 ㅣ 酱油 jiàngyóu 간장 ㅣ 调味 tiáowèi 맛을 내다, 간을 맞추다 ㅣ 发酵 fājiào 발효시키다 ㅣ 粳米 jīngmǐ 멥쌀 ㅣ 大麦 dàmài 보리

---

269 韩国大酱怎么做?

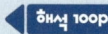

▶ 酱油和大酱是用大豆做的发酵食品，也是韩国饮食烹饪时必不可少的调味料。按照传统的制作方式，每年晚秋时节，将黄豆煮烂捣碎，做成方形的豆酱饼，然后将其经过晾晒，使其发酵，等豆酱饼完全发酵甚至发霉后，把它放入盐水中，等豆酱的味道充分泡出来后，浸泡豆酱饼的水就作为酱油使用，剩下的黄酱加盐调味后放入缸里，用纱布封好，放置一段时间后，大酱就做好了。

단어와표현

大酱 dàjiàng 된장 ㅣ 烹饪 pēngrèn 요리하다 ㅣ 必不可少 bìbùkěshǎo 없어서는 안 되다 ㅣ 调味料 tiáowèiliào 조미료 ㅣ 煮烂捣碎 zhǔlàn dǎosuì 푹 삶아서 으깨다 ㅣ 豆酱饼 dòujiàngbǐng 메주 ㅣ 晾晒 liàngshài 햇볕에 널어 말리다 ㅣ 发霉 fāméi 곰팡이가 생기다 ㅣ 味道泡出来 wèidao pào chūlai 맛이 우러나다 ㅣ 浸泡 jìnpào 푹 담가 놓다 ㅣ 黄酱 huángjiàng 된장 ㅣ 缸 gāng 항아리 ㅣ 用纱布封好 yòng shābù fēnghǎo 면포로 잘 봉하다

270　能不能说一下儿泡菜的起源？

▶ 关于泡菜的起源有两种说法。一说是史前时代，韩半岛的农耕文化便十分发达，多以米饭等碳水化合物为主食，当时人们发现盐腌制的蔬菜有益于消化，于是便有了今天的泡菜；另一说是以前冬季几乎没什么蔬菜可吃，人们为了摄取无机物和维生素，便将蔬菜腌制保管，于是有了今天的泡菜。

> **단어와표현**
>
> **史前时代** shǐqián shídài 선사시대 ｜ **农耕文化** nónggēng wénhuà 농경문화 ｜ **碳水化合物** tànshuǐhuàhéwù 탄수화물 ｜ **盐腌制的蔬菜** yán yānzhì de shūcài 소금에 절인 채소 ｜ **有益于消化** yǒuyì yú xiāohuà 소화에 도움이 되다 ｜ **摄取无机物和维生素** shèqǔ wújīwù hé wéishēngsù 무기질과 비타민을 섭취하다 ｜ **腌制保管** yānzhì bǎoguǎn 절여서 보관하다

271　介绍一下儿韩国泡菜的做法。

▶ 在韩国的传统家庭中，每个家庭制作出来的泡菜，其味道虽大体相同，但都有自己的特色。韩国泡菜种类很多，按季节可分为春季的萝卜、小白菜；夏季的黄瓜、小萝卜；秋季的辣白菜、萝卜块儿；冬季的各种越冬泡菜。一种泡菜的做法，传承几代人，这也是韩国各地区的泡菜都有不同特色的原因吧。最普遍、最具代表性的泡菜应该是辣白菜了。

其制作方法如下：

第一步是把大白菜分成一片一片的，用适量的盐腌起来，大约放15—24小时，放到大白菜脱水留以待用；

第二步是把蒜泥、辣椒粉放在锅中搅拌，然后放糖、鱼露和生姜末，根据口味喜好还可以放韭菜，虾酱等等一起搅拌，最后把搅拌好的调料和腌好的白菜均匀混合在一起，充分拌匀。

第三步是辣白菜最重要的发酵过程，把腌制好的辣白菜密封，发酵的时间视温度而定，一般春天4—5天，夏天3天，冬天要一个星期左右，发酵好后，健康美味的泡菜就做好了。

> **단어와표현**
>
> **传承** chuánchéng 전승하다 ｜ **脱水** tuōshuǐ 물을 빼다 ｜ **留以待用** liú yǐ dàiyòng 놔두었다가 사용하다 ｜ **蒜泥** suànní 다진 마늘 ｜ **辣椒粉** làjiāofěn 고춧가루 ｜ **搅拌** jiǎobàn 휘저어 섞다 ｜ **鱼露** yúlù 젓갈 ｜ **姜末** jiāngmò 다진 생강 ｜ **拌匀** bànyún 고르게 뒤섞다 ｜ **密封** mìfēng 밀봉하다 ｜ **视…而定** shì…ér dìng ~을 보고 결정하다

272 泡菜有什么功效呢?

해석 101p

▶ 泡菜的主要原料是白菜或萝卜，用盐腌制后加入辣椒粉、葱丝、蒜泥和海鲜酱等辅料拌匀后进行发酵制作的饮食。泡菜因含有丰富的无机物、维生素和乳酸菌，在预防心脏病、抗癌和抗衰老等方面有一定效果，其保健价值已得到世界认可。

> **단어와표현**
>
>
>
> **葱丝** cōngsī 파채 | **海鲜酱** hǎixiānjiàng 젓갈 | **辅料** fǔliào 보충 양념 | **无机物** wújīwù 무기질 | **乳酸菌** rǔsuānjūn 유산균 | **预防心脏病** yùfáng xīnzàngbìng 심장병 예방 | **抗癌** kàng'ái 항암 | **抗衰老** kàng shuāilǎo 항노화 | **保健价值** bǎojiàn jiàzhí 건강 증진 가치 | **得到…认可** dédào…rènkě ~의 인정을 받다

273 韩国泡菜和中国、日本泡菜有什么区别?

해석 102p

▶ 韩国泡菜与日本泡菜的根本区别之一是韩国泡菜大量使用蒜、葱等调料；日本泡菜则是按照日本人口味调制而成的去辣味取甜味的发酵食品，而且虽同为发酵食品，但制作过程和发酵过程截然不同，味道和营养价值也自然有差异。中国也有泡菜，但大多是将蔬菜焯后经过酱油腌制的食品。

> **단어와표현**
>
>
>
> **去辣味取甜味** qù làwèi qǔ tiánwèi 매운맛은 제거하고 단맛을 취하다 | **截然不同** jiérán bùtóng 완전히 다르다 | **差异** chāyì 차이 | **焯** chāo (채소를) 데치다

274 你知道腌制越冬泡菜文化被评为世界遗产的理由是什么吗?

해석 102p

▶ 泡菜在韩国人的日常生活中，看似普通，但其意义已远远不是一道佐餐菜看那么简单，泡菜文化已经成为一种特有的传统和文化，它成了韩国人生活中不可或缺的部分。世界遗产评委会认为越冬泡菜在制作过程中，家人或邻里常常聚到一起共同腌制，这是加强家庭合作的绝佳机会，增强了人们之间的认同感和归属感。

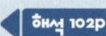

佐餐菜肴 zuǒcān càiyáo 밥과 곁들여 먹는 반찬 | **不可或缺** bùkě huò quē 빠질 수 없다 | **世界遗产评委会** shìjiè yíchǎn píngwěihuì 세계유산 위원회 | **邻里** línlǐ 이웃 | **加强合作** jiāqiáng hézuò 협력을 강화하다 | **绝佳机会** juéjiā jīhuì 절호의 기회 | **增强认同感和归属感** zēngqiáng rèntónggǎn hé guīshǔgǎn 동질감과 소속감을 강화하다

---

275 你知道发酵食品的好处是什么吗?

해석 102p

▶ 发酵食品在发酵过程中产生的有机酸、乳酸菌以及各种氨基酸等功能性
生理物质，对抗癌、抗衰老、抗病毒及减肥都有一定效果。

有机酸 yǒujīsuān 유기산 | **氨基酸** ānjīsuān 아미노산 | **抗病毒** kàngbìngdú 항바이러스

---

276 请介绍一下儿韩国的代表饮食——烤肉。

해석 102p

▶ 代表性的韩国烤肉一是烤鲜肉，如烤五花肉；二是将肉用各种调料腌制
后进行烤制。烤鲜肉的制作及食用方法非常简单，将肉放于烤炉上烤到
发黄发脆后，将肉与大蒜、烤肉酱、葱丝等一起用生菜包起来吃即可。
鲜肉大多是五花肉或韩牛。另一种烤肉呢，则是将牛肉或猪肉放入由酱
油、糖或蜂蜜、洋葱、大葱、蒜、香油、盐、胡椒粉、梨片等做成的调
味料中浸泡入味，然后烤着吃，或者放在平底锅中炒着吃，味美香甜，
是小孩子最为喜欢的代表性饮食。

烤鲜肉 kǎo xiānròu 생고기를 굽다 | **烤炉** kǎolú 불판 | **发黄发脆** fāhuáng fācuì 바싹 구워져 누렇게 변하다 | **大蒜** dàsuàn 마늘 | **烤肉酱** kǎoròujiàng 고기 양념장, 쌈장 | **生菜** shēngcài 상추 | **包起来** bāo qǐlái 쌈을 싸다 | **蜂蜜** fēngmì 벌꿀 | **洋葱** yángcōng 양파 | **大葱** dàcōng 대파 | **胡椒粉** hújiāofěn 후춧가루 | **浸泡入味** jìnpào rùwèi 맛이 스며들도록 하다

277 外国人来韩国必要品尝的韩国菜都有什么呢？

해석 102p

▶ 我想这根据个人口味不同应该有所不同，但是代表性饮食还是都要品尝一下儿的。无论是宫廷饮食，如神仙锅和九折板，还是家常菜烤五花肉或拌饭，亦或是街头小吃炒年糕，都值得品尝。

단어와표현

有所不同 yǒu suǒ bù tóng 각기 다르다 ┃ 品尝 pǐncháng 맛보다 ┃ 无论⋯还是⋯ wúlùn⋯háishi⋯ ～뿐만 아니라 ～도 ┃ 亦或是 yì huò shì 또한 혹은 ～이다 ┃ 街头小吃 jiētóu xiǎochī 길거리 간식 ┃ 值得 zhídé ～할 가치가 있다

278 韩国的刀削面怎么做？

해석 103p

▶ 刀削面作为韩国人的喜好饮食之一，也是因个人口味不同，做法略有不同。下面简单介绍一下儿最普通的刀削面做法。
首先把小鱼、海带等放在水里煮，煮成清汤待用；然后将土豆、角瓜、洋葱、胡萝卜切成薄片或细丝儿放入清汤中煮，等水开后，放入面条，待面条煮熟后即可食用了，还可根据个人喜好加入一点儿蒜末、胡椒粉和紫菜碎片。味道清淡，与泡菜一起搭配着吃，可谓是色香味俱全。

단어와표현

刀削面 dāoxiāomiàn 칼국수 ┃ 作为⋯之一 zuòwéi⋯zhī yī ～중 하나가 되다 ┃ 口味不同 kǒuwèi bùtóng 입맛이 다르다 ┃ 做法略有不同 zuòfǎ lüèyǒu bùtóng 조리법이 약간 다르다 ┃ 煮成清汤待用 zhǔchéng qīngtāng dàiyòng 끓여서 맑은 국물을 준비하다 ┃ 角瓜 jiǎoguā 애호박 ┃ 胡萝卜 húluóbo 당근 ┃ 切成薄片或细丝儿 qiēchéng báopiàn huò xìsīr 얇은 편으로 썰거나 얇게 채 썰다 ┃ 待面条煮熟后 dài miàntiáo zhǔshú hòu 면이 익은 후에 ┃ 蒜末 suànmò 다진 마늘 ┃ 紫菜碎片 zǐcài suìpiàn 김 가루 ┃ 味道清淡 wèidao qīngdàn 맛이 담백하다 ┃ 搭配 dāpèi 곁들이다 ┃ 可谓是 kěwèi shì ～라고 말할 수 있다 ┃ 色香味俱全 sè xiāng wèi jùquán 맛과 색과 향이 모두 갖추어지다

279 请介绍说明一下儿韩国的传统酒。

해석 103p

▶ 韩国的饮酒文化可谓历史悠久，据记载从4世纪起就有在祈祷一年风调雨顺的祭祀上，把清香的谷酒摆在祭祀台上向祖先祈祷保佑习俗。

韩国的传统酒呢，分为浊酒，清酒，烧酒三大类。历史最悠久的是浊酒，是通过将大米或者小麦蒸干后加曲子兑水混合发酵而成的。经过发酵的浊酒，其上层的透明部分即清酒，将清酒经过蒸馏处理加工后而成的液体即烧酒。浊酒历史最为久远，如今被称为"玛格利"。玛格利酒是酒精含量仅为6、7度的低度酒，玛格利不经过过滤直接饮用时，我们称其为"咚咚酒"。清酒属于高档酒，一般用于节日礼品或祭祀时用。烧酒是韩国最大众化的酒，是一般聚会等必备酒品。

단어와 표현

历史悠久 lìshǐ yōujiǔ 역사가 유구하다 ǀ 据记载 jù jìzǎi 기록에 따르면 ǀ 祈祷 qídǎo 기원하다 ǀ 风调雨顺 fēngtiáo yǔshùn 우순풍조, 날씨가 매우 좋다 ǀ 保佑 bǎoyòu 보우하다 ǀ 浊酒 zhuójiǔ 탁주, 막걸리 ǀ 小麦 xiǎomài 밀 ǀ 蒸干 zhēnggān 쪄서 말리다 ǀ 曲子 qūzi 누룩 ǀ 兑水 duìshuǐ 물에 타다 ǀ 混合发酵 hùnhé fājiào 혼합한 뒤 발효시키다 ǀ 蒸馏处理 zhēngliú chǔlǐ 증류 처리하다 ǀ 玛格利 mǎgélì 막걸리 ǀ 过滤 guòlǜ 여과하다 ǀ 咚咚酒 dōngdōngjiǔ 동동주 ǀ 必备酒品 bìbèi jiǔpǐn 필수 주류

---

280 **请介绍一下儿高丽人参的功效。** 해석 103p

▶ 人参是生长在半阴坡的植物，其中以"高丽参"最为著名。根据人参的加工方法，高丽参分为三种：一是未经任何加工的新鲜人参，亦称水参；二是人参剥皮后晒干至含水量低于14%的白参；三是将水参用蒸汽煮熟后再干燥处置而成的红参。

高丽参有大补元气，生津安神等作用，对失眠、体虚者大有裨益，此外现代医学研究显示高丽参具有多种滋补功能，在预防糖尿病、动脉硬化、高血压等方面效果明显，还有抗癌、控制疾病、促进血液循环、缓解疲劳、增强免疫力等功效。

단어와 표현

功效 gōngxiào 효능, 효과 ǀ 半阴坡 bànyīnpō 비스듬한 음지 ǀ 以…最为著名 yǐ…zuìwéi zhùmíng ～이 가장 유명하다 ǀ 亦称 yì chēng 또한 ～라고 불리다 ǀ 水参 shuǐshēn 수삼 ǀ 剥皮 bāopí 껍질을 벗기다 ǀ 晒干 shàigān 햇볕에 말리다 ǀ 白参 báishēn 백삼 ǀ 干燥处置 gānzào chǔzhì 건조 처리를 하다 ǀ 红参 hóngshēn 홍삼 ǀ 大补元气 dàbǔ yuánqì 원기를 보충하다 ǀ 生津安神 shēngjīn ānshén 진액을 생기게 하고 마음을 안정시키다 ǀ 体虚 tǐxū 허약 체질 ǀ 大有裨益 dà yǒu bìyì 크게 도움이 되다 ǀ 滋补功能 zībǔ gōngnéng 보양 효능 ǀ 预防糖尿病 yùfáng tángniàobìng 당뇨병을 예방하다 ǀ 动脉硬化 dòngmài yìnghuà 동맥경화 ǀ 抗癌 kàng'ái 항암 ǀ 促进血液循环 cùjìn xuèyè xúnhuán 혈액순환을 촉진하다 ǀ 缓解疲劳 huǎnjiě píláo 피로를 해소하다 ǀ 增强免疫力 zēngqiáng miǎnyìlì 면역력을 강화하다

Unit 03 세시 풍속

 keyword

명절 풍습	연날리기
제사	창포물
정월 대보름	한식
오곡밥	음복

---

281 请介绍一下儿韩国传统节日风俗。 ◀해석 104p

▶ 韩国不同的传统节日有不同的风俗习惯，如今韩国最有代表性、最隆重的全民休息的传统节日应该是春节和中秋节了。春节是新一年的开始，家人欢聚一堂祈愿新的一年万事如意，中秋节是收获的日子，人们共同庆祝丰收，分享丰收的喜悦。在这两大节日里，都一定要做的就是进行各种祭祀，感谢并怀念祖先神灵。

> **단어와 표현**
>
> 隆重 lóngzhòng 성대하다 | 欢聚 huānjù 기쁘게 모이다 | 祈愿 qíyuàn 기원하다 | 分享喜悦 fēnxiǎng xǐyuè 기쁨을 나누다 | 祭祀 jìsì 제사 지내다 | 怀念 huáiniàn 마음속에 기리다 | 祖先神灵 zǔxiān shénlíng 조상 신령

---

282 韩国人怎么过春节? ◀해석 104p

▶ 韩国人过春节时，家人会团聚一堂，男人们聚在一起聊天叙旧，或玩一些传统游戏，女人们呢则一起准备丰盛的节日盛宴。新年第一天早上举行祭祀活动后，小孩子们拜年讨压岁钱，大人们品美食，聊家常，其乐融融。

❶ 中国人怎么过春节?

_____

_____

_____

단어와표현

团聚一堂 tuánjù yìtáng 온 가족이 모이다 ㅣ **聊天叙旧** liáotiān xùjiù 지난날을 얘기하다 ㅣ **丰盛的节日盛宴**
fēngshèng de jiérì shèngyàn 풍성한 명절 성찬 ㅣ **压岁钱** yāsuìqián 세뱃돈 ㅣ **品美食** pǐn měishí 음식을 평가하다 ㅣ
聊家常 liáo jiācháng 일상적인 일들을 얘기하다 ㅣ **其乐融融** qílè róngróng 화기애애하다

---

283 请分别介绍一下儿韩国中秋节和中国中秋节的代表饮食。

▶ 韩国中秋节的代表饮食是松糕，而中国中秋节的代表饮食是月饼。

---

284 韩国人怎么过正月十五？中国呢？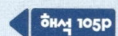

▶ 正月十五这一天，韩国传统的习俗是一大早要喝杯耳明酒，要吃五谷，
还要吃坚果类食物，以期望当年有一个好收成，祈祷身体健康。具体活
动呢，有放风筝和放鼠火。风筝在放飞的时候，会在上边挂着一些祈求
风调雨顺的字条，期待一年一切顺利；"放鼠火"呢是将田埂上的野草烧
尽，迎接美好的春天。可惜的是如今的韩国人并不太重视这个节日。在
中国，可以说过了正月十五，才算是过完春节，人们的一切工作才真正
恢复正常。传统的正月十五要举办花灯节，有赏花灯、猜灯谜的习俗。
可是如今的正月十五这一天，大多已没有这样的风俗，只是家家都要吃
元宵，南方称为汤圆。

Unit 03 세시 풍속

> **단어와 표현**
>
> **耳明酒** ěrmíngjiǔ 귀밝이술 | **坚果** jiānguǒ 견과류 | **收成** shōuchéng 성과를 거두다 | **放风筝** fàng fēngzheng 연날리기 | **放鼠火** fàng shǔhuǒ 쥐불놀이 | **挂着⋯字条** guàzhe⋯zìtiáo ~라고 쓴 쪽지를 걸어 놓다 | **祈求风调雨顺** qíqiú fēngtiáo yǔshùn 좋은 날씨를 기원하다 | **期待** qīdài ~을 기대하다 | **田埂** tiángěng 논둑 | **野草** yěcǎo 잡초 | **烧尽** shāojìn 모두 태우다 | **恢复正常** huīfù zhèngcháng 정상으로 회복되다 | **赏花灯** shǎng huādēng 꽃등을 감상하다 | **猜灯谜** cāidēngmí 초롱에 수수께끼 종이를 붙여서 알아맞히는 놀이 | **吃元宵** chī yuánxiāo 위안샤오를 먹다 | **汤圆** tāngyuán 탕위안(정월 대보름에 먹는 새알심 모양의 떡)

285 韩国人怎么过端午节?

해석 105p

▶ 传统的端午节有多种风俗，饮用菖蒲水或用其洗发，用菖蒲根做发簪；早晨喝益母草汁、煮白草；吃艾子糕或车轮饼；聚集在菖蒲繁茂的水边迎水；在大树下荡秋千，进行壮士角力比赛等。如今的韩国一般人并不是十分重视这个节日，但是在江陵地区却仍会举行大规模的庆典，按照传统风俗共度端午。我们要知道的是江陵端午祭不是一家一户的小型祭奠礼仪，而是一项大规模的巫术祭礼，是江陵地域的全民庆典活动。

> **플러스 질문**
>
> ❶ 韩中端午节有什么不同?
>
> _____
>
> _____
>
> _____
>
> ❷ 你怎么看韩国把端午节申请为世界无形文化遗产?
>
> _____
>
> _____
>
> _____
>
> _____

단어와표현

端午节 Duānwǔjié 단오절 | 有多种风俗 yǒu duōzhǒng fēngsú 다양한 풍습 | 菖蒲水 chāngpúshuǐ 창포물 | 发簪 fàzān 비녀 | 益母草汁 yìmǔcǎozhī 익모초즙 | 白草 báicǎo 백초 | 艾子糕 àizǐgāo 쑥떡 | 车轮饼 chēlúnbǐng 수리취떡, 차륜병 | 菖蒲繁茂 chāngpú fánmào 창포가 무성하다 | 荡秋千 dàng qiūqiān 그네를 타다 | 壮士角力比赛 zhuàngshì juélì bǐsài 씨름 경기 | 大规模庆典 dàguīmó qìngdiǎn 대규모 축제 | 共度端午 gòngdù duānwǔ 함께 단오를 보내다 | 一家一户 yì jiā yí hù 집집마다 | 祭奠礼仪 jìdiàn lǐyí 제사 의식 | 巫术祭礼 wūshù jìlǐ 무속 제례

---

286 请介绍一下儿寒食日的由来。  **해석 106p**

▶ 寒食日来自中国春秋时期晋国介子推"割股奉君"的传说。传说介子推割下腿上的肉与野菜煮成汤给重耳，救了重耳一命，后来重耳回国成了国君晋文公，晋文公封赏群臣，介子推却不愿居功，带着老母逃进绵山。晋文公欲求不得，放火烧山，结果介子推与母亲抱树而死。为纪念介子推，而命那天为寒食日。

단어와표현

寒食日 Hánshírì 한식날 | 晋国 Jìnguó 진나라 | 介子推 Jièzǐtuī 개자추 | 割股奉君 gēgǔ fèngjūn 허벅지 살을 잘라 내어 임금을 섬기다 | 割 gē 잘라 내다 | 重耳 Zhòng'ěr 중이(진문공) | 晋文公 Jìnwéngōng 진문공(중국 춘추전국 시대 진나라 제22대 군주) | 封赏群臣 fēngshǎng qúnchén 여러 신하에게 상을 내리다 | 居功 jūgōng 공로가 있다고 자청하다 | 绵山 Miánshān 면산(개자추가 어머니와 타 죽은 산이라 하여 介山이라고도 한다) | 欲求不得 yùqiú bùdé 얻고자 했지만 얻을 수 없다(개자추를 찾으려 했으나 찾을 수 없었다)

---

287 什么是饮福? **해석 106p**

▶ 饮福是指祭祀时，在向祖先倒酒、磕头后，为避邪而喝屠苏酒的风俗。

단어와표현

饮福 yǐnfú 음복(제사를 마치고 제관들이 제수祭需와 제주祭酒를 먹는 일을 말하는 것으로 음덕을 입어 자손들이 잘 살게 해달라는 의미이다) | 磕头 kētóu 이마를 땅에 조아리다 | 避邪 bìxié 사악함을 물리치다 | 屠苏酒 túsūjiǔ 도소주(악귀를 물리치는 술)

keyword

3대 종교

성균관 문묘

삼보사찰

대승불교

템플 스테이

---

288 韩国的三大宗教是什么? 해석 107p

▶ 根据2008年社会统计调查，50.7%的韩国人信奉某种宗教。其中佛教徒最多；其次是基督教教徒；然后是天主教教徒。因此，三大宗教应该是佛教、基督教和天主教。

단 어 와 표 현

根据…调查 gēnjù…diàochá ～조사에 따르면 | 信奉 xìnfèng 신봉하다

---

289 韩国佛教特色是什么? 해석 107p

▶ 佛教于公元4世纪由中国传入韩半岛，当时正值高句丽、百济、新罗三国鼎立时期，各国统治者既要谋求统治的稳固与扩展，又要给予百姓精神慰藉。因此，三个国家都先后引进并积极发展佛教，用以帮助统治，祈求国泰民安。佛教自传入之日起就有很强的政治目的，即维护国家统治，并通过将其精神转化为社会实践在百姓中得以普及，如修建寺塔、雕刻"大藏经"等活动等。

단어와 표현

正值 zhèngzhí 마침 ~한 시기이다 ｜ 三国鼎立 sān guó dǐnglì 삼국이 대립하다 ｜ 既要…又要… jì yào…yòu yào… ~하고자 할 뿐 아니라, 또 ~하고자 하다 ｜ 谋求 móuqiú ~을 모색하다 ｜ 稳固与扩展 wěngù yǔ kuòzhǎn 안정과 확장 ｜ 给予 jǐyǔ 주다 ｜ 精神慰藉 jīngshén wèijiè 정신적 위안 ｜ 先后引进 xiānhòu yǐnjìn 잇따라 받아들이다 ｜ 祈求国泰民安 qíqiú guótài mín'ān 나라의 태평성대와 백성들의 평안을 기원하다 ｜ 自传入之日起 zì chuánrù zhī rì qǐ 유입되어 들어오면서부터 ｜ 得以普及 déyǐ pǔjí 보급되다 ｜ 寺塔 sìtǎ 사탑 ｜ 雕刻 diāokè 조각하다

---

290 儒教对韩国社会的影响是什么？

▶ 儒教属于道德、哲学思想体系，不是有神论，它的核心思想是"仁、义、礼、智、信"，朝鲜时代以儒教思想治国，至今仍在韩国社会中有着深远影响。儒教来自于中国，但如今的韩国社会对其思想的继承却比中国更彻底。现今社会韩国人家族之间的亲密感十足，讲究孝道是儒教思想对韩国社会影响最深的体现之一，此外韩国社会重视礼仪，强调恭顺的文化都是儒教思想的影响。

단어와 표현

哲学 zhéxué 철학 ｜ 思想体系 sīxiǎng tǐxì 사상 체계 ｜ 有神论 yǒushénlùn 유신론 ｜ 核心思想 héxīn sīxiǎng 핵심 사상 ｜ 深远影响 shēnyuǎn yǐngxiǎng 상당한 영향을 미치다 ｜ 继承 jìchéng 계승하다 ｜ 彻底 chèdǐ 철저하다 ｜ 亲密感 qīnmìgǎn 친밀감 ｜ 讲究孝道 jiǎngjiū xiàodào 효도를 중시하다 ｜ 重视礼仪 zhòngshì lǐyí 예의를 중요시하다 ｜ 恭顺的文化 gōngshùn de wénhuà 공손하고 순종적인 문화

---

291 介绍一下儿成均馆文庙。

▶ 成均馆是朝鲜时代最高学府，是朝鲜时代著名的儒学研究中心，成均馆内有一座规模宏大的文庙，庙内供奉着孔子和孔门圣贤的牌位。据记载，韩国在1600年前的三国时代就开始纪念孔子，并一直延续至今，如今"释奠大典"被誉为是儒林追悼孔子及儒家圣贤的最大盛典。

단어와 표현

规模宏大 guīmó hóngdà 규모가 상당히 크다 ｜ 文庙 wénmiào 문묘(공자 사당孔庙의 별칭) ｜ 供奉 gòngfèng ~를 모시다 ｜ 圣贤 shèngxián 성현 ｜ 牌位 páiwèi 위패 ｜ 延续至今 yánxù zhìjīn 지금까지 지속되다 ｜ 儒林 rúlín 유림 (유학을 신봉하는 무리) ｜ 追悼 zhuīdào 추도하다 ｜ 最大盛典 zuìdà shèngdiǎn 가장 성대한 의식

292　介绍一下儿释奠大典。

해석 108p

▶ 释奠是孔庙祭礼中规格最高的一种，最早见于《礼记·文王世子》，过去天子出征返国，或天子视学，都须行释奠礼。释奠礼对国家意识形态与民众的思想都产生了深远的影响。

> **단어와표현**
>
> **释奠** shìdiàn 석전(봄과 가을에 공자와 유학 성현들의 제례를 지내는 것) | **孔庙祭礼** Kǒngmiào jìlǐ 공자묘 제례 | **规格** guīgé 규격, 표준 | **天子** tiānzǐ 황제, 임금 | **出征** chūzhēng 출정하다 | **返国** fǎnguó 귀국하다 | **意识形态** yìshí xíngtài 이념

293　介绍一下儿三宝寺院。

해석 108p

▶ 韩国寺院中藏有佛、法、僧三种宝物的寺刹称为"三宝寺刹"，其一是保管着老佛爷真正舍利的庆尚南道梁山的通度寺；其二是保存着被列入世界文化遗产记忆的佛经的印刷版八万大藏经的陕川海印寺；其三是有众多高僧，被称为韩国佛教首都圣地的顺天松广寺。这三座寺庙分别被称为佛宝寺院、法宝寺院和僧宝寺院。

> **단어와표현**
>
> **三宝寺刹** sānbǎo sìchà 삼보사찰 | **老佛爷** lǎofóye 부처 | **舍利** shèlì 사리 | **通度寺** Tōngdùsì 통도사 | **佛经** fójīng 불경 | **印刷版** yìnshuābǎn 인쇄판 | **八万大藏经** Bāwàn Dàcángjīng 팔만대장경 | **海印寺** Hǎiyìnsì 해인사 | **高僧** gāosēng 고승(덕이 높은 승려) | **松广寺** Sōngguǎngsì 송광사 | **佛宝** fóbǎo 보보(석가모니불과 모든 부처를 높여 이르는 말) | **法宝** fǎbǎo 법보(불교의 진리를 적은 불경을 보배에 비유하여 이르는 말) | **僧宝** sēngbǎo 승보

294　大乘佛教和小乘佛教的区别是什么？

해석 108p

▶ "大乘佛教"和"小乘佛教"的主要区别是"小乘佛教"把释迦牟尼视为教主和传教士，而"大乘佛教"则提倡三世十方有无数的佛。"小乘佛教"追求自我解脱，"大乘佛教"宣扬大慈大悲、普度众生，旨在建立净土佛国。

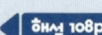

大乘佛教 dàchéng fójiào 대승불교 ǀ **小乘佛教** xiǎochéng fójiào 소승불교 ǀ **释迦牟尼** Shìjiāmóuní 석가모니 ǀ
传教士 chuánjiàoshì 전도사 ǀ **提倡** tíchàng 제창하다 ǀ **三世十方** sānshì shífāng 삼세시방(불교 용어로 끝없는 시
간과 공간을 이르는 말) ǀ **追求自我解脱** zhuīqiú zìwǒ jiětuō 자아 해탈을 추구하다 ǀ **宣扬** xuānyáng 널리 알리다 ǀ
大慈大悲 dàcí dàbēi 크나큰 자비심 ǀ **普度众生** pǔdù zhòngshēng 중생을 구제하다 ǀ **旨在** zhǐ zài ~에 목적이 있
다 ǀ **净土佛国** jìngtǔ fóguó 정토 불국

---

295 韩国的三宝名刹和三大寺刹分别指什么？ 해석 108p

▶ 韩国的三宝名刹指的是通度寺、海印寺、松广寺；三大寺刹指的是华严
寺、松广寺和海印寺。

三宝名刹 sānbǎo míngchà 삼보명찰(삼보로 이름난 절) ǀ **华严寺** Huáyánsì 화엄사

---

296 寺庙住宿是什么意思？ 해석 108p

▶ 寺庙住宿近来备受欢迎，指都市人远离闹市的喧嚣、尘世的繁杂、心灵
的孤独、工作的重压和生活的快节奏来到远离尘世的山间林中寺庙，在
清静中小憩几日，寻觅精神的平和宁静和心境的随遇而安。

寺庙住宿 sìmiào zhùsù 템플 스테이 ǀ **备受欢迎** bèishòu huānyíng 매우 환영받다 ǀ **都市人** dūshìrén 도시인
ǀ **远离** yuǎnlí 멀리 떨어지다 ǀ **闹市的喧嚣** nàoshì de xuānxiāo 번화가의 소란스러움 ǀ **尘世的繁杂** chénshì de
fánzá 속세의 번잡함 ǀ **心灵的孤独** xīnlíng de gūdú 심리적 고독 ǀ **工作的重压** gōngzuò de zhòngyā 업무의 중압
감 ǀ **生活的快节奏** shēnghuó de kuài jiézòu 빠른 생활 리듬 ǀ **远离尘世** yuǎnlí chénshì 속세를 멀리 떠나다 ǀ **小
憩** xiǎoqì 잠깐 쉬다 ǀ **寻觅** xúnmì ~을 찾다 ǀ **精神的平和宁静** jīngshén de pínghé níngjìng 정신적 평안과 안정
ǀ **心境的随遇而安** xīnjìng de suíyù ér ān 심리적 만족감

Unit 05 세계유산(문화·자연·복합)

keyword

종묘	경주 역사 지구
석굴암·불국사	고인돌
해인사 장경판전	하회·양동마을
창덕궁	남한산성
수원 화성	제주 화산섬
조선 왕릉	백제역사유적지구

297　世界遗产的概念是什么？　◀ 해석 109p

▶　世界遗产是指根据联合国教科文组织于1972年11月在定期举办的会议上通过的《保护世界文化和自然遗产公约》，由世界遗产委员会在全世界范围内认证并收录进世界遗产名录的全人类公认的具有突出意义和普遍价值的文物古迹及自然景观。

플러스 질문

❶ 目前韩国共有几项世界遗产？分别是什么？

_____

_____

_____

_____

단어와 표현

世界遗产 shìjiè yíchǎn　세계유산(세계유산협약에 따라 유네스코가 1972년부터 인류 전체를 위해 보호해야 할 현저한 보편적 가치가 있다고 인정한 유산으로, 문화유산·자연유산·복합유산으로 나뉜다)ㅣ**联合国教科文组织** Liánhéguó Jiàokēwén Zǔzhī　유네스코(국제연합 교육과학문화기구)ㅣ**《保护世界文化和自然遗产公约》**《bǎohù shìjiè wénhuà hé zìrán yíchǎn gōngyuē》〈세계 문화 및 자연 유산 보호 협약(세계유산협약)〉ㅣ**名录** mínglù　목록ㅣ**具有突出意义** jùyǒu tūchū yìyì　특별한 의의를 지니다ㅣ**普遍价值** pǔbiàn jiàzhí　보편적 가치

298 韩国世界文化遗产的特征是什么？

해석 109p

▶ 韩国世界文化遗产有上自古代的"支石墓"，下至朝鲜时代的"朝鲜王陵"，贯穿了韩国的历史，有充分的科学性和艺术性。

> **단어와 표현**
>
> **上自** shàngzì 위로는 ~로부터 ｜ **支石墓** zhīshímù 지석묘, 고인돌 ｜ **下至** xiàzhì 아래로는 ~에 이르다 ｜ **贯穿** guànchuān 관통하다

299 韩国的宗庙指的是什么？

해석 109p

▶ 韩国的宗庙是供奉和祭祀朝鲜王朝历代国王和王妃牌位的祠堂，无论建筑样式还是祭祀礼节都有其独特风格。特别是作为主殿的正殿，共分19个格，总面积达1270平方米，被公认为世界上规模最大的单一木结构建筑。宗庙建筑精致，氛围庄严，既体现了东方建筑的特色，又涵盖了宗教建筑的普遍价值。于1995年被列入联合国教科文组织世界遗产名录。

> **단어와 표현**
>
> **宗庙** Zōngmiào 종묘 ｜ **供奉** gòngfèng 모시다 ｜ **祠堂** cítáng 사당 ｜ **祭祀礼节** jìsì lǐjié 제사 예절 ｜ **独特风格** dútè fēnggé 독특한 풍격 ｜ **单一木结构建筑** dānyī mù jiégòu jiànzhù 단일 목조 건축 ｜ **建筑精致** jiànzhù jīngzhì 건축물이 정교하다 ｜ **氛围庄严** fēnwéi zhuāngyán 분위기가 장엄하다 ｜ **涵盖** hángài ~을 함축하다 ｜ **列入** lièrù 끼워 넣다, 등재되다

300 请介绍一下儿"海印寺大藏经版殿"。

해석 110p

▶ 海印寺是公元802年哀庄王为了感谢佛祖治好了他王妃的病而修建的，坐落在韩国庆南陕天郡伽倻山的中谷，是韩国的三大古寺之一。因为其中保管着8万块大藏经木刻板，所以又称法宝寺。海印寺可以说是科学和艺术的杰作，因其良好的自然环境与合理科学的设置，直到今天大藏经板仍得到良好的保管，保存这些木刻经版的技术令人叹为观止。海印寺于1995年列入世界遗产名录。

301 请介绍一下儿"佛国寺"。

▶ 佛国寺坐落在庆尚道东南的吐含山中，兴建于新罗528年，后于751年开始扩建，此后一直不断修建并进一步完善。可惜它在壬辰倭乱时期惨遭焚毁，只有石造建筑物得到保全。目前寺庙中所有木结构建筑均为后世仿建，规模只有原来的十分之一。佛国寺分别以大雄殿和极乐殿为中心形成两大区域，其中的多宝塔、释迦塔、极乐塔等都显现了新罗佛教文化的登峰造极。虽经历了1000多年的洗礼，但佛国寺保留下来的石造技术，新罗人把心目中的佛国现实化的努力，无不让人惊叹！佛国寺被联合国教科文组织称为东北亚佛教艺术的杰作，于1995年被指定为世界文化遗产。

플러스 질문

❶ 请介绍一下吐含山的名字有什么由来？

_____

_____

_____

302 请介绍一下儿佛国寺石窟庵。

해석 110p

▶ 佛国寺附属建筑石窟庵位于庆州吐含山东边儿，因修建于一个天然巨石凿成的石窟之内而得名。它的规模、雕刻技术、空间布局等堪称空前绝后之作，它将宗教与艺术融合于一体，几十尊佛像细腻逼真，尤其"本尊佛"，体现了宗教艺术的最高峰。与佛国寺一起于1995年被指定为世界文化遗产。

단어와 표현

石窟庵 Shíkū'ān 석굴암 ㅣ 凿 záo 깎다 ㅣ 因…而得名 yīn…ér démíng ~로 인해 이름을 얻다 ㅣ 雕刻技术 diāokè jìshù 조각 기술 ㅣ 空间布局 kōngjiān bùjú 공간 배치 ㅣ 堪称…之作 kānchēng…zhī zuò ~한 작품이라고 할 만하다 ㅣ 空前绝后 kōngqián juéhòu 전무후무하다 ㅣ 将…融合于一体 jiāng…rónghé yú yìtǐ ~을 하나로 융합시키다 ㅣ 细腻逼真 xìnì bīzhēn 세밀하고 실제 같다 ㅣ 本尊佛 Běnzūnfó 본존불 ㅣ 最高峰 zuìgāofēng 최고봉(가장 높은 수준)

303 请介绍一下儿"水原华城"。

해석 111p

▶ 水原华城是朝鲜22代王正祖把其父亲思悼世子之墓迁到水原华山后，修建的城廓，于1796年竣工。韩国著名文学家丁若镛等人结合东西方建筑特色，创造性地使用了起重机和辘轳等新器械，在短期内打造的集科学性与实用性为一体的当地新中心。华城是韩国独有的平地城廓，兼有军事防御功能和商务功能，堪称东方城廓之奇葩。于1997年被记录为世界文化遗产。

단어와 표현

水原华城 Shuǐyuán Huáchéng 수원 화성 ㅣ 思悼世子 Sīdàoshìzǐ 사도세자 ㅣ 墓 mù 무덤 ㅣ 迁到 qiāndào 옮기다 ㅣ 城廓 chéngkuò 성곽 ㅣ 竣工 jùngōng 준공하다 ㅣ 丁若镛 Dīng Ruòyōng 정약용 ㅣ 结合 jiéhé 결합하다 ㅣ 起重机 qǐzhòngjī 기중기 ㅣ 辘轳 lùlu 도르래 ㅣ 器械 qìxiè 기계 ㅣ 打造 dǎzào 만들다 ㅣ 集…为一体 jí…wéi yìtǐ ~이 하나가 되다 ㅣ 兼有…功能 jiānyǒu…gōngnéng ~ 기능을 겸하다 ㅣ 军事防御 jūnshì fángyù 군사 방어 ㅣ 奇葩 qípā 걸작

304 请介绍一下儿"庆州历史遗址区"。

 해석 111p

▶ 庆州历史遗址区被称为是一座"露天博物馆"，含有52个指定文物，囊括被指定为世界遗产的佛国寺、石窟庵、庆州良洞民俗村，是名副其实的新罗时代历史遗址区，充分体现了新罗时期的历史和文化。庆州历史遗址区整体可以分为5个区，佛教美术宝库南山区、千年王朝宫廷遗址月城区、新罗王陵等古墓群所在的大陵园区、新罗佛教精华黄龙寺区、王都防守设施核心山城区等。被联合国教科文组织指定为12个文化都市之一，于2000年12月列入世界文化遗产名录。

> **단어와 표현**
>
> **庆州历史遗址区** Qìngzhōu lìshǐ yízhǐqū 경주 역사 지구 | **露天博物馆** lùtiān bówùguǎn 노천 박물관 | **囊括** nángkuò 모든 것을 포괄하다 | **庆州良洞民俗村** Qìngzhōu Liángdòng Mínsúcūn 경주 양동민속마을 | **名副其实** míngfù qíshí 명실상부하다 | **宫廷遗址** gōngtíng yízhǐ 궁궐 유적지 | **大陵园区** dàlíngyuánqū 대릉원지구 | **佛教精华** fójiào jīnghuá 불교의 정수 | **王都防守设施核心** wángdū fángshǒu shèshī héxīn 왕도 방어 시설 중심

305 请介绍一下儿"高敞支石墓遗址、和顺支石墓群、江华支石墓群"。

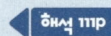 해석 111p

▶ 支石墓是史前时期的一种石墓，是巨石文物的一种，集中分布于以韩国为中心的东北亚地区。韩国目前已发现的近3万座支石墓，是韩国青铜器时期的代表性石墓，其中高敞、和顺、江华支石墓群分别被指定为世界文化遗产，内部墓冢分布密集，形式多样，是研究支石墓的形成和发展过程的重要遗址。支石墓是研究史前文化、社会结构、政治体制以及当时人们的生活面貌重要文物资料，有极高的保存价值。于2000年12月被指定为世界文化遗产。

> **단어와 표현**
>
> **高敞** Gāochǎng 고창 | **支石墓** zhīshímù 고인돌, 지석묘 | **和顺** Héshùn 화순 | **江华** Jiānghuá 강화 | **史前** shǐqián 선사시대 | **巨石文物** jùshí wénwù 거석 문물 | **集中分布于…** jízhōng fēnbù yú… ~에 집중 분포하다 | **墓冢** mùzhǒng 무덤 | **分布密集** fēnbù mìjí 밀집하여 분포하다 | **社会结构** shèhuì jiégòu 사회구조 | **政治体制** zhèngzhì tǐzhì 정치체제

306 请介绍一下儿"朝鲜王陵"。

해석 111p

▶ 朝鲜王陵是指长达519年的朝鲜王朝共27位国王和王后及去世后追尊为王和王后的陵墓，共有王陵44座，除了在北韩的厚陵和齐陵、京畿道丽州的英陵和宁陵、江原道迎月的庄凌5座外，其余39座都位于首尔四大门外100里以内。朝鲜王陵的保存状态之完好世界罕见。于2009年被指定为世界文化遗产。

단어와표현

朝鲜王陵 Cháoxiān Wánglíng 조선 왕릉 ㅣ **追尊** zhuīzūn 추존되다 ㅣ **陵墓** língmù 왕릉, 능묘 ㅣ **厚陵** Hòulíng 후릉(조선 제2대 왕 정종과 정안왕후의 무덤) ㅣ **齐陵** Qílíng 제릉(조선 태조 이성계의 정비 신의왕후의 무덤) ㅣ **英陵** Yīnglíng 영릉(조선 제4대 왕 세종과 소헌왕후 심씨의 무덤) ㅣ **宁陵** Nínglíng 영릉(조선 제17대 왕 효종과 인선왕후 장씨의 무덤) ㅣ **庄陵** Zhuānglíng 장릉(조선 제6대 왕 단종의 무덤) ㅣ **世界罕见** shìjiè hǎnjiàn 세계에서 보기 드물다

307 请介绍一下儿"韩国历史村落：庆州良洞民俗村与安东河回村"。

해석 112p

▶ 韩国的历史村落有"氏族村落"、"邑城村落"等多种类型，其中"氏族村落"占80%左右。庆州良洞民俗村和安东河回村是韩国氏族村落中历史最悠久，也是朝鲜前期氏族村落形成的典型代表。这两处村落的建筑设计考虑到了岭南地区夏季高温多湿、冬天低温干燥的气候环境，同时遵循儒家礼法，按照传统风水的原则，融功能性和观赏性为一体。既是韩国具有代表性的氏族村落，又是两班贵族村落，村落中保存完好的朝鲜时代儒学家们的学术古文献以及家庭礼仪和富有特色的村落仪式等文化习俗备受瞩目，于2010年，联合国以"韩国的历史村落"为名将其载入世界文化遗产名录。

庆州良洞民俗村位于庆尚北道庆州市，是韩国规模最大的村庄，由月城孙氏和骊江李氏组成，保有朝鲜时代的传统和自然风貌，于1984年被指定为重要民俗资料第189号。

安东河回村位于庆尚北道安东市，是韩国家喻户晓的地方。洛东江潺潺江水呈S形环绕着美丽的村落，村子里的瓦房和草房历经岁月洗礼仍保存完好。它是丰山柳氏人聚居的村子，至今村里70%的居民都姓柳。特别值得一提的是著名的安东河回假面具的出处就是这里，英国女王伊丽莎白曾于1999年4月访问此地。于1984年被指定为重要民俗资料第122号。

 단어와 표현

氏族村落 shìzú cūnluò 씨족 마을 ｜ 邑城村落 yìchéng cūnluò 읍성 마을(성벽으로 둘러싸인 마을) ｜ 安东河回村 Āndōng Héhuícūn 안동 하회마을 ｜ 典型代表 diǎnxíng dàibiǎo 전형적인 대표이다 ｜ 遵循 zūnxún 따르다 ｜ 按照传统风水的原则 ànzhào chuántǒng fēngshuǐ de yuánzé 전통적인 풍수지리설의 원칙에 따르다 ｜ 融功能性和观赏性为一体 róng gōngnéngxìng hé guānshǎngxìng wéi yìtǐ 기능성과 예술성이 함께 어우러져 있다 ｜ 备受瞩目 bèishòu zhǔmù 주목을 받다 ｜ 载入 zǎirù 등재되다 ｜ 由…组成 yóu…zǔchéng ~로 구성되어 있다 ｜ 家喻户晓 jiāyù hùxiǎo 모든 사람들이 알고 있다 ｜ 洛东江 Luòdōngjiāng 낙동강 ｜ 潺潺江水 chánchán jiāngshuǐ 졸졸 흐르는 강물 ｜ 呈S形 chéng S xíng S 모양을 나타내다 ｜ 环绕 huánrào 둘러싸다, 에워싸다 ｜ 历经岁月洗礼 lìjīng suìyuè xǐlǐ 세월의 시련을 경험하다 ｜ 聚住 jùzhù 모여 살다 ｜ 伊丽莎白 Yīlìshābái 엘리자베스

---

308 请介绍一下儿"南汉山城"。  해석 112p

▶ 南汉山城是韩国首尔近郊有名的观光景点，四季景色怡人，在城内的最高峰日长山上远眺，远至仁川的夕阳，近到首尔及京畿道一带的景色尽收眼底。南汉山城当时既是保护首都的军事设施，也是一座具备官厅、市场与居住地的山城都市，原是2000多年前高句丽时期的土城，后在朝鲜时代光海君年间得以最终建成，充分反映出公元7世纪至19世纪各时期筑城技术的特点与武器体系的变化。1636年，丙子胡乱时，仁祖李倧曾在此避难四十六日。至今为止，仍有居民居住。南汉山城作为"生动的遗产"具有非常高的价值。于1963年1月21日被韩国政府指定为第57号历史遗址，于2014年6月成为韩国入选世界遗产名录的第11项文化遗产。

近郊 jìnjiāo 근교 | 景色怡人 jǐngsè yírén 풍광이 사람을 기쁘게 하다 | 远眺 yuǎntiào 멀리 내다보다 | 远至 yuǎnzhì 멀리 ~에 이르다 | 京畿道一带 Jīngjīdào yídài 경기도 일대 | 尽收眼底 jìnshōu yǎndǐ 눈앞에 펼쳐 있다, 한눈에 보이다 | 既是…, 也是… jìshì…, yěshì… ~이면서 ~이다 | 具备…的山城都市 jùbèi…de shānchéng dūshì ~을 갖춘 산성 도시 | 得以 déyǐ ~하게 되다 | 充分反映出 chōngfèn fǎnyìngchū 충분히 반영해 내다 | 丙子胡乱 Bǐngzǐhúluàn 병자호란 | 避难 bìnán 피난하다 | 生动的遗产 shēngdòng de yíchǎn 생동감 있는 유산 | 具有…的价值 jùyǒu…de jiàzhí ~의 가치를 가지다

309 介绍一下儿济州火山岛和熔岩洞窟。

해석 112p

▶ "济州火山岛及熔岩洞窟"于2007年6月27日被世界教科文组织委员会列入世界自然遗产名录，这是韩国第一处也是目前仅有的世界自然遗产，认证了济州岛的侧火山(寄生活火山)、世界规模的熔岩洞窟、及有多样稀贵生物和多数濒危物种栖息的优秀自然条件。这一神秘景观具有高度学术价值。"济州火山岛及熔岩洞窟"地区包括"汉拿山天然保护区"、"城山日出峰"和"拒文岳熔岩洞窟系"三部分，占济州岛全体面积的10%(188.45平方公里)。世界遗产委员会称赞说"济州的火山地形比俄罗斯堪察加火山列岛等世界著名遗产地区更具旅游和学术价值，达到了世界最高水平。

济州火山岛及熔岩洞窟 Jìzhōu huǒshāndǎo jí róngyán dòngkū 제주 화산섬과 용암 동굴 | 世界自然遗产 shìjiè zìrán yíchǎn 세계자연유산 | 侧 cè 옆, 곁, 사이드 | 寄生活火山 jìshēng huóhuǒshān 기생 활화산 | 世界规模 shìjiè guīmó 세계적 규모 | 稀贵生物 xīguì shēngwù 희귀 생물 | 濒危物种 bīnwēi wùzhǒng 멸종 위기종 | 栖息 qīxī 서식하다 | 汉拿山天然保护区 Hànnáshān Tiānrán Bǎohùqū 한라산 천연보호구역 | 城山日出峰 Chéngshān Rìchūfēng 성산일출봉 | 拒文岳熔岩洞窟系 Jùwényuè Róngyán Dòngkūxì 거문오름 용암 동굴계 | 俄罗斯堪察加火山列岛 Éluósī Kānchájiā Huǒshān Lièdǎo 러시아 캄차카 화산열도

310 介绍一下儿汉拿山自然保护区域。 해석 113P

▶ 汉拿山位于济州岛中部，海拔1950米，是韩国最高的山，是济州岛的代表旅游胜地，又称瀛洲山。汉拿山以其从温带至寒带的垂直植物生态分布系统而闻名，具有相当高的学术价值，自1970年开始被指定为韩国的国立公园，受到保护。汉拿山周围分布着360余座寄生火山山峰，山上共有1500多种植物和1100多种动物。世界遗产委员会评价说，随着季节的变换，汉拿山天然保护区的颜色和构造也随之发生变化，该地区有瀑布、形状各异的岩石生成物、熔岩凝固而成的海岸绝壁、在喷火口形成湖水的山顶美景，美学价值极高。

> **단어와표현**
>
> **海拔** hǎibá 해발 | **瀛洲山** Yíngzhōushān 영주산 | **以···而闻名** yǐ···ér wénmíng ～로 유명하다 | **垂直植物生态分布系统** chuízhí zhíwù shēngtài fēnbù xìtǒng 수직적 식물 생태 분포 체계 | **随之发生变化** suízhī fāshēng biànhuà 그에 따라 변화가 발생하다 | **形状各异** xíngzhuàng gèyì 모양이 각기 다르다 | **岩石生成物** yánshí shēngchéngwù 암석 생성물 | **熔岩凝固而成的海岸绝壁** róngyán nínggù ér chéng de hǎi'àn juébì 용암이 응고되어 형성된 해안 절벽 | **喷火口** pēnhuǒkǒu 분화구 | **美学价值** měixué jiàzhí 미학적 가치

311 介绍一下儿城山日出峰。 해석 113P

▶ 城山日出峰是分布于济州岛的360个侧火山(寄生火山)之一，是在水中形成的特别的寄生火山。是约5千年前浅海中火山迸发形成的喷火口，高182m的此喷火口曾经是岛屿，和沙滩及陆地相连。可以观赏日出的此地，一直是济州岛的象征

之一。世界遗产委员会表示，状似要塞的城山日出峰是能够了解海上火山喷出特点的世界重要遗产。

> **단어와표현**
>
> **浅海中火山迸发** qiǎnhǎi zhōng huǒshān bèngfā 얕은 해역에서 화산이 폭발하다 | **岛屿** dǎoyǔ 섬 | **和···相连** hé···xiānglián ～와 연결되다 | **状似要塞** zhuàng sì yàosài 요새와 같은 형상이다

312 介绍一下儿拒文岳熔岩洞窟系。

해석 113p

▶ 拒文岳熔岩洞窟系包括拒文岳，Beng Dui窟，万丈窟，金宁窟，龙泉洞窟，Dang Cheo水洞窟等1个侧火山(寄生火山)及5个熔岩洞窟。拒文岳熔岩洞窟系中规模最大的要属万丈窟，此洞窟的规模和长度均为世界级的。万丈窟和金宁窟不仅长度，连通路的规模也都是世界级的。此外Beng Dui窟向我们展现出世界上最复杂的通路形态。而位于济州岛海岸低地带的龙泉洞窟和Dang Cheo水洞窟则拥有世界级的景观和价值。Dang Cheo水洞窟虽然规模很小，但洞窟内发现的石灰质洞窟生成物以世界上最美为自豪，龙泉洞窟的大规模和石灰质洞窟生成物是在世界上非常罕见的华丽景观。对拒文岳熔岩洞窟则评价说，熔岩活动后形成的第二次生成物装饰洞窟顶部和地面，形成了仿佛在熔岩壁上绘制壁画般的特有的壮观景色。拒文岳熔岩洞窟系是约10—30万年前最大的喷火口—拒文岳中喷出的熔岩，形成的多个熔岩洞窟。此洞窟系中被选为世界自然遗产的洞窟有Beng Dui窟，万丈窟，金宁窟，龙泉洞窟，Dang Cheo水洞窟等。

단어와 표현

拒文岳 Jùwényuè 거문오름 | Beng Dui窟 Beng Dui kū 벵뒤굴 | 万丈窟 Wànzhàngkū 만장굴 | 金宁窟 Jīnníngkū 김녕굴 | 龙泉洞窟 Lóngquán dòngkū 용천동굴 | Dang Cheo水洞窟 Dang Cheo shuǐ dòngkū 당처물동굴 | 不仅…连… bùjǐn…lián… ~일 뿐 아니라 ~도 | 通路的规模 tōnglù de guīmó 통로의 규모 | 石灰质洞窟生成物 shíhuīzhì dòngkū shēngchéngwù 석회질 동굴 생성물 | 以…为自豪 yǐ…wéi zìháo ~을 자랑스럽게 여기다 | 罕见 hǎnjiàn 보기 드물다 | 第二次生成物 dì èr cì shēngchéngwù 제2차 생성물 | 装饰 zhuāngshì 장식하다 | 绘制壁画 huìzhì bìhuà 벽화를 제작하다 | 特有的壮观景色 tèyǒu de zhuàngguān jǐngsè 특이한 장관

keyword

판소리	한산 모시짜기
강릉단오제	김장
강강술래	줄타기
남사당놀이	대목장
영산재	매사냥
처용무	제주해녀문화

---

313 世界无形文化遗产指的是什么?　　해석 114p

▶ 是指诸如语言、戏剧、音乐、舞蹈、宗教、神话、礼仪、习惯、风俗、节庆、手工艺等不能够固化的人类财富。最早由日本提出，1972年联合国教科文组织通过了《保护世界文化和自然遗产公约》，引出了"文化遗产"和"自然遗产"的概念，为人类共同保护具有突出的普遍价值的文化和自然遗产建立了永久性的、科学的有效制度，由此全世界有了一个共同的认识文化和自然价值的准则。

플러스 질문

❶ 目前韩国有多少项世界无形文化遗产?

_____

_____

_____

_____

단어와 표현

世界无形文化遗产 shìjiè wúxíng wénhuà yíchǎn 인류무형문화유산(중국에서는 人类非物质文化遗产, 人类无形文化遗产 등의 용어가 동일한 의미로 사용된다) | 诸如 zhūrú 이를테면 ~이다 | 节庆 jiéqìng 명절 | 固化 gùhuà 고정화 | 引出…概念 yǐnchū…gàiniàn ~한 개념을 이끌어 내다 | 建立…制度 jiànlì…zhìdù ~ 제도를 건립하다 | 由此 yóucǐ 이로써 | 准则 zhǔnzé 준칙

314 请介绍一下儿宗庙祭礼和宗庙祭礼乐。 해석 114p

▶ 宗庙祭礼是在韩国宗庙祭祀朝鲜王朝君主和王妃的儒教仪式，是韩半岛礼仪最高的祭祀仪式。宗庙祭礼仪式最早是9世纪的新罗时代从中国传入韩半岛，在新罗之后的高丽王朝和朝鲜王朝得以延续，亦是朝鲜时代国祭中规模最大的祭祀仪
式，因此又称为"宗庙大祭"。宗庙祭礼现在每年5月的第一个星期天在位于首尔的宗庙举行。于1975年被指定为重要无形文化财第56号。

宗庙祭礼乐是在举行宗庙祭礼时演奏的乐曲和表演的歌舞，是宫廷音乐的一种，取自朝鲜世宗时宫中宴会所用的乐曲，在世宗10年被定为宗庙祭礼乐。于1964年被指定为重要无形文化财第一号。2001年5月18日，宗庙祭礼和宗庙祭礼乐被联合国教科文组织列入人类非物质文化遗产代表作名录。

플러스 질문

❶ 请简单介绍一下儿宗庙祭礼的形式和内容。

_____

_____

_____

_____

_____

단어와 표현

宗庙祭礼 Zōngmiào jìlǐ 종묘제례 | **祭祀** jìsì 제사 | **儒教仪式** rújiào yíshì 유교 의식 | **得以延续** déyǐ yánxù 계속해서 이어지다 | **宫廷** gōngtíng 궁중 | **宴会** yànhuì 연회 | **人类非物质文化遗产** rénlèi fēiwùzhì wénhuà yíchǎn 인류무형문화유산

315 介绍说明一下儿传统音乐盘索里(板索里)。 ◀ 해석 115p

▶ 盘索里是朝鲜民间曲艺的主要艺术形式，出现于18世纪，源于全罗道地区。它是以乡土旋律为基础，把故事以歌曲形式唱出来的韩国传统清唱，演员以唱为主，说唱结合，一个人可以出演有多种人物出场的情节复杂的大型作品，深受群众喜爱。盘索里于1964年被指定为重要无形文化财第5号，于2003年11月7日被列入世界无形文化遗产。

플러스 질문

❶ 什么是清唱?

❷ 请介绍一下儿清唱的起源及清唱曲目。

❸ 请具体介绍一下儿清唱经典作品。

단어와표현

盘索里 Pánsuǒlǐ 판소리 | 乡土旋律 xiāngtǔ xuánlǜ 지방색 있는 선율 | 清唱 qīngchàng 청창(간단한 악기의 장단에 맞추어 노래하는 형식) | 以唱为主，说唱结合 yǐ chàng wéizhǔ, shuō chàng jiéhé 노래를 위주로 하면서 이야기와 노래를 결합시키다 | 情节 qíngjié 줄거리 | 深受…喜爱 shēnshòu…xǐ'ài ~의 사랑을 듬뿍 받다

316　介绍说明一下儿江陵端午祭。

해석 116p

▶　江陵端午祭是韩国江原道江陵地区流传至今的祭拜山神的活动。从向神献酒的阴历3月20日到祭祀结束的阴历5月7日，人们通过跳假面舞荡秋千等民俗活动祈愿农业丰收。于1967年被指定为重要无形文化财第13号，在2005年被列入世界无形文化遗产。

단어와표현

祭拜山神 jìbài shānshén 산신에게 제사 드리다 | 献酒 xiànjiǔ 술을 바치다 | 荡秋千 dàng qiūqiān 그네를 뛰다 | 祈愿 qíyuàn 기원하다

317　羌羌水越来是什么？介绍一下儿它的由来。

해석 116p

▶　"羌羌水越来"是全罗道地区流传下来的民俗活动。每年的中秋节前后，打扮得漂漂亮亮的数十名妇女手拉手转成圆圈，边高声合唱羌羌水越来，边载歌载舞。特别是李舜臣将军在抵抗倭寇战争时，为鼓舞我军士气，同时防止敌军突袭朝鲜，而做的一种民俗游戏。关于"羌羌水越来"最普遍的传说是古代人们为了庆祝丰收，在月亮最圆的夜晚，女性载歌载舞的民俗游戏。于1966年被指定为重要无形文化财第8号，于2009年被列入世界无形文化遗产。

단어와표현

羌羌水越来 qiāngqiāngshuǐyuèlái 강강술래 | **手拉手转成圆圈** shǒu lā shǒu zhuànchéng yuánquān 손에 손을 잡고 둥글게 원을 그리며 돌다 | **载歌载舞** zàigē zàiwǔ 노래하며 춤추다 | **抵抗倭寇战争** dǐkàng wōkòu zhànzhēng 왜구와의 전쟁에서 항거하다 | **鼓舞我军士气** gǔwǔ wǒjūn shìqì 아군의 사기를 북돋다 | **突袭** tūxí 기습하다

---

318 请介绍一下儿盘索里和中国京剧的区别。 해석 116p

▶ 盘索里有韩国的京剧之称，因为它和中国的京剧分别为韩中两国的国粹。但是韩国的盘索里的传播是从下到上，是民间老百姓创造的；而中国的京剧则是从上往下传播的，因此代表的意义和内涵都不同。

首先从演出人员构成上看，盘索里一般由一名唱者和一名鼓手构成，也有不同人分饰不同角色表演。京剧角色的行当划分比较严格，现主要归为生、旦、净、丑四大行，每一种行当内又有细致的进一步分工。

其次从表演形式上看；

1. 盘索里是唱者根据鼓手击打鼓点的长短拍子，把叙事性的故事融合在唱、白、舞蹈中表现出来。而京剧是通过唱、念、做、打四种艺术手法表演，跟盘索里相比多了"打"，即武打和翻跌的技艺。

2. 盘索里和京剧在表演时都具有夸张性，但相较于京剧的格律化和规范化特点，盘索里表演形式就比较即兴。同时，唱者唱到高潮时，鼓手或者听众会发出"早嗒"、"儿戏姑"、"呃咦"等感叹词来助兴。

再次在装束方面，京剧惯于在人的脸上涂上某种颜色以象征这个人的性格和特质、角色和命运，用各种丰富多彩，华丽的服饰塑造人物形象。而盘索里在装束方面比较单一，唱者和鼓者都是一身传统朝鲜服饰，侧重在语言上塑造人物形象。

最后从曲目内容看，盘索里最初只在民间流行，内容来源于如《春香传》等传统故事，多以讽刺官吏语言来吸引民众，而京剧起源于中国古老戏剧，内容丰富，曲目众多，比如《霸王别姬》、《贵妃醉酒》、《白蛇传》等。

단어와 표현

有…之称 yǒu…zhī chēng ~라고 불리다 | 传播 chuánbō 전파하다 | 内涵 nèihán 함축된 의미 | 演出人员构成 yǎnchū rényuán gòuchéng 배우들의 구성 | 分饰不同角色 fēn shì bùtóng juésè 서로 다른 역할로 나누어 연기하다 | 行当 hángdang 배역 | 划分 huàfēn 구분하다 | 细致 xìzhì 세밀하다 | 长短拍子 chángduǎn pāizi 길고 짧은 박자 | 叙事性的故事 xùshìxìng de gùshì 스토리가 있는 이야기 | 融合在唱、白、舞蹈中 rónghé zài chàng、bái、wǔdǎo zhōng 노래와 말과 춤이 함께 섞이다 | 武打和翻跌 wǔdǎ hé fāndiē 무술과 몸을 돌리는 것 | 夸张性 kuāzhāngxìng 과장성 | 格律化和规范化 gélǜhuà hé guīfànhuà 규칙화와 규범화 | 即兴 jíxìng 즉흥적이다 | 高潮 gāocháo 최고조 | 助兴 zhùxìng 흥을 돋우다 | 装束 zhuāngshù 복장 | 惯于 guànyú ~에 습관이 되다 | 侧重 cèzhòng 치중하다 | 塑造人物形象 sùzào rénwù xíngxiàng 인물 형상을 만들어 내다 | 讽刺官吏 fēngcì guānlì 관리를 풍자하다 | 古老戏剧 gǔlǎo xìjù 오래된 희극

---

319 请说明一下男寺党表演。

해석 117p

▶ 男寺党表演是朝鲜时代后期的民间艺人受新罗时期流浪民游戏团影响自然形成的民间艺人组合，一般由40人以上组成，在一名带头人带领下，游走于集市和村落之间，以表演杂耍技艺  为生。男寺党是为老百姓表演的民间艺术团体，用讽刺的手法，把社会底层的不平和抑郁表现得淋漓尽致，对两班和两班贵族进行讽刺抨击。男寺党于1964年被指定为韩国重要无形文化财第3号，于2009年被列为世界无形文化遗产名录。

단어와 표현

男寺党表演 Nánsìdǎng Biǎoyǎn 남사당놀이 | 带头人 dàitóurén 무리를 이끄는 사람, 리더 | 带领 dàilǐng 인솔하다 | 游走于集市和村落之间 yóuzǒu yú jíshì hé cūnluò zhījiān 시장과 촌락을 돌아다니다 | 以表演杂耍技艺为生 yǐ biǎoyǎn záshuǎ jìyì wéi shēng 잡기와 기예 공연으로 생계를 유지하다 | 抑郁 yìyù 불만이 쌓여 억울하다 | 淋漓尽致 línlí jìnzhì 남김없이 드러내다 | 讽刺抨击 fēngcì pēngjī 풍자하여 비난하다

320 请说明一下灵山斋。

 해석 117p

▶ 灵山斋是指一个人死后第49天举行的超度灵魂到极乐世界的一种佛教仪式，起源可追溯到朝鲜时代。作为一种传统文化，反映了佛教追求用佛祖的真谛教化亡者与生者，帮助他们脱离烦恼和痛苦，达到极乐的思想境界。于1973年被指定为韩国重要无形文化财，于2009年被载入联合国教科文组织世界无形遗产名录。

단어와 표현

超度灵魂 chāodù línghún 영혼을 구제하다 ǀ **极乐世界** jílè shìjiè 극락세계 ǀ **追溯** zhuīsù 거슬러 올라가다 ǀ **真谛** zhēndì 진리, 참뜻

321 请说明一下济州七头堂灵灯祭。

 해석 118p

▶ 济州七头堂灵灯祭是韩国济州岛渔民的民俗祭礼仪式，是在冬去春来之际，恳请灵灯神(风神)保佑大海风平浪静，祈愿渔业昌盛繁荣的巫术性仪式。这个仪式既包括海女信念，还包括与灵灯有关的民间信仰。它的独特性在于它是唯一由海女举行的仪式。于1980年被指定为重要无形文化财第71号，于2009年9月30日被列入世界无形文化遗产记录。

단어와 표현

济州七头堂灵灯祭 Jìzhōu Qītóutáng Língdēngjì 제주 칠머리당 영등굿 ǀ **民俗祭礼仪式** mínsú jìlǐ yíshì 민속 제례 의식 ǀ **冬去春来之际** dōng qù chūn lái zhìjì 겨울이 가고 봄이 올 때 즈음 ǀ **恳请** kěnqǐng 간청하다 ǀ **灵灯神** língdēngshén 영등신 ǀ **保佑** bǎoyòu 보우하다 ǀ **昌盛繁荣** chāngshèng fánróng 번창하다 ǀ **巫术性仪式** wūshùxìng yíshì 무속 의식 ǀ **海女信念** hǎinǚ xìnniàn 해녀의 믿음

322 介绍一下儿韩国的处容舞。

해석 118p

▶ 处容舞是纪念东海龙王之子"处容"的一种面具舞，是宫廷舞蹈中唯一戴人面面具的舞蹈，是所存最早的新罗时期宫廷舞。处容舞也被看做是一种萨满教舞蹈，一般在皇家宴会上表演，或在新年除夕作为驱邪、祈福的仪式表演。于1971年被指定为重要无形文化财第39号，于2009年9月被列入世界无形文化遗产名录。

플러스 질문

❶ 能不能说说处容舞的由来。

_____

_____

_____

_____

_____

❷ 请介绍一下儿处容舞的特点。

_____

_____

_____

_____

단어와 표현

宫廷舞蹈 gōngtíng wǔdǎo 궁중무용 | 萨满教舞蹈 sàmǎnjiào wǔdǎo 샤머니즘 춤 | 驱邪 qūxié 악귀를 쫓다 |
祈福 qífú 복을 기원하다

323 请介绍一下儿传统歌曲。 해석 119p

▶ 传统歌曲是指朝鲜时代上流社会所流行的将古代律诗谱曲，配上管弦乐伴奏的正歌声乐曲，有别于盘索里等社会底层传唱的曲调，具有极高的艺术价值。目前保留下来的曲目共有41支。传统歌曲于1969年11月10日被韩国政府指定为重要无形文化财第30号，于2010年11月被联合国教科文组织指定为世界无形文化遗产。

> **단어와표현**
>
> **古代律诗** gǔdài lǜshī 고대 율시 ▎**谱曲** pǔqǔ 곡을 붙이다 ▎**配上管弦乐伴奏** pèishang guǎnxiányuè bànzòu 현악기의 반주에 맞추다 ▎**乐曲** lèqǔ 악곡 ▎**有别于⋯** yǒubié yú⋯ ~와 차이가 있다 ▎**传唱** chuánchàng 전하여 불리어지다 ▎**曲调** qǔdiào 곡조

324 请介绍一下儿大木匠。 해석 119p

▶ 大木匠是指具有能全程负责建筑木制建筑能力的木匠。当然这木制建筑不是我们日常说的简单房屋，而是大型特殊建筑，如宫阙、寺刹、城门、楼阁等独立建筑物。于1982年被指定为重要无形文化财第74号，于2010年11月被联合国教科文组织指定为世界无形文化遗产。目前拥有这个称号的有申鹰秀，崔基永和田兴秀。

> **단어와표현**
>
> **大木匠** dàmùjiang 도목수(목수의 우두머리) ▎**具有⋯能力** jùyǒu⋯nénglì ~한 능력을 가지고 있다 ▎**全程** quánchéng 전 과정 ▎**建筑** jiànzhù 건축물, 건축하다 ▎**木制建筑** mùzhì jiànzhù 목조건축물 ▎**大型特殊建筑** dàxíng tèshū jiànzhù 대형 특수 건축 ▎**宫阙** gōngquè 궁궐 ▎**寺刹** sìchà 사찰 ▎**楼阁** lóugé 누각

325 请介绍一下儿驯化猎鹰。

 해석 119p

▶ 驯化猎鹰是训练老鹰捕捉野鸡、兔子等的狩猎法。目前主要在冬季寒露到冬至期间进行。于2000年2月18日被指定为大田广域市无形文化财第8号，于2010年11月被联合国教科文组织指定为世界无形文化遗产。

단어와표현

驯化 xùnhuà 길들이다 ｜ **猎鹰** lièyīng 사냥매 ｜ **捕捉** bǔzhuō 잡다 ｜ **狩猎法** shòulièfǎ 사냥법 ｜ **寒露** hánlù 한로(24절기 중 17번째로 찬 이슬이 맺히기 시작하는 시기) ｜ **冬至** dōngzhì 동지(24절기 중 21번째로 밤이 가장 길고 낮이 가장 짧은 날)

326 请介绍一下儿跆跟。

 해석 119p

▶ 跆跟是韩半岛古代的一种传统武术，古称脚戏。跆跟以腿脚为主，注重利用对方弱点或借对方之力反击并使其摔倒，是一种柔中带刚的武艺。于1983年被政府指定为重要无形文化财第76号，于2011年11月28日被联合国教科文组织指定为人类无形文化遗产。

단어와표현

注重 zhùzhòng ~을 중시하다 ｜ **利用弱点** lìyòng ruòdiǎn 약점을 이용하다 ｜ **借…之力** jiè…zhī lì ~의 힘을 빌리다 ｜ **摔倒** shuāidǎo 넘어뜨리다 ｜ **柔中带刚** róu zhōng dài gāng 부드러움 속의 강함

327 请介绍一下儿走绳。

해석 119p

▶ 韩国传统技艺走绳表演集杂技、音乐和语言表演为一体，走绳者通常和着鼓声和管弦乐的节拍，向观众讲述诙谐的故事，通常带有讽刺意味。于1976年被政府指定为无形文化财第58号，于2011年11月28日，被联合国教科文组织列入人类无形文化遗产名录。

328 请介绍一下儿韩山苎麻纺织工艺。

해석 120p

▶ 韩山苎麻纺织工艺是忠清道韩山地区生产、加工制作高级苎麻的工艺。这项工艺制作过程中增强了当地社区人们的凝聚力，让世界上更多人对手织纺织物的多样性有了更多认识。于1967年被韩国政府指定为重要无形文化财第14号，于2011年11月28日被联合国教科文组织指定为世界人类无形文化遗产。

329 请介绍一下儿阿里郎。

해석 120p

▶ 阿里郎是著名的韩半岛民谣，是民族性十分强的经典曲牌。阿里郎源起时间尚有待考证，但在不同地方有不同的阿里郎版本。比如韩国三大阿里郎是指珍岛阿里郎(全南)，旌善阿里郎(江原道)和密阳阿里郎(庆南)。如今最被人熟知的应是流传于京畿道的本调阿里郎，不仅因其是韩国第一部剧情片电影的主题曲，更因为它曾唱响悉尼奥运会和2002年世界杯，成了韩国的象征。于2012年12月5日被联合国教科文组织指定为世界无形文化遗产。

330 请介绍一下儿腌制越冬泡菜文化。

해석 120p

▶ 越冬泡菜文化是指腌制泡菜时举行的活动。泡菜是指以白菜为主原料，用辣椒面和大蒜等多种调料腌制的辣白菜，是韩国传统的日常食品，每年11月中旬至12月下旬，韩国家家户户都要制作至少能供全家人吃到第二年开春的泡菜，这成为韩国冬天的一道风景。腌制越冬泡菜文化是加强家庭合作的绝佳机会，增强了人们之间的认同感和归属感。于2012年被指定为世界无形文化遗产。

331 请介绍一下儿农乐。

해석 120p

▶ 农乐是在韩国农村进行集体劳动或过节时为助兴而演奏的传统音乐。充满活力且富有创意的农乐，一年四季以多种形态和目的在众多活动中被人们演奏，联合国教科文组织保护非物质文化遗产政府间委员会成员国认为，农乐以多种形式和目的在各种场合演奏，向演奏者和参与者提供了认同感。因此于2014年11月将韩国“农乐”列入教科文组织人类非物质文化遗产名录。

---

332 请介绍一下儿韩国拔河。 해석 121p

▶ 韩国拔河的历史已经有450多年之久，位于首尔以南120公里处的唐津郡机池市的拔河比赛被视为韩国历史最悠久的拔河比赛，那里会举办一年一度的国际拔河节。韩式拔河起源于韩国妇女的织布过程，把漂白、拧布时的动作逐渐演变成为现在的拔河运动。韩国、越南、柬埔寨、菲律宾四国联合申遗，最终于2015年11月，"拔河"列入教科文组织人类非物质文化遗产名录。

플러스 질문

❶ 你怎么看四个国家联合申遗？

_____

_____

_____

_____

333 请介绍一下儿济州海女文化。

해석 121p

▶ 海女是指潜入大海深处徒手捕捞海产品的女性。
海女是韩国一个古老的职业，也是济州一大特色
文化。济州海女可以不借助任何呼吸工具，只身
潜入20米深的海底捕捞龙虾、扇贝、海螺等海产

品。她们在对海洋生态环境的适应过程中掌握了
熟练的技巧，通过长时间作业积累了丰富的经验和知识。上世纪50年
代，济州海女的数量一度达到了近3万人，可惜的是此后开始大幅减少。
如今，济州仅有不到5000名海女，且呈现高龄化趋势。98.6%的济州海女
年龄都在50岁以上，有的甚至还超过了70岁。

플러스 질문

❶ "济州海女文化"为什么会被列入联合国教科文组织人类非物质文化遗产名录?
它的意义何在?

_____

_____

_____

단어와 표현

潜入 qiánrù 물속으로 들어가다ㅣ徒手 túshǒu 맨손의ㅣ捕捞 bǔlāo 물고기를 잡다ㅣ龙虾 lóngxiā 바닷가재ㅣ扇
贝 shànbèi 가리비ㅣ海螺 hǎiluó 소라ㅣ大幅减少 dàfú jiǎnshǎo 대폭 감소하다

훈민정음

조선왕조실록

승정원일기

일성록

조선왕조 의궤

334 什么是世界记忆遗产? 해석 122p

▶ 世界记忆遗产是联合国教科文组织于1992年启动的一个文献保护项目，旨在保存具有较高历史文化价值的记忆遗产，每两年评选一次。被列入世界记忆遗产名录以后，联合国教科文组织将提供保存管理补贴和技术支持。目前为止韩国有《训民正音》、《朝鲜王朝实录》、《承政院日记》、《佛祖直指心体要节》下卷(法国国立图书馆收藏)、朝鲜王朝《仪轨》、高丽大藏经版及各种经版、《东医宝鉴》、5·18民主化运动记录物、《日省录》、新村运动记录物、《乱中日记》、《韩国儒教册版》和"KBS电视台离散家属特别节目档案"，共13项世界记忆遗产，是亚洲最大记忆遗产保有国。

단어와 표현

世界记忆遗产 shìjiè jìyì yíchǎn 세계기록유산 | 启动 qǐdòng 발족하다 | 文献保护项目 wénxiàn bǎohù xiàngmù 문헌 보호 프로젝트 | 旨在 zhǐ zài ~에 목적이 있다 | 保存管理补贴 bǎocún guǎnlǐ bǔtiē 보존 관리 보조금 | 技术支持 jìshù zhīchí 기술 지원 | 《训民正音》《Xùnmín Zhèngyīn》『훈민정음』 | 朝鲜王朝实录《Cháoxiǎn Wángcháo Shílù》『조선왕조실록』 | 承政院日记《Chéngzhèngyuàn Rìjì》『승정원일기』 | 《佛祖直指心体要节》下卷《Fózǔ Zhízhǐ Xīntǐ Yàojié》xiàjuàn 『불조직지심체요절』 하권 | 朝鲜王朝《仪轨》Cháoxiǎn Wángcháo《Yíguǐ》조선왕조 『의궤』 | 高丽大藏经版及各种经版 Gāolì Dàcángjīngbǎn jí gèzhǒng jīngbǎn 고려대장경판 및 제경판 | 《东医宝鉴》《Dōngyī Bǎojiàn》『동의보감』 | 5·18民主化运动记录物 5·18 mínzhǔhuà yùndòng jìlùwù 5·18 (광주) 민주화운동 기록물 | 《日省录》《Rìshěnglù》『일성록』 | 新村运动记录物 Xīncūn Yùndòng jìlùwù 새마을운동 기록물 | 《乱中日记》《Luànzhōng Rìjì》『난중일기』 | 韩国儒教册版 Hánguó rújiào cèbǎn 한국의 유교책판 | 离散家属 lísàn jiāshǔ 이산가족 | 保有国 bǎoyǒuguó 보유국

335 介绍一下儿韩国的《训民正音》。

해석 122p

▶ 《训民正音》的意思是教百姓正确字音。朝鲜时代由于汉字很难，大多数百姓难以学习使用，因此世宗大王命郑麟趾等学者创制适合于标记韩语的文字体系，于1446年10月发表，命名为训民正音。《训民正音》共有28个字母（现仅使用24个），能准确地标记11000种声音，而且便于学习和使用，作为文字体系具有独创性、科学性，创制理论具有严密的逻辑性和严谨性，受到世界语言学家的广泛高度评价；作为独创的新文字不受已有文字影响，成为国家的通用文字，更是世界上史无前例的历史性事件。《训民正音》于1962年被指定为国宝第70号，于1997年10月被联合国教科文组织登记为世界记忆遗产。

단어와표현

郑麟趾 Zhèng Línzhǐ 정인지(조선 초기 학자. 세종 때 집현전 직제학으로서 훈민정음 창제에 크게 공헌) | **命名为** mìngmíng wéi ~을 명명하다 | **严密的逻辑性和严谨性** yánmì de luójíxìng hé yánjǐnxìng 치밀한 논리성과 엄격함 | **广泛高度评价** guǎngfàn gāodù píngjià 널리 높게 평가받다 | **史无前例** shǐ wú qián lì 역사 이래 전례가 없다

336 请介绍一下儿《朝鲜王朝实录》。

해석 122p

▶ 《朝鲜王朝实录》记载了由朝鲜王朝始祖太祖到哲宗的25代472年（1392年－1863年）间历史事实，是一部年月日顺编年体汉文记录；共1893卷，888册，总共约6400万字。目前的留存本被指定为国宝第151号，1997年10月被联合国教科文组织登记为世界记忆遗产。《朝鲜王朝实录》记忆作为世界记忆遗产其意义在于首先，它记录了朝鲜王朝25代国王472年历史，作为一个王朝的历史记录在世界上时间最长；其次，内容极为丰富，堪称百科全书；第三，有很高的真实性和可信性；第四，用活字印刷刊行，展现了韩国印刷文化的传统和文化水平。最后，朝鲜王朝实录也是对日本、中国、蒙古、琉球等东亚各国历史及关系史进行研究的重要基础资料。

단어와표현

年月日顺编年体 niányuèrì shùn biānniántǐ 연월일 순 편년체 ┃ **堪称** kānchēng ~라고 할 수 있다 ┃ **可信性** kěxìnxìng 신뢰성 ┃ **活字印刷** huózì yìnshuā 활자 인쇄 ┃ **刊行** kānxíng 간행하다 ┃ **展现···传统和水平** zhǎnxiàn···chuántǒng hé shuǐpíng ~전통과 수준을 나타내다 ┃ **琉球** Liúqiú 류큐(대만)

337　《佛祖直指心体要节》是什么?

해석 123p

▶　《佛祖直指心体要节》是一部高丽佛经，全名是《白云和尚抄录佛祖直指心体要节》，于1377年在今韩国清州兴德寺用金属活字印刷技术印制，这部佛经被公认为世界上最古老的金属活字本。联合国教科文组织在2001年9月确认了《直指》是现存世界上最古老的金属活字本，并且把它列入世界记忆遗产名录。在2004年创立的"直指世界记忆奖"是为了纪念《直指》金属活字本的诞生。

플러스 질문

❶ 撰写《直指》的目的什么?

_____

_____

❷《直指》现存版本及保存地点是哪里?

_____

_____

❸《直指》金属活字本的拥有权有什么争议?

_____

_____

_____

金属活字印刷技术 jīnshǔ huózì yìnshuā jìshù 금속활자 인쇄 기술 ㅣ 公认 gōngrèn ~라고 인정하다

---

338 请说明一下儿《承政院日记》。 해석 123p

▶ 《承政院日记》是朝鲜王朝最庞大的机密记录，是
从17世纪到20世纪初的日记。承政院是朝鲜定宗
时设立的国家机构，主管国家的一切机密事宜，
堪称国王的秘书室。《承政院日记》是对整个国政
的广泛实录，通过它可以了解270年间朝鲜王朝
发展过程，不仅是研究国史的重要资料，而且是
研究朝鲜的政治、经济、社会、外交、文化、军
事、文学及气象等各界学术必不可少的第一手史
料。《承政院日记》只有一套原本，于1999年4月9

日被指定为国宝第303号，2001年9月被联合国教科文组织指定为世界记忆
遗产。

플러스 질문

❶《承政院日记》现存情况及其价值。

_____

_____

_____

_____

庞大 pángdà 방대하다 ㅣ 机密记录 jīmì jìlù 기밀 기록 ㅣ 机密事宜 jīmì shìyí 기밀 사건 ㅣ 秘书室 mìshūshì 비서
실 ㅣ 广泛实录 guǎngfàn shílù 광범위한 실제 기록(실록) ㅣ 必不可少 bìbù kěshǎo 결코 빠질 수 없다 ㅣ 第一手史料
dìyīshǒu shǐliào 1차 사료 ㅣ 原本 yuánběn 원본

339 介绍说明一下儿朝鲜王朝《仪轨》。

해석 124p

▶ 朝鲜王朝《仪轨》是李氏朝鲜时代，对王室主要行事，如婚、丧、喜、庆、册封、筑城等用文字及图画记录的总汇。于2007年被列入联合国教科文组织的世界记忆项目。

플러스 질문

❶ 朝鲜王朝《仪轨》目前保存在哪里?

_____

_____

_____

_____

단 어 와 표 현

王室行事 wángshì xíngshì 왕실 행사 | 册封 cèfēng 책봉 | 筑城 zhùchéng 축성 | 总汇 zǒnghuì 총체, 집합체

340 介绍说明"高丽大藏经板和诸经板"。

해석 124p

▶ "高丽大藏经板和诸经板"是现存世界上最重要和最全面的佛教经典木版本，也是现存唯一用汉字把佛教经典刻在木板上的早期佛教经板，主要内容为佛教经典《大藏经》。因高丽大藏经板在高丽时代(1236年到1251年)刻制，且数量超过8万块，因此又称作《高丽大藏经》或《八万大藏经》，是韩国第32号国宝，其保存地韩国庆尚南道海印寺于1995年12月被联合国教科文组织列为世界文化遗产。高丽大藏经板收藏内容丰富且保存完整，对了解古代中国和契丹的大藏经具有很高的历史研究价值，于2007年被列入世界记忆遗产。

플러스 질문

❶ 诸经板现存多少？主要保存在哪里？

_____

_____

단 어 와 표 현

诸经板 zhūjīngbǎn 제경판(모든 경판) **｜ 木版本** mùbǎnběn 목판본 **｜ 刻** kè 새기다 **｜ 契丹** Qìdān 거란 **｜ 具有…**
研究价值 jùyǒu…yánjiū jiàzhí ～ 연구 가치가 있다

---

341 介绍韩国的《东医宝鉴》。 해석 124p

▶ 《东医宝鉴》是朝鲜时代药学史上的巨著，可以
说是韩医学的百科全书，是朝鲜宣祖及光海君时
代的医圣"许浚"历经十余年辛苦，将当时分支众
多的东亚医学进行了系统整理分类后编撰的集大
成之作。《东医宝鉴》于2009年7月31日成为世界
上第一部被列入联合国教科文组织世界记忆遗产名录的医学著作。

플러스 질문

❶ 具体介绍一下儿《东医宝鉴》的内容和特点。

_____

_____

_____

단 어 와 표 현

巨著 jùzhù 걸작 **｜ 百科全书** bǎikē quánshū 백과사전 **｜ 医圣** yīshèng 명의 **｜ 许浚** Xǔ Jùn 허준(조선 선조 때
의 명의) **｜ 历经辛苦** lìjīng xīnkǔ 고충을 겪다 **｜ 分支众多** fēnzhī zhòngduō 분파가 많다 **｜ 系统整理分类** xìtǒng
zhěnglǐ fēnlèi 계통을 정리 분류하다 **｜ 编撰** biānzhuàn 편찬하다 **｜ 集大成** jídàchéng 집대성하다

342 说一下儿"5·18民主化运动相关记录物"被收入联合国教科文组织世界纪录遗产的理由。

해석 125p

▶ 5·18民主化运动相关记录物包括了从1980年5月18日起至27日以光州广域市为中心展开的民主化运动和之后展开的与受害人补偿相关的文件、照片、录像和证词等资料，现分别保存在5·18纪念财团、国家记录院、陆军本部、国会图书馆和美国国务院。作为一个现代事件的记录，能被收入世界记忆遗产，是比较罕见的。主要原因是5·18民主化运动被认为是韩国民主化的巨大转机，对20世纪80年代以后东亚国家的民主化产生了巨大影响，其价值获得了世界各国各界的认可，因此于2011年5月被收录于世界记忆遗产名录。

단어와표현

展开 zhǎnkāi ～을 전개하다 | 受害人 shòuhàirén 피해자 | 补偿 bǔcháng 보상하다 | 罕见 hǎnjiàn 보기 드물다 | 巨大转机 jùdà zhuǎnjī 중대 전환기 | 获得认可 huòdé rènkě 인정을 받다

343 什么是《日省录》?

해석 125p

▶ 《日省录》的前身是正祖从太子时期写起的《尊贤阁日记》。正祖登上王位后，命令奎章阁官员们每天写日记，每隔五天要交给国王批阅。正祖的个人日记《日省录》也通过这样的过程正式转换为了国政日记。书中充分收录了投诉和民乱等当时百姓的政治、生活史，西欧的科学技术和文物传播的状况等。作为单独编纂的唯一手抄本，总共有2329册全部被收藏在首尔大学的奎章阁韩国学研究院。"以国王为主体、每天以反省之意而写下的记录"在世界上是独一无二的，于2011年5月被列入世界记忆遗产名录。

단어와표현

前身 qiánshēn 전신 | 《尊贤阁日记》 《Zūnxiángé Rìjì》 『존현각일기』 | 奎章阁 Kuízhānggé 규장각 | 批阅 pīyuè 검사하다, 읽고 지시하거나 수정하다 | 转换为 zhuǎnhuàn wéi ～으로 전환하다 | 国政日记 guózhèng rìjì 국정 일기 | 投诉 tóusù 상소 | 编纂 biānzuǎn 편찬하다 | 手抄本 shǒuchāoběn 수사본(손으로 쓴 책) | 反省之意 fǎnshěng zhī yì 반성의 뜻 | 独一无二 dúyī wú'èr 유일무이

344 介绍说明"新村运动文献资料"。 해석 125p

▶ "新村运动文献资料"包括以朴正熙前总统为首，政府和国民1970年至1979年推进的新村运动相关资料、总统的演讲稿和批复文件、行政部门的公文、各村工作记录、新村领导人的成功事迹和书信、市民的书信等相关照片和影像资料2.2万件。新村运动被评价为是政府和人民携手努力治理贫困、改善生活环境、提倡科学种田和精神文明、开发领导力等取得韩国现代化的见证。

"新村运动记录物"对海外发展中国家，如尼泊尔、斯里兰卡等国摆脱贫困、加快经济发展步伐有深远影响，于2013年6月被收录于世界记忆遗产名录。

단어와 표현

以…为首 yǐ…wéi shǒu ～을 지도자로 삼다 ┃ 批复文件 pīfù wénjiàn 공문 답변 문건 ┃ 行政部门 xíngzhèng bùmén 행정부 ┃ 成功事迹 chénggōng shìjì 성공 사례 ┃ 影像资料 yǐngxiàng zīliào 영상 자료 ┃ 携手 xiéshǒu 협력하다 ┃ 治理贫困 zhìlǐ pínkùn 빈곤을 청산하다 ┃ 改善环境 gǎishàn huánjìng 환경을 개선하다 ┃ 提倡 tíchàng 제창하다 ┃ 见证 jiànzhèng 증거 ┃ 尼泊尔 Níbó'ěr 네팔 ┃ 斯里兰卡 Sīlǐlánkǎ 스리랑카 ┃ 摆脱贫困 bǎituō pínkùn 빈곤에서 벗어나다 ┃ 加快…步伐 jiākuài…bùfá ～발걸음의 속도에 박차를 가하다 ┃ 深远影响 shēnyuǎn yǐngxiǎng 깊은 영향을 주다

345 请介绍一下儿《乱中日记》。 해석 126p

▶ 《乱中日记》是朝鲜王朝著名将军李舜臣在"壬辰倭乱"战场上亲笔写的日记。现存自壬辰倭乱爆发前3个月的1592年1月至李舜臣在露梁海战阵亡前1598年11月，约7年间的日记。军队最高领导亲自记录战斗情况和个人感想的事例世界罕见。尤其是，这是唯一的有关国际战争——壬辰倭乱的海战资料，富有世界史料价值。日记中简练俊秀的诗文还有重大文学史价值。因此于2013年6月被收录于世界记忆遗产名录。

단어와 표현

亲笔 qīnbǐ 친필 ┃ 爆发 bàofā 발발하다 ┃ 阵亡 zhènwáng 전사하다 ┃ 富有…史料价值 fùyǒu…shǐliào jiàzhí ～ 역사적 자료로서 풍부한 가치를 지니다 ┃ 简练俊秀 jiǎnliàn jùnxiù 간결하면서도 아름답다

07 한국 문화 ● **221**

346 请介绍一下儿"韩国儒教册版"。

해석 126p

▶ "韩国儒教册版"主要是朝鲜王朝(1392年至1910年)时期一系列儒家学说相关作品的雕版印刷木刻板，收藏者为305个家族和儒教研究机构，主要分布在韩国的庆尚北道。这批木刻板创作于1460年至1956年，全部为手工雕刻，内容包括718部书籍和文献，大多为儒学典籍，总数超过6万块。特别值得一提的是所有木刻板都为孤本，后世再未复刻。"韩国儒教册版"使儒教内容和思想得以传播和传承，于2015年10月被收录于世界记忆遗产名录。

단 어 와 표 현

一系列 yíxìliè 시리즈, 일련의 | **雕版印刷** diāobǎn yìnshuā 조판하여 인쇄하다 | **木刻板** mùkèbǎn 목각본 | **雕刻** diāokè 조각하다 | **孤本** gūběn 유일본 | **传承** chuánchéng 전승하다

347 请介绍一下儿"KBS电视台离散家属特别节目档案"。

해석 126p

▶ "KBS电视台离散家属特别节目档案"包括KBS曾于1983年6月30日至同年11月14日直播的节目录影带、制作人的工作笔记、离散家属填写的报名书、节目时间表、提示卡、纪念唱片、图片等资料，共达20,522份。这份档案承载了战争留给后代人的苦痛，于2015年10月被收录于世界记忆遗产名录。

단 어 와 표 현

档案 dàng'àn 기록, 서류, 파일 | **离散家属** lísàn jiāshǔ 이산가족 | **直播** zhíbō 생방송 | **录影带** lùyǐngdài 녹화 테이프 | **提示卡** tíshìkǎ 큐 카드(방송 중 출연자에게 보여 주는 대사·지시 등을 쓴 카드) | **纪念唱片** jìniàn chàngpiàn 기념 음반 | **承载** chéngzài 지탱하다, 담고 있다

CHAPTER 08

주요 관광지 소개

출제 포인트

본 챕터에서는 한국 방방곡곡의 주요 관광지를 소개하면서 그곳의 역사와 특징을 설명하고 있다. 최근에는 한 지역의 문화적 특징을 묻기보다는 다른 두 지역의 특징을 비교 설명하는 질문이 늘어나고 있다. 한국의 여러 지역의 문화적 특성을 이해하고 특히 최근 중국 여행객들이 한국의 테마 여행과 개인 여행에 대한 관심이 점차 늘어나는 점들을 인식하자.

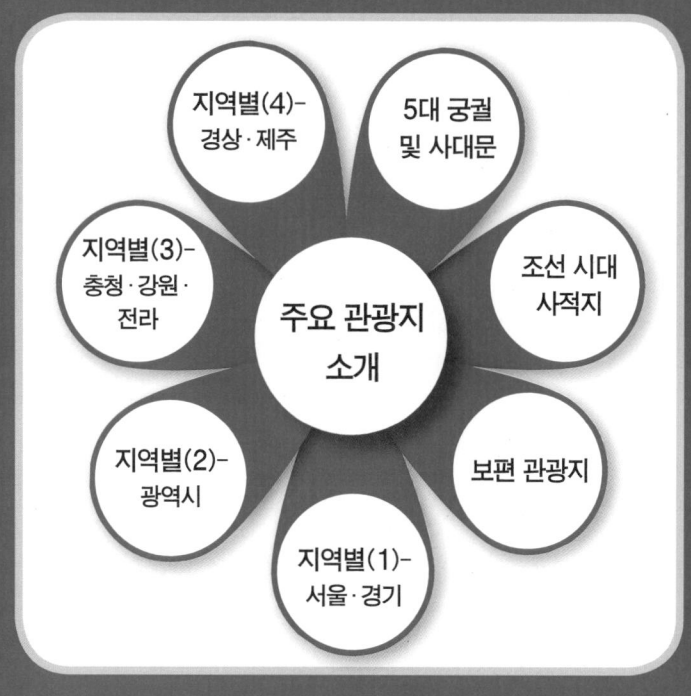

- 지역별(4)- 경상·제주
- 5대 궁궐 및 사대문
- 지역별(3)- 충청·강원·전라
- 조선 시대 사적지
- 주요 관광지 소개
- 지역별(2)- 광역시
- 보편 관광지
- 지역별(1)- 서울·경기

Unit 01　5대 궁궐 및 사대문

keyword

경복궁	석조전
근정전	인정전 용마루
경회루	덕수궁 중화전
창덕궁 후원	홍인지문

348 请说出朝鲜时期首尔的五大宫殿的名字。　해석 127p

▶ 朝鲜王朝时期首尔的五大宫殿指的是景福宫、昌德宫、昌庆宫、德寿宫、庆熙宫。

349 请介绍一下儿景福宫。　해석 127p

▶ 景福宫始建于公元1395年，是建立朝鲜王朝的地方，也是见证朝鲜王朝兴衰的历史最悠久的正宫。它总面积约为43.3万平方米，有三门三朝，三门是光化门、勤政门和向五门（这三门是一种象征性的门，起到分隔各朝的作用）；三朝是外朝、内朝和燕朝。景福宫的南门（正门）是光化门，象征着王室与国家的权威；东门是建春门；西门是迎秋门；北门是神武门。壬辰倭乱时期的1592年，景福宫惨遭日军焚烧，大部分建筑被烧毁，高宗2年（1865年）得以重建，后在上世纪90年代韩国政府拆除了日本

在景福宫建立的总督府，进行了进一步的复原工程，再现了景福宫的雄伟景观。现景福宫内保存有正殿——勤政殿、国王的寝殿——康宁殿、王妃的居所——交泰殿、朝鲜时代的代表性楼阁式建筑——庆会楼等重要建筑，另外景福宫内还有国立古宫博物馆和国立民俗博物馆。其中勤政殿是景福宫的中心建筑，作为正殿，是大臣们向国王献礼、

举行国家仪式、接待外国大臣的地方；景福宫内最幽深的地方是王妃们居住的交泰殿，后院有一座人工山——峨眉山，外观优美，景色怡人；庆会楼呢，则是皇室欢迎外国使节来访时设宴的地方。

단어와 표현

见证 jiànzhèng 증명할 수 있다 ┃ 兴衰 xīngshuāi 흥망성쇠 ┃ 勤政门 Qínzhèngmén 근정문 ┃ 向五门 Xiàngwǔmén 향오문 ┃ 外朝 wàicháo 외조(신하들이 모여서 국사를 논의하고 임금에게 진언하는 영역) ┃ 内朝 nèicháo 내조(임금이 정사를 보는 영역) ┃ 燕朝 yàncháo 연조(왕과 그 가족들이 기거하며 쉬는 영역) ┃ 惨遭焚烧 cǎnzāo fénshāo 불에 타 소실되다 ┃ 烧毁 shāohuǐ 타버리다 ┃ 拆除 chāichú 철거하다 ┃ 总督府 zǒngdūfǔ 총독부 ┃ 复原工程 fùyuán gōngchéng 복원 공사 ┃ 勤政殿 Qínzhèngdiàn 근정전 ┃ 寝殿 qǐndiàn 침전 ┃ 康宁殿 Kāngníngdiàn 강녕전 ┃ 交泰殿 Jiāotàidiàn 교태전 ┃ 庆会楼 Qìnghuìlóu 경회루 ┃ 献礼 xiànlǐ 선물을 바치다 ┃ 幽深 yōushēn 깊숙하다 ┃ 峨眉山 Éméishān 아미산(교태전 후원에 조성한 인공산) ┃ 设宴 shèyàn 연회를 베풀다

---

350 景福宫内的凤凰代表什么？　　　　　　　　　　　　해석 127p

▶　凤凰是古代传说中的动物，是古人心目中的瑞鸟，象征着君主威严和太平盛世。景福宫勤政殿前面台阶上的凤凰，代表着当时的"王"，那条路也是只有"王"才能走的路。

플러스 질문

❶ 为什么德寿宫里却是龙呢？

_____

_____

_____

단어와 표현

凤凰 fènghuáng 봉황 ┃ 瑞鸟 ruìniǎo 상서로운 새 ┃ 君主威严 jūnzhǔ wēiyán 군주의 위엄 ┃ 太平盛世 tàipíng shèngshì 태평성대

351　请将景福宫与中国的故宫做一下儿对比说明。

해석 128p

▶　多数游览过北京故宫的韩国人，都会为紫禁城的规模和气势所折服。但是，客观地说，景福宫的规模也不小。景福宫总面积约为43.3万平方米，相当于紫禁城的60%。从建筑时间及特征来看，景福宫始建于1395年，比紫禁城早建25年；紫禁城外边有一条宽度52米、长度3800米的人工护城河环绕，但建于北岳山前面的景福宫没有必要设置那样的护城设施；景福宫有3门3朝，紫禁城有5门3朝；景福宫的色彩以蓝色为主，辅之以"赤青黄白黑"五色，而紫禁城的色彩以金色和红色为主；还有紫禁城的屋檐线呈直线，使建筑物整体显得蔚为壮观，而景福宫的屋檐线却是曲线，微微上翘的样子完美体现了景福宫与周围群山相呼应的和谐之美；从历经朝代来看，景福宫只是朝鲜王朝的宫殿，而紫禁城却是明清两代王朝的宫殿；最后从保存现状来看景福宫在多次战争中大部分建筑物被烧毁，在19世纪末重建，而紫禁城则是保存最完整的宫殿之一，所以它被指定为世界文化遗产。

플러스 질문

❶ 为什么景福宫中有些宫殿的名字与紫禁城宫殿的名字相似或相同？

❷ 对比说明一下儿景福宫的獬豸和紫禁城的石狮子。

단어와 표현

紫禁城 Zǐjìnchéng 쯔진청(자금성) ┃ 折服 zhéfú 탄복하다 ┃ 相当于 xiāngdāng yú ~에 상당하다 ┃ 人工护城河 réngōng hùchénghé 인공 해자(인공으로 만든 성 보호 하천) ┃ 环绕 huánrào 둘러싸다 ┃ 北岳山 Běiyuèshān 북악산 ┃ 辅之以… fǔ zhī yǐ… ~로서 보완하다 ┃ 屋檐线 wūyánxiàn 처마선 ┃ 蔚为壮观 wèiwéi zhuàngguān 장관을 이루다 ┃ 曲线 qūxiàn 곡선 ┃ 微微上翘的样子 wēiwēi shàngqiào de yàngzi 살짝 봉긋하게 올라간 모양 ┃ 和谐之美 héxié zhī měi 조화미 ┃ 獬豸 xièzhì 해태, 해치

352 请介绍说明景福宫中的主要建筑物。（至少说出两处） 해석 128p

▶ 景福宫内有勤政殿、思政殿、康宁殿、交泰殿、慈庆殿、庆会楼、香远亭等殿阁。其中我介绍说明光化门和庆会楼。

光化门作为景福宫的正门，最初被称为"四正门"，世宗7年更名为"光化门"，取"光照四方，教化四方"的寓意。光化门相当于紫禁城的天安门，被称为韩国的国门，共由三个虹霓门组成，其中位于中间的门供国王通行，左右两个门供大臣出入。光化门原本是木结构建筑，工艺精巧，结构巧妙，外观壮丽，不幸的是日本殖民时期，惨遭日本殖民者拆除。韩国摆脱日本统治后，于1968年用钢筋混凝土重建了光化门，并以前总统朴正熙亲笔题词的韩文制作了光化门的牌匾，这也是首尔五大宫殿内唯

一用韩文写成的门匾。直到2006年，韩国政府正式启动了光化门重建工程，用木制结构复原了光化门，并用数字技术还原了1865年景福宫重建时的汉字字体牌匾，至此光化门得以恢复其历史原貌。

庆会楼是国王接见客人或与大臣们举行宴会的地方，不但可以在莲池游水，还可登上楼阁欣赏山景，一览宫殿的壮观。现在的庆会楼是重建于1867年的大规模木制建筑。据记载，庆会楼按照《周易》的原理，将二楼

建为三层，最高层的中央3间象征天地人，中间一层为12间，象征一年12个月，最下层的外围由24跟柱子组成，象征着24个节气。各级官员呢，就按照职位高低，分别入座。庆会楼被指定为国宝第224号。

플러스 질문

❶ 介绍说明景福宫的其他建筑物。

_____

_____

_____

_____

단어와 표현

思政殿 Sīzhèngdiàn 사정전 | 慈庆殿 Cíqìngdiàn 자경전 | 香远亭 Xiāngyuǎntíng 향원정 | 殿阁 diàngé 전
각 | 取⋯的寓意 qǔ⋯de yùyì ~함의를 취하다 | 虹霓门 hóngnímén 홍예문(윗부분을 아치 모양으로 만든 문) | 工
艺精巧 gōngyì jīngqiǎo 기술이 정교하다 | 结构巧妙 jiégòu qiǎomiào 구조가 적절하고 좋다 | 外观壮丽 wàiguān
zhuànglì 외관이 장엄하고 아름답다 | 惨遭 cǎnzāo 참변을 당하다 | 摆脱⋯统治 bǎituō⋯tǒngzhì ~의 통치에서 벗어
나다 | 钢筋混凝土 gāngjīn hùnníngtǔ 철근 콘크리트 | 亲笔题词 qīnbǐ tící 친히 제목을 쓰다 | 牌匾 páibiǎn 편액
| 门匾 ménbiǎn 현판 | 数字技术 shùzì jìshù 디지털 기술 | 还原 huányuán 복원하다 | 柱子 zhùzi 기둥

---

353 景福宫的设计理念是什么?

해석 129p

▶ 景福宫的设计理念是"简朴庄重"。景福宫的设计师是朝鲜王朝的儒学家
郑道传，他主张如果宫殿修建得过于奢华，会浪费国家财力，而宫殿过
于简朴又不足以显示朝廷的威严。因此"华而不奢、庄重大气"成为修建
景福宫的基本理念。

단어와 표현

简朴庄重 jiǎnpǔ zhuāngzhòng 소박하되 위엄이 있다 | 郑道传 Zhèng Dàochuán 정도전(고려 말 조선 초의 정치가·
학자) | 主张 zhǔzhāng 주장하다 | 过于奢华 guòyú shēhuá 지나치게 사치스럽다 | 不足以 bùzú yǐ ~에 부족하
다 | 显示朝廷的威严 xiǎnshì cháotíng de wēiyán 조정의 위엄을 드러내다 | 华而不奢 huá ér bùshē 화려하지만
사치스럽지 않다 | 庄重大气 zhuāngzhòng dàqì 장중하고 대범하다

---

354 请介绍一下儿昌德宫。

해석 130p

▶ 昌德宫是朝鲜国王居住最久的宫殿，建于1405年，原是朝鲜王朝第三代
君王——太宗的别宫。壬辰倭乱期间所有的宫殿均被日本人烧毁。1610
年得以重建后，一直被当作正宫使用，直到景福宫重建为止，其间历经

约260年。宫内有正殿——仁政殿和寝殿——大
造殿，还有模仿士大夫住宅而建造的"乐善斋"以
及朝鲜时期人工造景艺术的精华"后苑"。昌德宫
古朴典雅，建筑布局巧妙，充分利用蜿蜒曲折的

地形，使建筑与自然和谐地融为一体，被誉为最具韩国特色的宫殿，此外后园的人工莲花池——芙蓉池、朝鲜时代王室设宴的芙蓉亭、保管王室图书的奎章阁、作为阅览室使用的2层宙合楼等均可谓是朝鲜时代的建筑奇葩。昌德宫于1997年以"建筑物与周边自然环境的完美融合"被联合国教科文组织列为世界文化遗产。

단어와 표현

别宫 biégōng 별궁 ｜ 乐善斋 Lèshànzhāi 낙선재 ｜ 古朴典雅 gǔpǔ diǎnyǎ 고풍스럽고 우아하다 ｜ 布局巧妙 bùjú qiǎomiào 배치가 절묘하다 ｜ 蜿蜒曲折 wānyán qūzhé 구불구불하다 ｜ 和谐地融为一体 héxié de róngwéi yìtǐ 조화롭게 하나로 어우러지다 ｜ 莲花池 liánhuāchí 연못 ｜ 芙蓉池 Fúróngchí 부용지 ｜ 芙蓉亭 Fúróngtíng 부용정 ｜ 宙合楼 Zhòuhélóu 주합루 ｜ 可谓是… kěwèi shì… ～라고 말할 수 있다 ｜ 建筑奇葩 jiànzhù qípā 건축의 걸작

---

355 请介绍一下儿昌庆宫。 해석 130p

▶ 昌庆宫原名是"寿康宫"，是世宗大王即位时为供奉上王太宗建立的宫殿，后于成宗14年(公元1483年)改称为"昌庆宫"。昌庆宫与昌德宫隔墙为邻，两宫殿统称为"东阙"。它的正殿为明政殿，据说由于独特的地势，它与景福宫和昌德宫不同，是东向建筑。日本殖民统治时期，日本人在昌庆宫修建了动物园、植物园等，并将其降格称之为"昌庆苑"。1983年，动物园和植物园迁址别处，名字也得以恢复。

단어와 표현

昌庆宫 Chāngqìnggōng 창경궁 ｜ 寿康宫 Shòukānggōng 수강궁 ｜ 供奉 gòngfèng 받들어 모시다 ｜ 隔墙为邻 géqiáng wéi lín 벽을 사이에 두고 이웃하다 ｜ 东阙 dōngquè 동궐 ｜ 明政殿 Míngzhèngdiàn 명정전 ｜ 东向建筑 dōngxiàng jiànzhù 동향 건축 ｜ 降格 jiànggé 격을 낮추다 ｜ 迁址 qiānzhǐ 옮기다, 이전하다

356 请介绍一下儿德寿宫。

해석 130p

▶ 德寿宫原称为"贞陵洞行宫"，位于首尔市政府广场的西边，是一座西方风格与韩国传统建筑风格相融合的宫殿。它原是朝鲜王朝成宗之兄——月山大君的私邸，1593年宣祖避难回城时因没有可居住的地方，因此选中了王室私邸中规模最大的德寿宫作为临时宫殿，从此被作为正宫使用。光海君3年(公元1611年)其被改称为"庆运宫"。1897年，高宗将寝宫迁移至此后，庆运宫开始更具宫殿风范。1907年，被迫退位的高宗仍继续居住在庆运宫，此后它被改称为德寿宫。

德寿宫大体分为两部分，宫殿中心的正殿"中和殿"和西式建筑"石造殿"。中和殿是进行国王即位仪式和朝会的正殿，建于高宗光武6年(1902)，是第一座大规模的双层建筑。1904年发生大火后重建为单层，其中一部分建筑保留至今。石造殿始建于1900年，于1910年竣工，是韩国最早的近代建筑物之一。由英国人夏丁设计。石造殿前面的庭园是韩国最早的西式庭园。1945年光复后，在石造殿召开了美苏共同委员会讨论了韩半岛问题。如今的石造殿本馆为宫中遗物展览馆，分馆为国立现代美术馆。

现在的德寿宫每天(除周一外)在正门举行古代上朝仪式，吸引了大量中外游客。

단어와 표현

私邸 sīdǐ 사저(개인 저택) | 融合 rónghé 융합하다 | 避难 bìnàn 피난하다 | 具宫殿风范 jù gōngdiàn fēngfàn 궁전의 품격을 갖추다 | 中和殿 Zhōnghédiàn 중화전 | 石造殿 Shízàodiàn 석조전 | 竣工 jùngōng 준공하다 | 召开 zhàokāi ~을 개최하다 | 是…之一 shì…zhī yī ~중 하나이다 | 由…设计 yóu…shèjì ~이(가) 설계하다 | 夏丁 Xiàdīng 하딩(영국인 건축가) | 举行仪式 jǔxíng yíshì 의식을 거행하다 | 吸引中外游客 xīyǐn zhōngwài yóukè 중국과 서양 관광객을 끌어당기다

---

357 请介绍一下儿庆熙宫。

해석 131p

▶ 庆熙宫位于首尔西部，是朝鲜后期的离宫，也被称为西阙。朝鲜王朝的正宫景福宫和离宫昌德宫、昌庆宫在壬辰倭乱中被焚毁，宣祖不得不以月山大君府地为临时行宫。光海君即位后，一边修复昌德宫和昌庆宫，一边下令在王气较旺盛的仁王山脚下兴建新宫，即庆熙宫的前身庆德宫，历时5年，完工于公元1623年。庆熙宫是依据斜坡地形所建，因此无论在建筑上，还是在艺术上都蔚为壮观，规模宏大，高宗在1905年在此建了与德寿宫相通的"天桥"，宫内以正殿崇政殿为首，有便殿资政殿、寝宫隆福殿、会祥殿等100多栋大大小小的建筑物。后来，日军在1910年在此建了京城中学，大部分宫殿被拆迁。首尔市政府于1987年开始考察并恢复了崇政殿等原貌，并于2002年开始正式对外开放。

단어와표현

离宫 lígōng 이궁, 행궁 | 西阙 xīquè 서궐 | 焚毁 fénhuǐ 불에 타서 소실되다 | 斜坡地形 xiépō dìxíng 경사진 지형 | 无论…还是… wúlùn…háishi… ~든지, ~든지 | 蔚为壮观 wèiwéi zhuàngguān 장관을 이루다 | 以…为首 yǐ…wéi shǒu ~을 대표로 | 便殿 biàndiàn 편전(임금이 평상시에 거처하는 궁전) | 拆迁 chāiqiān 집을 철거하고 이주하다

---

358 昌德宫被选为世界文化遗产的理由何在?

▶ 主要理由应该有三个：一是昌德宫是韩国五大宫殿中保存最为完整的宫殿；二是昌德宫被誉为最具韩国特色的宫殿，完美和谐地将建筑物与大自然融为一体；三是昌德宫内的后苑充分体现了朝鲜时代的造景艺术。联合国教科文组织在阐述其入选世界文化遗产的理由时，称赞到"昌德宫和后苑的设计和布局，在东亚宫殿和庭院设计中是与周围环境结合最为完美、绝妙的代表。"

플러스 질문

❶ 与昌德宫一起被列入世界文化遗产的韩国观光地是哪里?

단어와표현

被誉为 bèi yùwéi ~라고 칭송되다 | 完美和谐 wánměi héxié 아름답고 조화롭다 | 将…融为一体 jiāng…róngwéi yìtǐ ~와 융화되어 하나가 되다 | 造景艺术 zàojǐng yìshù 조경 예술 | 阐述 chǎnshù 상세히 논술하다 | 绝妙 juémiào 절묘하다

359 请介绍一下儿昌德宫后苑。(秘苑是哪里，请简单介绍一下儿。) 해석 131p

▶ 昌德宫后苑占昌德宫整体面积的60%，是太宗时期建立的供王族们休息的地方。后苑也称为北苑、禁苑，高宗以后称为秘苑。秘苑修建在矮山坡和山谷里，只在必要的地方稍作修缮，将自然完好无损地保存下来，是韩国屈指可数的庭院。70多种树木分布在池塘与众多亭子四周，水木相映，景色尤为美丽，尤其是秋天，满目红叶，别有一番滋味。

> **단어와표현**
>
> **秘苑** Mìyuàn 비원 | **矮山坡** ǎishānpō 낮은 산언덕 | **稍作** shāozuò 좀, 조금 | **修缮** xiūshàn (건축물을) 수리하다 | **完好无损** wánhǎo wúsǔn 훼손시키지 않다 | **屈指可数** qūzhǐ kěshǔ 손꼽을 정도이다 | **池塘** chítáng 연못 | **水木相映** shuǐmù xiāngyìng 물과 나무가 서로 잘 어울리다 | **尤为美丽** yóuwéi měilì 더욱 아름답다 | **满目红叶** mǎnmù hóngyè 단풍으로 가득하다 | **别有一番滋味** bié yǒu yì fān zīwèi 또 다른 느낌이 있다

360 请介绍一下儿昌德宫的正门。 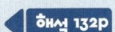 해석 132p

▶ 昌德宫的正门是敦化门，是一座二层木造建筑，修建于1412年，是现存宫殿正门中最古老的门。因为昌德宫的前边有宗庙入口，所以敦化门修建在昌德宫正面偏西的位置，是国王进出宫殿时专用之路。(大臣们进出宫殿则使用西边的金虎门。)敦化门的名字来源于中国儒教经典《中庸》中的大德敦化，有敦风化俗、教化百姓之意。

> **단어와표현**
>
> **正面偏西** zhèngmiàn piānxī 정면에서 약간 서쪽 | **《中庸》**《Zhōngyōng》『중용』(원래는 『예기』의 한 편으로, 송宋대에 『논어』, 『맹자』, 『대학』과 함께 『사서四書』로 불림) | **大德敦化** dàdé dūnhuà 큰 덕으로 만물의 변화를 이끌다 | **敦风化俗** dūnfēng huàsú 풍속을 덕으로 다스리다 | **教化百姓** jiàohuà bǎixìng 백성을 교화하다

361 请说说昌德宫的正殿有何特别之处。
（仁政殿的屋脊花纹为何不同于其他宫殿？）

 해석 132p

▶ 昌德宫的正殿是仁政殿，修筑于双层月台上，月台不那么高，而且没有栏杆，没有石像，与景福宫的勤政殿比起来显得更朴素。最独特之处是仁政殿与其他宫殿正殿的屋脊花纹形状不同，这是因为昌德宫的花纹是当时日本为降低朝鲜王室的等级而绘制的。

단 어 와 표 현

屋脊花纹 wūjǐ huāwén 용마루 꽃무늬 문장 ┃ **栏杆** lángān 난간 ┃ **朴素** pǔsù 소박하다 ┃ **降低** jiàngdī 낮추다 ┃
绘制 huìzhì 제작하다

---

362 德寿宫与景福宫相比，有什么不同？

해석 132p

▶ 景福宫是见证朝鲜王朝兴衰的历史悠久的正宫，而德寿宫最初只是成宗的哥哥月山大君的私邸，在历史上因景福宫在壬辰倭乱时被毁，而被当做了临时王宫。因此无论在历史地位上，还是在建筑规模上，德寿宫都是不能与景福宫相提并论的。从建筑特征来看，景福宫是充分体现了朝鲜时代建筑风格的建筑，而德寿宫内却有韩国最早的西式建筑；还有就是景福宫作为宫殿时期的君主称为王，因此景福宫内有凤凰象征君王的威严，而德寿宫作为宫殿时期的君主则称为皇帝，因此德寿宫里有龙象征着君王的威严。

단 어 와 표 현

兴衰 xīngshuāi 흥망성쇠 ┃ **相提并论** xiāngtí bìnglùn 한데 섞어 논의하다 ┃ **象征君王的威严** xiàngzhēng
jūnwáng de wēiyán 군왕의 위엄을 상징하다

363 德寿宫与其他宫殿相比的独特之处是什么?
（请介绍说明一下儿德寿宫最大的特点。）

 해석 132p

▶ 德寿宫与其他宫殿相比的独特之处是德寿宫内保存着韩国最早的西洋式建筑"石造殿"，水钟"自击漏"等。石造殿始建于1900年，于1910年竣工，是韩国最早的近代建筑物之一，由英国人夏丁设计。石造殿前面的庭园是韩国最早的西式庭园。德寿宫是首尔的宫殿中唯一一个中西建筑风格结合的宫殿。还有就是德寿宫内有象征君王的龙，而其他宫殿则是以凤凰显示君王的威严。

플러스 질문

❶ 说明一下儿水钟"自击漏"。

_____

_____

_____

단 어 와 표 현

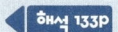

自击漏 zìjīlòu 자격루(자동으로 시보를 알려 주는 장치가 되어 있는 물시계)

---

364 请介绍一下儿德寿宫的咸宁殿。

 해석 133p

▶ 德寿宫的咸宁殿是高宗的寝殿，其名之意是祈愿高宗永远平安。穿过德寿宫的中枢中和殿，再走过德宏殿，便是高宗皇帝的生活寝殿咸宁殿，也是高宗皇帝驾崩的地方。现在改建为东面是皇帝的房间，西面是皇后的房间。咸宁殿被指定为国宝第820号。

단 어 와 표 현

咸宁殿 Xiánníngdiàn 함녕전 ｜ **寝殿** qǐndiàn 침전 ｜ **祈愿** qíyuàn 기원하다 ｜ **中枢** zhōngshū 중추 ｜ **德宏殿** Déhóngdiàn 덕홍전 ｜ **驾崩** jiàbēng 붕어하다, 임금이 돌아가시다

365 请介绍一下儿德寿宫的中和殿。

▶ 中和殿较好地保存了原来的模样。它作为德寿宫的中枢，曾经举办过朝廷的大型活动。与朝鲜时代的王宫用凤凰代表王的尊严不同，德寿宫中和殿内的天花板上画有两条龙，来喻指王的尊严。

> **단어와표현**
>
> 模样 múyàng 모양 | 天花板 tiānhuābǎn 천장 | 喻指 yùzhǐ 나타내다, 가리키다

366 请介绍一下儿德寿宫德宏殿。

▶ 德宏殿建于1911年，是王接见外国使者和高级官僚时的地方，由于这里平时没有人生活居住，所以没有暖炕，木地板是它的一大特色。殿内的装饰深受朝鲜末期传入的西方文化的影响，很引人注目。

> **단어와표현**
>
> 高级官僚 gāojí guānliáo 고급 관료 | 暖炕 nuǎnkàng 온돌 | 深受⋯影响 shēnshòu⋯yǐngxiǎng ~의 깊은 영향을 받다 | 引人注目 yǐnrén zhùmù 사람들의 주목을 끌다

367 昌庆宫的正殿是什么？

▶ 昌庆宫的正殿是明正殿，不同于其他朝鲜时代的正殿，明正殿是朝北而不是朝南的。这是因为埋着先王的宗庙在南侧，而按照儒教的习惯，是不能朝宗庙开门的。通明殿是昌庆宫中最大的内殿，创建之初就是大妃的住处。在这个掌握着宫内贵妇大权的地方，作为内宫权力斗争的中心，曾发生过很多历史事件和传说故事。

> **단어와표현**
>
> 朝北 cháo běi 북쪽을 향하다 | 埋着 máizhe ~이 묻혀 있다 | 大妃 dàfēi 대비 | 斗争 dòuzhēng 투쟁

368 介绍一下儿首尔的四大门和四小门。 해설 134p

▶ 首尔的四大门是指兴仁之门(东大门)、敦义门(西大门)、崇礼门(南大门)和肃靖门(北大门);1394年李成桂定都汉阳,在汉阳周围修筑了城墙,建造了四大城门用以防范敌人。如今城墙已了无踪影,但四大城门却有三座保留了下来。四大门中东、南、西门的名字都取自儒家基本思想"仁义礼智信",并十分讲究风水五行。

兴仁之门(东大门)是宝物第一号,位于汉阳都城正东方,其名字中的

"仁"是儒家思想的基本思想之一,据说兴仁之门所在地按风水命理看地势较弱,因而以四个字命名以增其力。兴仁之门地势偏低,故在城门外以瓮城(半圆形城墙)相围,以备敌人攻击。如今瓮城的存在,成为兴仁之门的最大特点。兴仁之门反映了朝鲜时代后期精美而华丽的建筑风格,是宝贵的历史文化遗产。由于日帝统治期间,日本称其为东大门,此后就流传开来,如今"兴仁之门"以东大门之称为众人所熟知。

崇礼门(南大门)是国宝第一号,建于1398年,位于当时都城的西南方。崇礼门是规模最大的城门,其独特之处是崇礼门牌匾上的三个大字是竖着排列的,据说也是因为从风水上阻挡冠岳山的火气。日治时期,为配合市区改建和改善交通,

崇礼门的城墙被拆除,门前的南池(据说是为抵挡来自南侧冠岳山的火气而修建的防火池)也被填埋,只剩下了城门。后经修复于2006年向市民开放,却不幸于2008年被人纵火焚毁。此后于2013年再次修复。

敦义门(西大门)修建于1396年,可是在1915年,被日本人拆除。据报道国立故宫博物馆内收藏有敦义门原版匾额,但由于复原参考资料不足,而且资金不足等原因目前还没有确切的修复计划。

肃靖门(北大门)位于首尔正北方的险峻山区，据说若是在那里活动，可能会破坏龙脉，会导致国家处于危机，因此太宗在那里种下松树，禁止人们通行，因此北大门几乎没有起到城门的作用。2006年，肃清门重新开放，并于2007年开放了北岳山。如今那里自然环境保存完好，在山上可以将首尔全景尽收眼底。四小门是指惠华门(东小门)、彰义门亦称为紫霞门(北小门)、光熙门亦称为水口门(南小门)、昭义门亦称昭德门(西小门)。

플러스 질문

❶ 国宝和宝物有什么不同?

_____

_____

_____

_____

_____

_____

단어와 표현

敦义门 Dūnyìmén 돈의문 ┃ 崇礼门 Chónglǐmén 숭례문 ┃ 肃靖门 Sùjìngmén 숙정문 ┃ 防范敌人 fángfàn dírén 적군을 방어하다 ┃ 了无踪影 liǎowú zōngyǐng 종적이 없다 ┃ 讲究风水五行 jiǎngjiū fēngshuǐ wǔxíng 풍수오행설을 중시하다 ┃ 以四个字命名 yǐ sì ge zì mìngmíng 네 글자로 이름을 짓다 ┃ 以增其力 yǐ zēng qí lì 그 힘을 보강하다 ┃ 地势偏低 dìshì piāndī 지세가 다소 낮다 ┃ 瓮城 wèngchéng 옹성(성문을 보호하고 성을 지키기 위하여 큰 성문 밖에 원형圆形이나 방형方形으로 쌓은 작은 성) ┃ 以备 yǐbèi 대비하도록 하다 ┃ 为众人所熟知 wéi zhòngrén suǒ shúzhī 대중들에게 잘 알려지다 ┃ 牌匾 páibiǎn 간판 ┃ 竖着排列 shùzhe páiliè 세로로 배열되다 ┃ 阻挡冠岳山的火气 zǔdǎng Guānyuèshān de huǒqì 관악산의 화기를 누르다 ┃ 城墙被拆除 chéngqiáng bèi chāichú 성벽이 해체되다 ┃ 填埋 tiánmái 매립하다 ┃ 纵火焚毁 zònghuǒ fénhuǐ 방화로 불타다 ┃ 匾额 biǎn'é 편액 ┃ 险峻山区 xiǎnjùn shānqū 험준한 산지역 ┃ 破坏龙脉 pòhuài lóngmài 맥을 해치다 ┃ 起…的作用 qǐ…de zuòyòng ~한 역할을 하다 ┃ 尽收眼底 jìnshōu yǎndǐ 한눈에 다 보이다 ┃ 彰义门 Zhāngyìmén 창의문 ┃ 亦称 yì chēng 또한 ~라고 칭해지다 ┃ 紫霞门 Zǐxiámén 자하문 ┃ 昭义门 Zhāoyìmén 소의문

Unit 02 조선 시대 사적지

keyword

사직단
종묘
보신각
서울 성곽
외규장각

369 请说明介绍一下儿社稷坛。 해석 135P

▶ "社"是土地神，"稷"是五谷神，两者是农业社会最重要的根基。社稷坛就是祭祀土地之神(社)和谷物之神(稷)的地方。在国家遇到干旱无雨等自然灾害或大的国事时在那里举行祭祀。太祖创建朝鲜定都汉阳后，在建筑宫殿和宗庙时也一起建造了社稷坛，位于景福宫附近。

단어와표현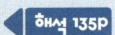

社稷坛 shèjìtán 사직단 ▎**土地神** tǔdìshén 토지신 ▎**五谷神** wǔgǔshén 오곡신 ▎**根基** gēnjī 토대 ▎**祭祀** jìsì 제사를 지내다 ▎**干旱无雨** gānhàn wúyǔ 가물어 비가 오지 않다

370 请说明介绍一下儿宗庙。 해석 135P

▶ 韩国的宗庙是供奉并祭祀朝鲜王朝历代国王和王妃牌位的儒教祠堂。宗庙的正殿正面共分19个格，总面积达1270平方米，被认为是世界规模最大的单一木结构建筑。于1995年被列入联合国教科文组织世界遗产。

단어와표현

供奉 gòngfèng 봉양하다 ▎**牌位** páiwèi 위패 ▎**儒教祠堂** rújiào cítáng 유교 사당 ▎**单一木结构建筑** dānyī mù jiégòu jiànzhù 단일 목조 건축물

请介绍一下儿韩国的普信阁。

해석 135P

▶ 普信阁位于首尔市中心钟路的一个十字路口，是朝鲜王朝时期京城汉阳的钟楼，因此曾长期被称为"钟阁"，现在的普信阁所在地也被称为"钟阁"。普信阁为楼阁建筑，东西五间，南北四间。朝鲜时期，用于鸣报城门开关时间或火灾等重大事件的大钟挂在普信阁内。其实太祖李成桂时期的普信阁位于仁寺洞，太宗年间被移到现在的位置。高宗将"普信阁"的匾额悬挂在阁楼上，钟阁从此改名普信阁，并延续至今。现在的普信阁为1953年重建，1979年扩建，并修筑了台阶和围栏。每年12月31日在普信阁举行迎新敲响塔钟祈福活动，前来辞旧迎新的民众往往都是数以万计。1997年，普信阁被指定为首尔特别市纪念物第10号。按照韩国传统，在普信阁敲33下儿钟，宣告新任总统的任期开始。

플러스 질문

❶ 为什么新年祈福活动或者总统就职典礼上都要敲33下儿钟?

_____

_____

_____

단어와 표현

普信阁 Pǔxìngé 보신각 ┃ 钟楼 zhōnglóu 종루 ┃ 钟阁 Zhōnggé 종각 ┃ 楼阁建筑 lóugé jiànzhù 누각 건축물 ┃ 鸣报城门开关时间 míngbào chéngmén kāiguān shíjiān 성문 개방 시간을 소리로 알리다 ┃ 匾额 biǎn'é 편액 ┃ 悬挂 xuánguà 걸다, 매달다 ┃ 延续至今 yánxù zhìjīn 지금까지 이어지다 ┃ 围栏 wéilán 울타리 ┃ 祈福活动 qífú huódòng 복을 비는 활동 ┃ 辞旧迎新 cíjiù yíngxīn 송구영신 ┃ 数以万计 shùyǐ wànjì 아주 많다, 수만이다 ┃ 宣告 xuāngào 선포하다

372 请介绍一处朝鲜时代有代表性的行宫。 해석 136p

▶ 说到朝鲜时代有代表性的行宫，我想介绍一下儿南汉山城的行宫，那是在国家发生战争时替代都城作为避难地使用的地方。与其他行宫不同，那里拥有处理国家事务的各种设施，并设有宗庙和社稷场所。在那里可以窥察朝鲜时代行宫制度，是具有极高历史价值的行宫。

플러스 질문

❶ 请说一下儿正宫、离宫和行宫的差异。

_____

_____

_____

단어와표현

行宫 xínggōng 행궁(임금이 나들이 때에 머물던 별궁) ┃ 替代都城 tìdài dūchéng 도성을 대신하다 ┃ 避难地 bìnándì 피난처 ┃ 设施 shèshī 설비, 시설 ┃ 窥察 kuīchá ～을 살펴보다

---

373 请说明介绍一下儿首尔城郭。 해석 136p

▶ 首尔城郭始建于太祖5年(1396年)，是为保护都城而建，总长18.7公里，绵亘于北岳山、骆山、南山和仁王山上。日治时期，因城市建设及交通需要，市区的城墙大部分被拆除。后来陆续修复，并于2007年向市民开放了北岳山探访路线，如今，"第10号历史遗迹"首尔城墙路沿着首尔内四山的山脊修建而成，作为可以了解韩国历史、文化和自然生态的"有故事的路"极具魅力，作为旅游景点受到市民关注。

단어와표현

城郭 chéngguō 성곽 ┃ 绵亘 miángèn 계속 이어져 있다 ┃ 北岳山 Běiyuèshān 북악산 ┃ 仁王山 Rénwángshān 인왕산 ┃ 探访路线 tànfǎng lùxiàn 탐방 노선 ┃ 山脊 shānjǐ 산등성이 ┃ 极具魅力 jíjù mèilì 매력이 풍부하다 ┃ 受到关注 shòudào guānzhù 관심을 받다

介绍一下"外奎章阁"和"外奎章阁图书"。 해석 136p

▶ 1776年正祖即位后于王宫开设了奎章阁，在奎章阁里收藏了历代国王的亲笔字画、手谕和遗教等。外奎章阁是奎章阁的分阁，奎章阁相当于朝鲜时代的王宫图书馆。外奎章阁图书是"御览"的"仪轨"记录，所谓"御览"是指专为国王看的图书，而"仪轨"是指"仪式"和"轨范"。

플러스 질문

❶ 外奎章阁图书现保存在哪里?

_____

_____

_____

단어와 표현

即位 jíwèi 즉위하다 ┃ 手谕 shǒuyù 친필 명령 ┃ 遗教 yíjiào 유교, 유명(임금이나 부모가 죽을 때 남긴 명령) ┃ 外奎章阁 Wàikuízhānggé 외규장각 ┃ 分阁 fēngé 분각 ┃ 御览 yùlǎn 어람(임금이 보다) ┃ 仪式 yíshì 의례 ┃ 轨范 guǐfàn 규범

keyword

테마파크	스키장
박물관	일출 관광지
국립공원	임진각
민속 마을	자연 습지

375 请介绍一下儿韩国最具代表性的主题公园。　해석 137P

▶　要说韩国最具代表性的主题公园，应该是1989年开业的"乐天世界"了吧，它是已被载入吉尼斯世界记录的世界最大室内主题公园，同美国迪士尼乐园一样被称为世界级主题公园。乐天世界位于首尔市中心，其主题公园有惊险刺激的娱乐设施、凉爽的溜冰场、巨大的散心湖、各种表演场、民俗博物馆等，是一座名副其实的集娱乐参观为一体的大型主题公园。

> ### 단어와표현
>
>
>
> **乐天世界** Lètiān Shìjiè 롯데월드 | **载入吉尼斯世界记录** zǎirù Jínísī Shìjiè Jìlù 기네스북에 기재되다 | **室内主题公园** shìnèi zhǔtí gōngyuán 실내 테마파크 | **惊险刺激** jīngxiǎn cìjī 스릴 있고 자극적이다 | **娱乐设施** yúlè shèshī 오락 시설 | **凉爽的溜冰场** liángshuǎng de liūbīngchǎng 시원한 아이스링크 | **巨大的散心湖** jùdà de sànxīn hú 마음을 시원하게 하는 넓은 호수 | **名副其实** míngfù qíshí 명실상부하다 | **集…为一体** jí…wéi yìtǐ ~이 함께 모여서 하나가 되다

376 请介绍韩国最具代表性的博物馆。　해석 137P

▶　韩国有各种各样的博物馆，我想介绍一下儿位于景福宫的国立民俗博物馆，因为它是最具代表性的韩国生活文化博物馆。
韩国国立民俗博物馆是展示韩国的传统生活方式的地方，这里收藏着文物2万余件，展示着相关的近4,000件民族资料，是韩国唯一全面展示民俗生活历史的国立综合博物馆。馆内有3个常设展示室和2个计划展示室，按照地区、性能、时代以及种类展示古时人们的生活面貌。

第一展馆是韩民族生活展馆，主要展示史前时代至朝鲜时代各个时期人们的生活历史，向人们展示各个时代的文化特征和文物的差异，并展示各个时期的陶瓷、农具以及印刷品等。

第二展馆为农业展馆，向人们展示农耕、渔猎场景以及服饰、房屋、手工艺品、装饰品、碗、泡菜和酱缸等，可以使人们对古人的生活面貌有更加直接的了解。

第三展馆是韩国人生活展示馆，展示韩国人出生、成人仪式、婚礼、祭祀等各个阶段的生活面貌。

博物馆的室外陈列着济州岛的石老人、水碓、石碓、瓜棚等民俗景观，在室外散步游览，又是另一番天地。

단어와표현

农具 nóngjù 농기구 | 农耕 nónggēng 농사를 짓다, 농사 | 渔猎场景 yúliè chǎngjǐng 물고기를 잡는 장면 | 成人仪式 chéngrén yíshì 성인식 | 陈列 chénliè 진열하다 | 水碓 shuǐduì 물방아 | 石碓 shíduì 돌방아 | 瓜棚 guāpéng 원두막 | 另一番天地 lìng yì fān tiāndì 또 다른 세상

---

377 韩国有多少国立公园？介绍韩国第一个国立公园。 해석 137P

▶ 目前韩国共有21座国立公园，第一个国立公园是1967年指定的"智异山国立公园"。智异山国立公园地跨庆尚南道、全罗南道、全罗北道，是韩国面积最大的山岳型国立公园，其主峰——天王峰是韩国第二高峰。"智异山"有"智慧异人之山"之意，自古不乏有名隐士在智异山修道养性，因此智异山又被称为三神山之一，与金刚山和汉拿山齐名。

플러스 질문

❶ 根据"自然公园法"，韩国的公园共有几种？都是什么？

_____

_____

❷ 制定国立公园的宗旨何在?

_____

_____

❸ 请介绍一下儿韩国国立公园现状。你去过哪些韩国国立公园? 请介绍一处。

_____

_____

_____

_____

_____

_____

_____

_____

_____

_____

단어와표현

智异山国立公园 Zhìyìshān Guólì Gōngyuán 지리산 국립공원 | 地跨 dì kuà 지역이 ~을 걸쳐 있다 | 山岳型国立公园 shānyuèxíng guólì gōngyuán 산악형 국립공원 | 不乏 bùfá 적지 않다 | 隐士 yǐnshì 은사, 은(둔)자 | 修道养性 xiūdào yǎngxìng 도를 닦다 | 与…齐名 yǔ…qímíng ~와 명성을 나란히 하다 | 宗旨 zōngzhǐ 목적, 주지

---

378 韩国有哪些民俗村落? ◀ 해석 138p

▶ 民俗村作为承载韩国传统文化的载体之一，能深切而近距离地体会韩国历史上人们的生活方式以及古老文化。如今很多的民俗村还保存着非常传统淳朴的生活方式，我们已经在《来自星星的你》等韩剧里领略了它们的自然之美。概括地说韩国有十大民俗村落。

分别是位于京畿道龙仁市的韩国民俗村、位于庆尚北道的庆州良洞村、位于庆尚北道的安东民俗村与安东河回村、位于全罗南道顺天市的乐安邑城民俗村、位于全罗北道的淳昌郡的淳昌传统辣酱民俗村，位于韩国全罗北道首府全州的全州韩屋村、位于韩国忠清南道牙山市的外岩里民俗村、位于庆尚南道河东郡的青鹤洞村，位于济州西归浦市的城邑民俗村和南山韩屋村。

❶ 请具体介绍说明一下儿京畿道龙仁市的韩国民俗村。

_____

_____

❷ 请具体介绍说明一下儿庆尚北道的庆州良洞村。

_____

_____

❸ 请具体介绍说明一下儿庆尚北道的安东民俗村与安东河回村。

_____

_____

❹ 请具体介绍说明一下儿全罗南道顺天市的乐安邑城民俗村。

_____

_____

❺ 请具体介绍说明一下儿全罗北道的淳昌郡的淳昌传统辣酱民俗村。

_____

_____

❻ 请具体介绍说明一下儿韩国全罗北道首府全州的全州韩屋村。

_____

_____

❼ 请介绍说明一下儿韩国忠清南道牙山市的外岩里民俗村。

_____

_____

❽ 请介绍说明一下儿济州西归浦市的城邑民俗村。

_____

_____

❾ 请介绍说明一下儿庆尚南道河东郡的青鹤洞村。

_____

_____

❿ 请介绍说明一下儿南山韩屋村。

_____

_____

단어와표현

承载 chéngzài （무게를）지탱하다, 이기다, 견디다 ∣ **载体** zàitǐ 저장 장치, 운반체 ∣ **深切而近距离** shēnqiè ér jìn jùlí 깊게 그리고 가까이에서 ∣ **传统淳朴** chuántǒng chúnpǔ 전통적이고 순박하다 ∣ **领略它们的自然之美** lǐnglüè tāmen de zìrán zhī měi 이들의 자연미를 깨닫다 ∣ **概括地说** gàikuò de shuō 개략적으로 말하다 ∣ **外岩里民俗村** Wàiyánlǐ Mínsúcūn 외암리민속마을 ∣ **青鹤洞村** Qīnghèdòngcūn 청학동마을 ∣ **西归浦** Xīguīpǔ 서귀포

---

379 韩国规模最大的自然湿地是哪里? 해석 139P

▶ 韩国规模最大的自然湿地是位于庆尚南道的昌宁郡的牛浦沼，由牛浦、木浦、沙旨浦、纸片筏四个沼泽组成，总面积达70万坪，其中以保存有1亿4000万年前恐龙生存遗迹的牛浦沼最为有名，它于1998年正式列入《拉姆萨尔湿地公约》，可谓名副其实的自然宝库。

단어와표현

自然湿地 zìrán shīdì 자연 습지 ∣ **牛浦沼** Niúpǔzhǎo 우포늪 ∣ **木浦** Mùpǔ 목포 ∣ **沙旨浦** Shāzhǐpǔ 사지포 ∣ **纸片筏** Zhǐpiànfá 쪽지벌 ∣ **沼泽** zhǎozé 소택(늪과 못) ∣ 《**拉姆萨尔湿地公约**》 《Lāmùsà'ěr shīdì gōngyuē》 〈람사르협약〉(1971년 이란의 람사르에서 채택되어 1975년에 발효된 람사르협약은 물새를 국제 자원으로 규정하여 가입국의 습지를 보전하는 정책을 이행할 것을 의무화하고 있다) ∣ **自然宝库** zìrán bǎokù 자연의 보고

---

380 韩国最早列入《拉姆萨尔湿地公约》的观光地是哪里? 해석 139P

▶ 是顺天湾沿岸湿地，沿着40公里的海岸线形成的顺天湾是世界五大沿岸湿地之一，于2006年成为韩国第一个被列入拉姆萨尔的湿地，其生态保护价值得到了认可。它以一望无际的金黄色芦苇丛而有名，是韩国摄影师们最爱的著名取景地之一。

단어와 표현

顺天湾沿岸湿地 Shùntiānwān yán'àn shīdì 순천만 연안 습지 | **沿着海岸线** yánzhe hǎi'ànxiàn 해안선을 따라서 | **一望无际** yíwàng wújì 끝없이 펼쳐지다 | **金黄色芦苇丛** jīnhuángsè lúwěicóng 황금빛 갈대숲 | **取景地** qǔjǐngdì 촬영지

---

381 说出5个韩国有名的滑雪场。　　　　　　　　　해석 140p

▶ 韩国有名的滑雪场有很多，说出5个的话，比如说阿尔卑西亚度假村滑雪场、熊城度假村滑雪场、龙平度假村内的滑雪场、凤凰公园滑雪场和百玩地(维尔瓦第)公园滑雪场。

플러스 질문

❶ 介绍一下儿韩国的滑雪游。

_____

_____

_____

❷ 请向初学滑雪的人简单介绍一下儿滑雪的技巧。

_____

_____

❸ 请介绍说明一下儿阿尔卑西亚度假村滑雪场。

_____

_____

❹ 请介绍说明一下儿龙平度假村内的滑雪场。

_____

_____

❺ 请介绍说明一下儿凤凰公园滑雪场。

_____

_____

❻ 请介绍说明一下儿百玩地公园滑雪场。

_____

_____

❼ 请介绍说明一下儿熊城度假村滑雪场。

_____

_____

단어와표현

阿尔卑西亚度假村 Ā'ěrbèixīyà Dùjiàcūn 알펜시아리조트 | 熊城度假村 Xióngchéng Dùjiàcūn 베어스타운리조트 |
凤凰公园 Fènghuáng Gōngyuán 휘닉스파크 | **百玩地(维尔瓦第)公园** Bǎiwándì(Wéi'ěrwǎdì) Gōngyuán 비발
디파크 | **技巧** jìqiǎo 기교, 테크닉

---

382 请介绍一个安保观光地。 해석 141p

▶ 韩国最著名的安保观光地应该是临津阁国民观光地，这是为祈愿韩半岛
统一而于1972年修建的安保旅游景点，位于军事分界线南端7公里处，有
临津阁、北韩纪念馆、世界和平公园、各种纪念碑、望拜坛、自由桥、
和平钟、韩国战争时曾投入使用的坦克和飞机等文物，随处可见韩国战
争遗留的悲伤。临津阁是南北双方交流最频繁、最活跃的地方，参观手
续也相对来说不那么繁杂。

플러스질문

❶ 简单介绍一下儿临津阁。

_____

단어와표현

安保观光地 ānbǎo guānguāngdì 안보 관광지 | 临津阁 Línjīngé 임진각 | **祈愿** qíyuàn 기원하다 | **望拜坛**
wàngbàitán 망배단 | **随处可见** suíchù kějiàn 어디서나 볼 수 있다 | **遗留的悲伤** yíliú de bēishāng 남겨진 상처 |
交流频繁活跃 jiāoliú pínfán huóyuè 교류가 빈번하고 활발하다

383 介绍一下儿韩国最有名的观看日出景点。 해석 141p

▶ 要说观日出最有名的景点当然是正东津了。因为它是朝鲜时期汉阳光化门正东方海边的一个码头，故得名正东津。如今每年的1月1日，为了迎接新一年的到来，这里都会举行漏沙回转仪式和日出庆典，吸引了众多游客。那里的松树、铁路与海岸风光相互辉映，风景独具魅力。而且正东津站是世界上离大海最近的火车站，因而被收入世界吉尼斯纪录大全。走出正东津站，首先映入眼帘的就是通向大海的白沙滩，一望无垠，会让人顿觉心胸开阔。沿着正东津火车站南侧的海滨路步行5分钟就能看到沙漏公园内耸立的世界上规模最大的沙漏，那里因是电视剧《沙漏》的拍摄地而闻名。

> **단어와표현**
>
>
>
> **正东津** Zhèngdōngjīn 정동진 ｜ **码头** mǎtóu 부두 ｜ **松树** sōngshù 소나무 ｜ **相互辉映** xiānghù huīyìng 서로 빛나며 비추다 ｜ **独具魅力** dújù mèilì 독특한 매력을 지니다 ｜ **映入眼帘** yìngrù yǎnlián 눈앞에 펼쳐지다 ｜ **白沙滩** báishātān 백사장 ｜ **一望无垠** yíwàng wúyín 끝없이 펼쳐지다 ｜ **顿觉心胸开阔** dùnjué xīnxiōng kāikuò 잠시 가슴이 탁 트임을 느끼다 ｜ **海滨路** hǎibīnlù 해변길 ｜ **沙漏** shālòu 모래시계 ｜ **耸立** sǒnglì 우뚝 솟아 있다 ｜ **因…闻名** yīn…wénmíng ～인하여 유명해지다

384 请介绍一座韩国的名山。 해석 141p

▶ 韩国名山众多，选择一处的话，在这里我想介绍一下儿位于江原道的雪岳山。雪岳山地跨江原道束草市、麟蹄郡、高城郡、襄阳郡等四个市郡，以俊俏秀丽的山地风光而受到游人的青睐。雪岳山也是北韩名山金刚山的延续，有着南金刚的别称。雪岳山兼具金刚山的秀丽和智异山的雄伟，尤其是秋天的枫叶，与山水相映衬，风景美如画。雪岳山以最高峰大青峰（海拔1708米）为中心，分为外雪岳和内雪岳，外雪岳的千佛洞溪谷两侧的奇岩绝壁给人一种刚劲之美，而内雪岳的百潭、伽倻洞溪谷展现出的则是柔和幽深的美。雪岳山一带于1965年11月被指定为天然纪念物保护区（第171号），1970年又被指定为韩国的第五个国立公园，此后于1973年12月被指定为公园保护区，1982年8月又被联合国教科文组织认定为"生物圈保护区"。

단어와표현

雪岳山 Xuěyuèshān 설악산 ｜ 地跨 dì kuà (지역이) ~에 걸쳐 있다 ｜ 束草市 Shùcǎoshì 속초시 ｜ 麟蹄郡
Líntíjùn 인제군 ｜ 高城郡 Gāochéngjùn 고성군 ｜ 襄阳郡 Xiāngyángjùn 양양군 ｜ 俊俏秀丽 jùnqiào xiùlì 뛰어
나고 수려하다 ｜ 青睐 qīnglài 총애, 인기 ｜ 兼具 jiānjù 겸비하다 ｜ 与山水相映衬 yǔ shānshuǐ xiāng yìngchèn 산
수와 서로 잘 어울리다 ｜ 千佛洞溪谷 Qiānfódòng xīgǔ 천불동 계곡 ｜ 奇岩绝壁 qíyán juébì 기암절벽 ｜ 刚劲之
美 gāngjìn zhī měi 강인한 아름다움 ｜ 百潭、伽倻洞溪谷 Bǎitán、Jiāyēdòng xīgǔ 백담, 가야동 계곡 ｜ 柔和幽深
róuhé yōushēn 부드럽고 깊고 그윽하다 ｜ 生物圈保护区 shēngwùquān bǎohùqū 생물권보전지역

385 请分别介绍一下儿释迦塔和多宝塔。 해석 142p

▶ 释迦塔和多宝塔都是花岗岩石塔，被称为佛国寺的一对儿善男信女。精
巧的建筑美和它的象征性，体现了为实现佛教理想而努力的新罗人的思
想与艺术。

释迦塔是国宝第21号，另称"无影塔"，即"没有影子"之意，但它的正式
名称为"佛国寺三层石塔"。它位于大雄殿的西边，全长8.2米，以2层基
坛花岗岩和三层塔身及屋盖石组成，其形态具有阳刚之美。塔的周围有
雕刻莲花纹的8个圆形石柱，即八方金刚座。

多宝塔是国宝第20号，全长10.4米，基坛宽4.4米，坐落于大雄殿前庭西
边的释迦塔对面。白色花岗岩雕成的多宝塔的华丽的造型美堪称韩国石
塔之最。在塔身中间的甲石上面原设有四只石狮，但其中三个被盗，现
仅存一只。10元硬币上印有该狮子像。

释迦塔和多宝塔的名称取自《法华经》，"无影塔"则来自有关阿斯女或影
池的传说。

단어와표현

释迦塔 Shìjiātǎ 석가탑 ｜ 多宝塔 Duōbǎotǎ 다보탑 ｜ 花岗岩石塔 huāgāngyán shítǎ 화강암 석탑 ｜ 大雄殿
Dàxióngdiàn 대웅전 ｜ 基坛 jītán 기단(건축물의 터를 반듯하게 다듬은 다음 터보다 한 층 높게 쌓은 단) ｜ 塔身 tǎshēn
탑신(탑의 기단과 옥개석 사이) ｜ 屋盖石 wūgàishí 옥개석(석탑이나 석등 따위의 위에 지붕처럼 덮는 돌) ｜ 阳刚之美
yánggāng zhī měi 남성미 ｜ 雕刻莲花纹 diāokè liánhuāwén 연꽃무늬를 조각하다 ｜ 圆形石柱 yuánxíng shízhù
원형 돌기둥 ｜ 坐落于… zuòluò yú… ~에 위치하다 ｜ 华丽的造型美 huálì de zàoxíngměi 화려한 조형미 ｜ 堪称…
之最 kānchēng…zhī zuì ~의 최고라 할 만하다 ｜ 阿斯女 Āsīnǚ 아사녀(영지 전설에 나오는 인물, 아사달의 부인) ｜ 影
池 Yǐngchí 영지(경주에 있는 연못)

386 请说说韩国的三宝寺刹指的是哪里？ 해석 142p

▶ 第一个是培育了16位国师的僧宝寺刹——松广寺，位于全南顺天市。
第二个是保存着《八万大藏经》的法宝寺刹——海印寺，位于庆南陕川郡。
第三个是供奉着菩萨真身舍利的佛宝寺刹——通度寺，位于庆南梁山市。

단어와표현

培育 péiyù 인재를 배양하다 | 僧宝寺刹 sēngbǎo sìchà 부처의 가르침을 실천하는 승려들이 있는 사찰 | 法宝寺刹 fǎbǎo sìchà 불경을 보존한 사찰 | 供奉 gòngfèng 봉양하다, 받들다 | 菩萨真身舍利 púsà zhēnshēn shèlì 부처의 진신 사리 | 佛宝寺刹 fóbǎo sìchà 부처의 사리를 모셔 놓은 절

387 介绍一下儿海印寺。 해석 142p

▶ 海印寺位于庆尚南道伽倻山南侧山麓陕川郡红流洞溪谷的尽头，相传是由古代一位宰相，用他游龙宫时带回来的海龙王的印章盖成的，所以叫海印寺。实际上，海印寺初建于新罗时期的公元802年，后因多次遭受火灾，于李朝末年重建，有一柱门、凤凰门、解脱塔、法宝殿、藏经阁等40多座雄伟精美的古建筑，寺内的墙壁上绘有李朝时代的风俗画，还有石塔、玉灯、塔香炉等30多件文物。海印寺是现存建筑中最古老的建筑，其木结构建筑形式属早期朝鲜传统建筑风格，其中的大藏经版库不仅以其建筑优美著称，尤其令人称奇的是，该建筑没有特殊的通风设备，却保持良好的通风状况，并有调节温度湿度的功能，完整地将藏经保存了数百年之久。海印寺在新罗时期是华严宗十大道场之一，现为曹溪宗五大丛林、三大寺、三十一座禅教大本山之一。因寺内保存着"八万大藏经"，因而被尊为法宝宗刹，并被联合国指定为世界文化遗产。

단어와표현

山麓 shānlù 산기슭 | 陕川郡 Shǎnchuānjùn 합천군 | 尽头 jìntóu 끝 | 宰相 zǎixiàng 재상 | 遭受火灾 zāoshòu huǒzāi 화재를 당하다 | 一柱门 yízhùmén 일주문 | 凤凰门 Fènghuángmén 봉황문 | 解脱塔 Jiětuōtǎ 해탈탑 | 法宝殿 Fǎbǎodiàn 법보전 | 藏经阁 Cángjīnggé 장경각 | 雄伟精美 xióngwěi jīngměi 웅대하고 정교한 아름다움 | 塔香炉 tǎxiānglú 탑향로 | 令人称奇 lìngrén chēngqí 사람들이 신기하다고 여기다 | 通风设备 tōngfēng shèbèi 통풍 설비 | 调节温度湿度的功能 tiáojié wēndù shīdù de gōngnéng 온도와 습도 조절 기능 | 华严宗十大道场 Huáyánzōng shí dà dàochǎng 화엄종 10대 도장 | 曹溪宗 Cáoxīzōng 조계종 | 大本山之一 dàběnshān zhī yī 대본산 중의 하나 | 被尊为 bèi zūnwéi ~라고 존중받다 | 法宝宗刹 fǎbǎo zōngchà 법보의 종주 사찰

388 被列为世界文化遗产的支石墓遗址在什么地方？

해석 143p

▶ 支石墓是韩国青铜器时代的一种代表性古墓，是研究史前时代文化现象、社会结构、政治体制以及当年人类精神世界的重要资料，具有极高的文化价值。韩国已发现近3万座支石墓，其中高敞、和顺、江华支石墓遗址于2000年12月被列入世界文化遗产名录。

高敞支石墓遗址位于全罗北道高敞郡竹林里、道山里一带，以梅山村为中心，东西约1,764米的范围内，分布有440余处支石墓遗迹，是韩国规模最大的支石墓群。

和顺支石墓遗址位于全罗南道和顺郡道谷面孝山里、春阳面大薪里一带，以山谷为中心，长约10公里的区域内分布有一个多达500余处的支石墓群。这一支石墓群是最近发现的，保存状态良好。

江华支石墓遗址位于仁川广域市江华郡富近里、三巨里、鳌上里等高丽山山麓地区，分布着120余处支石墓遗址，其中有韩国最大的北方式支石墓遗址。

단어와표현

古墓 gǔmù 옛 무덤 | 以…为中心 yǐ…wéi zhōngxīn ~을 중심으로 하다 | **鳌上里** áoshànglǐ 오상리 | 山麓地区 shānlù dìqū 산기슭 지역

---

389 首尔郊区有哪些山城？

해석 143p

▶ 首尔郊区有两座山城，一座是南汉山城，还有一座是北汉山城。

南汉山城无论是筑城技术方面还是防御战术技术方面都具有非凡价值，特别是在"丙子胡乱"时期作为国王避难时的行宫——国王的"非常王宫"受到高度评价，因此被列入世界文化遗产；

北汉山城位于韩国首尔北面的北汉山国立公园，是朝鲜王朝时期为了预防发生紧急情况时避难用而建的行宫，因此是与都城完全无关的独立的

城。北汉山城的城墙由花岗岩建造，山城方圆12.7千米，城墙高7米、长8.5千米。城内面积约为2百万坪，规模虽不及都城的王宫，但也具有山中宫阙的雄伟气势。北汉山城利用从白云台向南蜿蜒的山梁和险峻的岩峰、山岭、绝壁而建，是一部与自然完美结合的佳作。

단어와 표현

筑城技术 zhùchéng jìshù 축성 기술 ｜ **防御战术技术** fángyù zhànshù jìshù 방어 전술 기술 ｜ **非凡价值** fēifán jiàzhí 비범한 가치 ｜ **丙子胡乱** Bǐngzǐhúluàn 병자호란 ｜ **避难** bìnàn 난을 피하다 ｜ **行宫** xínggōng 행궁 ｜ **非常王宫** fēicháng wánggōng 비상시 왕궁 ｜ **方圆** fāngyuán 주변의 길이 ｜ **山中宫阙** shānzhōng gōngquè 산중 궁궐 ｜ **雄伟气势** xióngwěi qìshì 웅장한 기세 ｜ **蜿蜒** wānyán 구불구불하다 ｜ **山梁** shānliáng 산고개 ｜ **险峻** xiǎnjùn 험준하다 ｜ **岩峰** yánfēng 암석으로 된 봉우리 ｜ **山岭** shānlǐng 산마루 ｜ **绝壁** juébì 절벽 ｜ **佳作** jiāzuò 가작, 훌륭한 작품

해석 144p

keyword

N서울타워	전통 시장
청계천	판문점
청와대	에버랜드
몽촌토성	한국민속촌
한강	쁘띠프랑스

390 请介绍一下儿首尔。

▶ 首尔位于韩半岛中西部，面积为605.33平方公里。自朝鲜王朝开始至今，首尔作为首都已经有近600年的历史，最初名字为汉阳，1945年大韩民国成立时改名为汉城，2008年，时任首尔市市长把汉城的中文名字改为首尔。首尔是历史悠久的一座古城，市区内分布着众多名胜古迹，同时作为亚洲四小龙之一，经济的快速发展使首尔成为一座国际化大都市。首尔是一座出色地书写了"自然与人，传统与现代"的美丽城市。

首尔作为韩国的首都，是韩国的政治、经济、文化的中心，以汉江为界，分为江北和江南。江北是老城区，是首尔政治、历史文化的中心，代表朝鲜时代权利的王朝宫殿和现在的政治中心青瓦台都位于江北，而江南则是座新城，是经济高度发达的商业文化区，那里的鸭欧亭、江南大道、清潭洞汇聚了世界顶级潮流，这一点从曾风靡一时的歌曲《江南风格》中可略窥一斑。

首尔不但是一座充满古典气息的现代化大都市，还成功地举办了1988年奥运会、2002年韩日世界杯、2010年的G20首脑会谈等大型赛事及国际会议，在国际社会赢得空前声誉，并于2010年被评选为世界设计之都。首尔四季分明，四周群山环绕，空气清新，无论是观光购物，还是休闲体验，都将给您带来难忘的记忆。

❶ 首尔的象征物是什么?

_____

_____

_____

老城区 lǎochéngqū 구시가 지역 | 新城 xīnchéng 신시가 | 商业文化区 shāngyè wénhuàqū 상업 문화 지역 | 鸭欧亭 Yā'ōutíng 압구정 | 清潭洞 Qīngtándòng 청담동 | 汇聚了世界顶级潮流 huìjùle shìjiè dǐngjí cháoliú 세계 정상급 유행이 결집되어 있다 | 风靡一时 fēngmǐ yìshí 한때를 풍미하다 | 略窥一斑 lüè kuī yìbān 약간의 면모를 볼수 있다 | 赢得空前声誉 yíngdé kōngqián shēngyù 이전에 없던 명성을 얻다 | 群山环绕 qúnshān huánrào 산들이 둘러싸고 있다

---

391 能欣赏首尔全景的好地方是哪儿?

▶ 要说能欣赏首尔全景的好地方莫过于首尔的地标建筑南山N首尔塔和汝矣岛的63大厦了。

N首尔塔位于首尔市中心的南山最高处,又名南山塔。最初由MBC等三个民营电视台共同投资建造的传播广播电视信号的南山塔,于1969年开工,历时6年,于1975年竣工。N首尔塔高236.7米,海拔479.7米,不仅是欣赏首尔全景特别是夜景的著名景点,更是首尔的象征。塔内有多媒体区、儿童体验学习馆及举办展览和演出的空间,还有西餐厅及露天平台,是名副其实的复合型文化空间。在观景台1楼乘坐以40米每秒的速度上升的电梯,到达135米高处的地方呢,就是观景台3楼,一下电梯就会发现自己完全置身于一个透明的世界,首尔的迷人风光会映入眼帘。特别是这里的夜景,是首尔首屈一指的景点。还有值得一提的是在2楼有首尔海拔最高的洗手间,特别是被称为天空洗手间的男洗手间,四周都是玻璃,在洗手间里解决问题的同时可以观赏首尔的风景,这特别的场所从建成至今一直被人们津津乐道。N首尔塔的另一个迷人之处,是首尔塔在晚上7点到12点,塔身每个小时都会随着季节和天气的不同,变换不同的颜色。

位于汝矣岛的摩天大楼**63大厦**是一座地上60层、地下3层的海拔264米的现代化建筑，堪称首尔的象征之一。在楼顶的眺望台，可以欣赏首尔全景，天气好的话，还可以看到仁川的大海，特别是傍晚时分，汉江和汉江大桥及汽车灯光交相呼应，格外美丽。此外大厦内水族馆、美术馆等也是不错的观光地。

플러스 질문

❶ 介绍一下儿N首尔塔名字的含义。

_____

_____

_____

_____

단어와 표현

莫过于… mòguò yú… ~보다 더한 것은 없다, 제일 ~하다 **ㅣ 地标建筑** dìbiāo jiànzhù 랜드마크 건물 ㅣ **南山N首尔塔** Nánshān N Shǒu'ěrtǎ 남산 N서울타워 ㅣ **汝矣岛** Rǔyǐdǎo 여의도 ㅣ **多媒体区** duōméitǐqū 미디어 구역 ㅣ **露天平台** lùtiān píngtái 야외 무대 ㅣ **名副其实** míngfù qíshí 명실상부하다 ㅣ **复合型文化空间** fùhéxíng wénhuà kōngjiān 복합형 문화 공간 ㅣ **置身于** zhìshēn yú 몸을 ~에 두다 ㅣ **映入眼帘** yìngrù yǎnlián 눈앞에 펼쳐지다 ㅣ **首屈一指** shǒuqū yìzhǐ 엄지 손가락을 꼽다, 으뜸이다 ㅣ **津津乐道** jīnjīn lèdào 흥미진진하게 이야기하다 ㅣ **摩天大楼** mótiān dàlóu 마천루, 고층 빌딩 ㅣ **眺望台** tiàowàngtái 전망대 ㅣ **交相呼应** jiāoxiāng hūyìng 서로 잘 어울리다 ㅣ **水族馆** shuǐzúguǎn 수족관 ㅣ **美术馆** měishùguǎn 미술관

---

392 请说明介绍一下儿首尔的新旅游观光地——青瓦台。　　해석 145p

▶　青瓦台是大韩民国总统的官邸，因房顶的青瓦而得名，位于景福宫的后边儿，是背山面水的风水很好的地方。它的后边是北岳山，山上有很多军队设施，一般人是不能登山的，只有总统等高官才可以进入。青瓦台的门上刻着韩国的国花木槿花，庭院里有很多韩国的代表树木——松树，木槿花也好，松树也好，都象征着韩国人不屈不挠的意志和忍耐力。青瓦台于1998年起对外开放，每周二到周六可以参观，但必须要至少提前20天在网上预约。具体可参观青瓦台宣传馆(春秋馆)、绿地园(青瓦台最漂亮的庭园)、旧主馆旧址(现复原了景福宫后苑的样子)、七宫(位于青瓦台西南侧的七个宫殿,供奉着朝鲜时代历代国王的生母的灵位。)、主馆(总统办公和接待外宾之地)、迎宾馆(接待外国总统、举行大型会议的地方)和喷泉(常年进行仪仗队表演的地方)。韩国之旅,当然不能不去韩国的"心脏"——青瓦台,是很有意义的地方。

단어와 표현

青瓦台 Qīngwǎtái 청와대 | **总统的官邸** zǒngtǒng de guāndǐ 대통령의 관저 | 木槿花 mùjǐnhuā 무궁화 | **不屈不挠** bùqū bùnáo 흔들리거나 굽힘이 없다 | 宣传馆(春秋馆) xuānchuánguǎn(Chūnqiūguǎn) 홍보관(춘추관) | **绿地园** Lǜdìyuán 녹지원 | 旧主馆旧址 jiùzhǔguǎn jiùzhǐ 구본관터 | 七宫 Qīgōng 칠궁 | **主馆** zhǔguǎn 본관 | **迎宾馆** Yíngbīnguǎn 영빈관(외국 대통령을 접견하거나 대형 회의를 거행하는 곳) | 喷泉 pēnquán 분수(무궁화 동산에 위치)

---

393 首尔有百济时期的遗址吗?

해석 146p

▶ 有,比较有代表性的是"梦村土城"和"风纳土城"。"梦村土城"位于奥林匹克公园内,修建于百济早期,土城内展示着众多出土文物。"风纳土城"也是百济时期以土建筑的城,位于首尔松坡区风纳洞,西有汉江,南有通往"梦村土城"之路,土城内部出土了大量百济时期的陶器等物品,还出土了许多与王城相符的文物,因此被推测为百济时期最初的王城河南慰礼城。

단어와 표현

梦村土城 Mèngcūn Tǔchéng 몽촌토성 | 风纳土城 Fēngnà Tǔchéng 풍납토성 | 西有…, 南有… xī yǒu…, nán yǒu… 서쪽에는 ~가 있고, 남쪽에는 ~가 있다 | 被推测为 bèi tuīcè wéi ~로 추측하다 | 河南慰礼城 Hénán Wèilǐchéng 하남 위례성

394 介绍一下儿汉江。

해석 146p

▶ 汉江源于太白山俭龙沼，自东向西，横穿首尔市区，最终流入西海，全长514公里。自古以来一直是韩民族工业用水和生活用水的重要来源，也是重要的运输要道。流经首尔的汉江将首尔分为江南和江北，虽然只有60多公里，但共有31座大桥，其中有4座铁桥，成为首尔经济和交通的大动脉。20世纪70年代，韩国经济创造了"汉江奇迹"，因此韩国人把汉江誉为经济发展的"生命线"。此外美丽的汉江大桥已经成为首尔的一道美丽风景线。

플러스 질문

❶ 请介绍一下儿盘浦大桥和桥下的月光彩虹音乐喷泉。

_____

_____

_____

_____

_____

_____

_____

단어와 표현

源于 yuányú ~에서 근원하다 | 太白山俭龙沼 Tàibáishān Jiǎnlóngzhǎo 태백산 검룡소 | 横穿首尔市区 héngchuān Shǒu'ěr shìqū 서울시를 관통하다 | 自古以来 zìgǔ yǐlái 예로부터 | 运输要道 yùnshū yàodào 주요 운송로 | 成为首尔经济和交通的大动脉 chéngwéi Shǒu'ěr jīngjì hé jiāotōng de dàdòngmài 서울 경제와 교통의 대동맥이 되다 | 汉江奇迹 Hànjiāng qíjì 한강의 기적 | 风景线 fēngjǐngxiàn 경관, 관광벨트 | 盘浦大桥 Pánpǔ Dàqiáo 반포대교 | 月光彩虹音乐喷泉 yuèguāng cǎihóng yīnyuè pēnquán 달빛 무지개 음악 분수

395 请介绍一下儿仁寺洞。

해석 146p

▶ 仁寺洞位于首尔钟路区，是深受首尔市民及外地游客青睐的一条古董街、文化街。在朝鲜时代，那里曾是高官贵族的住宅，是个地道的达官贵人居住的地方，如今却成了韩国最著名的古董街和文化街，在仁寺洞那些有着悠久历史的小巷里隐藏着众多画廊、小美术馆、古董店和工艺品店，店内古代美术品、现代美术品、韩服、陶瓷、工艺品和各种旅游纪念品应有尽有；仁寺洞的另一个迷人之处是那里有各种韩国传统餐厅和传统茶馆儿，仍保留着韩国独有的风格和特色，是体验韩国传统文化的最佳景点之一。

플러스 질문

❶ 仁寺洞有什么历史遗迹(场所)？请介绍一处。

_____

_____

❷ 仁寺洞作为朝鲜时代著名的达官贵人的居住地，如何成了一条商业街？

_____

_____

❸ 仁寺洞最具代表性的店铺是哪里？

_____

_____

_____

_____

단어와 표현

深受青睐 shēnshòu qīnglài 많은 환영을 받다 | 古董街 gǔdǒngjiē 골동품 거리 | 小巷 xiǎoxiàng 작은 골목 | 隐藏着 yǐncángzhe 숨겨져 있다 | 工艺品店 gōngyìpǐndiàn 공예품점 | 应有尽有 yīngyǒu jìnyǒu 있을 것들은 다 있다 | 迷人之处 mírén zhī chù 매력적인 점 | 传统茶馆儿 chuántǒng cháguǎnr 전통 찻집

396 请对比介绍一下儿南山韩屋村和北村韩屋村。

해석 147P

▶ 南山韩屋村位于南山公园，是把5座传统韩屋完整搬迁后修建的韩屋村，内部分为朝鲜时代贵族的住宅和平民百姓的住宅，而且屋内摆设着符合当时房子主人身份的家具和各种生活用品，以便游客了解那个时代的人们的生活方式。最有特色的是南山韩屋村常常举办一些传统体验活动或传统游戏等有趣的活动，充满趣味性。此外南山韩屋村因是裴勇俊主演的电影《丑闻》的拍摄地之一而备受关注。

而北村韩屋村位于景福宫和昌德宫之间，是朝鲜时代高官和贵族居住的地方，现在的那里仍是人们实际居住生活的民宅，不是为供游客观赏而修建的民俗村。北村民俗村有着600多年的历史，目前保留有900多座传统韩屋。北村的特色之一可以说很多景点从不同的角度看有不同的美，韩国观光部在北村选出了最美的8处景观，指定为北村8景，靠近昌德宫附近的地方呢，有3处，靠近景福宫附近的地方呢，有5处，在这些地方树立了"最佳拍摄地"标识。

由此可见北村韩屋村和南山韩屋村最大的差别就是北村韩屋村更具有生活气息，是人们实际居住的地方，而南山韩屋村却是一个以观光为目的而修建的民俗村。

플러스 질문

❶ 北村韩屋村作为住宅区怎么成了首尔著名的观光地呢？

_____

_____

_____

_____

단 어 와 표 현

搬迁 bānqiān 이전하다, 옮기다 | 摆设 bǎishè 진열하다, 늘어놓다 | 符合当时房子主人身份 fúhé dāngshí fángzi zhǔrén shēnfèn 당시 집주인의 신분에 부합하다 | 以便 yǐbiàn ~(하기에 편리)하도록 | 充满趣味性 chōngmǎn qùwèixìng 재미가 충만하다 | 《丑闻》《Chǒuwén》〈스캔들〉(영화명) | 备受关注 bèishòu guānzhù 주목을 받다 | 由此可见 yóucǐ kějiàn 그로 인해서 알 수 있다 | 生活气息 shēnghuó qìxī 생활의 정취 | 实际居住 shíjì jūzhù 실제 거주하다 | 以观光为目的 yǐ guānguāng wéi mùdì 관광을 목적으로 하다

397 请对比说明一下儿北村和西村的区别。

해석 148p

▶ 北村位于景福宫和昌德宫之间，而西村位于景福宫的西侧。在朝鲜时代，北村是士大夫等达官贵人的居住区，而西村则是"中人"（地位处于官僚和平民之间的人），即朝鲜时代的译官、医官等从事专门职业的人士居住的地方，同时也是很多艺术家们居住过的地方。北村的韩屋仍保持着当时朝鲜时代的面貌，而西村的韩屋则是20世纪初大量改造的所谓"改良韩屋"，墙壁不是石灰，而是混凝土，屋顶用瓦和白铁相连。西村的韩屋建筑风格属于近现代与传统的融合。西村因是电影《建筑学概论》的外景地之一而引起关注，并引起一股寻找西村的热潮。

단어와 표현

士大夫等达官贵人 shìdàfū děng dáguān guìrén 사대부 등 관료 귀족 | **译官、医官** yìguān、yīguān 통역관, 의사 | **改良韩屋** gǎiliáng hánwū 개량 한옥 | **石灰** shíhuī 석회 | **混凝土** hùnníngtǔ 콘크리트 | **瓦和白铁** wǎ hé báitiě 기와와 함석 | **外景地** wàijǐngdì 세트장, 오픈 세트, 촬영지 | **引起关注** yǐnqǐ guānzhù 주목을 끌다 | **一股寻找西村的热潮** yì gǔ xúnzhǎo xīcūn de rècháo 서촌을 탐방하는 열풍

---

398 请比较介绍一下儿三清洞和新沙洞林荫路。

해석 148p

▶ 三清洞位于景福宫和昌德宫之间，是首尔极具特色的充满艺术氛围的地方，在那里可以游览景福宫、民俗博物馆，可以参观国务总理公馆和青瓦台，还可以体验北村韩屋村的独特魅力，各种画廊、各种有特色的咖啡厅、各种有特色的手工艺品等等都会让你流连忘返，置身于那里，倘佯在古典与现代的交替中，让人回味无穷。

新沙洞林荫路是首尔江南最具代表性的新文化区，因为路两旁都是银杏树而得名林荫路。那里的每个建筑都是一个完美的艺术品，各种咖啡屋、画廊、西餐厅、小酒吧、时尚品店等等让人完全置身于艺术与现代的时尚潮流中。此外在新沙洞林荫路，还可以买到多种外国品牌、韩国新锐设计师们充满个性的设计品，最近一些大型综合性卖场也日益增多，成为林荫路的另一道风景。新沙洞林荫路在江南高度发达的商业区中仿佛一抹绿茶，让人赏心悦目。

虽然都是充满艺术氛围的新文化区，但是三清洞如其名山青、水秀、人灵，更多了一份自然与淳朴；而新沙洞林荫路呢，则更多了一份现代感和时尚感。

> **단어와 표현**
>
> 林荫路 línyīnlù 가로수길 | 极具特色 jíjù tèsè 특색을 갖추다 | 充满艺术氛围 chōngmǎn yìshù fēnwéi 예술적 분위기가 충만하다 | 流连忘返 liúlián wàngfǎn 아름다운 경치에 빠져 돌아갈 줄 모르다 | 置身于··· zhìshēn yú···~에 몸을 두다 | 徜徉在···中 chángyáng zài···zhōng ~ 가운데서 거닐다 | 回味无穷 huíwèi wúqióng 여운이 무궁무진하다 | 新锐设计师 xīnruì shèjìshī 신예 디자이너 | 一抹绿茶 yì mǒ lǜchá 약간의 녹차 | 赏心悦目 shǎngxīn yuèmù 마음과 눈이 즐겁다 | 如其名 rú qí míng 그 이름처럼 | 自然与淳朴 zìrán yǔ chúnpǔ 자연스러움과 순박함 | 现代感和时尚感 xiàndàigǎn hé shíshànggǎn 현대적 감각과 유행 감각

399 请介绍一下儿清溪川。

▶ 清溪川呢，是朝鲜时代河川的名字，在朝鲜时代这条小河流将都城分为两部分。后来随着经济的发展，为缓解这里的交通堵塞现象，附近曾被改建成了高架桥，清溪川已经失去了其原有的面貌。直到2003年，在时任市长的推动下开始了清溪川复原工程。历时三年，首尔的清溪川复原了从钟路区太平路东亚日报社前起，到城东区新踏铁桥，长达5.84千米的区间，水流清澈，树丛茂盛，成为首尔市民喜爱的首尔代表性休息空间。在这段区域内，增加了壁画、瀑布、喷泉等设施，铺设了274,380平方米的绿地，并在道路两旁开设了1.5—3米宽的散步路。最有特色的是复原了历史文化遗迹，恢复了沿途的正祖班次图、洗衣角等8大景点。

> **플러스 질문**
>
> ❶ 清溪川沿途的八大景点都有什么?
>
> _____
>
> _____

❷ 介绍一下儿清溪川壁画。

_____

_____

_____

단어와표현

清溪川 Qīngxīchuān 청계천 | **在…推动下** zài…tuīdòngxia ~의 추진하에 | **历时** lìshí 시간이 경과되다 | **水流清澈** shuǐliú qīngchè 물이 맑게 흐르다 | **树丛茂盛** shùcóng màoshèng 숲이 무성하다 | **铺设了绿地** pūshèle lǜdì 녹지를 조성하다 | **正祖班次图** Zhèngzǔ Bāncìtú 정조반차도 | **洗衣角** xǐyījiǎo 빨래터

---

400 **请介绍一下儿梨泰院。** 해석 149p

▶ 梨泰院是首尔外国人特别是西方人集中居住的地方，到了那里会有种置身于异国他乡的感觉。在梨泰院可以品尝到世界各地的美食，意大利、法国、印度不用说，连阿拉伯饮食都可以享受到，而且那些美食餐厅大都是由外国人经营，味道极为正宗，到了晚上，酒吧、舞厅灯光闪烁，热闹繁华，俨然西方的大都市。梨泰院的另一魅力就是那里是不能错过的"淘宝地"，那里的服装、箱包款式独特，尤其是毛皮制品远近有名。还有因为那里是韩国众多知名艺人常常光顾的地方，所以运气好的话，在那里能遇到很多明星。

단어와표현

梨泰院 Lítàiyuàn 이태원 | **置身于异国他乡** zhìshēn yú yìguó tāxiāng 몸이 이국 타향에 있다 | **不用说** búyòngshuō 말할 필요가 없다 | **阿拉伯饮食** Ālābó yǐnshí 아랍 음식 | **正宗** zhèngzōng 정통하다 | **灯光闪烁** dēngguāng shǎnshuò 불빛이 반짝이다 | **俨然** yǎnrán 흡사 ~인 듯하다 | **不能错过** bùnéng cuòguò 지나칠 수 없다 | **淘宝地** táobǎodì 보물을 캐는 곳 | **远近有名** yuǎnjìn yǒumíng 명성이 널리 알려지다 | **光顾** guānggù (손님이) 찾다

401 最想向游客介绍的首尔购物景点是哪里？

> 购物是因人而异的，所以应该针对不同的游客，针对游客不同的需求，推荐不同的地方。考虑到这些因素，我最想向游客介绍的首尔购物景点就是"明洞"。理由如下：第一、明洞步行街有各种年轻时尚的服装及饰品，而且价格也算是合理；第二、逛够了市场，不出5分钟就可以到新世界百货商店、乐天百货商店和乐天免税店，可以在这些地方弥补明洞市场的不足，进行一些"小资"消费，购买一些高档品；第三，明洞离韩国最大的传统市场——南大门市场也不过是10分钟距离，在传统市场体验一下儿韩国人的生活也是不错的选择；第四，明洞作为及其繁华的商业区，各种餐厅饭馆儿鳞次栉比，购物之余可以尽享美食；第五，明洞的商家大多能用汉语交流，没有了语言障碍，可以更痛快地享受购物乐趣。

단어와 표현

因人而异 yīn rén ér yì 사람마다 다르다 | 针对 zhēnduì ~에 초점을 맞추다 | 逛够了市场 guànggòule shìchǎng 시장을 충분히 돌아다니다 | 不出… bùchū… ~을 넘기지 않다 | 弥补…的不足 míbǔ…de bùzú ~의 부족함을 메우다 | 小资 xiǎozī 생활파(일정한 학력과 경제력을 가지고 특별한 생활 품위를 추구하는 젊은층) | 高档品 gāodàngpǐn 고가품 | 不过是…距离 búguò shì…jùlí 겨우 ~ 거리이다 | 鳞次栉比 líncì zhìbǐ 즐비하다 | 购物之余 gòuwù zhī yú 쇼핑 외의 시간 | 尽享美食 jìnxiǎng měishí 맛있는 음식을 만끽할 수 있다 | 语言障碍 yǔyán zhàng'ài 언어의 장벽

402 首尔最有代表性的购物步行街是哪里？

> 无论是明洞购物步行街，还是仁寺洞步行街，亦或是梨花女大附近的购物步行街，都各具特色，都十分有代表性，要说一处最具代表性的地方的话，我想选择梨花女子大学门前的购物步行街。
> 梨大购物步行街在梨花女子大学正门前不远处，那里是大学生的天地，充满了青春时尚的气息。购物之余，可以以相对低廉的价格享受韩国的美食，还可以就近参观一下儿首尔最棒的女子大学，游览一下儿弘大街，感受一下儿年轻人的生活，真是不错的选择。

해석 150p

해석 151p

단어와표현

亦或是 yì huò shì 또한 혹은 ~이다ㅣ梨花女大 Líhuā Nǚdà 이화여대ㅣ各具特色 gè jù tèsè 각각의 특색을 갖추다ㅣ充满了青春时尚的气息 chōngmǎnle qīngchūn shíshàng de qìxī 청춘의 스타일리시한 분위기가 충만하다ㅣ以相对低廉的价格 yǐ xiāngduì dīlián de jiàgé 상대적으로 저렴한 가격으로

---

403 梨花女子大学为什么成为中国观光客旅韩必去景点?

▶ 梨花女子大学成为中国观光客旅韩的必去景点，有人说是因为"梨大"的发音与"利发"谐音，我却不以为然。我觉得主要理由有以下三个：
第一、梨花女子大学是韩国最有名的女子大学，而中国没有女子学校，"女校"、"名校"使"梨大"很有独到魅力；第二、受韩剧影响，很多中国游客心中的韩国时尚无外乎女孩子的穿着和打扮，而梨大的女生都那么漂亮时尚，自然吸引了众多游客到梨大一睹现实中的韩国女孩的时尚；第三、梨大附近的商家的努力也不可忽视，随着中国游客的增多，那里的服装店、餐厅也日渐多起来，从而形成繁华的购物区，而且很多商家都打出"欢迎中国游客"的标语，散发很多中文宣传手册等等的努力，也自然吸引了众多中国游客。

단어와표현

谐音 xiéyīn 한자는 다르나 음이 같거나 비슷한 글자ㅣ不以为然 bù yǐwéi rán 그렇게 여기지 않다ㅣ独到魅力 dúdào mèilì 독특한 매력ㅣ无外乎 wú wàihu 무관하지 않다ㅣ穿着和打扮 chuānzhuó hé dǎban 옷차림과 화장ㅣ漂亮时尚 piàoliang shíshàng 예쁘고 스타일리시하다ㅣ一睹 yì dǔ 한번 보다ㅣ不可忽视 bùkě hūshì 무시할 수 없다ㅣ日渐多起来 rìjiàn duō qǐlái 날로 많아지다ㅣ打出…的标语 dǎchū…de biāoyǔ ~라는 표어를 내걸다ㅣ散发 sànfā 배포하다

---

404 弘大吸引中国年轻人的特色是什么?

▶ 弘益大学一带的弘大街已经成为一个旅游景点吸引着众多年轻人光顾。弘大街的魅力是"青春、艺术、自由"，那里被誉为毕加索街，壁画、涂鸦、路边的公演，处处充满了青春、艺术和自由的气息。极富异国情调的咖啡店、让你HI到高潮的各式酒馆酒吧和相对"低廉"的价格，使弘大街很快成为年轻人的首选。

弘益大学一带 Hóngyì Dàxué yídài 홍익대학교 일대 | 毕加索街 Bìjiāsuǒjiē 피카소 거리 | 涂鸦 túyā 그래피티 |
气息 qìxī 숨결, 정취 | 极富异国情调 jífù yìguó qíngdiào 이국적인 분위기가 풍부하다 | HI到高潮 HI dào gāocháo
최고조의 기분을 느끼게 하다 | 相对 xiāngduì 상대적으로 | 首选 shǒuxuǎn 가장 선호하는

---

405 首尔有哪些传统市场? 해석 15p

▶ 首尔的传统市场众多，比较有代表性的是东大门市场、南大门市场、广
藏市场和京东市场。东大门市场位于兴仁之门附近，以服装及各种饰品
销售为主流，是代表韩国时尚的批发兼零售的购物市场，特别是中国国
家主席习近平夫人彭丽媛在那里购物后，吸引了
大量中国游客；南大门市场位于崇礼门附近，是
一个综合性批发兼零售市场；广藏市场则是主营
韩服、婚礼用品的传统市场；最后京东市场是韩
国最有名的韩药材市场。

플러스 질문

❶ 请对比介绍一下儿南大门市场和东大门市场。

_____

_____

_____

_____

_____

_____

众多 zhòngduō 많다 | 以…销售为主流 yǐ…xiāoshòu wéi zhǔliú ～ 판매를 위주로 하다 | 批发兼零售 pīfā jiān
língshòu 도소매 | 广藏市场 Guǎngcáng Shìchǎng 광장시장 | 主营韩服 zhǔyíng hánfú 한복을 주로 영업하다 |
京东市场 Jīngdōng Shìchǎng 경동시장 | 韩药材市场 hányàocái shìchǎng 한약재 시장

406 首尔市内除了广为人知的地方以外，有没有不那么有名但是值得一游的地方？

해석 151p

▶ 当然有，而且有很多。首尔是一座历史悠久的现代化大都市，可以说处处有故事，处处有生机。如果要说一处的话，我想介绍我家附近的传统市场。我觉得旅游观光，不仅要欣赏名胜古迹，也要充分体验当地的风土人情，而"广为人知"的地方或多或少都会有一些"商业气息"，因此我想推荐深藏在居民区内的传统市场。看看当地人的生活方式，尝尝当地人的小吃也不枉此一游吧。

> **단어와 표현**
>
> **广为人知** guǎngwéi rén zhī 사람들에게 널리 알려져 있다 | **处处有故事** chùchù yǒu gùshi 곳곳에 스토리가 있다 | **处处有生机** chùchù yǒu shēngjī 곳곳에 활기가 있다 | **充分体验** chōngfèn tǐyàn 충분히 체험하다 | **风土人情** fēngtǔ rénqíng 풍토와 인심 | **或多或少** huò duō huò shǎo 많거나 혹은 적거나 | **商业气息** shāngyè qìxī 상업적인 분위기 | **推荐** tuījiàn 추천하다 | **深藏** shēncáng 깊이 숨겨져 있다 | **不枉此一游** bùwǎng cǐ yì yóu 헛되지 않은 여행

407 请介绍一下儿京畿道。

해석 152p

▶ 京畿道占韩国面积的10%，北部与北韩接壤，东接江原道，南临忠清道，环绕首尔市和仁川市，拥有332公里海岸线。京畿道以其环绕首尔的地理优势，交通方便，环境优美，成为近年快速发展的近首都经济圈。京畿道历史悠久，现仍留存着旧石器时代形成的部族国家的许多历史遗迹，拥有众多旅游资源和文化设施，被指定为世界文化遗产的水原华城、民俗村、以陶瓷闻名的利川等地都是其传统文化的体现，此外，还有爱宝乐园等主题旅游景区。

> **단어와 표현**
>
> **接壤** jiērǎng 인접해 있다 | **环绕** huánrào 둘러싸고 있다 | **近首都经济圈** jìn shǒudū jīngjìquān 근 수도 경제권 | **旧石器时代** jiùshíqì shídài 구석기시대 | **部族国家** bùzú guójiā 부족국가

408 请介绍一下儿板门店。

▶ 板门店曾经只是一个名不见经传的小地方，1953
年7月27日，韩国战争在那里签订了停战协议，
板门店也因此扬名于世。板门店是韩国战争和韩
半岛分裂的见证，也是当今南北韩双方最为敏感
的共同警备区域。如今板门店已成为国外游客
的旅游景点，但是参观此处必须与指定旅行社同行，而且要求游客必备
护照，服装整洁。

단어와 표현

板门店 Bǎnméndiàn 판문점 **|** **名不见经传** míng bú jiàn jīngzhuàn 그다지 지명도가 높지 않다 **|** **签订停战协议**
qiāndìng tíngzhàn xiéyì 휴전 협정을 체결하다 **|** **扬名于世** yángmíng yú shì 세상에 이름이 알려지다 **|** **分裂的见证**
fēnliè de jiànzhèng 분단의 증거 **|** **敏感** mǐngǎn 민감하다 **|** **共同警备区域** gòngtóng jǐngbèi qūyù 공동경비 구역 **|**
必备护照 bìbèi hùzhào 반드시 여권을 지참하다 **|** **服装整洁** fúzhuāng zhěngjié 복장이 단정하고 깨끗하다

409 请介绍一下儿DMZ(DeMilitarized Zone, 非武装地带)。

▶ 非武装地带是1953年签订南北停战协议后，防止战争再次爆发而设定的
非军事区域，是南北双方以休战线为中心，各退2公里形成的区域，在那
里禁止驻扎军队及设置武器。非武装地带将韩半岛一分为二，使韩国和
北韩成为世界唯一分裂的国家。由于60年来戒备森严，那里环境保护得
极好，虽是军事管制区，但也是保存完好的自然生态区。

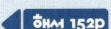

단어와 표현

非武装地带 fēiwǔzhuāng dìdài 비무장지대 **|** **爆发** bàofā 폭발하다 **|** **休战线** xiūzhànxiàn 휴전선 **|** **驻扎军队**
zhùzhā jūnduì 주군 부대 **|** **戒备森严** jièbèi sēnyán 경계가 삼엄하다 **|** **军事管制区** jūnshì guǎnzhìqū 군사 관할 구역

410 什么是PLZ(和平生命地带)?

해석 152p

▶ PLZ(Peace and Life Zone)包括DMZ和民统线以及接壤地区，保持着完好的自然景观，它体现了韩半岛追求统一的梦想，是重新诠释和平地带之概念的和平与生命的空间。和平生命地带包括京畿道的涟川郡、坡州市、金浦市，仁川市的瓮津郡和江华郡，江原道的铁原郡、华川郡、杨口郡、麟蹄郡、高城郡，共由7条路线组成。这个地带由曾经的战争废墟变为生命的乐园，全程既能享受山海相间的大自然之美，又可以感受承受过战争之痛的生命的不可思议，是拥有沙滩、泥滩、芦苇、湿地等丰饶的生态系统之地，还拥有许多文化遗产。写满了伤痛历史的地方，会让人更加珍惜和平与生命。

> ### 단 어 와 표 현
>
>
>
> **民统线** míntǒngxiàn 민통선(비무장지대 바깥 남방 한계선을 경계로 남쪽 5~20㎞에 있는 민간인 통제 구역) ▮ **接壤地区** jiērǎng dìqū 인접 지역 ▮ **重新诠释** chóngxīn quánshì 재해석되다 ▮ **涟川郡** Liánchuānjùn 연천군 ▮ **坡州市** Pōzhōushì 파주시 ▮ **金浦市** Jīnpǔshì 김포시 ▮ **瓮津郡** Wèngjīnjùn 옹진군 ▮ **江华郡** Jiānghuájùn 강화군 ▮ **铁原郡** Tiěyuánjùn 철원군 ▮ **华川郡** Huáchuānjùn 화천군 ▮ **杨口郡** Yángkǒujùn 양구군 ▮ **麟蹄郡** Líntíjùn 인제군 ▮ **高城郡** Gāochéngjùn 고성군 ▮ **战争废墟** zhànzhēng fèixū 전쟁의 폐허 ▮ **不可思议** bùkě sīyì 불가사의 ▮ **泥滩** nítān 갯벌 ▮ **芦苇** lúwěi 갈대 ▮ **丰饶** fēngráo 풍부하다 ▮ **写满了伤痛历史的地方** xiěmǎnle shāngtòng lìshǐ de dìfang 아픈 역사적 기록이 가득한 곳

411 介绍一下儿爱宝乐园。

해석 153p

▶ 爱宝乐园是三星集团旗下的一座综合性主题公园，位于京畿道龙仁市，于1967年开始营业至今已有50多年的历史，目前是韩国最有代表性的主题公园，世界七大主题公园之一。爱宝乐园拥有诸多世界闻名的游乐设施，且拥有世界唯一的综合野生动物园，还有随着季节变化进行的不同主题的庆典，此外还有韩国规模最大的水上乐园——加勒比海湾，其魅力在于它送给游客无尽的快乐与幻想，惊险和刺激，诗情画意般的风景及浪漫。

412 请介绍一下儿韩国民俗村。
해석 153P

▶ 韩国民俗村位于京畿道龙仁市，韩国各地的农家、市场、达官贵人的住宅和官厅等大小传统房屋完美逼真地再现了朝鲜时代的面貌，在韩国年轻一代心目中正逐渐淡化的韩国传统生活方式在民俗村得以再现。此外，在可以堪称露天民俗博物馆的民俗村，还可以观看传统婚礼、走绳和四物农乐等民俗表演，是体验传统民俗的首选观光地。

플러스 질문

❶ 请具体介绍一下儿韩国传统民俗村的结构。

_____

_____

_____

_____

413 请介绍一下儿浪漫之都"小法兰西"。

해석 153P

▶ "小法兰西"是位于京畿道加平郡的一个法国村，因是众多韩剧的拍摄地，特别是《来自星星的你》的拍摄，吸引了众多粉丝前往游览观光。法国村由16座法国式建筑组成，游客不但可以在那里体验法式"衣食住"的浪漫情怀，观赏以法国象征物"鸡"为原型的雕刻和图画，还可以欣赏由有着200年历史的音乐盒中飘出的优美旋律，以及各种独特的法国文化。

단어와 표현

小法兰西 Xiǎofǎlánxī 쁘띠프랑스 | **京畿道加平郡** Jīngjīdào Jiāpíngjùn 경기도 가평군 | **吸引众多粉丝** xīyǐn zhòngduō fěnsī 많은 팬들을 끌어당기다 | **浪漫情怀** làngmàn qínghuái 낭만적인 기분 | **雕刻** diāokè 조각하다 | **飘出** piāochū 흘러나오다 | **优美旋律** yōuměi xuánlǜ 우아하고 아름다운 선율

Unit 05 지역별(2)-광역시

keyword

인천	대구
부산	광주
대전	울산

---

414 请介绍一下儿仁川。 ◀해석 154p

▶ 仁川广域市位于首尔西部40公里，是一座环境优美的港湾都市，人口居
首尔和釜山之后，是韩国第二大贸易港口，又拥有世界最先进的大型国
际机场——仁川机场，所以仁川是韩国走向世界的要塞。仁川海上资源
丰富，并于2014年承办了亚运会，是一座充满活力的年轻城市。

> **단 어 와 표 현**
>
> **港湾** gǎngwān 항만 | **居** jū ～을 차지하다 | **要塞** yàosài 요충지 | **承办** chéngbàn 개최하다 | **充满活力**
> chōngmǎn huólì 활력이 충만하다

---

415 介绍一下儿仁川国际机场。 ◀해석 154p

▶ 仁川国际机场是韩国最大的民用机场，是外国游客进入韩国的第一站，
于2001年3月29日正式启用，各种便利设施一应俱全，连年获得"全球服务
最佳机场"荣誉。仁川国际机场位于仁川永宗岛上，距离首尔市58公里，
自然条件优越，绿化率达30%以上，加之其整体设计、规划和工程都本着
环保的宗旨，亦被誉为"绿色机场"。特别值得一提的是机场内部还开设
了韩国文化博物馆、传统文化体验馆、传统工业展示馆等给出入境的国
内外游客提供了解韩国的机会，此外大型免税店以其优质的购物环境吸
引着众多游客。

416 请介绍一下儿仁川大桥。

 해석 154p

▶ 仁川大桥全长21.38公里，是韩国最长、世界排名第7的大桥。历时4年4个月建成通车的仁川大桥往返6车道的运载能力，大大改善了交通、物流环境，从韩国的主要关口仁川国际机场到面向东北亚商务枢纽发展的松岛新城市仅需15分钟车程；从首尔和京畿道南部地区到仁川国际机场的时间比过去缩短了40分钟。

417 请介绍一下儿仁川唐人街。

 해석 154p

▶ 1883年仁川港启用后，现仁川唐人街地区于1884年被指定为清朝的治外法权，后渐形成华人聚居地，由此仁川唐人街随之产生。那里曾是韩国地区最大的华侨社区所在地，过去大部分是销售中国进口商品的商店，但现在几乎都是中国饭店。现在唐人街的中国人大部分都是早期移民的第二代或第三代，那里的中国传统文化似乎已有些淡薄，但是中国料理仍非常正宗，孔子雕像还有绘有刘备、关羽、张飞的《三国演义》壁画仍能让人体验到浓浓的中国情。

플러스 질문

❶ 韩国的中国饮食代表"炸酱面"是地道的中国饮食吗?

_____

_____

_____

단어와표현

唐人街 tángrénjiē 차이나타운 ┃ **被指定为** bèi zhǐdìng wéi ~으로 지정되다 ┃ **治外法权** zhìwài fǎquán 치외법권 ┃ **随之产生** suízhī chǎnshēng 그에 따라 생겨나다 ┃ **所在地** suǒzàidì 소재지 ┃ **淡薄** dànbó 희박해지다 ┃ **雕像** diāoxiàng 조각상 ┃ **刘备** Liú Bèi 유비(중국 삼국시대 촉한 제1대 황제) ┃ **关羽** Guān Yǔ 관우(중국 삼국시대의 명장) ┃ **张飞** Zhāng Fēi 장비(중국 삼국시대의 명장) ┃ **体验浓浓的中国情** tǐyàn nóngnóng de Zhōngguó qíng 농후한 중국 적 정서를 느낄 수 있다

---

418 请介绍一下儿仁川有名的岛屿。　　　해석 155P

▶ 仁川作为海港城市，拥有众多岛屿，要说最有名的岛屿当属江华岛了，此外，月尾岛也值得一游。

江华岛是韩国第四大岛，其历史遗迹、文物较多，其中最具代表性的是被指定为世界文化遗产的支石墓；还有檀君王俭祭天的地方也在江华岛，这更给那里增添了一份神秘；此外江华岛土地肥沃，特产丰富，尤以"江华人参"、"花纹席"闻名。花纹席是高丽中期流传下来的一种手工艺制品，是用江华郡特有的纯白色蔻草编织的，具有吸汗、通风好的特点。

因岛屿形状似半月尾状而得名的月尾岛是青春与浪漫的代表，以其蔚蓝的大海、充满异国情调的咖啡馆儿、韵味无穷的夕阳、刺激的游乐场及能俯瞰整个仁川的观景台吸引着众多游客。

플러스 질문

❶ 介绍一下仁川其他岛屿。

_____

_____

_____

_____

_____

_____

단어와 표현

岛屿 dǎoyǔ 섬, 도서 | 要说…当属…了 yàoshuō…dāngshǔ…le ~를 말하자면 바로 ~이다 | 增添了一份神秘 zēngtiānle yí fèn shénmì 신비함을 더하다 | 土地肥沃 tǔdì féiwò 토지가 비옥하다 | 尤以…闻名 yóuyǐ…wénmíng 특히 ~로서 유명하다 | 菅草 guāncǎo 왕골 | 编织 biānzhī 직물을 짜다 | 吸汗 xīhàn 습기를 빨아들이다 | 半月尾状 bànyuèwěi zhuàng 반달 꼬리 모양 | 蔚蓝 wèilán 짙푸르다 | 异国情调 yìguó qíngdiào 이국적 정취 | 韵味无穷 yùnwèi wúqióng 운치가 무궁하다 | 俯瞰 fǔkàn 위에서 내려다보다

---

419 请简单介绍一下儿仁川的自由公园。
해석 156p

▶ "自由公园"是韩国最早的欧式公园，建于1888
年，那里有韩美建交纪念塔，是能欣赏海景的
广场。坐在长椅上，海风习习，鸽子伴随左
右，即可看到仁川全景，也可欣赏迷人夕阳，魅
力无穷。

단어와 표현

欧式公园 ōushì gōngyuán 유럽식 공원 | 海风习习 hǎifēng xíxí 살살 불어오는 해풍 | 伴随左右 bànsuí zuǒyòu 좌우에서 동행하다 | 迷人夕阳 mírén xīyáng 매혹적인 석양 | 魅力无穷 mèilì wúqióng 무궁한 매력

420 请介绍一下儿釜山。

해석 156p

▶ 釜山位于韩半岛的东南端，一年四季气候宜人，人口为350万左右，是韩国第二大城市兼第一大贸易港口，是连接日本和济州的航运码头，是一座充满大海气息的现代化国际都市。釜山承办过亚运会和韩日世界杯，举办过APEC首脑会议，是有着丰富经验的承办各种大型国际会议的海港都市，尤其是每年一届的釜山国际电影节更是使釜山名扬海内外。釜山主要的名胜有东莱梵鱼寺、太宗台，有韩国最大的海水浴场——海云台以及东莱等疗养胜地，同时还是购物天堂，釜山的新世界百货商店是被列入世界吉尼斯纪录的世界最大百货商店。釜山真是值得一游的好地方。

단어와 표현

气候宜人 qìhòu yírén 기후가 알맞다 | **航运码头** hángyùn mǎtóu 선착장 | **充满大海气息** chōngmǎn dà hǎi qìxī 바다의 기운이 충만하다 | **名扬海内外** míngyáng hǎinèiwài 대내외로 이름을 날리다 | **梵鱼寺** Fànyúsì 범어사 | **太宗台** Tàizōngtái 태종대 | **疗养胜地** liáoyǎng shèngdì 휴양지

---

421 你认为釜山最有代表性的景点是哪里?

해석 156p

▶ 说起釜山，人们会马上想到"海云台"，所以我认为釜山最有代表性的景点就是海云台海水浴场。海云台是韩国海滨的代名词，也是釜山的骄傲，沿海岸线而建的各种现代化配套设施使海云台海水浴场成为韩国最有名的海洋修养地。海云台沙滩宽阔，总面积达58.4平方公里，最多可同时容纳12万人；此外，海云台沙滩的沙子和贝壳碎片经由风化作用而变得细腻而平整，海浪也十分平静，因此海云台拥有享受海水浴的绝佳条件。更值得一提的是这里一年四季从来没有寂寞的时候，各种庆典活动丰富多彩，比如1月的北极熊游泳大赛，6月的沙雕作品展，8月的釜山大海节等等。

现代化配套设施 xiàndàihuà pèitào shèshī 현대화된 시설 | 容纳 róngnà 수용하다 | 沙子和贝壳碎片 shāzǐ hé bèiké suìpiàn 모래와 조개 껍질 조각 | 细腻而平整 xìnì ér píngzhěng 매끄럽고 고르다 | 北极熊游泳大赛 Běijíxióng Yóuyǒng Dàsài 북극곰수영대회 | 沙雕作品展 Shādiāo Zuòpǐnzhǎn 모래조각전(해운대모래축제) | 釜山大海节 Fǔshān Dàhǎijié 부산바다축제

422 最想向外国游客介绍的釜山有名观光地是哪里? 해석 156p

▶ 最想向外国游客介绍的釜山有名观光地是位于影岛的太宗台。据说新罗29代王——太宗武烈王在统一三国后曾到那里游览，因此得名太宗台。太宗台以海拔250米的最高峰为中心，长有松树等150多种茂密的树木，是有着优秀自然资源及历史传说的釜山代表观光地。

플러스 질문

❶ 太宗台有什么传说?

_____

_____

_____

❷ 太宗台所在的影岛缘何得名?

_____

_____

影岛 Yǐngdǎo 영도 | 太宗武烈王 Tàizōng Wǔlièwáng 태종 무열왕 | 茂密的树木 màomì de shùmù 무성한 나무 | 缘何得名 yuánhé démíng 어떤 연유로 이름을 얻다

423 请介绍一下儿釜山最有名的寺庙。

해석 157P

▶ 釜山最有名的寺庙当然是岭南地区三大寺刹之
一的梵鱼寺了，它位于釜山金井山麓，建于新
罗文武王时期，可惜最初的建筑在壬辰倭乱时
期被毁，现在的建筑为1613年重建。梵鱼寺有
"韩国的少林寺"之称，是重现佛家武道的地方。

단어와표현

岭南地区 Lǐngnán dìqū 영남 지역 ㅣ 三大寺刹 sān dà sìchà 3대 사찰 ㅣ 金井山麓 Jīnjǐng shānlù 금정산 기슭 ㅣ
文武王 Wénwǔwáng 문무왕(신라 제30대 왕) ㅣ 重现 chóngxiàn 재현하다 ㅣ 佛家武道 fójiā wǔdào 불가의 무술

424 为什么说釜山是韩国战争的韩国根据地？

해석 157P

▶ 釜山是韩国战争时期韩国的临时首都，是战争中北韩军没有占领过的地
方，因此有韩国战争的韩国根据地之说。

단어와표현

韩国根据地 Hánguó gēnjùdì 한국 근거지 ㅣ 临时首都 línshí shǒudū 임시 수도 ㅣ 北韩军 Běihánjūn 북한군 ㅣ
占领 zhànlǐng 점령하다

425 你认为最能代表釜山文化的地方是哪里？

해석 157P

▶ 我认为最能代表釜山文化的地方是札嘎其市场，它是韩国最大的水产市
场，是每天凌晨最早打破釜山的宁静的地方。一年一度的"釜山札嘎其"
庆典为人们带来丰富的演出活动以及各种新鲜的海产品。在札嘎其市场
能看到普通的釜山老百姓勤劳努力工作的样子，能听到釜山人地道的庆
尚道方言，能品尝釜山的各种特产，能感受釜山浓郁的海滨城市文化，
所以我认为最能代表釜山文化的地方就是札嘎其市场。

---

426 进入釜山港的必经之地，被称为釜山港的象征之地是哪里？ 해석 157p

▶ 那是位于釜山南区的五六岛，那里每天随潮水涨退程度不同会露出5个或6个小岛，故得名五六岛。五六岛是岩石岛，共由五个小岛，雨朔岛、鹰岛、锥岛、牡蛎岛和灯塔岛组成，其中雨朔岛又称为盾牌岛和松岛，是下部几乎相连的两个小岛，涨潮时看上去是两个岛，而退潮后就成为一个岛。

단어와 표현

随潮水涨退程度 suí cháoshuǐ zhǎngtuì chéngdù 조수 간만의 차에 따라서 ｜ 岩石岛 yánshídǎo 암석으로 이루어진 섬 ｜ 雨朔岛 Yǔshuòdǎo 우삭도(한자 표기는 于削岛,又削岛라고 쓰기도 함) ｜ 鹰岛 Yīngdǎo 수리섬 ｜ 锥岛 Zhuīdǎo 송곳섬 ｜ 牡蛎岛 Mǔlìdǎo 굴섬 ｜ 灯塔岛 Dēngtǎdǎo 등대섬 ｜ 盾牌岛 Dùnpáidǎo 방패섬 ｜ 松岛 Sōngdǎo 솔섬

---

427 请介绍一下儿联合国墓地。 해석 158p

▶ 联合国墓地位于釜山，是安葬韩战期间战亡的22个国家的2274名阵亡者的地方，是世界唯一联合国墓地。追慕馆和纪念馆分别于1964年和1968年由联合国建造，公园大门则是由釜山市民捐助修建的。联合国墓地每年举办很多活动，比如4月的参战勇士参拜式，5月最后的周一举办的美军显忠日，6月的6·25战争纪念仪式，还有10月的联合国日纪念仪式等等，是一处十分有教育及纪念意义的地方。

联合国墓地 Liánhéguó Mùdì 유엔기념공원(유엔군 묘지) **|** **安葬** ānzàng 안치하다 **|** **阵亡者** zhènwángzhě 전사자 **|** **追慕馆** zhuīmùguǎn 추모관 **|** **捐助修建** juānzhù xiūjiàn 기부금으로 설립하다 **|** **参战勇士参拜式** cānzhàn yǒngshì cānbàishì 참전 용사 참배식

---

428 请介绍一下儿釜山新世界购物城。 해석 158p

▶ 釜山新世界购物城是世界规模最大的百货商店，于2009年被载入吉尼斯世界纪录。购物城是由世界顶级设计师共同设计的一座集购物、休闲于一体的地方，整个建筑不但体现了韩国的传统古典美，又融入了海滨城市的活力与多样性，特别是夜幕下金色海洋般的灯光打造出美轮美奂的世界，让人仿佛置身于梦幻之中。

集…于一体 jí…yú yìtǐ ~가 한데 어우러져 있다 **|** **融入** róngrù 녹아 있다, 융합되어 들어가다 **|** **夜幕下** yèmùxia 야간 개장 시 **|** **打造** dǎzào ~를 만들다 **|** **美轮美奂** měilún měihuàn 아름답고 절묘하다 **|** **置身于…** zhìshēn yú… 몸이 ~에 있다 **|** **梦幻之中** mènghuàn zhī zhōng 꿈과 환상 속

---

429 请介绍一下儿釜山国际电影节。 해석 158p

▶ 釜山国际电影节创办于1996年，是韩国亦是亚洲最重要的电影节之一，受到釜山市政府、电影界、企业界等各界的支持，于每年9月至10月举办。主会场是釜山市南浦洞BIFF广场，从第9届开始，主会场从南浦洞改到海云台，但BIFF广场仍然有各种活动及电视台的表演，尤以各路明星走红毯一幕最为华丽。釜山电影节对亚洲电影的发展做出了不少贡献，亦成为每年秋季的釜山盛典，成为吸引国内外游客的大型活动。

단 어 와 표 현

创办于 chuàngbàn yú ~에 창립하다 | 亦是 yì shì 또한 ~이다 | 受到…支持 shòudào…zhīchí ~의 지원을 받다 | 主会场 zhǔhuìchǎng 본연회장 | 尤以…最为华丽 yóu yǐ…zuìwéi huálì 특히 ~가 가장 화려하다 | 各路明星走红毯一幕 gè lù míngxīng zǒu hóngtǎn yímù 각지의 스타들이 레드 카펫을 걷는 장면 | 贡献 gòngxiàn 공헌하다 | 釜山盛典 Fǔshān shèngdiǎn 부산의 성대한 축제

---

430 请介绍一下儿大田广域市。

해석 158p

▶ 大田广域市位于韩国中部地区，是韩国铁路和高速公路的交通要地，是汇聚世界科学精英的科技特区，是科学教育型城市。

플러스 질문

❶ 请介绍一下儿大田"EXPO科学公园"。

_____

_____

단 어 와 표 현

大田广域市 Dàtián guǎngyùshì 대전광역시 | 汇聚世界科学精英 huìjù shìjiè kēxué jīngyīng 세계 과학 영재들이 모이다

---

431 请介绍一下儿大邱广域市。

해석 159p

▶ 大邱广域市位于韩国庆尚北道，是既有城市的繁华又有自然之清新的充满魅力的旅游城市。

플러스 질문

❶ 介绍一下儿大邱药令市。

_____

_____

---

432 请介绍一下儿光州光域市。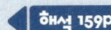

▶ 光州位于韩国西南部，是韩国第五大城市，也是韩国西南部的行政、军事、经济、社会、文化枢扭城市。那里有自然景观壮丽的"光州无等山国立公园"，有象征韩国民主化运动的"5·18民主化广场"，有"文化艺术之乡"之称，有丰富的历史文化遗产。2004年，时任韩国总统卢武铉正式宣布光州为韩国的文化首都。光州于2015年7月成功举办了第二十八届世界大学生运动会。

---

433 请介绍一下儿蔚山广域市。

▶ 蔚山市位于韩半岛东南沿海，是拥有得天独厚温暖气候的港口城市，又是著名工业城市，拥有发达的汽车、化学、造船业和其相关产业，在韩国有着举足轻重的经济地位。

해석 159P

434 介绍一下儿蔚山艮绝岬。

▶ 蔚山艮绝岬与正东津、虎尾串一起被评为东海岸最佳日出观赏地，艮绝岬是每天韩半岛最早能看到日出的地方，比正东津早5分钟，比虎尾串早1分钟。传说出海捕鱼的渔民在远处看到的那里就像一条长长的竹竿，因此得名艮绝岬。值得一提的是那里有一个希望邮筒，旅行到那里，写张明信片寄给亲朋好友，给对方一份惊喜，也给自己一份美好回忆。

> **단어와표현**
>
> 蔚山艮绝岬 Yùshān Gěnjuéjiǎ 울산 간절곶 ┃ 虎尾串 Hǔwěichuàn 호미곶 ┃ 捕鱼 bǔyú 물고기를 잡다 ┃ 一条长长的竹竿 yì tiáo chángcháng de zhúgān 긴 대나무 장대 ┃ 希望邮筒 xīwàng yóutǒng 소망우체통 ┃ 评为 píngwéi ~으로 선정하다

keyword

청남대	고성 통일전망대
단양 고수동굴	강릉 선교장
현충사	전주 풍남문
백제문화단지	무주리조트
관동 8경	낙안읍성민속마을

---

435   请介绍一下儿忠清道。   ◀ 해석 160p

▶ 忠清道分为忠清南道和忠清北道，被韩国人誉为"达官贵人的故乡"，作为百济时期的中心，忠清南北道内现有两处百济都邑旧址，可以通过保存完好的历史遗迹，领略百济的灿烂文化。中国俗话说"一方水土养一方人"，在锦江水悠悠流淌的忠清道生活的人们跟首尔人的快节奏完全不同，在那里，时间仿佛特别缓慢，人们特别从容，所以忠清道人的最大特点也是性格随和，不紧不慢。

忠清北道是韩国唯一一个没有海岸线的道，道政府位于清州市。它北接江原道，东接庆尚北道，西部与忠清南道和京畿道相邻，地势东高西低，以农、林、畜牧业为主。忠清北道有着悠久的历史文化，是世界上最早出现金属活字印刷术的地方，是韩国有名的"忠孝礼仪"之乡。

忠清南道北接京畿道，东面是大田广域市和忠清北道，南面是全罗北道，西邻黄海。那里气候宜人，环境优美，交通发达，旅游资源比较丰富。作为三国时代百济文化的中心地区拥有灿烂的文化遗产。

> ### 단어와표현
>
> 忠清道 Zhōngqīngdào 충청도 ㅣ 被韩国人誉为 bèi Hánguórén yùwéi 한국인들에게 ~라고 칭송받다 ㅣ 达官贵人的故乡 dáguān guìrén de gùxiāng 양반의 고향 ㅣ 百济都邑旧址 Bǎijì dūyì jiùzhǐ 백제 옛 도읍지 ㅣ 领略灿烂文化 lǐnglüè cànlàn wénhuà 찬란한 문화를 느끼다 ㅣ 一方水土养一方人 yì fāng shuǐtǔ yǎng yì fāng rén 그 지역의 문화가 그 지역인을 기른다(각 지방마다 각기 고유의 문화를 지니고 있다) ㅣ 锦江水 Jǐnjiāngshuǐ 금강 ㅣ 悠悠流淌 yōuyōu liútǎng 유유히 흐르다 ㅣ 从容 cóngróng 침착하다 ㅣ 性格随和 xìnggé suíhé 성격이 온화하다 ㅣ 不紧不慢 bùjǐn búmàn 급하지도 느리지도 않다 ㅣ 金属活字印刷术 jīnshǔ huózì yìnshuāshù 금속활자 인쇄술

436 请介绍一下儿忠清北道的代表观光地。(说出2个)   해석 160p

▶ 要说两个的话，我想说说青南台和丹阳古薮洞窟。

青南台曾经是韩国总统的专用别墅，有"南方青瓦台"之称，是韩国权力的象征。过去20年间，历任总统都到那里休息并思考国政大事，直到2003年3月，卢武铉前总统在那里留宿一夜后宣布把青南台移交地方政府，并对国民开放。它是一座两层的中西合璧式建筑，很多热播电视剧如《IRIS》等都曾在那里拍摄。

丹阳古薮洞窟位于韩国丹阳郡内，是被指定为天然纪念物的石灰岩洞窟。因在洞窟入口处发现过古代的打制石器而被认为是先史时代人的居住地。洞窟长1700米，室内温度常年保持在15摄氏度，特别是洞窟内的钟乳石以每年1毫米的速度生长，因此以规模大景色美而吸引了众多游客。此外洞窟内120多个形状各异的钟乳石和石笋具有很高的学术研究价值。

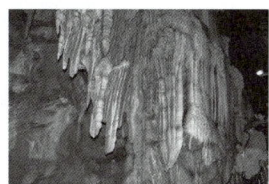

플러스 질문

❶ 此外还有什么值得一提的呢?

_____

_____

_____

단어와 표현

青南台 Qīngnántái 청남대 | 丹阳古薮洞窟 Dānyáng Gǔsǒu Dòngkū 단양 고수동굴 | 留宿 liúsù 유숙하다, 묵다 | 中西合璧式建筑 zhōngxī hébìshì jiànzhù 중국식과 서양식을 잘 절충한 건축물 | 热播电视剧 rèbō diànshìjù 인기리에 방송되는 드라마 | 石灰岩洞窟 shíhuīyán dòngkū 석회암 동굴 | 钟乳石 zhōngrǔshí 종유석 | 形状各异 xíngzhuàng gèyì 모양이 각각 다르다 | 石笋 shísǔn 석순

해석 161p

437 请介绍一下儿忠清南道的代表观光地。(说出3个)

▶ 选出三个的话，我想说说显忠祠，国立公州博物馆和百济文化园区。
位于忠清南道牙山市的**显忠祠**是纪念李舜臣将军的祠堂，建于1706年，是当时的王肃宗将其命名为显忠祠。祠堂内有李将军的照片和纪录他生平的十镜图，还展示了76号国宝《乱中日记》和第326号宝物长剑及李将军生前使用过的物品。

因公州曾是百济时代的第二个首都，所以**国立公州博物馆**内主要收藏着在忠清南道北部地区出土的百济时代的珍贵文物。其中最有名的是1971年出土的武宁王陵的文物。

百济文化园区位于忠清南道扶余郡，因扶余是百济时代的第三个首都，当时被称为泗沘，因此文化园区再现了百济时期泗沘城内的王宫和当时的百姓生活风貌，是韩国规模最大的历史主题公园。

플러스 질문

❶ 此外还有什么值得一提的吗?

단어와 표현

显忠祠 Xiǎnzhōngcí 현충사 | **国立公州博物馆** Guólì Gōngzhōu Bówùguǎn 국립공주박물관 | **百济文化园区** Bǎijì Wénhuàyuánqū 백제문화단지 | **肃宗** Sùzōng 숙종(조선 제19대 왕) | **十镜图** shíjìngtú 십경도(이순신의 일생 기록화) | **扶余郡** Fúyújùn 부여군 | **泗沘城** Sìbìchéng 사비성(백제 시대의 도읍)

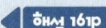

438 介绍一下儿江原道。

해석 161p

▶ 江原道位于韩半岛中东部，以被誉为"韩半岛脊梁"的太白山脉为中心，分为海岸地区和内陆地区。那里有山有海，是韩国有名的环保绿色地区，天然的旅游胜地。北纬38度线几乎横贯于江原道中部，把其分为南、北两部分，北部属于北韩，代表地区是元山；南部属于韩国，代表地区是春川。江原道不但有世界无形文化遗产"江陵端午祭"的举办地，还是韩国三大阿里郎之一的"旌善阿里郎"的发源地；不但有韩国第一名山雪岳山，还有代表韩流的名著《冬季恋歌》的外景拍摄地"南怡岛"；不但有韩国日出观光名地"正东津"，还有韩国最好的滑雪度假村；更值得一提的是江原道平昌是2018年冬季奥林匹克运动会的主办地，是届时能让世界人民为之心动的冬季狂欢胜地。

단어와표현

韩半岛脊梁 Hánbàndǎo jǐliáng 한반도 중추 ┃ **横贯** héngguàn 가로지르다 ┃ **江陵端午祭** Jiānglíng Duānwǔjì 강릉단오제 ┃ **旌善阿里郎** Jīngshàn Ālǐláng 정선 아리랑 ┃ **届时** jièshí 그때가 되면 ┃ **为之心动** wèi zhī xīndòng (무엇을 하기 위해) 마음이 떨리다 ┃ **冬季狂欢胜地** dōngjì kuánghuān shèngdì 겨울철 환영받는 여행지

---

439 说说关东八景指的是什么?

해석 162p

▶ 关东八景是韩国关东地区8处名胜，关东地区位于江原道太白山脉以东的岭东地区，地处韩半岛的正东部。具体是高城郡的清涧亭、江陵市的镜浦台、高城郡的三日浦、三陟郡的竹西楼、襄阳郡的洛山寺、蔚珍郡的望洋亭、通川郡的丛石亭、平海郡的越松亭。

단어와표현

关东八景 Guāndōng bā jǐng 관동 8경 ┃ **岭东地区** Lǐngdōng dìqū 영동 지역 ┃ **高城郡的清涧亭** Gāochéngjùn de Qīngjiàntíng 고성군에 있는 청간정 ┃ **江陵市的镜浦台** Jiānglíngshì de Jìngpǔtái 강릉시에 있는 경포대 ┃ **高城郡的三日浦** Gāochéngjùn de Sānrìpǔ 고성군에 있는 삼일포 ┃ **三陟郡的竹西楼** Sānzhìjùn de Zhúxīlóu 삼척군에 있는 죽서루 ┃ **襄阳郡的洛山寺** Xiāngyángjùn de Luòshānsì 양양군에 있는 낙산사 ┃ **蔚珍郡的望洋亭** Yùzhēnjùn de Wàngyángtíng 울진군에 있는 망양정 ┃ **通川郡的丛石亭** Tōngchuānjùn de Cóngshítíng 통천군에 있는 총석정 ┃ **平海郡的越松亭** Pínghǎijùn de Yuèsōngtíng 평해군에 있는 월송정

440 请介绍一下儿南怡岛。

해석 162p

▶ 南怡岛位于江原道春川市南山面，据说是修建清平大坝时，因江水溢满而形成的半月形小岛，传说朝鲜时代的南怡将军之墓在那里，因此得名南怡岛。南怡岛湖光山色，景色怡人，是电视剧《冬季恋歌》的外景地。

플러스 질문

❶ 南怡岛最有特色的景区是什么？

단어와표현

南怡岛 Nányídǎo 남이섬 | **清平大坝** Qīngpíng dàbà 청평댐 | **江水溢满** jiāngshuǐ yìmǎn 강물이 넘쳐 흐르다 | **湖光山色** húguāng shānsè 호수와 산이 서로 잘 어우러지는 아름다운 경치 | **景色怡人** jǐngsè yírén 풍경이 사람들을 기쁘게 하다 | **外景地** wàijǐngdì 촬영지, 세트장

441 请介绍一下儿高城统一瞭望台。

해석 162p

▶ 高城统一瞭望台位于江原道高城郡最北端，在这里可以看到世界唯一分裂国家的过去与现在。瞭望台于1983年建成、1994年对外开放，是为了安慰分裂的创伤和思乡的伤痛，为实现统一的心愿而修建的首个能眺望北韩土地的展望台。在瞭望台上不仅可以看到北韩土地，还能远远看到金刚山一万两千峰和海金刚的神秘景色，是平均每年吸引100万游客光顾的天然旅游区，也是体验分裂的现实、加强统一心愿的统一安保教育场所。站在统一展望台上向韩国对面的山坡望去的话，在浓浓的绿色植被中，韩文"统一"两个大字格外醒目。

442 请介绍一下儿东海岸。

▶ 从江原道雪岳山的东侧向南延伸，就是韩国最美的海景游览地东海岸，沿岸有束草、襄阳、江陵、三陟等几个城市，不但有美丽的海水浴场，还有一些名胜古迹，是夏天的消暑圣地，是冬天的浪漫之乡。沿岸的束草是东海岸最大的渔港，其南方有洛山寺、红莲庵等名胜；江陵市是东海岸最大的商业城市，每年举办的盛大民俗活动"江陵端午祭"吸引了众多游客，附近的五台山国立公园、乌竹轩、龙平滑雪场等旅游胜地更是让游客流连忘返；三陟位于江原道的最南端，有三陟海金刚，三陟海水浴场，以及被指定为宝物的竹西楼等观光地。

플러스 질문

❶ 请介绍一下儿三陟竹西楼。

_____

_____

_____

_____

❷ "竹西楼"名字的由来。

_____

_____

_____

해석 163p

---

443 请介绍一下儿洛山寺。

▶ 洛山寺位于江原道襄阳郡洛山海水浴场北面4公里之处，拥有1300多年历史。为新罗高僧义湘大师所建，寺内有七层石塔、铜钟、虹霓门等文化遗产。传说该寺是义湘在中国唐朝留学后回国，祈祷时遇观世音菩萨，遂在菩萨指点处修建法堂，并起名洛山寺。后洛山寺又经多次重建，现在的建筑建于1953年。洛山寺比较有代表性的两个建筑是义湘台和红莲庵，义湘台是建于海边绝壁上的台，往右侧山麓上走，那里的神仙峰上矗立着站立望海的石造佛像—海水观音像，该佛像规模很大，即使在很远的勿淄港也可看到。

---

444 请介绍一下儿蓬坪孝石文化村。

해석 164p

▶ 蓬坪孝石文化村是以韩国作家李孝石先生的《荞麦花开时》等多部作品为主题建成的大型文化村。每年荞麦花盛开的8、9月，在荞麦花海中举行的荞麦花节，亦称为"孝石文化节"，吸引众多游客去感受农村那种浓郁醇厚的乡土情怀。

445 请介绍一下儿镜浦台。

 해석 164p

▶ 镜浦台位于江陵市中心向北约6公里处，建于1326年的高丽时代的镜浦台楼阁，是当时供风流雅士观赏湖海风光、饮酒吟唱、挥毫泼墨、逍遥神游的地方。如今的镜浦台包括镜浦湖及东海海岸一带，在那里可欣赏日出和海上明月等景观。海边绵延6公里的白沙滩，是天然的海水浴场，夏季的避暑胜地。镜浦台楼阁的屋顶是韩屋中最常见的"八作"式样，被指定为地方文化遗产第6号。

플러스 질문

❶ 镜浦台的5个月亮说指的是什么?

_____

_____

_____

446 请介绍一下儿江陵船桥庄。 해석 164p

▶ 船桥庄是朝鲜时代的贵族李乃蕃(1703—1781)在江原道江陵市修建的高级住宅，是建于300多年前的上流阶层的代表性房屋，随着中国刮起的韩流之风，出现在多部韩国历史剧中的船桥庄也自然的成为了韩流旅游胜地，于1965年被指定为国家第5号重要民俗材料。船桥庄一直由李乃蕃及其子孙后代居住，300多年间传统房屋样式保存完好，曾被韩国KBS电视台评选为韩国十大最美的传统房屋之一。

船桥庄内最有名的建筑就是男主人居住的悦话堂。所谓悦话堂是指一家人相聚一堂，共同分享喜悦与欢乐。悦话堂前还有一般韩国传统房屋中罕见的阳台，这是朝鲜末期俄罗斯公使馆作为礼物代为修建的。此外，活来亭也是不可不提的重要建筑。建于1816年的活来亭位于大门外船桥庄入口附近，被莲花池中的莲花簇拥在池塘中心，别有一番景致。

船桥庄的传统建筑之美与大自然完美和谐地融合在一起，可以在那里欣赏荷花，体验茶道，寻找心灵的平静。

플러스 질문

❶ 这里为什么叫船桥庄？

_____

_____

_____

단어와 표현

李乃蕃 Lǐ Nǎifān 이내번(조선 시대 효령대군의 후손) ǀ 悦话堂 Yuèhuàtáng 열화당 ǀ 相聚一堂 xiāngjù yìtáng 모두가 함께 모이다 ǀ 罕见 hǎnjiàn 드물게 보이다 ǀ 代为修建 dàiwéi xiūjiàn 대신 건축하다 ǀ 活来亭 Huóláitíng 활래정 ǀ 不可不提 bùkě bùtí 언급하지 않을 수 없다 ǀ 簇拥 cùyōng 빽빽하게 둘러싸다 ǀ 池塘 chítáng 못 ǀ 别有一番景致 biéyǒu yì fān jǐngzhì 색다른 아름다운 경치 ǀ 完美和谐地融合在一起 wánměi héxié de rónghé zài yìqǐ 완벽하고 조화롭게 잘 어우러지다 ǀ 体验茶道 tǐyàn chádào 다도를 체험하다

447 介绍一下儿江源海岸列车。

해석 165p

▶ 沿着56公里海岸线行进的"海岸列车"，将东海的神秘与迷人的白色沙滩完美地呈现在人们眼前。海岸列车共有四节乘客车厢，所有座位都面向大海，透过比一般火车窗大30%左右的车窗，可以将沿途美丽的海景尽收眼底。

> **단어와표현**
>
> 沿着海岸线行进 yánzhe hǎi'ànxiàn xíngjìn 해안선을 따라 움직이다 | 呈现在人们眼前 chéngxiàn zài rénmen yǎnqián 사람들의 눈앞에 나타나다 | 尽收眼底 jìnshōu yǎndǐ 한눈에 들어오다 | 沿途 yántú 길을 따라

448 介绍一下儿全罗道。

해석 165p

▶ 全罗道由全罗北道和全罗南道组成，那里完美地继承了盘索里、歌唱、民俗料理等最具韩国特色的传统文化，而且风光优美、景色秀丽。
其中的全罗北道位于韩国的西南部，北起忠清南道，南接全罗南道，东临庆尚北道，西邻黄海。著名的盘索里《春香传》的背景地南原、被指定为慢城的"全州韩屋村"和以"全州拌饭"闻名的全州均位于此地。此外那里有韩国最大的平原——湖南平原，因土地肥沃，有"韩国第一粮仓"的美誉。还有各种文化庆典吸引了韩国各地的游客观光，如全州世界民乐节、南原春香节、全州大私习大会、金提地平线庆典和邑城踏城活动等。
全罗南道位于韩国最西南端，北接全罗北道，东邻庆尚南道，南部与济州岛隔海相望，西邻西海，曾因举办世界博览会而闻名世界的丽水位于此地。那里荣山江流域的罗州平野也是韩国最大的产粮地带之一。此外那里的海产品丰富，有代表性的是紫菜、牡蛎和青花鱼及大虾。

> **플러스 질문**
>
> ❶ 说说全罗道的历史。

Unit 06 지역별(3)-충청·강원·전라

단어와 표현

完美地 wánměi de 완벽하게 | 继承 jìchéng 계승하다 | 北起 běiqǐ 북으로는 | 南接 nán jiē 남으로는 ~와 인접하다 | 东临 dōng lín 동으로는 ~와 마주하다 | 西邻 xī lín 서로는 ~와 이웃하다 | 背景地 bèijǐngdì 배경 지역 | 慢城 mànchéng 슬로시티 | 以…闻名 yǐ…wénmíng ~으로 유명하다 | 韩国第一粮仓 Hánguó dì yī liángcāng 한국 제일의 곡식 창고 | 美誉 měiyù 명성 | 世界民乐节 Shìjiè Mínyuèjié 세계소리축제 | 南原春香节 Nányuán Chūnxiāngjié 남원춘향제 | 全州大私习大会 Quánzhōu Dàsīxí Dàhuì 전주대사습놀이 | 金提地平线庆典 Jīntí Dìpíngxiàn Qìngdiǎn 김제지평선축제 | 邑城踏城活动 Yìchéng Tàchéng Huódòng 읍성 답성놀이 | 与…隔海相望 yǔ…gé hǎi xiāngwàng ~와 바다를 사이에 두고 마주보다 | 牡蛎 mǔlì 굴 | 青花鱼 qīnghuāyú 고등어

449 介绍一下儿全州。  해석 166p

▶ 全州是全罗北道的行政中心，曾是后百济的首都，是三国时代的地方军政要地和李氏王朝的发源地。从传统文化方面来说，全州是韩屋、韩餐和韩纸等保存较好的城市，由700多间韩屋形成的全州韩屋村，在2010年被指定为慢城。此外全州是传统饮食非常丰富的城市，全州拌饭享誉韩国，全州的韩定食更是韩国的代表饮食。还有全州每年秋季都会举办"全州世界民乐节"，用声音与世界交流。

단어와 표현

行政中心 xíngzhèng zhōngxīn 행정 중심 | 后百济 Hòubǎijì 후백제 | 地方军政要地 dìfāng jūnzhèng yàodì 지방 군정의 요지 | 发源地 fāyuándì 발원지 | 享誉韩国 xiǎngyù Hánguó 한국에서 유명하다 | 韩定食 hándìngshí 한정식

450 请介绍一下儿全罗北道的代表观光地。 해석 166p

▶ 全罗北道拥有众多有名观光地。比如说益山弥勒寺址、边山半岛国立公园、禅云寺和高敞支石墓群、内藏山国立公园、南原广寒楼苑、全州韩屋村、全州韩纸博物馆、丰南门、茂朱度假村等等。下面具体介绍一下儿最具代表性的景点：

益山弥勒寺址位于全罗北道益山地区，建于百济武王时期，是三国时代最大的寺庙，目前寺内保存着韩国最早的石塔"弥勒寺址石塔"（国宝11号）。

丰南门位于全州市内，与首尔东大门、南大门一样是具有东西南北地标的城门，丰南门是四座城门中唯一保存至今的及具历史价值的城门。丰南门状如被截成一半的酱缸，上边的两层建筑十分大气。如今的丰南门附近地区已成为商场林立的繁华地区，可是在丰南门附近也仍保有大量韩国传统民宅，可谓是近距离体验韩国传统文化与现代文明的名地。

南原广寒楼苑的名字来源于嫦娥所在的"广寒清虚府"，意指美景堪比月亮宫殿。那里是韩国古典小说代表作《春香传》的背景地，是小说主人公李梦龙和成春香命运般初次相遇之地。

茂朱度假村于1990年以滑雪场对外开放，1997年成功承办了冬季大学生运动会。度假村内有滑雪场、高尔夫球场、室内游泳场、野外温泉等各种休闲设施及便利设施，附近还有美丽的洞窟、瀑布、溪谷和德裕山国立公园，被评为世界性的修养胜地。

플러스 질문

❶ 介绍一下全罗北道的其他观光地。

_____

_____

_____

_____

_____

_____

단어와 표현

益山弥勒寺址 Yìshān Mílèsìzhǐ 익산 미륵사지 | 禅云寺 Chányúnsì 선운사 | 内藏山国立公园 Nèicángshān Guólì Gōngyuán 내장산국립공원 | 南原广寒楼苑 Nányuán Guǎnghánlóuyuàn 남원 광한루원 | 丰南门 Fēngnánmén 풍남문 | 茂朱度假村 Màozhū Dùjiàcūn 무주리조트 | 建于…时期 jiànyú…shíqī ~때 지어지다 | 状如被截成一半的酱缸 zhuàng rú bèi jiéchéng yíbàn de jiànggāng 모양이 반쪽이 잘려 나간 장독 같다 | 十分大气 shífēn dàqì 매우 기개가 있다 | 商场林立 shāngchǎng línlì 상업이 활발하다 | 可谓是 kěwèi shì 가히 ~라고 말할 수 있다 | 来源于 láiyuán yú ~에서 기원하다 | 意指 yìzhǐ ~을 의미하다 | 堪比 kānbǐ 견줄 만하다 | 命运般初次相遇 mìngyùnbān chūcì xiāngyù 운명적인 첫 만남 | 洞窟 dòngkū 동굴

---

451 请介绍一下儿全罗南道的代表观光地。 해석 167p

▶ 全罗南道有被认证为慢城的新安郡曾岛、珍岛、智异山国立公园、闲丽海上国立公园、乐安邑城民俗村、松广寺、白羊寺、丽水、宝成茶园和光州美术双年节展览馆等等。下面具体介绍一下儿最具代表性的景点：
珍岛是继济州岛和巨洲岛之后的韩国第三大岛，尤以每年4月—5月的海路闻名。那里海水退潮后会出现一条宽三四十米，长约为2.8公里的路，大约持续一个小时候路会渐渐消失。那里海水退潮时会举办纪念桑奶奶的活动，具有民族特色的公演吸引了大量游客。

乐安邑城民俗村位于全南顺天地区，被指定为史迹302号。那里完整地保存了朝鲜时代的古城、东轩、茅草屋舍和林庆业将军碑等古迹。与其他民俗村不同的是那里有108户真正的居民居住生活。每年的农历正月十五、五月和十月都有各种民俗庆典活动。

丽水是由300多个有人岛和无人岛组成的天然旅游区，是全罗南道著名的港口城市，也是闲丽海上国立公园的起始点，因2012年的世界博览会被世界各地人们熟知。此外壬辰倭乱时期李舜臣将军指挥的全罗左水营的大本营"镇南馆"及有关文物遗址也都在丽水。

宝成茶园在日本统治时期就是茶叶的种植地，拥有众多历史悠久规模宏大的茶园。

단어와 표현

新安郡曽岛 Xīn'ānjùn Céngdǎo 신안군 증도 | 珍岛 Zhēndǎo 진도 | 闲丽海上国立公园 Xiánlì Hǎishàng Guólì Gōngyuán 한려해상국립공원 | 乐安邑城民俗村 Lè'ān yìchéng mínsúcūn 낙안읍성민속마을 | 松广寺 Sōngguǎngsì 송광사 | 白羊寺 Báiyángsì 백양사 | 继…之后 jì…zhī hòu ~뒤를 이어 | 尤以…闻名 yóuyǐ… wénmíng 특히 ~로 유명하다 | 退潮 tuìcháo 조수가 밀려나가다, 썰물이 되다 | 桑奶奶 Sāng nǎinai 뽕할머니 | 东轩 dōngxuān 동헌(고을의 수령이 집무하던 곳) | 茅草屋舍 máocǎo wūshè 초가집 | 林庆业将军碑 Lín Qìngyè jiāngjūn bēi 임경업 장군비 | 因…被人们熟知 yīn…bèi rénmen shúzhī ~로 사람들에게 알려져 있다 | 全罗左水营 Quánluó Zuǒshuǐyíng 전라 좌수영(조선 시대의 수군水军) | 大本营 dàběnyíng 본영, 총본부, 베이스캠프

 **keyword**

경주 역사 지구	성산일출봉
울릉도	중문관광단지
독도	제주 3대 폭포
통도사	제주 올레길

---

452 请介绍一下儿庆州。 해석 168p

▶ 庆州是韩国最具代表性的历史城市，位于庆尚北道，它是韩国历史上统治时间最长的国家——新罗的首都，有上千年的灿烂发展史，整座城市被称作是一个"没有围墙的博物馆"，文化遗址遍布全市，历史地位相当于中国的西安和南京，而景色秀丽又像苏州的古朴和美丽。中国的好多游客认为，来韩国不去庆州是件非常遗憾的事情，石窟庵、佛国寺被联合国指定为世界文化遗产。遗产区内分布着52个指定文物，生动地再现了新罗文化的鼎盛时期。

> **단어와표현**
>
> 灿烂发展史 cànlàn fāzhǎnshǐ 찬란한 발전사 **|** 没有围墙的博物馆 méiyǒu wéiqiáng de bówùguǎn 울타리 없는 박물관 **|** 遍布全市 biànbù quánshì 온 시내에 분포하다 **|** 古朴 gǔpǔ 소박하면서 고풍스럽다 **|** 鼎盛时期 dǐngshèng shíqī 전성기

---

453 请介绍一下儿庆州历史遗址区。 해석 168p

▶ 庆州历史遗址区有佛教遗址，还有王都遗址，拥有悠久的历史文化。根据遗产性质可分为以下五个区：
1. 南山地区：这里是韩国佛教美术的宝库，与庆州月城遗址并称为韩国最佳景点。新罗建国后，庆州南山一直被称为"圣地"，这里不但有传说中新罗始祖"朴赫居士"的诞生地"罗井"，还有见证新罗王朝灭亡的鲍石亭以及弥勒谷石佛坐像等各种佛教遗址，可谓是展示新罗历史与

文化的自然博物馆。此外这里的自然环境也十分优美。

2. **月城地区**：这里是有着千年王朝的新罗王宫遗址，有坐落着新罗王宫的月城，有新罗金姓王族始祖金阏智的出生地鸡林，新罗统一时期建造的临海殿址，还有亚洲最古老的天文瞻星台。

3. **大陵苑地区**：这里是位于庆州市中心，占地12万坪的埋葬新罗王、王妃和贵族等高级阶层的墓地，出土了众多展示新罗文化精髓和展现当时生活面貌的生活用品及服饰等历史遗物，特别是古坟内的壁画拥有极高的历史和艺术价值。大大小小犹如山丘的古坟与周边景色相互融合，营造出一种安详静谧的氛围。

4. **黄龙寺地区**：这里是新罗佛教的精华，包括黄龙寺址和芬皇寺，令人遗憾的是黄龙寺在蒙古入侵时被烧毁，但据遗迹考证仍可估测出当时雄壮的大寺院的规模。这里出土的4万余件文物是研究新罗历史的宝贵资料。

5. **山城地区**：这里是王都防守设施的核心。当时为了躲避入侵的外敌，建了许多山城，其中位于庆州东部明活山的明活山城被指定为世界文化遗产。新罗早期的建筑方式采用了使用未曾打磨的石头来建筑城墙，这种筑城技术甚至传入日本，对日本的筑城术有着深远影响。

플러스 질문

❶ 为什么说新罗历史始于南山，亦终于南山？

_____

_____

❷ 大陵苑最有名的是什么？

_____

_____

_____

_____

❸ 天马图是什么？

_____

_____

단어와 표현

并称为 bìngchēng wéi 함께 ~로 불리다 | 鲍石亭 Bàoshítíng 포석정 | 弥勒谷石佛坐像 Mílègǔ Shífó Zuòxiàng 미륵곡석불좌상 | 金阏智 Jīn Èzhì 김알지(경주 김씨의 시조) | 鸡林 Jīlín 계림(경주의 옛 이름) | 临海殿址 Línhǎidiànzhǐ 임해전지(예전엔 안압지, 임해전지로 불리다가 현재는 원명을 따라 '동궁东宫과 월지月址로 불린다') | 瞻星台 Zhānxīngtái 첨성대 | 文化精髓 wénhuà jīngsuǐ 문화의 정수 | 犹如山丘 yóurú shānqiū 마치 산언덕 같다 | 营造 yíngzào 축조하다, 건립하다 | 安详静谧 ānxiáng jìngmì 편안하고 조용하다 | 芬皇寺 Fēnhuángsì 분황사 | 躲避 duǒbì 피하다 | 入侵的外敌 rùqīn de wàidí 침입한 외적 | 未曾打磨的石头 wèi céng dǎmó de shítou 다듬지 않은 돌 | 深远影响 shēnyuǎn yǐngxiǎng 깊은 영향을 주다

---

454 请介绍一下儿鲍石亭遗址。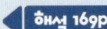

▶ 鲍石亭遗址位于庆州南山西侧山腰上，1963年1月21日被指定为史迹第一号。这里原是新罗时期行宫的遗址，现在当时的建筑已经不存在，只留下了形如鲍鱼的石水渠，因石槽的形状如同鲍鱼壳一般而得名。这里是新罗王朝落幕的地方。

단어와 표현

山腰 shānyāo 산중턱, 산허리 | 形如鲍鱼 xíng rú bàoyú 전복 모양새와 같다 | 石水渠 shíshuǐqú 돌로 만든 수로 | 石槽 shícáo 석조(돌로 만든 물통) | 因…而得名 yīn…ér démíng ~로 인하여 이름을 얻다 | 如同…一般 rútóng… yìbān ~와 같다 | 鲍鱼壳 bàoyúké 전복 껍질 | 落幕 luòmù 막을 내리다

---

455 请介绍一下儿雁鸭池。

▶ 韩国最古老的史书《三国史记》中记载道新罗文武王14年(公元前647年)下令在宫里挖一个莲花池，然后在池中建立3个小岛，在东侧和北侧修建小山并种上花草，养些珍奇动物。雁鸭池就是那个记载中的莲花池，位于月城东北部。据1975年考察结果，雁鸭池呈球形，东西200米，南北180米。现在的雁鸭池接近圆形，是沿着护岸石修建而成的。

플러스 질문

❶ "庆州东宫与月址"指的是什么?

_____

_____

_____

단 어 와 표 현

《三国史记》《Sān guó shǐjì》『삼국사기』(김부식 등이 편찬한 삼국시대의 정사) ┃ 莲花池 liánhuāchí 연못 ┃ 珍奇动物 zhēnqí dòngwù 진기한 동물 ┃ 呈球形 chéng qiúxíng 공 모양의 형태를 보이다 ┃ 沿着护岸石修建而成 yánzhe hù'ànshí xiūjiàn ér chéng 호안석을 따라서 건축하다

---

456 请介绍一下儿瞻星台。 해석 170p

▶ 瞻星台是东方现存最古老的天文台，建于新罗27代王善德女王时期，是庆州代表性的历史遗址。瞻星台于1962年12月20日被指定为国宝第31号。它是一座石结构建筑，高9米，呈圆筒形，体现了直线与曲线的和谐搭配。它由362块30厘米大小的石块分27层堆砌而成。距底部4.16米处有一扇边长为1米的正方形门，门下还遗留着摆放梯子的痕迹。

플러스 질문

❶ 瞻星台共用了362块石块，这有什么特殊意义吗?

단 어 와 표 현

呈圆筒形 chéng yuántǒngxíng 원통형을 나타내다 ┃ 和谐搭配 héxié dāpèi 조화롭게 어울리다 ┃ 堆砌而成 duīqì ér chéng 쌓아올려 만들다 ┃ 一扇边长为1米的正方形门 yí shàn biān chángwéi 1 mǐ de zhèngfāngxíng mén 한 변의 길이가 1m인 정사각형 문 ┃ 遗留 yíliú 흔적이 남아 있다 ┃ 梯子 tīzi 사다리

---

457 请介绍一下儿庆州良洞村。 해석 170p

▶ 庆州良洞村坐落于庆州市区以北16公里的山脚下，月成孙氏和骊江李氏两个家族已在此地居住了500多年。现有150余户370多名后代居住在村子里。

良洞村沿山坡分布，位于山坡上的砖瓦房属于上流阶层，平地上的草屋
为下人居住的地方，这里的许多古屋都被指定为"国宝"。参观良洞村的
时间大概要2个小时左右。

단 어 와 표 현

庆州良洞村 Qìngzhōu Liángdòngcūn 경주 양동마을 ｜ **坐落于** zuòluò yú ～에 자리 잡고 있다 ｜ **沿山坡分布** yán shānpō fēnbù 산비탈에 분포하다 ｜ **砖瓦房** zhuānwǎfáng 기와집 ｜ **草屋** cǎowū 초가집

458　请介绍一下儿国立庆州博物馆。　　해석 170p

▶　国立庆州博物馆位于2000年被列为世界文化遗产的"庆州历史遗迹地区"
内，展示着新罗时期的文物。其中考古馆分4个展区，展示着庆州博物
馆的代表性展品——新罗金冠等，体现了新罗王室的奢华生活；美术馆
展示着佛教雕刻作品；此外还有74000多平方米的室外展厅——博物馆庭
院，展示着从庆州一带寺庙遗址等处移来的石塔、石佛等石筑品。

단 어 와 표 현

考古馆 kǎogǔguǎn 고대 문물관 ｜ **新罗金冠** Xīnluó jīnguàn 신라 금관 ｜ **奢华生活** shēhuá shēnghuó 사치스런 생활 ｜ **佛教雕刻作品** fójiào diāokè zuòpǐn 불교 조각 작품 ｜ **石筑品** shízhùpǐn 석조 건축물

459　请介绍一下儿庆州民俗工艺村。　　해석 170p

▶　庆州民俗工艺村位于佛国寺和普门团地之间的吐含山山麓观光路边，有
古代造型的传统瓦房及草房建筑共45座。在这里不但能体验韩国古代时
期的静雅氛围，还能观赏金属、陶瓷、木工、宝石、刺绣等18个行业的
工艺品制作工艺。此外还可在民俗工艺展示馆以低廉的价格购买喜欢的
工艺品。

普门团地 Pǔmén Tuándì 보문관광단지(경주시에 있는 국제적인 관광단지) | 山麓 shānlù 산비탈 | 静雅氛围 jìngyǎ fēnwéi 조용하고 기품 있는 분위기 | 刺绣 cìxiù 자수(공예품) | 以低廉的价格 yǐ dīlián de jiàgé 저렴한 가격으로

---

460 请介绍一下儿新罗千年公园。 해석 171p

▶ "新罗千年公园"位于韩国庆州，是一个集表演、住宿、疗养为一体的民俗村，也是一座体验型综合历史文化公园，再现了新罗全盛时期的历史风貌。那里的所有工作人员都身着新罗时代的服装，让人耳目一新。这里是韩剧《花样男子》和《善德女王》的拍摄地。

集…为一体 jí…wéi yìtǐ ～이 하나가 되다 | 体验型 tǐyànxíng 체험형 | 身着… shēnzhuó… ～옷을 입고 있다 | 耳目一新 ěrmù yìxīn 보고 듣는 것이 다 새롭다 | 《花样男子》《Huāyàng Nánzǐ》〈꽃보다 남자〉

---

461 庆州都有哪些国宝? 해석 171p

▶ 庆州共有佛国寺、石窟庵、瞻星台、天马冢等等28个国宝，其中有7个位于佛国寺，他们是多宝塔(国宝20号)、释迦塔(国宝21号)、连华桥和七宝桥(国宝22号)、青云桥和白云桥(国宝23号)、金铜毗卢遮那佛坐像(国宝26号)、金铜阿弥陀如来坐像(国宝第27号)、佛国寺三层释迦塔内发现的文物(国宝126号)。

天马冢 Tiānmǎzhǒng 천마총(신라 고분) | 金铜毗卢遮那佛坐像 Jīntóng Pílúzhēnà Fózuòxiàng 금동비로자나불 좌상 | 金铜阿弥陀如来坐像 Jīntóng Émítuó Rúlái Zuòxiàng 금동아미타여래좌상

462 请介绍一下儿郁陵岛。

해석 171p

▶ 郁陵岛位于庆尚北道郁陵郡，是2500万年前海底火山爆发形成的岛屿，以圣人峰(984米)为中心，整个岛都是大大小小相连的高峰，海岸线都是陡峭的岩壁，奇峰异石、稀有动物、原始森林和大海与天空浑然一体，完美地保存着美丽的自然风光，是东海第一旅游景区。在那里，没有高楼大厦，没有车水马龙与熙攘人潮，有的只是海岛村落特有的宁静。乘缆车到达望山峰俯瞰大海，韩国最东端的独岛就近在眼前。

플러스 질문

❶ 济州岛与郁陵岛在地理环境上有何不同？

_____

_____

_____

단어와표현

郁陵岛 Yùlíngdǎo 울릉도 | 海底火山爆发 hǎidǐ huǒshān bàofā 해저 화산 폭발 | 圣人峰 Shèngrénfēng 성인봉 | 陡峭的岩壁 dǒuqiào de yánbì 가파른 절벽 | 奇峰异石 qífēng yìshí 기이한 암석과 봉우리 | 浑然一体 húnrán yìtǐ 하나로 어우러지다 | 车水马龙 chēshuǐ mǎlóng 차량의 물결 | 熙攘人潮 xīrǎng réncháo 복적이는 인파 | 乘缆车 chéng lǎnchē 케이블카를 타다 | 望山峰 wàng shānfēng 산봉우리를 바라보다 | 俯瞰 fǔkàn 내려다보다 | 近在眼前 jìnzài yǎnqián 바로 눈앞에 있다

463 请介绍一下儿独岛。

해석 171p

▶ 独岛，日本称竹岛，位于韩国郁陵岛东部约87.4公里处，是由被称为"东岛"和"西岛"的两块岩石组成的岛屿。它面积虽不大，但由于其独特的地理位置，而有着极高的战略价值和经济价值。那里是韩国的黄金渔场，拥有着丰富的海洋资源。此外独岛还是韩国的军事战略要地，目前独岛上驻有韩国警备队和少数居民。2012年12月27日，郁陵岛和独岛成为韩国国内首个国家地质公园。

❶ 简单介绍一下儿独岛之争。

_____

_____

_____

_____

_____

_____

_____

❷ 什么是独岛名誉居民证?

_____

_____

_____

단어와표현

战略价值 zhànlüè jiàzhí 전략적 가치 ┃ **黄金渔场** huángjīn yúchǎng 황금어장 ┃ **军事战略要地** jūnshì zhànlüè yàodì 군사적 요충지 ┃ **驻有韩国警备队** zhùyǒu Hánguó jǐngbèiduì 한국 수비대가 주둔하다

---

464 请介绍一下儿凤亭寺。 <한석 172p>

▶ 凤亭寺位于庆北安东地区。传说在新罗武王时期，能仁大师放飞的纸凤凰曾飞到这里，因而得名。寺内有高丽中期建造的"极乐殿"；朝鲜初期建造的"大雄宝殿"；还有朝鲜后期建造的"古今堂"和"华严讲堂"。据史料记载极乐殿重修于高丽恭愍王时期，是目前韩国最古老的木造建筑。英国女王伊丽莎白二世1999年访韩时曾到此一游。

단어와표현

凤亭寺 Fèngtíngsì 봉정사 ┃ **能仁大师** Néngrén Dàshī 능인대사 ┃ **放飞的纸凤凰** fàngfēi de zhǐfènghuáng 날려 보낸 종이 봉황 ┃ **因而得名** yīn'ér démíng 이로 인하여 이름을 얻다 ┃ **极乐殿** Jílèdiàn 극락전 ┃ **大雄宝殿** Dàxióngbǎodiàn 대웅보전 ┃ **古今堂** Gǔjīntáng 고금당 ┃ **华严讲堂** Huáyán jiǎngtáng 화엄강당 ┃ **高丽恭愍王** Gāolì Gōngmǐnwáng 고려 공민왕(고려 제31대 왕)

465 请介绍一下儿陶山书院。

해석 172p

▶ 陶山书院位于庆尚北道安东，那是朝鲜时代著名的性理学家退溪李滉的弟子和当时(宣祖7年1574年)的儒学家们为纪念李滉而建立的一个书院，包括尚德祠、典教堂和东西斋，在书院建好的第二年，也许因为李滉曾经建立陶山书堂，教育儒生钻研学问，所以宣祖赐了"陶山书院"的牌匾，从此那里成为岭南儒学的中心。

단어와표현

陶山书院 Táoshān Shūyuàn 도산서원 | **性理学家退溪李滉** xìnglǐxuéjiā Tuìxī Lǐ Huàng 성리학자 퇴계 이황 | **尚德祠** Shàngdécí 상덕사 | **典教堂** Diǎnjiàotáng 전교당 | **东西斋** Dōngxīzhāi 동서재 | **钻研** zuānyán 깊이 탐구하다 | **宣祖** Xuānzǔ 선조(조선 제14대 왕) | **赐** cì 하사하다 | **牌匾** páibiǎn 편액, 간판

466 请介绍一下儿庆尚南道。

해석 173p

▶ 庆尚南道位于韩国东南部，这里有收藏着韩国三大寺庙中佛教经典的《八万大藏经》的陕川"海印寺"和供奉着菩萨真身舍利的"通度寺"，此外位于南部地区的"闲丽海上国立公园"，地跨巨济岛、统营市和南海郡等地区，乘船游览海上风光别具特色。还可以参加韩国最大的樱花庆典"镇海军港祭"，在历史悠久的晋州举办的"晋州南江流灯庆典"，和在以绿茶和文学之乡而闻名的慢城河东郡举行的"野生茶文化"等庆典活动。可谓是欣赏古典、自然及体验各种文化的佳地。

단어와표현

菩萨真身舍利 púsà zhēnshēn shèlì 부처의 진신사리 | **通度寺** Tōngdùsì 통도사 | **地跨** dì kuà (지역이) ~에 걸쳐 있다 | **别具特色** biéjù tèsè 특색 있다

467 请介绍一下儿通度寺。

해석 173P

▶ 通度寺位于庆尚南道梁山，是佛宝寺刹，建于646年。是韩国的三宝名刹之一。不幸的是它曾经于壬辰倭乱时被毁，后重建于1601年及1641年。这里因供奉着佛祖舍利子，因而没有佛像。由大雄殿、不二门及保存了1300年的石造浮雕等35座建筑组成。

단어와표현

梁山 Liángshān 양산 | 佛宝寺刹 Fóbǎo sìchà 불보사찰 | 佛祖舍利子 fózǔ shèlìzǐ 석가모니의 사리 | 不二门 Bú'èrmén 불이문(대웅전으로 들어가는 마지막 문) | 浮雕 fúdiāo 부각, 부조

468 请介绍一下儿巨济岛。

해석 173P

▶ 巨济岛位于庆尚南道巨济市南海岸，被称为韩国南海的天堂。那里有充满神秘氛围的海金刚、长为几十米奇石海岸、12个海水浴场和山茶树林等众多天然旅游资源。此外这里还是韩国造船业的中心，游客在此可一览自然、文化、产业资源等多种风貌。

단어와표현

巨济岛 Jùjìdǎo 거제도 | 充满神秘氛围 chōngmǎn shénmì fēnwéi 신비한 분위기가 충만하다 | 奇石海岸 qíshí hǎi'àn 기이한 암석들로 이루어진 해안 | 造船业 zàochuányè 조선업 | 可一览 kě yìlǎn 한눈에 볼 수 있다

469 济州道的面积有多大？请介绍一下儿济州岛。

해석 173P

▶ 济州道的面积有1849平方公里，人口有60多万，是韩国最小的道，只有两个市，济州市和西归浦市。作为济州特别自治道的主岛济州岛，是韩国最大的火山喷发形成的岛屿，位于韩国的最南方。在济州岛不但可以享受亚热带气候特征——温和湿润的空气，而且能观赏火山喷发形成的旖旎风光和奇特地形，体验济州岛的现代化发展，还能听到许多韩国人家喻户晓的传说，三多、三无、守护神多尔哈鲁邦等，因此济州岛吸引了众多游客，赢得了众多美誉；韩国的夏威夷、蜜月之岛、浪漫之岛、国际修养岛、火山博物馆。济州岛于2011年被选定为世界7大自然景观，是世界上唯一获得联合国教科文组织自然科学领域"三冠王"的地方。韩国政府为了把济州道打造成为东北亚的中心国际城市，于2006年把它定为济州特别自治道，享有除国防和外交外的所有行政自治权，对中国人免签证，而且韩国人也可随意享受免税店优惠。

플러스 질문

❶ 济州岛的三多、三无、三宝和三丽分别指的是什么？

_____

_____

❷ 济州岛在联合国教科问组织自然环境领域获得的"三冠王"指的是什么？

_____

_____

❸ 介绍一下儿传说中说的守护神多尔哈鲁邦(石头爷爷)。

_____

_____

_____

단어와 표현

济州道 Jìzhōudào 제주도(행정구역으로 지칭할 때) ┃ 济州岛 Jìzhōudǎo 제주도(섬으로서 지칭할 때) ┃ 西归浦市 Xīguīpǔshì 서귀포시 ┃ 火山喷发 huǒshān pēnfā 화산 폭발 ┃ 亚热带气候特征 yàrèdài qìhòu tèzhēng 아열대기후 특징 ┃ 享受温和湿润的空气 xiǎngshòu wēnhé shīrùn de kōngqì 온난 다습한 기후를 누리다 ┃ 旖旎风光 yǐnǐ fēngguāng 부드럽고 아름다운 풍광 ┃ 家喻户晓 jiāyù hùxiǎo 모두가 다 알다 ┃ 多尔哈鲁邦 Duō'ěrhālǔbāng 돌하르방 ┃ 赢得了众多美誉 yíngdéle zhòngduō měiyù 많은 사람들의 호평을 받다 ┃ 夏威夷 Xiàwēiyí 하와이 ┃ 国际修养岛 guójì xiūyǎngdǎo 국제 휴양섬 ┃ 三冠王 sān guàn wáng 삼관왕 ┃ 免签证 miǎn qiānzhèng 사증 면제, 무비자

470 济州岛有哪些著名观光地？请说出5个来。

해석 174p

▶ 济州岛的著名观光地数不胜数，有自然景观龙头岩、万丈窟、汉拿山国立公园、中文大浦海岸柱状节理带等等；有各种博物馆、主题公园和休闲度假中心；还有代表济州高速发展的国际会议中心和体验济州当地风情的传统市场，可谓包罗万象，应有尽有。选择5个介绍一下儿的话，我想说说三大瀑布、中文旅游区、马公园、济州石文化公园和济州偶莱。

단어와표현

数不胜数 shǔ búshèng shǔ 무수히 많아서 셀 수 없다 | 龙头岩 Lóngtóuyán 용두암 | 万丈窟 Wànzhàngkū 만장굴 | 中文大浦海岸柱状节理带 Zhōngwén Dàpǔ Hǎi'àn Zhùzhuàngjiélǐdài 중문 대포해안 주상절리대 | 可谓 kěwèi ~라고 말할 수 있다 | 包罗万象 bāoluó wànxiàng 모든 것들을 포함하다 | 中文旅游区 Zhōngwén Lǚyóuqū 중문관광단지(제주도의 국제관광단지) | 马公园 Mǎ Gōngyuán 더마파크(말과 관련된 테마파크) | 济州石文化公园 Jìzhōu Shí Wénhuà Gōngyuán 제주돌문화공원 | 济州偶莱 Jìzhōu Ǒulái 제주 올레길

471 请介绍一下儿济州三大瀑布。

해석 174p

▶ 济州岛的三大瀑布是天帝渊瀑布、天地渊瀑布和正房瀑布。

天帝渊瀑布是三大瀑布中规模最大的瀑布，有"天帝之渊"之意，据说是服侍玉皇大帝的仙女曾到此沐浴而得名。天帝渊瀑布由高向低分为三部分：第一瀑布是从断崖和粘土层之间喷出的泉水，清澈透明，可以饮用，传说还可包治百病，有时断流而形成"天帝渊"；下大雨的时候，水下流形成第二瀑布、第三瀑布。其中第二瀑布宽30米，最为壮观。

天地渊瀑布在熔岩凝结而成的溪谷中形成，高22米，宽12米，瀑布下面的莲池有"天地浑然一体的莲池"之美誉，因此得名天地渊，其间栖息着主要栖息于热带地区的花鳗鲡，此外周围奇岩绝壁，布满温带森林带的珍贵树木。最值得一提的是那里照明设施和便利设施完备，特别是灯光下的瀑布美景让人流连忘返。

正房瀑布是韩国唯一的水流直接入海的瀑布，高23米，两条瀑布宽8米。相传受秦始皇之命寻找长生不老药的徐福因感叹瀑布景观而在悬崖上刻下了"徐福过此"四个大字后向西而去，如今那四个大字仍清晰可见，"西归浦"的名字也源于此。

단어와 표현

天帝渊瀑布 Tiāndìyuān Pùbù 천제연폭포 | **天地渊瀑布** Tiāndìyuān Pùbù 천지연폭포 | **正房瀑布** Zhèngfáng Pùbù 정방폭포 | **服侍** fúshi 시중들다 | **沐浴** mùyù 목욕하다 | **断崖和粘土层** duànyá hé zhāntǔcéng 깎아진 벼랑과 점토층 | **清澈透明** qīngchè tòumíng 맑고 투명하다 | **包治百病** bāozhì bǎibìng 만병통치 | **最为壮观** zuìwéi zhuàngguān 가장 장관을 이루다 | **熔岩凝结** róngyán níngjié 용암이 응고하다 | **溪谷** xīgǔ 계곡 | **莲池** liánchí 연못 | **天地浑然一体的莲池** tiāndì húnrán yìtǐ de liánchí 땅과 하늘이 하나를 이루는 연못 | **得名天地渊** démíng tiāndìyuān 천지연이란 이름을 얻다 | **栖息着** qīxīzhe 서식하고 있다 | **花鳗鲡** huāmánlí 무태장어 | **奇岩绝壁** qíyán juébì 기암절벽 | **布满** bùmǎn 가득 널려 있다, 충만하다 | **流连忘返** liúlián wàngfǎn 발길이 떨어지지 않다 | **清晰可见** qīngxī kějiàn 또렷하게 볼 수 있다 | **源于此** yuányú cǐ 여기서 연유하다

---

472 请介绍一下儿中文旅游区。 해석 175P

▶ 大家不要误会，这里的"中文旅游区"跟"汉语"没什么关系，因位于中文地区的海边而得名。它是济州岛的综合性观光园地，是韩国规模最大的休养地，于1971年被指定为国际旅游区。旅游区面积130万坪，完美再现了自然与人工的和谐，内有太平洋乐园、如美地植物园、高尔夫球场、观光渔村，还有被誉为韩国最干净的海水浴场之一的中文海滨浴场，此外还拥有新罗酒店和乐天酒店等顶级酒店和最高级的旅游服务设施。

단어와 표현

完美再现 wánměi zàixiàn 완벽하게 재현하다 | **太平洋乐园** Tàipíngyáng Lèyuán 퍼시픽랜드 | **如美地植物园** Rúměidì Zhíwùyuán 여미지식물원 | **顶级酒店** dǐngjí jiǔdiàn 최고급 호텔

---

473 请介绍一下儿济州岛马公园。 해석 175P

▶ 济州岛三多是风、石头和女人，其实还有一个堪称"多"的是"马"，济州岛自然条件自古就适合养马，在蒙古入侵济州岛的时候，那里曾为专门的马匹饲养地。如今那里有世界第一个有关"马"的主题公园，不但可欣赏稀有马种，还可体验骑马，观看马术表演。

단어와 표현

马匹 mǎpǐ 마필(당나귀·조랑말·노새 등 말의 총칭) | **饲养** sìyǎng 기르다, 먹이다 | **稀有马种** xīyǒu mǎzhǒng 희귀한 종류의 말

474 请介绍一下儿济州石文化公园。

해석 175P

▶ 石头在济州岛人的心目中有着举足轻重的地位，那是神的化身。"济州石文化公园"就是在此基础上建立的综合性博物馆兼系统性生态公园，演绎出了只有在济州岛才能看到的美丽"石景"。冰冷的石头，在那里有了生命与灵性，最值得一提的是，整个博物馆建于地下，丝毫没有破坏周围的自然环境。

단어와 표현

神的化身 shén de huàshēn 신의 화신 | **演绎** yǎnyì 발휘하다, 드러내다 | **生命与灵性** shēngmìng yǔ língxìng 생명과 혼 | **丝毫** sīháo 조금도

475 "济州偶莱"指的是什么?

해석 176P

▶ "偶莱"是济州岛方言，意为"连接街道与家门的小路"，是济州岛人出生后与外界沟通走的第一条路。"济州偶莱"是韩国最具代表性的徒步旅行线路，同时也象征其是一条将济州与世界相连的路。沿着这条路，可以欣赏济州岛独具魅力的小村庄，体验济州风情。济州偶莱于2007年开通了第一条路线，目前为止已开通了26条路线，总长达430公里，平均每段距离是15公里，大概要5个小时能走完，是任何游客都能轻松享受的自由旅行线路，乡间小路、山路和海岸路，风格迥异，乐趣无穷。其中路线6、7、8是偶莱小路的精华，也是徒步旅行者选择最多的路线。

단어와 표현

徒步旅行线路 túbù lǚxíng xiànlù 도보 여행 노선 | **象征** xiàngzhēng 상징하다 | **独具魅力** dújù mèilì 독특한 매력을 지니다 | **风格迥异** fēnggé jiǒngyì 각기 다른 풍광 | **乐趣无穷** lèqù wúqióng 재미가 무궁무진하다 | **精华** jīnghuá 정수

476 介绍一下儿韩国的汉拿山国立公园。

해석 176p

▶ 汉拿山位于济州岛中部，海拔1950米，是韩国第一高峰，是代表济州岛的名山。汉拿山最神奇之处应是随着海拔高度不同，山上植被分布也呈现多样性。亚热带、温带、寒带植物并存，被它的美景陶醉的登山游客络绎不绝。汉拿山国立公园周围分布着368座寄生火山，山顶因火山爆发而形成的白鹿潭也非常有名，于1970年被指定为国立公园，2002年被指定为"联合国教科文组织生物圈保护区"。

플러스 질문

❶ 白鹿潭名字的由来是什么?

_____

_____

단어와 표현

汉拿山 Hànnáshān 한라산 I 神奇之处 shénqí zhī chù 신기한 점 I 植被 zhíbèi 식생(어떤 일정한 장소에서 모여 사는 특유한 식물의 집단) I 陶醉 táozuì 도취하다 I 络绎不绝 luòyì bùjué 발길이 끊이지 않다 I 寄生火山 jìshēng huǒshān 기생화산(큰 화산의 옆쪽에 붙어서 생긴 작은 화산) I 白鹿潭 Báilùtán 백록담 I 生物圈保护区 shēngwùquān bǎohùqū 생물권보전지역

CHAPTER 09

한중 시사

출제 포인트

1992년 한중 수교 이후 양국 간의 정치, 경제, 문화 등 다방면에 걸친 교류가 심화 확대되었다. 양국 간의 현안 문제와 시사 관련 문제에 대비하기 위해서는 가장 최근 양국의 이슈가 되는 일련의 뉴스들을 중심으로 관련 소식들을 매스컴을 통해 습득하고 인지하는 태도가 필요하다.

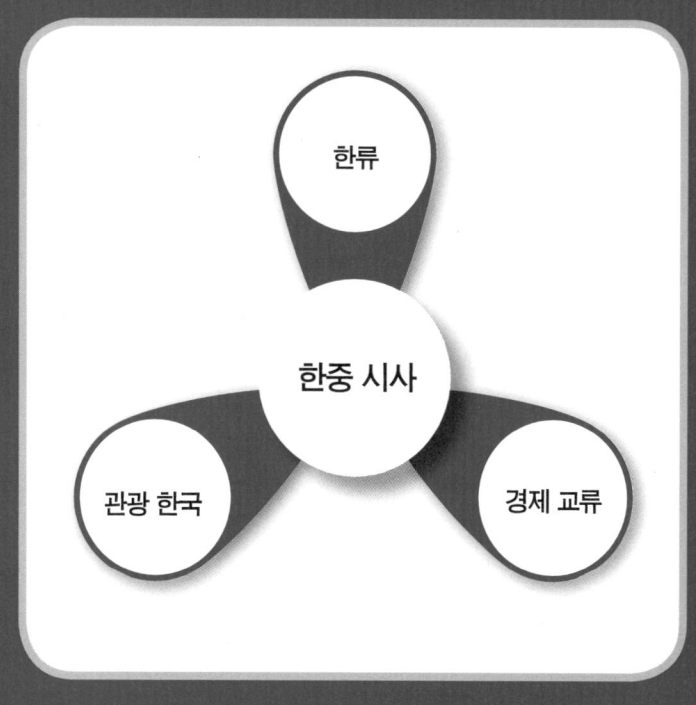

Unit 01 한류

keyword

한류
유사 문화
인터넷 보급
유가사상

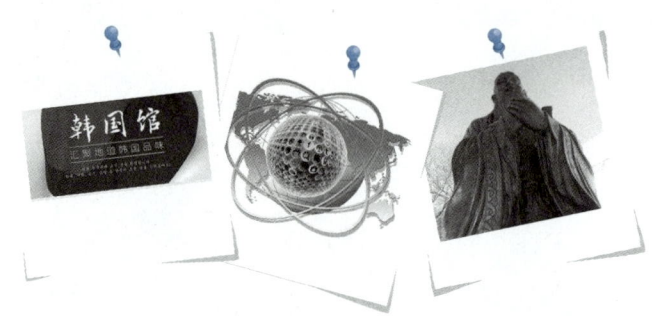

---

477 "韩流"是什么? 해석 177P

▶ "韩流"简单地说就是一股韩国热。如今"韩流"这个词在中国无人不晓，进入中国的"韩流"文化产品门类众多。电子游戏、电影、电视剧、歌曲舞蹈、文学作品以及衍生的韩国服装、饮食、体育休闲、旅游等等可谓五花八门，其中影响最大的莫过于电影电视剧了。"韩流"带动了韩国旅游观光热，促进了韩国经济的发展。借助韩流影视剧的影响，韩国的化妆品、韩国的整形外科等等声名鹊起，"韩流"不但促进了韩国服装和饮食出口，还带动了韩国家电、汽车、手机、电脑等IT产品的热销，"韩流"可谓是让韩国人自豪的一股韩国热。

> **단어와 표현**
>
> 一股韩国热 yì gǔ Hánguórè 한국 붐 | 无人不晓 wúrén bùxiǎo 모르는 사람이 없다 | 门类众多 ménlèi zhòngduō 종류가 다양하다 | 衍生 yǎnshēng 파생되다 | 五花八门 wǔhuā bāmén 다양하다 | 莫过于 mòguò yú ~보다 더한 것이 없다 | 声名鹊起 shēngmíng quèqǐ 명성이 하루 아침에 높아지다

---

478 你觉得"韩流"热潮兴起的原因是什么? 해석 177P

▶ 对于"韩流"热潮兴起的原因，我想可以概括为以下四点：
1. 从历史文化层面看，韩中两国历史交往源远流长，两国拥有相似的文化背景。韩中两国同属东亚儒教文化圈，两国国民有着相似的外貌，有着相似的姓氏名字，因此韩国人在感情表达、价值观念和思维方式

等方面与中国人有相近之处，这也是中国观众容易接受韩剧，"韩流"得以顺利登陆中国的"先天条件"。

2. 从经济层面看，韩国在迅速实现工业化的同时，又较好地保留了自己民族的历史文化传统。韩国文化很好地处理了"全球化"与"本土化"的冲突与调和，将传统伦理与现代文化的冲突、东西方价值观的冲突体现地淋漓尽致，因此吸引了中国人。尽管中国经过近30年的改革开放，国力有了很大增强，可是以人均GDP来衡量，离发达国家相差还很远。但通过看韩剧，中国人会觉得中国相比韩国国民生活水平确实有差距，但不会觉得高不可攀。这种现实性也许是"韩流"在中国受欢迎的原因。

3. 从外交层面看，1992年韩中建交后，两国关系迅速升温，更带动了韩中两国的进一步发展，使更多中国人对韩国产生好感，从而喜欢"韩流"文化。

4. 此外"韩流"本身的高质量无可挑剔。韩国影视剧和综艺节目，韩国的高颜值帅哥美女，韩国的化妆品，韩国的家电日用品等等，高收视率加之过得硬的质量，让中国人对"韩流"欲罢不能，这就是"韩国"的魅力。

综上，是我对"韩流"之所以"热"的看法。

단어와표현

源远流长 yuányuǎn liúcháng 오랜 역사를 지니다 ▎东亚儒教文化圈 Dōngyà rújiào wénhuàquān 동아시아 유교 문화권 ▎先天条件 xiāntiān tiáojiàn 선천적인 조건 ▎淋漓尽致 línlí jìnzhì 남김없이 드러내다 ▎高不可攀 gāo bùkě pān 너무 높아서 오를 수 없다 ▎迅速升温 xùnsù shēngwēn 빠르게 활발해지다 ▎无可挑剔 wúkě tiāotī 흠잡을 것이 없다 ▎高颜值 gāoyánzhí 얼굴이 예쁘다, 잘생기다 ▎过得硬的质量 guò de yìng de zhìliàng (기술이나 솜씨들이) 훌륭한 품질 ▎欲罢不能 yùbà bùnéng 그만두고 싶으나 그럴 수가 없다

---

479 你怎么看"韩流"的前景？ 해석 178p

▶ 凡事都会"降温"，"韩流"热潮也不例外，我想如果满足于现状，"韩流"发展也许会遇到瓶颈，我们应该在发展中寻求创新，精益求精，更完善自己；在"文化输出"的同时，要敞开心扉接受外来文化，做到"输出"与"接受"的对等，从而促进韩流的进一步发展；还有我们要有包容心态，无论是对中国文化还是对中国游客。只要考虑到这些，我想"韩流"之花儿会永远绽放。

遇到瓶颈 yùdào píngjǐng 걸림돌을 만나다 I 寻求创新 xúnqiú chuàngxīn 창조성을 구하다 I 精益求精 jīngyì qiújīng 훌륭하지만 더욱 완벽을 추구하다 I 完善自己 wánshàn zìjǐ 자기 자신을 완벽하게 다듬다 I 文化输出 wénhuà shūchū 문화 수출 I 敞开心扉 chǎngkāi xīnfēi 마음의 문을 활짝 열다 I 包容心态 bāoróng xīntài 포용하는 마음 I "韩流"之花儿会永远绽放 "hánliú" zhī huār huì yǒngyuǎn zhànfàng '한류'의 꽃은 영원히 피어날 것이다

---

480 有没有喜欢的明星? 有的话, 请简单介绍一位。 해설 178p

▶ 喜欢的明星有很多, 我最喜欢的韩国明星是金秀贤, 最喜欢的中国明星是章子怡。金秀贤凭借《来自星星的你》红遍中国大江南北, 当然他长得很帅气, 演技没的说, 但是我更喜欢他的那种一股说不出的独有的魅力。他的言谈举止很有特点, "诚实"中透着一股诙谐, "可爱"中透着一股成熟, 很吸引人。章子怡外貌清秀, 演技超人, 各种大奖可谓是最好的证明。但是我更喜欢她的那种"努力"和"执着", 她对什么事情都不轻言放弃, 都努力做到最好, 给了我很大的动力, 所以我很喜欢她。

凭借 píngjiè ~을 통하여, ~을 근거로 I 《来自星星的你》《Láizì xīngxīng de nǐ》〈별에서 온 그대〉 I 红遍中国大江南北 hóngbiàn Zhōngguó dà jiāng nán běi 중국 대륙 전체를 휩쓸다 I 言谈举止 yántán jǔzhǐ 말과 행동거지 I "诚实"中透着一股诙谐 "chéngshí" zhōng tòuzhe yì gǔ huīxié '진지함' 속에서 어떤 유머러스함이 배어나다 I 清秀 qīngxiù 청순하고 아름답다 I 执着 zhízhuó 끈기 있다 I 轻言放弃 qīngyán fàngqì 가벼운 말로 포기하다

---

481 韩国电视剧为什么会在中国掀起一股"韩流"热潮?  해설 178p

▶ 韩国电视剧从10年前的《冬季恋歌》开始, 到近两年的《继承者们》一直在中国颇有人气, 直到《来自星星的你》掀起高潮, 甚至引起很多大学学者们对韩剧流行的原因展开研究。说起原因, 我想不外乎以下几点:

1. 无论哪部热播韩剧, 都有剧情吸引人的特点, 有一定的现实性, 又有一定的想象空间。

2. 剧中的男女主角都是"帅哥美女"的组合，同时能让人看到韩国的时尚，自然充满清新的魅力。

3. 演员们的演技确实过硬，能让人随着剧情悲喜交加，产生情感共鸣。

4. 剧中韩国人的生活方式现代又不失传统儒教影响，让人觉得亲近又不是高不可攀，而且韩国电视剧不同于中国的最大特点是边播边拍，从时间上看故事仿佛就发生在身边。

5. 韩剧在某种程度上甚至影响并改变了中国人的生活，"哈韩族"们把模仿韩剧中的生活方式当成一种时尚。

6. 随着科技的发展，网络的普及促进了"韩剧"的流行，也促进了"韩流"的发展。

플러스 질문

❶ 最近看过什么韩国电视剧? 最想向中国人介绍的一部韩剧是什么?

_____

_____

_____

_____

❷ 看过什么中国电视剧吗? 能简单介绍一下儿吗?

_____

_____

_____

_____

단어와 표현

《冬季恋歌》《Dōngjìliàngē》〈겨울연가〉ㅣ《继承者们》《Jìchéngzhěmen》〈상속자들〉ㅣ **颇有人气** pōyǒu rénqì 자못 인기가 있다 ㅣ **掀起高潮** xiānqǐ gāocháo 붐을 불러 일으키다 ㅣ **不外乎** bú wài hū ~와 무관하지 않다 ㅣ **有一定的现实性** yǒu yídìng de xiànshíxìng 어느 정도의 현실성이 있다 ㅣ **有一定的想象空间** yǒu yídìng de xiǎngxiàng kōngjiān 어느 정도의 허구가 있다 ㅣ **充满清新的魅力** chōngmǎn qīngxīn de mèilì 참신한 매력이 충만하다 ㅣ **演技过硬** yǎnjì guòyìng 연기가 뛰어나다 ㅣ **悲喜交加** bēixǐ jiāojiā 희비가 교차하다 ㅣ **产生情感共鸣** chǎnshēng qínggǎn gòngmíng 정서적 공감대를 형성하다 ㅣ **不失传统儒教影响** bùshī chuántǒng rújiào yǐngxiǎng 전통 유교의 영향을 잃지 않다 ㅣ **高不可攀** gāo bùkě pān 접근하기 힘들다 ㅣ **边播边拍** biān bō biān pāi 촬영하면서 동시에 방영하다 ㅣ **哈韩族** hāhánzú 합한족(한국 유행을 좇는 사람들) ㅣ **把…当成…** bǎ…dāngchéng… ~을 ~로 여기다

Unit 02 경제 교류

 keyword

아시아인프라투자은행
일대일로
평창 올림픽
FTA

482 请谈谈韩中关系。　　　　　　해석 180p

▶　韩中两国隔海相望，地缘相近、人缘相亲、文缘相通，友好交往源远流长。两国自1992年建交以来政治互信，经济互补，在各方面都取得了让人瞩目的成就。两国在许多重大国际和地区问题上立场相近、利益相似，在国际舞台上保持着良好的沟通与协调，特别是人文互动丰富多彩，双方已互为最大留学生来源国，赴韩中国游客数节节攀高，韩流汉风交相呼应。当然我们也看到目前还存在着一些影响韩中人们感情的事情，如端午节事件，东北工程等等，但正如一句俗话所说"舌头和牙齿也有打架的时候"。展望未来，相信在"和平"与"发展"这两大主题下，韩中关系会非常美好。

단어와표현

隔海相望 gé hǎi xiāngwàng 바다를 사이에 두고 마주하다 ┃ **地缘相近** dìyuán xiāngjìn 지리적으로 근접하다 ┃ **人缘相亲** rényuán xiāngqīn 사람 간에 사이가 좋다, 인적으로 서로 친하다 ┃ **文缘相通** wényuán xiāngtōng 문화적으로 서로 통하다 ┃ **源远流长** yuányuán liúcháng 역사가 유구하다 ┃ **瞩目的成就** zhǔmù de chéngjiù 주목받는 성취 ┃ **人文互动** rénwén hùdòng 인문학적으로 서로 교류하다 ┃ **丰富多彩** fēngfù duōcǎi 풍부하고 다채롭다 ┃ **节节攀高** jiéjié pāngāo 갈수록 많아지다 ┃ **韩流汉风** hánliú hànfēng 한류와 중국 붐 ┃ **交相呼应** jiāoxiāng hūyìng 서로 호응을 이루다 ┃ **舌头和牙齿也有打架的时候** shétou hé yáchǐ yě yǒu dǎjià de shíhou 혀와 이도 서로 부딪힐 때가 있다

483 谈谈2018年平昌奥运会会对韩国观光产业的影响。

해설 180p

▶ 韩国已经成功举办了奥运会、足球世界杯、世界田径锦标赛、亚运会等等大型国际赛事，在国际上赢得了地位和声誉。2018年的平昌奥运会，我想作为韩国的一张新名片，会进一步增强韩国在世界各国的影响力，提高韩国的知名度，吸引众多观光客，会给韩国观光产业锦上添花。具体表现呢，首先奥运会会吸引世界各国冰雪运动爱好者，自然会促进韩国的旅游业发展；其次韩国为举办奥运会而建的各种城市基础建设及设施会成为韩国观光的"硬件"，促进韩国观光旅游业的发展。

단어와 표현

平昌奥运会 Píngchāng Àoyùnhuì 평창 올림픽 | 世界田径锦标赛 Shìjiè Tiánjìng jǐnbiāosài 세계육상선수권대회 | 大型国际赛事 dàxíng guójì sàishì 대형 국제 대회 | 赢得了地位和声誉 yíngdéle dìwèi hé shēngyù 지위와 명성을 얻다 | 提高韩国的知名度 tígāo Hánguó de zhīmíngdù 한국의 지명도를 높이다 | 锦上添花 jǐnshàng tiānhuā 금상첨화, 더할 나위 없이 좋다 | 冰雪运动爱好者 bīngxuě yùndòng àihàozhě 빙상 운동 애호가

---

484 你知道什么是亚投行吗？韩国成为亚投行的创始国，对韩国有什么意义？

해설 180p

▶ 亚洲基础设施投资银行(Asian Infrastructure Investment Bank)，简称亚投行(AIIB)是一个政府间性质的亚洲区域多边开发机构，重点支持基础设施建设，总部设在北京。亚洲经济占全球经济总量的1/3，是当今世界最具经济活力和增长潜力的地区，拥有全球六成人口。但因建设资金有限，一些国家铁路、公路、桥梁、港口、机场和通讯等基础建设严重不足，这在一定程度上限制了该区域的经济发展，亚投行可推动亚洲基础设施的投资，推动亚洲的经济增长。韩国作为OECD成员国，经济发展有目共睹，我们能作为亚投行成员国对世界经济发展做出一定贡献，是韩国的责任更是韩国的光荣。

단어와표현

亚洲基础设施投资银行 Yàzhōu Jīchǔ Shèshī Tóuzī Yínháng 아시아인프라투자은행 ┃ **多边开发机构** duōbiān kāifā jīgòu 다변화 개발 기구 ┃ **经济活力和增长潜力** jīngjì huólì hé zēngzhǎng qiánlì 경제 활력과 잠재력 증강 ┃ **六成人口** liùchéng rénkǒu 인구의 60% ┃ **一定程度上** yídìng chéngdùshang 어느 정도 ┃ **有目共睹** yǒumù gòngdǔ 누구나 볼 수 있다 ┃ **做出一定贡献** zuòchū yídìng gòngxiàn 공헌을 하다

---

485 习近平主席提出的"一带一路"的具体内容是什么? 해석 181p

▶ "一带一路"是以中国为中心,与陆上丝绸之路(一路)和海上丝绸之路(一带)周边国家共同构建一个巨大经济体的构想。"一带一路"贯穿欧亚大陆,东边连接亚太经济圈,西边进入欧洲经济圈,是对古丝绸之路的传承和提升。无论是发展经济、改善民生,还是应对危机、加快调整,许多沿线国家同中国有着共同利益,韩国作为"一带一路"的沿线国家,是受益匪浅的。

단어와표현

一带一路 yídài yílù 일대일로(중국이 추진 중인 신 실크로드 전략) ┃ **构建** gòujiàn 구축하다 ┃ **巨大经济体** jùdà jīngjìtǐ 거대한 경제블록 ┃ **贯穿欧亚大陆** guànchuān Ōuyà dàlù 유라시아 대륙을 관통하다 ┃ **亚太经济圈** Yàtài jīngjìquān 아태경제권 ┃ **欧洲经济圈** Ōuzhōu jīngjìquān 유럽경제권 ┃ **传承和提升** chuánchéng hé tíshēng 계승과 업그레이드 ┃ **改善民生** gǎishàn mínshēng 민생을 개선하다 ┃ **应对危机** yìngduì wēijī 위기에 대응하다 ┃ **加快调整** jiākuài tiáozhěng 협력에 박차를 가하다 ┃ **沿线国家** yánxiàn guójiā 주변 국가 ┃ **受益匪浅** shòuyì fěiqiǎn 적지 않은 혜택을 받다

---

486 韩中FTA的签订对韩国观光产业有什么影响? 해석 181p

▶ 韩中FTA签订并于2015年12月20日起正式生效,有望带来一系列积极影响。从观光产业方面来看,韩流享受好处,娱乐、旅游市场开放,这都将直接或间接促进韩国观光业的发展。首先韩流商品在中国的销售额会增长,无形中会提高韩国的知名度,从而吸引更多中国游客;其次,众所周知,"韩流"特别是韩剧在韩国观光产业的发展中功不可没,FTA生效后,韩中两国企业可以合资成立韩国企业持有49%股份的娱乐公司,这将给韩中两国合拍电影、电视剧和卡通片等注入活力，可以预见新的"韩流之风"会进一步带动韩国观光产业的发展；再次可谓最大突破，可谓是重中之重——韩国旅行社将可以在中国国内，针对当地游客开发旅游商品，并直接组团赴韩国旅游。此前，中国政府只允许美国、日本和德国企业办理这种业务，韩国企业只能销售外国人游中国、中国人游中国的商品，如今随着政策的放开，针对有着15亿人口的中国这个庞大市场，韩国的观光旅游业不是如虎添翼吗？

단어와 표현

正式生效 zhèngshì shēngxiào 정식으로 발효하다 | 有望 yǒuwàng 가능성이 있다 | 一系列 yíxìliè 일련의 | 韩流享受好处 hánliú xiǎngshòu hǎochù 한류의 이점을 향유하다 | 市场开放 shìchǎng kāifàng 시장 개방 | 直接或间接 zhíjiē huò jiànjiē 직접 혹은 간접적으로 | 众所周知 zhòngsuǒ zhōuzhī 알려진 대로 | 功不可没 gōng bùkě mò 큰 공을 세우다 | 持有49%股份 chíyǒu 49% gǔfèn 49%의 주식을 가지다 | 娱乐公司 yúlè gōngsī 엔터테인먼트 회사 | 注入活力 zhùrù huólì 활력을 불어넣다 | 可以预见 kěyǐ yùjiàn 예견할 수 있다 | 最大突破 zuìdà tūpò 가장 획기적인 일, 가장 큰 돌파 | 重中之重 zhòng zhōng zhī zhòng 가장 중요하다 | 组团 zǔtuán 단체를 조직하다 | 随着政策的放开 suízhe zhèngcè de fàngkāi 정책의 개방에 따라서 | 庞大市场 pángdà shìchǎng 방대한 시장 | 如虎添翼 rúhǔ tiānyì 호랑이가 날개를 단 격이다

Unit 03 관광 한국

keyword

서비스 개선
불법 중개 근절
스마트폰
한식 세계화

487 为什么来韩国旅行的人多了?

해석 182p

▶ 目前来韩国旅行的人越来越多，原因应是多方面的。具体概括如下：

1. 中国经济发展了，人们的钱包鼓了，自然更追求精神生活了，加之中国一年有几个小黄金周假期，这样旅行特别是海外游就自然而然成为人们的首选。韩国作为80年代的亚洲四小龙，经济发达，城市基础建设完善，有吸引中国游客的独到之处，加之从自然条件看，韩国四季分明，有山有水；从城市特征看，韩国城市有古典与自然的融合之美等等，这都是韩国成为旅游观光地的必然条件。

2. 韩国与中国隔海相望，交通便利，加上政府放宽了签证手续等，所以很多中国人选择来韩国旅行。

3. 韩流的影响可以说不可忽视，从美食到服饰再到生活用品，韩流兴起了一股韩国游热潮，同时旅行社为了吸引更多的游客，推出很多体验文化特色游，还有医疗美容游什么的，这对中国游客来说都很有吸引力。

4. 韩国政府为吸引中国游客而做出的各种优惠政策功不可没，各旅游景点为吸引中国游客而做出的努力更是有目共睹，中文导购，中文宣传手册等等各种服务让中国游客没有了语言障碍，自然能更轻松地旅游观光。

5. 韩国的免税店在亚洲无论是购物环境还是商品价格都比较有优势，很多中国游客选择来韩国，既可以观光，又可以购物，可以说一举两得。

韩国正以其独特魅力吸引着数以万计的中国游客，希望赴韩中国游客会越来越多。

단어와표현

钱包鼓了 qiánbāo gǔle 지갑이 두둑해지다 | 加之 jiāzhī 더하다 | 小黄金周假期 xiǎo huángjīnzhōu jiàqī 황금연휴 | 自然而然 zìrán ér rán 자연스럽게 | 城市基础建设完善 chéngshì jīchǔ jiànshè wánshàn 도시 인프라 건설이 잘 갖추어져 있다 | 独到之处 dúdào zhī chù 독특한 점 | 放宽了签证手续 fàngkuānle qiānzhèng shǒuxù 비자 수속 기준을 완화하다 | 不可忽视 bùkě hūshì 무시할 수 없다 | 从…到…再到… cóng…dào…zài dào… ~에서 ~로, 또한 ~까지 | 兴起了一股韩国游热潮 xīngqǐle yì gǔ Hánguó yóurècháo 한국 여행 붐을 일으키다 | 中文导购 zhōngwén dǎogòu 중국어 구매 안내 | 语言障碍 yǔyán zhàng'ài 언어의 장벽 | 一举两得 yìjǔ liǎngdé 일거양득 | 数以万计 shù yǐ wàn jì 아주 많다

---

488 为增加赴韩海外游客人数，需要什么样的努力？
해석 182p

▶ 为增加赴韩海外游客人数，需要韩国全国民的共同努力。我想除了加强"硬件"建设外，还要注重提升"软件"的影响力。"硬件"就是韩国的旅游资源吧，从旅游景点到基础设施的建设再到政府的各种优惠政策等等，这些我觉的目前韩国做得不错，但是我觉得还不够"新鲜"，目前的韩国游没有特色，似乎除了购物就是购物，这样发展下去的话，我想韩国观光会遇到瓶颈，应考虑开发多种"特色游"，比如说借助"韩流热潮"，开发各种特色体验游、形象设计游、新婚购物游等，充分利用韩国的各种资源；此外我们还需要加强的是"软件"的影响力，比如说旅行社和商家的服务质量，国民针对外国游客因文化差异产生的"不和谐行为"的包容态度等，是我们绝对不能忽视的地方，目前很多韩国商家只是把游客当成"钱口袋"，没有真诚，随意宰客，正是这样的"鼠目寸光"导致赴韩游的中国游客对韩国游的满意度调查低之又低。

以上我觉得为增加赴韩游客人数，我们要"硬件"和"软件"两手抓。

단어와표현

赴韩海外游客人数 fù hán hǎiwài yóukè rénshù 한국으로 여행 오는 관광객 수 | 硬件 yìngjiàn 하드웨어 | 提升"软件"的影响力 tíshēng "ruǎnjiàn" de yǐngxiǎnglì '소프트웨어'의 영향력을 향상시키다 | 旅游资源 lǚyóu zīyuán 관광자원 | 除了…就是… chúle…jiùshì… ~아니면 ~이다 | 遇到瓶颈 yùdào píngjǐng 걸림돌을 만나다 | 形象设计游 xíngxiàng shèjìyóu 이미지 디자인 여행 | 新婚购物游 xīnhūn gòuwùyóu 신혼 쇼핑 여행 | 不和谐行为 bù héxié xíngwéi 부조화한 행위 | 钱口袋 qiánkǒudài 돈주머니 | 随意宰客 suíyì zǎikè 멋대로 바가지를 씌우다 | 鼠目寸光 shǔmù cùnguāng 근시안적이다 | 低之又低 dī zhī yòu dī 낮아지고 또 낮아지다 | 两手抓 liǎng shǒu zhuā 두 가지를 잡다

489 韩国作为医疗观光大国受到中国游客青睐，但问题频现，你觉得根本原因何在？有什么对策吗？ 해석 183p

▶ 我觉得根本原因是非法中介的"提成"问题，导致服务质量下滑及收费过高。任何一个行业的发展，其过程都会有很多让人意想不到的"问题"，好在我们已经认识到这个问题的存在及严重性，并采取了各种措施，比如说在知名媒体有韩国医疗整容的大体价格表，还有很多医疗机构都开始注重汉语服务，尽量避免"中介"的参与等等，这都是好现象，相信未来会有改善。

> **단어와 표현**
>
> **非法中介** fēifǎ zhōngjiè 불법 중개 | **提成** tíchéng 공제하다, 중간에서 마진을 떼다 | **服务质量下滑** fúwù zhìliàng xiàhuá 서비스 품질의 하락 | **好在** hǎozài 다행히도 | **大体价格表** dàtǐ jiàgébiǎo 대략적인 가격표 | **参与** cānyù 참여하다

490 网络及智能手机的普及(IT产业的发展)对观光业有什么影响？ 해석 183p

▶ 网络及智能手机的普及对观光产业的影响就像一把"双刃剑"一样，有利也有弊。"利"是在高度数字化、信息最大化的时代，人们可以通过网络了解外边的世界，有了感官刺激，亲自去看看的欲望也油然而生，这自然会促进旅游观光业的发展；其次网络上有各种信息，人们手握一个小机器，就可以获得各种想要的信息，使旅游变得遂心应手，轻松自在，自然会促进旅游业的发展；社交网络的存在正在以某种形式改变着人们的生活方式，不时在网上"晒晒"自己的旅游生活，也不失生活的一个小乐趣，自然而然选择旅游的人多了，无形之中促进了旅游观光业的发展；"弊"呢，我想就是"信息化"对传统旅游业可能会造成冲击，特别是人们对"导游"的需求也许会下降。但是对整个观光业的发展是好的，所以整体来说，是有积极影响的。

단 어 와 표 현

双刃剑 shuāngrènjiàn 양날의 검 | **有利也有弊** yǒu lì yě yǒu bì 단점도 있고 장점도 있다 | **高度数字化** gāodù shùzìhuà 발달된 디지털화 | **信息最大化** xìnxī zuìdàhuà 정보의 극대화 | **感官刺激** gǎnguān cìjī 감각 기관의 자극 | **油然而生** yóurán ér shēng 자연스럽게 생겨나다 | **手握一个小机器** shǒu wò yí ge xiǎo jīqì 손안에 작은 기계를 움켜쥐다 | **遂心应手** suìxīn yìngshǒu 뜻대로 하다 | **轻松自在** qīngsōng zìzài 자유롭고 편하다 | **社交网络** shèjiāo wǎngluò 사회 관계망 서비스(SNS) | **在网上"晒晒"自己的旅游生活** zài wǎngshang "shàishài" zìjǐ de lǚyóu shēnghuó 인터넷에 '공유'를 통하여 자기의 여행 생활을 보여 주다 | **无形之中** wúxíng zhī zhōng 모르는 사이에 | **造成冲击** zàochéng chōngjī 충격을 일으키다

---

491 造成赴韩旅游的中国游客满意度下滑的原因是什么？ 해석 184p

▶ 我想造成赴韩旅游的中国游客满意度下滑的主要原因有以下两个：

1. 旅游产品单一化，除了购物还是购物，没有特色；
2. 旅游景点的服务质量还有待提高，很多商家都是抱着"来一个宰一个"的想法，对中国游客差别对待，殊不知，随着网络的普及，很多信息都是共有的，"纸里包不住火"，当中国游客发现自己受到了不公平待遇后，满意度当然就下滑了。

단 어 와 표 현

满意度下滑 mǎnyìdù xiàhuá 만족도가 떨어지다 | **旅游产品单一化** lǚyóu chǎnpǐn dānyīhuà 여행 상품의 단조로움 | **有待提高** yǒudài tígāo 향상될 필요가 있다 | **抱着"来一个宰一个"的想法** bàozhe "lái yí gè zǎi yí gè" de xiǎngfǎ '오는 손님마다 바가지를 씌우려'는 생각을 갖고 있다 | **差别对待** chābié duìdài 차별적인 대우 | **殊不知** shūbùzhī 뜻밖이다, 생각지도 못하다 | **纸里包不住火** zhǐlǐ bāobuzhù huǒ 종이로 불을 쌀 수 없다, 사실을 숨기려고 해도 드러나기 마련이다

---

492 汉语导游前景如何？ 해석 184p

▶ 随着中国经济的发展，人们越来越重视文化生活，正如中国名言"读万卷书，行万里路。"，在追求精神生活的现代社会，旅游自然会成为大众文化消费的首选，因此，汉语导游的前景可以说让人充满期待；其次托"韩流热风"之福，赴韩中国游客逐年递增，而作为与韩国一海之隔的中国有15亿人口，可见，汉语导游的前景一片光明；再有导游可以说是不受年龄限制的一份职业，只要个人不断努力，与时俱进，相信汉语导游工作前景会无比灿烂。可是有一点不容忽视，那就是随着科技的发达及网络的普及，特别是智能手机已经彻底走进我们生活，网上的旅游信息应有尽有，这也许对导游工作来说是一个挑战，但是我觉得"事在人为"，相信只要有市场，就会有商机，所以整体来看，我认为汉语导游前景十分美好。

> **단 어 와 표 현**
>
> **读万卷书，行万里路** dú wàn juàn shū, xíng wàn lǐ lù 만 권의 책을 읽고, 만 리 길을 걷다, 배울 수 있는 만큼 배우고 할 수 있는 만큼 하다 | **托…之福** tuō…zhī fú ~덕분에 | **逐年递增** zhúnián dìzēng 매년 증가하다 | **一海之隔** yì hǎi zhī gé 바다를 사이에 두다 | **与时俱进** yǔshí jùjìn 시대와 함께 나아가다 | **不容忽视** bùróng hūshì 무시할 수 없다 | **应有尽有** yīngyǒu jìnyǒu 모든 것이 다 있다 | **事在人为** shì zài rénwéi 일의 성공 여부는 사람에게 달려 있다 | **有市场就会有商机** yǒu shìchǎng jiù huì yǒu shāngjī 시장이 있다면 상업적 기회도 있다

---

493 为了实现韩餐世界化，还需要哪些努力?

해석 184p

▶ "韩流"已经走出韩国，走向世界，随着"韩流"遍地开花，韩餐也慢慢地在实现着世界化。韩餐的营养，韩餐的清淡，韩餐正以其独有魅力吸引着世界各国人，但是我觉的要实现真正意义上的"韩餐世界化"，我们还需要做出一些努力:

1. 我们不能只是考虑我们自己的口味及感受，我们要考虑开发符合世界各国不同地区不同人口味的特色韩餐;

2. 要扩大宣传，要向世界各国宣传韩餐"药膳同源"的优越性，宣传韩餐"发酵"食品的特点及对健康的影响;

3. 要加强韩餐烹饪的标准化，特别要加强韩餐外语名称的标准化。这一点，目前韩国的很多综艺节目都无形地做出了很多贡献，值得称赞。

以上，我想只要我们心中有着"韩餐世界化"的梦想，就会向着梦想越走越近。

> **단 어 와 표 현**
>
> **走出韩国，走向世界** zǒuchū Hánguó, zǒuxiàng shìjiè 한국을 넘어서 세계를 향하다 | **遍地开花** biàndì kāihuā 곳곳에서 꽃을 피우다 | **药膳同源** yàoshàn tóng yuán 약과 음식은 그 근원이 같다 | **发酵** fājiào 발효하다 | **烹饪** pēngrèn 요리하다 | **综艺节目** zōngyì jiémù 예능 프로그램 | **越走越近** yuè zǒu yuè jìn 점차 다가가다

494 大批中国游客没有完全"入乡随俗"，有一些不礼貌行为，作为导游，你认为韩国人应以什么样的态度对待这种情况？  해석 185p

▶ "一方水土养一方人"，成长环境不同，生活习惯不同，自然会有一些我们心目中"不礼貌"的行为，我觉的我们应该给予理解。首先希望一些媒体不要单纯地把事情"放大"，我觉得有些时候，正是媒体的"夸张"使事情越演越烈；其次我觉得人们应该学会设身处地的看问题，要学会"易地思之"；再次对于"不礼貌"行为，要有包容心态，可以考虑以友好善意的方式去告诉游客我们的文化差异，从而避免那些"不和谐之音"的出现。

> **단어와표현**
>
> 入乡随俗 rùxiāng suísú 로마에 가면 로마의 법을 따르다 | 一方水土养一方人 yì fāng shuǐtǔ yǎng yì fāng rén 한 지역의 풍토는 그 지역 사람을 기른다, 각 지방마다 각기 생활 방식이 있다 | 给予理解 jǐyǔ lǐjiě 이해를 하다 | 单纯地把事情"放大" dānchún de bǎ shìqing "fàngdà" 사건을 단순하게 확대하다 | 越演越烈 yuè yǎn yuè liè 더욱 일을 악화시키다 | 设身处地 shèshēn chǔdì 처지를 바꾸어 생각하다 | 易地思之 yìdì sīzhī 역지사지 | 包容心态 bāoróng xīntài 포용심 | 友好善意的方式 yǒuhǎo shànyì de fāngshì 우호적이고 선의의 방법 | 不和谐之音 bù héxié zhī yīn 불협화음

495 能不能介绍一下儿韩国的转机观光免签入境项目？ 해석 185p

▶ 转机观光免签入境项目是允许从中国坐飞机入境韩国后再转机前往济州岛的中国游客无需签证在转机机场附近地区停留72小时的制度。

韩国法务部从2012年10月开始面向途径仁川机场、釜山金海机场前往济州岛旅游的中国游客实施了免签入境制度，后来扩大了免签范围，途径清州机场、襄阳机场、务安机场、大邱机场和金浦机场前往济州岛的游客也将可以免签在附近地区与首都圈停留72小时。

而且，从2015年开始，停留时间也从72小时（3天）延长到120小时（5天），其中襄阳机场从2017年1月1日开始将可停留240小时（10天）。抵达济州后最长可以停留15天（包括济州岛之外的停留时间）。

해석 186p

단어와표현

转机观光免签入境 zhuǎnjī guānguāng miǎnqiān rùjìng 환승 관광객 무비자 입국 | **实施免签入境制度** shíshī miǎnqiān rùjìng zhìdù 무비자 입국 제도를 실시하다 | **扩大免签范围** kuòdà miǎnqiān fànwéi 무비자 범위를 확대하다 | **途经** tújīng ~을 경유해서 가다 | **襄阳** Xiāngyáng 양양 | **务安** Wùān 무안 | **大邱** Dàqiū 대구 | **金浦** Jīnpǔ 김포 | **首都圈** shǒudūquān 수도권

---

496 济州岛免签范围扩大会带来些影响?

해석 186p
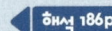

▶ 韩国济州岛免签范围扩大，即把实施"换乘游客免签证入境项目"的对象机场从仁川、金海国际机场扩大到襄阳、清州、务安、大邱、金浦国际机场。这意味着，中国游客免签游览韩国的中转站又多了五个，旅游线路方面的选择也会相应增加。

济州岛免签范围扩大后，赴韩旅游真的成了中国游客的一次"说走就走"的旅行了，将会吸引更多中国游客赴韩旅游，进而促进韩国观光产业的发展。但同时也可能会产生一些安全问题，特别是社会治安问题等。任何事情都如同一枚硬币一样，有利就有弊，我想整体来看，济州岛免签范围扩大还是积极影响更大吧。

단어와표현

中转站 zhōngzhuǎnzhàn 중간 경유지 | **相应增加** xiāngyìng zēngjiā 서로 호응하여 증가하다 | **赴韩旅游** fù hán lǚyóu 한국에 가서 관광하다 | **"说走就走"的旅行** "shuō zǒu jiù zǒu" de lǚxíng '가자고 말하면 바로 갈 수 있는' 여행 | **进而** jìn'ér 더 나아가다 | **促进韩国观光产业的发展** cùjìn Hánguó guānguāng chǎnyè de fāzhǎn 한국 관광산업의 발전을 촉진하다 | **社会治安问题** shèhuì zhì'ān wèntí 사회 치안 문제 | **如同一枚硬币一样** rútóng yì méi yìngbì yíyàng 동전의 양면과 같다 | **有利就有弊** yǒulì jiù yǒubì 긍정적인 면이 있다면 부정적인 면도 있다 | **整体来看** zhěngtǐ lái kàn 전체적으로 본다면 | **积极影响更大** jījí yǐngxiǎng gèng dà 긍정적인 영향이 보다 크다

---

497 如今市场竞争激烈，低价旅行团也越来越多，你觉得这些低价旅行团存在哪些问题?

해석 186p

▶ 中国俗话说"一分钱，一分货"，作为低价旅行团，自然商品本身或在服务上有很多"折扣"。比如说住宿偏僻，三餐简单，安排很多购物环节等。

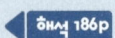

这样的低价旅行团，很难保证游客的满意度，自然会影响韩国的旅游形象。特别是如今的信息爆炸时代，很多信息瞬间在网络上广泛流传，这样的恶"口碑"对韩国的旅游业造成极坏的影响。所以我觉得低价旅行团真应该保持一个底线。

단어와 표현

一分钱一分货 yì fēn qián yì fēn huò 싼 게 비지떡 **| 低价旅行团** dījià lǚxíngtuán 저가 여행단 **| 折扣** zhékòu 비용 절감 **| 住宿偏僻** zhùsù piānpì 숙소가 편벽하다, 숙소가 후미지다 **| 环节** huánjié 부분, 마디, 부문 **| 韩国的旅游形象** Hánguó de lǚyóu xíngxiàng 한국 관광 이미지 **| 信息爆炸时代** xìnxī bàozhà shídài 정보가 폭발하는 시대 **| 瞬间** shùnjiān 순간, 짧은 시간 **| 广泛流传** guǎngfàn liúchuán 널리 퍼지다 **| 口碑** kǒubēi 평판 **| 造成极坏的影响** zàochéng jíhuài de yǐngxiǎng 지극히 안 좋은 영향을 조성하다 **| 保持底线** bǎochí dǐxiàn 최소 조건을 유지하다

---

498 你对无证导游从事导游活动怎么看？

해석 186p

▶ 无证导游没有导游资格，没有接受过专业的导游培训，很难保证能很好地为游客提供各种服务和帮助，特别是对韩国名胜古迹等景点介绍会缺少专业性。更有甚者可能会逼迫游客购物，严重影响韩国"旅游大国"的形象。因此我认为政府应严厉打击无证导游。

단어와 표현

无证导游 wúzhèng dǎoyóu 무자격 관광통역안내사 **| 从事导游活动** cóngshì dǎoyóu huódòng 관광 통역 일에 종사하다 **| 接受过专业的导游培训** jiēshòuguo zhuānyè de dǎoyóu péixùn 전문 관광 통역 훈련을 받다 **| 很难保证** hěn nán bǎozhèng 보장하기가 어렵다 **| 提供各种服务和帮助** tígōng gèzhǒng fúwù hé bāngzhù 각종 서비스와 도움을 제공하다 **| 缺少专业性** quēshǎo zhuānyèxìng 전문성이 결여되다 **| 更有甚者** gèngyǒu shènzhě 더욱 심한 것, 더욱 심한 사람 **| 逼迫** bīpò 강요하다 **| 影响韩国"旅游大国"的形象** yǐngxiǎng Hánguó "lǚyóu dàguó" de xíngxiàng 한국의 '관광 대국' 이미지에 영향을 주다 **| 严厉打击无证导游** yánlì dǎjī wúzhèng dǎoyóu 무자격 관광통역 안내사에 대해 엄격히 처벌하다

499　你觉得为什么有那么多无证汉语导游从事导游活动？　 해석 186p

▶　我觉得首先主要是中国游客近几年大幅增加，而汉语导游紧缺是最主要的原因。其次毕竟汉语导游考试还是有一定难度的，既具备旅游观光基本知识，又要精通汉语，毕竟不是一件容易的事儿。

단어와표현

大幅增加 dàfú zēngjiā 큰 폭으로 증가하다 l **紧缺** jǐnquē 매우 부족하다 l **有一定难度** yǒu yídìng nándù 어느 정도 난이도가 있다 l **具备旅游观光基本知识** jùbèi lǚyóu guānguāng jīběn zhīshí 관광에 관한 기본 지식을 갖추다 l **精通汉语** jīngtōng Hànyǔ 중국어에 능통하다

500　你觉得赴韩旅游的中国游客最大的特点是什么？　 해석 187p

▶　首先中国游客比较直接，有什么问题或者不满，可能会当面提出来；其次中国游客相对于传统市场，更喜欢去时尚新潮的大商场，更热衷于购物；再有就是虽然自由行游客日益增多，但仍以团体游客为主。

단어와표현

直接 zhíjiē 직접적이다 l **当面提出来** dāngmiàn tíchūlai 그 자리에서 제기하다 l **相对于** xiàngduì yú 상대적으로 l **时尚新潮的大商场** shíshàng xīncháo de dà shāngchǎng 최신 유행의 큰 쇼핑몰 l **热衷于购物** rèzhōng yú gòuwù 쇼핑에 열중하다 l **日益增多** rìyì zēngduō 날로 증가하다

1 请简单自我介绍一下儿。

2 作为日语导游，为什么要挑战汉语导游？准备汉语导游过程中最难的是什么？

3 请简单介绍一下儿中国观光客最密集的明洞的由来。

4 说到李舜臣将军，"龟船"的底部为什么会是平坦的(U字型)？

5 你最想向游客推荐的首尔旅游景点是哪里？为什么？

6 说到旅游景点，人们首先想到的或许是北村，而你却介绍了西村，
为什么没有选择北村呢？

1 你叫什么名字？学习汉语多长时间了？在哪里学的？

2 你觉得汉语导游工作最重要的是什么？

3 对于很多人批评中国游客在韩国旅行的不礼貌行为，你持怎样的看法？

4 能不能比较说明一下儿"两岸关系"和"南北韩关系"？

5 你知道韩国地方乡校种植银杏树的理由是什么吗？

6 请比较说明一下儿宗庙和社稷坛。

1 为什么准备汉语导游?

2 旅游团到达游览景点时，作为导游应向游客交代哪些注意事项?

3 如果游客想改变旅游行程，导游该怎么办?

4 请举例介绍一下儿韩国的传统市场。

5 怎么向游客说明人参和红参的差异?

6 最后，你还有什么要说的吗?

1 你叫什么名字？ 今天是怎么来这里的？ 说说从你家来这里的方法吧。

2 你觉得今天这么多考生中，你最大的优势是什么？

3 你用的化妆品是什么牌子的？ 你觉得中国人为什么那么喜欢韩国化妆品？

4 能不能介绍一下儿"三韩"？

5 伽倻王国时期的中国处于什么朝代？

6 你知道韩国的三国时期，三国的首都分别是哪里吗？

1 您贵姓？准备汉语导游前做过什么工作？

2 韩国的四大保险都有什么？跟中国一样吗？

3 相比于黄豆芽，中国人好像更喜欢绿豆芽，你知道为什么韩国人称绿豆芽为"叔舟豆芽"吗？

4 什么是"旅游(观光)特区"？首尔的五大旅游(观光)特区分别是哪里？

5 你去过中国吗？安重根的故居在哪里？请简单介绍一下儿。

6 你对自己今天的表现满意吗？

1 略。

2 首先我爱导游这个行业，在做日本导游的这些日子里，我真的很开心，很快乐。其次呢，众所周知，随着中国经济的发展，中国人的境外游市场具有非常广阔的空间，而相比之下日本游客逐渐减少，因此，我选择挑战汉语导游。说心里话，我学习汉语的时间不长，一共才两年，阅读呢还可以，但是听和说都很难，但是我相信我可以战胜自己，最终成为一名出色的汉语导游。

3 在朝鲜时代，明洞一带是典型的住宅区，明洞的名称源于当时汉阳行政区域之一的"明礼坊"。在日本殖民统治时期，以李舜臣将军的封号命名的忠武路发展成为电影一条街，随着忠武路的繁荣发展，临近的明洞也受到影响，逐渐发展成为商业街区。

4 龟船是李舜臣将军于1591年带领士兵和工匠制造的。据朝鲜的书面记录记载龟船是便于移动的船舰，"U"字型船底使船具备了有非常稳定的火炮发射平台以及在船只尺寸大小的范围内转向等优点。但其缺点是巡航速度略慢。

5 我最想推荐的首尔旅游景点是西村。我觉得西村很朴实，在那里不但可以欣赏一下儿传统韩屋，还可以领略各种极具特色的咖啡厅，那里真的是古典与现代的结合，时而仿佛身在几百年前的朝鲜时代，时而又仿佛身处异国他乡，我觉得那里真的是只可意会不可言传的旅游胜地。

6 当然北村也很美，很值得一看，可是我觉得正是因为北村的有名，反而使其失去了那份传统，相反多了一份商业氛围，而且常常是人满为患，因此我觉得与其去北村，不如在静谧的西村享受一下儿那份淳朴。当然这只是我的看法，因人而异吧。

제2회

1 我叫○○○，学习汉语大概两年了，我是在首尔市厅附近的一家补习班学的。

2 我觉得汉语导游首先要具备一名导游应该有的各种能力和素质，其次是汉语的表达能力，最后呢是对中国文化的理解和对中国人的生活习惯等的了解。

3 我觉得发展是需要过程的，特别是中国刚刚发展起来，很多中国游客都是第一次境外游，所以难免会有一些在我们看来不妥当的行动。再有呢，我觉得文化差异的存在和生活习惯的不同等等很多因素导致一些中国游客可能有一些不礼貌行为。所以我觉得我们应该摘下有色眼镜，以理解和宽容之心对待中国游客，这样才会实现双赢。

4 嗯，这个问题比较敏感。我想，简单的说的话"南北关系"是由中国、美国、联合国参与的"韩国战争"的结果，而中国的"两岸关系"可以说是以蒋介石为首的国民党和以毛泽东为首的共产党的内战的结果。这两个问题都是东亚地区非常敏感的问题。从民间交流等民间认同感和亲近感来看，"两岸关系"还是来往密切相对缓和的；而"南北韩关系"则完全不同，政治上对立、军事上对峙，更别提经贸往来了。目前来看，无论是"两岸关系"还是"南北韩关系"，是良性的改善还是恶性的对立，何去何从在很大程度上取决于台湾地区和韩国领导人的政治决策。因此未来的情况可以说是充满变数的。

5 据说因为孔子在银杏树下设坛位教授弟子，传播文化，所以深受儒家文化影响的韩民族逐渐形成了一个传统：在乡校、文庙、祠堂等与儒教有关的地方都栽银杏树。

6 宗庙和社稷坛是王权(或者封建政权)的象征。宗庙建在景福宫的左边(东边)，社稷坛建在景福宫的右边(西边)。这是依照周礼"左祖(宗庙)右社(社稷坛)"的布局建造的。宗庙是供奉朝鲜历代国王和王妃的牌位并举行祭祀的王室祠堂，每年5月的第一个星期天在宗庙举行祭祀，即宗庙祭礼，已被联合国教科文组织指定为世界无形文化遗产，宗庙也被指定为世界文化遗产。而社稷坛是为祈愿风调雨顺、五谷丰收而祭土地神和五谷神的祭坛。社是土地神，稷是五谷神，它们是农业社会的最重要的根基。

1 首先我喜欢旅行，热爱导游这个行业，其次呢，我会说汉语，中国赴境外旅游的游客以每年递增的趋势上涨，特别是占有地利条件的韩国更成为中国游客的首选。因此，我选择做汉语导游，我觉得这份工作不但很有发展，而且很有意义。

2 首先下车前，导游应提醒游客记住旅行车的型号、颜色、标志、车牌号和停车地点以及出发时间；然后在景点说明图前，讲清楚旅游路线、所需时间，还有要交代清楚集合时间和地点；最后重中之重是一定要交代清楚旅游过程中的注意事项。如安全问题或遇紧急情况时的处理方法等。

3 首先站在游客的立场来看，想最大化合理利用自己的时间，提出改变旅游行程的话，应予以充分的理解，所以作为导游我想应该在条件许可的范围内根据实际情况尽量帮助游客。但要有具体的操作顺序。即首先要与地陪或领队协商游客的要求；然后若改变后的行程没有增加旅行费用，而且对旅行车的运行路线和时间都没有影响的话，可以尽量满足游客的要求。可是若改变后的行程导致旅行费用增加的话，应向旅行社汇报，并要与游客讲清楚会增收费用的事实。如果游客的要求实在难以满足的话，应向游客予以耐心解释。

4 韩国的传统市场其实就是很多个体的摊位的组合。在那里仍然保持着传统的经营模式，人们之间无论是否认识，都很亲切，会微笑地问好，商品的价格也不是明码标价，有一定的讲价空间，有一种"人情味"，是最适合感受韩国文化和韩国人日常生活的地方。韩国众多传统市场中，作为韩国国内最早的市场——广藏市场是很有代表性的，已被指定为世界观光景点，那里的外国游客给传统市场增添了一道特殊的风景。

5 人参是统称，分为水参，白参和红参。人们说的高丽参指的是红参。红参是把6年根水参蒸熟后烘干而成的。红参具有抗癌，抗老，促进血液循环，增强免疫力等功效，因此成为游客馈赠亲友的首选礼物。

6 我今天的表现不是非常出色，我觉的很遗憾。可是就像我为了参加考试从未放弃过努力一样，今后我也会再接再厉，恳请考官给我这个机会! 谢谢各位考官。

제4회

1 我叫○○○，今天是坐地铁来的。从我家到这里比较方便，可以坐地铁也可以坐公交车，当然还可以自己开车来。坐地铁的话呢，先坐3号线，到钟路3街换5号线，然后坐3站地就到了；坐公交车比较方便，不用换车，在我家附近的公交车站坐○○○路公共汽车到○○○站下车，走5分钟左右就到了；自己开车时不堵车的话大概要30分钟左右。因为今天的考试，我有些紧张，害怕路上堵车迟到，所以我选择了坐地铁。

2 孔子说："三人行，必有我师。"每一位考生都有自己的优点，都很优秀。要说我的最大优势呢，我觉得我的应变能力和沟通能力比较强，我想作为一名导游，这可以说是很大的优势吧。

3 我用的化妆品是韩国比较大众的品牌"兰芝"。我觉得中国人喜欢韩国化妆品的理由有很多。归纳起来说的话，首先韩国化妆品外观包装很漂亮，适合作为礼物馈赠亲友；其次呢，我觉得得感谢韩国的众多帅哥美女明星，他们出众的外貌，吸引了众多追求美的中国游客，人们普遍认为韩国化妆品美肤效果明显，特别是韩国化妆品充分利用了各种植物，像人参、鹿茸或海藻什么的，适合时下追求绿色生活的大众；再次韩国化妆品也确实名至所归，适合我们亚洲人的皮肤；再有呢，韩国化妆品的价位，除了一些高端品牌外，整体价格还是比较合理的；最后呢我觉得就是各化妆品商家的宣传促销活动，各种赠品各种优惠吸引了很多人的视线。

4 古代韩半岛南部有三个部落，分别是马韩、辰韩、弁韩，合称三韩。其中马韩是三韩中最强大的，但4世纪时，马韩被百济兼并，辰韩被新罗兼并，弁韩呢，演化为迦倻，后来也难逃被新罗兼并的命运。这就是历史上的"三韩"。"三韩"是韩民族的直系祖先，也是"大韩民国"国名由来的原因。"韩"在如今被赋予"伟大"或"领袖"之意。

5 迦倻王国时期是公元42年到532年，那个时期的中国历经了比较多的朝代，首先是东汉(25年—220年)、然后是三国时期(魏蜀吴时期)、再然后是西晋、东晋、十六国时期和南北朝初期。

6 三国时期，高句丽的首都先是卒本，后为国内城；百济的首都最初为慰礼城(首尔)，后为熊津，再后来为泗沘(扶余)；新罗的首都呢，为金城(庆州)。

1 免贵姓○，我叫○○○，准备汉语导游工作以前，我做过普通的办公室职员。

2 韩国的四大保险分别是国民年金保险，中国称之为养老保险；健康保险，中国称之为医疗保险；雇用保险，中国称之为失业保险；产业灾难保险，中国称之为工伤保险。虽然名称不同，但基本四大保险是一样的。

3 是的，我也听说中国人的家常菜中，与黄豆芽相比，绿豆芽更常见。我们韩国人称绿豆芽为"叔舟豆芽"，这与一个历史传说有关。历史上朝鲜王朝初期有一位政治家叫申叔舟，他与一大批优秀学者在世宗大王的倡导下发明了训民正音，还是世祖癸酉靖难时期的重要助手。可是尽管他文武双全，功绩显赫，却无法磨灭他后来曾经背叛朋友、助纣为虐的污名。因此人们把"叔舟"作为腐败变坏的代名词，称比黄豆芽更容易变质的绿豆芽为"叔舟豆芽"。

4 旅游(观光)特区是政府为吸引外国游客来韩国消费而于1994年投入建立的集购物观光于一体的综合休闲空间，并允许观光特区24小时营业。旅游(观光)特区不仅吸引了众多国外游客，而且为政府创造了客观的财政收益。目前首尔的五大旅游(观光)特区为钟路区、明洞、东大门、梨泰院和蚕室。

5 我去过中国几次，都是旅游。可惜我还没去过安重根的故居。安重根烈士曾在中国吉林省的珲春一带开展民族独立运动，那里的安重根旧居至今仍保存完好，现已被列入市级重点保护文物。安重根烈士的故居是典型的朝鲜族民房，大约有60平方米，墙体用料为粘土，房顶覆盖茅草。室内是典型的朝鲜族地炕。最吸引人注意的就是室内悬挂的安重根烈士的生前照片。

6 怎么说呢，我觉得还可以吧。毕竟是有些紧张，如果再给我一次机会的话，我相信我可以表现得更好！

페이지	이미지명	기관명	사이트명	사이트 상세URL
48	베니키아 심벌	베니키아	베니키아 호텔 예약 사이트	https://www.benikea.com/about/BI.do
48	코엑스몰 전경	한국학중앙연구원	강남구향토문화 전자대전	http://gangnam.grandculture.net/Contents?local=gangnam&dataType=0403&contents_id=GC048P02956
58	서대문형무소	문화재청	문화재청	http://www.cha.go.kr/korea/heritage/search/Culresult_Db_View.jsp?mc=NS_04_03_01&VdkVgwKey=13,03240000,11&flag=Y
62	코리아패스카드	바이두	바이두 이미지	image.baidu.com
68	휴대전화1	바이두	바이두 이미지	image.baidu.com
72	동북공정학술회의	바이두	바이두 이미지	image.baidu.com
110	선거	바이두	바이두 이미지	image.baidu.com
130	단군	민속박물관	민속박물관	http://nfm.museum.go.kr/nfm/getDetailArtifact.do?MCSJGBNC=PS01002001001&MCSEQNO1=015409&MCSEQNO2=000&SEARCH_MODES=KEYWORDS
130	삼국유사	문화재청	문화재청	http://hub.cha.go.kr/idolsearch/imageInfoView.do?file_seq=2176680
130	견훤사당	문화재청	문화재청	http://www.cha.go.kr/korea/heritage/search/Culresult_Db_View.jsp?mc=NS_04_03_01&VdkVgwKey=24,01570000,37&flag=Y
138	팔만대장경판	문화재청	문화재청	http://www.cha.go.kr/korea/heritage/search/Directory_Image.jsp?VdkVgwKey=14,00050000,38&imgfname=1628675.jpg&dirname=history_scenic_site&photoname=%EA%B3%A0%EB%A0%A4%ED%8C%94%EB%A7%8C%EB%8C%80%EC%9E%A5%EA%B2%BD%ED%8C%90#pr2
138	이성계	문화재청	문화재청	http://www.cha.go.kr/korea/heritage/search/Directory_Image.jsp?VdkVgwKey=12,09310000,35&imgfname=1618605.jpg&dirname=treasure&photoname=%EC%A1%B0%EC%84%A0%ED%83%9C%EC%A1%B0%EC%99%95%EC%9D%B4%EC%84%B1%EA%B3%84%EC%83%81#pr2
138	양반	바이두	바이두 이미지	image.baidu.com
142	명성황후	바이두	바이두 이미지	image.baidu.com
142	유관순	문화재청	문화재청	http://www.cha.go.kr/korea/heritage/search/Directory_Image.jsp?VdkVgwKey=13,02300000,34&imgfname=1626580.jpg&dirname=history_site&photoname=%EC%9C%A0%EA%B4%80%EC%88%9C%EC%97%B4%EC%82%AC%EC%98%81%EC%A0%95#pr2
144	6·25전쟁	바이두	바이두 이미지	image.baidu.com
145	4·19혁명	바이두	바이두 이미지	image.baidu.com
146	5·18 민주화혁명	5·18기념재단	5·18기념재단	http://www.518mf.org/sub.php?PID=0101
148	신사임당	한국학중앙연구원	디지털강릉문화대전	http://gangneung.grandculture.net/Contents?local=gangneung&dataType=0403&contents_id=GC003P1619
153	이성계	문화재청	문화재청	http://www.cha.go.kr/korea/heritage/search/Directory_Image.jsp?VdkVgwKey=12,09310000,35&imgfname=1618605.jpg&dirname=treasure&photoname=%EC%A1%B0%EC%84%A0%ED%83%9C%EC%A1%B0%EC%99%95%EC%9D%B4%EC%84%B1%EA%B3%84%EC%83%81#pr2
155	정조	문화재청	문화재청	http://hub.cha.go.kr/idolsearch/imageInfoView.do?file_seq=2642281
157	명성황후	바이두	바이두 이미지	image.baidu.com
158	고종	국립중앙박물관	국립중앙박물관	https://www.museum.go.kr/site/main/relic/search/view?relicId=1830#
159	안중근기념관	바이두	바이두 이미지	image.baidu.com
159	김구	바이두	바이두 이미지	image.baidu.com
164	처용무	국립국악원	국악 아카이브	http://archive.gugak.go.kr/ArchivePortal/mediaType/totalSearch/imageTotSearchView.do?clipid=21329&system_id=AM&i_recording_type_code=I#
170	한복	해외문화홍보원	해외문화홍보원	http://www.kocis.go.kr/koreanet/view.do?seq=4515&page=2&pageSize=10&photoPageSize=6&totalCount=0&searchType=&searchText=
186	성균관 대성전	성균관	성균관	http://skk.or.kr/
190	고인돌	문화재청	문화재청	http://hub.cha.go.kr/idolsearch/imageInfoView.do?file_seq=2647317
197	당처물동굴	문화재청	문화재청	http://www.cha.go.kr/korea/heritage/search/Directory_Image.jsp?VdkVgwKey=16,03840000,39&imgfname=1632552.jpg&dirname=natural_monument&photoname=%EB%8B%B9%EC%B2%98%EB%AC%BC%EB%8F%99%EA%B5%B4#pr2
200	줄타기	한국학중앙연구원	디지털청도문화대전	http://cheongdo.grandculture.net/Contents?local=cheongdo&dataType=0403&contents_id=GC055P00008
200	한산 모시짜기	문화재청	문화재청	http://www.cha.go.kr/korea/heritage/search/Directory_Image.jsp?VdkVgwKey=17,00140000,34&imgfname=1623726.jpg&dirname=imp_intangible_cult_prop&photoname=%ED%95%9C%EC%82%B0%EB%AA%A8%EC%8B%9C%EC%A7%9C%EA%B8%B0~%EB%B0%A9%EC%97%B0%EC%98%A5#pr2

201	종묘제례악	국립국악원	국악 아카이브	http://archive.gugak.go.kr/ArchivePortal/mediaType/totalSearch/imageTotSearchView.do?clipid=21424&system_id=AM&i_recording_type_code=I
203	강릉단오제	문화재청	문화재청	http://www.cha.go.kr/korea/heritage/search/Directory_Image.jsp?VdkVgwKey=17,00130000,32&imgfname=1623646.jpg&dirname=imp_intangible_cult_prop&photoname=조전제(朝奠祭)장면&photoid=1623646#pr2
204	판소리	국립국악원	국악 아카이브	http://archive.gugak.go.kr/ArchivePortal/mediaType/totalSearch/imageTotSearchView.do?clipid=21364&system_id=AM&i_recording_type_code=I
204	경극	바이두	바이두 이미지	image.baidu.com
205	남사당놀이	남사당놀이보존회	남사당놀이보존회	http://www.namsadang.or.kr/02_6area/sub2_2.html
206	영산재	문화재청	문화재청	http://www.cha.go.kr/korea/heritage/search/Directory_Image.jsp?VdkVgwKey=17,00500000,11&imgfname=1623273.jpg&dirname=imp_intangible_cult_prop&photoname=%EC%98%81%EC%82%B0%EC%9E%AC(%EB%B0%94%EB%9D%BC%EC%B6%A4)#pr2
206	제주 칠머리당 영등굿	문화재청	문화재청	http://www.cha.go.kr/korea/heritage/search/Directory_Image.jsp?VdkVgwKey=17,00710000,50&imgfname=1624216.jpg&dirname=imp_intangible_cult_prop&photoname=제주칠머리당&photoid=1624216#pr2
207	처용무	국립국악원	국악 아카이브	http://archive.gugak.go.kr/ArchivePortal/mediaType/totalSearch/imageTotSearchView.do?clipid=21329&system_id=AM&i_recording_type_code=I#
208	대목장	문화재청	문화재청	http://www.cha.go.kr/korea/heritage/search/Directory_Image.jsp?VdkVgwKey=17,00740000,ZZ&imgfname=1624370.jpg&dirname=imp_intangible_cult_prop&photoname=마루도리를얹어까움때달구질장면&photoid=1624370#pr2
211	농악놀이	문화재청	문화재청	http://www.cha.go.kr/korea/heritage/search/Directory_Image.jsp?VdkVgwKey=17,00110200,31&imgfname=1623546.jpg&dirname=imp_intangible_cult_prop&photoname=%ED%8F%89%ED%83%9D%EB%86%8D%EC%95%85#pr2
212	줄다리기	문화재청	문화재청	http://www.cha.go.kr/korea/heritage/search/Directory_Image.jsp?VdkVgwKey=17,00750000,34&imgfname=1623746.jpg&dirname=imp_intangible_cult_prop&photoname=%EA%B8%B0%EC%A7%80%EC%8B%9C%EC%A4%84%EB%8B%A4%EB%A6%AC%EA%B8%B0#pr2
214	일성록	문화재청	문화재청	http://www.cha.go.kr/korea/heritage/search/Directory_Image.jsp?VdkVgwKey=11,01530000,11&imgfname=1611615.jpg&dirname=national_treasure&photoname=%EC%9D%BC%EC%84%B1%EB%A1%9D#pr2
214	의궤	문화재청	문화재청	http://hub.cha.go.kr/idolsearch/imageInfoView.do?file_seq=2640451
214	조선왕조실록	바이두	바이두 이미지	image.baidu.com
216	직지심체요절	국립중앙박물관	국립중앙박물관	http://www.emuseum.go.kr/detail?relicId=PS0100100101101713600000#none
217	승정원일기	문화재청	문화재청	http://www.cha.go.kr/korea/heritage/search/Directory_Image.jsp?VdkVgwKey=11,03030000,11&imgfname=1611946.jpg&dirname=national_treasure&photoname=%EA%B7%9C%EC%9E%A5%EA%B0%81%EC%97%90%EB%B3%B4%EA%B4%80%EB%90%9C%EC%8A%B9%EC%A0%95%EC%9B%90%EC%9D%BC%EA%B8%B0#pr2
218	팔만대장경	문화재청	문화재청	http://www.cha.go.kr/korea/heritage/search/Directory_Image.jsp?VdkVgwKey=14,00050000,38&imgfname=1628677.jpg&dirname=history_scenic_site&photoname=%EA%B3%A0%EB%A0%A4%ED%8C%94%EB%A7%8C%EB%8C%80%EC%9E%A5%EA%B2%BD%ED%8C%90#pr2
219	동의보감	문화재청	문화재청	http://hub.cha.go.kr/idolsearch/imageInfoView.do?file_seq=2222722
222	유교책판	경북도청	경북도청	http://www.gb.go.kr/data/op_news_photo/photo510.jpg
224	덕수궁 석조전	문화재청	문화재청	http://www.cha.go.kr/korea/heritage/search/Directory_Image.jsp?VdkVgwKey=79,00800000,11&imgfname=1666908.gif&dirname=register&photoname=%EC%84%9D%EC%A1%B0%EC%A0%84-%EC%A0%95%EB%A9%B4#pr2
229	경회루	한국문화관광연구원	관광지식정보시스템	http://know.tour.go.kr/dbservice/reso/detail.do?res_cd=1111-A-13862&res_type=A
232	덕수궁 중화전	한국문화관광연구원	관광지식정보시스템	http://know.tour.go.kr/dbservice/reso/image.do?res_cd=1114-A-14015&pic_file_nm=1114-A-14015_01.jpg
236	흥인지문	문화재청	문화재청	http://hub.cha.go.kr/idolsearch/imageInfoView.do?file_seq=2641334
236	남대문	한국관광공사	공공누리	http://www.kogl.or.kr/use/restorationPictureView.do?idx=19
236	돈의문 현판	바이두	바이두 이미지	image.baidu.com
237	숙정문	문화재청	문화재청	http://www.cha.go.kr/korea/heritage/search/Directory_Image.jsp?VdkVgwKey=13,00100000,11&imgfname=1624444.jpg&dirname=history_site&photoname=%EC%88%99%EC%A0%95%EB%AC%B8#pr2
238	사직단 대문	문화재청	문화재청	http://www.cha.go.kr/korea/heritage/search/Directory_Image.jsp?VdkVgwKey=12,01770000,11&imgfname=1613203.jpg&dirname=treasure&photoname=%EC%82%AC%EC%A7%81%EB%8B%A8%EB%8C%80%EB%AC%B8#pr2
238	서울 성곽	바이두	바이두 이미지	image.baidu.com

239	보신각 종	문화재청	문화재청	http://www.cha.go.kr/korea/heritage/search/Directory_Image.jsp?VdkVgwKey=12,00020000,11&imgfname=1613150.jpg&dirname=treasure&photoname=%EC%98%9B%EB%B3%B4%EC%8B%A0%EA%B0%81%EB%8F%99%EC%A2%85#pr2
242	롯데월드	바이두	바이두 이미지	image.baidu.com
242	낙안읍성민속마을	한국문화관광연구원	관광지식정보시스템	http://know.tour.go.kr/dbservice/reso/detail.do?res_cd=4615-C-13727&res_type=C
254	청와대	바이두	바이두 이미지	image.baidu.com
254	몽촌토성	문화재청	문화재청	http://hub.cha.go.kr/idolsearch/imageInfoView.do?file_seq=2641850
262	청계천	대한민국역사박물관	대한민국역사박물관	http://archive.much.go.kr/data/JD008/folderView.do?jobdirSeq=364&idnbr=2016015762
266	남대문 시장	한국관광공사	Imagine your Korea	http://english.visitkorea.or.kr/enu/SHP/SH_EN_7_2.jsp?cid=273760
268	판문점	바이두	바이두 이미지	image.baidu.com
269	에버랜드	한국학중앙연구원	디지털용인문화대전	http://yongin.grandculture.net/Contents?local=yongin&dataType=0403&contents_id=GC009P1404
270	용인민속촌	한국문화관광연구원	관광지식정보시스템	http://know.tour.go.kr/dbservice/reso/detail.do?res_cd=4146-C-12932&res_type=C
272	대전 엑스포	바이두	바이두 이미지	image.baidu.com
272	광주시립미술관	광주시립미술관	광주시립미술관	http://blog.naver.com/gmanews
273	인천대교	한국학중앙연구원	디지털안산문화대전	http://ansan.grandculture.net/Contents?local=ansan&dataType=0403&contents_id=GC025P9395
274	월미도	인천관광공사	인천관광공사	http://www.travelicn.or.kr/open_content/gallery/gallList.do?gall_seq=164&gall_div=1&gall_lang=kor&pgno=3
275	인천 자유공원	바이두	바이두 이미지	image.baidu.com
278	범어사	바이두	바이두 이미지	image.baidu.com
280	부산 신세계백화점 센텀시티점	바이두	바이두 이미지	image.baidu.com
282	광주	문화재청	문화재청	http://www.cha.go.kr/korea/heritage/search/Directory_Image.jsp?VdkVgwKey=23,00260000,24&imgfname=1645776.jpg&dirname=monument&photoname=%EA%B4%91%EC%A3%BC%ED%95%99%EC%83%9D%EC%9A%B4%EB%8F%99%EB%B0%9C%EC%83%81%EC%A7%80(%EA%B4%91%EC%A3%BC%EC%A0%9C%EC%9D%BC%EA%B3%A0%EB%93%B1%ED%95%99%EA%B5%90)#pr2
283	간절곶 소망우체통	바이두	바이두 이미지	image.baidu.com
284	청남대	바이두	바이두 이미지	image.baidu.com
284	통일전망대	바이두	바이두 이미지	image.baidu.com
284	전주 풍남문	문화재청	문화재청	http://hub.cha.go.kr/idolsearch/imageInfoView.do?file_seq=2644351
285	단양 고수동굴	문화재청	문화재청	http://www.cha.go.kr/korea/heritage/search/Directory_Image.jsp?VdkVgwKey=16,02560000,33&imgfname=1630347.jpg&dirname=natural_monument&photoname=%EB%8B%A8%EC%96%91%EA%B3%A0%EC%88%98%EB%8F%99%EA%B5%B4#pr2
286	국립공주박물관	한국학중앙연구원	디지털공주문화대전	http://gongju.grandculture.net/Contents?local=gongju&dataType=0403&contents_id=GC017P1884
286	백제문화단지	바이두	바이두 이미지	image.baidu.com
292	선교장	바이두	바이두 이미지	image.baidu.com
295	광한루	문화재청	문화재청	http://hub.cha.go.kr/idolsearch/imageInfoView.do?file_seq=2644329
295	무주리조트	바이두	바이두 이미지	image.baidu.com
296	낙안읍성민속마을	한국문화관광연구원	관광지식정보시스템	http://know.tour.go.kr/dbservice/reso/detail.do?res_cd=4615-C-13727&res_type=C
296	여수 국제박람회	바이두	바이두 이미지	image.baidu.com
298	안압지	한국문화관광연구원	관광지식정보시스템	http://know.tour.go.kr/dbservice/reso/detail.do?res_cd=4713-A-25503&res_type=A
306	도산서원	바이두	바이두 이미지	image.baidu.com
314	한국관	바이두	바이두 이미지	image.baidu.com
318	AIIB	바이두	바이두 이미지	image.baidu.com
318	일대일로	바이두	바이두 이미지	image.baidu.com
318	평창 동계올림픽	바이두	바이두 이미지	image.baidu.com
322	고객제일	바이두	바이두 이미지	image.baidu.com
322	휴대전화2	바이두	바이두 이미지	image.baidu.com
322	구절판	바이두	바이두 이미지	image.baidu.com

동양북스 분야별 추천 교재

관광

중국어뱅크
관광 중국어 1

중국어뱅크
관광 중국어 2

중국어뱅크
의료관광 중국어

실무

중국어뱅크
판매 중국어

중국어뱅크
호텔 중국어

중국어뱅크
항공 서비스 중국어

중국어뱅크
비즈니스 실무
중국어 (초·중급)

중국어뱅크
비즈니스 실무
중국어 (중·고급)

어법

버전업!
삼위일체 중문법

똑똑한 중국어
문법책

중국어 문법·
작문 업그레이드

北京大学
중국어 어법의 모든 것

한자·어휘

중국어뱅크
중국어 간체자

중국어뱅크
중국어 간체자
1000

가장 쉬운
독학 중국어 단어장

新 버전업
중국어 한자 암기박사

문화

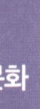

중국어뱅크
버전업 사진으로
보고 배우는
중국문화

중국어뱅크
시사 따라잡는 독해
중국 읽기

📖 동양북스 단계별 추천 교재 시리즈

	한어구어		스마트 중국어(회화)	베이직 중국어
입문과정	 중국어뱅크 북경대학 한어구어 1	 중국어뱅크 북경대학 12과로 끝내는 한어구어 上	 중국어뱅크 스마트 중국어 STEP 1	 중국어뱅크 베이직 중국어 1
초급과정	 중국어뱅크 북경대학 한어구어 2	 중국어뱅크 북경대학 12과로 끝내는 한어구어 下	 중국어뱅크 스마트 중국어 STEP 2	 중국어뱅크 베이직 중국어 2
초중급과정	 중국어뱅크 북경대학 한어구어 3	 중국어뱅크 북경대학 한어구어 4	 중국어뱅크 스마트 중국어 STEP 3	 중국어뱅크 베이직 중국어 3
중고급과정	 중국어뱅크 북경대학 한어구어 5	 중국어뱅크 북경대학한어구어 6	 중국어뱅크 스마트 중국어 STEP 4	

드림 중국어	실력업 중국어	교양 중국어		

중국어뱅크
DREAM 중국어 회화 1

중국어뱅크 실력UP 1
(스피드 중국어 STEP 1 개정판)

중국어뱅크
비주얼 중국어 회화 1

중국어뱅크
THE 중국어 1

중국어뱅크
NEW스타일
중국어 1

중국어뱅크
DREAM 중국어 회화 2

중국어뱅크 실력UP 2
(스피드 중국어 STEP 2 개정판)

중국어뱅크
비주얼 중국어 회화 2

중국어뱅크
THE 중국어 2

중국어뱅크
NEW 스타일
중국어 2

심화 과정

중국어뱅크
DREAM 중국어 회화 3

중국어뱅크 실력UP 3
(스피드 중국어 STEP 3 개정판)

중국어뱅크
스마트 중국어 독해 STEP 1

중국어뱅크
스마트 중국어 듣기 1

중국어뱅크
스마트 중국어 작문 1

중국어뱅크
DREAM 중국어 회화 4

중국어뱅크
스피드 중국어 회화
중급 독해편

중국어뱅크
스마트 중국어 독해 STEP 2

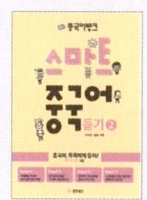

중국어뱅크
스마트 중국어 듣기 2

중국어뱅크
스마트 중국어 작문 2

🔷 📖 동양북스 단계별 추천 수험서 시리즈

新HSK 모의고사

북경대 新HSK
실전 모의고사 6급 / 5급 / 4급 / 3급 / 2급

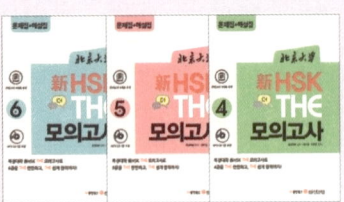

북경대학 新HSK
THE 모의고사 6급 / 5급 / 4급

중국어뱅크 新HSK 이거 하나면 끝!
실전 모의고사 6급 / 5급 / 4급 / 3급

중국어뱅크 新HSK
기출 적중문제집 6급 / 5급 / 4급

新HSK 종합서

버전업! 新HSK
한 권이면 끝 6급 / 5급 / 4급 / 3급

新HSK 어휘

新HSK VOCA 5000
6급 / 5급

버전업! 新HSK
VOCA 2500 6급 / 5급

新HSK 회화

新HSK 한권이면 끝
고급 회화

新HSK 한권이면 끝
중급 회화

新HSK 한권이면 끝
초급 회화

新HSK 영역별

新HSK 합격 쓰기
6급 / 5급

북경대 新HSK
듣기·독해 공략 6급

BCT / TSC

新BCT 실전 모의고사 A형 / B형

TSC 한 권이면 끝

TSC VOCA

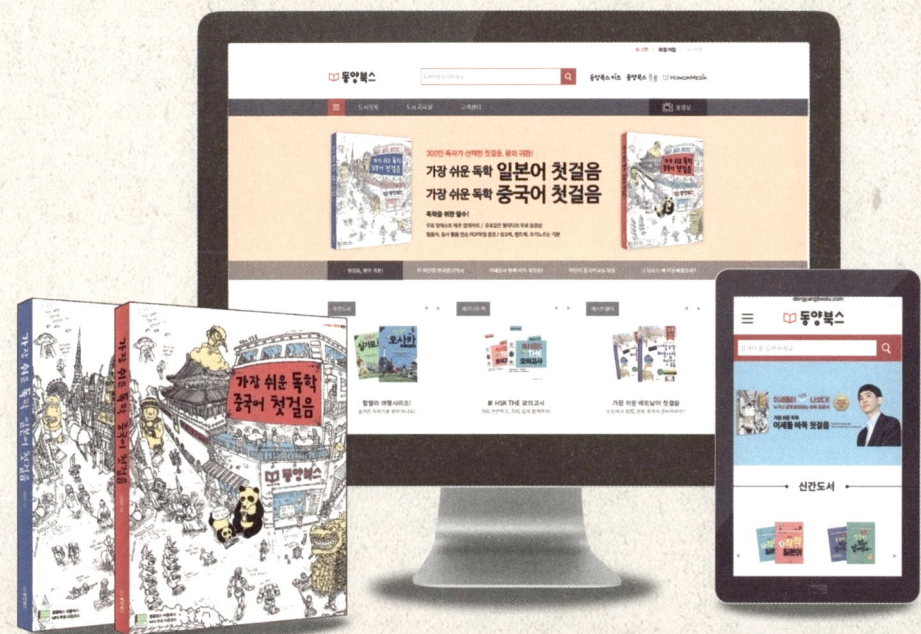

300만 독자가 선택한

가장 쉬운
독학 일본어 첫걸음
14,000원

가장 쉬운
독학 중국어 첫걸음
14,000원

가장 쉬운
프랑스어 첫걸음의 모든 것
17,000원

가장 쉬운
독일어 첫걸음의 모든 것
18,000원

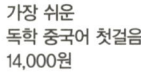

가장 쉬운
스페인어 첫걸음의 모든 것
14,500원

버전업! 가장 쉬운
베트남어 첫걸음
16,000원

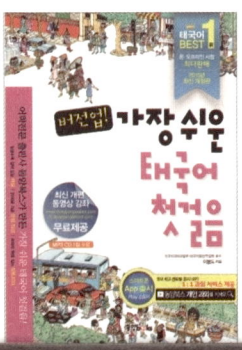

버전업! 가장 쉬운
태국어 첫걸음
16,800원

가장 쉬운
러시아어 첫걸음의 모든 것
16,000원

가장 쉬운
이탈리아어 첫걸음의 모든 것
17,500원

첫걸음 베스트 1위!

가장 쉬운
포르투갈어 첫걸음의 모든 것
18,000원

가장 쉬운
터키어 첫걸음의 모든 것
16,500원

버전업! 가장 쉬운
아랍어 첫걸음
18,500원

가장 쉬운
인도네시아어 첫걸음의 모든 것
18,500원

가장 쉬운
영어 첫걸음의 모든 것
16,500원

버전업! 굿모닝
독학 일본어 첫걸음
14,500원

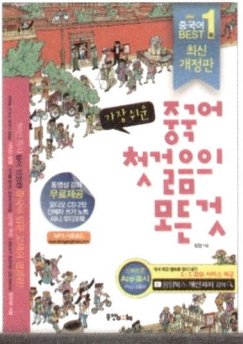

가장 쉬운
중국어 첫걸음의 모든 것
14,500원

동양북스
www.dongyangbooks.com
m.dongyangbooks.com

오늘부터는 팟캐스트로 공부하자!

팟캐스트 무료 음성 강의

▸1 iOS 사용자

Podcast 앱에서
'동양북스' 검색

▸2 안드로이드 사용자

플레이스토어에서 '팟빵' 등
팟캐스트 앱 다운로드,
다운받은 앱에서
'동양북스' 검색

▸3 PC에서

팟빵(www.podbbang.com)에서
'동양북스' 검색
애플 iTunes 프로그램에서
'동양북스' 검색

** 신규 팟캐스트 강의가 계속 추가될 예정입니다.

매일 매일 업데이트 되는 동양북스 SNS!
동양북스의 새로운 소식과 다양한 정보를 만나보세요.

blog blog.naver.com/dymg98   f facebook.com/dybooks
instagram.com/dybooks   t twitter.com/dy_books

정말 **반**드시 **합**격한다

정반합

중국어
관광통역
안 내 사

500

해 석 집

변형우 · 진희 지음

동양북스

정말 반드시 합격한다

중국어 관광통역
안내사 500 해석집

초판 인쇄 | 2017년 3월 5일
초판 발행 | 2017년 3월 10일

지은이 | 변형우, 진희
옮긴이 | 진여옥
발행인 | 김태웅
총　괄 | 권혁주
편집장 | 강석기
책임편집 | 권민서
디자인 | 방혜자, 성지현
마케팅 총괄 | 나재승
마케팅 | 서재욱, 김귀찬, 이종민, 조경현
온라인 마케팅 | 김철영, 양윤모, 탁수지
제　작 | 현대순
총　무 | 한경숙, 안서현, 최여진, 강아담
관　리 | 김훈희, 이국희, 김승훈, 이규재

발행처 | (주)동양북스
등　록 | 제2014-000055호(2014년 2월 7일)
주　소 | 서울시 마포구 동교로 22길 12(04030)
전　화 | (02)337-1737
팩　스 | (02)334-6624

www.dongyangbooks.com

ⓒ 변형우, 진희, 2017

ISBN 979-11-5768-243-0 13720

이 도서의 국립중앙도서관 출판예정도서목록(CIP)은 서지정보유통지원시스템 홈페이지(http://seoji.nl.go.kr)와
국가자료공동목록시스템(http://www.nl.go.kr/kolisnet)에서 이용하실 수 있습니다.
(CIP제어번호:CIP2017003526)

본문 해석 및
플러스 질문 모범 대답

Part 03 목차

Unit 01 자기소개

001 간단하게 자기소개를 하십시오.

▶ **(관광 통역 무경험자)**

존경하는 면접관님 안녕하십니까.

중국어를 배운 지 1년 정도 된 제가 면접시험을 본다는 것이 솔직히 말씀드리면, 상당히 긴장되기도 하지만 흥분되기도 하고 뿌듯하기도 합니다. 제가 오늘 면접관님들의 질문에 만족스럽게 대답할 수 있으면 좋겠습니다.

저는 쾌활하고 낙천적인 사람입니다. 친화력도 있고 책임감도 강합니다. 어려서부터 여행을 좋아해서 한국의 여러 관광 명소를 두루 다녔는데 여행은 저로 하여금 다양한 지식을 얻게 했을 뿐만 아니라 시야도 넓혀 주고 관광통역안내사의 꿈을 갖게 하였습니다. 근래 중국 관광객의 수가 증가하는 것을 보며 '중국어 관광통역안내사'라는 직업에 도전하는 자신감이 더해지게 되었습니다. 여행 이외에도 저는 춤과 운동을 좋아하는데 이런 여가 취미 활동은 저의 체력을 증진시켜 줄 뿐만 아니라 생활의 스트레스를 해소시키며 하루하루 보다 다양한 삶을 살 수 있도록 해 줍니다.

현재 제 중국어 실력이 그다지 좋은 것은 아니지만 "하늘은 스스로 돕는 자를 돕는다"라는 말을 믿으며 저의 열정과 굳은 신념을 통해 제 꿈이 실현되리라 생각합니다. 감사합니다.

▶ **(관광 통역 유경험자)**

존경하는 면접관님 안녕하십니까.

중국어를 학습한 지 얼마 되지 않아서 오늘 면접관님 앞에 서게 되니 좀 긴장됩니다. 저는 차분한 성격으로, 친구 사귀는 것을 좋아하고 사람의 마음을 잘 헤아려 친구들은 저와 함께 있으면 마음이 편하다고들 합니다. 일상생활에서 저는 도전하기를 좋아하기 때문에 생활은 항상 기대감으로 충만합니다. 일을 할 때는 책임감 있고 자신에게 엄하며 남에게는 관대합니다. 10여 년 전 저는 관광업에 뛰어들었는데 선택은 옳았습니다. 여러 차례 우수 관광통역안내사상도 받았고 10여 년 동안 일본어 관광통역안내사로 활동하면서 상당히 성취감도 느끼며 행복했습니다. 현재 중국 관광객들이 크게 늘어나면서 일을 그만두고 새롭게 중국어 관광통역안내사 자격시험에 도전하게 되었습니다. 제 좌우명은 "일한 만큼 얻는다"입니다. 비록 제 중국어 실력이 아직은 미흡하지만 노력만 한다면 중국어 관광통역안내사가 되는 꿈을 이룰 수 있을 것이라고 믿습니다. 머지않은 장래에 저는 지난 10여 년 간의 축적된 풍부한 업무 경험과 전문 지식 그리고 업무 능력을 바탕으로 인정받는 중국어 관광통역안내사가 되어 다시 한번 성취감과 행복을 찾고 싶습니다. 그럼으로써 한국 관광산업 발전을 위해 공헌할 수 있었으면 합니다. 저에게 꿈을 실현할 수 있는 기회를 주시기를 간절히 희망합니다. 감사합니다.

> **플러스 질문 모범 대답**
>
> ❶ 随着年龄的不同，答案也不一样，年纪大的人呢，大都喜欢去济州岛，年轻人呢，大多喜欢来首尔明洞和南大门购物。

❷ 日本游客比较安静，性格比较小心，基本上是个人游，旅行过程中主要以观光为主；而有中国人的地方一般比较热闹，他们性格比较大方，喜欢团队游，旅行过程中主要以购物为主。

❸ 应该是我第一次成功地独自带团的经历，大概是十年前的事情了，当时我的日语马马虎虎，可是带游客顺利地完成了旅行日程，并得到了游客及同行的表扬，那次经历提高了我的自信，坚定了我当一名导游的决心，所以那是我印象最深的事儿。

主要以…为主 zhǔyào yǐ…wéizhǔ 주로 ~위주이다 | 马马虎虎 mǎmǎhūhū 그저 그렇다 | 坚定…决定 jiāndìng…juéxīn ~한 결심을 확고히 하다

---

002 올해 나이가 몇입니까? 무슨 띠입니까?

▶ 올해 20세이고 개띠입니다. / 만 20세이며 개띠입니다. / 20세이며 개띠입니다.

> **플러스 질문 모범 대답**
>
> ❶ 鼠、牛、虎、兔、龙、蛇、马、羊、猴、鸡、狗、猪。

---

003 당신의 장단점을 말해 보십시오.

▶ 저의 최대 장점은 착하고 동정심이 많아 남을 도와주는 것을 좋아하고 봉사 의식이 강한 것이라고 생각합니다. 단점은 남에게 거절을 잘 못하는 것입니다. 때로는 이런 성격 때문에 스스로는 매우 힘듭니다. 그러나 고치고 싶지 않습니다. 왜냐하면 관광통역안내사로서 어쩌면 필요한 업무 태도일 수 있다고 생각하기 때문입니다.

▶ 장점을 말하자면, 저는 탁월한 협력 의식과 의사소통 능력이 있으며 조리 있게 업무를 처리합니다. 단점이라면, 때로 저에 대한 남들의 생각을 너무 의식하는 것입니다. 비록 이 때문에 스트레스를 많이 받지만 이런 단점이 저로 하여금 항상 노력하는 마음가짐을 가지게 합니다.

▶ 친구들은 제가 남의 말을 잘 경청하고 마음을 잘 헤아릴 줄 알며 다른 사람을 편안하게 한다고 말합니다. 이것이 저의 가장 큰 장점일 것입니다. 단점은 성격이 좀 급하다는 것인데 바꾸려고 노력 중입니다. 예를 들면 어떤 행동을 하기 전에 먼저 마음속으로 숫자 1, 2, 3…을 세는 것입니다. 지금은 자신에 대해서 비교적 만족하고 있습니다.

❶ ▶ 好，比如说同事因突然有事而拜托我临时带团时，尽管我自己的时间安排也很紧张，但是我每次都是尽可能的帮助他们。

　▶ 比如说，我去国外旅行的时候，总是有朋友拜托我在免税店买东西，其实这很麻烦，特别是我在机场取到免税品后，要一直带着这些东西，直到回国。可是尽管每次我心里都不那么情愿，但是每次都不知道该怎么拒绝，都会尽量满足朋友的要求。

---

004 당신의 취미는 무엇입니까?

▶ 제 취미는 등산과 여행입니다. 등산은 스트레스를 풀어 줄 뿐만 아니라 체력을 향상시켜 줌으로써 늘 저를 열정적으로 업무에 집중할 수 있도록 합니다. 여행은 제 시야와 견문을 넓혀 줍니다. 그중에서도 특히 단체 여행을 좋아하는데 왜냐하면 "타인의 돌로 옥을 만들 수 있다"라는 중국 속담처럼 단체 여행이 관광통역안내사라는 직업에 많은 도움을 주기 때문입니다.

▶ 저는 취미 생활이 다양합니다. 활동적인 것도 좋아하고 정적인 것도 좋아합니다. 많은 취미 중에 독서를 가장 좋아합니다. 향긋한 커피 한 잔과 책 한 권만 있다면 정말 즐거운 시간을 보낼 수 있기 때문입니다.

❶ 随团旅行呢，省钱省时间，不用担心行程安排和吃住问题，可是有时可能得去自己不感兴趣的地方；而个人自由旅行呢，可能会比较贵，而且要自己解决吃住问题，但是时间更自由，可以按照自己的喜好决定行程。

---

005 어디에 사십니까? 고사장까지 멀지는 않습니까? 대략 시간이 얼마나 걸립니까?

▶ 저는 마포구에 삽니다. 집에서 고사장까지 지하철을 이용하면 대략 50분 정도 걸립니다.

▶ 저는 강동구에 삽니다. 고사장에서 그다지 멀지 않습니다. 그러나 차를 한 번 갈아타야 합니다. 먼저 버스를 타고 ○○까지 가서, 지하철 2호선으로 갈아타고 두 정거장이면 도착합니다.

▶ 저는 마포구 ○○동에 살고 있습니다. 집에서 이곳까지 지하철(버스/자가용)을 이용하면 한 시간 정도 걸립니다.

006 | **고향은 어디입니까? 간단히 소개해 보십시오.**

▶ 저는 서울에서 태어나서 서울에서 성장했습니다. 아시다시피 서울은 한국의 수도이며 한국의 정치, 경제, 문화의 중심입니다. 서울은 고대 문화와 현대 문화가 함께 어우러져 세계 각지의 관광객들이 매우 호감을 갖는 국제적인 대도시입니다. 물론 서울의 물가는 아시아 지역에서 비교적 높은 편이지만 사계절의 기후가 알맞고 교통이 편리하며 문화적 정취가 농후한 매력적인 도시입니다.

007 | **결혼하셨나요? (왜 결혼을 안 하셨나요?) 누구와 함께 살고 있습니까?**

▶ 결혼해서 아들 하나와 딸 하나가 있습니다. 아들은 멋지고 딸도 아주 착하며, 우리 네 식구는 모두 화목하고 행복합니다.

▶ 전 아직 결혼하지 않았고, 현재 부모님과 함께 살고 있습니다. 그러나 관광통역안내사 시험을 통과하면 곧 결혼하려 합니다.

▶ 전 아직 결혼하지 않았습니다. 아마도 아직 인연이 닿지 않았나 봅니다. 제 반쪽을 기다리는 중입니다. 현재 혼자 생활하고 있고, 주말에는 부모님 댁에 갑니다.

008 | **당신의 가정에 대해서 간단히 소개해 보십시오.**

▶ 우리 가족은 남편, 두 아들과 저 이렇게 네 식구입니다. 남편은 평범한 직장인이며, 성격이 쾌활하고 말주변이 좋아서 저희 집은 항상 웃음소리가 가득합니다. 큰 아들은 올해 16살이고 작은 아들은 14살입니다. 우리 네 식구는 시간이 나면 함께 등산을 하거나 이야기를 나누며, 무척 행복합니다.

▶ 저희 집은 다섯 식구입니다. 아버지, 어머니, 오빠, 여동생 그리고 저입니다. 아버지, 어머니는 이미 퇴직하셨으며 두 분 다 무척 생각이 깨어 있으십니다. 그러한 부모님의 영향 아래 저희 형제자매는 서로 존중하고 도우며 지냅니다. 그들은 저에게 든든한 버팀목이 되어 주기 때문에 언제나 자신감이 넘칩니다.

> **플러스 질문 모범 대답**
>
> ❶ 当然，他们都很支持我。
> ❷ 是的，我们家人每年都去旅行。印象最深的地方是北京的故宫。

Unit 02 사상

009 당신은 신앙이 있습니까?

▶ 저는 종교가 없습니다.

▶ 있습니다. 저는 독실한 기독교 신자입니다. 매주마다 예배 드리러 갑니다.

▶ 부모님의 영향으로 어려서부터 천주교 신자였습니다.

▶ 저는 불교를 믿습니다.

010 가장 좋아하는 중국 명언은 무엇입니까? 당신의 좌우명은 무엇입니까?

▶ 제가 좋아하는 중국 명언이 있는데 바로 공자가 말한 "세 사람이 길을 걸으면, 그 가운데에는 반드시 자신의 스승이 될 만한 사람이 있다"입니다. 이 말은 저에게 사람은 겸손해야 함을 알려 주었고 "자신보다 뛰어난 사람들은 많다"라는 이 치를 깨닫게 해 주었습니다. 이 말은 제 좌우명이기도 합니다. 일상생활 속에서 나이나 신분에 상관없이 주변의 모든 사람들을 존중하고자 노력합니다. 이러한 삶의 태도는 더욱 다양한 인생 경험을 얻게 합니다.

▶ 제가 좋아하는 중국 명언은 "살아 있는 한 배우기를 멈추지 않는다"라는 말이며, 제 좌우명이기도 합니다. 배움에는 끝 이 없다는 이 명언처럼 저는 자신을 격려하면서 중국어 관광 통역 일에 도전하고 있습니다.

> **플러스 질문 모범 대답**
>
> ❶ 种瓜得瓜，种豆得豆。

011 누구를 가장 존경합니까? 숭배하는 우상이 있습니까?

▶ 제가 가장 존경하는 사람은 아버지입니다. 아버지는 평범한 직장인이시지만 직장에서든 가정에서든 맡은 바 책임을 다하시며, 누구를 탓하지 않으시면서 저희 가정을 위하여 많은 일을 하셨습니다. 때문에 저는 아버지를 가장 존경합니 다. 제가 숭배하는 우상이라고 할 수 있습니다. 아버지는 몸소 실천을 통하여 사람은 반드시 책임감을 가져야 함을 알 려 주셨습니다.

▶ 저는 대통령이든 청소부든 생활 중에 사회에 공헌하는 바가 있는 사람은 마땅히 존경할 만하다고 생각합니다. 가장 숭배하는 우상을 말하자면, 자수성가한 사람들 즉 맨손으로 기적을 창조해 낸 사람들을 존경합니다. 예를 들면 중국의 마윈 같은 사람이며, 그의 창업 이야기는 정말 감동적입니다.

플러스 질문 모범 대답

❶ 三国时代的刘备，德才兼备，民国时期的孙中山，民主革命的创始人，值得佩服；改革开放时代的邓小平，没有邓小平，就没有今天的中国。

德才兼备 décái jiānbèi 지덕을 겸비하다 | 值得佩服 zhídé pèifú 감탄할 만하다

012 인생에서 가장 소중한 것이 무엇이라고 생각하십니까?

▶ 저는 인생에서 가장 귀한 것은 시간이라고 생각합니다. 왜냐하면 "시간은 금이다. 그러나 금으로는 시간을 살 수 없다"라는 명언에서 말하는 것처럼 한번 가 버린 시간은 다시 오지 않기 때문입니다. 그래서 인생에서 가장 소중한 것은 시간이라고 생각합니다.

▶ 저는 인생에서 가장 소중한 것은 우정이라고 생각합니다. 친구는 인생에서 가장 커다란 재산입니다. 특히 요즘 같은 물질 만능 사회에서는 진실된 우정이 가장 소중한 것이라고 말할 수 있습니다.

013 한국인으로서 자부심과 자긍심은 무엇입니까?

▶ 한국인으로서 가장 자부심과 자긍심을 갖는 부분은 우리 한민족의 어려움에 굴하지 않고 용감하게 도전하는 정신이라고 생각합니다. 한국은 별다른 자원이 없고 인구도 많지 않습니다. 그렇지만 우리나라는 국민들의 총명함과 노력을 통하여 경제 발전을 이룩하여 세계로 문화를 수출하는 대국이 되었습니다. 이에 자부심을 느낍니다.

플러스 질문 모범 대답

❶ 主要是现在众所周知的韩剧，韩国歌曲等等韩流风。

014 당신의 직업관을 말해 보십시오.

▶ 우선, 직업을 선택할 때 비록 대우의 중요성을 부인할 수는 없지만 그 직업에 대한 열정이 가장 중요하다고 생각합니다. 저는 열정이 있어야만 더욱 열심히 즐겁게 일을 할 수 있다고 생각합니다. 다음으로는 일에 있어서 강한 책임감이 있어야 한다고 생각합니다. 책임감이 있어야만 불필요한 번잡함을 피할 수 있고 업무를 완수할 수 있습니다.

Unit 03 시험 동기

015 중국어 관광통역안내사가 되려는 이유가 무엇입니까? 어떤 관광통역안내사가 되고 싶습니까?

▶ 저는 여행을 특히 좋아합니다. 그래서 관광통역안내사라는 직업은 일거양득이라고 할 수 있습니다. 일하면서 여행의 즐거움을 만끽할 수 있으니까요. 또한 관광통역안내사는 '민간 외교관'이라고 칭해지는 것처럼 정말 의미 있는 직업이라고 생각합니다. 저는 관광객에게 호평받고 싶으며 관광객들이 '기분 좋게 왔다가 만족하고 돌아갈 수 있게' 하는 관광통역안내사가 되고 싶습니다.

▶ 관광통역안내사는 매우 매력이 있으며, 상대적으로 비교적 자유로운 직업이라고 생각합니다. 저는 활동적인 것을 좋아하며 매일 사무실 책상에 앉아 있는 것을 좋아하지 않기 때문에 관광통역안내사가 되기로 결심하였습니다. 게다가 한국이 발전함에 따라 한류도 세계를 향하고 있는 등 여러 가지 이유 때문에 한국으로 여행 오는 관광객, 특히 중국 관광객이 날로 급증하고 있어서 관광통역안내사는 매우 비전이 있습니다. 관광통역안내사를 '민간 외교관'이라고 하듯, 저는 제가 모든 관광객이 한국 여행에 대해 극찬하고 한국을 사랑하도록 할 수 있게 되기를 바랍니다.

> **플러스 질문 모범 대답**
>
> ❶ (038 참조 – 본문 41p / 해석 20p)
> ❷ (045 참조 – 본문 44p / 해석 22p)

016 현재 무슨 일을 하십니까? 지금까지 어떤 일들을 하셨습니까? 그러한 경험들이 이후 관광통역안내사 일을 할 때 어떤 도움이 됩니까?

▶ 현재 저는 평범한 회사원입니다. 지금까지 회사의 총무부, 관리부 등에서 일해 왔습니다. 이러한 경험이 있기 때문에 저는 무슨 일이든 최선을 다하며 비교적 전체적으로 고려해서 한다고 생각합니다. 또한 저는 이후 관광 통역 일을 하는 데 있어서 이러한 경험 때문에 조리 있게 일을 처리함으로써 관광객들에게 보다 안정감을 느끼게 할 수 있다고 생각합니다.

▶ 저는 이전에 일본어 관광통역안내사였기 때문에 관광 업무에 익숙하여 손님이 급히 필요로 하는 일을 잘 처리할 수 있습니다. 그래서 10여 년의 일본어 관광 통역의 경험은 중국어 관광 통역 업무에도 도움이 되어 빠른 시간 안에 자유자재로 여유 있고 능숙하게 일할 것이라 생각합니다.

> **플러스 질문 모범 대답**
>
> ❶ 是的，我喜欢运动，所以相信我的体力没问题。

017　당신이 업무상 가지고 있는 장점은 무엇입니까?

▶　제가 가지고 있는 가장 큰 장점은 제 성격입니다. 낙관적이고 발전적인 성향이고 타인을 잘 이해하며, 책임감이 강할 뿐 아니라 리더십도 있습니다. 이러한 것들이 저의 장점이라고 할 수 있습니다.

▶　저의 최대 장점은 10여 년 간의 일본어 관광 통역 업무 경험이라고 생각합니다. 저는 전문 지식이 풍부하고 손님의 급한 요구를 처리하는 방법을 압니다. 이는 관광객의 입장에서 관광객을 위한 최선의 서비스를 제공할 수 있게 합니다.

018　일본어 관광통역안내사에서 중국어 관광통역안내사로 전환한 이유가 무엇입니까?

▶　사실 중국어 관광통역안내사로 전환하고자 한 것이 아니라 제 자신의 경쟁력을 향상시키기 위해서 일본어 관광 통역 일을 하는 동시에 중국어 관광 통역 일도 하려는 것입니다. 동기에 대해서는 솔직하게 말씀드리면 중국의 경제가 발전함에 따라 한국으로 여행 오는 관광객들이 크게 증가했으며, 게다가 중국은 전 세계적으로 인구가 많은 나라이기에 미래의 중국 여행 시장은 분명 장래가 밝다는 것입니다. 그래서 저는 일본어 관광 통역과 중국어 관광 통역 일을 해야겠다고 생각했습니다.

019　자신의 전공과 다르게 관광통역안내사를 하고자 하는 이유는 무엇입니까?

▶　왜냐하면 제 전공과 맞는 직업들은 대부분 매일 사무실에 앉아 있는 일인데, 저는 무척 활동적이어서 몇 년 간의 사무실 생활을 통해 외부에서 일하는 활동적인 직업이 저에게 더 적합하다는 것을 알게 되었습니다. 동시에 최근 중국 관광객 수가 나날이 증가하고 있다는 소식을 계속 접하게 되어 중국어 관광통역안내사라는 직업에 도전하게 되었습니다.

Unit 04 외국어 학습

020 중국어를 배우게 된 동기가 무엇입니까?

▶ 저는 일본어 관광 통역 일을 했는데 한국으로 여행 오는 중국 관광객이 갈수록 늘어나는 것을 보고 중국어 관광통역안 내사에 도전해 보고 싶었고 그래서 중국어를 배우기 시작했습니다.

▶ 3년 전, 중국 여행을 갈 기회가 있어서 몇 마디 중국어를 배웠습니다. 그때 이후 저는 걷잡을 수 없이 중국어에 상당한 흥미를 갖게 되었고 그렇게 해서 중국어를 공부하게 되었습니다.

▶ 사회 경쟁이 갈수록 심해지는 상황에서 스스로의 경쟁력을 높이기 위하여 대학 때 선택과목으로 중국어를 택했습니다. 현재 중국 경제의 발전과 국력 신장을 보면 그 당시 제 선택은 정말 현명했다고 생각합니다.

> **플러스 질문 모범 대답**
>
> ❶ 汉语有声调，汉字是简体字，而日语呢，没有声调，汉字与我们韩国人一样使用繁体字。

021 중국어를 배운 지 얼마나 되었습니까? 어떻게 공부했습니까?

▶ 중국어를 배운 지 1년이 다 되어 갑니다. 서울에 있는 중국어 학원에서 배웠습니다.

▶ 고등학교 때 제2 외국어로 중국어를 배웠습니다. 그러나 그때는 열심히 공부하지 않았습니다. 작년부터 다시 공부하기 시작했으니 정식으로 따지면 중국어를 공부한 시간은 대략 1년 반 정도라고 할 수 있습니다. 저는 주로 인터넷 강의를 듣고 나중에 중국 대학생 친구에게서 개인 교습을 받으며 회화를 연습하였습니다.

> **플러스 질문 모범 대답**
>
> ❶ 是位于首尔市厅附近的一家学院。
> ❷ 网络讲义也主要是那家学院提供的，大多是听语法课。

022 중국어를 학습하는 데 가장 어려운 점은 무엇이며 어떻게 극복했습니까?

▶ 제게 있어 중국어 학습의 가장 큰 어려움은 발음, 특히 성조입니다. 연습할 때마다 먼저 많이 읽어 본 후 녹음을 하고, 이어서 녹음을 들으며 제 발음과의 차이를 찾아내면서 점차 발음이 향상되었습니다.

▶ 중국어를 배우는 데 가장 어려운 점이 있다면 단어를 외우는 것입니다. 우리 한국 사람들은 중국어 단어를 공부할 때 뜻도 외우고 발음도 외워야 하고 동시에 쓸 줄도 알아야 하기 때문입니다. 이러한 어려움을 극복하기 위해 저는 메모를 많이 만들어 집 안의 냉장고, 거울, 옷장 등에 붙여 두었는데 저도 모르게 기억력이 강화되었습니다. 정말 괜찮은 선택이었다고 생각합니다.

▶ 저는 중국에 가 본 적이 없어서 듣기가 가장 어렵습니다. 그러한 듣기 실력을 향상시키기 위해서 저는 일부러 지하철을 이용하면서 출퇴근 시간에 듣기 연습을 했습니다. 번잡하고 시끄러운 환경 속에서 집중해서 듣고 따라 읽었더니 효과가 좋았습니다. 물론 듣기 실력을 더 향상시켜야 하지만 노력한 만큼 좋은 결과가 있으리라 생각합니다.

023 중국어 학습 과정에서 가장 기억에 남는 것은 무엇입니까?

▶ 중국어 학습 과정에서 잊지 못할 일들은 무척 많습니다. 그중 가장 잊기 어려운 것이라면 2개월 만에 HSK 5급 시험을 통과한 경험일 것입니다. 준비하는 과정은 무척 힘들었지만 성공의 희열을 맛본 후 중국어 학습에 대해 더욱 자신감을 가지게 되었습니다.

▶ 중국어를 배우면서 가장 기억에 남는 것은 처음으로 중국인과 교류를 가졌을 때였습니다. 비록 아주 간단한 일상적인 안부를 묻는 것이었지만 그때의 즐거움은 지금까지도 남아 있습니다.

024 중국어의 가장 큰 특징은 무엇이며, 한국어와 다른 점은 무엇입니까?

▶ 중국어는 중국티베트어 계통이고 언어 형태는 고립어인데 반해 한국어는 알타이어 계통이며 교착어입니다. 중국어 발음의 특징은 복자음이 적고 모음이 많으며 성조가 있습니다. 이로 인해 중국어는 음악성이 강합니다. 한국어 발음의 특징은 받침이 많고 복모음이 적습니다. 성조는 없으며 연음과 동화 등 음의 변화 현상이 많습니다. 어휘적인 측면에서 중국어는 단음절 어휘가 많고 한국어의 한자 어휘는 이음절 어휘가 많습니다. 어법적인 측면에서 중국어는 어순과 허사로서 어법적 기능들을 담당하며 단어의 형태 변화가 없습니다. 한국어는 어미로 어법 기능을 나타내며 단어 형태의 변화가 있습니다. 중국어의 어순은 SVO(주어-서술어-목적어) 순인데, 한국어는 SOV(주어-목적어-서술어) 순입니다.

025 당신은 처음으로 면접시험에 참가한 것입니까? (지난 시험에서 왜 통과하지 못했습니까?)

▶ 저는 면접시험에 참가하는 것이 처음이 아닙니다. 지난 시험은 유감스럽게도 통과하지 못했습니다. 사실 저는 전문 지식에 대해서는 무척 자신 있었지만 분명 저의 중국어 실력에는 한계가 있었습니다. 특히 듣기 능력이 좋지 않아서 면접시험 때 저는 무척이나 긴장을 했고 알고 있던 문제들도 생각이 나지 않아 결과는 실패였습니다. 이번 시험에서는 순조롭게 통과되기를 희망합니다.

Unit 05 경험 및 일상생활

026 중국에 가 본 적이 있습니까? 가장 인상 깊었던 곳은 어디입니까?

▶ 중국의 여러 곳을 다녀 보았는데 제게 가장 인상이 깊었던 곳은 윈난성의 따리입니다. 그곳은 풍경이 아름답고 공기가 맑은 곳이며, 특히 소수민족 특유의 풍속들은 정말 잊을 수가 없습니다.

▶ 저는 베이징에만 가 보았지만 인상 깊은 곳도 베이징입니다. 베이징에서 제 마음을 사로잡은 곳은 당연히 쯔진청과 창청입니다. 유구한 역사의 중국 고대 건축물들은 저에게 고대 문명에 대해 많은 느낌을 갖게 해 주었습니다.

▶ 유감스럽게도 지금까지 저는 중국에 가 보지 못했습니다. 그러나 중국어를 배우는 과정에서 중국의 몇 곳에 대해 알게 되었습니다. 그중 가장 인상 깊었던 곳은 시안에 위치한 진시황 병마용인데 나중에 기회가 있다면 반드시 가 보고 싶습니다.

플러스 질문 모범 대답

❶ 中国有56个民族，55个少数民族。云南是白族、傣族、哈尼族等共25个民族聚居的地方。

❷ 景福宫虽然比故宫小，但是有水有木，融入了自然的韵味，还有景福宫位于首尔市中心，背临北岳山，可谓是集古典、现代和自然于一身。

❸ 听说兵马俑与真人大小一样，而且表情各异，形象逼真，在古代有那样的技术，觉得很神奇，很想亲自看一看。西安还有秦始皇陵、华清池等都值得一看。

傣族 Dǎizú 다이족 | **哈尼族 Hānízú** 하니족 | **聚居 jùjū** 모여 살다, 집단으로 거주하다 | **融入 róngrù** 융합되어 들어가다, 융화되다, 녹아 있다 | **韵味 yùnwèi** 정취 | **集…于一身 jí…yú yìshēn** ~가 한곳에 어우러져 있다 | **逼真 bīzhēn** 진짜 같다 | **表情各异 biǎoqíng gèyì** 표정이 제각각이다 | **秦始皇陵 Qínshǐhuánglíng** 진시황릉(중국 산시성에 있는 진시황의 무덤) | **华清池 Huáqīngchí** 화칭츠(화청지, 중국 산시성에 있는 온천. 당 현종과 양귀비가 사용했다 하여 유명) | **值得一看 zhídé yí kàn** 볼 만하다

---

027 중국인과 교류해 보았습니까? 당시 인상은 어땠습니까?

▶ 중국어를 배우는 과정에서 중국인과 접할 수 있는 기회가 몇 번 있었습니다. 처음으로 중국인과 접한 때가 중국어를 배운 지 2개월 정도 된 때라고 기억하는데 비록 간단한 인사말 정도였지만 상대방의 말을 알아들을 수 있다는 것이 저에게 자신감을 주었고 지금 생각해도 기분이 좋아집니다.

028 가장 인상 깊었던 책을 소개해 보십시오.

▶ 저에게 가장 인상 깊은 책은 최근의 베스트셀러인 『하버드 새벽 4시 반』입니다. 이 책의 저자는 하버드 대학교를 졸업한 중국 여학생으로 자신이 겪은 경험을 바탕으로 인생에는 '불가능'이란 세 글자는 없다는 것을 알려 주고 있습니다. 중요한 것은 우리가 어떤 태도와 노력으로 생활을 마주해야 하는가입니다. 이 자기 계발서는 시험을 준비하는 저에게 많은 용기와 격려를 주었습니다.

029 가장 인상 깊었던 영화를 소개해 보십시오.

▶ 제가 가장 인상 깊게 본 영화는 〈천국의 아이들〉 또는 〈작은 신발〉이라는 제목의 이란 영화입니다. 이 영화는 미국 블록버스터가 아니며, 대형 제작물도 아닙니다. 유명 감독도 없고 당연히 유명 배우도 없습니다. 그러나 저는 이 영화를 통해서 따스함과 진실성, 그리고 열정과 희망을 느낄 수 있었습니다.

영화에서 어린 남자 주인공은 부주의로 여동생의 유일한 신발을 잃어버립니다. 그래서 오누이가 서로 상의해서 매일 오빠의 신발을 신고 학교에 가기로 합니다(그 학교는 초등학교와 중학교가 각각 반나절씩 수업을 했음). 둘은 부모에게 서나 혹은 지각으로 인해 벌 받을 것을 피할 뿐 아니라 신발을 교대로 신으면서 생기는 여러 가지 불편함을 참고 또한 신발이 있는 아이들에 대한 부러움으로 생기는 괴로움도 잘 이겨 내고자 하였습니다. 하지만 여기서 이 영화가 보여 주고자 하는 것은 결코 어려운 상황이 아니라, 아이들이 어떻게 지혜와 굳센 의지로써 어려운 상황을 벗어나서 애써 일하는 부모에게 조금의 부담도 주지 않고 스스로 난관을 헤쳐 나가는가 하는 것입니다. 이 영화는 저에게 포기하지 말 것을 알려 주었습니다.

030 외국인에게 가장 소개하고 싶은 한국의 명소는 어디입니까?

▶ 외국인에게 가장 소개하고 싶은 한국의 명소는 모두가 잘 알고 있는 명승고적지도 아니고 외국 관광객들이 몰려 있는 쇼핑 명소도 아닌 일반 주택가와 그 지역의 작은 시장입니다. 외국 사람들에게 있어 명승고적 등과 같은 곳도 물론 매우 중요하지만 한국과 한국 문화 그리고 한국인에 대해 보다 진정으로 알 수 있게 하는 것은 우리 일상생활 중의 가장 평범한 것이라고 생각합니다.

031 외국인에게 가장 소개하고 싶은 한국 음식은 무엇입니까?

▶ 외국인에게 가장 소개하고 싶은 한국 음식은 '김치찌개'입니다. 왜냐하면 먼저, 이 요리의 주된 재료가 한국인의 일상생활에서 빼놓을 수 없는 김치로 가장 한국적 특색이 있는 요리라고 생각합니다. 다음으로 김치찌개는 모든 한국인이 즐겨 먹는 가정식으로 집집마다 만들어 먹지만, 각각 특색이 있어 각 가정마다 자기들만의 특별한 조리법이 있습니다. 외국 사람들이 보기에는 매우 신기할 것이라고 생각됩니다. 마지막 이유로는 김치찌개가 상당히 맛있을 뿐만 아니라 쉽게 배울 수 있기 때문입니다.

> **플러스 질문 모범 대답**
>
> ❶ 有很多，比如说烤肉、参鸡汤、酱汤、拌饭、紫菜米饭、炒年糕、米肠、打糕等。
>
> 比如说 bǐrúshuō 예컨대, 예를 들어서 | 烤肉 kǎoròu 불고기 | 参鸡汤 shēnjītāng 삼계탕 | 酱汤 jiàngtāng 된장국 | 拌饭 bànfàn 비빔밥 |
> 紫菜米饭 zǐcài mǐfàn 김밥 | 炒年糕 chǎoniángāo 떡볶이 | 米肠 mǐcháng 순대 | 打糕 dǎgāo 떡

032 휴일에는 대체로 무엇을 합니까?

▶ 중국에는 "신체는 혁명을 위한 밑천이다"라는 말이 있다고 들었습니다. 그래서 저는 휴일에는 건강과 휴식에 힘씁니다. 보통 일찍 일어나 산에 갔다가 사우나에 가서 긴장을 풉니다. 저녁이 되면 반드시 집에서 직접 요리를 해서 식사를 하며 '천천히 먹는 식사'의 즐거움을 만끽하고 가족들과 정서적 교류를 갖습니다.

033 운동을 좋아하십니까? 어떤 운동을 좋아하십니까?

▶ 저는 운동을 상당히 좋아합니다. 가장 좋아하는 운동은 등산과 배드민턴입니다. 등산은 대자연을 감상할 수도 있고 체력을 증진시키기도 하지만 더욱 중요한 것은 인내심을 기를 수 있다는 것입니다. 배드민턴은 서로 단결하여 협력하는 자세와 팀워크 정신을 길러 줍니다. 운동은 매일 저를 자신감 넘치게 합니다.

▶ 솔직하게 말하자면 저는 운동을 좋아하지 않습니다. 그러나 건강하고 날씬한 몸매를 가지고 싶어서 최근에 요가를 시작했습니다. 운동은 저로 하여금 활력이 넘치게 하고 공부와 일도 더욱 열심히 할 수 있게 해 줍니다.

034 당신은 보통 어떻게 스트레스를 해소합니까?

▶ 저는 일반적으로 운동으로 스트레스를 풉니다. 운동은 신체를 단련시키고 체력을 증진시키며 또한 걱정을 잊게 해 주니 일거삼득이라고 할 수 있습니다.

▶ 저는 산책으로 스트레스를 풉니다. 자연 풍광을 감상하기도 하고 지나간 일들을 돌아본다든지 혹은 꿈이 실현된 후의 자신의 모습을 상상하면 곧 제 마음이 가벼워지고 스트레스도 자연스럽게 풀리게 됩니다.

Unit 01 관광통역안내사 자질

035 관광이란 무엇이며, 여행이란 무엇입니까?

▶ 관광이라는 것은 아름다운 명소의 풍경을 감상하면서 그 지역의 특색과 풍습을 이해하고 경험과 견문을 넓힘으로써 상
  호 교류를 촉진시키는 여행 활동입니다. 여행은 물질 및 정신적인 어떤 필요에 의하여 유람하고 즐겁게 보내는 것을 주
  요 목적으로 하며 타지에서 적어도 24시간 이상 머물며 이루어지는 활동을 말합니다.

036 관광통역안내사란 어떤 직업입니까?

▶ 관광통역안내사는 여행자들에게 생활 서비스와 각 여행지에 대한 해설 서비스를 제공해 주는 사람을 말합니다. 관광
  통역안내사는 여행사를 대표하기도 하고 외국 관광객에게는 국가를 대표한다고도 할 수 있습니다. 이는 가장 낮은 층
  에서 이루어지는 외교 활동이라고 말할 수 있기에 관광통역안내사를 민간 외교관이라고 부르기도 합니다.

037 관광통역안내사의 업무는 어떤 것들을 포함하고 있습니까?

▶ 관광 통역 업무 내용의 구체적인 사항들은 다음과 같습니다.
  1. 여행사와 관광객 사이에 체결된 계약에 의거하여 관광객의 관광 내용을 계획합니다.
  2. 관광 과정에서 관광객들에게 책임지고 설명, 해설하고 그 지역의 특색을 소개합니다.
  3. 관광 과정에서 계약에 따라 관광객의 교통과 숙식 등을 계획합니다.
  4. 인내심을 가지고 경청하여 관광객의 궁금증을 해소해 주며, 관광객이 여행 중 만날 수 있는 여러 문제들을 협력해서
     처리하도록 합니다.
  5. 여행사에 관광객의 의견과 요구를 알리며 여행사와 관광객 사이의 소통의 창구로서 여행 중 발생 가능한 일들을 최
     대한 적절하게 처리하도록 합니다.

038 관광통역안내사를 왜 민간 외교관이라고 하나요?

▶ 관광객에게 있어서 관광통역안내사는 바로 한 국가와 도시의 대표 이미지입니다. 관광객은 관광통역안내사의 소개를
  통하여 여행지를 이해하고 그 지역 사람들의 사고를 느낄 수 있으며 그 지역의 풍습과 인심을 이해할 수 있습니다. 관
  광통역안내사는 다리 역할을 한다고 할 수 있기 때문에 민간 외교관이라 칭하는 것입니다.

039 관광통역안내사와 일반 수행 통역은 어떻게 다릅니까?

▶ 일반 수행 통역은 단지 손님의 말을 다른 언어로 통역하는 것으로서, 손님과 타인과의 의사소통에 도움을 주는 것입니다. 그러나 관광통역안내사는 계약에 따라 손님의 식사와 숙소, 여행지, 오락 등을 안배하는 등 더욱 강화된 종합적 능력이 필요하다고 할 수 있습니다.

040 당신은 어떤 사람이 관광통역안내사로서 적합하다고 생각합니까?

▶ 관광통역안내사는 좋은 체력이 요구되며, 리더십이나 의사소통 능력 등 각종 능력을 갖추는 것은 관광통역안내사의 기본 조건이라고 생각합니다. 이 밖에도 진정으로 '관광통역안내사'라는 직업을 좋아하는 사람이 가장 적합하다고 생각합니다. 왜냐하면 진정으로 좋아해야만 '투철한 직업의식'을 가지고 최선을 다해서 관광객을 위한 서비스를 할 수 있기 때문입니다.

041 관광통역안내사 업무 중 가장 어려운 점은 무엇이라고 생각합니까?

▶ 가장 어려운 점은 좀 '까다롭고', '무리한 요구'를 하는 관광객을 만났을 때라고 생각합니다. 이는 마치 "모든 사람들을 만족시키기는 어렵다"라는 성어와 같습니다. 그러나 저는 임기응변과 의사소통 능력이 뛰어나 충분히 잘 대응할 수 있을 것이라고 생각합니다.

> **플러스 질문 모범 대답**
>
> ❶ 要求特别多，特别自私，不考虑团队的情况，只按照自己的想法行动的游客。
>
> ❷ 比如说按照团队计划本没有购物时间，可是个别游客强行提出脱团自行购物，这时，虽然游客说后果自负，但是对导游来说，仍是一个很"无理"的要求。因为不怕一万怕万一嘛! 这时，我一般会尽量说服顾客，如果实在不行的话，我也会考虑到游客出来一次不容易，所以情况允许的话，会建议网上购物，并提供一些信息。
>
> **脱团 tuōtuán** 단체를 벗어나다 | **后果自负 hòuguǒ zìfù** 결과에 대해 스스로 책임지다 | **不怕一万怕万一 bú pà yíwàn pà wànyī** 만 가지 일이 걱정되는 것이 아니라 만일이 걱정되다

042 만약 당신에게 당장 관광 통역 업무를 하게 한다면 당신에게 가장 어려운 점은 무엇입니까?

▶ 어떤 업무를 하든지 간에 상당한 어려움이 있을 것입니다. 그러나 제가 가장 걱정되는 것은 관광객과의 언어 소통 문제입니다. 저는 관광객의 말, 특히 억양이 강한 관광객의 말을 못 알아들을 것이 좀 걱정됩니다. 그러나 익숙해지면 요령이 생길 것이며 잘 못 알아듣게 된다면 글자를 쓰거나 보디랭귀지을 이용할 수 있습니다. 어쨌든 저는 노력해서 극복할 수 있다고 믿습니다.

043 관광통역안내사로서 가장 힘든 것은 무엇이라고 생각하십니까?

▶ 모든 직업에는 서로 다른 특징이 있습니다. 관광통역안내사라는 직업은 명절도 없고, 바람이 불건 햇볕이 뜨겁건 일찍 나가서 늦게 돌아옵니다. 게다가 업무량은 많고 수입은 그다지 안정적이지 않습니다. 저에겐 일찍 나가서 늦게 돌아오는 것이 가장 힘들다고 할 수 있습니다.

044 당신은 관광통역안내사에게 가장 중요한 것은 무엇이라고 생각하십니까?

▶ 관광통역안내사는 여러 능력을 갖추어야 합니다. 예를 들면 리더십, 소통 능력, 타인을 이해하는 능력 등입니다. 그중에서 가장 중요한 것은 '투철한 직업의식'으로 자신의 직업에 대해 열정을 가져야 한다고 생각합니다.

045 관광통역안내사로서 요구되는 자질에는 어떤 것들이 있습니까?

▶ 저는 관광통역안내사는 도전 의식이 무척 강한 직업이라고 생각하며, 관광통역안내사로서 적어도 다음과 같은 몇 가지 능력은 갖추어야 한다고 생각합니다.

첫 번째, 풍부한 여행 지식이 있어야 합니다. 과장해서 말하자면 "위로는 천문을 알고 아래로는 땅의 이치를 알아야" 합니다. 역사, 문화, 풍습, 각종 신화나 전설 및 관련 관광 명소에 대한 지식을 알고 있어야 합니다.

두 번째, 외국 관광객을 접대하는 관광통역안내사는 적어도 한 가지 외국어는 유창하게 말할 수 있어야 하며, 세계화의 도래에 따라 여러 언어를 구사하는 추세입니다.

세 번째, 관광통역안내사는 뛰어난 소통 능력을 갖추어야 합니다. 그래야 전 세계에서 온 서로 다른 문화 배경을 지닌 사람들과 서로 소통할 수 있습니다.

네 번째, 외국 관광객을 접대하는 관광통역안내사는 관용의 마음을 지니고 있어야 합니다. 다른 나라의 문화에 대해 어느 정도의 이해가 있어야 '상대방의 관점에서 생각할' 수 있습니다.

다섯 번째, 관광통역안내사는 뛰어난 임기응변 능력과 문제 해결 능력을 갖추고 여행 중 발생할 수 있는 각종 돌발 문제들을 처리할 수 있어야 합니다.

여섯번째, 관광통역안내사는 예의 바른 태도와 사람들을 돕고 싶어하는 마음도 필요하며 원활한 친화력도 필요합니다.

일곱 번째, 관광통역안내사는 배우려는 열정이 있어야만 '시대와 같이 전진할' 수 있으며, 최신 정보를 파악하고 있어야 관광객들에게 가장 좋은 서비스를 제공할 수 있습니다.

> **플러스 질문 모범 대답**
>
> ❶ 一方水土养一方人，大家的生活背景及文化背景不同，文化差异在所难免，我想关键是要学习、了解并能努力去理解对方的文化，那样就可以避免文化差异带来的冲突。
>
> 一方水土养一方人 yì fāng shuǐtǔ yǎng yì fāng rén 한 지역의 풍토가 그 지역 사람을 기른다 | 在所难免 zàisuǒ nánmiǎn 불가피하다 | 避免…冲突 bìmiǎn…chōngtū ~ 충돌을 피하다

046　당신에게 이상적인 관광통역안내사란 어떤 모습입니까?

▶　제가 생각하는 이상적인 관광통역안내사는 활력이 넘쳐 다른 이들에게 신뢰감을 주며 관광 통역 업무를 성공적으로 이끌 수 있는 사람입니다. 제가 바로 그러한 관광통역안내사라고 믿습니다.

047　중국 관광객에게 여행 기념품으로 어떤 것을 추천하면 좋으며, 이유는 무엇입니까?

▶　저는 한국의 전통 문화 특색을 드러낼 수 있는 각종 기념품, 예를 들면 탈, 젓가락, 책갈피 등이 괜찮은 선택이 아닐까 합니다. 자녀가 있는 사람들이라면 서울대학교나 성균관대학교 혹은 이화여자대학교의 기념품도 생각해 볼 수 있습니다.

048　만약 당신이 여행사 사장이라면 어떤 여행 상품을 개발하겠습니까?

▶　현재의 여행 상품들은 이미 상당히 다양하다고 할 수 있습니다. 만약 제가 여행사 사장이 되어 여행 상품을 개발해야 한다면 저는 지역 문화를 체험해 봄으로써 그 지역 사람들의 생활 습관을 보다 잘 이해할 수 있는 여행 상품을 만들어 보고 싶습니다. 예를 들면 제가 생활하고 있는 동네 부근에 구경할 만한 곳이나 다양한 특색을 갖춘 전통 시장을 찾아본다든지 혹은 한국인들이 자주 가는 한국 음식점 등에 가서 한국의 가정식 요리 등을 맛볼 수 있게 하는 등의 특색 있는 관광 상품들입니다.

049　한국의 여행지를 소개할 때 중국어로 합니까, 한국어로 합니까?

▶　저는 비록 한국 사람이지만, 한국으로 여행 온 중국 관광객을 위해 서비스하는 중국어 관광통역안내사입니다. 그래서 한국 관광지를 소개할 때면 당연히 중국어로 소개합니다. 그러나 몇 가지 고유명사 등에 대해서는 한국어와 중국어를 같이 쓰는 것도 고려할 수 있습니다. 이렇게 하면 전문성을 잃지 않으면서 관광객들도 한국말 몇 마디를 배울 수 있는데, 아마 여행의 즐거움도 더해질 것입니다.

> 〔플러스 질문 모범 대답〕
>
> ❶ 比如说介绍韩国的景点时，像"世宗大王"啊，"购物一条街"呀等等，可以汉语和韩语并用，让游客一起说一说，应该会减少旅途劳累，增添乐趣吧。

050 한국의 대표적 특산품을 추천해 보십시오.

▶ 한국을 대표하는 특산품에는 홍삼을 가장 먼저 꼽고 싶습니다. 다음으로는 한국의 각종 김치와 반찬입니다. 또 있다면 한국의 특산품으로 만들어진 각종 상품들입니다. 예를 들면 제주도의 감귤 초콜릿 등이 있습니다. 마지막으로는 정교하게 포장된 한국의 떡을 생각해 볼 수 있습니다.

051 관광통역안내사로서 절대로 하지 말아야 할 행동에는 어떤 것들이 있습니까?

▶ 관광통역안내사가 절대 하지 말아야 하는 행동은 일반인들이 하지 말아야 하는 모든 행동 외에도 직업윤리를 해치는 행위는 하지 말아야 합니다. 예를 들어 관광객을 존중하지 않거나 관광객 국가의 역사 문화를 무시하거나 과도하게 관광객에게 물건을 사도록 강요하는 부당한 행위 등입니다. 그리고 절대 국가의 이미지를 손상시키는 행동은 하지 말아야 합니다.

052 관광 통역 업무 중 가장 인내심이 필요한 부분은 무엇입니까?

▶ 관광 통역 업무 수행 중 가장 인내심이 필요한 부분은 관광객들에게 여행 일정과 주의 사항을 알려 줄 때라고 생각합니다. 왜냐하면 모든 사람들의 생각과 이해 능력이 모두 다르기 때문에 같은 설명을 여러 번 반복해서 설명해야 합니다. 이때 가장 필요한 것이 인내심이라고 생각됩니다. 백 번을 물어와도 짜증 내지 말고 최선을 다해 서비스해야 합니다.

053 단체 관광팀을 인솔하면서 집합시킬 때는 어떻게 하면 좋으며, 주의할 점은 무엇입니까?

▶ 관광지에 도착한 후 자유 활동이 시작되기 전에 먼저 관광객들에게 집합 장소와 시간을 알려 주며 반드시 시간을 준수해 줄 것을 당부해야 합니다. 다음으로는 만약 차 안에서 모이기로 했다면 관광객들에게 차량 번호와 주차 위치 등을 기억해 줄 것을 당부합니다. 또 관광객들이 관광통역안내사와의 연락 방법을 기억하도록 하여 만약 뜻밖의 사고 등 특수 상황이 발생한다면 관광통역안내사와 연락할 것도 당부해야 합니다. 마지막으로 자유 활동이 끝나고 집합 시에는 반드시 인원수를 체크하고 출발합니다. 만약 집합 시간이 지났다면, 예를 들어 집합 시간이 15분이 지나도록 돌아오지 못한 사람이 있고 다른 관광객들의 일정에 영향을 주지 않기 위해 먼저 다음 관광지로 이동해야 한다면 늦은 관광객에게 연락을 취하여 알아서 호텔로 돌아가서 연락을 기다리도록 합니다.

Unit 02 관광산업 및 관련 용어

054 한국 관광업의 미래는 어떻습니까?

▶ 경제 발전과 통신업의 발달로 인하여 세계화가 날로 빠르게 진행되고 있습니다. 특히 한국의 지리적 위치는 경제가 빠른 속도로 발전하고 있는 중국과 인접하고 한류의 영향과 한국 화장품 등 한국 상품의 인기가 높습니다. 더욱이 2018년 평창 동계올림픽 개최를 앞두고 있는 등 한국 관광업의 미래는 상당히 밝아질 것이라고 믿습니다.

플러스 질문 모범 대답

❶ 说到目前的问题呢，我想最重要的是观光资源不足，比如说住宿问题，一到旅游旺季各大酒店人满为患；其次我们的服务态度还很不足，比如说黑客宰客的现象时有发生，即便是各界已经做出很多努力，但是问题并没有真正得到有效解决；三是我认为韩国人的意识应该改变，不论是商人还是普通人，很多人对中国客人是既爱又恨，爱着他们的购买力，但是又抱怨着他们素质低，其实，我想这些固然跟部分中国人的行动有关，但更重要的是我们应有一种宽容和理解，韩国既然要依靠观光业发展振兴经济，就应从内心去对客人好，那样才会更有吸引力；最后我觉得目前各旅行社的旅行线路和产品过于单一，大部分中国人来韩国后感觉除了购物还是购物，其实我们的旅游资源十分丰富，为什么不能考虑多开发一些文化体验和特色游呢？比如说针对不同游客的需求，开设文化体验游等考虑让游客能真正体验一下儿韩国的魅力。

人满为患 rénmǎn wéihuàn 사람이 많아 탈이다 | **黑客宰客** hēikè zǎikè 여행객을 속이고 바가지 씌우다 | **即便** jíbiàn 설령 ～할지라도 | **有效解决** yǒuxiào jiějué 효율적으로 해결하다 | **素质低** sùzhì dī 수준이 낮다 | **振兴经济** zhènxīng jīngjì 경제를 부흥시키다 | **过于单一** guòyú dānyī 너무 단조롭다 | **除了购物还是购物** chúle gòuwù háishi gòuwù 쇼핑 이외에는 다른 것이 없다

055 무자격 관광통역안내사는 한국 관광업에 어떤 악영향이 있으며, 무자격 관광통역안내사에 대한 문제를 어떻게 해결해야 한다고 생각하십니까?

▶ 정부가 관광통역안내사 시험을 실시하는 목적은 관광객들에게 보다 질 높은 서비스를 제공하여 각국에서 온 관광객들에게 가장 아름다운 한국을 보여 주기 위함입니다. 그러나 무자격 관광통역안내사들은 전문적인 안내 훈련을 받지 못하였고, 자격시험에 통과하지 못했으니 관광통역안내사 자격은 아예 갖추지 못했습니다. 따라서 관광 통역 과정에서 한국의 역사와 전통 문화에 대해 올바르게 전달할 수 있으리라 보장할 수 없으며, 심지어는 '말도 안 되는 설명'을 할 수도 있습니다. 또한 무자격 관광통역안내사는 정부의 전문적인 관리를 받지 못하므로 관광객에게 좋은 서비스를 제공하지 못하는 문제 등이 발생할 수 있으며, 이로 인해 관광객들은 한국에 대해 오해할 수 있고 결국 한국 관광업에 상당히 좋지 않은 영향을 끼칠 것입니다. 저는 무자격 관광통역안내사에 대해 엄격하게 관리 규제해야 한다고 생각하며, 이러한 상황이 일단 발견되면 관련 여행사에 대해서도 함께 처벌함으로써 무자격 관광통역안내사 현상을 근절시켜야 한다고 생각합니다.

056 관광산업의 기능에 대해 말해 보십시오.

▶ 먼저 관광산업은 많은 외화를 벌어들여 국제수지를 개선할 수 있습니다. 다음으로 관광산업은 수많은 일자리를 만들어 경제 발전을 촉진합니다. 그 다음으로 관광산업은 운수업, 서비스업 등의 발전을 촉진하며 이를 통하여 경제 발전을 가져옵니다. 마지막으로 관광산업은 각 나라 국민들 간의 우호적인 왕래를 증진시켜 세계 평화에 공헌할 수 있으며 글로벌화를 위한 초석을 다질 수 있습니다.

057 어떻게 한국 관광산업을 발전시킬 수 있습니까?

▶ 한국 관광산업의 발전을 위해서는 모든 국민의 공통의 노력이 필요합니다. 우선 시대적 흐름에 부응하는 여행 상품을 개발해야 하며, 다음으로는 각기 다른 나라에서 오는 관광객들에게 맞추어 특색 있는 여행 상품을 고려해야 합니다. 그 다음으로는 출입국 수속을 간소화하는 것입니다. 또한 여행 안내 시스템을 개선하여 다양하고 인간적인 서비스를 제공해야 합니다. 마지막으로 국제회의 등을 많이 유치하여 한국의 지명도를 제고시키는 방법도 생각해 볼 수 있습니다. 물론 무엇보다도 중요하고 절대 소홀히 해서는 안 되는 것은 온 국민이 관광객에 대한 서비스 정신을 강화하여 관광객에게 바가지를 씌우거나 속이는 등의 부정행위를 근절하는 것입니다.

058 BENIKEA는 무엇입니까?

▶ 베니키아는 한국관광공사가 경영하는 비즈니스 호텔 체인이며 '한국에서 가장 아름다운 밤'이라는 뜻의 영문 'Best Night in Korea'의 약자로서 최고의 서비스를 제공하고자 한다는 숨은 뜻이 있습니다. 이 호텔 체인에 가입하고자 하는 호텔은 베니키아가 요구하는 서비스 심의 표준을 통과해야 하며 아울러 직원 훈련과 설문 조사 등 각종 검사를 통하여 서비스 품질을 보장하고 있습니다. 그 기본 취지는 합리적인 가격으로 양질의 서비스를 제공하는 것으로 국내 여행업계의 경쟁력을 향상시키고자 하는 것입니다.

059 KATA는 무엇입니까?

▶ 한국관광연합회의 영문(Korea Association of Travel Agents) 약자입니다.

060 EATA는 무엇입니까?

▶ EATA는 'East Asia Travel Association'의 약자로, '동아시아 관광협회'를 말합니다. 동아시아 지역 몇몇 국가들의 연합 여행 조직으로, 1961년 3월 4일에 창립되었으며 사무국은 일본 동경에 있습니다.

061 관광업에서 말하는 3S는 무엇입니까?

▶ 관광업에서 말하는 3S란 미소(Smile), 속도(Speed), 성실(Sincerity)을 말합니다.

062 In-bound 관광과 Out-bound 관광은 각각 무엇을 말하며 어떤 차이가 있습니까?

▶ 각각 '입국 관광'과 '출국 관광'을 가리킵니다. 입국(인바운드) 관광은 한국을 방문하는 외국 여행객에 대한 관광이며 출국(아웃바운드) 관광이란 국외로 나가는 한국인들에 대한 관광을 말합니다. 입국 관광객들이 많으면 외국인 관광객들은 호텔, 식당, 교통, 기념품 구매 등에서 대량으로 소비를 하면서 거대한 경제적 이익을 가져오게 됩니다. 출국 관광은 비행기표 구입이나 여행 용품 구매 등에서 수익을 얻지만 출국 관광객들의 해외 소비는 어쨌든 자금의 유출을 초래합니다. 만약 출국 관광객 수가 입국 관광객 수보다 많다면 그 나라는 결국 관광 적자 현상이 나타날 것입니다.

> **플러스 질문 모범 대답**

❶ 两种方式都必不可少，都应大力提倡。入境观光会增加经济效益，而出境观光会扩大国民视野，对适应世界化大有裨益。

必不可少 bìbù kěshǎo 결코 빠뜨릴 수 없다 | 大力提倡 dàlì tíchàng 강력하게 제창하다 | 对…大有裨益 duì…dà yǒu bìyì ~에 상당한 이익이 되다

063 Incentive-Tour란 무엇입니까?

▶ 포상 여행을 말합니다. 명칭에서 알 수 있듯이 회사에서 직원에게 제공하는 복지 혜택으로 회사의 발전에 공헌한 직원에 대한 포상입니다. 또한 직원들의 단결을 강화시킬 수 있는 방법이며 더 나아가 일종의 기업 문화의 표현이기도 합니다. 기업은 그러한 포상 활동을 통하여 직원들의 업무 능률이 더욱 향상될 수 있도록 독려하는 것입니다. 이러한 포상 여행은 관광산업에 커다란 경제적 이득을 가져옵니다.

> **플러스 질문 모범 대답**

❶ 因为奖励旅游的特殊性，所以目的地大多会选择自然风光优美，能休闲放松的地方。韩国的济州岛，以其及其有利的地理位置，及美丽的自然环境，还有高级的酒店等服务设施，被视为亚洲著名奖励旅游区。

休闲 xiūxián 여유롭다 | 极其有利 jíqí yǒulì 상당히 유리하다 | 被视为 bèi shìwéi ~라고 여겨지다

064 MICE란 무슨 뜻이며 어떤 특징을 가지고 있습니까?

▶ MICE란 회의(Meeting), 포상 여행(Incentives), 학술회의(Conference) 그리고 박람회(Exhibition)의 영문 첫 글자입니다. 회의는 특정 주제를 가지고 논의하는 것을 말하며 포상 여행이란 회사가 직원에게 제공하는 복지 혜택의 일종이면서 동시에 고찰 등 특수 목적도 가지고 있습니다. 학술회의는 특정 주제를 토론하는 세미나를 말하며 박람회는 상품 전시와 서비스 활동을 말합니다. 이들의 공통된 특징은 모두 관광업과 밀접한 관련이 있고 고부가가치 산업이라는 것입니다. 그러한 회의의 성공적 개최는 개최 지역에 다양한 경제적 이득을 가져옵니다. 예를 들면 관광 수입, 일자리 증가, 지역 발전의 촉진 등입니다. 동시에 한국을 세계에 알릴 수 있는 좋은 기회이기도 합니다.

> **플러스 질문 모범 대답**
>
> ❶ 首尔的COEX，高阳的KINTEX，釜山的BEXCO，济州岛的ICC JEJU，光州的KDJ Center，昌原的CECO，大邱的EXPO等等。
> ❷ 是高阳的KINTEX，其规模排在亚洲第四位。

065 KTO란 무엇입니까?

▶ KTO란 'Korea National Tourism Organization' 즉 '한국여행발전국'의 영문 약자로, 한국관광공사를 말합니다.

066 사전 답사 여행(혹은 노선 체험 여행)이란 무엇입니까?

▶ 사전 답사 여행이라는 것은 여행사에서 여행사 직원과 대중매체 직원을 초청하여 사전 답사팀을 구성한 뒤 관광객보다 앞서서 새롭게 개발된 관광 상품을 체험하는 형식을 말하며, 영문 'Familiarization Tour'의 약자인 'Fam Tour'라고도 합니다. 일반적으로 여행사가 새로운 관광 상품 홍보를 위하여 이러한 관광을 구성하는데, 물론 궁극적인 목적은 이후 더욱 많은 관광객을 유치하기 위해서입니다.

067 FIT란 무엇입니까?

▶ FIT(Foreign Independent Tour)는 개별 자유 여행을 말하며 배낭여행이라고도 칭합니다. 여행객이 여행 과정에서 관광통역안내사를 대동하지 않고 독자적으로 여행을 안배하고 자신의 기호에 따라서 여행을 즐기는 것입니다. 일반적으로 여행사를 통해 비행기표를 구입하고 숙소를 정하기도 하며 혹은 스마트폰의 각종 애플리케이션을 이용하여 직접 비행기표를 구매하거나 숙소를 예약하기도 합니다.

❶ 优点是行程自由，节省时间，可以锻炼自己的生活能力。缺点呢首先应是准备过程可能需要很多时间；其次是安全问题；还有就是可能会遇到各种突发问题而影响行程，比如说护照丢失等。可以说是各有利弊吧，关键是看个人喜好。

行程自由 xíngchéng zìyóu 여정이 자유롭다 | 节省时间 jiéshěng shíjiān 시간을 절약하다 | 锻炼…的能力 duànliàn…de nénglì ~역량을 키우다 | 突发问题 tūfā wèntí 돌발 문제 | 各有利弊 gèyǒu lìbì 각기 장단점이 있다

068 SIT란 무엇입니까?

▶ SIT(Special Interest Travel)은 특수 목적 관광을 말합니다. 일반적으로 문학이나 예술 감상 혹은 역사 문화 체험 등이 목적이거나 주제인 여행 형식을 말합니다. 이러한 관광은 관광통역안내사가 풍부한 전문적 지식과 철저한 계획 능력을 지녀야 합니다. 이러한 여행을 통하여 여행객은 관련 주제에 대한 다양한 정보를 얻을 수 있습니다.

069 Package Tour란 무엇입니까?

▶ 여행사가 조직한 패키지 투어를 가리키며 (독립적으로 등록한 여행객으로 구성된 여행단이라는 의미로) 일시적 관광 단체라고도 합니다. 즉 교통수단, 숙소 및 기타 여행 서비스를 세트로 제공하는 여행을 말합니다. 여행사는 저렴한 가격으로 여행 상품을 구입한 후 여행객들을 모집해 팀을 구성하고, 관광객들은 여행 과정에서 여행사의 요구를 준수하며 여행사가 제공하는 여정을 따릅니다. 여정 중에는 일부 관광객이 선택 관광하는 특정 여행 체험이 포함될 수도 있으며, 물론 초과된 경비는 추가 지불하게 됩니다.

070 투어에스코트는 무슨 일을 합니까?

▶ 투어에스코트는 단체 관광팀을 이끄는 관광통역안내사를 일컫는 말이며 그의 임무는 여행단의 관광객들이 순조롭게 여행을 끝마칠 수 있도록 도와주는 것입니다. 구체적으로 말하자면 인원수 파악, 여행객의 짐 수속 돕기, 탑승권 수령 및 단체 관광객이 순조롭게 보안 검색대를 통과하게 돕는 일 등을 하며 목적지에 도착한 후 도착지의 숙소와 식당 및 구체적인 관광 업무도 책임집니다.

❶ 对一名优秀的领队来说，要求是很高的。既要有很强的沟通能力、解决问题能力和应变能力，还要细心、亲切。

071　지속 가능한 관광(Sustainable Tourism)이란 무엇입니까?

▶　지속 가능한 관광이라는 개념은 1987년 브룬트랜드 보고서에서 온 것입니다. 이는 환경과 지역 문화의 영향을 최대한 적게 하고 경제성장과 환경보호 및 사회 평등을 기본 이념으로 삼아서 인류가 장기적으로 여행을 지속할 수 있도록 보장하는 것입니다. 인류의 경제 발전과 자연환경 간의 균형을 유지하기 위해서는 반드시 무차별 개발을 지양하고 환경보호 문제를 충분히 고려해야 합니다. 사회 평등을 위해서는 지역 주민들이 관광업에 참여하는 것을 독려하고, 경제 수입의 증가를 통하여 빈부 격차를 줄이고자 해야 합니다.

072　세계 관광일은 언제입니까?

▶　세계 관광일은 9월 27일입니다.

Unit 03 특수 관광

073 녹색관광(Green Tourism)이란 무엇입니까?

▶ 녹색관광이란 본래 시골 등 생태 관광지를 유람하면서 관광객이 도시의 번잡함과 시끄러움을 떠나 대자연의 조용함을 만끽하는 것을 말합니다. 최근 녹색관광은 '저탄소' 개념을 포함한 지속적인 무공해 관광을 지칭하기도 합니다.

> **플러스 질문 모범 대답**
>
> ❶ 是顺天湾，那里有保存良好的泥滩生态系统自然旅游景点，有韩国最大的芦苇地，每年那里都会吸引很多候鸟。
>
> 泥滩 nítān 갯벌 | 芦苇地 lúwěidì 갈대밭 | 候鸟 hòuniǎo 철새

074 소위 말하는 블랙투어란 무엇을 말하며, 이러한 관광은 어떤 의미가 있습니까?

▶ 블랙투어라는 것은 관광객이 참변이 발생했던 지역을 참관하는 여행 형식으로, 예를 들면 전쟁이나 대학살 등이 발생한 지역 혹은 대자연의 재해를 받은 지역 등을 방문 경험하는 것을 말합니다. 여행 과정에서 관광객들은 많은 교훈을 얻기 때문에 블랙투어의 의의는 상당히 크다고 할 수 있습니다.

> **플러스 질문 모범 대답**
>
> ❶ 比如说龙山的战争纪念馆，人们在那里会想起韩国人的伤痛和独立精神；再比如5·18国立墓地，人们在那里可以感受民主主义价值；此外济州的4·3和平公园和巨济战俘营也是著名的黑色旅游景点。
>
> 感受…价值 gǎnshòu…jiàzhí ~ 가치를 느끼다 | 巨济 Jùjì 거제도 | 战俘营 zhànfúyíng 포로수용소

075 생태관광이란 무엇입니까?

▶ '생태관광이란 특색 있는 생태 환경을 주요 경관으로 삼는 여행입니다. 지속 발전을 이념으로 하고 생태 환경의 보전을 전제로 인간과 자연의 조화로운 발전에 관한 통일된 계획을 준칙으로 삼습니다. 아울러 양질의 자연 생태 환경과 독특한 인문 생태 체계를 근거로 생태 우호적 방식을 취하여 생태 체험, 생태 교육, 생태 인식 등의 활동을 펼쳐 몸과 마음이 모두 유쾌할 수 있는 관광 형식입니다.

> **플러스 질문 모범 대답**

❶ "生态旅游"这一术语，是由世界自然保护联盟（IUCN）于1983年首先提出的。是具有保护自然环境和维护当地人民生活双重责任的旅游活动。生态旅游的内涵更强调的是对自然景观的保护，是可持续发展的旅游。目的是保护环境。

❷ 韩国的智异山，山顶禁止食用各种饮食；还有为防止水污染，洗手间禁止用卫生纸，住宿客禁止用一般洗发水等，是韩国的生态旅游区。还有首尔的昌德宫后院，限时限定人数的旅游制度也是生态旅游的一种表现。

具有双重责任 jùyǒu shuāngchóng zérèn 이중 책임을 지니다 | **洗发水** xǐfàshuǐ 샴푸 | **限时限定人数** xiànshí xiàndìng rénshù 관람 시간과 관람객 수를 제한하다

---

076 의료관광이란 무엇입니까?

▶ '의료관광'은 이름에서 알 수 있듯이 의료 서비스를 제공하는 관광을 말합니다. 한국의 의료 수준 향상에 따라 많은 외국 관광객들은 암 치료, 치과 치료, 성형수술 등의 각종 의료 서비스를 선택하여 한국을 방문하고 있습니다. 그중 특히 한국의 성형수술은 중국을 포함하여 아시아 지역에서 상당한 인기를 끌고 있습니다.

> **플러스 질문 모범 대답**

❶ 韩国有名的整容手术医院集中在江南地区，像鸭鸥亭洞、新沙洞一带。

❷ 说到韩国医疗观光的优势，我个人认为
第一是韩国的医疗设备先进，医疗技术高超，经验丰富；
第二是韩国成熟的医疗观光一条龙服务相对来说比较完善，很多医院都提高翻译服务；
第三是韩国的地理位置，交通便利，气候宜人，与其他国家比起来，性价比较高。

❸ 韩国的医疗观光游目前存在的问题，我想主要是医院收费管理不规范、各医院的不当竞争、非法中介收取的中介费用过高而导致的医患纠纷过多，和医院对外国观光客的不公正待遇等。

❹ 听说韩国政府在官方网站上公开了基本的手术费用供参考，并加大力度严厉打击非法中介的代理问题，通过媒体曝光一些不法医疗机构的不当行为，我认为这些都是非常有效的措施。除此以外，我想我们还缺乏足够设施满足医疗观光需求，比如患者家属的安置问题等等，若要进一步发展韩国的医疗观光旅游，还应加强基础医疗设施建设，扩大医疗观光旅游的服务项目，并加大宣传，避免人们说到韩国的医疗观光，想起的就是整容手术的现象。

鸭鸥亭洞 Yāʼōutíngdòng 압구정동 | **一带** yídài 일대, 지역, 구역 | **一条龙服务** yìtiáolóng fúwù 처음부터 끝까지 일련의 체계를 갖춘 서비스 | **性价比** xìngjiàbǐ 가격 대비 성능, 가성비 | **医患纠纷** yīhuàn jiūfēn 의료 분쟁 | **官方网站** guānfāng wǎngzhàn 국가 관련 기구 사이트 | **供参考** gōng cānkǎo 참고를 제공하다 | **加大力度** jiādà lìdù ~에 더욱 박차를 가하다 | **严厉打击** yánlì dǎjī 엄격하게 단속하다 | **通过媒体曝光** tōngguò méitǐ bàoguāng 언론 매체를 통해 폭로하다 | **不当行为** bùdāng xíngwéi 부당 행위 | **缺乏足够设施** quēfá zúgòu shèshī 의료 시설이 열악하다 | **家属的安置问题** jiāshǔ de ānzhì wèntí 가족들의 거취 문제

077 슬로시티(Slow City) 운동이란 무슨 의미입니까?

▶ 슬로시티 운동은 모든 것이 빠르게 발전하여 사람들의 스트레스가 더욱 심해지는 생활 속에서 느린 생활 리듬을 추구하고 제창하는 것을 말합니다. 이 운동은 이탈리아에서 시작되었는데, 천천히 식사를 즐기는 것에서 시작되어 지금은 과거의 자연스럽고 전통적인 생활 방식을 추구하는 것으로 확대 발전되었습니다. 슬로시티는 오염되지 않고 생활 리듬이 느리며 게다가 교통수단이 많지 않고, 소음이 더 적으며, 주민들이 더 적은 곳을 말합니다. 한국의 국제적인 슬로시티는 완도의 청산도, 경상남도의 하동, 전라남도의 담양 창평 삼지내마을, 충청남도의 예산, 남양주의 조안 그리고 전주의 한옥마을 등입니다.

> **플러스 질문 모범 대답**
>
> ❶ 我想介绍的一处慢城是位于全罗南道的新安郡第七大岛——曾岛，它于2008年被指定为慢城。那里有清澈的大海和碧绿的陆地，以及横亘其间的美丽沙滩。那里还有韩国最大的单一盐田，在盐田入口处的博物馆可以看到海盐的生产过程。站在展望台远眺壮阔的大海与安静的岛村使人有种置身于世外桃源之感，此外还可以在盐洞体验馆呼吸感受有微量元素的空气，改善身体状况。
>
> **新安曾岛 Xīn'ān Céngdǎo** 신안 증도 | **清澈的大海 qīngchè de dàhǎi** 맑고 깨끗한 바다 | **碧绿 bìlǜ** 짙푸르다 | **横亘其间 hénggèn qíjiān** 중간에 가로질러 있다 | **单一盐田 dānyī yántián** 단일 염전 | **远眺 yuǎntiào** 멀리 바라보다 | **壮阔的大海 zhuàngkuò de dàhǎi** 광활한 바다 | **置身于 zhìshēn yú** 몸이 ~에 있다 | **世外桃源 shìwài táoyuán** 무릉도원 | **盐洞体验馆 yándòng tǐyànguǎn** 소금 동굴 체험관 | **微量元素 wēiliàng yuánsù** 미량 원소(극히 적은 양이기는 하나 식물의 생육에 없어서는 안 되는 원소)

078 스마트관광이란 무엇입니까?

▶ 스마트관광 혹은 지능형관광은 간략히 말하면 인터넷을 통해 언제든지 여행 정보, 관광지, 쇼핑몰, 주점, 맛집, 교통 등 각종 정보를 검색하여 여행과 쇼핑, 그리고 항공 등이 일괄적으로 가능한 여행 형식을 말합니다. 현재, 한국관광공사와 문화체육관광부가 함께 '스마트관광 가이드' 앱을 출시했습니다. 앱을 다운로드해서 설치만 하면 곧바로 언제 어디서든 한국의 여행 정보를 검색할 수 있게 하여 한국을 여행하는 관광객들을 위한 편리함을 향상시켰습니다.

Unit 04 관광 서비스

079 한국관광공사가 제공하는 관광 안내 전화번호는 몇 번이며, 구체적으로 어떤 서비스가 있습니까?

▶ 관광 안내 번호는 1330입니다. 이 안내 번호는 한국어를 비롯하여 중국어, 영어, 일어 네 종류의 언어로 각종 관광에 관한 안내 서비스를 제공하며 한국의 대부분 지역의 여행 정보가 포함되어 있습니다.

080 관광 경찰이란 무엇입니까?

▶ 관광 경찰이란 외국 관광객에게 불합리한 가격을 요구하거나 불법 택시 문제 등을 해결하기 위하여 설립된 것으로, 취지는 외국 관광객의 합법적 권익을 보호하는 데 있습니다.

> ### 플러스 질문 모범 대답
>
> ❶ 韩国观光公社的统计显示，外国游客关于"黑出租车"(或出租车故意绕远)等交通相关投诉日趋严重(占总投诉的约20%)，景点"宰客"等购物方面的投诉也在持续增加，在2012年占总投诉的34.7%。2012年，随着赴韩旅游的外国人数突破1000万人次，各种针对外国人的不法行为有增无减。因此韩国体育文化观光部和警察厅联合设立了"观光警察"。
>
> ❷ 是2013年10月16日宣布成立的，韩国警察厅在首尔光化门广场举行了韩国观光警察成立仪式。
>
> ❸ 韩国观光警察试点为首尔的旅游热点景区明洞、梨太院、东大门、弘益大学等。
>
> ❹ 目前阿根廷、希腊、俄罗斯、马来西亚等全球27个国家实行观光警察制度。
>
> 黑出租车 hēichūzūchē 불법 영업 택시 | 相关投诉 xiāngguān tóusù 관련 신고 | 日趋严重 rìqū yánzhòng 날이 갈수록 심각해지다 | 宰客 zǎikè 바가지 씌우다 | 占 zhàn 점유하다, 차지하다 | 试点 shìdiǎn 시험적으로 해 보는 곳, 시행하다 | 阿根廷 Āgēntíng 아르헨티나 | 希腊 Xīlà 그리스 | 俄罗斯 Éluósī 러시아

081 TAX-FREE 제도에 대해 소개해 보십시오. 어떤 방식으로 세금을 환급받을 수 있습니까?

▶ TAX-FREE 제도는 외국인 여행객이 TAX-FREE라는 표시가 있는 상점에서 한번에 3만원 이상을 소비했을 경우 세금 환급을 신청할 수 있는 제도이며 최대 환급 금액은 소비액의 8.18%입니다. 세금 환급 수속은 우선 물건을 구입한 후 상점 점원에게 세금 환급 신청서를 요구하고, 신청서에 (필요한 인적 사항을) 기입한 후에 구매 영수증, 구매 물품(미개봉, 미사용), 여권과 비행기표(공항에서 세금 환급 시 비행기 탑승권 지참도 가능)와 함께 모두 출국 시 세관의 세금 환급 창구에서 환급 신청을 하면 됩니다. 현재 한국은 인천공항을 제외한 서울 시내 곳곳에 세금 환급소가 설치되어 있지만 서울 시내에서 환급받기 위해서는 반드시 신용카드가 필요합니다.

082 한국의 KOREA Pass card에 대해 설명해 보십시오.

▶ KOREA Pass card는 한국관광공사에서 발행한 것으로 오로지 외국 여행객을 대상으로 제작된 교통, 관광 시설, 숙소, 쇼핑 등의 소비 활동 계산 시 사용할 수 있는 멀티 전자 결제 카드입니다. 신용카드 가맹점에서는 모두 사용 가능하며, 일부 가맹점에서는 일정한 우대를 받을 수 있습니다. KOREA Pass card는 선불카드로서 5만 원권, 10만 원권, 30만 원권, 50만 원권이 있으며 인천공항 내의 하나은행, 세븐일레븐 편의점, 공항 지하철 안내소에서 살 수 있고, 시내에서는 롯데마트, 세븐일레븐 편의점에서 구입이 가능합니다.

> **플러스 질문 모범 대답**
>
> ❶ 预付卡余额不足时，可以在地铁站内的充值机或7-ELEVEN便利店充值。余额返还的话，可以在TAX-FREE KOREA或者7-ELEVEN便利店办理。但余额超过卡面额20%时，只能在TAX-FREE KOREA办理，并要缴纳余额5%的手续费。首尔TAX-FREE KOREA办公室在东大门斗塔(DOOTA)5楼和总统酒店907号。金山TAX-FREE KOREA办公室在金海国际机场2楼。
>
> **充值** chōngzhí 돈을 충전하다 | **余额返还** yú'é fǎnhuán 남은 금액을 반환받다 | **卡面额** kǎ miàn'é 카드 액면가격 | **缴纳手续费** jiǎonà shǒuxùfèi 수수료를 납부하다

083 한국의 숙박 시설에 대해 소개해 보십시오.

▶ 한국의 숙박 시설은 대략 다음과 같은 5가지 유형이 있습니다.
첫째, 한국의 여러 대형 호텔
둘째, 한국관광공사가 위탁 운영하는 관광호텔 체인(BENIKEA)
셋째, 게스트 하우스, 임대를 목적으로 개조한 '개량 한옥'도 포함
넷째, 홈스테이

> **플러스 질문 모범 대답**
>
> ❶ 客房旅馆价格低廉，选择住宿在这里的游客大多是背包旅行的自助游客，他们可以通过主人或者其他住宿朋友了解当地的旅游信息，可以体验普通韩国人的日常生活，可以结交来韩国旅行的外国朋友。我想住在客房旅馆，是一种不错的文化体验游。
>
> ❷ 旅游时寄宿于韩国人家里解决住宿和一日三餐的方式称为家庭寄宿。这种方式最大的优点就是价格相对低廉，而且能深入韩国人的生活中体验韩国人的生活。既能了解韩国的文化，又有利于韩国语学习，可以说是不错的选择，但是毕竟是家庭式寄宿，所以条件跟酒店比也许是天壤之别，而且因生活习惯不同，也许会有不适应的地方。
>
> **价格低廉** jiàgé dīlián 가격이 저렴하다 | **背包旅行** bèibāo lǚxíng 배낭여행 | **自助游** zìzhùyóu 자유 여행 | **结交** jiéjiāo 교제하다 | **天壤之别** tiānrǎng zhī bié 하늘과 땅 차이가 나다, 차이가 크다

084 한국의 호텔 분류는 중국과 어떻게 다릅니까?

▶ 2016년 이전에는 한국 호텔 등급을 '무궁화' 모양으로 표시했습니다. 호텔 등급 표준에 따른 분류에 의하면 한국 호텔의 '무궁화'는 중국의 '별'과 유사합니다. 그러나 두 가지 분류는 결코 같지 않습니다. 한국은 특1급(황금빛 팻말 위에 무궁화 5개), 특2급(녹색 팻말 위에 무궁화 5개), 일급(무궁화 4개), 2급(무궁화 3개), 그리고 3급(무궁화 2개)로 5등급이 있습니다. 중국 호텔 등급도 5개 등급이지만 별로 표시하여 별이 1개인 일성급 호텔에서부터 별 5개의 호화로운 5성급으로 분류됩니다.

무궁화 5개 호텔은 한국의 특급 호텔이며 최고의 호텔이며 국내외 국빈들의 숙소로 쓰이는 호화 호텔입니다. 휘트니스 클럽, 사우나, 수영장, 동시통역 회의장 등의 설비를 갖추고 있습니다. 이러한 호텔은 일반적으로 중국의 4성급 이상의 호텔에 상당한다고 할 수 있습니다.

4개의 무궁화는 한국의 1급 호텔로서 객실 내에는 일반적으로 컴퓨터가 없으며 TV 및 간단한 취사도구(간단한 주방)를 제공합니다. 객실 수는 일반적으로 100~250개 정도이며 호텔 내에는 레스토랑 등의 시설이 있습니다. 이는 중국 내의 호텔식 아파트 혹은 3성급 기준에 상당한다고 할 수 있습니다.

그런데 2016년를 시작으로 한국 호텔의 등급 분류 방식이 새롭게 바뀌었습니다. 국제 표준에 따라서 '별'의 개수로서 호텔 등급을 분류하는 방식을 채택하게 되었습니다. 이전의 등급 방식과 비교 설명한다면 이전의 '초호화 호텔'은 현재 5성급 호텔이며 '호화 호텔'은 현재 4성급, '1급'은 현재의 3성급, '2급'은 현재의 2성급, '3급'은 현재의 1성급입니다.

> **플러스 질문 모범 대답**
>
> ❶ 酒店客房分为单人间、双人间、标准间和套间四个类型。
> 单人间是有一张单人床的房间；双人间是有一张双人床的房间；标准间是有两张单人床的房间；套间由几个房间组成，有客厅、厨房等，还有更多的实用家具。
>
> 单人间 dānrénjiān 1인실 | 双人间 shuāngrénjiān 2인실 | 标准间 biāozhǔnjiān 스탠다드룸 | 套间 tàojiān 스위트룸

085 2014년, 한국이 처음으로 마이스(MICE) 관광특구로 지정한 곳은 어디입니까?

▶ 강남 마이스 관광특구입니다. 강남 삼성동 코엑스몰과 무역센터 일대입니다.

086 한국에 바오젠 거리가 있습니다. 이 이름의 유래를 아십니까?

▶ 알고 있습니다. 바오젠 거리의 본래 이름은 은남로입니다. 2011년 한중 수교 20주년 때 중국의 바오젠 그룹이 만 명의 여행단을 조직하여 여러 조로 나누어 한국 여행을 하게 되자 그러한 바오젠 그룹에게 감사를 표시하고 또한 한중 우호도 기념하기 위하여 이 거리의 이름을 바오젠 거리라고 명명하게 되었습니다.

여권과 비자는 어떻게 다릅니까?

▶ 여권은 간단히 말한다면 국제 신분증으로 한 국가의 공민이 국경을 출입할 때 필수 신분증의 하나로서 소속 국가의 정부 기관이 발행하는 것입니다. 그러나 비자라는 것은 어떤 국가의 정부가 다른 국가 공민이 영내로 들어오는 것을 허가하는 통행증으로 주재 대사관이나 영사관에서 발행하는 것입니다.

Unit 01 환영 및 환송

088 여행사의 지침에 따라 관광팀을 맞이하게 된다면 관광통역안내사는 어떤 준비를 해야 합니까?

▶ 먼저 관광객의 인원수를 파악하고 비행기 항공편과 도착 시간, 투숙 호텔, 여행 일정 등 관련 사항을 확인합니다. 그리고 여행사 버스 기사에게 연락하여 환영 준비 업무를 확인하고 마지막으로 적어도 관광팀 맞이 30분 전에 만남 지점으로 간 뒤 여행사 버스의 대기 위치를 파악합니다.

089 관광지에 도착 후 관광객들에게 전달할 사항으로는 어떤 것들이 있습니까?

▶ 첫째, 하차 전에 먼저 관광객들에게 집합 장소, 차량 번호, 관광통역안내사와의 연락 방법 등을 알려 줍니다.
둘째, 관광객들에게 관광 노선과 주의 사항, 관람 시간 등을 상세하게 알려 줍니다.
셋째, 자유 활동 시에는 관광객들에게 시간을 준수할 것을 상기시키고 반드시 정해진 시간에 지정 장소에 도착할 수 있도록 합니다.

090 관광팀을 맞이할 때 자기소개와 환영사를 말해 보십시오.

▶ 안녕하세요? 한국으로 여행 오신 것을 환영합니다. 여러분들을 알게 되어 무척 반갑고 여러분들과 함께 한국을 여행하게 되어 기쁩니다. 저는 ○○○ 여행사의 ○○○입니다. 저를 ○○라 불러 주세요. 중국 속담에 "천리 밖에 있어도 인연이 있으면 만난다"라는 말이 있습니다. 저는 여행사를 대표해서 여러분과 함께 여행을 할 것이며 비록 짧은 며칠 간의 여정이지만 이것도 인연이라고 생각합니다. 이러한 인연을 소중히 생각하고 제가 할 수 있는 최선의 서비스를 여러분들께 할 것입니다. 만약 여러분들께서 여행 중 어떤 어려움이나 요청이 있으시다면 수시로 저와 소통할 수 있습니다. 순조로운 ○일 동안의 즐거운 여행이 되시기를 기원합니다. 감사합니다.

091 관광팀이 한국에 막 도착하여, 공항에서 호텔까지 가는 차량 안에서 관광통역안내사는 관광객들에게 어떤 말을 해야 합니까?

▶ 먼저 환영사를 통하여 관광객들을 열렬히 환영함을 나타냅니다. 그런 다음 관광객들에게 자신의 연락 방법을 알려 주고 만약 가능하다면 SNS 애플리케이션을 이용하여 관광객 모두가 함께 참여할 수 있는 단체 대화방을 개설하여 각각의 관광객들과 수시 연락이 가능하도록 합니다. 다시 한번 모두에게 며칠 동안의 일정을 간단히 설명한 후, 마지막으로 모두에게 여행 중 반드시 준수해야 할 주의 사항에 대해 자세하게 알려 줍니다. 물론 이런 안내의 말 중간중간에도 수시로 공항에서 숙소까지 가는 동안의 바깥 풍경에 대해서도 설명하는 것을 잊어서는 안 됩니다.

092 인천공항에서 서울 시내로 이동 중에 할 수 있는 안내사를 말해 보십시오.

▶ 여러분, 저희 차량은 이미 인천공항을 출발하였습니다. 여러분의 안전을 위하여 모두 안전띠를 착용하시기 바랍니다. 인천공항에서 서울 시내의 투숙 호텔까지는 대략 한 시간 가량 소요됩니다. 중국에는 "인연이 있다면 천리 밖에서도 만난다"라는 속담이 있다고 하더군요. 오늘 우리가 이렇게 만난 것도 인연이라고 생각합니다. 저는 이 인연을 소중히 생각하고 여러분과 함께 서울을 여행할 수 있게 된 것을 소중히 생각할 것입니다. 또한 저는 여러분에게 정성을 다해 서비스할 것이며 이번 여행이 '맘 편안하고 즐거운' 여행이 되시기를 희망합니다. 저와 우리 기사 분 그리고 저희 여행사에서는 여러분들께 '편안하고', '즐거우며' 잊지 못할 여행을 선사해 드릴 것을 보장합니다. 저도 위챗을 합니다. 제 위챗 번호는 ○○○○○○입니다. 위챗에 저를 (친구로) 추가해 주시기 바랍니다. 우리가 수시로 소통하고 연락할 수 있도록 함께 단체 대화방을 만들겠습니다. 음, 여러분께서는 휴대전화 데이터 용량에 대해서는 걱정하지 않아도 됩니다. 한국은 시내 곳곳에 무선 인터넷이 설치되어 있습니다. 이어서 제가 여러분들께 며칠 간의 일정 계획과 주의 사항이 적힌 내용을 단체 대화방으로 보낼 테니 여러분들께서는 상세히 읽어 주시기 바랍니다. 특별히 강조하고 싶은 것은 차내에서의 위생에 주의해 주실 것과 휴대전화와 지갑, 여권 등 중요한 개인 용품도 잘 보관하시기 바랍니다. 불편하시겠지만, 여러분께서는 시간을 맞추어 주십시오. 한국과 중국의 시차는 1시간으로 이곳은 중국보다 1시간 빠릅니다. 지금부터 우리의 모든 활동 시간은 모두 한국 시간을 기준으로 할 것입니다. 지금 여러분께서는 창문 밖을 내다보시기 바랍니다. 우리는 현재 영종대교 위를 지나가고 있습니다. 이 대교는 인천공항 고속도로의 일부분으로서 길이가 4.42㎞이며 인천 서쪽의 영종도와 육지를 연결하고 있습니다. 방금 여러분들께서 내리신 인천국제공항은 영종도에 위치하고 있습니다. 우리 차량은 서울 시내를 향해 달리고 있습니다. 여러분들께서는 눈을 감고 휴식을 취하시거나 창밖의 경치를 구경하시면서 잠시 긴장을 푸십시오. 차량이 서울 시내로 진입한 후에 제가 다시 여러분들께 안내 설명하겠습니다.

093 관광팀이 호텔에 도착한 후 (혹은 손님을 호텔로 모실 때) 관광통역안내사는 어떤 일들을 해야 합니까?

▶ 관광팀이 호텔에 처음 도착했을 때는 먼저 체크인 수속을 돕고 룸카드를 나누어 줍니다. 그 후 호텔 시설 등을 설명하며 투숙 시 주의 사항 등을 알려 줍니다. 마지막으로 당일 혹은 다음 날의 여행 일정을 안내하여 여행객들이 미리 준비하도록 함과 동시에 집합 장소와 시간에 대해서 정확하게 알려 줍니다. 만약 하루의 일정을 마치고 호텔로 돌아온 것이라면 해산하기 전 다음 날 일정 계획을 알려 드리며, 준비 사항 및 주의 사항, 집합 시간과 장소에 대해서도 고지합니다.

094 체크아웃할 때는 어떤 주의 사항이 있습니까?

▶ 체크아웃 시에는 반드시 관광객들에게 소지품들을 잘 챙길 것을 강조해야 하는데, 예를 들어 여권을 비롯한 귀중품을 잘 챙겼는지, 냉장고 안에 보관했던 물건들은 모두 꺼냈는지, 프런트에 맡긴 물건 등을 잊지 않고 챙겼는지 등을 상기시킵니다. 그런 다음 여행객들에게 룸 키를 호텔 프런트에 돌려줄 것을 당부하고, 또한 숙소 안에서 미니바의 물건을 사용한 관광객이 있다면 각자 계산해야 함을 설명해 줍니다.

095 관광버스에서의 환송의 말을 해 보십시오.

▶ 여러분, 잠시 후 우리는 작별해야 합니다. 며칠 간의 여정 동안 지지와 협조해 주신 여러분께 감사의 말씀을 드립니다. 만약 여행 일정 중 미흡한 점이 있었다면 여러분들의 양해를 구합니다. 며칠 동안의 만남이었지만 여러분들의 진솔함을 느낄 수 있었으며 중국인의 매력을 느낄 수 있었습니다. 다만 "끝이 없는 연회는 없다"는 것이 애석할 따름입니다. 여러분을 다시 만나 안내할 수 있는 기회가 있기를 희망합니다. 오늘 이후 한국 여행에 관한 정보나 궁금한 점이 있다면 언제든지 '위챗'으로 제게 연락해 주시기 바랍니다. 마지막으로 여러분들이 평안하게 돌아가시기를 바랍니다. 감사합니다.

Unit 02 난제 발생

096 만약 관광객이 우리나라의 정치 및 역사 등 민감한 문제들을 묻는다면 어떻게 대답할 것입니까?

▶ 당연히 상황에 맞게 적절하게 대응해야 합니다. 그중 가장 간단한 방법은 관광객에게 그러한 것들은 학술 문제이니 전문가들이 해결하도록 하는 것이 좋으며, 우리의 목적은 관광이므로 이곳에서는 가볍게 '휴식'하는 것이 좋겠다고 말할 것입니다.

097 만약 관광객이 우리나라 문화를 경시한다면 어떻게 하겠습니까?

▶ 저는 완곡하게 관광객에게 "한 지역의 풍토가 그 지역의 사람을 기른다"라는 격언을 말해 줄 것입니다. 모든 지역은 각기 고유한 특색이 있으며 타국 여행의 특징 중 하나는 바로 타국의 지역 문화를 체험하고 이해하는 것이며, 그래야 비로소 '글로벌화'라는 흐름에 순응할 수 있다고 말입니다.

> **플러스 질문 모범 대답**
>
> ❶ 导游在任何情况下都应保持冷静、沉着和耐心。与中国宫殿相比，韩国的古宫等场所确实有些小，但是我会重点向游客说明不同之处，强调韩国古宫建筑的特色，并告诉他们一些与相关景点有关的历史事件及小故事等，来吸引他们。
>
> **古宫** gǔgōng 고궁 | **故宫** gùgōng 쯔진청(중국 베이징에 있는 명明·청清 시대의 궁궐) | **沉着** chénzhuó 침착하다

098 관광통역 과정 중 관광객과 의사소통에 장애가 생겼다면 어떻게 해야 합니까?

▶ 의사소통에 문제가 생겼을 때는 대개 두 가지 상황일 것이라 생각합니다. 첫째는 관광객이 말을 잘 못 알아듣거나 혹은 관광통역안내사의 말을 이해하지 못한 경우입니다. 둘째는 관광통역안내사가 말을 못 알아듣거나 혹은 관광객의 뜻을 이해하지 못한 경우입니다. 어떤 상황이든 먼저 자신과 상대방 모두가 천천히 다시 설명해야 합니다. 필요할 때는 손짓 발짓과 같은 몸짓언어를 곁들입니다. 혹은 글자를 적어서 관광객에게 보여 준다든지 주위 사람들의 도움을 요청하는 방법도 고려합니다.

099 관광 안내 중, 관광객이 관광통역안내사의 설명을 듣고 싶어하지 않는다면 어떻게 해야 합니까?

▶ 먼저 관광객과 소통하여 원인을 찾아냅니다. 만약 관광객이 관광통역안내사의 설명에 불만을 나타내면서 소극적으로 나온다면, 먼저 진지하게 반성하고 자신의 부족한 점을 찾아 이후의 여행 일정에서는 변화를 주어 해설에 더욱 흡인력을

갖게 할 것입니다. 만약 관광객이 관련 설명 자체에 대해 흥미가 없는 것이라면 제 생각에는 별일 아니라고 생각합니다. 다른 관광지에서는 관광객 스스로 자신의 태도를 조절하게 될 것입니다. 만약 관광객이 피로로 인하여 설명에 관심을 나타내지 않는다면 관광객에게 휴식 시간 제공을 고려해 보겠습니다.

100 만약 당일 여행 일정을 마친 후 관광객이 단독으로 나가 물건을 구입하고 싶은 의향을 밝혀 온다면 어떻게 해야 합니까?

▶ 상황에 따라 융통성 있게 처리해야 합니다. 일반적인 상황에서는 저는 관광객의 요청에 도움을 주고자 합니다. 예를 들면 관광객에게 비교적 적합한 구매 상점을 소개한다든지, 차를 타는 방법을 알려 준다든지, 조건이 허락한다면 제가 함께 쇼핑을 도와줄 수도 있습니다.

101 만약 매번 시간을 준수하지 않는 관광객이 있다면 어떻게 대처해야 합니까?

▶ 만약 관광객이 특별한 이유가 있어서 늦게 오는 것이라면 저는 이해하고 있음을 나타내고 아울러 다른 관광객들에게도 양해를 구할 것입니다. '지각'이라는 상황의 발생을 피하기 위해서 저는 여러 차례 관광팀의 관광객들에게 시간을 준수해 줄 것을 당부할 것이며, 이는 자신에 대한 존중일 뿐만 아니라 타인에 대한 존중이기도 하다는 것을 상기시킬 것입니다. 또한 사전에 관광객들과 벌칙을 정할 수도 있습니다. 늦게 온 사람은 다른 관광객들에게 음료수를 제공하거나 혹은 여러 사람 앞에서 노래를 부르게 하는 방법 등을 사용한다면 분위기를 조절할 수 있을 뿐만 아니라 또한 서로 보다 친밀해질 수 있습니다. 중요한 것은 모두에게 '시간관념'을 강조하는 것이라고 생각합니다.

102 관광객이 어떤 특산품을 선물로 사는 것이 좋은지 묻는다면 어떻게 대답하겠습니까?

▶ 중국에는 "상대방이 좋아하는 것을 따른다"라는 말이 있습니다. 저는 선물은 값이 싸고 비싼 데 있는 것이 아니며, 중요한 것은 선물을 받는 사람이 좋아하는지 여부라고 생각합니다. 그래서 저에게 어떤 특산품을 사야 할지 물어올 때 먼저 선물 받을 사람의 나이와 신분, 취미 등을 알아본 뒤 각 상황에 따라 적절한 상품을 관광객에게 추천하고 싶습니다.

103 여행객이 공항으로 가는 중 혹은 이미 공항에 도착했는데 갑자기 귀중품을 호텔에 두고 온 것을 알게 됐을 때 어떻게 처리해야 합니까?

▶ 응당 곧 호텔과 연락을 취하여 도움을 청하여 확인하고 찾도록 합니다. 만약 찾은 뒤 시간이 가능하다면 호텔에 도움을 청해 공항으로 사람을 보내 줄 것을 요청합니다. 시간이 허락되지 않는다면 여행객에게 연락할 수 있는 방법을 남긴 뒤 나중에 여행객에게 부쳐 주도록 합니다. 그러나 관광객에게 관련 비용은 모두 자비로 부담해야 함을 알려야 합니다.

Unit 03 질병 및 사고

104 관광 안내 중 한 관광객이 갑자기 몸이 안 좋다고 할 때 어떻게 하겠습니까?

▶ 먼저 여행사에 상황을 보고하고, 동시에 환자의 상태에 따라 가까운 곳에서 진찰을 받든지 휴식을 취하게 합니다. 만약 환자의 증상이 비교적 심각하다면 응급전화 119에 전화를 걸어 도움을 요청하도록 합니다. 진찰을 받았다면 의사에게 진단서 발급 요청하는 것을 잊어서는 안 됩니다. 만약 중병이거나 중상을 입었을 경우에는 관광객이 대사관 혹은 영사관과 연락을 취할 수 있도록 돕고 도움을 요청하도록 합니다.

105 차량 이동 중 관광객이 멀미를 한다면 어떻게 처리하겠습니까?

▶ 차량 이동 시에는 당연히 멀미를 하는 관광객들에게 미리 멀미약을 복용할 것을 상기시킵니다. 또한 멀미를 하는 관광객들에게는 차량의 앞쪽 창가 자리에 앉을 수 있도록 조치합니다. 만약 멀미가 심할 경우에는 여건이 허락하는 상황하에 운전사의 양해를 구해서 잠시 정차하는 것도 고려할 수 있습니다. 그리고 반드시 차 안에 비닐 봉투를 상비하도록 합니다.

106 단체 관광객 사이 혹은 여행지의 다른 관광객, 혹은 현지 업주와 충돌이 발생했을 때는 어떻게 해야 합니까?

▶ 그런 상황에 부딪히게 된다면 우선 중립적 자세를 유지한다는 전제하에 쌍방을 말리며 최대한 화해시키도록 합니다. 만약 단체 관광객 사이에 갈등이 발생했고 상호 화해가 어렵다면 단체의 이익을 고려하여 될 수 있으면 같은 식탁에서 식사를 하지 않도록 하거나 같은 조로 여행하지 않도록 배려할 것입니다. 만약 다른 여행팀의 관광객, 혹은 현지 업주와 충돌이 발생하여 조정이 어려운 상황이라면 최대한 갈등을 완화하도록 노력합니다.

107 비행기를 제시간에 탑승하지 못한 사고가 발생했을 때, 관광통역안내사는 어떻게 처리해야 합니까?

▶ 우선 바로 여행사에 보고하고 협조를 구함과 동시에 관광객에게 진심으로 사과하고 관광객의 마음을 안정시킵니다. 또한 관광객의 체류 연장 기간 동안의 숙식 등의 일정을 최대한 잘 안배한 후 항공사에 연락을 취하여 가능한 빨리 관광객의 항공편을 바꾸도록 합니다.

108 관광객이 비행기에서 내린 후 짐 가방을 잃어버린 것을 발견했을 때 어떻게 처리해야 합니까?

▶ 먼저 관광객에게 구체적 상황을 알아본 뒤 상황에 따라 될 수 있는 대로 관련 부서와 연락을 취하여 관광객의 짐을 찾을 수 있도록 합니다. 만약 짐을 찾지 못했다면 개인적 원인이 아닌 것을 확인하고 관련 부서에 가서 배상 수속을 밟아서 가능한 빨리 관광객을 도와 처리합니다.

109 여행 중에 관광통역안내사가 병이 났을 때는 어떻게 해야 합니까?

▶ 관광통역안내사는 어떤 상황에서도 될 수 있는 한 본인의 자리를 지켜야 합니다. 갑자기 병이 났을 때, 업무를 지속할 수 있다면 최대한 관광객들에게 불편함을 주지 않는 범위에서 업무를 계속해야 합니다. 만약 병세가 심하여 관광객들의 여정에 영향을 줄 것 같으면, 곧바로 여행사와 의논하여 다른 관광통역안내사로 교체해야 합니다.

110 단체 관광객들은 이미 공항에 도착했는데 관광통역안내사가 늦게 도착했다면 관광통역안내사로서 어떻게 해야 합니까?

▶ 당연히 이러한 상황이 절대 발생하지 않도록 해야 합니다. 그러나 여의치 않은 이유 때문에 그러한 상황이 발생하게 되었다면 어떠한 경우라도 먼저 관광객들에게 진심으로 사과해야 합니다. 그리고 사실대로 관광객들에게 늦어진 원인에 대하여 충분히 설명하고 모두에게 용서를 구해야 합니다. 또한 이후 여행 안내에 있어서 성실하고 열정적이며 세심한 서비스를 제공함으로써 본인의 지각으로 인해 관광객들에게 끼친 불편함을 보상할 수 있도록 최선을 다합니다.

111 관광팀 맞이 과정에서 관광팀을 찾을 수가 없다면 어떻게 하겠습니까?

▶ 바로 여행사와 연락을 취하고 관광팀을 찾지 못한 원인을 확인하고 알아보도록 합니다. 만약 출발지에서 돌발 상황이 발생한 것이라면 구체적인 상황에 따라서 공항에서 계속 기다릴지 아니면 다른 계획을 취할지 고려해 보아야 합니다. 만약 도착지에서 문제가 발생한 것이라면 한편으로는 기다리면서 한편으로는 상황에 맞는 해결 방법을 찾아야 할 것입니다.

112 만일 관광통역안내사가 관광팀을 맞이하지 못하는 상황이 발생하면 어떻게 처리해야 합니까?

▶ 그런 상황이 발생한다면 첫째, 상황을 파악한 뒤 즉시 다른 관광통역안내사에게 관광팀을 맞이해 주기를 요청할 것입니다. 둘째, 관광팀 일행에게 정중하게 사과한 뒤 그 이유를 성심껏 설명할 것입니다. 셋째, 이후의 여행 일정에 대한 서비스 질을 확실히 책임지며, 관광팀을 맞이하지 못한 상황으로 인해 불만을 가진 여러 관광객들의 기분을 풀어 줍니다.

> 플러스 질문 모범 대답

❶ 空接就是导游接团时，在指定时间和指定地点，没有接到游客。漏接是指旅游团队在抵达目的地后，没有导游接团的事故。

113 관광버스가 운전 중 멈추거나 타이어가 터지는 등 고장이 발생했을 때 관광통역안내사는 어떻게 처리해야 합니까?

▶ 먼저 관광객들에게 상황을 설명하고 양해를 구합니다. 만약 차량을 그 자리에서 바로 수리할 수 없어 일정에 차질이 생긴다면 여행사에 보고하여 다른 차량을 배정해 줄 것을 요청합니다.

114 공항에서 단체 여행객을 맞이할 때 만약 관광버스가 지정 시간에 지정 장소에 도착하지 않았다면 어떻게 해야 합니까?

▶ 이런 상황에서는 먼저 버스 기사 혹은 관련 부서와 연락을 통하여 관광 버스의 정차 지점을 확인해야 합니다. 그리고 버스 기사에게 빠른 시간 내에 지정 장소에 도착할 수 있도록 요구해야 합니다. 만약 의외의 일이 발생했다면 곧 여러 방법을 통해 다른 차량을 연결하도록 해야 합니다.

Unit 04 비상사태

115 계획에 따라 공항에 나가 단체 관광객을 맞이하려 할 때 갑자기 여행단이 늦게 도착할 것이라는 연락을 받게 되면 어떻게 해야 합니까?

▶ 우선 이미 예정되어 있는 차량에 연락을 취하여 단체 관광팀이 늦게 도착할 것이라는 사실을 통보해야 합니다. 그리고 구체적인 관광객 맞이 시간을 알려 주도록 합니다. 그런 후에 이미 예약되어 있던 음식점과 투숙 호텔에 연락하여 원래 예약을 취소하고 새롭게 예약합니다.

116 관광객이 여권을 분실했을 경우 어떻게 해야 합니까?

▶ 만약 여권을 분실한 것이 확실하다면 즉시 그 지역 이민국 혹은 경찰서에 분실 신고를 합니다. 그리고 분실 신고 증명서를 발급받습니다. 이후 관광객과 함께 주한 중국대사관 혹은 영사관에 가서 여권 재발급 혹은 여행증 발급 수속을 진행합니다.

117 여행 안내 중 관광객이 행방불명되었다면 어떻게 해야 합니까?

▶ 먼저 상황을 파악한 뒤 관광객이 행방불명된 지점을 고려해 관광지 안내소의 안내 방송 등을 이용하여 전력을 다해 찾도록 합니다. 관광객을 찾을 수 없을 시에는 곧 여행사에 보고하고 동시에 호텔에도 연락을 취해 만약 관광객이 호텔로 돌아왔다면 즉시 연락해 주도록 협조를 요청합니다. 이후 책임자로 하여금 계속 찾도록 하면서 관광통역안내사는 남아 있는 관광객들을 모시고 다음 여행 일정을 진행하며 수시로 책임자와 여행사에 연락을 취합니다.

118 관광 명소를 유람하는 과정에서 관광통역안내사는 어떻게 관광객의 실종을 예방하겠습니까?

▶ 첫째, 반드시 단체 행동을 유지하도록 노력할 것입니다. 모든 관광 명소에서는 관광객들의 자유 관람 전 반드시 집합 시간과 집합 장소를 거듭 강조할 것입니다. 둘째, 모든 관광객들에게 관광통역안내사의 개인 연락 방법을 확실하게 기억하도록 할 것입니다. 셋째, 만일 관광통역안내사와 연락이 안 되고 또 집합 장소를 못 찾을 경우에는 보조 조치를 해야 합니다. 예를 들면 관광 명소 정문, 관광 버스 혹은 특별한 표지가 있는 곳에서 기다릴 것 등입니다. 넷째는 항상 인원수를 철저히 점검하는 것입니다.

119 만약 관광객이 마음대로 단체를 이탈했다면 관광통역안내사로서 어떻게 처리하겠습니까?

▶ 만약 단체를 이탈하는 상황이 발생한다면 이는 여행사에게 상당히 좋지 않은 영향을 미칠 수 있습니다. 상황이 심각하다면 심지어는 여행사가 영업 정지 조치를 받을 수도 있습니다. 그러므로 저는 항상 관광객들의 동향을 주의하고 수시로 인원수를 확인하겠습니다. 만일 마음대로 단체를 이탈하는 상황이 발생한다면 먼저 여행사에 보고하고 바로 근처를 수색할 겁니다.

120 관광객이 여행 중 여행 취소를 원한다면 관광통역안내사는 어떻게 처리해야 합니까?

▶ 먼저 관광객이 여행을 중단하려는 이유를 확인합니다. 만약 몸이 불편하다는 이유거나 집안에 급한 일이 생긴 것과 같은 불가피한 원인이라면 여행사에 보고한 뒤 여행 중단 신청서를 작성하도록 합니다. 그러나 일부 여행 경비는 환불되지 않는다는 사실을 고지합니다. 만약 위와 같은 특수한 원인이 아니라면 관광객이 중도에 여행 중단을 제기할 경우, 우선 관광객을 설득하여 단체 여정을 끝마칠 수 있도록 합니다. 그러나 관광객이 계속해서 중도에 여행 포기를 원한다면 여행사에 보고한 뒤 여행 중단 신청서를 작성하게 하고 여행사와의 계약에 의해 중도 여행비 환불 불가 규정과 같은 기본 사항을 알려 주도록 합니다.

121 객관적인 이유로 여행 일정을 사실상 이행할 수 없을 때에는 어떻게 해야 합니까?

▶ 날씨 혹은 교통 등 객관적 요인 때문에 여행 일정을 실제로 진행할 수 없을 경우에는 먼저 여행사에 보고한 뒤 관광객들에게 당시의 상황을 충분히 설명해야 합니다. 그리고 모든 관광객들의 동의하에 일정 변경 동의서를 체결한 뒤 변경된 계획에 따라 일정을 진행합니다.

122 실내 관광지를 유람하고 있을 때 불행히도 화재가 발생했을 시 어떻게 대처해야 합니까?

▶ 우선 실내 유람을 시작하기 전 사전에 먼저 관광객들에게 '비상구'의 위치 등 기본 안전 사항에 대해 알려 주어야 합니다. 관람 시 만약 불행히도 화재가 발생했을 때는 침착하게 서둘러 관광객들을 안전 지역으로 이끌어야 합니다.

123 여행객이 탑승 한 시간 전에 여권이 안 보이는 것을 알았을 때 관광통역안내사로서 어떻게 처리해야 합니까?

▶ 탑승 전 여권이 보이지 않는다면 관광객은 분명 당황하여 실수를 할 수 있으므로 우선 관광객을 안정시키고 동시에 진지하게 기억을 더듬어 상황을 파악하게 한 뒤 관광객이 여권을 찾을 수 있도록 최선을 다해 도와줌과 동시에 여행사에 상황을 보고하여 도움을 청합니다.

Unit 05 불만 및 요구

124 여행 도중에 관광객이 불만을 표시하면 어떻게 해야 합니까?

▶ 만약 관광객이 가벼운 불만을 표시한다면 저는 인내심을 가지고 당시의 상황에 대해 설명할 것입니다. 만약 사태가 심각하다면 저는 구체적인 상황에 따라 최선을 다해 해결점을 찾도록 노력할 것입니다. 물론 이와 같은 상황이 발생하지 않도록 먼저 최선을 다해야 합니다. 그래서 저는 여행의 모든 세부 일정을 매 순간마다 사전에 철저히 확인할 것입니다.

> **플러스 질문 모범 대답**
>
> ❶ 问题可能出在酒店，可能出在交通，也可能出在餐厅，导游应根据不同情况，尽量安排，争取缓解旅客的不满情绪。
>
> 缓解不满情绪 huǎnjiě bùmǎn qíngxù 불만의 감정을 해소하다

125 관광팀을 인솔하는 중에 관광객이 당신에게 불만을 제기하거나 말로써 불만을 토로한다면 어떻게 처리하겠습니까?

▶ 관광통역안내사의 임무 중 하나는 바로 '관광객을 만족시켜야 한다'는 것입니다. 그러므로 저는 업무 중 시종 미소를 잃지 않을 것입니다. 만약 관광객이 불만을 표시하거나 말로 투덜거린다면, 저는 가장 먼저 상황을 파악한 뒤 스스로 반성하고 잘못된 부분이 있다면 고치고 잘못이 아니라면 다음부터는 관광객이 오해하지 않도록 주의할 것입니다. 그러나 주의할 점은 어떤 상황에서도 관광객 앞에서 변명하지 않는 것입니다.

126 관광객이 숙소와 음식 혹은 여정에 대해서 불만을 제기한다면 어떻게 하겠습니까?

▶ 숙소에 대해 불만을 제기한다면 구체적으로 불만의 이유가 무엇인지 알아본 후 동일 비용을 전제로 호텔과 상의하여 룸을 교체하는 등과 같은 도움을 강구합니다. 만약 음식에 대해 불만을 제기한다면 마찬가지로 먼저 관광객의 의견을 들어 본 뒤 합리적인 요구 범위 내에서 다음 식당에서는 미리 준비해 놓을 수 있도록 합니다. 만약 일정에 대해 불만을 제기한다면 관광객과 여행사 간의 계약을 참고하여 조절 가능한 범위 내에서 최대한 관광객의 요구를 만족시킵니다.

> **플러스 질문 모범 대답**
>
> ❶ 对于住宿方面，比如说游客可能会觉得房间没有想象的大，环境太旧，卫生环境太差等等。
> 对于饮食方面，比如说游客可能会觉得就餐环境不好，饮食看上去不卫生等等。
> 至于行程方面呢，不满可能会更多，比如日程太紧张或者购物时间太长，再或者行程安排不合理等。

127 관광팀이 음식에 대해 강한 불만을 표시한다면 관광통역안내사는 어떤 보완 조치를 취해야 합니까?

▶ 일반적으로 이러한 경우가 일어나서는 안 되겠지만 만약 발생한다면 먼저 관광객에게 예의를 갖추어 사과할 것입니다. 그리고 관광객의 의견을 진술하게 경청한 후 여행사와 음식점에 이러한 상황을 알려 줄 것입니다. 또한 구체적 상황에 따라 다음 음식점에도 알려 주는 것을 고려하여 비슷한 상황을 예방할 수 있도록 합니다.

128 식사 중에 관광객이 음식 메뉴를 바꾸고자 할 때는 어떻게 해야 합니까?

▶ 먼저 관광객에게 여행 중 제공되는 음식들은 모두 상호 계약에 의한 것임을 설명합니다. 만약 관광객이 음식이 풍족하지 않아서 바꾸고자 한다면 여행사와 상의해서 계약된 음식점과의 협의를 통해 메뉴를 바꾸도록 합니다. 그러나 관광객에게는 별도의 비용이 발생할 수 있음을 반드시 알려 주어야 합니다. 만약 관광객이 음식이 입에 맞지 않아서 메뉴 바꾸기를 원한다면 여건이 허락되는 상황하에서 음식점과 상의하여 메뉴를 바꾸어 주도록 합니다.

> 플러스 질문 모범 대답
>
> ❶ 当然可以满足游客要求，但一定要告知游客餐费自负。

129 만약 고의로 관광통역안내사를 난처하게 만들거나 불합리한 요구를 하는 관광객이 있다면 어떻게 해야 합니까?

▶ 고의로 관광통역안내사를 난처하게 하거나 불합리한 요구를 하는 관광객이 있다면 저는 '역지사지'로 관광객의 입장에서 최대한 관광객의 요구를 충족시킬 수 있도록 노력할 것입니다. 관건은 임기응변인데 상황에 따라서 융통성 있게 문제를 해결해야 한다는 것입니다. 어찌 되었든 관광객이 여행을 나온 것은 즐거움을 위한 것이니 결코 일부러 트집 잡아 화를 내려고 하지 않을 것입니다. 그렇기 때문에 그들을 먼저 이해하고 성심성의껏 대한다면 어떤 문제라도 순조롭게 해결되리라 생각합니다. 만약 정말 서로 협의가 어렵다면 여행사에 보고하여 협조를 구하는 방법도 고려할 수 있습니다.

130 만약 관광객이 야간 불법 유흥 프로그램을 요구할 경우 어떻게 해야 합니까?

▶ 관광객에게 불법 유흥 프로그램을 제공할 수 없음을 분명히 알려 줍니다. 그러나 시간과 조건이 허락한다면 관광객에게 합법적인 오락 장소를 추천해 주는 것을 고려해 볼 수 있습니다. 예를 들자면 카지노, 나이트클럽 혹은 합법적인 안마소 등이 있습니다.

131 관광팀이 4일 여정을 3일 여정으로 바꾸는 등 본래 관광 계획을 단축시키려 하거나 관광 항목을 줄이거나 늘리는 등 관광 일정을 변경하고자 한다면 어떻게 하겠습니까?

▶ 관광 일정 계획은 여행사에서 책임지고 안배하는 것입니다. 그러므로 관광팀이 일정을 축소해 달라는 요구에 대해서는 여행사의 안배에 따라야 합니다. 관광객이 관광 항목을 늘리거나 줄여 달라는 요구에 대해서는 여행사의 비용(관광지 입장료 포함)이 증가하지 않고 관광 차량의 운행 노선과 시간에 영향을 주지 않는 상황이라면, 될 수 있으면 관광객의 요구를 만족시켜 줍니다. 만약 추가 비용이 발생하더라도 관광객이 부담할 의향을 밝힌다면 여행사에 보고한 뒤 최대한 안배할 것입니다. 그러나 만약 여러 가지 이유로 인하여 관광객의 요구를 만족시킬 수 없다면 인내심을 가지고 관광객에게 충분히 설명할 것입니다.

132 만약 관광객이 당신에게 술을 권한다면 어떻게 하겠습니까?

▶ 관광통역안내사는 업무 시간에 술을 마실 수 없습니다. 그래서 저는 공손하게 거절할 것입니다. 그러나 분위기를 고려하여 많은 관광객들의 흥을 깨지 않는 선에서 상대방에게 술을 한 잔 따르는 것으로 감사의 뜻을 표시하거나 물로 술을 대신하여 성의를 표할 것입니다.

Unit 01 정치제도 및 사상

133 한중 양국의 정치체제는 무엇이 다릅니까?

▶ 한국과 중국의 기본적인 정치제도는 서로 다릅니다. 한국은 자본주의이며 중국은 사회주의입니다. 한국의 정치제도는 민주제도를 채택하고 있어서 행정권, 입법권(의원제국회), 사법권의 삼권이 분리되어 있습니다. 한국은 만 19세 국민이라면 모두가 선거권을 가집니다. 대통령은 국민에 의해 직선으로 선출되며 임기는 5년입니다. 국회의원 선거와 지방의회의원 선거는 매 4년마다 한 번 거행합니다. 중국의 정치체제는 인민대표대회 제도입니다. 전국인민대표대회는 각성, 자치구, 직할시와 군대에서 선출된 대표로 구성되어 있으며 임기는 5년입니다. 상설기구는 전국인민대표대회 상무위원회이며 대회 회의는 매년 한 번 거행합니다.

> 플러스 질문 모범 대답
>
> ❶ 是习近平主席。
> ❷ 中国的人们代表大会行使中国的立法权，全国人民代表大会由省、自治区、直辖市、特别行政区和军队选出的代表组成，各少数民族都有适当名额的代表。它的常设机关是全国人民代表大会常务委员会。全国人民代表大会每届任期五年，每年举行一次会议。必要时可以临时召开全国人民代表大会会议。

134 한중 양국의 병역제도는 어떻게 다릅니까?

▶ 한국은 강제성을 띠는 의무병역이며 20세에서 36세의 남성 국민은 병무청의 신체검사 통과 여부를 거쳐서 모두 나라의 병역 제도에 따라야 하며, 어떤 사람도 예외가 없습니다. 그러나 중국에서는 의무병역제를 중심으로 의무병과 지원병 제도가 결합된 제도를 실시하고 있습니다. 즉 국가가 필요할 때 모든 공민은 법률에 따라 의무적으로 복무해야 합니다. 하지만 현재 실시되는 것은 지원병 제도입니다.

135 한중 양국민의 신앙은 무엇이 다릅니까?

▶ 조사에 따르면 한국 인구의 절반 이상이 종교를 믿습니다. 기독교, 불교, 천주교가 주요 종교로 한국의 3대 종교를 구성합니다. 그러나 역사적으로 중국인들은 대다수가 도교와 불교를 믿어 왔으며 후에 천주교와 기독교가 중국으로 유입되었고, 일부 중국인들이 이 종교들을 믿기 시작했습니다. 일반 중국인들은 조상 숭배를 기본으로 삼고 불교, 도교의 영향을 받았습니다.

136　유가 사상이 한중 양국에 미친 영향에 대해서 말해 보십시오.

▶　한중 양국은 모두 유가 사상 문화의 영향을 깊게 받았습니다. 몇 천 년간 봉건사회였던 중국은 『사서』와 『오경』을 벗어나지 못하며, 전통적인 책임감, 절제 사상, 충효 사상 등 모두가 예로부터 전해 내려오는 주류 사상입니다. 한국은 다양한 종교를 신봉하는 사람들이 상당히 많지만 윤리 도덕에 있어서는 오히려 유가 사상이 중심입니다. 그러나 신중국 성립 이후 서방 문화와 반봉건 사상의 영향 아래 중국인들은 유가 사상의 서열 제도와 기수 문화에 대해 선별적인 계승을 해왔기 때문에, 표면적으로 보기에는 한국이 중국보다 유가 사상을 더욱 철저히 계승하고 있는 것으로 보입니다.

> **플러스 질문 모범 대답**
>
> ❶ 在中国年龄不同可以称为朋友，甚至有"忘年交"之说，而韩国人之间的相处，很重视年龄差异，对比自己年龄大的人特别尊敬；可是在韩国的学校或公司里，"期数文化"的等级观念又非常强，那时可能又会出现年龄大的人要对年龄小的人毕恭毕敬的现象，这种现象在中国却是几乎没有的。
>
> 毕恭毕敬 bìgōng bìjìng 아주 정중하다

137　'유가 사상'은 한국과 현대 중국인의 생활에서 어떻게 존재합니까?

▶　유가의 핵심 사상은 인, 의, 예, 지, 신이며 한국에서는 노인을 공경하고 어린이를 아끼며 공손함을 강조하고 어른 혹은 지위가 높은 사람에게는 존칭과 경어를 사용하는 것 등이 모두 유가 사상의 표현입니다. 유가 사상은 한국인의 생활에 있어서 보편적으로 존재하고 있다고 할 수 있습니다. 유가 사상의 창시자인 공자는 비록 중국인이지만 중국은 발전 과정에서 특히 신중국 건설 이후 반봉건과 반통치의 사상이 날로 강해졌으며 남녀평등을 추구하고, 심지어는 '공자 타도' 운동이 있었기 때문에 상대적으로 말하자면 생활의 세부적인 부문에 있어서 중국 국민들은 한국인처럼 그렇게 사소한 부분에 주의를 기울이지 않습니다. 그러나 그렇다고 중국인들이 유학을 중시하지 않고 예절을 모르는 것은 아닙니다. 왜냐하면 중국인의 뼛속에는 노인을 공경하고 어린이를 아끼는 사상이 여전히 뿌리 깊기 때문입니다. 현재 사회의 발전에 따라 유학은 중국에서 또 어느 정도의 사회적 지위를 확보했으며 특히 시진핑 주석이 공자탄신일 기념 행사 등에 참석한 이후 사회 각계에서 유학이 사회 발전에 미치는 중요성에 대해 강조하고 있습니다.

138 한국 청년과 중국 청년의 취업관에 대해 말해 보십시오.

▶ 한국 청년이든 중국 청년이든 모두가 취업 문제에 대해서는 우선적으로 '철밥통' 혹은 대기업에 몰두하며 대부분 '높은 곳은 능력 부족이고 낮은 곳은 가고 싶지 않다'거나 혹은 '남의 떡이 커 보인다'고 합니다. 한국 청년들은 취업을 하기 위해 아낌없이 투자합니다. 외국어 성적표부터 각종 자격증에 이르기까지 전심전력으로 취업을 위해 노력합니다. 중국 청년들도 비록 취업하기 위해 아주 노력하지만 취업 보장을 획득하기 위한 것과 비교한다면 그들은 업무에 따른 만족 감을 더욱 중시합니다. 상당수 중국 청년들은 만약 본인이 원하지 않는 일을 계속하게 된다면 결국 삶의 의미가 없다고 생각합니다. 이런 점에서 보면 취업 문제에 있어서 한국 청년들이 중국 청년들보다 더욱 현실적임을 알 수 있습니다.

139 한국 청년들과 중국 청년들의 결혼관에 대해 얘기해 보십시오.

▶ 사회가 발전하고 경쟁이 더욱 심화되면서 청년들의 결혼관도 어느 정도 변했습니다. 현재 중국 사회와 비교해서 한국 사회는 집안 간의 사회적 지위나 경제 수준이 비슷한 사람끼리 결혼하는 것을 중시합니다. 또한 결혼 비용과 육아 비용 이 높아지자 갈수록 많은 청년들이 결혼에 대해서 '원하되 가까이 하지 않는' 경향을 보입니다. 중국 청년들도 비록 경 제적인 부담감을 지니고 있지만 한국 청년에 비해 '적령기에는 결혼해야 한다'라는 생각을 당연하게 여깁니다. 그러나 이와 동시에 아마도 현재의 중국 청년들은 대부분 외동 자녀이기 때문에 자유와 자아를 추구하며 결혼에 대한 책임감 도 날로 부족해지고 있습니다.

140 한중 양국의 생활 면에서 금기 사항이 있는지 예를 들어 설명해 보십시오.

▶ 금기라는 것은 본래 고대인들이 초자연의 힘을 경외하거나 혹은 미신적인 관념 때문에 취하는 소극적인 방어 조치입니다. 현재에도 적지 않은 금기 사항이 여전히 남아 있으며 게다가 사람들의 생활에 영향을 미치고 있습니다. 예를 들어 숫자에 관한 금기를 말해 보면, 중국인들은 짝수 숫자를 길하다고 여기지만 숫자 '4'는 싫어합니다. 그래서 길일을 정하거나 숫자를 고를 때는 가능한 한 숫자 '4'를 피합니다. 그러나 가족 모임이나 단체 모임에서 식사를 할 경우에는 세 사람이건 네 사람이건 꼭 4개의 요리를 주문하며, 절대 3, 5, 7…과 같은 홀수는 피합니다. 한국인들은 어떤 상황에서든 숫자 '4'에 대해 상당히 예민한 편입니다. 심지어 아파트 엘리베이터 안의 층수조차도 4층은 'F'로 대신합니다. 중국인 들이 절대 호감을 갖지 않는 '7'이라는 숫자에 대해서 오히려 행운의 상징으로 여깁니다. 게다가 한국 사람들은 전통적 인 '천, 지, 인' 관념에 대한 영향 때문에 특별히 숫자 3을 좋아합니다. 이 밖에 유사음 현상 때문에 중국인들은 6, 8, 9 를 좋아하는데 6은 순조로움을, 8은 돈 버는 것을, 9는 영원함을 나타냅니다. 숫자의 금기 이외에도 생활 가운데 새해 에 대한 생활 습관 등도 조금씩 다릅니다.

141　동북공정에 대한 당신의 의견을 말해 보십시오.

▶　'동북공정'이란 말을 한국인들은 모두가 알지만 중국에서는 아마도 많은 사람들이 알지 못할 것입니다. 왜 그럴까요?
　　'동북공정'은 즉 '동북 변경 지역의 역사와 현상에 관한 체계적인 연구 프로젝트'로서 중국 사회과학원과 동북 3성의 학
　　술 관련 기구 및 대학이 연합하여 조직된 대형 학술 프로젝트입니다. 그 연구의 내용이 고조선, 고구려, 발해사 연구 등
　　이 포함되어 있기 때문에 한국 사회는 이에 대해 비교적 민감하게 반응하는 것입니다. 그러나 저는 이 문제는 분명 학
　　술 문제이기 때문에 문제의 쟁점에 대해서는 역사학자들에게 넘겨서 연구해야 한다고 생각합니다.

142　발해를 소개해 보십시오.

▶　대다수 중국인들은 '발해국'이라는 명칭이 당나라가 하사해 준 '발해 군왕'이라는 작호에서 왔다고 생각합니다. 그러나
　　한국에서는 '발해'라는 명칭의 기원이 당나라 때 받은 작호가 아니라고 여깁니다. 그 명칭은 한반도 민족의 선조인 발해
　　인 스스로 정한 것이며 당나라의 책봉은 단지 기정사실을 인정해 준 것일 뿐이라고 합니다. 그리고 '발'은 옛 고대 한국
　　어의 '밝음', '밝게 빛남'의 뜻을 지니고 있고 '해'는 '태양'이라는 뜻이라고 합니다. 이 때문에 한자를 빌어서 '渤海(발해)'
　　로 표기하였으며, 그 뜻은 '햇볕이 밝은 곳' 즉 '조선'이라는 명칭의 함의와 일맥상통합니다. 발해와 관련된 역사 기록은
　　상당히 적어서 '渤海'라는 명칭은 줄곧 논쟁이 되어온 문제 중 하나입니다. 그러나 저는 이러한 역사 문제들은 전문 학
　　자들에 넘겨 연구하는 것이 좋다고 생각하며, 역사 문제로 인하여 한중 양국 국민들의 교류와 감정에 영향을 끼쳐서는
　　안 된다고 생각합니다.

Unit 02 문화

143 **한중 양국의 문화 차이를 소개해 보십시오.**

▶ 한중 양국은 지리적으로 근접하고 인적 교류가 활발하며 문자 사용에 있어 상통하는 면이 있지만 문화적으로 여전히 차이가 있습니다. 간단히 개괄하면 다음과 같습니다.

먼저 식생활을 말한다면 한국 음식은 비교적 담백하고 한국인들은 매운 것을 좋아하며 냉수를 마시는 습관이 있습니다. 그러나 중국 음식은 비교적 기름지고 중국인들은 뜨거운 물을 마시는 습관이 있습니다. 음식의 맛에 있어서는 원래부터 "남쪽 음식은 달고 북쪽 음식은 짜고 동쪽 음식은 맵고 서쪽 음식은 시큼하다"라는 말이 있습니다.

다음으로 생활 습관에 있어서 한국인은 늦게 잠을 자며 중국인은 일찍 자고 일찍 일어나는 습관이 있습니다. 특히 점심 때 낮잠을 자는 습관이 있습니다. 한국인의 생활 리듬은 상당히 빠르며 비교적 삶의 질을 중시하는데 상대적으로 대부분의 중국인들은 한국인에 비해서 몸 관리에 열중하지 않으며 생활은 비교적 단조롭고 시끌벅적한 것을 좋아하여 더욱 친밀하고 다정하게 느껴집니다.

다음으로는 신앙에 있어 한국인들은 대부분 기독교, 천주교, 불교 등과 같은 종교를 믿지만 중국인은 불교와 도교를 위주로 믿습니다.

마지막으로 문화 계승에 있어서 양국민 모두가 비록 유가 사상의 영향을 받았지만 중국은 한국처럼 철저히 계승하지 않습니다. 중국에서는 남녀평등을 추구하며, 한국처럼 엄격한 서열 제도와 기수 문화가 없습니다. 예를 들면, 연령이 다른 사람끼리도 친구라 칭하며 심지어는 '망년지우'라는 말도 있습니다.

144 **한중 양국의 음식과 음식 문화는 대체로 어떻게 다릅니까?**

▶ 한국과 중국의 공통점은 남북 간 차이가 크다는 것입니다. 남방 사람과 북방 사람의 음식 습관은 각기 다릅니다. 전체적으로 말하자면 한국 요리는 비교적 담백하며 김치를 비롯하여 각종 반찬들이 주를 이룹니다. 물론 다양한 찌개 요리도 보편적입니다. 맛은 매콤 달콤한 것이 상당히 매력이 있습니다. 그러나 중국 요리는 상당히 다양하며 음식의 색, 향, 맛을 모두 갖추는 것을 중시합니다. 찌고 삶고 끓이고 볶는 것이 일상 요리의 조리법인데 그중에서 볶는 것을 위주로 하기 때문에 비교적 기름기가 많습니다. 맛은 본래 남쪽 음식은 달고 북쪽 음식은 짜고 동쪽 음식은 맵고 서쪽 음식은 시큼하다라는 말이 있습니다. 음식 습관에 있어서 한국인들은 차가운 것을 좋아합니다. 예를 들어 냉면을 먹고 냉수와 차가운 우유, 차가운 맥주 등을 마시지만 중국인들은 차가운 것을 좋아하지 않으며 뜨거운 물을 마시며 우유나 맥주 등도 상온의 것을 마십니다. 또 한국은 야식 문화가 발달했으나 중국인들은 상대적으로 아침 식사를 더욱 중시하기 때문에 중국인의 아침 식사가 한국인의 아침 식사보다 풍성합니다. 음식 예절에 있어서 주요 차이점은 한국인은 숟가락과 젓가락을 구별하여 사용하며 다같이 함께 먹는 음식은 개인 접시에 담아 각자에게 나누어 줍니다. 중국인들은 젓가락과 숟가락 사용에 그다지 명확한 구분이 없습니다.

145 한국 요리와 중국 요리는 어떤 다른 점이 있습니까?

▶ 한국 요리와 중국 요리는 전체적으로 보면 기본적인 조리법이 같지 않습니다. 중국 요리가 볶는 것을 위주로 하는 데 반해 한국 요리는 푹 끓이고 무치는 것을 위주로 합니다. 다음으로 음식 맛이 같지 않습니다. 중국 요리는 비교적 기름지지만 한국 요리는 상대적으로 담백합니다. 또 중국 요리는 음식 재료가 매우 풍부하며 야채 종류가 더 다양합니다. 마지막으로 중국 요리는 일반적으로 바로 요리해서 바로 먹지만 한국 요리는 대부분 요리를 만든 후에도 냉장고에 두고 며칠 동안 먹을 수 있습니다.

146 한국 짜장면과 중국 짜장면은 같습니까? 어떤 점이 다릅니까?

▶ 한국 짜장면은 한국에서 중국 음식을 대표하지만 중국에서는 그 흔적을 찾기 힘듭니다. 왜 그럴까요? 한국 짜장면은 한국에서 생활하던 오랜 중국 화교가 중국 짜장면을 '개량'해서 만든 것입니다. 한국 짜장면의 주재료는 춘장으로 달콤한 된장이라고 불리기도 하며 한국인의 입맛에 적합하지만 중국의 짜장면은 일반적으로 사용되는 것이 황장으로 맛도 비교적 짭니다. 한국의 짜장면 맛은 대동소이하지만 중국의 짜장면은 지역에 따라 맛도 천차만별하며 가장 대표적인 것은 라오베이징 짜장면입니다.

147 중국 관광객들은 한국의 어떤 음식 혹은 먹을 거리에 익숙하지 않습니까?

▶ 사람마다 차이가 크다고 생각되는데 전반적으로 말하자면 우선 대부분의 중국인들은 들깻잎을 먹는 것이 익숙하지 않습니다. 이는 많은 한국 사람들이 중국의 샹차이(고수)를 먹는 것이 익숙하지 않은 것과 마찬가지입니다. 다음으로는 대부분 중국인들은 소고기 육회와 생선회 같은 '날것'을 먹는 것에 익숙하지 않습니다. 마지막으로 많은 중국인들 특히 남방 사람들은 한국에서 뜨거운 김이 나는 맵고 단 음식 먹는 것이 익숙하지 않습니다.

148 한국인과 중국인의 술 문화는 어떤 차이가 있습니까?

▶ 술 문화를 말하자면 먼저 한국인은 유가 사상의 영향으로 어른과 술을 마실 때에는 몸을 돌려 술을 마시지만 중국인은 서로 얼굴을 맞대고 통쾌하게 마십니다. 다음으로, 한국인은 술 마시는 방식이 훨씬 많습니다. 특히 저녁 모임은 여러 곳을 옮기며 술을 마십니다. 그러나 중국인들은 큰 방을 잡아서 얘기도 하며 잡담도 하고 심지어는 그곳에서 노래도 하면서 한 곳에서 헤어질 때까지 술을 마십니다. 또 한국인은 술을 다 마셔야 다시 술을 따라 줍니다. 그러나 중국에서는 수시로 첨잔을 합니다. 술을 따를 때, 한국인은 같은 술자리에 있는 사람이 술을 따라 주는데 이는 자기가 스스로 술을 따라 마시게 하지 않고자 하는 것이지만 중국인은 술을 마실 때 그런 습관이 없습니다. 그리고 한국인들이 '건배'라고 말하는 것은 일반적으로 분위기를 조성하기 위해서일 뿐 실제로 술을 모두 비우지 않아도 됩니다. 그러나 중국인들이 '건배'라고 하면 실제로 술잔의 술을 모두 비워야 합니다.

149 중국 고량주와 한국 소주의 다른 점은 무엇입니까?

▶ 중국인은 고량주를 마시면서 향미를 중요시하는데 향에 따라 장향, 농향, 청향 등 여러 종류의 향미가 있으며 한국 소주에는 그와 같이 강하고 깊은 향을 내는 술맛은 없습니다. 중국의 고량주 도수는 상대적으로 매우 높고 일반적으로 적어도 30도가 넘지만 도수 혹은 주조 공법이 달라서 입맛에도 큰 차이가 있으며 한 잔의 술이 뱃속으로 들어가면 속에서 밖으로 자연스레 열이 발산되지만 머리에까지 이르지 않는 반면 한국 소주는 도수가 높지 않아 입맛이 부드러워 자기도 모르게 취하게 됩니다.

150 한국 전통 소주와 일반 음식점 혹은 시중에서 팔리는 일반 소주는 같습니까?

▶ 같지 않습니다. 한국 전통 소주는 발효주로 알코올 함량이 대개 40도 정도로 비교적 높아 마시면 조금 매운 맛이 있습니다. 그중 가장 대표적인 전통 소주는 안동소주와 이강주입니다. 그런데 일반 음식점 혹은 시장에서 유통되어 팔리는 일반 소주는 발효주가 아니라 희석주로 입맛이 부드러워 한국의 국민주라고 불립니다. 그중 가장 대표적인 것은 진로, 처음처럼 등입니다.

151 한중 양국의 교육제도는 같습니까? 자녀 교육관에 대한 차이가 있습니까?

▶ 한중 양국의 교육제도는 기본적으로 같습니다. 양국 모두 12년 초중등 교육을 실시하는데 초등학교 6년, 중학교 3년은 의무교육입니다. 한국과 중국은 교육을 상당히 중시합니다. 자녀 교육에 있어서 부모들은 모두 '아들과 딸이 훌륭한 인물이 되기를 희망'하는 생각이 있습니다. 한국의 어머니들은 결코 중국의 '호랑이 엄마'에 뒤지지 않습니다. 그러나 제 생각에 중국의 한 자녀 정책으로 인하여 중국의 부모들은 자녀를 애지중지하는 면이 더 있어, 인성 교육에 있어서는 한국의 부모들이 중국의 부모들보다 좀더 엄격한 것 같습니다.

152 한국인과 중국인의 여가 생활에는 어떤 공통점과 다른 점이 있습니까?

▶ 대부분 사람들의 여가 생활은 비슷할 것입니다. 예를 들면 학습을 통해서 자신의 실력을 향상시키거나, 운동을 하거나, 각종 취미 활동을 하거나 친구를 만나거나 영화를 감상하는 등입니다. 다른 점이 있다면, 제 생각에는 중국인의 생활이 한국인의 생활보다 여유롭다고 생각합니다. 아침 혹은 저녁에 공원이나 광장에서 여러 사람들이 함께 모여 태극권을 단련하거나 춤을 추고, 노인들은 동네에 모여 잡담을 나누거나 바둑을 두는 등 보기에 상당히 만족스러워 보입니다. 그러나 한국인들은 생활 리듬이 좀 빠른 것 같습니다. 비록 운동을 하는 것조차도 바쁜 것 같으며, 생활이 매우 알찬 것 같아 보입니다.

153 한국인과 중국인의 성격 차이는 큽니까?

▶ 한국인이든 중국인이든 모든 사람들의 성격은 같지 않습니다. 개괄해서 말한다면 한국인은 어떤 어려움에도 굴하지 않고 인내심이 있으며 낙관적이고 최선을 다하며 일에 있어서도 열정적이지만 대부분의 사람들이 비교적 성격이 급합니다. 중국인들은 사소한 일에 구속되지 않으며 체면을 중시합니다. 특히 북방인들은 성격이 호방하고 타인에게 대범한 편이어서 돈을 쓸 때에도 물 쓰듯 하며 심지어는 겉치레에 치중하고 낭비하는 면이 있습니다.

154 한국인과 중국인의 대인 관계에 있어 표현 방식은 어떻습니까?

▶ 대인 관계에 있어서 한중 양국의 국민 모두 인정과 예의 바른 교류를 중시한다고 생각합니다. 그러나 물론 다른 부분도 있습니다. 예를 들면 한국인들은 중국인들보다 더욱 신중한 편이어서 자신의 의견을 나타낼 때 비교적 완곡한 표현을 하며 직접적으로 '아니요'라는 말을 되도록 쓰지 않습니다. 그러나 상대적으로 중국인들은 비교적 직접적입니다. 그래서 중국인들은 감정상 성격이 서로 맞으면 쉽게 친구가 됩니다. 또한 중국 사람들은 대부분 '중용의 이치'를 중시합니다.

> **플러스 질문 모범 대답**
>
> ❶ "中庸之道"是儒家核心伦理观之一，主张处理事情过犹不及，应不偏不倚。
>
> 不偏不倚 bùpiān bùyǐ 어느 쪽으로도 기울거나 치우치지 않다, 공정하다

155 한국인과 중국인의 소비 관념은 같습니까?

▶ 소비 관념은 개인에 따라 다르다고 생각합니다. 또한 중국인이든 한국인이든 연령에 따라 소비 관념도 일정한 차이가 있다고 생각합니다. 전반적으로 말하자면 한국의 노인들은 비교적 자신의 노년 생활을 중시하여 자신의 생활을 위한 투자가 상대적으로 많으나 중국의 노인들은 자녀를 더욱 중시하여 자신에게는 비교적 '인색한' 면이 있습니다. 중년층의 소비는 비교적 실질적인 곳에 쓰이며 사용 금액도 상대적으로 큽니다. 젊은이들은 이와 무척 다릅니다. 중국의 젊은이들은 거의 모두 외동 자녀로서 '소황제'라고 부르는데, 이러한 젊은이들은 고소비를 추구하며 생활을 즐기고자 합니다. 비교하자면 한국 청년층의 소비가 좀더 이성적이고 지혜롭다고 볼 수 있습니다.

156 한국인과 중국인의 경조사 풍습은 같습니까?

▶ 한국인과 중국인들의 경조사 풍습은 많은 부분이 같지 않습니다. 예를 들면 결혼입니다. 결혼 전 한국의 신부 측에서 신랑 측의 집안 사람들에게 예단을 보내는 풍습이 중국에는 없습니다. 반대로 신랑 측에서는 신부 측에게 예물을 보냅니다. 혼례를 올릴 때 중국인들은 동서양 방식을 결합한 방식으로 진행하며 보여지는 것을 상당히 중시하여 허례허식인 면도 있습니다. 한국인의 혼례는 대부분 서양식 위주로 진행되며 혼례 후 곧 바로 신혼여행을 떠나지만 중국인들은 상대적으로 좀 편하게 합니다. 장례 문화에 있어 한국인은 밤을 세워가며 혼령을 지킵니다. 많은 친척과 친구들이 '큰 모임'인양 모여서 술을 마시며 서로 위로합니다. 그러나 중국에서는 화장을 치르며, 한국처럼 의식이 공식화되어 있지 않습니다. 그리고 어떤 경조사든지 한국인은 하얀 편지 봉투에 부조금을 넣어서 상대방에게 마음을 전하는데, 중국인들은 혼례 때에는 빨간 봉투에 부조금을 넣어 축하를 하고 장례식 때는 하얀 봉투에 부조금을 넣어 마음을 전합니다.

157 중국 관광객의 한국에 대한 인상은 어떻습니까?

▶ 중국 관광객들의 한국에 대한 인상을 종합적으로 말한다면 한국은 깨끗하고 정돈이 잘 되어 있으며 공공시설은 위생적이면서도 인간 친화적이고, 사람들은 예의를 잘 지키고 손님들에게 상당히 호의적인 매력이 충만한 나라입니다. 그러나 일부 부조리한 면도 있습니다. 예를 들면 관광지에서 혹은 택시 기사가 관광객에게 바가지를 씌우거나, 일부 한국 사람들이 색안경을 끼고 중국 여행객들을 보는 것 그리고 관광지가 너무 천편일률적인 것 등은 유감스러운 것입니다.

158 한국의 전통 건축물인 '한옥'과 중국의 '사합원'은 어떻게 다르다고 생각합니까?

▶ 한옥은 한국의 전통 가옥으로서 일반적으로 주변 지형과 어울리고 자연환경을 해치지 않는 것을 기본 원칙으로 삼아 대부분의 건축물이 자연과 조화롭게 일체감을 이룹니다. 그러나 한옥의 건축양식은 각 지역마다 다르며 비교적 한랭한 북부 지역의 한옥은 ㅁ자 모양을 이루고 비교적 온난한 남부 지역은 한옥이 일자형이며 중부 지역은 한옥이 ㄱ자 모양을 이룹니다.
사합원은 중국의 전통 가옥 형식으로, 그 구조는 하나의 정원에 사방 사면이 가옥으로 이루어져 있습니다. 사방 사면이 정원을 중심으로 둘러싸고 있어 상대적으로 비교적 은밀한 정원 공간을 형성하고 있습니다. 사합원의 건축 구조는 중국 전통의 상하 신분 사상과 음양오행설을 구현합니다. 또한 한옥의 담장은 가옥을 가리지 않는데 사합원의 담장은 완전히 가옥을 가두고 있어 신비감을 더합니다.

159 한국의 '아리랑'과 중국의 '모리화'를 간략하게 소개해 보십시오.

▶ '아리랑'은 한국의 대표 민요이지만 각 지역마다 독특한 특색의 아리랑이 있습니다. 리듬은 3/4박자이며 선율이 평온하고 편안해서 아름답고 듣기 좋으며 노래하는 이가 노래를 부르며 춤을 추기도 하는데 다소 슬픈 느낌이 있습니다. 그런데 '모리화'는 중국의 집집마다 알고 있는 민요입니다. 리듬은 2/4박자로 선율이 가볍고 경쾌하여 강남(长江 창장, 양쯔장 남쪽) 여자들의 아름다움과 부끄러움을 충분히 표현하고 있습니다. '모리화'는 해외 각지의 화교와 서구 음악 세계에도 널리 알려져 있습니다.

Unit 01 개황

160 대한민국 정부는 언제 수립되었습니까?

▶   대한민국 정부는 1948년 8월 15일에 수립되었습니다.

161 한국에 대해 개략적으로 설명하십시오.

▶   한국의 정식 명칭은 대한민국으로 아시아 동북부에 위치하며 5,100여 만 명의 인구가 있습니다. 육지 면적으로 계산하면 한국은 세계에서 겨우 111위이지만 아시아의 4마리 작은 용 중 하나로 아시아의 경제, 문화, 예술의 중심이라고 할 수 있습니다. 20세기 초 한국은 일본의 식민 지배를 받았고, 그 후 한국전쟁(1950~1953)을 치렀습니다. 그러나 한국은 단기간에 세계가 주목하는 급속한 경제 성장을 이루며 '한강의 기적'이라는 신화를 창조했습니다. 한국의 정보 기술 산업은 다년간 세계를 선도하는 위치에 있으며 한국의 영화, 드라마, 음악 등을 포함한 문화 예술에서도 아시아를 넘어 세계를 향해 한류의 영향이 날로 확대되고 있습니다. G20과 경제협력개발기구(OECD) 회원국인 한국은 아시아태평양경제협력체(APEC)와 동아시아 정상회담의 창시국이기도 하며 세계의 많은 국가와 FTA를 협정 체결하는 등 국제 무대에서의 영향력이 날로 커지고 있습니다.

> **플러스 질문 모범 대답**
>
> ❶ 截止到2017年1月，韩国与包括所谓世界三大经济圈的美国、欧盟和中国等共51个国家签订了FTA。
> ❷ (486 참조 - 본문 320p / 해석 181p)

162 한국의 국기를 무엇이라고 부릅니까? 한국 국기에 대해 간략히 설명해 보십시오.

▶   한국의 국기는 태극기입니다. 태극기는 바탕이 흰색이며 가운데가 빨강색과 파란색의 둥근 태극 문양인데, 위는 빨간색 아래는 파란색으로 각각 음과 양을 나타냅니다. 네 모퉁이에는 네 개의 괘가 그려져 있는데 각각 건괘, 곤괘, 감괘, 이괘이며 하늘, 땅, 물, 불을 나타냅니다. 태극기는 평화, 통일, 광명, 창조 그리고 영원함을 상징합니다.

플러스 질문 모범 대답

❶ 太极旗旗面为白色，象征韩民族的纯洁和对和平的热爱；
中央的红蓝圆形太极两仪，上红下蓝，代表阴和阳，象征宇宙。圆内上下弯鱼形太极两仪头尾相连，代表着对立、和平、统一和发展；红蓝圆形太极两仪表着世间万物生生不息。
四卦中，乾代表天，坤代表地，坎代表水，离代表火。
左上角的乾是三条阳爻，代表天、春、东、仁；
右下角的坤是六条阴爻，代表地、夏、西、义；
右上角的坎是四条阴爻夹一条阳爻，代表水、秋、南、礼；
左下角的离是两条阳爻夹着两条阴爻，代表火、冬、北、智。

❷ 高宗17年(1880)，最先提出制定国旗的问题，但并没有什么进展。1882年8月，朝廷特命大使兼修信使朴泳孝出使日本，他绘制了由红色和蓝色的圆形太极两仪和周围黑色四卦构成的太极旗。韩国在1883年开始将太极旗作为国旗，但当时并没有确定统一的图案。1948年大韩民国政府成立以后，统一了国旗的图案和规格。1949年10月15日公布现在的太极旗为大韩民国国旗。后来公布了国旗制作法、升国旗法等有关法令后，完善了有关国旗的制度。

象征 xiàngzhēng ~을 상징하다 | 弯鱼形太极两仪 wānyúxíng tàijí liǎngyí 굽은 물고기 모양의 태극 | 生生不息 shēngshēng bùxī 사물이 끊임없이 생장하고 번영하다 | 爻 yáo 효(역易의 괘卦를 이룬 가로획, '—'는 양효阳爻이고, '——'는 음효阴爻임) | 朝廷 cháotíng 조정 | 兼 jiān 겸하다 | 修信使 xiūxìnshǐ 수신사 | 绘制图案 huìzhì tú'àn 도안을 제작하다 | 完善制度 wánshàn zhìdù 제도를 완비하다

---

163 개천절은 무슨 날입니까?

▶ 개천절은 한국의 건국일입니다. 한민족의 시조인 단군이 양력 10월 3일에 고조선을 건립하였습니다. 단군이 개국한 것을 기념하기 위하여 한국 정부는 1949년 10월 1일 '국경일에 관한 법규'를 제정 선포하고, 매년 양력 10월 3일을 개천절로 정하여 국경일이 되었습니다.

---

164 한국의 국화는 무엇입니까?

▶ 한국의 국화는 무궁화로 학명은 목근화입니다. 무궁화는 꽃이 피었다 지는 것이 끊임없이 생장하고 생명력이 강하여 한민족의 꺾이지 않는 불굴의 의지를 충분히 나타내고 있으며 그 열매는 일상생활에서 널리 유용하게 사용되어 '홍익인간'이라는 이념과 일맥상통하여 국화로 지정되었습니다.

---

165 한국의 국가는 무엇입니까?

▶ 한국의 국가는 〈애국가〉입니다.

❶ 《爱国歌》不但表现出了国家被殖民侵略的悲壮气氛，还唱出了锦绣山河的美丽，更展现了渴望摆脱日帝统治、实现民族独立和国家繁荣的雄心壮志。

❷ 韩国国歌歌词为何人所做以无从可考，作曲家安益泰1936年为其谱曲，1948年大韩民国政府成立后将其定为了韩国国歌。

表现出了…悲壮气氛 biǎoxiànchūle…bēizhuàng qìfēn ~의 비장한 분위기를 표현하다 | 锦绣山河 jǐnxiù shānhé 금수강산 | 渴望 kěwàng 갈망하다 | 摆脱…统治 bǎituō…tǒngzhì ~ 통치를 벗어나다 | 繁荣 fánróng 번영하다 | 雄心壮志 xióngxīn zhuàngzhì 웅대한 포부와 장한 뜻 | 无从可考 wúcóng kěkǎo 고찰해 볼 수 없다

166 한국의 국조는 무엇입니까?

▶ 한국의 국조는 까치입니다. 까치는 행운과 복을 상징합니다. 한국에서는 만약 아침에 까치의 지저귀는 소리를 듣는다면 이는 귀한 손님이 오거나 행운이 올 것이라는 것을 미리 알려 주는 것이라고 합니다.

Unit 02 정치 및 경제

167 한국의 행정구역을 소개해 보십시오.

▶ 한국은 특별시 1개, 특별자치시 1개, 6개의 광역시와 8개의 도 그리고 1개의 특별자치도가 있습니다. 1개의 특별시는 서울특별시이며 1개의 특별자치시는 세종특별자치시입니다. 6개의 광역시는 부산, 인천, 대구, 광주, 대전, 울산입니다. 8개의 도는 경기도, 강원도, 충청북도, 충청남도, 전라북도, 전라남도, 경상북도, 경상남도이며 1개의 특별자치도는 제주도입니다.

> **플러스 질문 모범 대답**
>
> ❶ 这些都是划分行政区域的名称，其中韩国的"市、区"和中国一样，"洞"呢相当于中国城市的"街道"，比如说，韩国说"首尔市恩平区佛光洞"，那么中国说"北京市朝阳区光明街道"，各自代表的行政区域是一样的；此外其中"道"相当于中国的省，"郡"相当于中国的县，"面"相当于中国的镇，"邑"相当于中国的乡，"里"相当于中国农村的"村"。
>
> **划分行政区域** huàfēn xíngzhèng qūyù 행정구역을 나누다 | **相当于** xiāngdāng yú ～에 해당하다

168 한국의 정치 체계를 소개해 보십시오.

▶ 한국의 정치제도는 민주제도이며 행정권, 입법권(의원제국회), 사법권으로 삼권이 분리되어 있습니다. 한국의 만 19세 한국 국민은 선거권을 누릴 수 있습니다. 대통령은 유권자의 직접 선거를 통하여 선출하며 임기는 5년입니다. 국회의원 선거와 지방의회의원 선거가 매 4년마다 한 번 거행됩니다.

169 한국의 대통령은 어떻게 선출합니까?

▶ 한국의 대통령 선거는 전국적 범위 내에서 진행하는 평등한 무기명 투표입니다. 구체적인 과정은 먼저 각 정당에서 대통령 후보를 추천 선출합니다. 그 다음 각 후보는 전국적인 선거 유세 활동을 진행하며 마지막으로 전국적으로 무기명 투표를 합니다.

170　한국의 역대 대통령을 소개해 보십시오.

▶　한국 역대 대통령은 다음과 같습니다.
1. 이승만: 1948년 7월 24일~1960년 4월 26일, 독립추진회/민주국민당/자유당, 제1대~제3대까지 3회 연임하였습니다.
2. 윤보선: 1960년 8월 12일~1962년 3월 24일, 한국민주당, 제4대 대통령직을 역임하였습니다.
3. 박정희: 1963년 12월 24일~1979년 10월 26일, 민주공화당, 제5대~제9대까지 5회 연임하였습니다.
4. 최규하: 1979년 12월 6일~1980년 8월 16일, 당적 없음, 제10대 대통령직을 역임하였습니다.
5. 전두환: 1980년 9월 1일~1988년 2월 25일, 민주정의당, 제11대~제12대까지 2회 연임하였습니다.
6. 노태우: 1988년 2월 25일~1993년 2월 25일, 민주정의당, 제13대 대통령직을 역임하였습니다.
7. 김영삼: 1993년 2월 25일~1998년 2월 25일, 민주자유당/신한국당/한나라당, 제14대 대통령직을 역임하였습니다.
8. 김대중: 1998년 2월 25일~2003년 2월 25일, 신정치국민회의/새천년민주당, 제15대 대통령직을 역임하였습니다.
9. 노무현: 2003년 2월 25일~2008년 2월 25일, 새천년민주당/열린우리당, 제16대 대통령직을 역임하였습니다.
10. 이명박: 2008년 2월 25일~2013년 2월 25일, 한나라당/새누리당, 제17대 대통령직을 역임하였습니다.
11. 박근혜: 2013년 2월 25일~, 새누리당, 제18대 대통령직을 맡고 있습니다.

171　박정희 대통령에 대해 소개해 보십시오.

▶　박정희 대통령은 한국의 제3대 대통령이며, 그는 대통령직을 5번 연임하며 한국의 경제 발전에 커다란 공헌을 하였습니다. 가장 큰 업적으로는 새마을운동을 전개하고 경제 개발 5개년 계획을 실행하여 한국 농업과 공업의 급속한 발전을 통해 '한강의 기적'을 이룩한 것입니다.

플러스 질문 모범 대답

❶ 朴正熙总统对韩国经济发展的贡献有目共睹，可谓是家喻户晓，让人遗憾的是在执政过程中的一些独裁统治。

172　새마을운동에 대해 소개해 보십시오.

▶　새마을운동은 지난 세기 70년대 초에 박정희 대통령 집권 기간에 추진되었던 농촌 건설 운동입니다. 그 취지는 농촌 지역으로 하여금 가난에서 벗어나 부를 축적할 수 있게 함으로써 농촌과 도시의 빈부 차이를 줄여 한국이 보다 부강한 국가의 길을 갈 수 있게 하자는 것입니다. 한국은 이 새마을운동으로 인해 경제 강국이 되었습니다.

173 한국 경제 발전사를 소개해 보십시오.

▶ 지난 세기 60년대부터 한국은 수출형 발전 계획을 통해 경제 발전을 추진하기 시작하였습니다. 60년대에는 섬유 등의 경공업 상품이 주요 수출 품목이었으며 70년대 이후 중공업을 중점적으로 발전시켜 선박, 자동차 등의 중공업 상품을 주로 생산 수출하여 '한강의 기적'이라는 신화를 창조하였습니다. 80년대에 이르러 외국 기술 도입을 중점으로 하는 한국 과학 기술 정책을 고급 인력 양성으로 전환하며 한국의 기술 수준을 향상시켰습니다. 90년대에 한국 정부는 기술 경쟁력 제고에 힘을 쏟기 시작했습니다. 한국 정부는 이후 기업, 공공 부문, 노동 부문의 전면적인 개혁 추진을 견지하여 기업 환경 개선과 시장 개방 정책 등을 개선하였으며, 이러한 정책들을 통하여 1997년 아시아 경제 위기와 2008년 전 세계적 경제 위기를 잇따라 극복하였습니다. 현재 한국은 전 세계 가장 많은 국가들과 FTA를 체결한 국가이며, 경제협력개발기구 성립 이후 경제 원조를 받던 국가에서 이제 다른 나라에 경제 원조를 하는 국가가 되었습니다.

> **플러스 질문 모범 대답**
>
> ❶ 我想最大的问题应该是此过程中形成的"金钱万能主义"。人人向"钱"看，人与人之间的人情味越来越淡了。

174 한국의 경제 개발 5개년 계획은 언제 시작되었습니까?

▶ 박정희 대통령 집권 이듬해인 1964년에 시작되었습니다. 제1차 경제 개발 5개년 계획은 광산 개발을 독려하고 제조업을 육성하는 것으로, 이로부터 한국 경제는 지속 성장의 길을 걷게 되었습니다.

175 '한강의 기적'은 무엇을 말하는 것입니까?

▶ 넓은 의미로 한국 경제의 빠른 발전사를 말하며, 구체적으로는 1953년에서 1996년 동안 한국 경제의 신속한 발전을 가리킵니다. 한국 경제의 급속한 발전은 한국을 전쟁의 폐허에서 세계 11위의 경제 국가로 만들었으며 삼성, LG, 현대 등 세계적으로 이름 난 글로벌 그룹을 이룩하였습니다. 짧은 40년의 시간 동안 서울은 폐허 속에서 세계적인 대도시로 발전하였습니다. 한강은 서울의 동쪽에서 서쪽을 관통하기에 해외 미디어는 '라인강의 기적'이라는 칭호를 따라 한국의 경제 발전을 '한강의 기적'이라고 불렀습니다. 좁은 의미에서는 박정희 전 대통령 재위 기간 동안의 한국의 빠른 경제 발전사를 지칭합니다. 정권을 잡은 1961년에서 1979년까지 18년 동안 박정희 대통령은 한국의 국정에 따라 새마을운동과 경제 개발 5개년 계획을 전개하여 한국의 농업과 공업이 빠르게 발전할 수 있도록 하였습니다.

176 한국의 첫 번째 고속도로 이름은 무엇입니까?(최초로 개통된 고속도로는 무엇입니까?)

▶ 한국은 1967년에 고속도로를 건설하기 시작해서 이듬해 서울~인천 간, 서울~부산 간 고속도로를 개통함으로써 '고속
도로 시대'의 서막을 열었습니다. 제일 먼저 개통된 고속도로는 경인고속도로입니다.

Unit 03 사회

177 한국의 기후에 대해 말해 보십시오.

▶ 한국은 대륙성기후에 속하며 사계절이 뚜렷하여 겨울은 한랭 건조하고 여름은 고온 다습하지만 근래에 지구온난화 현상에 의해 한국의 봄과 가을이 상대적으로 짧아졌습니다. 한국은 각 지역의 기온 차가 비교적 큰 편인데 평균 온도는 6℃~16℃에 이릅니다. 일 년 중 가장 더운 8월의 평균 온도가 19℃~27℃입니다. 그러나 가장 추운 1월의 평균 온도는 영하 7℃~8℃입니다.

178 한국의 사계절에 대해 소개해 보십시오.

▶ 한국은 사계절이 뚜렷합니다. 물론 최근 지구온난화의 영향으로 봄과 가을이 상대적으로 짧아졌지만 대체로 봄은 따뜻하고 여름은 덥고 가을은 선선하며 겨울은 춥습니다. 각 계절마다 특색과 장점이 있습니다. 봄은 희망의 계절로, 태양이 밝고 따스하게 내리쬐어 만물은 다시 소생하고 여기저기 활력과 생기가 충만합니다. 여름 기후는 상당히 무덥고 기온이 높으며 비가 많이 내립니다. 그러나 한국은 삼면이 바다이고 명산이 많으며 해변과 계곡은 아주 훌륭한 피서지입니다. 가을에는 푸른 하늘에 시원한 바람과 높은 구름이 있습니다. 금빛 들녘과 붉은 단풍, 푸른 하늘과 흰 구름은 마치 한 폭의 그림과 같은 풍경입니다. 겨울은 길고 건조하고 추우며 간혹 눈이 많이 내리기도 합니다.

> 플러스 질문 모범 대답
>
> ❶ 每个季节都有各自的魅力，无论是夏天的海边，还是冬天的滑雪场；无论是春天的各种踏春游，还是秋天的枫叶行，可以说各有特色。
> ❷ 韩国一到秋天，无论是家附近的公园，还是大路两边，都有很美的枫叶。要说最美，我想还是雪岳山的枫叶吧。

179 한국의 지리 환경은 어떻습니까?

▶ 한국은 한반도 남부에 위치하며 삼면이 바다로 둘러싸여 있습니다. 서쪽은 황해에 접해 있어 자오둥반도와 마주하며 동남쪽은 대한해협, 동쪽에는 동해가 있으며 북쪽은 38선 비무장지대를 경계로 북한과 인접하고 있습니다. 국토 면적은 한반도 총면적의 4/9입니다. 산지가 한반도 면적의 2/3 정도를 차지하며, 지형이 다양하고 낮은 산과 구릉지, 평원이 교차 분포하고 있습니다. 낮은 산과 구릉지는 주로 중부와 동부에 분포하며 대개 해발 500m 이하입니다. 평원 지역은 남부와 서부에 위치하며 대개 해발 200m 이하입니다.

❶ 韩半岛三面环海的特征，最大的优势是我们既有能促进贸易交流的水上通道，还有大量的海上资源可供开发。

❷ 韩半岛海岸线长而曲折，全长4908公里。东濒东海，那里海水较深，有很多海水浴场；西临黄海，那里海水较浅，潮差很大，退潮后的海边泥滩很美；东南与日本隔海相望。

长而曲折 cháng ér qūzhé 길고 구불구불하다 | **东濒 dōngbīn** 동쪽은 ~에 인접하다 | **西临 xīlín** 서쪽은 ~와 인접하다 | **隔海相望 gé hǎi xiāngwàng** 바다를 사이에 두고 마주 보다

180 음양오행설이 무엇인지 말해 보십시오.

▶ 음양오행설은 음양설과 오행설로 나눌 수 있으며 서로 보완관계에 있습니다. 오행설은 반드시 음양과 부합되어야 하고 음양설도 반드시 오행을 겸해야 합니다. 음양설은 중국 하 왕조 시기에 이미 형성되었는데, 세상은 음과 양 두 기운의 작용 아래 쌍생, 발전, 변화한다고 보는 것입니다. 반면 오행설은 고대 사람들이 창조한 일종의 철학 사상이며, 일상 생활의 5가지 운용 방식인 금, 목, 수, 화, 토를 우주 만물과 자연 현상 변화의 기초로 삼는 것입니다. 천문학과 기상학 등 많은 학문 분야들이 모두 음양오행설의 기초에서 발전해 온 것입니다.

181 한국의 인구와 언어에 대해 소개해 보십시오.

▶ 한국은 인구가 5100만이 넘으며 한민족으로 이루어진 단일 민족 국가입니다. 세계화가 보다 빨라지면서 한국 사회에 다문화 사회가 형성되어 외국인의 수도 어느 정도 증가했습니다. 한국의 언어는 한국어입니다.

182 한자 문화권이란 무엇을 말하는 것입니까?

▶ 한자 문화권이란 역사적으로 중국의 정치, 문화의 영향을 받았으며 과거나 혹은 현재까지 한자를 사용하고 문화나 관습 등이 서로 비슷한 국가나 지역을 말합니다. 주로 중국, 일본, 한반도, 베트남 등 동아시아와 동남아 국가들을 포함합니다.

183 한국의 교육제도에 대해 소개해 보십시오.

▶ 한국의 교육제도는 유치원 교육, 6년제 초등학교, 3년제 중학교, 3년제 고등학교, 전문대학, 4년제 대학교 교육이 있습니다. 대학교에서는 대학원 과정과 박사 학위 교육이 제공됩니다. 현재 초등학교와 중학교 교육은 의무교육입니다.

> **184** 한국의 최대 종교는 무엇입니까?

▶ 2005년도 통계 조사에 의하면 한국의 절반 이상 인구가 종교를 믿는 것으로 드러났습니다. 기독교, 불교, 천주교가 주요 종교로 한국의 3대 종교를 구성합니다.

> **185** 한국의 병역제도에 대해 소개해 보십시오.

▶ 한국의 병역제도는 의무병제도입니다. 한국 병역법은 20세~36세에 이르는 모든 남성들은 병무청에서 실시하는 신체검사를 받아 합격한 자는 모두 국가의 병역제도에 복종할 의무를 지닌다고 규정하고 있습니다. 현재 병역 기간은 22개월입니다.

> **186** 한국의 전통 4대 명절을 소개해 보십시오.

▶ 한국의 전통 4대 명절은 설날, 한식, 단오절, 추석입니다.

1. **설날**은 일 년 중 가장 성대한 명절이며 새해가 시작되는 날입니다. 설날이 오기 전에 집집마다 새해를 맞이할 준비를 합니다. 그리고 설날에는 전통 풍습에 따라 제사를 지내며 악귀를 쫓기 위해서 음복을 합니다. 제사가 끝나면 손아랫사람들은 손윗사람들에게 세배를 하고 손윗사람은 손아랫사람에게 세뱃돈을 주며 서로 덕담을 주고 받으면서 전통 놀이를 합니다. 설날에는 떡국을 먹는데 떡국을 먹어야지만 비로소 나이를 한 살 더 먹는 것으로 여기고 있습니다. 설날의 전통 놀이로는 연날리기, 윷놀이, 널뛰기, 씨름 등이 있습니다.

2. **한식**, 즉 청명절은 동지 이후 105일 지난 날인데, 이날은 불을 사용하지 않으며 과일이나 간식 등 찬 음식을 먹습니다. 또한 이날 한국인들은 조상의 묘를 정돈하고 제수를 진설하고 제사를 지냅니다.

3. **단오절**은 음력 5월 5일입니다. 사람들은 이날이 양기가 충만해서 생명력이 가장 강한 때라고 생각해서 창포물로 머리카락을 감고 쑥개떡을 먹으면서 악귀를 쫓고 무병장수를 기원합니다. 또한 씨름, 그네뛰기 등 다양한 활동도 즐깁니다. 한국에서는 강릉단오제가 대표적인데 50여 일 동안 축제를 진행하며, 이는 2005년 11월 25일에 유네스코 인류무형문화유산에 등재되었습니다. 한국의 단오절은 중국 단오절에서 시작되었으나 전래 과정에서 한국 고유의 특색을 갖추면서 중국 단오절과는 완전히 달라졌습니다.

4. **추석**은 음력 8월 15일입니다. 가을은 수확의 계절로, 사람들은 풍성한 수확을 경축하며 조상신의 보살핌에 감사의 표시를 합니다. 이날은 어디에 있든지 모두가 고향으로 돌아와 가족들과 함께 시간을 보내려고 합니다. 추석 때 가장 중요한 활동은 제사이며 대표 음식은 송편입니다.

❶ 端午节又名端阳节，是中国古代伟大诗人屈原投汨罗江殉国的日子。每年的阴历五月初五就成为了纪念屈原的传统节日。据说，屈原因政治失意投汨罗江后，当地百姓马上划船打捞，可始终不见屈原的尸体。那时，江上有很多小舟，此后逐渐发展成为赛龙舟活动。百姓们又怕江河里的鱼吃掉他的身体，就纷纷回家拿来米团投入江中，后来就成了吃粽子的习俗。如今端午节吃粽子、赛龙舟都与纪念屈原相关。

屈原 Qūyuán 굴원 | **投江 tóujiāng** 강에 투신하다 | **汨罗江 Mìluójiāng** 멱라강 | **殉国 xùnguó** 순국하다 | **划船打捞 huáchuán dǎlāo** 배를 저어가서 물속에서 건지다 | **始终不见 shǐzhōng bújiàn** 보이지 않다 | **赛龙舟 sàilóngzhōu** 용선 시합 | **纷纷 fēnfēn** (많은 사람들이) 잇달아 | **米团 mǐtuán** 소가 있는 찹쌀떡 | **粽子 zòngzǐ** 쫑즈(찹쌀을 대나무 잎사귀나 갈댓잎에 싸서 삼각형으로 묶은 후 찐 음식)

187 한국의 명절과 휴일을 소개해 보십시오.

▶ 한국의 명절과 휴일에는 주로 다음의 것들이 있습니다.

1. 신정(양력 1월 1일): 신정 첫날 사람들은 서로 세배를 하지만 신정은 전통적인 명절이 아니기 때문에 크게 중시하지 않고 설날을 중시합니다.

2. 설날(음력 1월 1일): 한국의 가장 중요한 전통 명절 중 하나이며 3일간 휴일입니다. 아침 식사 전에 한국 전통 의상을 입고 제사를 지낸 후 아랫사람이 윗사람에게 세배를 합니다. 아침 식사로 쌀로 만든 떡국을 먹고, 식후에는 온 가족이 함께 모여 회포를 풀고 다양한 전통 놀이를 즐깁니다.

3. 3·1절(양력 3월 1일): 1919년 한국 국민이 일본의 식민 통치에 항거하여 독립운동을 했던 날을 기념하는 날입니다.

4. 식목일(양력 4월 5일): 나무를 심기 위해 제정한 휴일이며 공무원들과 시민들이 참여하여 나무 심기 활동을 합니다.

5. 한식(동지 후 105일): 청명절이라고도 하며 조상의 묘를 돌보는 날입니다.

6. 석가탄신일(음력 4월 8일): 석가의 탄생을 기념하는 날입니다. 석가탄신일 전부터 모든 절들이 연등을 밝힐 뿐 아니라 거리마다 각양각색의 연등을 볼 수 있습니다.

7. 어린이날(양력 5월 5일): 이날 어린이들은 많은 선물을 받고 부모님들과 함께 신나게 놀 수 있어서 아이들에게는 가장 즐거운 날이라고 할 수 있습니다.

8. 어버이날(양력 5월 8일): 부모님을 공경하는 효도의 전통을 계승 발전시키기 위해 만든 기념일입니다.

9. 스승의 날(양력 5월 15일): 은사님께 감사의 마음을 전하기 위하여 만든 날입니다.

10. 단오절(음력 5월 5일): 사람들은 이날이 일 년 중 양기가 가장 충만한 날이라 여기며, 남녀노소가 새 옷을 입고 함께 각종 전통 놀이를 합니다. 가장 대표적인 것으로 강릉단오제가 있습니다.

11. 현충일(양력 6월 6일): 이날은 조국을 위해 목숨을 바친 순국 열사들을 애도하고 기리기 위한 날입니다.

12. 제헌절(양력 7월 17일): 1948년 한국의 헌법 제정을 기념하는 날입니다.

13. 광복절(양력 8월 15일): 35년간의 일본 식민 통치에서 벗어나 해방된 날을 기념하는 날로서 전국 각지에서 축포를 쏘는 등 각종 경축 행사를 거행합니다.

14. 추석(음력 8월 15일): 설날과 마찬가지로 추석은 한국 최대 명절 가운데 하나이며 3일간 휴일입니다. 대부분의 사람들은 부모님을 뵙기 위해 선물을 가지고 귀향을 하기 때문에 고속도로가 항상 차들로 막힙니다. 반면 서울 시내는 오히려 교통 상황이 무척 좋습니다.

15. 개천절(양력 10월 3일): 단군이 기원전 2333년에 나라를 세운 날입니다.

16. 한글날(양력 10월 9일): 한민족 스스로의 문자 탄생을 기념하는 날입니다.

17. 성탄절(양력 12월 25일): 이날은 예수의 탄신일이며, 카드와 선물을 주고 받기도 합니다.

188 한글의 특징은 무엇입니까?

▶ 한글은 1443년 세종대왕이 창제하였으며 '훈민정음'이라고 불립니다. 한글은 표음문자로, 10개의 모음과 14개의 자음으로 구성되어 있습니다. 다양한 소리를 모방하거나 표현할 수 있어 한글의 과학성은 이미 널리 인정받은 바 있습니다. 특히 인도네시아의 찌아찌아 부족은 한글을 차용하여 그들의 문자로 사용하기로 결정하였습니다. 1997년 10월 유네스코는 '훈민정음'을 세계기록유산으로 지정하였습니다.

> **플러스 질문 모범 대답**
>
> ❶ 韩文的元音模仿天，地，人而创制，天是·，地是一，人是丨；辅音呢是模仿发音器官的形状而创制的。ㄱ表示舌根挡咽喉；ㄴ表示舌头碰上牙床；ㅁ表示嘴；ㅅ表示牙齿；ㅇ表示咽喉的形状。
>
> **元音** yuányīn 모음 | **辅音** fǔyīn 자음 | **广泛认可** guǎngfàn rènkě 널리 인정을 받다 | **采用** cǎiyòng 채용하다 | **模仿** mófǎng 모방하다 | **发音器官** fāyīn qìguān 발음기관 | **舌根** shégēn 설근 | **咽喉** yānhóu 목구멍 | **牙床** yáchuáng 잇몸

189 서울의 교통 상황을 소개해 보십시오.

▶ 서울의 교통은 상당히 편리하지만 출퇴근 러시아워에 차가 막히는 상황을 피할 수는 없습니다. 서울의 교통 편의 시설은 대체로 버스, 지하철, 자가용, 택시 등으로 나누어 볼 수 있습니다. 한국 정부는 교통 체증 상황 개선과 환경보호라는 측면을 고려하여 대중교통의 승차 환경을 적극적으로 개선하고 시민들의 편의를 위해 적절한 조치를 취해 시민들의 대중교통 이용을 적극 장려하였습니다. 예를 들면 버스 전용 차선을 설치, 각 정거장마다 차량 운행 현황을 알려 주는 모니터 설치, 대중교통 무료 환승 정책 실시 등입니다. 전체적으로 볼 때 서울의 교통 상황은 양호한 편입니다.

190　서울 지하철은 몇 호선까지 있습니까?

▶ (서울 지하철은 세계에서 5번째로 승객 이용률이 큰 지하철 시스템이며, 그 서비스 범위는 수도인 서울특별시와 주변의 인천, 경기도 등 수도권 지역입니다.) 서울 지하철은 서울의 9개의 노선을 중심으로, 한국철도공사의 분당선과 중앙선 그리고 인천 지하철 등의 노선을 포함하며 2017년 1월까지 현재 모두 21개의 노선이 있습니다.

191　한국의 택시에 대해 소개해 보십시오.

▶ 한국의 택시는 차량의 색으로 일반 택시와 모범택시로 나뉩니다. 일반 택시는 대부분 주황색이고 은색과 흰색도 있으며 모범택시는 검은색입니다. 일반 택시의 기본요금은 한국 돈 3,000원으로 대략 인민폐 15위안 정도이며, 야간 12시 이후부터 새벽 4시까지는 20%의 야간 서비스비가 붙습니다. 모범택시는 기본요금이 5,000원으로 대략 인민폐 25위안 정도이며 야간 할증료는 없습니다. 모범택시는 일반 택시보다 차 안이 넓고 쾌적하며 친절한 서비스를 제공합니다.

192　여행객이 한국에서 어떻게 무선 인터넷을 사용할 수 있는지 묻는다면 어떻게 대답하겠습니까?

▶ 한국은 무선 인터넷이 상당히 발달해 있습니다. 모든 통신 회사들이 회사 고객들을 위한 무선망을 가지고 있습니다. 그러나 외국 관광객들에게 가장 편리한 것은 역시 무료로 제공되는 Seoul Wifi입니다. 한국은 이미 128개의 Seoul Wifi 구역이 설치되어 있어 남대문 시장, 명동 등과 같은 인기 많은 관광 특구에서는 무료로 인터넷을 이용할 수 있습니다. 그 밖에 일반 카페, 혹은 백화점 등에서도 무료로 인터넷을 이용할 수 있습니다. 대부분 비밀번호 없이 바로 연결되며 비밀번호가 있다면 바로 점원에게 물어보면 됩니다. 이 밖에 인천공항에서 포켓 와이파이 단말기인 'egg'를 빌릴 수 있는데, 'egg'가 있으면 언제 어디서나 인터넷을 이용할 수 있습니다. 물론 일정한 비용을 지불해야 합니다.

193　한국인의 공통성은 무엇입니까?

▶ 한국인들은 보편적으로 강한 경쟁의식과 도전 의식 그리고 패배에 굴복하지 않는 정신을 지니고 있습니다. 한국 사회의 부단한 발전 과정에서 한국인들의 가장 큰 공통성은 혈연, 학연, 지연을 중시하는 것입니다. 또한 유교 사상의 영향으로 한국인들은 '효'와 '예'를 강조하며 기수 문화를 중시하고 윗사람을 공경하고 아랫사람을 아낍니다. 한국인의 성격은 한국의 인터넷 속도가 세계 최고이듯 일반적으로 성급한 편이어서 '빨리, 빨리, 빨리'라는 말을 좋아합니다. 물론 그 중에는 '느림보'들이 있기도 합니다. 또한 한국의 중장년층은 보편적으로 남성 우월주의가 있지만 젊은 사람들은 세계화 과정 속에서 다양한 문화의 영향으로 남녀평등을 중시합니다. 마지막으로 한국인들은 공동체 의식이 비교적 강하며 '공동체 문화'라는 전통의 영향을 받아 직장, 학교, 취미 모임 참여 등을 불문하고 각종 모임을 좋아합니다. 이러한 공동체 의식은 한국이 경제 위기에서 재빨리 벗어나 성공적으로 각종 국제적인 대형 체육 대회를 개최하게 한 원동력이라고도 할 수 있습니다.

194   주한 중국대사관은 어디에 있습니까?

▶   주한 중국대사관은 명동에 자리하고 있습니다. 구체적인 주소는 서울특별시 중구 명동2길 27호이며 본래 주한 대만사 무처 자리였습니다.

195   한국 지폐 1000원, 5000원, 10000원, 50000원과 동전에 새겨진 인물과 그림에 대해서 각각 소개해 보십시오.

▶   한국의 지폐는 1000원, 5000원, 10000원, 50000원이 있고 동전은 500원, 100원, 50원, 10원이 있습니다.
1000원 지폐의 인물은 퇴계 이황(1501~1570)이며 5000원 지폐의 인물은 율곡 이이(1536~1584)입니다. 두 사람은 모두 16세기 조선 시대의 저명한 학자로 그들은 성리학을 독보적인 이론 체계로 발전시켜 중국과 일본 유학계에 지대한 영향을 끼쳤습니다.
10000원 지폐의 인물은 세종대왕(1397~1450)입니다. 그는 조선왕조(1392~1910) 제4대 왕으로서 1443년에 〈훈민정음〉을 창제하여 한민족 고유의 기록 문자를 창조했을 뿐만 아니라 군사를 공고히 하고 과학 발전을 적극 지원하여 백성들이 풍족한 생활을 할 수 있도록 만든 성군입니다. 현재 서울시 중심 광화문 광장에 세종대왕의 동상이 세워져 있습니다.
50000원 지폐는 2009년 6월에 발행되기 시작했으며 지폐의 인물은 조선 중기 여류 화가 신사임당(1504~1551)입니다. 율곡 이이의 학술적 재능은 모두 모친인 신사임당의 태교 덕분이라고 하여 당시 사람들의 화제를 불러일으키기도 했습니다. 그녀는 효심이 지극한 딸이자 현모양처일 뿐만 아니라 위대한 어머니이자 훌륭한 예술가였습니다. 그녀는 후대 사람들에 의해 '덕망 있는 부인'의 대표적인 인물로 여겨졌으며 21세기 현재에 이르러서는 적극적으로 사회 활동에 참여하는 여성을 상징하는 인물이 되었습니다. 지폐에 있는 초상화 옆쪽이 그녀의 걸작 중 하나인 〈포도〉(간송미술관 소장)입니다.
이 밖에 500원 동전의 그림은 두루미이고, 100원짜리 동전에는 충무공 이순신의 초상이 새겨져 있는데 그는 임진왜란(1592~1598) 시기 일본 침략에 대항한 민족의 영웅입니다. 그가 건조한 거북선은 세계에서 첫 번째로 만든 철갑 전투함으로, 한국에서 자랑스럽게 여기는 발명품 중 하나입니다. 한국에서는 여러 곳에서 이순신 장군의 동상을 볼 수 있습니다. 50원짜리 동전에 새겨진 그림은 벼 이삭이고, 10원짜리 동전에 새겨진 그림은 다보탑입니다.

Unit 01 고조선, 삼국시대

196 한국의 역사를 간략하게 소개해 보십시오.

▶ 한국의 역사는 기원전 2333년 단군이 건립한 고조선에서 시작됩니다. 이후 삼국시대, (통일신라와 발해의) 남북국 시대, 고려 시대 그리고 조선 시대를 거쳐 35년간 일본의 통치를 받는 굴욕의 시기를 보내다가 1945년 8월 15일 광복 해방되었습니다. 1948년 정식으로 대한민국 정부가 수립되었습니다. 그러나 순탄치 않은 운명으로 1950년 중국인은 6·25전쟁이라 부르는 한국전쟁이 발발했는데 그 전쟁은 3년간 지속되었습니다. 휴전 협정이 체결된 후 한반도는 한국과 북한으로 분단되어 지금까지도 세계에서 유일한 분단 국가가 되었습니다.

플러스 질문 모범 대답

❶ 具体年代如下：
公元前2333年10月3日檀君王俭建立了韩半岛的第一个国家——古朝鲜。
(因此韩国把10月3日定为开天节(相当于中国的国庆节)，作为纪念)
三国时代分别指高句丽、新罗和百济时期。
676年，新罗统一了三国，开始了统一新罗和渤海的"南北国时代"。
918年，王建建立了高丽，统一了韩半岛。
1392年，李成桂建立了朝鲜王朝。
1897年，朝鲜第26代国王——高宗建立了大韩帝国，但只延续了13年。
从1910年到1945年，韩国被日本殖民统治了35年。
1945年8月15日，韩国解放。
1948年正式成立了大韩民国政府。
1950年爆发内战——韩国战争(6·25战争)。
1953年，南北双方在板门店签订了休战协议，从此韩半岛被分裂为南韩和北韩。

渤海 Bóhǎi 발해 | **延续 yánxù** 연속되다, 계속 이어지다 | **殖民统治 zhímín tǒngzhì** 식민 통치를 하다 | **爆发内战 bàofā nèizhàn** 내전이 일어나다

---

197 한국의 건국신화에 대해 말해 보십시오.

▶ 고구려, 백제, 신라 삼국시대의 전설, 신화, 역사를 기록한 서적인 『삼국유사』에 따르면 고조선은 한국 역사상 첫 번째 국가입니다. 이에 따라 한국의 건국신화는 단군의 건국신화입니다.

198 단군 신화란 무엇입니까?

▶ 단군 신화는 고조선의 건국신화에 관한 것입니다. 전설에 따르면 하늘의 왕인 환인은 그의 아들 환웅이 인간 세상으로 내려가고자 하는 것을 알고 곧 허락해 주며 인간 세상을 복되게 하기를 희망하였습니다. 환웅은 풍백, 우사 그리고 운사를 데리고 태백산 신단수 아래 인간 세상으로 내려가 그 지역을 '신시'라 칭하고 인간들의 질병과 선악, 형벌 등을 관리하며 백성을 교화시켰습니다.

하루는 곰과 호랑이가 환웅을 찾아와 사람이 되기를 청하였는데 환웅은 만약 그들이 동굴에 숨어 살면서 100일 동안 해를 보지 않고 오직 쑥과 마늘만 먹고 지낼 수 있다면 그 청을 들어주겠다고 하였습니다. 호랑이는 동굴에서 며칠을 지내다 도저히 견딜 수 없어 뛰쳐나갔으며 곰은 끝까지 잘 이겨내 마침내 여인으로 변하였습니다. 후에 환웅과 웅녀는 결혼하여 아들을 낳는데 그가 단군입니다.

기원전 2333년 10월 3일, 단군은 아사달(지금의 평양)에 도읍을 정하고 한반도 첫 번째 국가인 고조선을 건국하였습니다. 단군은 한민족의 첫 번째 왕이며 10월 3일은 '개천절'로 한민족의 탄생일입니다.

199 고조선에 대해 소개해 보십시오.

▶ 한반도에는 대략 70만 년 전부터 사람이 살았으며 기원전 8000년 전 신석기시대의 문물이 지역으로 본다면 한반도 전체에서 출토되고 있습니다. 역사 기록에 따르면 기원전 2000~1500년 전 청동기시대가 중국 동북과 한반도 지역에서 기원되었으며 그때 일부 부족들은 지금의 중국 요녕 지역과 한반도 서북부 지역에서 생활하였습니다. 한국의 건국신화에 나오는 단군이 그러한 부족들을 다스리다 후에 통일하여 고조선이라 불리는 국가를 건국했고 현 평양 지역에 도읍을 정했습니다. 고조선 시대부터 전해오던 철학 사상은 홍익인간으로 후에 대한민국의 건국이념이 되었습니다.

홍익인간이란 바로 널리 인간을 이롭게 하는 것입니다.

200 가야 멸망의 원인은 무엇입니까?

▶ 가야(42~532년)는 한반도의 남부 낙동강 유역에 위치한 국가 연맹으로서 수많은 작은 도시국가들로 구성되어 있었습니다. 가야는 후에 삼국 중의 하나인 신라에 흡수됩니다. 391년~412년 사이에 가야 연맹국은 고구려의 압력에 의해 와해되지만 가야 연맹의 잔존 부족들은 정치적 독립을 유지하고 있었습니다. 가야는 백제와 연맹하여 신라를 공격했지만, 결국 신라는 562년 가야의 잔존 세력을 합병하게 됩니다. 일부 가야 유민들은 일본으로 넘어갔습니다.

> **플러스 질문 모범 대답**
>
> ❶ 伽倻琴已有2000多年历史，相传是伽倻国嘉悉王时期的乐师于勒受王命制造一种乐器，于是他制造了伽倻琴。伽倻琴的样子与筝差不多，也是一弦一柱，到新罗以后得到发展，成为新罗大乐，为以后的宫廷乐奠定了巩固地位。到了八世纪左右(或更早些时间)，伽倻琴从新罗国传到日本，所以日本人把伽倻琴称为新罗琴。

201 삼국시대를 소개해 보십시오.

▶ 기원 전후 사이(『삼국사기』에는 기원전 1세기 중엽으로 기록)에 한반도에 3개의 정권이 출현했는데, 각각 신라(기원전 57년~935년), 고구려(기원전 37년~668년), 백제(기원전 18년~660년)입니다. 한반도에는 가야 등의 정권도 있었습니다. 각 국가들은 서로 정벌하면서 한국 역사상 번성한 시기를 만들었습니다. 신라와 백제는 날로 강성해져 4세기에는 고구려, 신라, 백제 삼국이 정립되는데 바로 이 시기가 역사상 한국의 삼국시대입니다.

202 고구려에 대해 소개해 보십시오.

▶ 고구려(기원전 37년~668년)는 한국의 삼국시대 국가 중 하나이며, 삼국 중 영토가 가장 큰 나라였습니다. 기원전 37년 주몽이 나라를 세운 후 한반도 북부와 만주 일대를 근거지로 날로 발전해 갔습니다. 당시 중국 왕조와 치열한 전쟁을 벌이기도 했으며 668년 신라와 당나라 연합군에 포위되어 멸망했습니다. 고구려, 신라, 백제는 함께 한국 역사상의 삼국시대로 칭해집니다.

> **플러스 질문 모범 대답**
>
> ❶ 朱蒙是解幕漱(天帝之子)和柳花夫人之子，传说诞生于卵。朱蒙十分擅长射箭，因而遭到后宫其母亲侍奉的东扶余金蛙王儿子们的妒忌。他建立了高句丽。
>
> 解幕漱 Jiěmùshù 해모수(인명) | 诞生于 dànshēng yú ~에서 탄생하다 | 擅长射箭 shàncháng shèjiàn 활쏘기에 능하다 | 遭到妒忌 zāodào dùjì 질투를 받다 | 侍奉 shìfèng 모시다, 섬기다

203 신라에 대해서 소개해 보십시오.

▶ 신라(기원전 57년~935년)는 한국의 삼국시대 국가 중 하나로, 박혁거세가 한반도 동남부에 세운 국가이며 7세기 중엽, 신라와 당나라가 연합하여 백제와 고구려를 평정하고 삼국을 통일합니다. 이후 삼국의 힘을 모아 대동강과 원산만 이남 지역에 한국 역사상 최초의 단일민족국가를 세웁니다. 신라와 고구려 그리고 백제는 한국 역사에서 삼국시대라고 부릅니다.

❶ 朴赫居世(公元前69年—公元4年)是建立新罗的神话人物，据说诞生于从天而降的巨蛋，被认为是现在所有朴姓家族的始祖。

204 백제에 대하여 소개해 보십시오.

▶ 백제(기원전 18년~660년)는 남부여라고도 칭하며 고대 부여인들이 남하하여 한반도 서남부 지역에 세운 국가입니다. 백제의 시조는 고구려 시조 주몽의 셋째 아들 온조입니다. 한반도 서남부를 통치했으며 위로는 고구려, 동으로는 신라가 인접해 있었습니다. 백제는 찬란한 문화를 이루어 일본 문화에 지대한 영향을 끼쳤습니다. 660년 나당 연합군에 의해 멸망했습니다.

❶ 中国的汉字、佛教、制陶技术和其它文化都通过百济传入日本。

制陶技术 zhìtáo jìshù 도자기를 만드는 기술

205 백제의 수도는 어디입니까?

▶ 수도는 위례성(지금의 서울)이었는데 후에 계속해서 웅진(지금의 공주), 사비성(지금의 부여)으로 천도하였습니다.

206 후백제는 누가 세웠습니까?

▶ 후백제를 세운 이는 견훤입니다. 견훤의 본래 성은 이씨로, 황간 견씨의 시조이며 지금의 문경시인 상주 가은현 출신입니다. 견훤은 서남해 방어에 공을 세워 변방의 부장(副將)으로 승격되지만, 892년(진성여왕 6년) 나라의 혼란을 틈타 봉기를 하여 중앙정부를 배반하였습니다. 그는 무진주(현재의 광주)와 기타 성들을 공격하여 점령하였고 900년(효공왕 4년)에 완산주(지금의 전주)에 도읍을 정한 후 후백제를 세웠습니다.

❶ 后百济(900年—936年)是韩半岛后三国之一，都城先为全州、后为光州。936年8月，甄萱被王建降服，最终助高丽王朝灭了自己一手建立的后百济。

降服 xiángfú 항복하다

Unit 02 고려, 조선 시대

207 고려에 대해 소개해 보십시오.

▶ 고려 왕조(918년~1392년)는 왕건에 의해 세워졌습니다. 왕건이 나라를 세운 후 자신의 고향 송악(현재의 개성)을 수도로 삼고 고구려가 중국 동북 지역에서 빼앗긴 영토를 수복할 것임을 선포했습니다. 그가 정한 고려라는 국호는 현재 한국의 영문 국호인 'KOREA'의 기원이기도 합니다. 비록 고려 왕조가 잃어버린 영토를 회복하지는 못했지만 고려청자와 융성했던 불교로 대표되는 찬란한 문화 성과를 이루었습니다. '직지심체요절'과 〈팔만대장경〉은 고려 시대의 문화를 대표하는 문화유산입니다.

208 조선에 대해 소개해 보십시오.

▶ 조선왕조(1392년~1910년) 혹은 이씨 조선이라고도 부릅니다. 조선왕조는 한반도의 역사상 마지막 통일 왕조이며, 1392년 이성계에 의해 세워졌습니다. 이씨 왕조는 27대 임금까지 약 500여 년의 역사를 지녔습니다. 1896년 26대왕 고종 이희는 왕을 황제라 칭하며 대한제국으로 국호를 바꾸었고, 1910년 일본이 한반도를 침략함에 따라 멸망합니다. 조선은 유교로써 나라를 다스리고 유가 사상을 불교를 대신하는 국가 통치 이념으로 삼았습니다. 특히 세종대왕은 한글을 발명하여 백성들에게 문화 보급을 위한 조건을 마련하는데, 이때가 조선 시대의 전성기라 할 수 있습니다. 16세기 말과 17세기 초 조선은 후금과 일본의 침략을 당하며 쇄국 정책을 택하고, 어느 정도의 영향을 받으며 발전했습니다. 19세기 초, 조선 왕조 내부의 분열 때문에 국가가 점차 쇠퇴의 길로 접어들었습니다.

플러스 질문 모범 대답

❶ 朝鲜王朝大体可以分成3个时期，前期、中期、后期。
前期是朝鲜王朝的发展期，尤其是世宗大王的统治时期被认为是朝鲜王朝的黄金时期。
中期是朝鲜王朝由盛转衰的时期。在这一阶段，吏治昏暗，宫廷内部各党派之争惨烈，屡次发生政变与农民起义。日本封建地主阶级挑起的壬辰倭乱与满洲贵族的两次入侵更是多次给国家与社会以灭绝性打击。
朝鲜王朝在经历了前期的辉煌与中期的衰落之后，后期可以视作一个停滞期与消亡期。

黄金时期 huángjīn shíqī 황금 시기 | 由盛转衰 yóu shèng zhuǎn shuāi 번성에서 쇠락으로 바뀌다 | 吏治昏暗 lìzhì hūn'àn 관리들의 통치가 어둡다 | 惨烈 cǎnliè 참혹하다 | 屡次 lǚcì 여러 차례 | 发生政变 fāshēng zhèngbiàn 정변이 발생하다 | 挑起 tiǎoqǐ 도발하다 | 入侵 rùqīn 침략하다 | 给…以打击 gěi…yǐ dǎjī ~에게 타격을 입히다 | 灭绝性打击 mièjuéxìng dǎjī 멸망시킬 만한 결정적인 타격 | 视作 shìzuò ~라고 보다(여기다) | 停滞期 tíngzhìqī 정체기 | 消亡期 xiāowángqī 멸망기

209 조선 시대 한중 관계는 어떠했습니까?

▶ 조선 시대의 한중 관계는 조선과 명나라와의 관계, 조선과 청나라와의 관계로 나누어 볼 수 있습니다. 조선과 명나라는 거의 비슷한 시기에 나라를 건립했습니다. 명나라 시기 양국의 관계는 우호적이었고, 만력 연간에는 일본이 조선을 침략하자(임진왜란) 명나라는 조선에 군사를 파병하여 조선 군사와 함께 일본군을 물리쳐서 조선의 주권을 보호하였습니다. 또한 명나라의 사르후 전쟁 때 조선도 명에 군사를 보내 명나라를 도와 참전하였습니다. 청나라와의 관계에서는 청나라 초기에는 조선과 연합하기를 원했으나 조선이 항상 명나라 편에만 서 있자 결국 청나라의 침략을 초래하였습니다. 청나라의 압력하에 조선의 내정이 청나라의 간섭을 받게 되자 명나라와의 관계를 단절하게 되었습니다. 이후 조선왕조 내부에서는 친명파와 친청파 간의 각축전이 벌어져 조선과 청나라와의 관계는 좋아졌다 나빠졌다 하게 됩니다. 21대 왕인 영조 시기에 이르러서는 친청파가 숙청당하게 되지만 당시 명나라가 망한 지 이미 백 년이 넘은 때였기에 영조는 대국적인 흐름을 파악하고 청 왕조와 타협을 합니다. 그러나 백성들의 민족 독립과 반청 사상은 날로 거세졌습니다.

210 고려와 조선의 다른 점은 무엇입니까?

▶ 고려와 조선의 다른 점을 말하자면, 먼저 정치적인 면에서 고려는 지방 자치를 인정하여 당시 대다수의 군현에는 지방 관을 파견하지 않고 자치를 실시했습니다. 사회적인 면을 보자면 고려는 명문 귀족 사회였으며 조선은 관료 귀족이 주류를 이루는 사회였습니다. 사상 문화에 있어서 고려는 몽고의 침입으로 인해 자주 의식이 강한 편이며 백성들은 불교를 숭상했습니다. 그러나 조선은 성리학을 믿으며 유학을 숭상하여 부단히 교육을 확대하고 과학 발전에 커다란 성과를 이룩하였으며 국가 통치 체제에도 규범이 있었습니다.

211 '양반'이란 무엇입니까?

▶ '양반'은 고대 고려와 조선의 귀족 계급을 말합니다. '양반'이라는 말뜻은 조정에서 임금이 북에서 남쪽을 향해 앉으며 신하들은 임금을 중심으로 문관은 동쪽에서, 무관들은 서쪽에서 알현하는데 이를 '문무 양반'이라고 한 데서 나왔습니다. 이후 '양반'은 궁중 조회에 참석하는 관원을 지칭하다가 '양반'들의 가족들까지도 포함하게 되었습니다. '양반'의 자제들은 과거와 음서제도를 통하여 관직을 얻었으며 동시에 또한 혼인 관계를 통하여 '양반'의 지위를 유지하고자 했습니다. 때문에 양반 계급은 세습되는 특색이 있습니다.

212 병자호란에 대해 설명해 보십시오.

▶ 병자호란은 1636년에서 1637년까지 청나라 군사들이 조선을 두 번째로 침략한 사건을 말합니다. 당시 조선의 왕 인조
는 남한산성으로 피신하였습니다.

> **플러스 질문 모범 대답**
>
> ❶ 丙子胡乱与之前发生的"丁卯胡乱"统称为丙丁胡乱。

213 임진왜란에 대해 말해 보십시오.

▶ 임진왜란은 1592년에서 1598년까지 7년간 일본과 조선 그리고 명나라 사이에 발발한 전쟁입니다. 일본이 조선을 침략
하자 명나라는 군사를 파병하여 조선을 점령하여 이를 발판으로 삼아 명나라를 침략하려던 일본의 헛된 꿈을 산산조각
냈습니다. 중국에서는 이를 '만력 조선 전쟁'이라고 칭합니다.

Unit 03 근현대(조선 후기~현대)

214 을미사변을 알고 있다면 간단히 소개해 보십시오.

▶ 을미사변은 바로 민비 시해 사건으로, 1895년 10월 8일 조선의 왕후 민씨(명성황후)가 한성(현 서울) 경복궁에서 일본인에 의해 시해된 역사 사건을 말합니다. 을미사변이 일어난 이유는 일본이 조선 내 우세한 지위를 다시 확보하기 위하여 당시 배일친러 경향이 있던 명성황후를 암살한 것입니다. 사변의 진상이 폭로되자 국제 여론의 비난과 조선 국민들의 저항을 야기했습니다.

215 아관파천에 대해 설명해 보십시오.

▶ '아관파천'은 '노관파천'이라고도 부르는데 1896년 2월 11일 고종 이희가 왕족들을 데리고 당시 일본 통제에 있던 경복궁에서 조선 주재 러시아 공사관으로 이주한 사건을 말합니다. 아관파천 사건 이후 일본의 한반도 내 세력이 급속히 저하됩니다. 이에 친러파 세력이 득세하게 되고 조선에 친러정부가 그에 따라 세워지게 됩니다. 고종은 1897년 2월 20일에야 비로소 러시아 공사관에서 (경운궁[현 덕수궁]으로) 옮겨 나올 수 있었습니다.

216 한국 역사에서 1897년에 발생한 큰 사건은 무엇입니까?

▶ 1897년, 조선왕조는 국호를 '대한제국'으로 바꿉니다.

217 경술국치는 무엇을 말하는 것입니까?

▶ 1910년 8월 22일 한국과 일본은 〈한일합병조약〉이라는 불평등조약을 체결합니다. 이 조약의 체결로 일본은 정식으로 한반도를 병탄하고 35년간의 식민 통치를 하게 되었습니다. 이 조약으로 말미암아 한국은 식민지로 전락하였기 때문에 한국은 〈한일합병조약〉의 체결을 '경술국치(1910년은 경술년)'라고 부릅니다.

　플러스 질문 모범 대답

❶ 韩国在1945年8月15日摆脱了日本35年的殖民统治，得到了解放。因此8月15日被定为光复节。

218 3·1운동에 대해 말해 보십시오.

▶ '3·1운동'은 '독립 만세 운동'이라고도 하며, 1919년 3월 1일 일본 식민 지배하에 있던 한반도에서 발생한 대규모의 민족 해방 운동입니다. 3·1운동은 종교 단체 인사들로 구성된 '민족 대표'와 청년 학생들에 의해 일어난 것으로, 고종 이희의 장례식을 계기로 경성(현 서울)에서 거행된 민중 집회이며 운동 인사들은 〈기미독립선언문〉을 낭독한 뒤 독립을 요구 하였습니다. 당시 일본의 압제적인 통치하에서 3·1운동은 평화 시위에서 점차 민중 봉기로 바뀌어 한반도 전역을 휩쓸 었습니다. 그러나 결국 일본의 진압에 의하여 1919년 6월, 만세 운동은 실패로 종결되고 이를 기념하기 위하여 한국은 3월 1일을 '삼일절'로 정하였습니다.

219 한국전쟁이 발발한 원인은 무엇입니까?

▶ 한국전쟁은 6·25전쟁이라고도 하며 중국에서는 항미원조(抗美援朝) 전쟁이라 부릅니다. 1945년 8월 9일, 일본이 패 전하여 투항하기 바로 전야에 미국은 북위 38선을 경계로 미국과 소련이 각각 한반도의 남쪽과 북쪽을 분할 점령 관 리하자는 제의를 하고 아울러 소련의 동의를 얻게 됩니다. 이로부터 나중에 한반도가 남북 진영으로 갈라지는 도화선 이 되었으며 북위 38도선은 또한 삼팔선이라 불리게 되었습니다. 1949년부터 1월부터 1950년 6월까지 남한과 북한 쌍 방 간에 '삼팔선' 부근에서 2000여 건의 분쟁이 발발하였습니다. 이러한 무장 충돌의 사태가 갈수록 빈번해지다가 결국 1950년 6월 25일 북측은 선전포고 없이 갑자기 공격하여 한국전쟁이 발발하게 되었습니다.

220 4·19혁명에 대해 설명해 보십시오.

▶ 4·19혁명은 1960년 4월 19일 한국의 노동자와 학생 리더들이 일으킨 시민혁명으로, 이 혁명을 통하여 이승만 독재 통 치를 자행하던 제1공화국을 전복시켰습니다. 이후에 이승만은 사직했습니다.

> **플러스 질문 모범 대답**
>
> ❶ 根本原因是1960年4月19日，韩国在总统选举时发生的作票舞弊情形，引起学生及民众的抗议。
>
> **舞弊** wǔbì 부정행위를 하다

221 5·18 민주화운동에 대해 소개해 보십시오.

▶ 5·18 민주화운동은 광주사태라고 부르기도 합니다. 1980년 5월 18일에서 27일까지 광주의 많은 시민들이 민주를 요구 하며 일으킨 운동입니다. 이 사건은 비록 불행하게도 많은 시민과 학생들의 사망과 부상을 초래했지만 한국 민주정치 의 도래를 촉진하였습니다.

222 독도가 한국 영토라는 근거를 설명해 보십시오.

▶ 국제법이 판단하는 영토 분쟁 지역의 법정 소유권에 대한 규정은 다음과 같습니다. 첫째, 그 귀속을 증명할 수 있는 가장 이른 유효한 역사적 기록이 있어야 합니다. 둘째, 그 지역에 대한 실질 지배권입니다. 한국 정부는 1471~1481년 사이에 확실한 독도 귀속에 관한 역사적 기록을 가지고 있으며, 이는 일본의 기록보다 200년 정도 앞선 것으로 1667년 일본의 사료에서도 독도가 한국 영토임을 인정하고 있습니다. 동시에 현재 한국은 독도에 대한 실질 지배권을 가지고 있습니다. 이로써 우리는 독도가 한국 영토라는 증거를 충분히 가지고 있습니다.

> **플러스 질문 모범 대답**
>
> ❶ 是钓鱼岛。

223 한국과 중국은 언제 국교를 수립했습니까?

▶ 한국과 중국은 1992년 8월 24일 수교했습니다.

Unit 04 인물사

224 한국 역사상 대표적인 임금과 왕비로는 누가 있습니까?

▶ 한반도 역사에는 몇 명의 대표적인 임금과 여왕 그리고 왕비들이 출현했습니다. 그들의 업적은 지금까지도 사람들이 흥미진진하게 이야기하며, 어떤 이야기는 영화나 드라마로 만들기도 합니다. 제가 생각하기에 임금으로서는 당연 단군 왕검, 진흥왕, 고구려의 광개토대왕, 고려의 태조 왕건, 이성계, 세종대왕, 정조가 있고, 여왕은 선덕여왕, 왕비는 당연 명성황후를 꼽을 수 있습니다.

225 단군 왕검에 대해 소개해 보십시오.

▶ 단군 왕검은 천제의 아들 환웅과 인간 세상의 웅녀 사이에서 태어났습니다. 전설에 따르면 그는 기원전 2333년 한국 최초의 국가인 고조선을 세웠고, 이에 한민족의 시조로 불립니다. 왕검은 단군의 이름이며 그는 고조선을 1500년간 다스리다가 1908세에 산신이 되었습니다. 현재 한국의 여러 높은 산 봉우리에는 단군을 기념하는 제단이 있습니다. 한국은 단군이 고조선을 세운 10월 3일을 건국일로 정하고 '개천절'이라 부릅니다.

226 단군 왕검이라는 이름의 의미는 무엇입니까?

▶ 단군, 이름은 왕검이며 전설에 의하면 천신 환웅과 웅녀의 아들이며, 전설 속 단군 조선의 개국 군왕입니다. 단군 왕검의 뜻은 여러 가지 설이 있는데, 그중 가장 보편적인 것은 하늘의 신성한 조상이라는 것입니다.

227 박혁거세에 대해 소개해 보십시오.

▶ 박혁거세는 한반도 삼국 시기 신라의 시조입니다. 기록에 따르면 박혁거세는 하늘에서 떨어진 커다란 알에서 태어났고, 지금의 박씨 성의 시조로 알려져 있습니다. 13세에 왕으로 추대된 그는 인자하고 영특하였으며 농업 생산량을 제고시켜 많은 백성들의 추앙을 받았습니다. 그는 '타인의 불행을 기회로 삼는 것은 부도덕한 것이다'라며 적국 공격을 거절하였습니다. 박혁거세는 자신의 영토를 61년간 잘 다스리다가 최후에는 3세기에 죽었습니다.

228 고구려 동명성왕(주몽)은 누구입니까?

▶ 고구려 동명왕 즉 고주몽(기원전 58년~기원전 19년)은 성은 고씨이며 이름은 주몽입니다. 고구려의 개국 군왕으로 전해집니다. 전설에 의하면, 그는 유화 부인과 천제의 아들 해모수 사이의 아들이며 알에서 태어났습니다. 주몽은 어려서부터 수렵에 능하고 활 솜씨가 뛰어나 언제나 백발백중이었습니다. 주몽이란 뜻은 활을 잘 쏜다라는 뜻입니다.

229 소서노 부인(기원전 67년~6년)에 대해 소개해 보십시오.

▶ 소서노 부인은 주몽의 두 번째 부인으로 고구려와 백제를 세운 중요한 인물입니다. 현존하는 가장 일반적인 이야기로는 소서노 부인의 장자인 비류가 백제의 시조이며 차남인 온조가 백제의 첫 번째 왕으로 전해지고 있습니다. 소서노 부인은 주몽이 고구려를 세울 때 재정적인 지원을 제공하였으나 주몽의 첫 번째 부인인 유씨 부인의 아들 유리가 주몽의 왕위를 계승하자 그녀는 고구려를 떠나 남방으로 가서 아들 둘과 함께 새로운 왕조인 백제를 세웁니다.

플러스 질문 모범 대답

❶ 传说沸流和温祚两兄弟中一人继新罗和高句丽之后建立了三国中的第三国——百济。(普遍的说法是百济的创始者是温祚，但是沸流却是始祖。)

230 선덕여왕에 대해 말해 보십시오.

▶ 선덕여왕의 본명은 김덕만이며, 신라 및 한국 역사 기록상 첫 번째 여왕입니다. 그녀는 신라 제27대 여왕으로서 632년~647년까지 16년간 신라를 다스렸습니다. 그녀는 당나라에 대해서도 자주독립적인 태도를 취했습니다. 관리를 파견하여 백성들을 잘 살피게 하였으며 민심을 수습하기 위해 불교의 힘을 빌려 정권을 공고히 하기도 하였습니다. 국가 위기 시 안으로는 백성들의 단결을 촉구하고 대외적으로는 신라의 능력을 보여 줌으로써 신라의 문화 예술 발전에도 큰 공헌을 하였습니다. '한국 역사상 첫 번째 여왕'이며, 647년, 대신 비담과 염종에 의해 일어난 반란 중 죽었습니다.
선덕여왕은 여성 특유의 섬세함과 난세를 극복하고자 하는 능력을 지니고 있었습니다. 그녀는 항상 국가와 백성들을 마음에 두고 삼국 통일을 위한 기초를 마련하였습니다. 신라가 어려운 시기 때 선덕여왕이 국가를 안정적으로 이끌었다고 할 수 있습니다.

231 고구려 광개토대왕에 대해 말해 보십시오.

▶ 광개토대왕은 고구려 제19대 왕으로서 '호태왕'이라는 이름도 있습니다. 재위 기간은 22년으로 젊은 나이에 죽었지만, 재위 기간 중 고구려를 당시 동아시아의 맹주가 되게 하였습니다. 광개토대왕은 한국 역사상 가장 넓은 영토를 창출하였으며 강대한 동아시아 제국을 건설하였습니다. 그가 넓힌 것은 단지 영토뿐만이 아니라 한민족의 자부심과 마음속의 희망이기도 합니다. 태권도 ITF(국제태권도연맹)의 '광개' 품세도 그의 이름에서 명명한 것입니다.

232 고구려 전성기의 왕은 누구입니까?

▶ 고구려 전성기의 왕은 광개토대왕입니다. 그는 통치 시기에 찬란한 업적을 이루었고 신라와 백제와의 전투에서 승리를 거두었을 뿐만 아니라 역사상 가장 광대하게 영토를 확장시켰습니다.

233 고려 태조 왕건에 대해 간단히 소개해 보십시오.

▶ 고려 태조 왕건은 918년부터 1392년까지 한반도를 통치한 고려 왕조를 세웠습니다. 그는 개성의 한 상인 가정에서 태어났으며 고구려 혈통을 지녔습니다. 태봉의 명장으로서 태봉왕이 계속해서 폭정을 하자 이를 간과할 수 없어 태봉의 4명의 다른 장수들과 함께 쿠데타를 일으켰고 또한 왕으로 추대되었습니다. 그는 새로운 왕조를 세우고 국호를 고려라고 하였습니다.

234 조선왕조는 누가 건립하였습니까? 간단히 소개해 보십시오.

▶ 조선왕조는 무장 출신인 이성계가 건립하였습니다. 그는 한국의 모든 사람들이 알고 있듯이 조선왕조의 개국 군왕입니다. 1356년 이성계는 그의 부친과 함께 고려왕조를 도와 몽고로부터 쌍성총관부를 수복한 후 고려에 귀속하였습니다. 이후 이성계는 원나라 홍건적의 난입을 진압하는데 혁혁한 공을 세우고 조정에 발탁되었습니다. 1392년 이성계는 스스로 왕으로 자청하고 국호를 조선이라고 바꾼 뒤 수도를 한성으로 정하였습니다. 즉위한 뒤 이성계는 내부적으로 개혁을 실시하고 이전 고려 세력들을 제거하였으며, 밖으로는 귀순과 무력 정복을 통하여 영토 확장에 힘쓴 한국 역사에 막대한 영향을 끼친 인물입니다.

235 세종대왕에 대해 소개해 보십시오.

▶ 세종대왕(1397년~1450년)은 조선왕조 제4대 왕으로 재위 기간은 1418년에서 1450년이며, 한국 역사상 가장 위대한 임금이라고 할 수 있습니다. 정무에 힘쓰고 백성을 사랑했던 세종대왕은 인재를 중히 여겼으며 상당히 혁신적인 의식을 지닌 임금이었습니다. 그의 통치하에 국가는 번영하고 강성해지고 문화와 과학 기술이 크게 발전하였습니다. 가장 위대한 업적은 그가 학자들을 모아 함께 훈민정음을 만들어 대한민국에 고유의 글자를 가지게 한 것입니다. 이 밖에 당시 과학자들을 지지하고 독려하여 해시계와 혼천의 등 천문 기기 등을 발명하였고, 과학 기술과 농업의 발전을 촉진시켰을 뿐만 아니라 새로운 법안들도 수립하였습니다. 한국인들은 세종대왕을 무척 존경하며 현재 광화문 광장 등 여러 곳에서 그의 동상을 볼 수 있습니다.

236 이순신 장군에 대해 소개해 보십시오.

▶ 이순신 장군은 조선 시대 왜적에 대항해 싸운 명장으로 시호는 충무이며 많은 한국인들의 존경을 받고 있습니다. '임진왜란' 때 이순신 장군은 일본군을 격파하며 목숨을 걸고 한반도를 지켰습니다. 그는 일생 동안 많은 전쟁에 참가했으나 제일 먼저 거북선을 사용해서 유명한 옥포해전을 시작으로 명량해전, 한산대첩, 노량해전에 이르기까지 계속해서 기적을 만들어 냈습니다. 특히 명량해전에서 이순신 장군은 겨우 12척의 군함으로 일본의 133척 전함을 격파하여 승리하였으며 이는 세계 해전 역사상 '적은 수로 승리를 거둔' 가장 유명한 전투입니다. 불행히도 그는 노량해전에서 순국하였는데 죽는 순간에도 국가의 안위를 근심하여 '전쟁이 급박하니 나의 죽음을 알리지 말라'는 유언을 남겼다고 합니다. 순국 후 민족 영웅 충무공으로 추대되었습니다. 그의 업적을 기리기 위하여 100원짜리 동전에 그의 얼굴을 새겨 넣었으며 광화문 광장, 국회 정문 앞 등 여러 곳에 그의 동상이 세워져 있습니다. 2014년에는 〈명량〉이라는 영화가 제작되어 현대 한국인들의 심금을 울렸습니다.

> **플러스 질문 모범 대답**
>
> ❶ 供奉李舜臣将军灵位的地方是显忠祠，建于1706年。

237 연산군에 대해 설명해 보십시오.

▶ 연산군은 한국 역사상 가장 난폭한 임금입니다. 그는 조선왕조 제9대 임금인 성종의 맏아들로서 자신의 모친이 아버지 성종에 의해서 무고하게 사약을 받아 죽은 것을 알게 된 후 성격이 포악하고 잔인하게 변했습니다. 많은 대신들이 무고하게 죽임을 당하였으며 심지어 무덤의 시체를 꺼내어 매질을 하기도 하였습니다. 후에 그의 동생에 의해 폐위당하였고 최후에는 강화도에서 죽었습니다. 그의 무덤은 서울 도봉구에 자리하고 있는데 다른 임금들의 무덤과 비교했을 때 아주 초라합니다.

238 조선 제22대 왕 정조에 대해 소개해 보십시오.

▶ 조선 제22대 왕 정조는 세종대왕 이후로 가장 진취적이고 업적이 뛰어난 위대한 임금입니다. 그는 왕립 도서관인 규장각을 설립하여 여러 우수한 인재들에게 사회적 신분 때문에 제한을 받던 관직의 문을 활짝 열었습니다.

그는 또한 누구나 인정하는 효심이 지극한 임금이었습니다. 그는 부친의 무덤을 경기도 수원의 현륭원으로 옮겨 부친을 애도하였으며, 능원 부근에 자신의 묘자리를 만들어 부친의 망령과 함께 하고자 하였습니다. 그는 또한 부친을 애도하기 위하여 정약용을 시켜 수원에 성곽을 건축하게 하였는데 그것이 수원 화성입니다.

> **플러스 질문 모범 대답**
>
> ❶ 朝鲜时期著名哲学家、文学家，他还在科学技术方面做出了很大贡献。他在修建水原华城时，发明并使用了起重机和辘轳等仪器，大大提高了工程效率，只用了34个月便完成了城郭的修建。
>
> ❷ 水原华城是目前韩国唯一集居住、商务、军事于一体的山城，而且以高度的科学性、合理性和实用性，被誉为东方城郭的最佳杰作，于1997年12月被列入世界文化遗产。
>
> 贡献 gòngxiàn 공헌하다 | 起重机 qǐzhòngjī 기중기 | 辘轳 lùlu 도르래 | 提高工程效率 tígāo gōngchéng xiàolù 공사의 효율을 높이다 | 集…于一体 jí…yú yìtǐ ~이 모여 하나를 이루다 | 被誉为 bèi yùwéi ~으로 칭송받다 | 列入世界文化遗产 lièrù shìjiè wénhuà yíchǎn 세계문화유산에 등재되다

239 신사임당에 대해 소개해 보십시오.

▶ 신사임당은 조선 시대의 유명한 여류 서화가이자 한국 현모양처의 전형으로 한국의 '맹모'로 추앙받고 있습니다. 그녀의 교육적 훈도 아래 자녀들도 모두 훌륭했는데 가장 유명한 사람이 바로 성리학자 율곡 이이입니다. 신사임당의 대표작은 〈초충도〉와 〈포도〉이며 그녀의 초상과 〈포도〉는 현재 한국 지폐 50000원에 새겨져 있습니다.

> **플러스 질문 모범 대답**
>
> ❶ 她不仅是孝顺的女人、贤惠的妻子、还是一位了不起的母亲和卓越的艺术家。她被后人看成是"妇德"的代表人物，在21世纪的今天，她成为女性积极参与社会活动的象征性人物。

240 퇴계 이황에 대해 소개해 보십시오.

▶ 퇴계 이황은 조선 시대 저명한 유학자이며, 율곡 이이의 스승이기도 합니다. 그는 도산서당을 세워 우수한 인재를 양성하였습니다. 그의 초상은 한국 지폐 1000원에 새겨져 기념하고 있습니다. 이 밖에 서울시 종로구의 한 길도 그의 이름으로 명명되었습니다.

241 　율곡 이이에 대해 말해 보십시오.

▶ 　율곡 이이는 조선 시대 유명한 유학자입니다. 그는 퇴계 이황을 스승으로 섬겼으며 '퇴계 이황'과 더불어 '양대 유학자'로 칭합니다. 후대에 그를 기념하기 위하여 그의 초상을 한국 지폐 5000원에 새겨 놓았습니다.

242 　명성황후에 대해 소개해 보십시오.

▶ 　명성황후는 조선 말기 국왕 고종의 왕비이자 또한 조선 근대의 여성 정치가입니다. 그녀는 총명하고 지혜로우며 일본에 완강히 대항했기 때문에 일본인들에게 조선 침략의 최대 걸림돌이 되었고, 결국 건청궁에서 일본인에 의해 살해당했습니다. 오늘날 많은 한국인들은 그녀가 외침을 견제하고 국가의 주권을 지키고자 했던 외교와 정치적 노력을 충분히 인정하여, 국가의 영웅으로 보고 있습니다.

243 　조선왕조 최후의 왕은 누구입니까?

▶ 　조선 시대 최후의 임금은 고종 이희이며 광무제라고도 합니다. 조선왕조 제26대 왕이자 대한제국의 개국 황제입니다.

> **플러스 질문 모범 대답**
>
> ❶ 1864年他以王室旁支身份继位，成为新任朝鲜国王。1897年自称皇帝，建年号"光武"，改国号为"大韩帝国"。1907年退位，1919年病逝，他的死引发了"三一运动"。高宗李熙处于韩半岛上最动荡复杂的时期，有人对他的评价是懦弱无能，可是在当时受日帝统治的情况下，他为了大韩帝国的独立，可以说是尽了最大的努力。比如说，他向第二届"万国和平会议"派遣了密使，向世界各国公开了《乙巳条约》的不平等性等。
>
> 以⋯身份继承 yǐ⋯shēnfèn jìchéng ~의 신분으로 계승하다 | 旁支 pángzhī 방계(직접적이고 주된 계통에서 갈라져 나가거나 벗어나 있는 관련 계통) | 动荡 dòngdàng 어지럽고 복잡하다 | 懦弱无能 nuòruò wúnéng 나약하고 무능하다 | 万国和平会议 Wànguó Hépíng Huìyì 만국평화회의 | 派遣密使 pàiqiǎn mìshǐ 밀사를 파견하다 | 《乙巳条约》〈Yǐsì Tiáoyuē〉〈을사조약〉(1905년 러시아와의 전쟁에서 승리한 일본이 대한제국의 외교권을 박탈하기 위해 강제로 체결한 조약)

244 　안중근 의사에 대해 설명해 보십시오.

▶ 　안중근은 조선 근대사의 저명한 독립운동가입니다. 1909년 10월 26일, 안중근 의사는 하얼빈 기차역에서 일본의 조선 통감 이토 히로부미를 저격했습니다. 현장에서 붙잡힌 안중근은 이후 다롄의 뤼순 감옥으로 투옥되었으며 마지막에는 처형당했습니다. 이러한 민족 영웅을 기념하기 위하여 중국 정부는 한국 박근혜 대통령의 요구를 받아들여 하얼빈 기차역에 안중근의사기념관을 건립하였습니다. 2014년 초에 개관하였으며 입장료는 무료입니다.(기념관 내에는 안중근 의사의 사적 전시관과 안중근 의사의 이토 히로부미 저격 지점 표시 등이 있습니다.)

245 김구 선생에 대해 설명해 보십시오.

▶ 김구 선생은 1876년 7월 11일에 태어나 1949년 6월 26일에 생을 마감했습니다. 호는 백범이며 다른 이름으로 김창수, 김두래가 있습니다. 그는 한국의 유명한 독립운동가이며 일생이 전기적인 색채가 풍부한 인물입니다. 그는 어린 나이에 한국의 독립운동에 참가하였으며 지도자가 되었습니다. 중국의 항일 시기에는 대한민국 임시정부의 지도자로 중화민국 정부와 가깝게 지내며 중화민국 정부가 중경으로 옮겨갈 때 함께 움직였습니다. 그는 민중들 사이에 명성이 자자했기에 정적들의 적대시를 받기도 했는데 결국 한국전쟁 후 암살당하고 말았습니다. 그는 항일 영웅으로 칭송될 뿐만 아니라 현대 한국인들은 그를 '한국의 국부'로 존경하여 부릅니다.

Unit 01 예술

246 넌버벌 퍼포먼스란 무엇을 말합니까?

▶ 넌버벌 퍼포먼스(Non-verbal Performance)는 어떠한 무대 대사 없이 단지 연기자의 동작과 각종 소리를 리듬에 맞추어 진행되는 공연을 말합니다. 넌버벌 퍼포먼스는 무용에서 곡예에 이르기까지 언어의 장벽을 넘어 전통을 현대적 요소와 융합하여 한국적 미술, 음악, 무술 등 전통 예술을 멋지게 펼칩니다.

플러스 질문 모범 대답

❶ 韩国的非语言表演已经走向世界，代表性的作品主要有"乱打(NANTA)"、"跳跃(JUMP)"、"爱上街舞的芭蕾女孩儿"、"青春舞蹈音乐剧(Sa-Choom)"、"BEAT"等等。

▶乱打主要是使用菜板、菜刀、锅、水桶等各种厨房用具进行有节奏的打击乐表演，表演形式新颖、动作滑稽可爱，特别是表演气氛十分热烈。观众们在观看一场乱打后，压力也会随之烟消云散。

▶跳跃是第一部非语言舞台作品，是以跆拳道等东方武艺为基础，结合高难度的杂技表演，展现华丽动感的武术的一种表演。观众们看后无不感叹表演者们高超的武艺，是非常值得观赏的表演。

▶"BEAT"是以废车场为背景，描述发生在摇滚明星和废车场工人之间的一段故事。这部剧成功地将摇滚与韩国打击乐融合在一起，更加突出音乐的比例。剧中别具特色地使用汽车零件来演奏音乐，是一部具有很高艺术价值的音乐剧。

走向世界 zǒuxiàng shìjiè 세계를 향하다 | 菜板 càibǎn 도마 | 菜刀 càidāo 야채 칼 | 水桶 shuǐtǒng 물통 | 打击乐 dǎjīyuè 타악 연주, 비트 퍼포먼스 | 形式新颖 xíngshì xīnyǐng 형식이 신선하다 | 滑稽可爱 huájī kě'ài 코믹하고 사랑스럽다 | 气氛热烈 qìfēn rèliè 분위기가 뜨겁다 | 压力随之烟消云散 yālì suízhī yānxiāo yúnsàn 스트레스가 그에 따라 풀리다 | 结合高难度表演 jiéhé gāo nándù biǎoyǎn 고난도의 예술과 어우러지다 | 无不感叹 wú bù gǎntàn 감탄하지 않을 수 없다 | 废车场 fèichēchǎng 폐차장 | 摇滚明星 yáogǔn míngxīng 로큰롤 스타 | 将…融合在一起 jiāng…rónghé zài yìqǐ ~와 섞여 하나가 되다 | 突出…的比例 tūchū…de bǐlì ~의 비율이 더욱 두드러지다 | 别具特色 biéjù tèsè 독특하다, 이색적이다

247 고려청자와 조선백자를 비교 설명해 보십시오.

▶ 고려청자와 조선백자는 모두 도자기입니다. 고려청자의 표면은 연한 녹색으로 귀족적 풍격이 풍부합니다. 상감기법을 사용하여 도자기 표면에 다양한 종류의 꽃무늬 도안을 새겨 넣은 뒤 다시 다른 재료들을 새겨 넣어 만듭니다. 고려청자는 한국 도자기 기술 발전의 최고봉입니다. 조선백자는 표면이 백색인 백자와 분청사기를 위주로 하는 자기로서 기본 색조는 백색입니다. 게다가 꽃무늬는 간결하고 외관이 단순하여 조선 시대 양반들의 청렴하며 검소하고 소박한 생활 태도를 충분히 나타내고 있습니다.

❶ 陶瓷器是指用粘土捏制成各种模样后经过高温烧制而成的器皿，其特点是表面透明，轻轻敲打能发出清脆声音。

❷ 韩国从新石器时代开始使用陶器，并在统一新罗时代取得进一步发展。此后在高丽时代，人们发现在陶器上涂上釉药再烤制而成的器皿，不渗水，更结实耐用，人们称其为瓷器，至此瓷器逐渐取代了陶器。

粘土 zhāntǔ 진흙 | 捏制 niēzhì 손으로 빚어서 만들다 | 高温烧制 gāowēn shāozhì 고온에서 구워 내다 | 器皿 qìmǐn 그릇 | 清脆 qīngcuì 맑고 가볍다 | 取得进一步发展 qǔdé jìnyíbù fāzhǎn 진일보한 발전을 이루다 | 涂上釉药 túshang yòuyào 유약을 바르다 | 不渗水 bú shènshuǐ 물이 새지 않다 | 结实耐用 jiéshí nàiyòng 튼튼하고 내구성이 있다

---

248 한국의 전통 춤을 소개해 보십시오.

▶ 한국의 전통 춤은 선사시대의 종교의식에서 시작되었습니다. 조선 시대에는 궁중무용과 민속무용을 중심으로 발전해 왔습니다. 궁중무용은 궁중 연회 혹은 귀빈을 접대할 때 추는 춤으로 무용인의 의상은 상당히 화려해서 왕실의 존엄을 충분히 나타내고 있습니다. 그중 가장 대표적인 춤은 검무, 학무, 그리고 처용무입니다. 민속무용은 농업 생산력의 제고와 상공업의 발달로 인해 일반 사람들이 창작한 춤으로 일반 백성들의 사회 생활 등을 생동감 있게 표현하기도 하고 사회의 부조리에 대한 풍자나 비판을 하기도 합니다. 가장 대표적인 것은 가면무, 승무, 태평무, 한량무, 구사무 등이 있습니다.

❶ 假面舞是戴着各种面具跳的舞蹈，主要有凤山假面舞、安东假面舞、五广大假面舞和狮子假面舞。

❷ 假面舞具有宗教功能、调控功能、凝聚功能等社会功能和"寓褒贬，别善恶"的艺术特征，传统文化的社会功能和艺术价值通过假面舞得以传承。

戴面具 dài miànjù 가면을 쓰다 | 具有…功能 jùyǒu…gōngnéng ~한 기능을 갖추다 | 调控功能 tiáokòng gōngnéng 제어 기능 | 凝聚 níngjù 결집하다 | 寓褒贬，别善恶 yù bāobian, bié shàn'è 비판을 담아 선악을 분별하다 | 通过…得以传承 tōngguò…déyǐ chuánchéng ~을 통하여 전승하다

---

249 하회탈에 대해 말해 보십시오.

▶ 하회탈은 병산탈이라고 부르기도 합니다. 버드나무 재료를 가지고 만든 탈을 가면무를 출 때 사용합니다. 제작 연대는 대략 11세기에서 12세기(고려 중엽)입니다. 하회탈 중 가장 대표적인 것은 '양반(귀족)탈'인데 올려다 보았을 때와 내려다 보았을 때의 표정이 각각 크게 웃는 모습과 화가 난 모습으로 서로 다릅니다. 1964년에 하회탈은 한국 국보 121호로 지정되었으며 모두 14개인데 3개는 유실됐고 현존하는 11개는 현재 한국 국립중앙박물관에 보관되어 있습니다.

❶ 传说高丽时代，村子里一个许姓青年梦中得到白发老人的启示，如果村民们带着假面跳舞，神一高兴就会保佑村子的安宁和丰年，但是神圣的假面做完以前不能被任何人看见。于是许姓青年开始以精诚之心独自制作假面，但无奈被爱慕自己的金家女孩偷窥，结果许姓青年死了，女孩也因自责而郁郁而终。后来村民将许姓青年奉为村子保护神，在村子祭祀时跳假面舞怀念他。

保佑 bǎoyòu 보우하다, 보살피다 | 神圣 shénshèng 신성하다 | 精诚之心 jīngchéng zhī xīn 심혈을 기울이다 | 爱慕 àimù 좋아하다, 사랑하다 | 偷窥 tōukuī 훔쳐보다 | 自责 zìzé 스스로 탓하다 | 郁郁而终 yùyù ér zhōng 시름시름 앓다가 죽다 | 奉为 fèngwéi ～로 받들다

---

250 한국의 전통음악을 소개해 보십시오.

▶ 한국의 전통음악은 다양하며 크게 궁중음악과 민속음악으로 나눌 수 있습니다. 현재 일컫는 궁중음악은 조선 시대에 시작된 것으로, 대표적인 음악으로는 중국의 제례악에 기원을 둔 '아악', 가장 보편적으로 전해지는 한국 전통 제례악인 '향악', 중국 음악과 한국 음악이 융합된 '당악'이 있습니다. 민속음악은 더욱 복잡하고 다양하며 대체적으로 강렬한 리듬감이 있습니다. 그중 가장 성행하는 민속음악은 농악이며 이는 농경문화를 배경으로 춤과 음악이 한데 어우러진 타악기의 특색이 풍부한 음악 표현 형식입니다. 가장 대표적인 농악 형식으로 '사물놀이'가 있습니다.

---

251 사물놀이란 무엇입니까?

▶ '사물놀이'는 사람들이 가장 많이 알고 있는 농악 형식입니다. 소위 말하는 '사물놀이'란 징, 장구, 북, 꽹과리 등 네 가지 종류의 악기를 연주하는 일종의 농악 놀이입니다.

❶ "四物游戏表演"是一种集体舞蹈表演，一般是少则四个人，多则一二十人组成的舞蹈队，每个人都手拿一种乐器(以打击器为主)，身着色彩艳丽的民族服装，头戴彩色花冠或带有长长飘带的帽子，或跳或转，或走或跑，相互呼应，随着节奏起舞的一种表演。

少则 shǎozé 적게는 | 多则 duōzé 많게는 | 身着 shēnzhuó ～ 옷을 입다 | 头戴 tóudài 머리에 ～을 쓰다 | 飘带 piāodài 펄럭이는 장식, 리본, 끈 | 相互呼应 xiānghù hūyìng 서로 호응하다 | 起舞 qǐwǔ 춤을 추다

---

252 한국 전통 악기에는 어떤 것들이 있습니까?

▶ 한국에는 아쟁, 해금, 가야금 등 많은 악기들이 있습니다. 현재 모두 65종의 각기 다른 악기들이 국립국악원에 보관되어 있습니다. 그중 15종은 이미 더 이상 사용하지 않고 있는데 이는 음악의 유행이 변했거나 혹은 궁중 관련 의식이 더 이상 존재하지 않기 때문입니다. 나머지 40종은 현재에도 여전히 연주되고 있습니다.

플러스 질문 모범 대답

❶ ▶伽倻琴是弹拨弦鸣乐器。伽倻琴不仅音色动人，演奏的姿势也非常幽雅，而且表现力相当丰富，通过演奏者纯熟的手法，能表达出人们喜悦、愤怒、悲哀等不同的情感，还能奏出雄壮、激昂的宏伟场面，尤其适于演奏轻快活泼的民间音乐作品。

▶牙筝是一种用琴弓的七弦齐特琴。琴弓用连翘木制成，弓弦上面擦松香，拉弓的时候发出的琴声洪亮而圆润。这种乐器主要用于宫廷管弦乐队，以加强低音乐器的气势。

▶奚琴是二弦琴，没有指板，演奏者把琴放在左膝上，用琴弓垂直地演奏。音色带有鼻音，声音非常尖。奚琴一向见于韩国宫廷和民间音乐演奏中。

弹拨弦鸣乐器 tánbō xián míng yuèqì 현을 튕겨서 악기를 울리게 하다 | 音色动人 yīnsè dòngrén 음색이 사람의 마음을 움직이다 | 姿势幽雅 zīshì yōuyǎ 자세가 우아하다 | 纯熟的手法 chúnshú de shǒufǎ 익숙한 손기술 | 奏出雄壮、激昂的宏伟场面 zòuchū xióngzhuàng、jī'áng de hóngwěi chǎngmiàn 웅장하면서도 격앙된 장엄한 장면 | 轻快活泼 qīngkuài huópō 경쾌하고 활기차다 | 牙筝 yázhēng 아쟁 | 琴弓 qíngōng 악기의 활 | 七弦齐特琴 qī xián qítèqín 7현으로 된 치터(고대 현악기) | 连翘木 liánqiáomù 개나리 나무 | 弓弦 gōngxián 활의 현 | 松香 sōngxiāng 로진(rosin; 송진을 증류해 만든 천연 수지) | 洪亮而圆润 hóngliàng ér yuánrùn 소리가 맑고 크며 매끄럽다 | 宫廷管弦乐队 gōngtíng guǎnxián yuèduì 궁중 관현악단 | 加强…气势 jiāqiáng…qìshì ~한 기세를 더하다 | 奚琴 xīqín 해금 | 二弦琴 èrxiánqín 두 줄 현악기 | 指板 zhǐbǎn 손가락 판 | 左膝 zuǒxī 왼쪽 무릎 | 垂直 chuízhí 똑바로 드리운 모양, 수직의 | 尖 jiān (소리가) 높고 날카롭다 | 一向 yíxiàng 항상

---

253 한국 전통 무술에 대해 소개해 보십시오.

▶ 한국 전통 무술의 대표적인 것은 태권도로, 이는 주먹과 발을 이용하여 격투하고 대항하는 체육 활동입니다. 태권도는 삼국시대의 호국 무술에서 시작되어 고려 시대에 일반 백성들의 민속 무예로 발전하였고, 조선 시대에 이르러 더욱 발전하여 국가를 방위하는 군인들의 무예가 되었습니다. 현대에 이르러 많은 사람들의 선전과 홍보로 태권도는 1988년 한국 올림픽에서 시범 종목으로 채택되었으며, 2000년에는 올림픽 정식 종목이 되었습니다. 현재 태권도는 한국 어린이들이 심신 수양을 위해 배우는 국민 운동이 되었습니다.

플러스 질문 모범 대답

❶ 跆跟也是韩国的一种传统武术，二者看似一样，其实大不相同。
跆拳道动作硬朗，且多为直线条，是以踢、打为主的进攻型武术；而跆跟动作柔和，注重瞬间的弹力，充分展现了曲线美，艺术性更强，其在攻防之中更注重防守。

跆跟 Táigēn 택견 | 动作硬朗 dòngzuò yìnglǎng 동작이 강하다 | 直线条 zhíxiàntiáo 직선적이다 | 以踢、打为主 yǐ tī、dǎ wéizhǔ 발로 차고 손으로 치는 것을 위주로 하다 | 进攻型武术 jìngōngxíng wǔshù 공격형 무술 | 动作柔和 dòngzuò róuhé 동작이 부드럽다 | 瞬间的弹力 shùnjiān de tánlì 순간적 탄력 | 展现了曲线美 zhǎnxiànle qūxiànměi 곡선미를 표현하다 | 攻防之中 gōngfáng zhī zhōng 공격과 수비 중에 | 注重防守 zhùzhòng fángshǒu 방어를 중시하다

254 화랑이란 무엇입니까?

▶ 고대의 화랑은 두 가지를 말합니다. 하나는 사상을 일컫는 것이며 또 다른 하나는 단체 조직을 말합니다. 구체적으로 말한다면, 화랑은 고대 한국의 한 정신 사상으로, 이러한 사상을 중심으로 창건된 화랑 조직은 한국의 삼국 시기 신라의 봉건 귀족 계급이 건립한 청년 사회 조직입니다. 그 창립 목적은 조직을 통해 청소년들이 여러 단체 활동을 하여 애국주의 정신을 선전하고 이를 통하여 그들의 지혜와 품성을 알아보아 그중 뛰어난 자를 국가에서 임용하는 데 있습니다. 신라 중기부터 국가의 주요 관직은 모두 화랑의 구성원 중에서 선임되었습니다.

255 화랑도란 무엇입니까?

▶ 일반적인 견해에 따르면 화랑도는 한국의 고대 무술로 태권도의 전신이라고 합니다. 신라 시대 화랑이라고 불리우는 병사가 이러한 무술로 전투에서 이름을 날리자 신라 왕이 그를 왕궁으로 불러 시범을 보이게 한 뒤 '화랑도'라는 이름을 하사하고 군대에 보급하였습니다. 이성계가 조선을 건국한 뒤 유학을 숭상하고 무력을 중시하지 않자 화랑도는 점차 쇠락해졌습니다. 20세기 초 한국의 한 무술가가 화랑도를 개혁하여 태권도로 변화 발전시켰습니다. 시대의 변화에 따라 화랑도와 태권도는 상당한 차이를 보이게 되었는데 태권도는 발을 높이 차는 것을 위주로 하는데 화랑도는 발이 무릎 위로 올라가지 않도록 합니다.

Unit 02 의복·주거·음식

256　한국의 전통 의상인 '한복'에 대해 말해 보십시오.

▶　한국의 전통 의상인 한복은 일반적으로 이씨 조선 시대에 표준화된 민족의상을 가리킵니다. 한복의 가장 큰 특색은 색깔이 화려하고 곡선과 직선의 미가 겸비되어 있는 것이며 특히 여성 한복의 짧은 웃옷 저고리와 긴 치마는 여성들의 단아함과 우아함을 더욱 나타냅니다. 현재 다양한 개량 한복(생활한복)들이 일상생활 중 입을 수 있는 옷으로 계속 나오고 있습니다.

> **플러스 질문 모범 대답**
>
> ❶ 我觉得韩服首先色彩鲜艳但不俗气，能增添喜悦气氛；其次呢韩服小上衣大裙摆，体现女性的上身曲线美，但又能掩饰整体身材不足，尽显女性魅力；最后不同面料的韩服表现出的不同魅力会给人一种清新但又不失传统的美丽。
>
> ❷ 改良韩服是现代人在日常生活中可以轻松，无负担地穿着的韩服的一种。首先面料选择更多样化，便于韩服的保管和洗涤；其次款式上减少行动不便的弊端，能让人更随意；其次改良后的韩服在价格上有了降价的空间，减少了人们的经济负担。
>
> **俗气** súqi 저속하다 | **掩饰** yǎnshì 감추다 | **面料** miànliào 원단. 옷감 | **洗涤** xǐdí 세탁하다 | **弊端** bìduān 폐단 | **随意** suíyì 마음대로 하다

257　여성 한복과 남성 한복의 양식, 특징, 분류에 대해서 각각 설명해 보십시오.

▶　여성 한복은 짧은 상의에 우아한 긴 치마를 입는 것으로 체형상 부족한 부분을 가려 주고 여성미를 드러나게 합니다. 남성 한복은 마고자 또는 '배자'에 긴 바지를 입고, 가는 끈으로 넓은 바지통을 묶는 것입니다. 윗도리와 바지의 색깔은 여러 가지 색깔로 되어 있으며 어떤 것은 눈이 부실 정도로 화려한 금수를 놓기도 합니다. 백의민족으로서 한복의 기본 색깔은 흰색이고, 계절과 신분에 따라 한복의 입는 방법, 옷감, 색채 등이 달라집니다. 전체적으로 최근에 한복을 입는 사람은 주로 여성이 남성보다 많고, 한복을 입는 경우도 명절이나 혼례 등 성대한 축하연에서만 입습니다. 현대 한복은 신분, 기능, 성별, 연령, 용도, 재료 등에 따라 분류할 수 있습니다. 그중 생활 풍습에 따른 용도로 분류하자면, 현대 한복은 명절복, 피로연복, 돌복, 의례복, 혼례복으로 나눌 수 있습니다.

258　한국의 전통 의상인 한복과 중국의 전통 의상을 비교해 보십시오.

▶　한국의 전통 의상은 한복입니다. 색채가 화려하면서도 직선과 곡선의 미를 모두 겸비하고 있고, 신체상의 결함을 감출 수 있습니다. 한복을 입으면 잔치의 분위기를 충분히 드러낼 수 있기 때문에 명절이나 결혼식 등 성대한 축하연에서는 빼놓을 수 없는 의상입니다. 그러나 한복은 아래 치마가 너무 넓어서 입기에 다소 불편함이 있습니다.

중국 전통 의상으로 여성복은 국수로 칭송되는 치파오입니다. 20세기 민국 시기에 풍미했던 치파오는 청대의 만주족의 의상에서 채택한 평평하고 곧은 라인에 통이 넓고 아래에 옆트임이 없던 옷을 대담하게 새로운 요소를 가미하여 여성의 곡선미를 최대한 살렸습니다. 현재 상점의 경축일, 각종 대형 문화 행사 등에서 치파오는 손색없는 국민 복장으로 중국인들에게 받아들여졌습니다. 중국 전통 남성복은 당복으로 당나라 때의 중국 의상입니다.

259 한옥에 대해 설명해 보십시오.

▶ 한옥은 한국 전통 건축 양식에 따라 지어진 집입니다. 한옥의 가장 큰 특징은 '배산임수'로, 한옥은 대개 뒤로는 산이 있고 앞으로는 강이 있는 곳에 짓습니다. 게다가 겨울은 한랭하고 여름은 무더운 기후 특징을 고려해서 방에 온돌을 설치하여 따뜻하게 하며 집의 구조는 넓은 대청마루의 형식을 취하여 훌륭한 통풍 효과에 이르게 했습니다. 각 지방마다 한옥의 구조는 다릅니다. 추운 지방은 'ㅁ'자형 구조를 취하였고, 중부 지방은 'ㄱ'자형 구조, 기온이 따뜻한 남부 지방은 'ㅡ'자형 구조입니다. 한옥은 집주인의 사회적 지위에 따라 고급 한옥과 중하급 한옥으로 나눌 수 있습니다. 상류 계층 한옥은 기와로 지붕을 만들어 '기와집'이라고 부르며, 일반 백성의 집은 구조가 간단하고 지붕은 일반적으로 볏짚으로 되어 있어 '초가집'이라고 부릅니다.

플러스 질문 모범 대답

❶ 现代社会随着经济的发展，越来越多的改良式韩屋走进我们的生活，即在保留韩屋基本特征的情况下，对内部基础设施进行现代化的装饰，满足现代社会人们的需求。这种改良韩屋分布在首尔各个地区，有些改良韩屋作为旅馆，以低于高档酒店的价格深受外国人欢迎，住在改良韩屋，可尽情感受韩国传统文化的魅力，可以说是很有韩国特色。

随着…的发展 suízhe…de fāzhǎn ～이 발전함에 따라 | 走进我们的生活 …zǒujìn wǒmen de shēnghuó 우리 생활 속으로 스며들다 | 以…深受欢迎 yǐ…shēnshòu huānyíng ～때문에 상당한 호응을 얻고 있다 | 尽情 jìnqíng 한껏, 마음껏 | 可以说是… kěyǐ shuō shì ～라고 말할 수 있다

260 온돌에 대해 설명해 보십시오.

▶ 온돌은 구들장이라고 부르기도 하며 부엌이나 실외에 설치된 아궁이에서 생성된 열기를 이용하여 방의 지면을 뜨겁게 하는 난방의 목적을 가지고 있습니다. 온돌은 전통 주택 건설 기술의 정수로 지금까지도 전해져 사용되고 있습니다. 전통적인 한국의 민간 가옥에는 모두 온돌이 있습니다. 방 안에 들어서면 바로 방바닥에 앉을 수 있고, 이불을 펴고 바닥에서 잠을 잘 수 있습니다. 현재 한국의 난방 기술은 여기에서 나온 것입니다. 전문가들은 이러한 온돌 기술은 인류가 보존해야 하는 세계문화유산의 가치가 있다고 보아 온돌의 유네스코 문화유산 등재 신청을 결정하였습니다.

261 **한식의 특징은 무엇입니까?**

▶ 한식은 담백하면서도 맛나고 매운맛을 특색으로 하며 대부분 발효 식품이 많고 채소와 밥 위주로 되어 있어서 건강 식품이라 불립니다. 한식의 핵심은 밥과 김치이며, 전통 한식에는 일반적으로 매끼마다 국이 있어야 합니다. 예를 들면 갈비탕, 된장찌개, 미역국 등의 탕이 나오면서 각종 반찬을 곁들입니다. 한국 요리는 끓이거나 굽는 것을 위주로 하며 각종 나물 무침을 곁들여 먹습니다. 약과 음식은 서로 근원이 같고 음식으로 보신한다는 이념 아래 인삼, 생강, 계피 등의 약재들이 조리할 때 광범위하게 사용됩니다. 한식은 건강 음식을 대표한다고 할 수 있습니다.

262 **한국의 대표 음식을 간략하게 소개해 보십시오.**

▶ 한국의 대표 음식은 세 가지로 분류할 수 있습니다. 첫째는 가정식 요리이며 대표적으로 김치, 된장찌개, 비빔밥, 불고기, 삼계탕 등이 있습니다. 그중 김치는 세계적인 건강 음식으로 유명합니다. 둘째로는 궁중 수라로 신선로와 구절판이 대표적입니다. 셋째로는 가장 인기 있는 간편 음식 및 길거리 음식인데 김밥, 떡볶이, 순대, 어묵 등이 대표적입니다. 그 밖에도 한국을 대표하는 간식으로는 떡이 있습니다.

263 **궁중 수라를 대표하는 음식에 대해 자세히 말해 보십시오.**

▶ 신선로는 한국의 대표적인 수라로, 각종 양념들을 조합하여 만들기 때문에 많은 시간과 노력이 들어갑니다. 주로 소고기 육수에 각종 고기 완자, 어묵 및 채소들을 넣고 끓여 같이 먹는 음식입니다.
수라를 대표하는 음식인 구절판은 중앙에 얇은 전병이 있고, 주변으로 양념에 볶은 가늘게 채 썬 8가지 재료, 예를 들어 당근채, 무채 등이 있습니다. 먹을 때는 전병에 8가지 재료들을 넣고 말아 소스에 찍어 먹습니다.

264 **한국의 가정식에 대해 설명해 보십시오.**

▶ 한국의 가정식으로는 삼계탕, 삼겹살, 비빔밥 등이 있습니다. 삼계탕은 우선 닭을 깨끗이 씻은 후 배를 갈라 인삼, 대추, 찹쌀 등을 집어 넣고, 적당량의 소금으로 간을 한 후, 물에 넣고 끓여 먹는 여름철 보양식입니다. 한국 사람들은 여름에 초복, 중복, 말복의 절기에 삼계탕을 먹어 기력을 보충하는 전통이 있습니다. 삼계탕은 또한 외국인이 보편적으로 좋아하는 음식 중 하나입니다. 비빔밥은 쌀밥에 볶은 고기와 각종 야채를 넣고 고추장과 참기름을 넣어 같이 비벼서 먹는 비교적 간단히 만들 수 있으면서 영양도 풍부하고 먹기에도 간편한 음식입니다. 한국의 가장 유명한 비빔밥은 전주 비빔밥입니다.

265 한국의 길거리 음식에 대해 간단히 설명해 보십시오.

▶ 한국의 길거리 음식으로는 김밥, 떡볶이, 순대 등이 있습니다.
김밥은 우선 밥에 소금, 참깨 등을 섞고, 밥을 김의 중간 부분에 펴 줍니다. 이때 밥을 너무 많이 해서 펴지 않도록 주의합니다. 그런 다음 길게 자른 계란 전병, 시금치, 당근, 햄 등을 밥 위에 올려 같이 말아서 먹는 간편 음식입니다. 떡볶이는 막대기 모양으로 자른 떡과 어묵 등에 고추장을 넣고 볶아 먹는 길거리 음식으로 맵고 단맛 위주입니다. 순대는 돼지 창자에 돼지피, 야채, 당면 등을 섞은 소를 넣은 한국의 전통 간식입니다.

266 한국의 대표적인 음식인 '떡'에 대해서 설명해 보십시오.

▶ 떡은 서양의 케이크와 비슷한 음식으로, 찹쌀을 주원료로 각종 잡곡, 밤, 대추, 쑥, 호박 등을 넣어 다양한 방식으로 만들어 먹는 특색 있는 음식입니다. 떡은 생일이나 연회, 제사 지낼 때 없어서는 안 될 음식입니다.

267 한국인들은 왜 차가운 음료를 좋아합니까?

▶ 한국인들이 왜 차가운 음료를 좋아하는지는 연구해 볼 만한 주제라고 생각합니다. 왜냐하면 모든 사람들이 하나의 정확한 답안을 가지고 있지 않기 때문입니다. 저는 한국 음식이 비교적 맵거나 짜기 때문에 자연히 찬물을 마셔 갈증을 해소하고 싶은 것이며 그러한 것이 오래되어 습관이 된 것이라고 생각합니다.

268 한국의 고추장은 어떻게 만듭니까?

▶ 한식의 특징은 매운맛인데 매운맛의 주요 근원 중 하나는 고추장입니다. 고추장을 만드는 방법은 매우 복잡해서 지금의 젊은이들은 대부분 사서 먹습니다.
구체적인 조리법은 다음과 같습니다.
먼저 찹쌀가루를 잘 배합하여 끓여서 익힌 후 메줏가루를 넣어 골고루 섞고, 묽어질 때까지 놓아 두었다가 고춧가루를 넣고 소금 혹은 간장을 넣어서 맛을 낸 뒤 발효시키면 고추장이 다 만들어진 것입니다. 어떤 지방은 찹쌀가루 대신 멥쌀가루, 밀가루 혹은 보릿가루를 넣기도 합니다.

269 한국의 된장은 어떻게 만듭니까?

▶ 한국의 간장이나 된장은 모두 콩으로 만드는 발효 식품으로, 한식 조리 시 없어서는 안 되는 소스들입니다. 전통적인 방식에 따라 매년 늦은 가을에 노란 콩을 삶아서 으깬 뒤 네모 모양의 메주를 만듭니다. 그런 후 햇볕에 말려 발효시킨

후 메주가 완전히 발효되어 심지어 곰팡이가 피면 그것을 소금물에 담급니다. 콩 국물의 맛이 충분히 우러나온 후에 메주를 담가 놓았던 물은 간장으로 사용하고, 남겨진 메주에 소금으로 간을 한 후 항아리에 넣어 면포로 봉한 뒤 일정 기간 놓아두면 된장이 됩니다.

270 김치의 유래에 대해 말해 보십시오.

▶ 김치의 유래에는 두 가지 설이 있습니다. 하나는 선사시대에 한반도는 농경문화가 매우 발달하여 밥 등 탄수화물을 주식으로 삼았는데 당시 사람들이 소금에 절여진 채소들이 소화를 돕는다는 것을 알게 된 후 지금의 김치가 있게 되었다고 합니다. 둘째로는 옛날 겨울에는 먹을 수 있는 채소가 거의 없어 사람들이 무기질과 비타민을 섭취하기 위하여 채소를 절여서 보관하게 되었고 그리하여 오늘날의 김치가 있게 되었다는 것입니다.

271 김치 만드는 법을 소개해 보십시오.

▶ 한국의 전통 가정에서 각 가정마다 만들어진 김치는 그 맛이 대체로 비슷하지만 모두 각기 특색이 있습니다. 한국의 김치 종류는 무척 다양하며 계절에 따라 분류하면 봄에는 무김치와 풋배추김치, 여름에는 오이김치와 총각김치, 가을에는 매운 배추김치, 깍두기, 겨울에는 각종 월동 김치 등이 있습니다. 한 종류의 김치를 담그는 방법이 몇 대로 전승되는데 이는 한국 각 지역의 김치들이 모두 각기 다른 특색을 지닌 이유입니다. 가장 보편적이며 가장 대표적인 김치는 응당 매운 배추김치일 것입니다.
그 만드는 방법은 다음과 같습니다.
먼저 배추를 여러 조각으로 나눕니다. 적당량의 소금을 사용하여 절여 약 15~24시간 정도 배추의 물이 빠지도록 놓아둡니다.
다음으로 다진 마늘, 고춧가루를 그릇에 담아 섞은 후 설탕, 젓갈, 다진 생강 등을 넣고 입맛과 취향에 따라 부추, 새우젓 등을 함께 섞습니다. 그 다음에는 잘 섞은 양념과 절인 배추를 혼합하여 골고루 섞어 놓습니다.
마지막으로는 가장 중요한 발효 과정인데 잘 절여진 매운 배추김치를 밀봉합니다. 이때 발효 시간은 온도를 보고 정하는데, 일반적으로 봄에는 4~5일, 여름에는 3일, 겨울에는 일주일 정도가 걸립니다. 잘 발효가 되면 건강에 좋고 맛있는 김치가 만들어진 것입니다.

272 김치는 어떤 효능이 있습니까?

▶ 김치의 주요 재료는 배추 혹은 무입니다. 이를 소금으로 절인 후에 고춧가루, 파채, 다진 마늘과 젓갈 등의 보충 양념들을 넣고 잘 섞은 후 발효시켜 먹는 음식입니다. 김치는 풍부한 무기질과 비타민 그리고 유산균이 있어서 심장병을 예방하고 항암과 노화 방지 등에 확실한 효과가 있으며 그러한 건강 증진의 가치는 이미 세계적인 인정을 받고 있습니다.

273 한국 김치와 중국, 일본의 김치는 어떤 차이점이 있습니까?

▶ 한국 김치와 일본 김치의 근본적인 차이점 중 하나는 한국 김치는 많은 양의 마늘과 양파 양념을 사용하는데 일본 김치는 일본인의 입맛에 따라 매운맛을 없애고 단맛을 낸 발효 식품입니다. 그리고 같은 발효 식품이지만 만드는 과정이나 발효 과정은 완전히 다릅니다. 맛과 영양 가치에서도 자연히 차이를 보입니다. 중국에도 김치가 있지만 대부분 채소를 데친 후 간장에 절인 식품입니다.

274 왜 김장 문화가 세계유산(인류무형문화유산)으로 지정되었습니까?

▶ 한국인의 일상생활 중에서 김치는 보기에는 평범하지만 그 의의는 이미 밥에 곁들여 먹는 반찬에 있는 것이 아니며 김치 문화는 이미 특유의 전통과 문화가 되어 한국인의 생활에서 없어서는 안 될 부분이 되었습니다. 세계유산 심의회는 김장 김치를 만드는 과정에서 여러 가족들이나 이웃들이 자주 함께 모여 만드는 것이 가족의 협력을 강화시키는 좋은 기회이며 사람들 간의 동질감과 소속감을 강화시킨다고 생각했습니다.

275 발효 식품에는 어떤 좋은 점이 있습니까?

▶ 발효 식품은 발효 과정에서 유기산, 유산균 그리고 각종 아미노산 등 기능성 생물질을 만들어 내며, 항암, 항노화, 항균 및 다이어트에도 어느 정도의 효과가 있습니다.

276 한국의 대표 음식인 불고기를 소개해 보십시오.

▶ 대표적인 한국의 불고기에는 첫째로 삼겹살 구이와 같이 생고기를 굽는 것이 있고, 다른 하나는 고기를 각종 양념에 재워 놓았다가 구워 먹는 것이 있습니다. 생고기를 구워 먹는 방법은 무척 간단합니다. 생고기를 불 위에 올려 누렇게 익어서 바삭해질 때까지 구워서 고기와 마늘, 쌈장, 파채 등을 상추에 함께 싸서 먹으면 됩니다. 생고기는 대부분 삼겹살이거나 한우입니다. 다른 방법은 소고기나 돼지고기에 간장, 설탕 혹은 꿀, 양파, 대파, 마늘, 참기름, 소금, 후춧가루, 배 등으로 만든 양념장에 고기를 재웠다가 맛이 배이면 굽거나 프라이팬에 볶아 먹는 것으로 달면서도 향긋한 맛을 느낄 수 있습니다. 아이들이 가장 좋아하는 대표 음식입니다.

277 외국인이 한국에 와서 꼭 맛보아야 할 한국 요리에는 어떤 것들이 있습니까?

▶ 개인의 입맛에 따라 각각 다를 수 있지만, 가장 대표적인 음식은 모두 맛보아야 한다고 생각합니다. 궁중 음식인 신선로와 구절판 이외에도 일상 요리인 삼겹살 구이와 비빔밥 그리고 길거리 간식인 떡볶이 등은 모두 맛보아야 합니다.

278 한국의 칼국수는 어떻게 만듭니까?

▶ 칼국수는 한국인이 좋아하는 음식 중 하나입니다. 또한 개인의 입맛이 다르기 때문에 만드는 법도 각기 다릅니다. 가장 일반적인 칼국수 만드는 법을 간단하게 소개하면 다음과 같습니다.

먼저 멸치와 다시마를 물에 넣어 끓여서 맑은 국물을 준비합니다. 맑은 다시마 국물에 감자, 애호박, 양파, 당근 등을 얇은 편으로 썰거나 채 썰어서 넣어 끓입니다. 다 끓고 나면 면을 넣고 면이 익을 때까지 끓인 후 먹을 수 있습니다. 개인 기호에 따라 다진 마늘, 후춧가루 혹은 김 가루 등을 가미할 수 있습니다. 맛이 담백하여 김치와 곁들여 먹기도 하며 맛, 색, 향이 잘 어우러진 음식이라고 할 수 있습니다.

279 한국의 전통주에 대해 설명해 보십시오.

▶ 한국의 음주 문화는 오랜 역사를 가지고 있다고 할 수 있습니다. 기록에 따르면 4세기부터 한 해 동안의 우순풍조를 기원하는 제사에서 맑고 향기로운 곡주를 제사상에 올려 조상에게 보살핌을 기원하는 풍습이 있었다고 합니다.

한국의 전통주는 탁주, 청주, 소주 세 가지로 나눌 수 있습니다. 가장 오랜 역사를 가진 것은 탁주인데 쌀과 보리를 쪄서 말린 후 누룩을 물과 함께 잘 섞어 발효시켜서 만듭니다. 발효시킨 탁주의 윗부분인 맑은 부분이 청주며 이 청주를 증류 처리하고 가공하여 만든 것이 소주입니다. 탁주는 역사가 가장 오래되었으며, 오늘날에는 '막걸리'라고 부릅니다. 막걸리는 알코올 함량이 겨우 6~7도인 낮은 도수의 술이며 막걸리를 여과하지 않고 마시는 술이 '동동주'입니다. 청주는 고급 술이며 보통 명절 선물이나 제사를 지낼 때 쓰입니다. 소주는 가장 대중적인 술로서 일반적인 모임 등에서 필수 주류입니다.

280 고려인삼의 효능에 대해 소개해 보십시오.

▶ 인삼은 비탈진 음지에서 자라는 식물인데 그중 '고려인삼'이 가장 유명합니다. 인삼의 가공법에 따라 고려인삼은 세 종류로 나눌 수 있습니다. 첫째는 어떤 가공도 하지 않은 생인삼으로 수삼이라고도 합니다. 둘째는 인삼의 껍질을 벗긴 후 햇볕에 말려 수분 함량을 14% 이하로 떨어뜨린 백삼입니다. 셋째로는 수삼을 증기로 찐 뒤 다시 건조 처리하여 만든 홍삼입니다.

고려인삼은 원기를 크게 보충하며 진액을 생기게 하고 마음을 안정시키는 작용을 합니다. 불면증, 허약 체질에 크게 도움이 되며 이 밖에도 현대 의학 연구에 의하면 고려인삼은 각종 원기 보충 효능이 있어서 당뇨병, 동맥경화, 고혈압 등의 예방에 탁월한 효과가 있으며 항암 작용, 질병 억제, 혈액 순환 촉진, 피로 해소, 면역력 증진 등에도 효과가 있습니다.

Unit 03 세시 풍속

281 한국의 전통 명절 풍속에 대해 소개해 보십시오.

▶ 한국은 각 명절마다 각기 다른 풍습을 가지고 있습니다. 예를 들면 한국에서 가장 대표적이며 가장 성대하고 전 국민이 쉬는 전통 명절은 설날과 추석입니다. 설날은 새로운 해의 시작으로 가족들은 함께 모여 한 해 동안 서로의 원하는 바가 잘 이루어지기를 염원합니다. 추석은 수확의 계절로 사람들은 풍년을 함께 축하하며 풍년의 기쁨을 나눕니다. 설날과 추석 두 명절에는 모두 반드시 행하는 것이 바로 각종 제사를 지내는 것으로, 조상신에 감사하고 추념을 합니다.

282 한국인은 설을 어떻게 보냅니까?

▶ 한국인은 설을 보낼 때 가족들이 모여서 함께 보냅니다. 남자들은 모여 옛이야기를 나누며 회포를 풀거나 전통 놀이를 합니다. 여자들은 함께 풍성한 명절 음식을 준비합니다. 새해 첫날 아침 제사를 지낸 후, 어린아이들은 어른들에게 세배하고 세뱃돈을 받고, 어른들은 맛있는 음식을 맛보며 일상을 이야기하며 화기애애한 시간을 보냅니다.

> **플러스 질문 모범 대답**
>
> ❶ 中国人过春节时也是家人欢聚一堂，但是中国人的春节要从新年第一天的前一天下午开始，家人一起吃年夜饭，小孩子拜年要压岁钱，大人们一起聊天打牌。从晚上8点左右开始呢，家人一起一边欣赏电视节目，一边包饺子，迎接新年的钟声，此后进入新年。中国人的春节会从初一持续到初五，家人一起走亲戚、访好友，一片欣欣向荣。随着社会发展变化，无论韩国人还是中国人，越来越多的人不再按照传统习俗过年，而是选择旅行、学习等方式，过一个更有意义的属于自己的新年。
>
> 吃年夜饭 chī niányèfàn 연야반(새해 전날 먹는 음식)을 함께 먹다 | 打牌 dǎpái 카드놀이를 하다 | 包饺子 bāo jiǎozi 만두를 빚다 | 迎接新年的钟声 yíngjiē xīnnián de zhōngshēng 신년의 종소리를 맞이하다 | 持续 chíxù 지속하다 | 走亲戚 zǒu qīnqi 친척집을 방문하다 | 一片欣欣向荣 yípiàn xīnxīn xiàngróng 활기찬 분위기이다

283 한국의 추석 및 중국의 추석(중추절)을 대표하는 음식을 각각 소개해 보십시오.

▶ 한국의 추석을 대표하는 음식은 송편이고, 중국의 추석(중추절)을 대표하는 음식은 위에빙(月饼)입니다.

284 한국인은 정월 대보름을 어떻게 보냅니까? 중국은 어떻습니까?

▶ 정월 대보름, 이날 한국 전통의 풍습은 이른 아침 일어나 먼저 귀밝이술을 마신 뒤 오곡밥을 먹고 견과류도 먹으며 그 해의 풍년과 건강을 기원합니다. 구체적인 행사로는 연날리기나 쥐불놀이가 있습니다. 연을 날릴 때는 연 끝에 좋은 날씨를 기원하는 글을 붙여서 그 해의 순조로움을 기원합니다. '쥐불놀이'는 논둑의 잡초들을 태워서 좋은 봄날을 맞이하고자 하는 것입니다. 안타깝게도 요즘의 한국인들은 정월 대보름을 그다지 중시하지 않습니다. 중국에서는 정월 대보름을 보내야만 비로소 설날이 끝났다고 여기며 사람들의 모든 업무가 정상으로 복귀됩니다. 전통적인 정월 대보름에는 꽃등제를 열어서 꽃등을 감상하거나 꽃등 밑에 수수께끼를 적은 종이를 붙여 알아맞히는 놀이 등을 합니다. 그러나 지금은 대보름에 이러한 풍습들이 대체로 사라졌으며, 중국인들은 단지 집집마다 위안샤오를 먹는데 이것을 남방에서는 탕위안이라 부릅니다.

285 한국인은 단오절을 어떻게 보냅니까?

▶ 전통의 단오절에는 다양한 풍습이 있습니다. 창포물을 마시거나 창포물로 머리를 감으며 창포 뿌리로 만든 비녀를 꽂습니다. 새벽에는 익모초차를 마시며 백초를 끓입니다. 쑥떡이나 수리취떡을 먹고 창포가 무성한 물가에 모여서 물맞이를 합니다. 큰 나무 아래에서 그네를 타기도 하고 씨름 경기를 하기도 합니다. 현재 한국의 일반 사람들은 단오절을 그다지 중시하지 않습니다. 그러나 강릉 지역에서는 오히려 대규모의 경축 행사를 열고 있으며, 전통적인 풍습에 따라 단오절을 보냅니다. 우리가 잘 알아야 할 부분은 강릉단오제는 각 가정마다 지내는 작은 제례가 아니라 대규모의 무속 제례를 말하는 것이며, 이는 강릉 지역 전 지역민의 축제 행사입니다.

> 플러스 질문 모범 대답
>
> ❶ 韩中端午节都是农历五月初五这一天。在中国，据说端午节是纪念伟大诗人屈原投江自杀而形成的节日，因此这一天，中国会举办赛龙舟等水上活动以示纪念，同时要吃粽子，因粽子是把糯米包在粽子叶中，可以放在水中保管的食物，传说是为投江的屈原准备的食物。表面上看是同一天，但是无论是节日的内涵文化，还是庆祝活动的方式可以说都完全不同，应该说各有特色吧。
>
> ❷ 韩国把端午节申请为世界无形文化遗产这件事，在韩中网民之间引起一定纷争，对此我的看法是首先我不否认端午节最初起源于中国，但是同时也不能忽视的是，端午节文化传到韩国后，在韩国特别是江陵地区，有了自己独特的庆祝方式，已与中国端午节不一样了，可以说是有了韩国特色；其次，韩国申请的世界文化遗产不是"端午节"，而是"江陵端午祭"，与中国的端午节不同；再次呢，我想这也可以提醒我们，无论是韩国人还是中国人，保护文化遗产是很重要的；最后我想说的就是我觉得把端午节申请为世界无形文化遗产是意义深远的一件事，相信中国人知道此中缘由后会理解的。
>
> 屈原 Qūyuán 굴원 | 投江自杀 tóujiāng zìshā 강에 몸을 던져 자살하다 | 举办赛龙舟活动 jǔbàn sàilóngzhōu huódòng 용선(용 모양으로 만든 배) 경기를 거행하다 | 以示纪念 yǐshì jìniàn ~로써 기념하다 | 粽子 zòngzǐ 쫑즈 | 糯米 nuòmǐ 찹쌀 | 内涵文化 nèihán wénhuà 내재적 문화 | 纷争 fēnzhēng 분쟁 | 起源 qǐyuán 기원 | 忽视 hūshì 홀시하다 | 江陵端午祭 Jiānglíng Duānwǔjì 강릉단오제 | 意义深远 yìyì shēnyuǎn 의의가 깊다 | 此中缘由 cǐzhōng yuányóu 여기에 이유가 있다

286 한식의 유래에 대해 말해 보십시오.

▶ 한식은 중국 춘추 시대 진나라 개자추라는 사람의 '할고봉군'이라는 전설에서 유래되었습니다. 전설에 따르면 개자추는 자신의 허벅지 살을 잘라 내어 산나물과 함께 국을 끓여 중이의 목숨을 구했다고 합니다. 후에 중이가 본국으로 돌아와 진문공이 되었으며 진문공은 여러 신하들에게 공로를 치하하고자 했습니다. 그러나 개자추는 그것을 원하지 않아 노모를 이끌고 면산으로 들어갔습니다. 진문공은 개자추를 찾아낼 수 없어서 할 수 없이 산에 불을 질렀으나 개자추와 모친은 나무를 끌어안고 죽었다고 합니다. 개자추를 기념하기 위하여 이 날을 한식날로 명명하였습니다.

287 음복이란 무엇입니까?

▶ 음복은 제사를 지낼 때 조상을 향해 술을 따르고 이마를 땅에 조아리고 절하고 나서 악한 기운을 피하기 위하여 도소주를 마시는 풍속입니다.

Unit 04 종교

288 한국의 3대 종교는 무엇입니까?

▶ 2008년도 사회 통계조사에 따르면 50.7%의 한국인이 종교를 믿고 있는 것으로 나타났습니다. 그중 불교 신자가 가장 많으며, 그 다음은 기독교 신자, 다음으로 천주교 신자가 많습니다. 이 때문에 한국의 3대 종교는 불교, 기독교, 천주교입니다.

289 한국 불교의 특색은 무엇입니까?

▶ 불교는 4세기에 중국에서 한반도로 유입되었습니다. 당시는 고구려, 백제, 신라 삼국이 대립하고 있던 시기였는데 각 국 통치자들은 국가 통치의 안정과 확대를 도모하기도 하고 백성들에게 정신적 위안을 주고자 하였습니다. 그래서 삼국은 모두 잇따라 불교를 받아들이고 적극적으로 발전시킴으로써 통치를 돕는 데 사용하고 나라의 안정과 백성들의 평안을 기원하였습니다. 불교는 유입 때부터 강한 정치적 목적이 있었습니다. 즉 국가 통치를 유지하고 동시에 불교 정신을 백성들 속에서 사회 실천으로 승화시키는 것을 통하여 보급하고자 하였습니다. 예를 들어 사탑 건조 및 '대장경' 등의 목판 작업 등이 있습니다.

290 유교가 한국 사회에 끼친 영향은 무엇입니까?

▶ 유교는 일종의 도덕, 철학 사상 체계로서 유신론이 아닙니다. 유교의 핵심 사상은 '인, 의, 예, 지, 신'으로, 조선 시대는 이러한 유교 사상으로 나라를 다스렸으며 지금까지도 한국 사회에 깊은 영향을 끼치고 있습니다. 유교는 중국에서 온 것이지만 현재 한국 사회는 유교 사상의 계승에 있어 오히려 중국보다 더욱 철저합니다. 현대 사회에서 한국인들이 가족 간의 유대감이 무척 친밀하며 효도를 중시하는 것은 유교 사상이 한국 사회에 끼친 영향이 상당히 크다는 것을 보여 주는 것입니다. 이 밖에 한국 사회가 예의를 상당히 중요시하고, 공손한 문화를 강조하는 것도 모두가 유교 사상의 영향입니다.

291 성균관 문묘에 대해 소개해 보십시오.

▶ 성균관은 조선 시대 최고 학부로서 조선 시대의 유명한 유학 연구 중심입니다. 성균관 내에는 큰 규모의 문묘가 있는데 사원 안에는 공자와 공자의 제자 성현들의 위패를 모시고 있습니다. 기록에 따르면 한국은 1600년 전 삼국시대부터 공자를 기념하기 시작했고 그것이 지금까지 이어지고 있다고 합니다. 예를 들면 현재의 '석전대전'은 유림들이 공자와 유학 성현들을 추모하는 가장 큰 의식입니다.

292 석전대전에 대해 소개해 보십시오.

▶ 석전은 공자묘 제례 중 규격이 가장 높은 것으로서 『예기 · 문왕세자』 편에 가장 먼저 기록되어 있습니다. 과거 임금이 출정했다가 돌아오거나 혹은 천자가 시학(학자를 불러 학문을 배우는 것)할 때 반드시 석전의 예를 행하였습니다. 석전 의 예는 국가 이념과 민중들의 사상에 깊은 영향을 끼쳤습니다.

293 삼보사원에 대해 소개해 보십시오.

▶ 한국의 사원에서 불, 법, 승 세 가지 보물을 가지고 있는 사찰을 일컬어 '삼보사찰'이라 부릅니다. 첫 번째는 부처의 실 제 사리를 보관하고 있는 경상남도 양산의 통도사이며, 두 번째는 세계기록유산에 등재되어 있는 불경 인쇄판 팔만대 장경을 보관하고 있는 합천 해인사이고, 세 번째로는 많은 고승들이 있으며 한국 불교의 수도 성지라는 부르는 순천 송 광사입니다. 이 세 사원들은 각각 불보사원, 법보사원, 승보사원이라 불립니다.

294 대승불교와 소승불교의 차이점은 무엇입니까?

▶ '대승불교'와 '소승불교'의 중요한 차이점은 '소승불교'는 석가모니를 교주와 전도사라고 보는 입장이며 '대승불교'는 삼 세시방에 무수한 부처가 있다고 제창하는 것입니다. '소승불교'는 자아 해탈을 추구하며, '대승불교'는 한없이 크고 넓 은 자비로써 중생을 구제하여 정토 불국을 세우는 데 그 목적이 있습니다.

295 한국의 삼보사찰과 삼대사찰은 각각 어디입니까?

▶ 한국의 삼보사찰은 통도사, 해인사, 송광사이며, 삼대사찰은 화엄사, 송광사, 그리고 해인사입니다.

296 템플 스테이란 무엇입니까?

▶ 템플 스테이는 근래에 매우 환영받고 있는데 이는 도시인들이 혼잡한 도시의 소음, 속세의 번잡함, 마음의 고독, 업무 의 중압감과 빠른 속도의 생활 리듬에서 멀리 벗어나 속세에서 멀리 떨어진 산림의 사원으로 와서 며칠 동안 매우 조용 하고 안정적인 휴식을 취함으로써 정신적 평안과 심리적 안정을 찾고자 하는 것입니다.

Unit 05 세계유산(문화·자연·복합)

297 세계유산이란 무엇입니까?

▶ 세계유산이란 유네스코가 1972년 11월 거행된 정기회의에서 〈세계 문화 및 자연 유산 보호 협약〉이 통과되면서 세계유산위원회에 의하여 전 세계적으로 인정받아 세계유산 명단에 기록된 전 인류가 공인하는 특별한 의미와 보편적 가치를 지니는 문물이나 유적지 혹은 자연 경관 등을 말합니다.

플러스 질문 모범 대답

❶ 目前韩国共有12项世界遗产，其中11项世界文化遗产为石窟庵·佛国寺、海印寺藏经板殿、宗庙、昌德宫、水原华城、庆州历史遗迹地区、高敞支石墓遗址·和顺支石墓群·江华支石墓群、朝鲜王陵、庆州良洞村与安东河回村、南汉山城、百济历史遗迹地区；还有一项济州火山岛·熔岩洞窟为世界自然遗产。

石窟庵·佛国寺 Shíkū'ān·Fóguósì 석굴암과 불국사｜海印寺藏经板殿 Hǎiyìnsì Cángjīngbǎndiàn 해인사 장경판전｜宗庙 Zōngmiào 종묘｜昌德宫 Chāngdégōng 창덕궁｜水原华城 Shuǐyuán Huáchéng 수원 화성｜庆州历史遗迹地区 Qìngzhōu lìshǐ yíjì dìqū 경주 역사 지구｜朝鲜王陵 Cháoxiǎn Wánglíng 조선 왕릉｜高敞支石墓遗址·和顺支石墓群·江华支石墓群 Gāochǎng zhīshímù yízhǐ·Héshùn zhīshímùqún·Jiānghuá zhīshímùqún 고창·화순·강화의 고인돌 유적｜南汉山城 Nánhànshānchéng 남한산성｜济州火山岛·熔岩洞窟 Jìzhōu huǒshāndǎo·róngyán dòngkū 제주 화산섬과 용암 동굴

298 한국 세계문화유산의 특징은 무엇입니까?

▶ 한국 세계문화유산은 고대의 '고인돌'에서부터 조선 시대의 '조선 왕릉'에 이르기까지 한국의 역사를 관통하며, 과학적 가치와 예술적 가치가 충분합니다.

299 한국의 종묘란 무엇입니까?

▶ 한국의 종묘는 조선 왕조의 역대 임금과 왕비들을 제사 지내고 공양하는 위패를 모신 사당입니다. 건축 양식은 물론이고 제사 의례도 독특한 풍격을 지니고 있습니다. 특히 본전인 정전은 모두 19실이고 총 면적은 1270㎡이며 세계에서 가장 큰 단일 목조 건축으로 공인받았습니다. 종묘의 정교하고 장엄한 건축물은 동양 건축의 특색을 잘 나타내고 있을 뿐만 아니라, 또한 종교 건축의 보편적 가치를 함축하고 있습니다. 1995년 유네스코 세계유산 목록에 등재되었습니다.

300 '해인사 장경판전'에 대해 소개해 보십시오.

▶ 해인사는 802년 애장왕이 자신의 왕비의 병을 치유해 준 부처님에게 감사를 표하기 위하여 지은 절로, 한국의 경남 합천군 가야산 중턱에 자리하고 있는 한국 3대 고찰 중 하나입니다. 팔만 개의 대장경 목각판이 보관되어 있기 때문에 법보사찰이라고 칭하기도 합니다. 해인사는 과학과 예술의 걸작품이라 할 수 있습니다. 뛰어난 자연환경과 합리적인 과학 기술로 설치되어 있기 때문에 지금까지도 대장경판이 잘 보관되어 있으며, 이러한 대장경 목판의 보존 기술은 사람들의 경탄을 자아냅니다. 해인사는 1995년에 세계유산 목록에 등재되었습니다.

301 '불국사'에 대해 소개해 보십시오.

▶ 불국사는 경상도 동남쪽 토함산에 자리잡고 있으며, 신라 528년에 창건되어 751년 확장 건축 후 지속적인 시공으로 더욱 완전하게 되었습니다. 그러나 안타깝게도 임진왜란 시기 불에 타 소실되고 오직 석조 건축물만 보존되었습니다. 현재 절 안의 모든 목조 건축물은 모두 후세에 다시 모방 재건한 것이며 규모는 예전 규모의 10분의 1정도밖에 되지 않습니다. 불국사는 대웅전과 극락전을 중심으로 크게 두 개 영역으로 나뉘며 그중 다보탑, 석가탑, 극락탑 등은 모두 신라 불교 문화가 절정에 이르렀음을 보여 줍니다. 비록 1000여 년의 시련을 겪었지만 불국사에서 보유하고 있는 석조 기술과 신라인의 마음 속 불국 현실화의 노력은 사람들의 경탄을 자아냅니다. 불국사는 유네스코에 의해 동북아 불교 예술의 걸작이라고 불리며 1995년 세계문화유산으로 지정되었습니다.

> **플러스 질문 모범 대답**
>
> ❶ 环绕庆州东面的吐含山海拔745米，因为位于海边，常年云雾缭绕，海像山的口一样吞云吐雾而得名。吐含山的名气不仅如此，还因它自古被新罗人视为佛教的圣地，有很多古迹遗址。著名的石窟庵、佛国寺就在这座山里。
>
> 环绕 huánrào 둘러싸다 | 云雾缭绕 yúnwù liáorào 구름이 둘러싸고 있다 | 吞云吐雾 tūn yún tǔ wù 구름을 삼켜서 안개를 토하다 | 不仅如此 bújǐn rúcǐ 이뿐만 아니라 | 被视为⋯圣地 bèi shìwéi⋯shèngdì ～의 성지로 여겨지고 있다

302 불국사의 석굴암을 소개해 보십시오.

▶ 불국사의 부속 건물인 석굴암은 경주 토함산 동편에 위치하고 있으며 한 개의 커다란 자연돌로 석굴암 내부를 지었기에 그런 이름을 얻었습니다. 석굴암의 규모, 조각 기술, 공간 배치 등은 전무후무한 작품이라 할 만하며 종교와 예술이 한데 어우러져 있습니다. 몇 십 개의 불상들은 모두 세밀하고 실제 같으며, 특히 '본존불'은 종교 예술의 최고봉을 보여 주고 있습니다. 불국사와 함께 1995년에 세계문화유산으로 지정되었습니다.

303 '수원 화성'에 대해 소개해 보십시오.

▶ 수원 화성은 조선 22대 왕 정조가 그의 아버지 사도세자의 묘를 수원 화산으로 옮긴 후 건립한 성곽으로 1796년에 완공되었습니다. 한국의 저명한 문학가 정약용 등이 동서양의 건축 특색을 결합하여 창의적으로 기중기와 도르래 등의 새로운 기기를 사용하여 단기간 내에 완공한 과학성과 실용성이 어우러진 그 지역의 새로운 중심입니다. 화성은 한국의 유일한 평지 성곽으로서 군사 방어 기능과 상업 기능을 함께 갖추고 있으며 동양 성곽의 절정이라고 할 수 있습니다. 1997년 세계문화유산에 등재되었습니다.

304 '경주 역사 지구'에 대해 소개해 보십시오.

▶ 경주 역사 지구는 '노천 박물관'이라고도 부릅니다. 모두 52개의 지정 문물이 있으며 세계문화유산으로 지정된 불국사, 석굴암, 경주 양동민속마을 등을 모두 포괄하는 명실상부한 신라 시대의 역사 유적지로, 신라 시기의 역사와 문화를 충분히 보여 주고 있습니다. 경주 역사 지구는 모두 5개 지구로 나눌 수 있습니다. 불교 미술의 보고인 남산지구, 천년 왕조의 궁궐 유적지 월성지구, 신라 왕릉 등 고분군이 있는 대릉원지구, 신라 불교의 정화인 황룡사지구, 왕도 방어 시설 중심인 산성지구입니다. 유네스코가 지정한 12개 문화도시 중 하나이며, 2000년 12월에 세계문화유산에 등재되었습니다.

305 '고창 고인돌 유적지, 화순 고인돌 군락, 강화 고인돌 군락'에 대해 소개해 보십시오.

▶ 고인돌은 선사 시기의 석묘이자 거석 문물의 일종으로, 한국을 중심으로 동북아 지역에 집중적으로 분포해 있습니다. 한국에는 현재 약 3만여 기(基)의 고인돌이 발견되었으며 이는 한국 청동기시대의 대표적인 석묘입니다. 그중 고창, 화순, 강화의 고인돌 군락지는 각각 세계문화유산으로 지정되었으며 내부의 무덤은 분포가 밀집되어 있고 형식이 다양해서 고인돌의 형성과 발전 과정을 연구할 수 있는 중요한 유적입니다. 고인돌은 선사시대의 문화, 사회구조, 정치체제 및 당시 사람들의 생활 모습을 연구할 수 있는 중요한 문물 사료로서 보존 가치가 매우 높습니다. 2000년 12월에 세계문화유산에 등재되었습니다.

306 '조선 왕릉'에 대해 소개해 보십시오.

▶ 조선 왕릉은 519년에 달하는 조선왕조 27명의 임금과 왕비 그리고 사후 추존된 임금과 왕비들의 능묘로 모두 44기의 왕릉이 있으며 북한에 있는 후릉과 제릉, 경기도 여주의 영릉과 녕릉, 강원도 영월의 장릉 5기를 제외한 나머지 39기가 모두 서울 사대문 밖 100리 안에 있습니다. 조선 왕릉의 온전한 보존 상태는 세계적으로도 보기 드문 것입니다. 2009년에 세계문화유산으로 지정되었습니다.

---

307 '한국의 역사마을: 경주 양동민속마을과 안동 하회마을'에 대해 소개해 보십시오.

▶ 한국의 역사마을은 '씨족 마을'과 '읍성 마을' 등 다양한 형태가 있는데, 그중 '씨족 마을'이 80% 정도를 차지합니다. 경주 양동민속마을과 안동 하회마을은 한국의 씨족 마을 중 역사가 가장 오래되었으며, 조선 전기 씨족 마을 형성의 전형적인 모습을 보여 줍니다. 이 두 마을의 건축 설계는 영남 지역의 여름엔 고온 다습하고 겨울엔 저온 건조한 기후 환경을 고려했을 뿐만 아니라 유가의 예법을 따르고 전통 풍수지리의 원칙에 따른 기능성과 예술성이 함께 어우러져 있습니다. 한국의 대표적인 씨족 마을이기도 하며 또한 양반 귀족 마을입니다. 마을에 온전하게 보존되어 있는 조선 시대 유학자들의 학술 고문헌 및 가정 의례와 특색 있는 마을 의식 등의 문화 풍습들이 매우 주목을 받아 2010년 유네스코 세계문화유산 목록에 '한국의 역사마을'이라는 이름으로 등재되었습니다.

경주 양동민속마을은 경상북도 경주시에 위치하며 한국에서 가장 규모가 큰 촌락으로 월성 손씨와 여강 이씨들로 구성되어 있으며, 조선 시대의 전통과 자연 풍광을 보존하고 있어 1984년 중요 민속 자료 제189호로 지정되었습니다.

안동 하회마을은 경상북도 안동시에 위치하며 한국인들이 모두 알고 있는 곳입니다. 낙동강물이 S모양으로 에워싸서 흐르는 아름다운 곳으로, 마을의 기와집과 초가집들이 세월의 시련에도 여전히 잘 보존되어 있습니다. 이곳은 풍산 류씨들이 거주하는 마을이며 지금까지 마을 거주민의 70%가 풍산 류씨입니다. 특히 언급할 만한 가치가 있는 것으로는 유명한 안동 하회탈의 고장이 바로 이곳이며, 엘리자베스 영국 여왕이 1999년 4월에 이곳을 방문했었습니다. 1984년 중요 민속 자료 제122호로 지정되었습니다.

---

308 '남한산성'에 대해 소개해 보십시오.

▶ 남한산성은 서울 근교의 유명한 관광지로서 사계절 모두 풍경이 아름다우며 성내의 가장 높은 봉우리인 일장산에 올라가서 내려다보면 멀리 인천의 석양을 볼 수 있고 가깝게는 서울과 경기도 일대의 풍광을 한눈에 볼 수 있습니다. 남한산성은 당시 서울을 방어하는 군사 시설일 뿐만이 아니라 관청, 시장, 거주지를 갖춘 산성 도시입니다. 원래 2000여 년 전 고구려 시기의 토성을 후에 조선 시대 광해군 때 최종 완공한 것으로 7세기에서 19세기까지 각 시기의 건축 기술의 특징과 무기 체계의 변화를 충분히 반영하고 있습니다. 1636년 병자호란 때에는 인조 이종이 46일 동안 이곳으로 피난하였습니다. 지금까지도 주민들이 거주하고 있습니다. 남한산성은 '생동감 있는 유산'으로서 높은 가치가 있습니다. 1963년 1월 21일 한국 정부는 남한산성을 사적 제57호로 지정하였으며, 2014년 6월 한국의 세계유산 제11호에 등록되었습니다.

---

309 제주 화산섬과 용암 동굴에 대해 말해 보십시오.

▶ '제주 화산섬과 용암 동굴'은 2007년 6월 27일 유네스코 세계자연유산 목록에 등재되었는데 이는 세계자연유산에 등록된 한국의 첫 번째이자 현재 유일한 세계자연유산으로서 제주도의 기생화산(기생활화산)과 세계적 규모의 용암 동굴, 그리고 다양하고 희귀한 생물체와 멸종 위기종의 서식지로서 우수한 자연 조건을 가지고 있다는 것을 인증하고 있습니다. 이러한 신비한 경관은 높은 학술적 가치를 지니고 있습니다. '제주 화산섬과 용암 동굴' 지역은 '한라산 천연보호구

역', '성산일출봉'과 '거문오름 용암 동굴계' 세 부분을 포함하고 있으며 제주도 전체 면적의 10%(188.45㎢)를 차지하고 있습니다. 세계유산 위원회는 "제주의 화산 지형은 러시아 캄차카 화산열도 등 세계 유명한 유산 지역보다 더욱 여행 및 학술 가치를 가지고 있으며, 이는 세계 최고 수준에 이른다"고 칭찬했습니다.

310 한라산 천연보호구역에 대해 소개해 보십시오.

▶ 한라산은 제주도 중부에 위치한 해발 1950m의 한국에서 가장 높은 산으로, 제주도의 대표 관광지이며 영주산이라고도 불립니다. 한라산은 온대에서 한대까지의 수직적인 식물 생태 분포로 명성을 얻었는데 이는 상당히 높은 학술적 가치를 지니고 있으며 1970년부터 한국의 국립공원으로 지정되어 보호받고 있습니다. 한라산 주변에는 360개의 기생화산 봉우리가 분포해 있으며 산에는 1500여 종의 식물과 1100여 종의 동물들이 있습니다. 세계유산 위원회에서는 계절의 변화에 따라 한라산 천연보호구역의 색과 구조도 그에 따라 변화를 보이며 보호구역 내에 있는 폭포와 기이한 형상의 암석 생성물, 용암이 응고되어 만들어진 해안 절벽, 분화구에 형성된 호수의 산 정상 풍경 등은 미학적 가치가 상당히 높다고 평가합니다.

311 성산일출봉에 대해 소개해 보십시오.

▶ 성산일출봉은 제주도에 분포한 360개 기생화산 중 하나이며 수중에서 형성된 특별한 기생화산입니다. 약 5천 년 전 얕은 바다에서 화산이 폭발하여 형성된 높이 182m의 이 분화구는 예전에 섬이었으며 해변과 육지에 연결되어 있었습니다. 일출의 경관을 감상할 수 있는 이곳은 줄곧 제주도의 상징 중 하나였습니다. 세계유산 위원회는 요새와 같은 모양의 성산일출봉이 해상 화산 분출의 특징을 이해할 수 있는 세계적으로도 중요한 유산이라고 말합니다.

312 거문오름 용암 동굴계에 대해 소개해 보십시오.

▶ 거문오름 용암 동굴계는 거문오름, 벵뒤굴, 만장굴, 김녕굴, 용천동굴, 당처물동굴 등 1개의 기생화산과 5개의 용암 동굴을 포함하고 있습니다. 거문오름 용암 동굴계에서 가장 규모가 큰 것은 만장굴이며 만장굴의 규모와 동굴 길이는 세계적입니다. 만장굴과 김녕굴은 동굴 길이뿐 아니라 통로의 규모 또한 세계적입니다. 이 밖에 벵뒤굴은 세계에서 가장 복잡한 통로 형태를 보여 주고 있습니다. 또한 제주도 해안 저지대에 위치한 용천동굴과 당처물동굴은 세계적인 경관과 가치를 지니고 있습니다. 당처물동굴은 비록 규모는 작지만 동굴에서 발견되는 석회질 동굴 생성물은 세계에서 가장 아름답다고 자부하고 있습니다. 그리고 용천동굴의 거대한 규모와 석회질 동굴 생성물은 세계에서 보기 드문 화려한 경관입니다. 거문오름 용암 동굴계에 대해서는 용암 활동 후 형성된 제2차 생성물이 동굴의 천정과 지면을 장식하여 마치 용암벽에 벽화를 그려 넣은 것과 같은 독특한 경관을 형성했다고 평가합니다. 거문오름 용암 동굴계는 약 10~30만 년 전 가장 큰 분화구인 거문오름에서 분출된 용암이 여러 용암 동굴을 형성한 것입니다. 이러한 용암 동굴계에서 세계자연유산으로 선정된 파생 동굴은 벵뒤굴, 만장굴, 김녕굴, 용천동굴, 당처물동굴입니다.

Unit 06 인류무형문화유산

313 인류무형문화유산에 대해 설명해 보십시오.

▶ 언어, 희극, 음악, 춤, 종교, 신화, 의례, 관습, 풍습, 경축일, 수공예 등 고정화시킬 수 없는 인류의 재산을 말합니다. 가장 먼저 일본에서 제기했고, 1972년 유네스코는 〈세계 문화 및 자연 유산 보호 협약〉을 통과시킨 뒤 '문화유산'과 '자연유산'이라는 개념을 도출해 냈으며 인류가 공동으로 뛰어난 보편적 가치를 지닌 문화와 자연 유산을 공동 보호하기 위해서 영구적이고 과학적인 효과적 제도를 건립함으로써 전 세계는 문화와 자연 가치의 준칙에 대한 공통된 인식을 가지게 되었습니다.

> **플러스 질문 모범 대답**
>
> ❶ 目前韩国共有19项世界无形文化遗产。分别为宗庙祭礼和宗庙祭礼乐、盘索里、江陵端午祭、羌羌水越来、男寺党表演、灵山斋、济州七头堂灵灯祭、处容舞、传统歌曲、大木匠、驯化猎鹰、走绳、跆跟、韩山苎麻工艺、阿里郎、越冬泡菜文化、农乐、拔河和济州海女文化。
>
> 宗庙祭礼和宗庙祭礼乐 Zōngmiào Jìlǐ hé Zōngmiào Jìlǐyuè 종묘제례 및 종묘제례악 | 盘索里 Pánsuǒlǐ 판소리 | 江陵端午祭 Jiānglíng Duānwǔjì 강릉단오제 | 羌羌水越来 Qiāngqiāng Shuǐyuèlái 강강술래 | 男寺党表演 Nánsìdǎng Biǎoyǎn 남사당놀이 | 灵山斋 Língshānzhāi 영산재 | 济州七头堂灵灯祭 Jìzhōu Qītóutáng Língdēngjì 제주 칠머리당 영등굿 | 处容舞 Chùróngwǔ 처용무 | 传统歌曲 chuántǒng gēqǔ 가곡 | 大木匠 dàmùjiang 대목장 | 驯化猎鹰 xùnhuà lièyīng 매사냥 | 走绳 zǒushéng 줄타기 | 跆跟 Táigēn 택견 | 韩山苎麻工艺 Hánshān Zhùmá Gōngyì 한산 모시짜기 | 阿里郎 Ālǐláng 아리랑 | 越冬泡菜文化 yuèdōng pàocài wénhuà 김장 문화 | 农乐 nóngyuè 농악 | 拔河 báhé 줄다리기 | 济州海女文化 Jìzhōu hǎinǚ wénhuà 제주해녀문화

314 종묘제례 및 종묘제례악에 대해 소개해 보십시오.

▶ 종묘제례는 한국 종묘에서 조선의 임금들과 왕비들의 제사를 지내는 유교 의식이며, 이는 한국 최고의 제사 의식입니다. 종묘제례 의식은 9세기 신라 시대에 중국에서 한반도로 유입된 것이며, 신라 시대 이후 고려왕조와 조선왕조까지 이어져 내려왔습니다. 이는 또한 조선 시대 국가 제례 중 가장 큰 규모의 제사 의식이기도 하여 '종묘대제'라고도 부릅니다. 종묘제례는 현재 매년 5월 첫 번째 일요일 서울의 종묘에서 거행합니다. 1975년 중요무형문화재 제56호로 지정되었습니다.

종묘제례악은 종묘제례를 거행할 때 연주하는 악곡과 공연하는 가무를 말합니다. 이는 일종의 궁중음악으로 세종대왕 때 궁중연회에 사용되었던 악곡에서 취한 곡들이며 세종 10년에 종묘제례악으로 지정되었습니다. 1964년 중요무형문화재 제1호로 지정되었습니다. 2001년 5월 18일 종묘제례와 종묘제례악은 유네스코 인류무형문화유산 대표 목록에 등재되었습니다.

❶ 宗庙祭礼形式隆重、庄严而繁复。主要内容分为四大部分：
　　一、御驾出行。
　　二、宗庙祭礼程序：迎神、进馔、送神。
　　三、八佾舞。
　　四、祭后事宜。

形式隆重 xíngshì lóngzhòng 형식이 장엄하다 | **御驾** yùjià 어가(왕이 행차에 사용하는 수레나 가마류) | **迎神** yíngshén 신을 영접하다 | **进馔** jìnzhuàn 제사 음식을 올리다 | **送神** sòngshén 신을 보내다 | **八佾舞** bāyìwǔ 팔일무(궁중 제례 시에 가로와 세로로 각각 8줄씩 모두 64명이 추는 의식 무용)

---

315 전통 음악인 판소리에 대해 소개해 보십시오.

▶ 판소리는 조선 시대 민간인 악곡의 주요 예술 형식이며, 18세기 전라도 지역에서 시작되었습니다. 판소리는 향토적인 선율을 기본으로 하며 이야기를 노랫가락에 맞추어 노래하는 한국 전통의 청창입니다. 배우들이 노래를 중심으로 말하기와 노래를 결합하여 하고, 한 사람이 여러 역할로 등장하는 스토리가 복잡하고 스케일이 큰 작품으로 대중의 사랑을 받고 있습니다. 판소리는 1964년 중요무형문화재 제5호로 지정되었으며 2003년 11월 7일에 유네스코 인류무형문화유산에 등재되었습니다.

❶ 清唱是一种传统音乐，是围绕某一特定的主题，一人清唱、一人击鼓的音乐剧。清唱者保持站立，以歌曲、言词和肢体动作来表现故事的内容；鼓手则坐着用鼓击出长短不同的节奏并发出"jota"、"eolssigu"等感叹，为清唱者的表演增添兴致。清唱特有的长短节拍、旋律和唱法是韩国传统艺术文化的代表。一般，一场清唱表演历时4-5个小时。

❷ 清唱出现于市民文化发达的朝鲜时代(1392-1910)中期，而相关作品的确切创作年代和创作者现已不可考。清唱共有12首，流传至今只剩下了春香歌、沈清歌、兴夫歌、赤壁歌和水宫歌。

❸ ▶春香歌：改编自古代传说，讲述了妓女的女儿成春香和官宦子弟李梦龙之间的爱情故事。被评为清唱五大经典作品中文学艺术价值最高的作品。

　▶沈清歌：改编自古代小说，内容是贫穷的沈清为向菩萨祈求恢复父亲眼睛光明，不得不拿自己的生命作为献给龙王的祭品，来交换钱财买米献给菩萨。龙王被沈清的孝心所感动，不仅救了沈清，还让他们父女俩再度重逢。告诉人们"百善孝为先"的道理。

　▶兴夫歌：改编自古代传说，讲述了富有但黑心的哥哥和贫穷而善良的弟弟之间的故事。善良的弟弟为腿受伤的燕子包扎伤口后，得到燕子的回报成了一个有钱人；黑心的哥哥得知弟弟的经历后，为成为更富有的人，故意将燕子腿折断再进行包扎，结果遭到报应。告诉人们"善有善报，恶有恶报"的道理。

　▶赤壁歌：改编自中国四大名著之一《三国演义》，著名的歌曲有"三顾草庐"和"赤壁大战"等。

　▶水宫歌：讲述了海鳖为解龙王之病，来到陆地取兔子肝脏的故事。戏中人物间的口角之争内容生动有趣。

围绕某一特定的主题 wéirào mǒu yí tèdìng de zhǔtí 특정한 주제를 중심으로 하다 | **击鼓** jīgǔ 북을 두드리다 | **增添兴致** zēngtiān xìngzhì 흥취를 돋우다 | **已不可考** yǐ bù kěkǎo 고찰되지 않다 | **春香歌** Chūnxiānggē 춘향가 | **沈清歌** Shěnqīnggē 심청가 | **兴夫歌** Xīngfūgē 흥부가 | **赤壁歌** Chìbìgē 적벽가 | **水宫歌** Shuǐgōnggē 수궁가 | **妓女** jìnǚ 기생 | **官宦子弟** guānhuàn zǐdì 관료의 아들 |

向菩萨祈求 xiàng púsà qíqiú 부처에게 간청하다 | 恢复光明 huīfù guāngmíng 광명을 되찾다(눈을 뜨다) | 被…所感动 bèi…suǒ gǎndòng ~의해 감동을 받다 | 再度重逢 zàidù chóngféng 다시 상봉하다 | 百善孝为先 bǎishàn xiào wéixiān 백 가지 선한 일 중에 효가 으뜸이다 | 黑心 hēixīn 마음씨가 악하다 | 包扎伤口 bāozhā shāngkǒu 상처 난 부위를 붕대로 감다 | 得到回报 dédào huíbào 보답을 받다 | 得知 dézhī ~을 알게 되다 | 折断 zhéduàn 부러뜨리다 | 遭到报应 zāodào bàoyìng 업보를 받다 | 善有善报，恶有恶报 shàn yǒu shàn bào, è yǒu è bào 선한 일에는 선한 보답이 있고, 악한 일에는 악한 대가가 있다 | 四大名著 sìdà míngzhù 4대 명작 | 三顾草庐 sāngù cǎolú 삼고초려 | 赤壁大战 chìbì dàzhàn 적벽대전 | 海鳖 hǎibiē 자라 | 肝脏 gānzàng 간 | 口角之争 kǒujué zhī zhēng 입씨름 | 生动有趣 shēngdòng yǒuqù 생동감 있고 재미있다

---

316 강릉단오제에 대해 소개해 보십시오.

▶ 강릉단오제는 한국의 강원도 강릉 지역에서 지금까지도 전해지는 산신에게 제사 지내는 축제입니다. 신에게 술을 바치는 음력 3월 20일부터 시작되어 제사가 끝나는 음력 5월 7일까지 사람들은 가면무와 그네뛰기 등의 민속놀이를 통해 농사의 풍년을 기원합니다. 1967년에 중요무형문화재 제13호로 지정되었으며, 2005년에 유네스코 인류무형문화유산에 등재되었습니다.

---

317 강강술래란 무엇이며, 그 유래에 대해 소개해 보세요.

▶ '강강술래'는 전라도 지역에서 전해지는 민속놀이입니다. 매년 추석 전후에 예쁘게 단장한 수십 명의 부녀자들이 손에 손을 잡고 둥글게 돌며 큰 소리로 '강강술래'라고 합창하며 노래하고 춤을 춥니다. 특히 이순신 장군이 왜적과 전쟁 시 아군의 사기를 북돋우고 적군의 기습을 방어하기 위하여 했던 민속놀이이기도 합니다. '강강술래'의 가장 일반적인 전설은 고대인들이 풍년을 기원하기 위해 둥근 달이 떠오른 밤에 여성들이 춤추며 노래하던 민속놀이에서 유래되었다는 것입니다. 1966년 중요무형문화재 제8호로 지정되었으며, 2009년에 인류무형문화유산에 등재되었습니다.

---

318 판소리와 중국 경극의 차이점을 소개해 보십시오.

▶ 판소리는 한국의 경극이라고 칭하기도 합니다. 왜냐하면 판소리와 중국의 경극은 한중 양국 문화의 정수이기 때문입니다. 그러나 한국 판소리의 전파는 아래에서 위로 전해진 것으로 민간의 백성들이 창조한 것이나 중국의 경극은 궁중에서 시작되어 민간으로 전해진 것입니다. 그래서 표현하고자 하는 의의나 함의는 같지 않습니다.

먼저 등장하는 인물들의 구성을 보면 판소리는 일반적으로 한 명의 소리꾼과 한 명의 고수(북 치는 사람)로 구성되어 있으며 각각의 사람들은 각각 다른 배역을 맡을 수 있습니다. 경극은 배우 간의 배역 구분이 비교적 엄격하며 현재는 주로 생, 단, 정, 축 4개의 배역으로 나뉘어지며 각 배역도 각기 세밀하게 나뉘어져 역할 분담을 합니다.

다음으로 표현 형식을 보자면,

1. 판소리는 소리꾼이 고수의 북 치는 장단에 맞추어 스토리를 지닌 이야기를 노래, 말, 춤에 섞어서 표현해 냅니다. 그러나 경극은 창(노래), 염(대사), 주(동작), 타(무술 동작) 4가지 예술 방법으로 표현하며, 판소리보다 '타'가 더 있는데 이는 무술 동작과 몸을 돌리는 기술들입니다.

2. 판소리와 경극은 표현에 있어서 모두 과장이 많은데 경극의 규칙적이고 규범화된 특징과 비교했을 때 판소리는 표현 형식이 비교적 즉흥적입니다. 동시에 소리꾼이 클라이맥스를 노래할 때 고수나 관중들이 '좋다', '얼씨구', '허이' 등 추임새를 넣어 흥을 돋웁니다.

복장에 있어서 경극은 배우들의 얼굴에 색을 칠해서 인물의 성격과 특징, 역할과 운명 등을 상징적으로 나타내고 각종 다양하고 화려한 의상과 장식들로 인물들의 이미지를 표현합니다. 그러나 판소리는 복장에 있어서 비교적 단순합니다. 소리꾼과 고수 모두 조선 시대 전통 복장을 입으며 주로 말로써 인물의 이미지를 표현하는 데 치중합니다.

마지막으로 노래의 내용에 있어서 판소리는 처음 민간에서 유행하였으며, 〈춘향전〉과 같은 전통적인 이야기를 기원으로 하며 주로 관리들을 풍자하는 내용들로 민중들을 사로잡습니다. 그러나 경극은 중국 고대 희극에 기원을 두고 있어 내용이 풍부하며 〈패왕별희〉, 〈귀비취주〉, 〈백사전〉 등 악곡들이 많이 있습니다.

319　남사당놀이를 소개해 보십시오.

▶　남사당놀이는 조선 후기 민간 예술인들이 신라 시대의 유랑민 공연단의 영향을 받아 자연스레 형성된 민간 예술 단체입니다. 일반적으로 40명 이상으로 구성되며 한 명의 우두머리가 그 무리를 이끌며 시장이나 마을을 돌며 잡기나 기예를 공연하면서 생계를 도모합니다. 남사당은 일반 백성들이 공연하는 예술단으로서 풍자의 수법으로 사회 하층민의 불만과 억울함 등을 적나라하게 표현하여 양반과 양반 귀족 사회에 대해 통렬히 비판합니다. 남사당은 1964년에 중요 무형문화재 제3호로 지정되었으며, 2009년에 인류무형문화유산에 등재되었습니다.

320　영산재에 대해 설명해 보십시오.

▶　영산재는 사람이 죽은 지 49일째 되는 날에 영혼이 구제되어 극락세계로 가기를 기원하는 일종의 불교 의식으로, 기원은 조선 시대까지 거슬러 올라갑니다. 전통문화로서 산 자와 죽은 자가 불교의 참 진리에 의해 교화되어 현세의 번민과 고통에서 벗어날 수 있도록 도와 극락의 사상 경지에 이르게 하는 것을 반영하고 있습니다. 1973년 중요무형문화재로 지정되었으며, 2009년 유네스코 인류무형문화유산 목록에 등재되었습니다.

---

321 제주 칠머리당 영등굿에 대해 설명해 보십시오.

▶ 제주 칠머리당 영등굿은 한국 제주도 어민들의 민속 제례 의식입니다. 이는 겨울이 지나고 봄이 올 때쯤 영등신(바람신)에게 청하여 바다의 풍랑이 조용하여 고기잡이 어선들이 번창할 수 있기를 기원하는 무속 의식입니다. 이 의식은 해녀의 믿음뿐 아니라 영등신과 관련된 민간신앙도 포함하고 있습니다. 제주 칠머리당 영등굿의 특수성은 해녀가 거행하는 유일한 의식이라는 것입니다. 1980년에 중요무형문화재 제71호로 지정되었으며, 2009년 9월 30일에 인류무형문화유산 기록에 등재되었습니다.

---

322 한국의 처용무에 대해 소개해 보십시오.

▶ 처용무는 동해 바다 용왕의 아들 '처용'을 기념하는 가면무입니다. 궁중무용 중에서 유일하게 사람 형상의 가면을 쓰는 무용으로, 신라 시기의 궁중무용에 가장 먼저 존재합니다. 처용무도 일종의 샤머니즘 춤으로 보여지며 일반적으로 황실 연회석상에서의 공연이거나 신년 섣달 그믐날에 사악한 기운을 몰아내고 복을 기원하는 의식의 공연이었습니다. 1971년에 중요무형문화재 제39호로 지정되었으며, 2009년 9월에 인류무형문화유산 목록에 등재되었습니다.

> **플러스 질문 모범 대답**
>
> ❶ 处容是韩国传说中的龙王的儿子，他是长着人身的神。面对要害妻子的疫神，他唱起了自编的歌，并跳起舞蹈，最后将疫神赶跑了。从那以后，人们渐渐开始将画着"处容"形象的画贴在门上，以吓退鬼魂。处容舞起源于公元9世纪的一人舞，后逐渐演变为二人舞、五人舞并流传至今。处容舞的表演者是五名戴着假面具、身穿华丽衣裳的男性，他们时而各自起舞，时而共同欢舞，热闹非凡。处容舞所使用的背景音乐则是咒术表演曲调。
>
> ❷ 处容舞是将面具、服装、音乐和舞蹈结合起来的高水平舞蹈艺术，舞者要随伴奏音乐和歌曲的变化，把持住舞蹈的灵魂、脉动。舞者共5人，身着有一定象征意义的衣服，分别按东西南北和中央5个方位排列。舞蹈以阴阳五行说为基本精神，含有避过噩运的含义。华丽的舞蹈，充满活力的舞姿，呈现出坚毅的面貌，和面具浑然一体。
>
> 做害 zuòhài 해치려 들다 | 疫神 yìshén 역신 | 赶跑 gǎnpǎo 내쫓다 | 吓退鬼魂 xiàtuì guǐhún 귀신을 놀라게 해서 물러나게 하다 | 身穿华丽衣裳 shēn chuān huálì yīshang 화려한 의상을 입다 | 时而 shí'ér 때때로 | 咒术表演曲调 zhòushù biǎoyǎn qǔdiào 주술적 공연 곡조 | 把持住 bǎchízhù 꽉 틀어지고 있다. 조절하다 | 脉动 màidòng 박동하다 | 身着… shēnzhuó… ~ 옷을 걸치고 있다 | 按…排列 àn…páiliè ~에 따라 배열하다 | 避过噩运 bìguò èyùn 액운을 피하다 | 呈现出…面貌 chéngxiànchū…miànmào ~한 모습을 드러내다 | 坚毅 jiānyì 의연하다 | 和…浑然一体 hé…húnrán yìtǐ ~와 하나가 되다

323 가곡에 대해 소개해 보십시오.

▶ 가곡이란 조선 상류사회에서 유행하던 고대 율시에 곡을 붙여 관현악기의 반주에 맞추어 부르던 정식 성악곡으로, 판소리 등 일반 서민 계층에서 전해오는 곡조와 다르며 상당한 예술 가치를 지니고 있습니다. 현재 전해지는 곡목은 모두 41곡입니다. 가곡은 1969년 11월 10일 한국 정부에 의해 중요무형문화재 제30호로 지정되었으며, 2010년 11월 유네스코 인류무형문화유산으로 지정되었습니다.

324 대목장에 대해 소개해 보십시오.

▶ 대목장은 목조 건물 건축의 전 과정을 책임질 수 있는 능력을 갖춘 목수를 말합니다. 물론 이 목조 건축물이란 우리가 흔히 말하는 간단한 집을 말하는 것이 아니라 대형 특수 건축물인 궁궐, 사찰, 성문, 누각 등의 독립 건축물을 말합니다. 1982년 중요무형문화재 제74호로 지정되었으며 2010년 11월에 유네스코 인류무형문화유산으로 지정되었습니다. 현재 이 칭호를 가지고 있는 사람은 신응수, 최기영, 전흥수입니다.

325 매사냥에 대해 소개해 보십시오.

▶ 매사냥은 매를 훈련시켜서 야생닭, 토끼 등을 잡는 사냥법입니다. 현재는 주로 겨울철 한로에서 동지 때까지 진행됩니다. 2000년 2월 18일 대전광역시 무형문화재 제8호로 지정되었으며, 2010년 11월 유네스코 인류무형문화유산으로 지정되었습니다.

326 택견에 대해 소개해 보십시오.

▶ 택견은 한반도 고대의 전통 무술 중 하나이며 고대에는 각희라고 불렀습니다. 택견은 다리와 발을 중심으로 상대방의 약점을 이용하거나 혹은 상대방의 힘을 이용하여 반격하여 넘어뜨리는 것을 중시하는 부드러움 속에 강함을 지닌 무예입니다. 1983년 정부는 이를 중요무형문화재 제76호로 지정하였으며, 2011년 11월 28일에 유네스코 인류무형문화유산에 지정되었습니다.

327 줄타기에 대해 소개해 보십시오.

▶ 한국의 전통 기예인 줄타기 공연은 잡기, 음악, 언어 표현이 함께 어우러진 것으로, 줄타기 곡예사는 보통 북소리나 관현악기의 박자에 맞추어서 관중들을 향해 해학적 이야기를 하는데 여기에는 일반적으로 풍자적 의미를 지니고 있습니다. 1976년 정부에 의해 무형문화재 제58호로 지정되었으며, 2011년 11월 28일 유네스코 인류무형문화유산 목록에 등재되었습니다.

328 한산 모시짜기에 대해 소개해 보십시오.

▶ 한산 모시짜기 공예는 충청도 한산 지역에서 생산, 가공 제작된 고급 모시 제품을 말합니다. 이러한 방직의 제작 과정은 그 지역 주민들의 결속력을 더욱 강화시키는데, 이는 세계의 많은 사람들로 하여금 수공 방직물의 다양성에 대한 상당한 인식을 갖게 하였습니다. 1976년 한국 정부는 이를 중요무형문화재 제14호로 지정하였습니다. 2011년 11월 28일에는 유네스코 인류무형문화유산에 지정되었습니다.

329 아리랑에 대해 소개해 보십시오.

▶ 아리랑은 유명한 한국 전통 민요로서 민족성이 매우 강한 고전 명곡의 명칭입니다. 아리랑의 기원에 대해서는 아직 고찰이 필요하지만 각기 다른 지역에 각기 다른 아리랑 판본이 있습니다. 예를 들면 한국의 3대 아리랑은 진도아리랑(전남), 정선아리랑(강원도), 밀양아리랑(경남)입니다. 현재 가장 일반인들에게 잘 알려진 것은 경기도 일대에 전해지는 본조아리랑입니다. 이는 한국 첫 번째 애정 영화의 주제곡이었을 뿐만 아니라 시드니 올림픽과 2002년 월드컵 때에도 울려 퍼졌기 때문에 한국을 상징하는 곡이 되었습니다. 2012년 12월 5일 유네스코 인류무형문화유산으로 지정되었습니다.

330 김장 문화에 대해 소개해 보십시오.

▶ 김장 문화라는 것은 김치를 담그는 활동을 말합니다. 김치란 배추를 주재료로 하고 고춧가루와 마늘 등 각종 양념으로 절인 매운 배추김치를 가리키며, 이는 한국인의 전통적인 일상식품입니다. 매년 11월 중순에서 12월 하순까지 한국의 가정마다 최소한 다음해 봄까지 온 가족이 먹을 만큼의 김치를 담그는데, 이것이 한국 겨울의 한 풍경이 되었습니다. 김장 문화는 가정의 화합을 강화할 수 있는 좋은 기회이며 사람들 간의 동질감과 소속감을 증진시킵니다. 2012년 인류무형문화유산으로 지정되었습니다.

331 농악을 소개해 보십시오.

▶ 농악은 한국 농촌에서 단체 노동을 하거나 혹은 절기를 지낼 때 흥을 돋우기 위하여 연주하는 전통 음악입니다. 활력이 충만하고 창의성이 풍부한 농악은 일 년 사계절 다양한 형태와 목적으로 많은 행사에서 사람들에 의해 연주됩니다. 무형문화재를 보호하기 위한 유네스코 회원국들은 농악이 다양한 형태와 목적을 가지고 여러 장소에서 연주되며 이를 통하여 연주자와 참여자에게 동질감을 조성한다고 생각해서 2014년 11월 한국의 '농악'을 인류무형문화유산 목록에 등재하였습니다.

332 한국의 줄다리기에 대해 소개해 보십시오.

▶ 한국의 줄다리기는 이미 450여 년의 오랜 역사를 가지고 있으며 서울에서 남쪽 120㎞에 위치한 당진군 기지시의 줄다리기 시합을 한국 역사상 가장 오래된 줄다리기 시합으로 봅니다. 그곳에서는 매년 한 번 국제 줄다리기 축제가 열립니다. 한국식 줄다리기의 기원은 한국 부녀자들이 베를 짜는 과정에서 표백하고 비틀 때의 동작이 점차 변해서 현재의 줄다리기 운동이 된 것이라고 합니다. 한국, 베트남, 캄보디아, 필리핀 4개의 국가가 공동으로 유네스코에 등재 신청하였으며, 최종적으로 2015년 11월에 '줄다리기'가 유네스코 인류무형문화유산 목록에 등재되었습니다.

플러스 질문 모범 대답

❶ 文化从来都是多元的，文化的保护也应该多元参与。申遗本身只是一种传承保护的形式和手段，而不是狭隘的占有与掠夺。我们立足于自己的一些非物质文化遗产的特点和在民间文化现状，保护世界文化遗产，是有积极意义的一件壮举。

多元 duōyuán 다방면의, 다양한 | **传承** chuánchéng 전승하다 | **狭隘** xiá'ài (도량, 견식 등이) 좁다 | **占有与掠夺** zhànyǒu yǔ lüèduó 점유와 약탈 | **立足于** lìzú yú ~에 입각하다 | **壮举** zhuàngjǔ 장거(훌륭한 행위)

333 제주해녀문화에 대해 소개해보세요.

▶ 해녀는 바닷속으로 잠수하여 맨손으로 해산물을 채취하는 여성을 일컫습니다. 해녀는 한국에서 오래된 직업이며 또한 제주의 특색 있는 문화이기도 합니다. 제주 해녀는 어떤 호흡 장비의 도움도 받지 않고 단신으로 20m 깊이의 바닷속 깊이 잠수하여 바닷가재, 가리비, 소라 등의 해산물을 채취합니다. 그녀들은 바닷속 생태 환경에 적응하는 과정에서 숙련된 기술을 익히고 장시간의 작업을 통해 풍부한 경험과 지식들을 쌓았습니다. 지난 50년대에는 제주 해녀의 수가 3만 명에 달하기도 했지만 안타깝게도 그 이후 큰 폭으로 감소하기 시작했습니다. 현재, 제주에는 단 5000명에도 못 미치는 해녀가 있으며, 이 또한 고령화 추세에 있습니다. 98.6%의 제주 해녀 연령이 대개 50세 이상이며 어떤 이는 70세가 넘었습니다.

플러스 질문 모범 대답

❶ 2016年11月30日，联合国教科文组织将韩国"济州海女文化"列入联合国教科文组织人类非物质文化遗产名录。教科文组织认为，济州海女充分体现了地区文化的多样性和独特性，并且有助于提高大众对女性劳动重要性的认识。此外，济州海女是以最自然、环保的方式在水下作业，对自然环境不会造成破坏。因此拥有悠久历史的济州海女成为了韩国第19个被列入教科文组织非遗名录的项目。说到意义，专家们普遍认为济州海女文化申遗成功对韩国具有重要意义，济州不仅拥有美丽的自然风景，还拥有独特的文化；海女申遗成功将推动济州岛成为"世界生态文化之岛"。

Unit 07 세계기록유산

334 세계기록유산이란 무엇입니까?

▶ 세계기록유산이란 유네스코가 1992년 시작한 문헌보호 프로젝트로서 역사 문화적 가치가 높은 기록 유산을 보호하자는 취지로 매 2년마다 한 번 심의를 합니다. 세계기록유산 명단에 등재되면 유네스코는 보존관리 보조금과 기술 지원을 제공합니다. 현재 한국에는 『훈민정음』, 『조선왕조실록』, 『승정원일기』, 『불조직지심체요절』 하권(프랑스 국립도서관 소장), 조선왕조 『의궤』, 고려대장경판 및 제경판, 『동의보감』, 5·18 광주 민주화운동 기록물, 『일성록』, 새마을운동 기록물, 『난중일기』, 한국의 유교책판, KBS 특별생방송 '이산가족을 찾습니다' 기록물 13개 항목의 세계기록유산이 있습니다. 아시아에서 가장 많은 기록 유산을 보유하고 있습니다.

335 한국의 『훈민정음』에 대해 소개해 보십시오.

▶ 『훈민정음』의 뜻은 백성을 바른 글자음으로 가르친다는 것입니다. 조선 시대 한자는 매우 어려워서 대다수의 백성들이 배워서 사용하기가 쉽지 않았습니다. 이에 세종대왕은 정인지 등의 학자들에게 한국어를 쉽게 표기할 수 있는 문자 체계를 만들 것을 명하였으며 이에 1446년 10월에 발표하고 훈민정음이라고 명명하였습니다. 『훈민정음』은 모두 28개의 자모(현재 사용하는 것은 24개)로, 11000개 발음을 정확하게 표기할 수 있으며 학습과 실제 사용이 편리합니다. 문자 체계로서 독창성과 과학성을 갖추고 있으며 창제 이론은 치밀한 논리성과 엄격함을 지니고 있기 때문에 세계의 많은 언어학자들에게 높은 평가를 받고 있습니다. 독창적인 새로운 문자가 이미 있던 문자의 영향을 받지 않고 국가의 통용 문자가 된 것은 세계 역사상 유례가 없는 역사적인 사건입니다. 『훈민정음』은 1962년 국보 제70호로 지정되었으며, 1997년 10월 유네스코 세계기록유산으로 등재되었습니다.

336 『조선왕조실록』에 대해 소개해 보십시오.

▶ 『조선왕조실록』은 조선왕조의 시조인 태조부터 철종까지 25대 472년(1392년~1863년)간의 역사 사실을 기록한 것으로 편년체 한문 기록본입니다. 모두 1893권, 888책으로 도합 대략 6400만 자가 기록되어 있습니다. 현재 남아 있는 판본은 국보 제151호로 지정되었으며, 1997년 10월에 또한 유네스코 세계기록유산으로 등재되었습니다. 『조선왕조실록』은 세계기록유산으로서 다음과 같은 의의를 가지고 있습니다. 우선 그것은 조선왕조 25대 국왕들의 472년간의 역사를 기록하고 있습니다. 한 왕조의 역사 기록서로 세계에서 기간이 가장 깁니다. 두 번째로는 내용이 상당히 풍부하여 백과사전이라고 칭할 만합니다. 세 번째로는 매우 높은 진실성과 신뢰성을 지니고 있습니다. 네 번째로는 활자 인쇄로 간행하여 한국 인쇄문화의 전통과 수준을 잘 보여 주고 있습니다. 마지막으로 조선왕조실록은 일본, 중국, 몽고, 류큐(대만) 등 동아시아 국가 역사와 관계사 연구의 중요한 기초 자료입니다.

337 『불조직지심체요절』은 무엇입니까?

▶ 『불조직지심체요절』은 고려 불경으로, 전체 이름은 『백운화상 초록 불조직지심체요절』입니다. 1377년 오늘날의 한국 청주의 흥덕사에서 금속활자 인쇄 기술로 인쇄한 것입니다. 이 불경은 세계에서 가장 오래된 금속 활자본으로 인정받았습니다. 유네스코는 2001년 9월 『직지』를 현존하는 세계에서 가장 오래된 금속활자본이라고 인정하면서 세계기록유산에 등재하였습니다. 2004년에 만든 '직지세계기록상'은 『직지』 금속활자본의 탄생을 기념하기 위해서 창립되었습니다.

플러스 질문 모범 대답

❶ 《直指》传授的是禅宗的精髓，扼要地收录了历代高僧流传给世人的佛道。白云和尚撰写《直指》的目的是要帮助引导佛教修行者，学习好王氏高丽王朝(918年—1392年)的国教。

❷ 《直指》分上下两卷，金属活字本上卷已经遗失，下卷则被保存在巴黎的法国国家图书馆的东方文献室；《直指》还有一个雕版印刷本，上下两卷均保存完整，目前被收藏在韩国国立中央图书馆、佛甲寺和韩国学中央研究院藏书阁。

❸ 《直指》金属活字本的拥有权仍然有争议。法国国家图书馆认为《直指》应该留在法国，而韩国坚持《直指》属于韩国。法国国家图书馆的立场是《直指》是全球人类一个重要的世界遗产，它是属于全世界的历史文物，并不只属于任何单一国家。他们也声称凭着法国国家图书馆所拥有的资源与信誉，《直指》如果留在法国将能更好地被保存与展示。另一方面，韩国声称《直指》应由发源的国家拥有，它对韩国民族有深远的历史意义。

禅宗 chánzōng 선종(참선을 통해 불도를 터득하려는 불교의 한 종파) | 精髓 jīngsuǐ 정수 | 扼要 èyào 요점을 찌르다, 집약하다 | 撰写 zhuànxiě 편찬하다 | 文献室 wénxiànshì 문헌실 | 雕版印刷本 diāobǎn yìnshuāběn 목판 인쇄본 | 藏书阁 Cángshūgé 장서각(조선 왕실의 자료를 모은 왕실 도서관으로 현재 한국학 중앙 연구원에 속한 한국학 전문 도서관) | 有争议 yǒu zhēngyì 의견이 분분하다 | 声称 shēngchēng 표명하다, 주장하다

338 『승정원일기』에 대해 설명해 보세요.

▶ 『승정원일기』는 조선왕조의 방대한 기밀 기록으로 17세기에서 20세기 초까지의 일기입니다. 승정원은 조선 정종 때 설립한 국가기구로서 국가의 모든 기밀 사건들을 주관한 국왕의 비서실이라 할 수 있습니다. 『승정원일기』는 전체 국정의 광범위한 실록으로서 이를 통해 270여 년간 조선왕조의 발전 과정을 알 수 있으며, 국사를 연구하는 기초 자료일 뿐만 아니라 조선의 정치, 경제, 사회, 외교, 문화, 군사, 문학과 기후 등 각계 학술 분야를 연구하는 데 없어서는 안 되는 1차 사료입니다. 『승정원일기』는 단 한 권의 원본이 있으며 1999년 4월 9일 국보 제303호로 지정되었고, 2001년 9월에 유네스코 세계기록유산으로 등재되었습니다.

플러스 질문 모범 대답

❶ 《承政院日记》始于朝鲜开国初期，但朝鲜前期《日记》因壬辰倭乱等被战火烧毁，现只留存3243册。通过《承政院日记》，可以了解当时天主教在传统的儒家社会内部如何被收容并在民间传播，以及政界的反应等情况。而且因编纂《朝鲜王朝实录》时以此为基本资料，所以其价值比《朝鲜王朝实录》更大。

烧毁 shāohuǐ 불타 소실되다 | 留存 liúcún 보존하다, 남아 있다 | 收容 shōuróng 수용하다 | 编纂 biānzuǎn 편찬하다

339 조선왕조 『의궤』에 대해 소개해 보세요.

▶ 조선왕조 『의궤』는 이씨 조선 시대, 왕실의 주요 행사인 혼인, 상례, 기쁜 일, 경축, 책봉, 축성 등에 대해서 문자와 그림으로 기록한 총서입니다. 2007년에 유네스코 세계기록유산으로 등재되었습니다.

> **플러스 질문 모범 대답**
>
> ❶ 目前该书主要分布在三国：韩国，日本，法国。
> 日本宫内厅所藏之古籍是于朝鲜日治时期由朝鲜总督府所移转。2011年12月，日本将包括朝鲜王朝《仪轨》在内的千余古籍退还给韩国，现收藏于韩国首尔国立古宫博物馆。
> 法国所藏之古籍为1866年法国海军攻打江华岛后所掠夺。密特朗总统于1993年访问韩国时，归还了《徽庆园园所都监仪轨》上卷，其他部分是否归还尚在交涉中。
>
> 总督府 zǒngdūfǔ 총독부 | 移转 yízhuǎn 옮기다 | 退还 tuìhuán 돌려주다 | 收藏于 shōucáng yú ~에 소장하다 | 掠夺 lüèduó 약탈하다 | 《徽庆园园所都监仪轨》 Huīqìngyuán Yuánsuǒ Dūjiān Yíguǐ 《휘경원원소도감의궤》 | 尚在交涉中 shàngzài jiāoshè zhōng 아직 교섭 중이다

340 '고려대장경판 및 제경판'에 대해 소개해 보십시오.

▶ 고려대장경판 및 제경판은 현존하는 세계에서 가장 중요하면서도 가장 포괄적인 불교 경전 목판본이면서 현존하는 유일한 한자를 사용하여 불교 경전을 목판 위에 새겨 넣은 초기 불교 경판으로서 주요 내용은 불교 경전인 『대장경』입니다. 고려대장경판은 고려 시대(1236년~1251년)에 새긴 것으로 모두 8만 장이 넘어서 〈고려대장경〉 혹은 〈팔만대장경〉이라 불립니다. 한국 국보 제32호로 대장경이 보존되어 있는 경상남도 해인사는 1995년 12월 유네스코 세계문화유산에 등재되었습니다. 고려대장경판에 수록된 내용이 풍부하고 보존 상태도 완벽하여 고대 중국과 거란의 대장경을 이해하는 데 상당히 높은 역사적 연구 가치가 있습니다. 2007년에 세계기록유산에 등재되었습니다.

> **플러스 질문 모범 대답**
>
> ❶ 海印寺藏经板殿不仅收藏了《高丽大藏经》，还收藏了自1098年到1958年长期以来制作的刻有佛教经典、历史、版画等的诸经板，共5万多张。高丽大藏经板和诸经板几乎包含了亚洲地区存在的佛教经典内容的全部。

341 한국의 『동의보감』에 대해 소개해 보십시오.

▶ 『동의보감』은 조선 시대 약학사의 걸작으로 한의학의 백과사전이라 말할 수 있으며, 조선 선조와 광해군 시대의 명의 '허준'이 10여 년간의 역경을 거쳐 당시 복잡했던 동아시아 의학을 체계적으로 정리하고 분류하여 집대성한 저작입니다. 『동의보감』은 2009년 7월 31일 세계에서 첫 번째로 등재된 유네스코 세계기록유산의 의학 서적입니다.

❶ 《东医宝鉴》以介绍实用性强、容易采集的药草为主，积极倡导"预防为主"的医学理念，详细介绍了一些以"养"为主的药膳。书中不仅收录了朝鲜和中国的医书内容，还收录了很多民间秘方，并对所引用内容的出处都进行了详细标注，同时加入本人的观点，因此更有参考价值。

积极倡导…理念 jījí chàngdǎo…lǐniàn ~한 이념을 적극적으로 알리다 | 以"养"为主 yǐ "yǎng" wéizhǔ '보양'을 중심으로 하다 | 药膳 yàoshàn 약선(한약재 등을 넣어 만든 음식) | 民间秘方 mínjiān mìfāng 민간 비법 | 详细标注 xiángxì biāozhù 자세하게 주석을 달다

---

342 '5·18 광주 민주화운동 기록물'이 유네스코 세계기록유산에 등재된 이유를 말해 보십시오.

▶ 5·18 광주 민주화운동 기록물은 1980년 5월 18일에서 27일까지 광주광역시를 중심으로 전개되었던 민주화운동과 그 후에 진행한 피해자들 보상 관련 문건, 사진, 기록물과 증언 등의 자료들을 포함하는 것으로 현재 5·18기념재단, 국가기록원, 육군본부, 국회도서관과 미국국무원에 각기 나뉘어 보존하고 있습니다. 현대적 사건의 기록물로서 세계기록유산으로 등재된 것은 상당히 보기 드문 일입니다. 주요 이유는 5·18 민주화운동이 한국 민주화의 중대한 전환점으로 여겨졌으며, 20세기 80년대 이후 동아시아 국가의 민주화에 큰 영향을 미쳤기 때문이며 그 가치가 세계 각국의 인정을 받았고, 이로 인해 2011년 5월 세계기록유산 명단에 등재되었습니다.

---

343 『일성록』은 무엇입니까?

▶ 『일성록』의 전신은 정조가 태자 때부터 써내려 오던 『존현각일기』입니다. 정조는 즉위 후 규장각 관원들에게 매일 일기를 쓰도록 했는데, 5일마다 임금에게 바쳐 교열을 거쳤다고 합니다. 정조의 개인 일기인 『일성록』 또한 그러한 과정을 거쳐서 정식으로 국정 일기로 전환되었습니다. 책에는 백성들의 상소와 민란 등 당시 정치, 생활사, 서구의 과학기술과 문물 전파의 상황 등이 충분히 수록되어 있습니다. 이는 단독으로 편찬한 유일한 수기본이며, 도합 2329권 모두 현재 서울대학교 규장각 한국학연구원에 소장되어 있습니다. '임금이 주체가 되어 매일 반성의 뜻으로 적어 내려간 기록물'은 세계에서 유일한 것입니다. 2011년 5월 세계기록유산에 등재되었습니다.

---

344 '새마을운동 기록물'에 대해 소개해 보십시오.

▶ '새마을운동 기록물'은 박정희 전 대통령이 지도자가 되어 정부와 국민들이 1970년에서 1979년까지 추진했던 새마을운동 관련 자료, 대통령의 연설 원고와 공문 답변, 행정부의 공문, 각 마을의 업무 기록, 새마을 지도자들의 성공 사례와 서신, 시민들의 서신 등 관련 사진들과 영상 자료를 포함한 2만 2천 건의 자료들을 포함하고 있습니다. 새마을운동은 정부와 국민들이 한마음 한뜻으로 빈곤 타파, 생활 환경 개선, 과학 영농, 정신 문명, 지도력 개발 등 한국의 현대화를 가져온 증거로 평가받고 있습니다.

'새마을운동 기록물'은 해외의 개발 도상 국가인 네팔, 스리랑카 등 국가들이 빈곤 타파와 경제 발전에 더욱 박차를 가하는 데 깊은 영향을 끼쳤습니다. 2013년 6월 세계기록유산 명단에 등재되었습니다.

345 『난중일기』를 소개해 보십시오.

▶ 『난중일기』는 조선왕조의 유명한 이순신 장군이 '임진왜란' 전장에서 친필로 쓴 일기입니다. 현재 임진왜란 발발 3개월 전인 1592년 1월부터 이순신 장군이 노량해전에서 전사하기 전인 1598년 11월까지 약 7년간의 일기가 남아 있습니다. 군 최고 지도자로서 친히 전쟁의 상황과 개인적 감상들을 기록한 사례는 세계에서 보기 드문 일입니다. 더욱이 이는 국제 전쟁(임진왜란)에 관련된 유일한 해전 자료로 세계 사료로서도 풍부한 가치를 지닙니다. 일기 가운데 나타난 간결하면서도 수려한 시문들은 문학사에서도 중요한 가치가 있습니다. 이에 2013년 6월 세계기록유산 명단에 등재되었습니다.

346 '한국의 유교책판'을 소개해 보십시오.

▶ '한국의 유교책판'은 주로 조선왕조(1392년~1910년) 시기 일련의 유가 학설 관련 작품의 조판 인쇄 목각판으로, 소장자는 305곳의 집안과 유교 관련 연구기관이며, 주로 한국의 경상북도에 분포되어 있습니다. 이 목각판은 1460년부터 1956년에 만들어졌고, 모두 수공으로 조각하였으며 그 내용은 718권의 서적과 문헌으로 대부분 유학 고서이며 총 6만 장이 넘습니다. 특히 언급할 가치가 있는 것은 모든 목각판이 유일본으로 후세에 다시 복각하지 않았습니다. '한국의 유교책판'은 유교의 내용과 사상을 계승하고 전파할 수 있게 하였기 때문에 2015년 10월에 세계기록유산 목록에 등재되었습니다.

347 "KBS 특별생방송 '이산가족을 찾습니다' 기록물"을 소개해 보십시오.

▶ "KBS 특별생방송 '이산가족을 찾습니다' 기록물"은 KBS에서 1983년 6월 30일부터 11월 14일까지 생방송된 프로그램 녹화 테이프, 제작인의 업무 일지, 이산가족이 작성한 신청서, 프로그램 시간표, 큐카드, 기념 음반, 사진 등의 자료를 포함하며, 모두 20,522건에 달합니다. 이 문건은 전쟁이 후세 사람들에게 남긴 고통을 담고 있기 때문에 2015년 10월에 세계기록유산 명단에 등재되었습니다.

Unit 01 5대 궁궐 및 사대문

348 조선 시대 서울의 5대 궁궐의 이름을 말해 보십시오.

▶ 조선왕조 시대 서울의 5대 궁전은 경복궁, 창덕궁, 창경궁, 덕수궁, 경희궁입니다.

349 경복궁을 소개해 보십시오.

▶ 경복궁은 1395년에 조선왕조가 세워진 곳이며, 조선왕조의 유구한 역사의 흥망성쇠를 보여 주는 정궁이기도 합니다. 총면적은 43.3만㎡로 삼문삼조가 있습니다. 삼문은 광화문, 근정문, 향오문(이 세 개의 문은 상징성을 가지며 각 궁궐을 나누는 역할을 합니다)이고, 삼조는 외조, 내조, 연조입니다. 경복궁의 남문(정문)은 광화문이며 왕실과 국가의 권위를 상징합니다. 동문은 건춘문, 서문은 영추문, 북문은 신무문입니다. 1592년 임진왜란 때 경복궁은 왜군에 의해 대부분의 건물이 불에 타 소실되어 고종 2년(1865)에 재건되었다가, 이후 1990년대 한국 정부가 예전 일본이 경복궁에 지었던 조선총독부를 허물고 진일보한 복원 과정을 거쳐 경복궁의 웅장한 모습을 재현하였습니다. 현재 경복궁에는 정전인 근정전, 국왕의 침전인 강녕전, 왕비의 처소인 교태전, 조선 시대의 대표적 누각식 건물인 경회루 등 중요한 건축물이 있으며 그 밖에 국립고궁박물관과 국립민속박물관 등이 있습니다. 그중 근정전은 경복궁의 중심 건물이며 정전으로서 대신들이 국왕을 향해 예를 올리고 국가 의례를 거행하며 외국 대신들을 맞이하는 곳입니다. 경복궁의 깊은 안쪽에는 왕비가 거처하는 교태전이 있고, 후원에는 인공산인 아미산이 있는데 아름다운 정경이 사람을 기분 좋게 합니다. 경회루는 황실이 외국 사절단의 방문을 환영하는 연회를 베풀던 곳입니다.

350 경복궁의 봉황은 무엇을 의미하나요?

▶ 봉황은 고대 전설 속의 동물로서 고대인들의 마음속에는 상서로운 새(길조)이며 군주의 위엄과 태평성대를 상징합니다. 경복궁 근정전 앞의 계단에 있는 봉황은 당시의 '왕'을 상징하며 그 길은 오직 '왕'만이 다닐 수 있는 길입니다.

> **플러스 질문 모범 대답**
>
> ❶ 因为景福宫和德寿宫作为王宫使用的时期不同，景福宫作为王宫时的君主称为"王"，而德寿宫作为王宫使用时，26代王高宗改国号为"大韩帝国"，"王"也改称为"皇帝"，因此德寿宫里面开始出现龙。

351　경복궁과 중국의 고궁을 비교 설명해 보십시오.

▶ 베이징의 고궁을 관람해 본 많은 한국인들은 쯔진청(자금성)의 규모와 기세에 탄복합니다. 그러나 객관적으로 말해 경복궁의 규모도 작지 않습니다. 경복궁의 총면적은 43.3만㎡로 쯔진청의 60%에 해당됩니다. 건축 연대와 특징으로 살펴보면 경복궁은 1395년에 건립되었고 쯔진청보다 25년 빨리 지어졌습니다. 쯔진청 밖으로는 폭이 52m, 길이가 3800m인 인공 해자로 둘러싸여 있지만 북악산 앞쪽에 세워진 경복궁은 해자와 같은 그런 시설이 필요하지 않습니다. 경복궁은 3문 3조가 있으며 쯔진청은 5문 3조가 있습니다. 경복궁의 색채는 푸른색을 위주로 '적, 청, 황, 백, 흑'의 5가지 색깔들로 보충합니다. 쯔진청은 금색과 붉은색 위주입니다. 또한 쯔진청의 처마선은 직선으로 건축물이 전체적으로 웅장해 보이며, 경복궁의 처마선은 곡선으로 살짝 봉긋하게 올라간 모양이 경복궁과 주위 산들이 서로 어울리는 조화미를 잘 살리고 있습니다. 역대 왕조별로 살펴보면 경복궁은 단지 조선왕조의 궁전이었으나 쯔진청은 명청 양대 왕조에 걸친 궁전이었습니다. 마지막으로 보존 상태를 살펴보면 경복궁은 잦은 전쟁 탓에 대부분의 건축물들이 불에 타 소실되어 19세기 말에 재건된 것이나 쯔진청은 보존이 완벽한 궁전 중 하나로, 세계문화유산으로 지정되었습니다.

> **플러스 질문 모범 대답**
>
> ❶ 这是因为景福宫和紫禁城都是遵循儒家思想、阴阳五行、周易等东方传统思想理论修建而成的缘故，比如说"神武门"的"神武"，是阴阳五行中象征北方的神的名字，"交泰殿"、"乾清宫"中的"泰"和"乾"字都是《周易》中的卦名等等。
>
> ❷ 獬豸也好，石狮子也好，都是含有避邪之意的动物石像。紫禁城太合殿前的石狮子显示着朝廷的尊贵与威严；而光化门前的獬豸，则透着一股可爱可亲，也许是要表示一种亲民的形象吧。
>
> 遵循…思想理论 zūnxún…sīxiǎng lǐlùn ～사상 이론을 따르다 | 神武门 Shénwǔmén 선무문 | 乾清宫 Qiánqīnggōng 건청궁 | 卦名 guàmíng 역괘(易卦)의 명칭 | 獬豸 xièzhì 해태 | 石狮子 shíshīzi 돌사자 | 含有避邪之意 hányǒu bìxié zhī yì 악한 기운을 피하는 뜻을 지니다 | 透着一股可爱可亲 tòuzhe yì gǔ kě'ài kěqīn 귀엽고 정다움이 묻어나다 | 亲民 qīnmín 백성들과 가깝다

352　경복궁의 주요 건축물에 대해 소개해 보십시오.(최소 두 곳 설명)

▶ 경복궁 내에는 근정전, 사정전, 강녕전, 교태전, 자경전, 경회루, 향원정 등의 전각들이 있습니다. 그중 광화문과 경회루를 소개해 보겠습니다.
　광화문은 경복궁의 정문으로 처음에는 '사정문'으로 불리우다가 세종 7년 '광화문'으로 이름을 바꾸어 '사방을 밝게 비추고 사방을 교화하다'라는 의미를 지니게 되었습니다. 광화문은 쯔진청의 톈안먼(천안문)에 해당하며 한국의 국문으로 칭해지고 있습니다. 3개의 홍예문으로 구성되어 있으며, 그중 가운데 문은 국왕이 통행할 수 있도록 하였고 좌우의 두 문은 대신들이 출입할 수 있게 하였습니다. 광화문은 본래 목조건물로서 정교한 기술, 절묘한 구조, 웅대한 외관을 지니고 있었는데 불행히도 일본 식민지 때 일본 통치자들에 의해 해체되었습니다. 한국이 일본 통치에서 벗어난 후 1968년에 철근 콘크리트로 광화문을 재건하였고 박정희 전 대통령의 한글 필체로 광화문의 편액을 만들었습니다. 이는 서울 5대 궁궐에서 유일하게 한글로 쓰여진 편액입니다. 2006년에 이르러 한국 정부가 정식으로 광화문 재건 프로

젝트를 실시하면서 목재 구조로 다시 광화문을 복원하였습니다. 또한 디지털 기술을 이용하여 1865년 경복궁 재건 당시의 한자체 편액을 복원하여 현재 광화문은 이전 역사의 면모를 회복하게 되었습니다.

경회루는 국왕이 손님이나 사신들을 접객하고 연회를 거행했던 곳으로, 연못에서 수영을 할 수 있었을 뿐만 아니라 누각에 올라 산 풍경을 감상하고 궁궐의 장관을 한눈에 관람할 수 있었습니다. 현재 경회루는 1867년에 대규모 목재 건축물로 재건된 것입니다. 기록에 따르면 경회루는 『주역』의 원리에 따라 2층 누각을 3개 층으로 나누어 짓고, 최고 층의 중앙 3칸은 천, 지, 인을 상징하고, 가운데 층 12칸은 일 년 12개월을 상징하며, 가장 아래층의 주위는 24개의 기둥으로 구성되어 있는데 이는 24절기를 상징합니다. 각급의 신하들은 자신들의 관직의 높고 낮음에 따라 앉았습니다. 경회루는 국보 제224호로 지정되었습니다.

플러스 질문 모범 대답

❶ ▶酱库：在泰元殿和庆会楼之间有一处规模较大的酱缸台，是一处利用地面的倾斜度，修筑成的台阶式的地方。那里有很多酱缸，用来保管酱油、大酱、辣椒酱、鱼子酱等。看过韩剧《大长今》的中国游客对那个地方印象深刻，喜欢在那里拍照留念。

▶兴礼门：光化门和勤政门之间是二层建筑兴礼门，这座门大约相当于紫禁城的午门。兴礼门构造十分坚实，上下楼皆为正面三间和侧面二间。这里是保卫国王的要地，设有军事部门。

▶勤政殿：勤政殿即"勤奋治理朝政"之意，作为景福宫的正殿是韩国古代最大的木结构建筑物，非常雄伟壮观，是国王登基，朝见文武百官或接见外国使臣等举行正式仪式的大殿。高宗统治六年(1867年)，勤政殿由兴宣大院君重建，是在花纹华丽的两层月台(摆放在宫殿前的基石)上，修建低矮的台阶，然后在台阶上修建的2层建筑，殿身四周绕以回廊，殿前的朝廷大院铺设了面板粗糙的平石板，以防止太阳反光刺眼，同时显得恢弘大气。勤政殿的正门勤政门在南侧回廊上，正门外部的外行阁南侧为兴礼门。勤政门外侧部曾被日本侵略者拆毁，韩国政府于2003年将其修复。勤政殿相当于紫禁城的太和殿吧。勤政门前有一座石桥，桥下原来应该是储备防火的水的，水边趴着的是被称为龙之九子的"螭吻"。据说螭吻能够灭火，因为景福宫正对着的冠岳山是火山，所以采用螭吻来阻止火灾的发生。勤政门前的台阶两边是麒麟，麒麟含选拔贤良之意。

▶品阶石和铁环：朝廷大院内略为高出的道路是御道，由国王专用，御道两侧为大臣按地位高低排列了品阶石。勤政殿的柱子和月台及基石上都嵌有铁环，这是为防晒或防雨时挂帆布用的。

倾斜度 qīngxiédù 경사도 | 构造十分坚实 gòuzào shífēn jiānshí 구조가 매우 견고하고 튼튼하다 | 皆为 jiēwéi 모두 ～이다 | 勤奋治理朝政 qínfèn zhìlǐ cháozhèng 부지런히 국정을 다스리다 | 登基 dēngjī 즉위하다 | 朝见文武百官 cháojiàn wénwǔbǎiguān 문무백관을 보다 | 四周绕以回廊 sìzhōu rào yǐ huíláng 사방이 회랑으로 둘러싸여 있다 | 铺设了面板粗糙的平石板 pūshèle miànbǎn cūcāo de píngshíbǎn 면이 거친 평평한 석판을 깔다 | 反光刺眼 fǎnguāng cìyǎn 반사된 빛이 눈을 자극하다 | 恢弘大气 huīhóng dàqì 넓고 웅대한 기운 | 储备 chǔbèi 저장하다, 모으다 | 螭吻 chīwěn 치문(전통 건물의 용마루 양쪽 끝머리에 얹는 장식 기와) | 选拔贤良 xuǎnbá xiánliáng 어질고 뛰어난 관리를 선발하다 | 品阶石 pǐnjiēshí 품계석 | 御道 yùdào 임금이 다니는 길 | 嵌有铁环 qiànyǒu tiěhuán 차일(遮日) 고리가 박혀 있다 | 挂帆布 guà fānbù 범포를 걸다

353 경복궁의 설계 이념은 무엇입니까?

▶ 경복궁의 설계 이념은 '검소하고 소박하면서도 장중함'입니다. 경복궁의 설계사는 조선왕조의 유학자 정도전으로, 그는 궁전을 지을 때 지나치게 사치스러우면 국가 재정을 낭비하게 되고 궁전이 너무 소박하면 또한 조정의 위엄을 드러냄이 부족하다고 주장했습니다. 그래서 '화려하되 사치스럽지 않고 장중하면서도 대범함'을 경복궁 건립의 기본 이념으로 삼았습니다.

354 창덕궁을 소개해 보십시오.

▶ 창덕궁은 조선 국왕이 가장 오랫동안 머물렀던 궁전으로 1405년에 건립되었습니다. 본래 조선왕조 제3대 왕 태종의 별궁이었습니다. 임진왜란 당시 모든 궁궐은 왜군에 의해 불타 소실되었습니다. 1610년에 재건된 후 정궁으로서 사용되면서 경복궁이 다시 복원되기 전까지 260여 년간 사용되었습니다. 궁 안에는 정전인 인정전과 침전인 대조전이 있으며 사대부 주택을 모방한 '낙선재'와 인공 조경 예술의 정수를 보여 주는 '후원'이 있습니다. 창덕궁은 소박하고 우아하며 건축물의 배치가 뛰어나고, 울퉁불퉁한 지형을 충분히 이용하여 건축물과 자연이 서로 조화롭게 하나로 어우러지게 하여 가장 한국적인 특색을 지닌 궁전으로 불립니다. 이 밖에 후원의 인공 연못인 부용지, 조선 시대 왕실 연회를 베풀던 부용정, 왕실 도서를 보관하는 규장각, 열람실로 사용된 2층 주합루 등은 모두 조선 시대 건축의 걸작이라고 할 수 있습니다. 창덕궁은 1997년에 '건축물과 주변 자연환경과의 훌륭한 융합'이라는 찬사로 유네스코 세계문화유산에 등재되었습니다.

355 창경궁을 소개해 보십시오.

▶ 창경궁은 본명은 '수강궁'으로 세종대왕이 즉위하면서 상왕인 태종을 위하여 건립한 궁이며 후에 성종 14년(1483년)에 '창경궁'으로 명칭을 바꾸었습니다. 창경궁과 창덕궁은 담 하나를 사이에 두고 이웃하고 있어 두 궁전을 '동궐'이라고 부릅니다. 창경궁의 정전은 명정전이며 전하는 바에 의하면 독특한 지형 때문에 경복궁과 창덕궁과는 다른 동향 건축입니다. 일본 통치 시기 일본인은 창경궁 안에 동물원, 식물원 등을 만들고 '창경원'으로 격하시켜 불렀습니다. 1983년에 동물원과 식물원을 다른 곳으로 옮기고 명칭도 다시 복원시켰습니다.

356 덕수궁을 소개해 보십시오.

▶ 덕수궁은 본래 '정릉동 행궁'이라 불렸으며 서울시 시청 광장의 서쪽에 위치한 서양식 풍격과 한국 전통 건축양식이 서로 잘 융합된 궁전입니다. 덕수궁은 본래 조선왕조 성종의 형 월산대군의 사저로서 1593년 선조가 피난에서 돌아와서 마땅히 거처할 곳이 없자 왕실 사저 중 규모가 가장 큰 덕수궁을 임시 궁전으로 선택하고 이때부터 그곳을 정궁으로 사용하였습니다. 광해군 3년(1611년) '경운궁'으로 개칭하였습니다. 1897년 고종이 침궁을 이곳으로 옮긴 후 경운궁은 궁궐의 면모를 갖추게 되었습니다. 1907년 고종이 폐위당할 때까지 경운궁에 머무르게 되었는데 이후에 덕수궁으로 개칭되었습니다.

덕수궁은 대체로 두 영역으로 나뉩니다. 궁전의 중심인 정전 '중화전'과 서양식 건축물인 '석조전'입니다. 중화전은 국왕의 즉위식과 조회를 진행하던 정전으로서 고종 광무 6년(1902년)에 건립되었으며 처음으로 지어진 큰 2층 건축물입니다. 1904년 화재가 발생한 후 단층으로 재건하였으며 그중 일부 건축물이 지금까지 남아 있습니다. 석조전은 1900년에 짓기 시작하여 1910년에 완공되었으며 한국 최초의 근대식 건축물 중 하나입니다. 영국인 하딩이 설계를 맡았습니다. 석조전 앞의 정원은 한국 최초의 서양식 정원입니다. 1945년 광복 후 석조전에서 미소공동위원회 회의를 열어 한반도

문제를 논의하였습니다. 현재 석조전 본관은 궁중유물전시관으로 쓰이며 분관은 국립현대미술관입니다.
현재 덕수궁은 매일(월요일 제외) 예전의 입궐 의식을 거행하여 많은 중국과 서양 관광객을 끌어당기고 있습니다.

357 경희궁을 소개해 보십시오.

▶ 경희궁은 서울 서쪽에 위치하며, 조선 후기의 행궁으로 서궐이라고도 칭합니다. 조선왕조의 정궁인 경복궁과 행궁인 창덕궁, 창경궁이 임진왜란 때 불타 소실되자 선조는 어쩔 수 없이 월산대군의 집을 임시 행궁으로 삼았습니다. 광해군 즉위 후 창덕궁과 창경궁을 수리하면서 한편으로는 왕의 기운이 왕성한 인왕산 자락에 새로운 궁을 짓도록 명하였는데 바로 경희궁의 전신인 경덕궁입니다. 5년의 시간을 들여 1623년에 완공하였습니다. 경희궁은 비탈진 지형에 따라 건립되었기 때문에 건축적으로나 예술적으로나 상당한 장관을 이루며 규모가 웅대합니다. 고종은 1905년에 이곳에 덕수궁과 연결되는 '구름다리'를 세웠으며 궁내에는 정전인 숭정전을 중심으로 편전인 자정전과 침궁인 융복전, 회상전 등 100여 개의 크고 작은 건축물들이 있었습니다. 후에 일본군이 1910년 이곳에 경성중학교를 세우고 대부분의 궁전들을 없애 버렸습니다. 서울시 정부는 1987년부터 고찰과 함께 숭정전 등의 원형 복원을 시작하였으며, 2002년에 정식으로 대외에 개방하였습니다.

358 창덕궁이 세계문화유산에 등재된 이유는 무엇입니까?

▶ 주요 이유는 다음 세 가지입니다. 첫째, 창덕궁은 한국 5대 궁전 중 보존이 가장 완벽한 궁전입니다. 둘째, 창덕궁은 한국 궁전의 특색이 잘 갖추어져 있으며 건축물과 자연이 완벽하고 조화롭게 하나로 융화되어 있습니다. 셋째, 창덕궁 내의 후원이 조선 시대의 조경 예술을 충분히 표현하고 있기 때문입니다. 유네스코에서는 창덕궁이 세계문화유산에 등재될 때 그 이유를 다음과 같이 들어 칭송했습니다. "창덕궁과 후원의 설계와 배치는 동아시아 궁궐과 정원 설계 중 주변 환경과의 조화가 가장 아름답고 절묘하게 이루어진 대표작이다."

> **플러스 질문 모범 대답**
>
> ❶ 1997年12月，与昌德宫一起被列入世界文化遗产的是水原华城。

359 창덕궁 후원에 대해 소개해 보십시오.(비원은 어떤 곳인지 간략하게 소개해 보십시오.)

▶ 창덕궁 후원은 창덕궁 전체 면적의 60%를 차지하며 태종 때 건립되어 왕족들의 휴식 공간으로 바쳐졌습니다. 후원은 북원, 금원이라고도 불리며 고종 이후 비원이라고 불렸습니다. 비원은 낮은 산언덕에 지어졌으며, 반드시 필요한 곳만 약간의 보수를 하여 자연을 훼손시키지 않고 보존한 한국에서 손꼽히는 정원입니다. 70여 종의 나무들이 연못 주위에 분포하며 주변에는 많은 정자들이 있고 나무와 연못들은 서로 잘 어울려 풍광이 아름답습니다. 더욱이 가을에는 단풍으로 가득해 특별한 정취가 있습니다.

360 창덕궁 정문에 대해 소개해 보십시오.

▶ 창덕궁 정문은 돈화문으로, 2층으로 된 목조건물입니다. 1412년에 건립되었으며 현존하는 궁전 정문 중 가장 오래된 문입니다. 창덕궁의 앞이 종묘 입구이기 때문에 돈화문은 창덕궁 정면에서 약간 서쪽의 위치에 지어졌으며, 임금이 궁전 출입 시 다니는 전용길입니다.(대신들은 궁전의 서쪽에 있는 금호문으로 출입) 돈화문의 명칭은 중국 유교 경전 『중용』의 내용 중 '대덕돈화(큰 덕으로 만물의 변화를 이끈다)'에서 따온 것으로 풍속을 덕으로 다스려 백성들을 교화한다는 뜻을 가지고 있습니다.

361 창덕궁 정전의 특별한 점을 말해 보십시오.(인정전 용마루의 꽃문양이 기타 궁전과 다른 이유는 무엇입니까?)

▶ 창덕궁의 정전은 인정전으로 2층으로 된 월대 위에 지어져 있는데 월대는 그다지 높지 않고 난간도 없고 석상도 없기에 경복궁의 근정전에 비해 상당히 소박합니다. 가장 독특한 점은 인정전과 다른 궁전 정전의 용마루 꽃문양은 다르다는 것입니다. 창덕궁의 꽃문양은 당시 일본이 조선 왕실의 지위를 떨어뜨리기 위하여 만든 것입니다.

362 덕수궁과 경복궁을 비교한다면 어떤 점이 다릅니까?

▶ 경복궁은 조선왕조 흥망의 증거를 보여 주는 역사 깊은 정궁이며, 덕수궁은 처음에는 단지 성종의 형인 월산대군의 사저였고 역사상 경복궁이 임진왜란 때 훼손당하자 임시 왕궁으로 쓰인 것입니다. 그러므로 역사적 지위에서나 건축 규모에 있어서 덕수궁은 경복궁과 함께 논할 수 없습니다. 건축물의 특징으로 본다면 경복궁은 조선 시대 건축의 풍격을 충분히 구현한 건축이며 덕수궁 안에는 한국 최초의 서양식 건축물이 있기도 합니다. 또한 경복궁은 군주가 왕이라고 칭해질 때의 궁전이기 때문에 경복궁 내에는 봉황 그림이 있어서 군왕의 위엄을 상징하지만, 덕수궁은 군주가 황제라고 칭해질 때의 궁전이기에 덕수궁 내에는 용의 그림으로 군왕의 위엄을 상징합니다.

363 덕수궁과 다른 궁전을 비교해 보았을 때 독특한 점은 무엇입니까?(덕수궁의 가장 큰 특징을 설명해 보십시오.)

▶ 덕수궁과 다른 궁전들을 비교했을 때 독특한 점은 덕수궁 내에는 한국 최초의 서양식 건축물인 '석조전'과 물시계인 '자격루' 등이 보존되어 있다는 것입니다. 석조전은 1900년에 짓기 시작하여 1910년에 준공된 한국 최초의 근대식 건축물 중의 하나로 영국인 하딩이 설계하였습니다. 석조전 앞의 정원은 한국 최초의 서양식 정원입니다. 덕수궁은 서울의 궁전 중에서 유일하게 중국과 서양의 건축양식이 결합된 궁전입니다. 또한 덕수궁 내에는 군왕을 상징하는 용이 있으나 기타 궁전들은 봉황으로써 군왕의 위엄을 나타냅니다.

❶ 所谓自击漏，其实是一种相当于钟表的东西，是利用流动的水的量及其落差来报时的自动水钟。相传还有闹铃的功能。但是，时至今日残留下的就只有黄铜和一个圆形大筒。至于这个钟表是怎样通过水来报时的，仍然是个谜。

相当于…的东西 xiāngdāng yú…de dōngxi ~에 상당하는 물건이다 | 落差 luòchà 낙차 | 报时 bàoshí 시간을 알리다 | 残留 cánliú 부분적으로 남아 있다 | 黄铜 huángtóng 황동 | 圆形大筒 yuánxíng dàtǒng 커다란 원형통

364 덕수궁의 함녕전에 대해 소개해 보십시오.

▶ 덕수궁 함녕전은 고종의 침전으로 그 명칭의 의미는 고종의 영원한 평안을 기원한다는 것입니다. 덕수궁의 중심인 중화전을 지나고 다시 덕홍전을 지나면 바로 고종황제가 생활했던 침전인 함녕전이며 이곳은 또한 고종황제가 붕어한 곳입니다. 현재는 개량하여 동쪽은 황제의 방이며 서쪽은 황후의 방입니다. 함녕전은 국보 제820호로 지정되었습니다.

365 덕수궁의 중화전에 대해 소개해 보십시오.

▶ 중화전은 비교적 원래의 모습을 잘 보존하고 있습니다. 그곳은 덕수궁의 중추로서 조정의 큰 행사를 거행했습니다. 조선 시대 왕궁에는 봉황으로 왕의 존엄을 나타내던 것과 달리 덕수궁 중화전 내의 천장에는 두마리 용이 그려져 있어 왕의 존엄을 나타냅니다.

366 덕수궁의 덕홍전에 대해 소개해 보십시오.

▶ 덕홍전은 1911년에 지어졌으며 왕이 외국 사신 혹은 고급 관리들을 접견하던 곳으로, 이곳은 평소 거주하며 생활하는 사람이 없어서 온돌이 없고 마룻바닥인 점이 큰 특색입니다. 덕홍전 안의 장식은 조선 말기 유입된 서방 문화의 영향을 받아서 상당히 사람들의 주목을 끕니다.

367 창경궁의 정전은 무엇입니까?

▶ 창경궁의 정전은 명정전으로, 다른 조선 시대의 정전과 달리 명정전은 북쪽을 향해 있고 남쪽을 향해 있지 않습니다. 이는 선왕들의 종묘가 남쪽에 있기 때문인데 유교 관습에 의하면 종묘를 향해 문을 열 수 없습니다. 통명전은 창경궁에서 가장 큰 내전이며 건립 초기에는 대비의 처소였습니다. 궁내 귀부인들의 대권을 장악한 이곳은 내궁 권력 암투의 중심으로 많은 역사적 사건과 전설들이 벌어졌습니다.

368 서울의 사대문과 사소문을 소개해 보세요.

▶ 서울의 사대문은 흥인지문(동대문), 돈의문(서대문), 숭례문(남대문) 그리고 숙정문(북대문)입니다. 1394년 이성계는 한양으로 도읍을 정하고 한양 주변에 성벽을 쌓고 4개의 성문을 만들어 적군을 방어하고자 했습니다. 현재 성벽은 사라지고 4개의 성문 중 3개가 보존되어 왔습니다. 4개의 성문 중 동, 남, 서문의 이름은 모두 유가의 기본 사상인 '인의예지신'에서 취하였으며 풍수와 오행을 매우 중시하였습니다.

흥인지문(동대문)은 보물 제1호로 한양 도성의 정동쪽에 위치하며 그 명칭 중의 '인'은 유가의 기본 사상 중 하나입니다. 풍수명리에 따르면 흥인지문이 있는 자리는 지세가 비교적 약하다 하여 네 글자의 이름을 짓고 그 지세의 힘을 보강한 것입니다. 흥인지문은 지세가 낮아 성문 밖에 옹성(반원형성벽)을 둘러쌓아 적의 공격에 대비했습니다. 현재 옹성의 존재는 흥인지문의 최대 특징입니다. 흥인지문은 조선 후기의 정밀하며 화려한 건축양식을 반영하고 있는 귀중한 역사 문화유산입니다. 일제 통치 시기 일본은 흥인지문을 동대문이라 칭했는데, 이때부터 전래되어 현재의 '흥인지문'은 동대문이란 칭호로 사람들에게 익숙해졌습니다.

숭례문(남대문)은 국보 제1호이며 1398년에 세워졌으며 당시 도성의 서남쪽에 위치하였습니다. 숭례문은 규모가 제일 큰 성문으로 그 독특한 점은 숭례문의 편액 위의 세 글자가 세로로 배열되어 있다는 것인데, 전하는 바에 따르면 이는 풍수상 관악산의 화기를 누르기 위한 것이라고 합니다. 일제 시기 도시 건설과 교통 개선을 위하여 숭례문의 성벽이 철거되고 성문 앞의 남지(전하는 바에 따르면 남쪽 관악산의 화기를 누르기 위하여 만들어진 방화 연못이었다고 함)도 메꾸어 버리고 성문만 남았다고 합니다. 2006년에 복원되어 시민에게 개방하였는데 2008년 불행히도 방화에 의해 불타버렸습니다. 이후 2013년에 다시 재건되었습니다.

돈의문(서대문)은 1396년에 세워졌으나 1915년 일본인에 의해 철거되었습니다. 알려진 바로는 국립고궁박물관에 돈의문 원판 편액이 소장되어 있다고 하나 복원 참고 자료의 부족과 자금 부족 등의 원인으로 현재 확실한 복원 계획이 없습니다.

숙정문(북대문)은 서울 정북쪽의 험준한 산 지역에 위치하고 있으며, 전하는 바에 따르면 그곳에서 활동을 하면 맥을 해쳐 국가가 위기에 처하게 된다고 하여 태종 때 그곳에 소나무를 심고 사람들의 통행을 금지해서 북대문은 거의 성문의 역할을 하지 못했습니다. 2006년 숙정문이 다시 개방되고 2007년에 북악산을 개방하였습니다. 현재 그곳은 자연환경이 잘 보존되어 있고 산 위에서는 서울 전경을 한눈에 내려다 볼 수 있습니다.

사소문은 혜화문(동소문), 창의문 또는 자하문(북소문), 광희문 혹은 수구문(남소문), 소의문 혹은 소덕문(서소문)을 가리킵니다.

> **플러스 질문 모범 대답**

❶ 宝物是指在有形文化财产中具有重要价值的文物，而国宝是在宝物中选出的国家级文物。
入选为国宝的条件是：1. 至少要有100年历史。2. 有极高的历史、学术、艺术价值。3. 历史悠久，制作技艺高超。4. 要和著名人物有关。
韩国国宝第一号是崇礼门，国宝第二号是圆觉寺址十层石塔，国宝第三号是北汉山新罗真兴王巡狩碑，国宝第四号是高达寺址僧塔，国宝第五号是法住寺双狮子石灯。
宝物第一号是兴仁之门，宝物第二号是普信阁大钟，宝物第三号是大圆觉寺碑，宝物第四号是中初寺址幢竿支柱，宝物第五号目前留为空号。

有形文化财产 yǒuxíng wénhuà cáichǎn 유형문화재 | 圆觉寺址十层石塔 Yuánjuésìzhǐ shícéng shítǎ 원각사지 10층석탑 | 北汉山新罗真兴王巡狩碑 Běihànshān Xīnluó Zhēnxīngwáng Xúnshòubēi 북한산 신라 진흥왕 순수비 | 高达寺址僧塔 Gāodásìzhǐ Sēngtǎ 고달사지 승탑 | 法住寺双狮子石灯 Fǎzhùsì Shuāngshīzi Shídēng 법주사 쌍사자석등 | 大圆觉寺碑 Dàyuánjuésìbēi 대원각사비 | 中初寺址幢竿支柱 Zhōngchūsìzhǐ Zhuànggānzhīzhù 중초사지 당간지주

Unit 02 조선 시대 사적지

369 사직단에 대해 설명해 보십시오.

▶ '사'는 토지신이며 '직'은 오곡신인데 두 신은 농업 사회에서 가장 중요한 근본입니다. 사직단은 바로 토지신과 곡물신을 제사 지내는 곳입니다. 국가가 가뭄이나 자연재해 혹은 국가 대사가 생기면 사직단에서 제사를 거행합니다. 태조가 조선을 창건하고 한양에 도읍을 정한 후 궁전과 종묘를 건립할 때 함께 사직단을 지었으며, 경복궁 부근에 위치하고 있습니다.

370 종묘에 대해 소개해 보십시오.

▶ 한국의 종묘는 조선왕조 역대 임금과 왕비의 위패를 봉양하고 제사 지내는 유교 사당입니다. 종묘의 정전 정면은 모두 19개 칸으로 나뉘며 총 면적은 1270㎡에 달하는 세계에서 규모가 제일 큰 단일 목조 건축물입니다. 1995년에 유네스코 세계유산에 등재되었습니다.

371 한국의 보신각에 대해 소개해 보십시오.

▶ 보신각은 서울시 중심 종로의 사거리에 위치하며 조선왕조 시기 수도인 한양의 종루로 오랫동안 '종각'이라 불렸고, 현재 보신각이 있는 곳도 '종각'이라 불립니다. 보신각은 누각 건축으로 동서로 5칸 남북으로 4칸입니다. 조선 시대 성문 개방 시간 혹은 화재 등 중대 사건을 알리는 데 쓰이는 큰 종이 보신각 내에 달려 있습니다. 사실 태조 이성계 때에는 보신각이 인사동에 있었는데 태종 연간에 현재의 위치로 옮겨졌습니다. 고종이 '보신각'이라는 편액을 누각 위에 걸었으며 종각은 그 후로 보신각으로 이름이 바뀌어 지금까지 이어지고 있습니다. 현재의 보신각은 1953년에 재건되고 1979년에 증축하여 계단과 울타리를 만들었습니다. 매년 12월 31일에는 보신각에서 새해맞이 타종 행사를 거행하는데, 송구영신하고자 오는 사람들이 때로 수만 명이나 됩니다. 1997년에 보신각은 서울특별시 기념물 제10호로 지정되었습니다. 한국 전통에 따르면 보신각 종을 33회 치면서 신임 대통령의 임기 시작을 선포합니다.

> **플러스 질문 모범 대답**
>
> ❶ 在朝鲜时代，每天凌晨4点敲33下儿钟，首尔的四大门和四小门将打开，晚上10点，敲28下儿钟，各城门关闭。33象征着观世音菩萨为普度众生焚身33日，28则象征着天上的28星宿。故现在敲33下儿钟。
>
> 观世音菩萨 guānshìyīn púsà 관세음보살 | 普度众生 pǔdù zhòngshēng 중생을 구제하다 | 焚身 fénshēn 몸을 태우다. 분신하다 | 星宿 xīngxiù 별자리

372 조선 시대의 대표적인 행궁 한 곳을 소개해 보십시오.

▶ 조선 시대의 대표 행궁을 말한다면 저는 남한산성의 행궁을 소개하고 싶습니다. 남한산성은 나라에 전쟁이 일어났을 때 도성을 대신하여 피난처로서 사용되었던 곳입니다. 다른 행궁과 다르게 그곳은 국가 사무를 처리하는 각종 시설들을 갖추고 있으며 종묘와 사직의 장소도 설치되어 있습니다. 그곳에서는 조선 시대 행궁 제도를 면밀히 살필 수 있어 역사적 가치가 상당히 높은 행궁입니다.

> **플러스 질문 모범 대답**
>
> ❶ 正宫是宫殿的中枢，是国王的主要生活空间；
> 离宫是古代国王在正宫以外地方临时居住的地方；
> 行宫是国王在出行或避难时居住的宫室。
>
> **中枢** zhōngshū 중추, 중심 | **离宫** lígōng 이궁

373 서울 성곽에 대해 소개해 보십시오.

▶ 서울 성곽(서울 한양도성)은 태조 5년(1396년)에 처음 짓기 시작했으며, 도성을 보호하기 위하여 세운 것으로 총 길이는 18.7㎞로 북악산, 낙산, 남산, 인왕산으로 이어져 있습니다. 일제 통치 시기 도시 건설과 교통 편리의 필요에 따라 도시의 성벽은 대부분 해체되었습니다. 후에 지속적으로 복원하여 2007년 시민에게 북악산 탐방 노선을 개방하였으며 현재 '사적 제10호'인 서울 성곽 노선은 서울의 4개 산의 산등성이를 수리하여 건설되었으며 한국의 역사, 문화, 자연 생태를 이해하는 '이야기길'로서 매우 매력적이며, 여행 관광지로 많은 시민들의 관심을 받고 있습니다.

374 '외규장각'과 '외규장각 도서'를 설명해 보십시오.

▶ 1776년 정조 즉위 후 왕궁에 규장각을 만들고 규장각 안에 역대 왕들의 친필 서화, 친필 지시서와 유언 교지 등을 소장하였습니다. 외규장각이란 규장각의 분각이며, 규장각이란 조선 시대 왕실 도서관에 해당합니다. 외규장각 도서란 '어람'용 '의궤'에 대한 기록을 말합니다. '어람'이란 임금이 열람하는 도서를 말하며 '의궤'란 왕실의 '의례'와 '규범'을 일컫는 것입니다.

> **플러스 질문 모범 대답**
>
> ❶ 外奎章阁图书曾被法国掠走，后来在韩国的追返运动中，法国同意将其长期租借给韩国，并已于2011年分批回归，目前被保存在国立中央博物馆。
>
> **掠走** lüèzǒu 약탈하다 | **分批回归** fēnpī huíguī 나누어 돌아오다

Unit 03 보편 관광지

375 한국의 가장 대표적인 테마파크를 소개해 보십시오.

▶ 한국에서 가장 대표적인 테마파크를 말한다면 마땅히 1989년에 개장한 '롯데월드'일 것입니다. 롯데월드는 기네스북에 기록된 세계 최대 실내 테마파크이자 미국 디즈니월드와 함께 세계적인 테마파크로 불립니다. 롯데월드는 서울시 중심에 위치하며 그곳에는 스릴 있고 자극적인 오락 시설, 시원한 아이스링크, 마음을 탁 트이게 하는 넓은 호수, 각종 공연장, 민속박물관 등 오락과 참관을 함께 할 수 있는 명실상부한 대형 테마파크입니다.

376 한국에서 가장 대표적인 박물관을 소개해 보십시오.

▶ 한국에는 다양한 박물관이 있는데 저는 경복궁에 있는 국립민속박물관을 소개하려 합니다. 왜냐하면 그곳은 가장 대표적인 한국 생활 문화 박물관이기 때문입니다.
한국 국립민속박물관은 한국의 전통 생활 방식을 전시해 놓은 곳으로, 이곳에는 2만여 점의 문물이 소장되어 있으며, 4,000여 건에 이르는 관련 민족 자료가 전시되어 있는 한국 유일의 민속 생활사를 전면적으로 전시한 국립 종합 박물관입니다. 관내에는 3개의 상설 전시관과 2개의 기획 전시실이 있는데 지역, 기능, 시대와 종류에 따라 고대인들의 생활 면모를 전시하고 있습니다.
제1전시관은 한민족 생활관으로 선사시대에서 조선 시대까지 각 시기 사람들의 생활사를 주로 전시하며 사람들에게 각 시기의 문화 특징과 문물의 차이 및 각 시기의 도자기, 농기구 및 인쇄품 등을 보여 줍니다.
제2전시관은 농업 전시관으로 농사짓는 모습, 물고기 잡는 모습과 의복, 주택, 수공예품, 장식품, 그릇, 김치와 장독 등을 보여 주며 사람들이 고대인의 생활 모습을 보다 직접적으로 이해할 수 있도록 해 줍니다.
제3전시관은 한국인 생활 전시관으로 한국인의 출생, 성인식, 혼례, 제사 등 각 단계별 생활 모습을 전시하고 있습니다. 박물관의 실외에는 제주도의 돌하르방, 물방아, 돌방아, 원두막 등 민속 풍경들이 진열되어 있는데, 실외를 산책하며 관람하면 또 다른 세상을 느낄 수 있습니다.

377 한국에는 몇 개의 국립공원이 있습니까? 한국의 첫 번째 국립공원을 소개해 보십시오.

▶ 현재 한국에는 모두 21개의 국립공원이 있으며, 첫 번째 국립공원은 1967년에 지정된 '지리산 국립공원'입니다. 지리산 국립공원은 경상남도와 전라남도, 전라북도를 가로지르는 한국에서 면적이 가장 큰 산악형 국립공원으로, 주 봉우리인 천왕봉은 한국에서 두 번째로 높은 봉우리입니다. '지리산'은 '지혜가 뛰어난 사람의 산'이란 뜻으로 예로부터 유명한 은자들이 지리산에서 수양했으며 이때문에 지리산은 또한 삼신산의 하나로 불리며 금강산, 한라산과 이름을 나란히 합니다.

플러스 질문 모범 대답

❶ 据韩国的"自然公园法"，韩国的公园分为国立公园、道立公园、郡立公园和地质公园四种。

❷ 国立公园是由韩国政府特别指定并加以管理的代表韩国的自然生态系统、自然以及文化景观的地区，指定国立公园的宗旨是为保护和保存以及实现可持续发展。

❸ 韩国国立公园有山岳国立公园16个，分别为智异山、雪岳山、汉拿山、内藏山、北汉山、无等山等；有海上海岸国立公园4个，分别为闲丽海上公园、泰安海岸公园、多岛海海上公园和边山半岛公园；此外还有一处是史迹国立公园——庆州国立公园。这些国立公园我差不多都去过，要介绍一处的话，我想介绍一下儿北汉山国立公园，因为北汉山国立公园位于首尔市北部，是我经常去的地方。北汉山国立公园是世界罕见的位于市中心自然公园，它横穿首尔及京畿道，总面积达79.9平方公里，以"单位面积游客最多"被载入吉尼斯世界纪录。北汉山以牛耳岭为界，南边为"北汉山"，北边为"道峰山"。北汉山主要由巨大花岗岩构成，山势陡峭，溪流清澈，山内有丰富的动植物资源，及各种历史文化遗址，是一处集运动、休闲、观光、文化体验及历史学习于一体的好去处。

道立公园 dàolì gōngyuán 도립공원 | 郡立公园 jùnlì gōngyuán 군립공원 | 地质公园 dìzhì gōngyuán 지질공원 | 宗旨 zōngzhǐ 기본 이념 | 可持续发展 kěchíxù fāzhǎn 지속 가능한 발전 | 闲丽海上公园 Xiánlì Hǎishàng Gōngyuán 한려해상국립공원 | 泰安海岸公园 Tài'ān Hǎi'àn Gōngyuán 태안해안국립공원 | 多岛海海上公园 Duōdǎohǎi Hǎishàng Gōngyuán 다도해해상국립공원 | 边山半岛公园 Biānshān Bàndǎo Gōngyuán 변산반도국립공원 | 史迹国立公园 shǐjì guólì gōngyuán 사적 국립공원 | 世界罕见 shìjiè hǎnjiàn 세계적으로 보기 드물다 | 横穿 héngchuān 가로지르다 | 以牛耳岭为界 yǐ Niú'ěrlǐng wéi jiè 우이령을 경계로 하다 | 山势陡峭 shānshì dǒuqiào 산세가 험준하다 | 溪流清澈 xīliú qīngchè 계곡이 맑고 깨끗하다

---

378 한국에는 어떤 민속 마을이 있습니까?

▶ 민속 마을은 한국 전통 문화를 담아낸 저장 장치 중 하나로 한국 역사 속 사람들의 생활 방식과 고대 문화를 깊게 그리고 가까이에서 체험할 수 있습니다. 현재 많은 민속 마을에는 순박하고 전통적인 생활 방식이 여전히 보존되어 있으며 우리는 〈별에서 온 그대〉 등의 드라마에서 민속 마을의 자연미를 깨달았습니다. 대략적으로 말한다면 한국에는 10개의 민속 마을이 있습니다. 각각 경기도 용인시의 한국민속촌, 경상북도에 있는 경주 양동마을, 경상북도에 위치한 안동 민속마을과 안동 하회마을, 전라남도 순천시에 있는 낙안읍성민속마을, 전라북도 순창군에 있는 순창 전통고추장민속마을, 전라북도의 도청인 전주에 있는 전주한옥마을, 충청남도 아산시에 있는 외암리민속마을, 경상남도 하동군에 있는 청학동마을, 제주 서귀포시에 있는 성읍민속마을, 남산한옥마을입니다.

플러스 질문 모범 대답

❶ 这里生动再现了朝鲜时代后期的生活模式，在占地达30万坪的土地上建有韩国传统住宅260余座，里面还展出了3万多件韩国民俗资料。

❷ 在世界教科文组织指定的世界文化遗产中，庆州良洞村就榜上有名。这里是韩国规模最大的传统村落，也是朝鲜时代的传统文化与大自然美景相结合的最佳典范。

❸ 安东河回村依山傍水，整个村落就是一个博物馆，英国伊莉莎白女王曾经访问过；安东民俗村是安东民俗博物馆的露天馆，这里安置着因安东大坝而迁移的传统草房、韩屋等文化遗产，保存着高丽时代的各种建筑，这里也是很多韩剧的拍摄地。

❹ 全罗南道顺天市的乐安邑城民俗村，城内至今还居住着100多户人家，城郭也还保存着以前的形状。在这里可以看到韩国南方地区特有的住宅风格。

❺ 全罗北道的淳昌郡的淳昌传统辣酱民俗村，整个村落里存着很多具有传统建筑风格的房屋，而最有韩国特色的就是在各处都能看见成排的用于发酵辣椒酱的大缸。

❻ 全罗北道首府全州的全州韩屋村，作为韩国保存最完整的的韩屋村完美的体现着韩国传统建筑的美。如今的全州韩屋村作为旅游景点，深受国内外游客欢迎。

❼ 那里是大概500多年前礼安李氏迁移而来形成的村落。整个村落住着大约80来户人家，风景十分优美。

❽ 济州西归浦市的城邑民俗村，建于汉拿山下的村落保存了完整的韩国村落形式，有很多珍贵的文化遗产。至今里面还有着民居、乡校、古代官公署、石神像、碾子、城址、碑石等有形文化遗产及民歌、民俗游戏、乡土食品、民间工艺、济州方言等无形文化遗产。几百年树龄的古树点缀其中，在这里散步就好像回到了历史的某个瞬间。

❾ 那里同样是韩国民俗村落的代表，青鹤洞村位于智异山神山峰的东侧山麓，海拔800米，其名称的含义是村里有青色羽毛的鹤。那里完整的保留了韩国传统的生活方式，据称这里还是韩国的十大宝地之一。目前村落里生活着大约三十户人家共200多人。村落里有道家宫殿，还有各种形状的石塔。

❿ 南山韩屋村，与其说是民俗村落，这里更像是一个传统公园。南山谷自然风光优美，当时的达官贵族们在这里不同的地方建造了很多亭子，在亭中谈诗作画，欣赏音乐，享受美景。后来呢，在修复被毁损的南山谷时，市政府尽量体现南山谷的地形特征，把分散在首尔市区的5座韩屋移迁到这里，并在每座韩屋中摆放了适合生活在那座韩屋中的相应身份的人的用品，重现了当时人们的生活原貌。

榜上有名 bǎngshàng yǒumíng 명단에 이름이 있다 | **最佳典范 zuìjiā diǎnfàn** 가장 아름다운 전형 | **依山傍水 yīshān bàngshuǐ** 산을 의지하고 물 가까이에 있다 | **露天馆 lùtiānguǎn** 노천관 | **安置 ānzhì** 안치하다, 설치하다 | **大坝 dàbà** 댐 | **发酵辣椒酱 fājiào làjiāojiàng** 고추장을 발효하다 | **迁移 qiānyí** 이주하다 | **古代官公署 gǔdài guāngōngshǔ** 고대 관공서 | **碾子 niǎnzi** 연자방아 | **树龄 shùlíng** 나무의 나이(수령) | **点缀其中 diǎnzhuì qízhōng** 그 안에 아름답게 꾸며져 있다 | **瞬间 shùnjiān** 순간 | **南侧山麓 náncè shānlù** 남쪽 산비탈 | **道家宫殿 dàojiā gōngdiàn** 도가 궁전

---

379 한국에서 규모가 가장 큰 자연 습지는 어디입니까?

▶ 한국에서 규모가 가장 큰 자연 습지는 경상남도 창녕군의 우포습지로 우포, 목포, 사지포, 쪽지벌 네 개의 습지로 구성되어 있습니다. 총면적은 70만 평에 달하며 그중 1억 4000만 년 전 공룡 생존 유적이 보존되어 있는 우포습지가 가장 유명하며, 이는 1998년에 정식으로 〈람사르협약〉에 가입된 명실상부한 자연 보고입니다.

---

380 한국 최초로 〈람사르협약〉에 가입된 관광지는 어디입니까?

▶ 순천만 연안 습지입니다. 40km의 해안선을 따라 형성된 순천만은 세계 5대 연안 습지 중 하나이며, 2006년에 한국에서 첫 번째로 람사르협약에 가입하여 생태 보존 가치를 인정받게 되었습니다. 그곳은 끝없이 펼쳐지는 황금빛 갈대숲으로 유명하며 한국의 포토그래퍼들이 가장 사랑하는 유명한 촬영지 중 하나입니다.

381 한국의 유명한 스키장 5곳을 말해 보십시오.

▶ 한국에는 유명한 스키장이 많은데 그중 5곳을 소개한다면 알펜시아리조트 스키장, 베어스타운리조트 스키장, 용평리조트 스키장, 휘닉스파크 스키장, 비발디파크 스키장 등입니다.

플러스 질문 모범 대답

❶ 韩国的滑雪场拥有各种雪道和及其现代化的便利设施，主要集中在江原道地区和首尔近郊京畿道一带。江原道拥有天然降雪的自然条件，而且高山众多，是滑雪的最佳去处；首尔近郊的滑雪场可以当日往返，为繁忙的上班族增添了冬日的乐趣。此外有滑雪场的度假村大多都是四季型综合修养地，不但住宿设施完备，而且有很多主题乐园，绝对是休闲体验的好去处。

❷ 初学滑雪者最先练习的是内八字滑雪法，准备动作是将两个雪橇前端相靠，和身体形成三角形，然后以身体带动方向控制雪橇走向，身体向左就向左滑，身体向右就向右滑。千万牢记不要直线向前滑，在坡道上初学滑雪者要学习如何"之"字形下滑，感觉不能保持平衡时，要向后或两边摔倒，千万不能向前倒。

❸ 阿尔卑西亚度假村滑雪场位于江原道平昌郡，处于海拔700米处，在那儿可欣赏到大关岭的迤逦景致，而且那里雪质极好。有从初级到高级共6面雪坡，可容纳3千人同时享受滑雪的乐趣。阿尔卑西亚假村是2018年平昌冬季奥运会主要雪上竞技的举行地。还有2009年上映的韩国电影《国家代表》亦拍摄于此地，因而颇有知名度。

❹ 它位于海拔700-800米高的高原上。作为韩国最早的滑雪场，各种现代化的滑雪设施齐全，被称作"韩国的阿尔卑斯"，见证了韩国滑雪运动的发展，是大众化的一座滑雪场。因多次成功举办滑雪世界杯和冬季亚洲运动会(Winter Asian Games)而世界闻名。这里还是电视剧《冬季恋歌》的摄影地，吸引了大批日本粉丝以及亚洲粉丝滑雪爱好者及游客前来体验。2018年平昌冬季奥运会的阿尔卑斯式雪上项目将在这里举行。

❺ 它位于江原道平昌郡，与海拔高达1261米的泰岐山相距700余米。依山而建的滑雪村，与周围的环境完美结合，在那儿可以欣赏到广袤而又美丽的景致，到那里欣赏冬季美景也是不错的选择。那里还是"2018平昌冬季奥运会"自由式滑雪和滑雪板比赛的赛场。

❻ 它位于江原道洪川郡，在韩国最早开设了夜间滑雪场，在年轻人中拥有极高的人气。滑雪道的名字也为了迎合年轻人的喜好，分别取名"HipHop"、"Techno"、"朋克"等，同时滑雪道也较为曲折有难度，能够更深刻的体验到惊险刺激带来的兴奋感。百玩地(维尔瓦第)公园秀丽的景色在灯光的映衬下，更加璀璨美丽，体验滑雪刺激的同时，还可以欣赏美景，放松身心。大明度假村百玩地公园里除了滑雪场以外，还有可以享受温泉浴的水上乐园等。

❼ 它位于京畿道的抱川市，为首尔近郊的大型综合休闲度假村，首尔游客可以当天往返。滑雪场有为初学者设置的广场型滑雪道，而且是韩国最早引进租借制度的滑雪场，游客即便没有任何准备，也可以轻松地体验滑雪的乐趣。同时熊城度假村还有海拔400米的雪橇场，是周末举家同游的好去处。

天然降雪 tiānrán jiàngxuě 자연설 | 设施完备 shèshī wánbèi 설비가 완벽하다 | 内八字 nèibāzi 안짱다리 | 以身体带动方向 yǐ shēntǐ dàidòng fāngxiàng 몸으로 방향을 이끌다 | 控制雪橇走向 kòngzhì xuěqiāo zǒuxiàng 스키의 방향을 제어하다 | 牢记 láojì 명심하다, 단단히 기억하다 | "之"字形下滑 "zhī" zì xíng xiàhuá '갈 지'자 모양으로 아래로 미끄러지다 | 迤逦景致 yǐlǐ jǐngzhì 구불구불 이어진 정경 | 雪质 xuězhì 눈의 품질 | 容纳 róngnà 수용하다 | 颇有知名度 pōyǒu zhīmíngdù 지명도가 있다 | 阿尔卑斯 Ā'ěrbēisī 알프스 | 泰岐山 Tàiqíshān 태기산 | 依山而建 yī shān ér jiàn 산을 따라 짓다 | 广袤 guǎngmào 광활하다 | 迎合年轻人的喜好 yínghé niánqīngrén de xǐhào 젊은이들의 기호에 영합하다 | 朋克 péngkè 펑크(punk) | 曲折有难度 qūzhé yǒu nándù 굴곡이 난이도가 있다 | 映衬 yìngchèn 서로 잘 어울리다 | 璀璨美丽 cuǐcàn měilì 반짝반짝 아름답다 | 放松身心 fàngsōng shēnxīn 심신을 풀다 | 租借制度 zūjiè zhìdù 대여 제도 | 雪橇 xuěqiāo 눈썰매

382 안보 관광지를 소개해 보십시오.

▶ 한국에서 가장 유명한 안보 관광지는 당연히 임진각 국민 관광지입니다. 이곳은 한반도 통일을 기원하기 위하여 1972년 건설된 안보 여행지이며, 군사분계선 남단 7㎞에 위치해 있습니다. 임진각과 북한기념관, 세계평화공원, 각종 기념비, 망배단, 자유의 다리, 평화의 종, 한국전쟁 시 투입하여 사용된 탱크와 비행기 등 문물이 있으며 곳곳에서 한국전쟁이 남긴 상처를 볼 수 있습니다. 임진각은 남북 쌍방 교류가 가장 빈번하고 가장 활발한 곳으로 참관 수속도 상대적으로 말해 그렇게 복잡하지 않습니다.

> **플러스 질문 모범 대답**
>
> ❶ 临津阁分为地下一层和地上三层，内部陈列着关于北韩的资料和画报，站在屋顶可以看到自由桥和北韩。

383 한국에서 가장 유명한 일출 관광지를 소개해 보십시오.

▶ 일출을 보는 곳 중 가장 유명한 관광지는 당연히 정동진입니다. 정동진은 조선 시대 한양의 광화문에서 정동쪽 해변에 있는 부두이기에 정동진이라는 이름을 얻게 되었습니다. 현재 매년 1월 1일 새로운 1년을 맞이하기 위하여, 이곳에서는 모래시계 회전식과 해돋이 축제를 거행하여 많은 관광객을 끌어당기고 있습니다. 정동진의 소나무, 철길 그리고 해안 풍광은 서로 비추이며 경치는 독특한 매력을 지닙니다. 정동진역은 세계에서 바다에서 가장 가까운 열차역으로 기네스북에 기록되었습니다. 정동진역을 걸어나오면 먼저 눈앞에 펼쳐지는 것은 바다를 향해 있는 끝없이 펼쳐진 백사장으로, 이는 사람들의 가슴을 탁 트이게 합니다. 정동진 기차역 남쪽을 따라 해변길을 5분 정도 걸으면 모래시계 공원 내에 우뚝 솟아 있는 세계에서 가장 규모가 큰 모래시계를 볼 수 있는데, 그곳은 드라마 〈모래시계〉의 촬영지로 유명합니다.

384 한국의 명산을 하나 소개해 보십시오.

▶ 한국에는 명산이 많은데 한 곳을 선택한다면 저는 강원도에 위치한 설악산을 소개하고 싶습니다.
설악산은 강원 속초시, 인제군, 고성군, 양양군 등 4곳의 시군에 걸쳐 있으며 험준하고 수려한 산 풍광으로 여행객들에게 인기가 많습니다. 설악산은 또한 북한의 명산인 금강산이 이어진 곳이라 남금강이라는 별칭을 가지고 있습니다. 설악산은 금강산의 수려함과 지리산의 웅장함을 모두 가지고 있고 더욱이 가을의 단풍은 산수와 서로 잘 어우러져 풍경이 마치 그림과 같습니다. 설악산은 최고봉인 대청봉(해발 1708m)을 중심으로 외설악과 내설악으로 나뉘는데 외설악의 천불동 계곡 양쪽의 기암절벽은 사람들에게 강인한 아름다움을 선사하며 내설악의 백담, 가야동 계곡은 온화하면서도 깊고 그윽한 아름다움을 보여 주고 있습니다. 설악산 일대는 1965년 11월 천연보호구역(천연기념물 제171호)으로 지정되었으며 1970년 한국의 다섯 번째 국립공원으로 지정되었고 이후 1973년 12월에 공원보호구역으로 지정, 1982년 8월에는 유네스코 '생물권보전지역'으로 지정되었습니다.

385 석가탑과 다보탑을 각각 소개해 보세요.

▶ 석가탑과 다보탑은 모두 화강암 석탑으로 불국사의 한 쌍의 선남선녀라고 불립니다. 정교한 건축미와 그 상징성은 불교 이상을 실현하기 위해 노력한 신라인의 사상과 예술을 보여 주고 있습니다.

석가탑은 국보 21호로 '무영탑'이라고도 하는데 즉 '그림자가 없다'는 뜻으로 정식 명칭은 '불국사 3층 석탑'입니다. 석가탑은 대웅전 서쪽에 위치하며 전체 길이는 8.2m로 2층 기단 화강암과 3층 탑신 및 옥개석으로 구성되어 있고 그 형태는 남성미를 지닙니다. 탑의 주위에는 연꽃 무늬를 조각한 8개의 둥근 돌인 팔방금강좌가 있습니다.

다보탑은 국보 제20호로 전체 길이는 10.4m이고 기단의 너비는 4.4m이며 대웅전 앞뜰 서쪽의 석가탑 맞은편에 자리하고 있습니다. 백색의 화강암 조각으로 이루어진 다보탑의 화려한 조형미는 한국 석탑의 최고라 할 수 있습니다. 탑신 중간의 갑석 위에는 본래 네 마리의 돌사자가 있었는데 그중 3개는 도난당하여 현재는 한 마리뿐입니다. 10원짜리 동전에 이 사자상이 새겨져 있습니다.

석가탑과 다보탑의 명칭은 『법화경』에서 가져왔으며 '무영탑'은 아사달 여인 혹은 영지 전설에서 나온 것입니다.

386 한국의 삼보사찰은 어디인지 말해 보십시오.

▶ 첫 번째는 16명의 국사를 배출한 승보사찰 송광사이며 전남 순천시에 위치합니다.

두 번째는 〈팔만대장경〉을 보존하고 있는 법보사찰 해인사이며 경남 합천군에 위치합니다.

세 번째는 부처의 진신사리를 모시고 있는 불보사찰 통도사이며 경남 양산시에 위치하고 있습니다.

387 해인사를 소개해 보십시오.

▶ 해인사는 경상남도 가야산 남쪽 산기슭 합천군 홍류동 계곡 끝에 위치하며, 전해지는 바로는 옛날 어느 재상이 용궁에서 놀다가 가지고 온 바다 용왕의 도장으로 절을 지었다고 하여 해인사라고 불린다고 합니다. 실제로 해인사는 신라 시기 802년에 처음 지어졌으며 이후 여러 차례 화재를 입어 조선 말기에 중건한 것으로 일주문, 봉황문, 해탈탑, 법보전, 장경각 등 40여 채의 웅장하고 아름다운 고대 건축물이 있고, 절 안의 벽에는 조선 시대의 풍속화가 그려져 있으며 석탑, 옥등, 탑향로 등 30여 개의 문물이 있습니다. 해인사는 현존하는 건축물 중 가장 오래된 건축으로 그 목조 건축 형식은 초기 조선 전통 건축양식에 속합니다. 그중 대장경판고는 건축의 아름다움으로 유명할 뿐만 아니라 특히 사람들이 신기하게 여기는 것은 그 건물에 특수한 통풍 설비가 있는 것이 아닌데 양호한 통풍 상태를 유지하며 온도와 습도를 조절하는 기능이 있어 대장경을 수백 년간 완벽하게 잘 보존하고 있다는 것입니다. 해인사는 신라 시기 화엄종 10대 도장 중 하나이며, 현재는 조계종 5대 총림, 삼대사찰, 31 선교 대본산 중 하나입니다. 사찰 내에 〈팔만대장경〉을 보존하고 있어 법보의 종주사찰로 존중받으며, 유네스코 세계문화유산으로 지정되었습니다.

388 유네스코 세계문화유산인 고인돌 유적지는 어디입니까?

▶ 고인돌은 한국 청동기시대의 대표적인 고분으로 선사시대의 문화 현상, 사회구조, 정치체제 및 당시 사람들의 정신세계를 연구할 수 있는 중요한 자료로 높은 문화적 가치를 지니고 있습니다. 한국은 이미 3만여 기의 고인돌을 발굴했으며 그중 고창, 화순, 강화의 고인돌 유적이 2000년 12월 세계문화유산 목록에 등재되었습니다.

고창 고인돌 유적은 전라북도 고창군 죽림리, 도산리 일대에 위치하며, 매산마을을 중심으로 동서로 약 1,764m의 범위 내에 있으며 440여 기의 고인돌 유적이 분포되어 있는 한국에서 가장 규모가 큰 고인돌군입니다.

화순 고인돌 유적은 전라남도 화순군 도곡면 효산리, 춘양면 대신리 일대에 위치하며 산골짜기를 중심으로 길이 약 10km 지역 내에 분포하며 한 곳에 500여 기에 달하는 고인돌군이 있습니다. 이 고인돌군은 최근 발굴한 것으로 보존 상태가 양호합니다.

강화 고인돌 유적은 인천광역시 강화군 부근리, 삼거리, 오상리 등 고려산 산기슭 지역에 위치하며 120여 기의 고인돌 유적이 분포해 있습니다. 그중에는 한국에서 가장 큰 북방식 고인돌 유적이 있습니다.

389 서울 근교에는 어떤 산성이 있습니까?

▶ 서울 근교에는 두 개의 산성이 있는데 남한산성과 북한산성입니다.

남한산성은 건축 기술에 있어서나 방어 전술 기술에 있어서나 모두 평범하지 않은 가치를 지니고 있습니다. 특히 '병자호란' 때 국왕의 피난처로 삼은 행궁, 즉 국왕의 '비상시 왕궁'으로 상당한 평가를 받고 있고 이 때문에 세계문화유산에 등재되었습니다.

북한산성은 한국 서울시 북쪽의 북한산국립공원에 위치하며 조선왕조 때 비상 상황 발생 시 피난하기 위해 건립한 행궁이기 때문에 다른 도성과 완전히 다른 독립적인 성입니다. 북한산성의 성벽은 화강암으로 지어졌으며 산성 주변 길이는 12.7km, 성벽 높이는 7m, 길이가 8.5km입니다. 성내 면적은 2백만 평이며 규모 면에서는 도성의 왕궁에는 못 미치지만 산중 궁궐의 웅장한 기세를 갖추고 있습니다. 북한산성은 백운대에서 남쪽을 향한 구불구불한 산등성이와 험준한 암봉, 산마루, 절벽 등을 이용하여 지은 것으로 자연과 완벽하게 조화를 이루는 걸작품입니다.

Unit 04 지역별(1)-서울·경기

390 서울에 대해 소개해 보십시오.

▶ 서울은 한반도 중서부에 위치하며 면적은 605.33㎢입니다. 조선왕조부터 지금까지 서울은 수도로서 이미 600여 년의 역사를 가지고 있으며, 처음에는 한양이라 불리다가 1945년 대한민국 수립 이후 한성으로 이름을 바꾸었습니다. 2008년 당시 서울 시장이 한성의 중문 이름을 서울로 바꾸었습니다. 서울은 유구한 역사를 지닌 고도로 시내에는 많은 명승고적들이 분포해 있으며, 동시에 아시아의 4마리 작은 용 중 하나로 빠른 경제 성장은 서울을 국제화 도시로 만들었습니다. 서울은 '자연과 사람, 전통과 현대'를 훌륭하게 표현하는 아름다운 도시입니다.

서울은 한국의 수도로서 한국의 정치, 경제, 문화의 중심이며 한강을 경계로 강북과 강남으로 나뉩니다. 강북은 구시가 지역으로 서울의 정치, 역사 문화의 중심이며 조선 시대 권력을 대표하는 왕조의 궁궐과 현재의 정치 중심인 청와대가 모두 강북에 위치하고 있습니다. 강남은 신시가로 경제가 고도로 발달된 상업 문화 지역입니다. 강남의 압구정, 강남대로, 청담동에는 세계 최고의 유행이 모여 있고 한때 풍미했던 노래 〈강남스타일〉에서 대략적인 면모를 볼 수 있습니다.

서울은 이러한 고전적 기운이 충만한 현대화된 대도시일 뿐만 아니라 1988년 올림픽, 2002 한일 월드컵, 2010년 G20 정상회의 등 대형 경기와 국제회의 등을 성공적으로 개최하여 국제사회에서 유례가 없는 명성을 얻었으며 2010년에는 세계디자인수도로 선정되었습니다. 서울은 사계절이 분명하고 주위에 많은 산들로 둘러싸여 있어 공기가 맑습니다. 관광이나 쇼핑이든 휴식이나 체험이든 모두 잊지 못할 기억을 남길 것입니다.

> **플러스 질문 모범 대답**
>
> ❶ 首尔的象征物是獬豸，它是想象中的动物，与狮子相似，但头上长有犄角，简单的说"獬豸"是正义的化身，于2008年被指定为首尔市的象征物。
> 在古代，在裁判官的衣服上有獬豸的图像，如今在国会议事堂和大检察厅的门前都有獬豸像。此外獬豸还有避邪之说，景福宫的前面有一对獬豸，据说是因为景福宫后边的北岳山比冠岳山低，很难抵挡冠岳山的火气，因而按照风水地理学说，在景福宫前立了一对儿獬豸，来抵挡冠岳山的火气。
>
> **獬豸** xièzhì 해태(동아시아 고대 전설 속의 '시비와 선악'을 판단하여 안다고 하는 상상의 동물) | **犄角** jījiǎo 뿔 | **避邪** bìxié 액땜을 하다

---

391 서울 전경을 구경하기 좋은 곳은 어디입니까?

▶ 서울 전경을 구경하기에는 서울의 랜드마크인 N서울타워와 여의도의 63스퀘어만 한 곳이 없습니다.

N서울타워는 서울 중심에 있는 남산의 가장 높은 곳에 위치하고 있으며, 남산타워라고도 합니다. 처음에는 MBC 등 3개의 민영 방송국이 공동 투자하여 지은 방송 신호를 보내던 남산타워는, 1969년에 기공하여 6년의 기간을 거쳐 1975년에 준공하였습니다. N서울타워는 높이가 236.7m, 해발 479.7m로 서울 전경을 감상할 수 있을 뿐 아니라 특히 야경

으로 유명한 명소이며 서울의 상징이기도 합니다. 타워 내에는 미디어 구역, 어린이 체험 학습관 및 전시와 공연을 거행하는 공간, 서양식 음식점 및 야외 무대가 있는 명실상부한 복합 문화 공간입니다. 전망대 1층에서 초속 40m의 속도로 올라가는 엘리베이터를 타고 135m의 높이에 도달하면 바로 전망대 3층입니다. 엘리베이터에서 내리자마자 자신이 투명한 세계에 있는 것을 발견하게 되며, 서울의 매혹적인 풍경이 눈앞에 펼쳐질 것입니다. 특히 이곳의 야경은 서울에서 가장 으뜸으로 꼽는 풍경입니다. 또한 언급할 만한 것은 2층에 서울에서 해발이 가장 높은 화장실이 있는데, 특별히 하늘 화장실이라고 불리는 남자 화장실입니다. 사방이 유리로 되어 있어 화장실에서 볼 일을 보며 동시에 서울의 풍경을 감상할 수 있습니다. 이 특별한 장소는 만들어진 때부터 지금까지 줄곧 사람들에게 회자되고 있습니다. N서울타워의 또 하나 매력은 저녁 7시부터 12시까지 타워 외관이 매 시간마다 계절과 날씨에 따라 다른 색으로 변하는 것입니다. 여의도에 위치한 초고층 빌딩인 **63스퀘어**는 지상 60층, 지하 3층 해발 264m의 현대화 건축으로 서울의 상징 중 하나라고 할 수 있습니다. 빌딩 정상에는 전망대가 있어 서울 전경을 감상할 수 있으며 날씨가 좋으면 인천 앞바다를 볼 수 있고 특히 저녁 무렵 한강과 한강대교와 차량들의 불빛이 서로 어우러져 상당히 아름답습니다. 이 밖에 빌딩 내에 있는 수족관, 미술관 등도 훌륭한 관광지입니다.

플러스 질문 모범 대답

❶ N首尔塔, 以前被称为南山塔, 后来被专门播放新闻的YTN电视台收购并进行创新改建, 于2005年以N首尔塔的新面貌与首尔市民见面。N首尔塔中的N呢, 有一种说法是NEW的首字母, 表示新面貌的意思, 另一种说法是南山中的N表示南山的意思, 还有一种说法是YTN中的N, 代表公司的名字, 这样以新面貌与市民见面的N首尔塔的名字, 可以说是意义深远。

---

392 서울의 새로운 관광지인 청와대를 소개해 보십시오.

▶ 청와대는 한국 대통령의 관저로 지붕이 푸른 기와라서 지어진 이름이며 경복궁의 뒤쪽에 위치하고 배산임수의 풍수가 매우 좋은 곳입니다. 청와대의 뒤쪽은 북악산이며, 산에는 많은 군대 시설이 있어서 일반인은 산에 오를 수 없으며 대통령이나 높은 관료들만 출입할 수 있습니다. 청와대의 문에는 한국의 국화인 무궁화가 새겨져 있으며, 마당에는 한국의 대표적인 나무인 소나무가 많습니다. 무궁화나 소나무나 모두 한국인의 불요불굴의 의지와 인내심을 상징합니다.

청와대는 1998년 대외에 개방하였으며 매주 화요일에서 토요일까지 참관이 가능하지만 적어도 20일 전에 인터넷으로 예약해야 합니다. 구체적으로 참관할 수 있는 곳은 청와대 홍보관(춘추관), 녹지원(청와대에서 가장 아름다운 정원), 구본관터(현재 경복궁 후원 모양으로 복원함), 칠궁(청와대 서남쪽에 위치한 7개 궁전, 조선 시대 역대 임금 생모의 위패를 봉양함), 본관(대통령 집무실과 외빈을 접대하는 곳), 영빈관(외국 대통령을 접견하거나 대형 회의를 거행하는 곳), 분수(매년 의장대 공연을 하는 곳) 등입니다. 한국 여행에서 당연히 한국의 '심장'이라고 할 수 있는 청와대에 가지 않을 수 없으며 무척 의의가 있는 곳입니다.

393　서울에 백제 시대 유적이 있습니까?

▶　있습니다. 비교적 대표적인 것은 '몽촌토성'과 '풍납토성'입니다. '몽촌토성'은 올림픽공원 내에 위치하고 백제 시기에 건립되었으며 토성 내에는 많은 출토 문물들이 전시되어 있습니다. '풍납토성'도 백제 시대 흙으로 빚어진 성으로 서울 송파구 풍납동에 위치하며 서쪽에는 한강이 있고 남쪽에는 '몽촌토성'으로 이어지는 길이 있습니다. 토성 내에서 대량의 백제 시기 도자기 문물과 왕성에 부합되는 수많은 문물들이 출토되어 백제 시대의 최초 왕궁인 하남 위례성이라 추측되기도 합니다.

394　한강에 대해 소개해 보십시오.

▶　한강의 원류는 태백산 검룡소로, 동에서 서로 서울시를 관통하여 최종적으로 서해로 흘러 들어가며 전체 길이가 514㎞입니다. 예로부터 줄곧 한민족의 공업용수와 생활용수의 주요 원천이면서 주요 운송로이기도 했습니다. 서울을 경유해서 흐르는 한강은 서울을 강남과 강북으로 나누며 단지 60여 ㎞이지만 31개의 대교가 있고 그중 4개는 철교로서 서울 경제와 교통의 대동맥입니다. 20세기 70년대 한국 경제는 '한강의 기적'을 창조했고 이 때문에 한국인은 한강을 경제 발전의 '생명선'이라고 칭하였습니다. 이 밖에 아름다운 한강 대교는 이미 서울의 아름다운 경관이 되었습니다.

> **플러스 질문 모범 대답**
>
> ❶ 盘浦大桥是连接汉江两岸的龙山区西冰库洞及瑞草区盘浦洞的大桥，大桥于1982年6月竣工，是韩国第一条上、下两层的桥梁，下层是一条潜水桥。盘浦大桥全长约1.5公里，在2008年完成了扩建工程。扩建后的大桥除了桥面更宽以外，桥的两旁还装设了380个喷水柱，成为吉尼斯世界纪录大全中全世界最长的喷水桥。汉江两岸还设有汉江公园，晚上散步、运动的人可以坐在江边，听着音乐，看着彩虹喷泉，放松身心。
> 大桥下的月光彩虹喷泉，因为是韩国一个综艺节目《我们结婚了》，和韩剧《花样男子》等的外景拍摄地而受到人们的关注。每年的4月到10月，那里会定时进行20分钟的喷泉表演，所以很多浪漫的年轻男孩儿会准备一些让女孩感动的瞬间，趁那个机会选择到那里求婚，围观的游人也会送上美好的祝福，那也许是女孩最浪漫最难忘的回忆了。
>
> 潜水桥 qiánshuǐqiáo 잠수교 | 喷水柱 pēnshuǐzhù 분수 기둥 | 喷水桥 pēnshuǐqiáo 분수 다리 | 放松身心 fàngsōng shēnxīn 심신을 쉬게 하다 | 综艺节目 zōngyì jiémù 예능 프로그램 | 《我们结婚了》《wǒmen jiéhūn le》〈우리 결혼했어요〉 | 《花样男子》《huāyàng nánzǐ》〈꽃보다 남자〉 | 定时 dìngshí 때맞추다 | 喷泉表演 pēnquán biǎoyǎn 분수 공연 | 求婚 qiúhūn 청혼하다 | 围观 wéiguān 둘러싸고 구경하다

395　인사동에 대해 소개해 보십시오.

▶　인사동은 서울 종로구에 위치하며 서울 시민과 외지에서 온 여행객에게 인기 많은 골동품 거리이자 문화 거리입니다. 조선 시대 인사동에는 고관 귀족들의 저택이 있는 전형적인 양반 마을이었지만 지금은 한국에서 유명한 골동품 거리

및 문화 거리가 되었습니다. 인사동의 오랜 역사를 지닌 작은 골목에는 많은 화랑, 작은 미술관, 골동품 가게와 공예품 점이 숨어 있고, 가게 안에는 고대 미술품, 현대 미술품, 한복, 도자기, 공예품 및 각종 기념품 등 있을 것은 다 있습니다. 인사동에는 또한 사람들을 끌어당기는 곳이 있는데 그것은 전통 식당과 전통 찻집으로 여전히 한국 고유의 풍습과 특색이 남아 있으며, 한국 전통문화를 체험하는 가장 훌륭한 관광지 중 하나입니다.

플러스 질문 모범 대답

❶ 仁寺洞有著名的"三一独立运动"发表宣言的"地标"，1919年3月1日民族代表33人聚在那里宣读了"独立宣言"。

❷ 在朝鲜时代后期，没落的达官贵人家族把家中的物品拿出来卖钱，渐渐地一些古董店应运而生，后来又有了展销古董的画廊、工艺品店等等，从而形成了一条文化商品街。

❸ 应该是2004年落成的森吉街吧，森吉街将70多家有特色的著名工艺品店汇集到一座建筑物中，并一改传统建筑各层独立的格局，用一条倾斜的通道将整个建筑内部连接起来，并且在地下一层设有各种餐饮店，顶层设有露天酒吧。与周围一家家小小的店铺形成对比，完美地打造出一处颇具特色的购物中心。

没落的达官贵人 mòluò de dáguān guìrén 몰락한 고관 귀족 | 应运而生 yìngyùn ér shēng 시대의 요구에 따라서 생겨나다 | 从而 cóng'ér ~부터 | 落成 luòchéng 준공하다 | 森吉街 Sēnjíjiē 쌈지길 | 汇集 huìjí 모여 있다 | 露天酒吧 lùtiān jiǔbā 야외 술집 | 打造出 dǎzàochū ~을 만들어 내다 | 颇具特色 pōjù tèsè 상당히 특색이 있다

---

396 남산한옥마을과 북촌한옥마을을 비교 소개해 보십시오.

▶ 남산한옥마을은 남산공원에 위치하며 5채의 전통 한옥을 완벽하게 이전한 후 건설한 한옥마을입니다. 내부는 조선 시대 양반 주택과 평민 주택으로 나뉘어지며 실내에는 당시 집주인의 신분에 맞는 가구와 각종 생활용품들이 전시되어 있어 관광객들이 당시 사람들의 생활 방식을 이해하기 편리합니다. 가장 특색 있는 것은 남산한옥마을에서는 전통 체험 활동 혹은 전통 놀이 등 재미있는 행사를 자주 거행하여 즐길 거리가 많습니다. 이 밖에 남산한옥마을은 배용준이 주연을 맡은 〈스캔들〉 촬영지 중 하나로 많은 사람들의 주목을 받았습니다.

북촌한옥마을은 경복궁과 창덕궁 사이에 위치하며 조선 시대 고관과 양반 귀족들이 거주하던 곳으로 지금도 그곳은 여전히 사람들이 실제로 거주 생활하는 민가이지 관광객의 관람을 위해 만들어진 민속마을이 아닙니다. 북촌한옥마을은 600여 년의 역사를 지니며 현재 900여 채의 전통 한옥이 보존되어 있습니다. 북촌의 특색 중 하나는 많은 경관을 다른 각도에서 보면 각기 다른 아름다움을 갖추고 있다는 것입니다. 한국관광공사는 북촌에서 가장 아름다운 8곳의 경관을 북촌 8경으로 지정하였는데 창덕궁 근처에 3곳, 경복궁 근처에 5곳으로, 이 북촌 8경에는 '촬영 장소로 가장 좋은 곳'이라는 표지를 세워 놓았습니다.

이로써 알 수 있는 것은 북촌한옥마을과 남산한옥마을의 가장 큰 차이는 바로 북촌한옥마을이 더욱 생활의 정취를 지니고 있는 사람들의 실제 거주지인데 반해 남산한옥마을은 관광을 목적으로 지어진 민속 마을이라는 것입니다.

❶ 北村韩屋村在不知不觉中成了首尔著名的观光地，我想首先是因为北村有很多特色商店、咖啡店或时尚品小店，成了一处新文化艺术区，自然吸引了众多游客；其次北村的古老韵味融入了那种现代的新文化后，便形成了北村特有的古典与现代交融的独特魅力，加之那里还有一些能体验韩国传统手工艺的地方，所以自然而然地吸引了众多游客；最后我想作为风靡一时的韩剧《冬季恋歌》的拍摄地，也大大提高了北村的知名度。

不知不觉 bùzhī bùjué 부지불식간에, 자기도 모르게 | 时尚品小店 shíshàngpǐn xiǎodiàn 유행 아이템 상점 | 新文化艺术区 xīnwénhuà yìshùqū 신문화 예술 지역 | 古老韵味 gǔlǎo yùnwèi 고풍스런 분위기 | 古典与现代交融的独特魅力 gǔdiǎn yǔ xiàndài jiāoróng de dútè mèilì 고전과 현대가 어우러진 독특한 매력 | 加之 jiāzhī 게다가 | 自然而然 zìrán ér rán 자연히 | 提高了知名度 tígāole zhīmíngdù 지명도를 높이다

---

397 북촌과 서촌의 차이점을 비교 설명해 보십시오.

▶ 북촌은 경복궁과 창덕궁 사이에 위치하며 서촌은 경복궁의 서쪽에 위치합니다. 조선 시대에 북촌은 사대부 등 귀족들의 거주지였으며 서촌은 '중인(사회적 지위가 관료와 평민 사이)', 즉 조선 시대의 역관, 의관 등 전문 직종에 종사한 사람들이 거주한 지역이자 또한 많은 예술가들이 거주했던 곳입니다. 북촌의 한옥이 여전히 당시 조선 시대 한옥의 모습을 잘 보존하고 있는 반면 서촌의 한옥은 20세기 초 대량 개조된 '개량 한옥'입니다. 벽면도 석회 아니면 콘크리트이고 지붕도 기와와 함석을 서로 이어 놓았습니다. 서촌의 한옥 건축풍은 근현대와 전통의 융합에 속합니다. 서촌은 영화 〈건축학개론〉의 촬영지 중 한 곳이었기 때문에 주목을 받았으며 더불어 서촌 탐방 열풍을 일으켰습니다.

---

398 삼청동과 신사동 가로수길을 비교 소개해 보십시오.

▶ 삼청동은 경복궁과 창덕궁 사이에 위치하며 서울에서 상당히 특색 있고 예술적 정취가 충만한 곳입니다. 그곳에서는 경복궁과 민속박물관을 관람할 수 있을 뿐만 아니라 국무총리공관과 청와대를 참관할 수 있습니다. 또한 북촌한옥마을의 독특한 매력을 체험할 수도 있으며 각종 화랑과 특색 있는 카페, 수공예품 등이 발길을 돌리지 못하게 할 것입니다. 삼청동에 있으면 마치 고전과 현대가 교차하는 곳에 있는 듯하며, 그 여운이 오래 남습니다.

신사동 가로수길은 서울 강남을 대표하는 대표적인 신문화 지역으로 도로 양 옆에 모두 은행나무가 있어서 가로수길이라는 이름을 얻었습니다. 가로수길의 모든 건축물들은 모두 매우 훌륭한 예술품이며 다양한 카페, 화랑, 레스토랑, 작은 술집, 유행 아이템 상점 등은 사람들로 하여금 완전히 예술과 현대의 조류 가운데 있게 합니다. 이 밖에 신사동 가로수길에서는 다양한 외국 명품과 한국 신예 디자이너들의 개성 넘치는 디자인 제품을 구입할 수 있고 최근에는 대형 종합 매장들이 날로 늘어나 가로수길의 또 다른 풍경을 이루고 있습니다. 신사동 가로수길은 강남의 고도로 발달한 상업 지역에서 마치 약간의 녹차처럼 사람의 마음과 눈을 즐겁게 합니다.

비록 모두가 예술적 분위기가 가득한 신문화 지역이지만 삼청동은 그 이름처럼 산이 푸르고 물이 맑으며 사람들은 영특하여 자연스러움과 소박함을 더욱 느낄 수 있는 곳이고, 신사동 가로수길은 보다 현대적 감각과 유행 감각이 많은 곳입니다.

399 **청계천을 소개해 보십시오.**

▶ 청계천은 조선 시대 하천의 이름으로, 조선 시대에 이 작은 하천은 도성을 두 부분으로 나누었습니다. 후에 경제가 발전함에 따라 이곳의 교통 혼잡을 해결하기 위하여 부근에 고가도로를 건설하게 되면서 청계천은 이미 본래의 면모를 잃었습니다. 2003년에 이르러 당시 시장의 추진하에 청계천 복원 사업을 시작하였습니다. 3년의 시간을 거쳐서 서울의 청계천은 종로구 태평로 동아일보사 앞에서 시작하여 성동구 신답철교까지 길이 5.84㎞ 구간의 물이 맑고 숲이 무성한 서울 시민들이 좋아하는 서울의 대표적인 휴식 공간이 되었습니다. 이 구간에 벽화, 폭포, 분수 등의 시설들을 늘리고 274,380㎡의 녹지를 조성하였으며, 도로 양측에는 너비 1.5~3m의 산책길을 만들었습니다. 가장 특색 있는 것은 역사 문화 유적을 복원하여 길을 따라 있는 정조반차도, 빨래터 등 8개의 명소를 회복한 것입니다.

> **플러스 질문 모범 대답**
>
> ❶ 分别是清溪广场、广通桥、班次图、文化墙、洗衣角、希望墙、存置桥脚和隧道喷泉、杨柳湿地。
>
> ❷ 清溪川壁画指的是在"八景之一"的文化墙，由5位韩国知名大学教授兼美术家分别制作的5幅壁画。壁画以"自然与环境"为主题，与周边环境相呼应，起到了画龙点睛的作用。
>
> 广通桥 Guǎngtōngqiáo 광통교 | 文化墙 wénhuàqiáng 문화벽 | 希望墙 xīwàngqiáng 소망의 벽 | 桥脚和隧道喷泉 qiáojiǎo hé suìdào pēnquán 교각과 터널 분수 | 杨柳湿地 yángliǔ shīdì 버드나무 습지 | 以…为主题 yǐ…wéi zhǔtí ~을 주제로 삼다 | 起到了画龙点睛的作用 qǐdàole huàlóng diǎnjīng de zuòyòng 화룡점정의 역할을 하다

400 **이태원에 대해 소개해 보십시오.**

▶ 이태원은 서울의 외국인들 특히 서양 사람들이 집중 거주하고 있는 곳으로 그곳에 가면 이국 타향에 있는 듯한 느낌이 듭니다. 이태원에서는 세계 각지의 맛있는 음식, 이탈리아, 프랑스, 인도 음식을 맛볼 수 있는 것은 말할 것도 없고 아랍 음식도 즐길 수 있습니다. 게다가 그러한 미식 레스토랑은 모두 외국인이 경영하기 때문에 음식 맛도 상당히 정통입니다. 저녁이 되면 술집과 클럽의 불빛이 번쩍이고 번화한 것이 마치 서방의 대도시 같습니다. 이태원의 또 다른 매력은 결코 지나칠 수 없는 '보물 캐는 곳'이라는 것인데, 이태원의 옷과 가방은 디자인이 독특하고 더욱이 가죽 제품이 유명합니다. 또한 한국의 유명 연예인들이 자주 들르는 곳이기 때문에 운이 좋으면 그곳에서 많은 스타들을 만날 수 있습니다.

401 관광객에게 가장 소개하고 싶은 서울의 쇼핑지는 어디입니까?

▶ 쇼핑은 사람마다 달라서 관광객에 따라 관광객의 각 요구에 따라 각기 다른 곳을 추천해야 합니다. 이런 점을 고려해 제가 관광객에게 가장 소개하고 싶은 쇼핑 장소는 바로 '명동'입니다. 이유는 다음과 같습니다. 첫째, 명동 도보길에는 각종 젊은 유행의 의류와 액세서리가 있으며 가격 또한 합리적입니다. 둘째는 시장을 실컷 돌아다닌 후 5분도 걸리지 않는 거리에 신세계백화점, 롯데백화점, 롯데면세점에 갈 수 있는데 이곳에서는 명동 시장에서의 부족을 보완해 '격조 있는' 소비로 고급 상품을 구매할 수 있습니다. 세 번째로는 명동과 한국 최대 전통 시장인 남대문시장은 겨우 10분 거리입니다. 전통 시장에서 한국인의 생활을 체험해 보는 것도 괜찮은 선택입니다. 네 번째로 명동은 번화한 상업지역으로 다양한 레스토랑이 즐비해서 쇼핑 외의 시간에는 맛있는 음식을 마음껏 맛볼 수 있습니다. 다섯 번째로는 명동의 상가 사람들은 대부분 중국어로 소통이 가능해 언어의 장벽 없이 통쾌하게 쇼핑의 즐거움을 만끽할 수 있습니다.

402 서울에서 가장 대표적인 쇼핑 거리는 어디입니까?

▶ 명동 쇼핑 거리이든 인사동 거리든 또는 이화여대 부근의 쇼핑 거리든 모두가 각기 특색이 있고 매우 대표적입니다. 만약 가장 대표적인 한 곳을 말한다면 저는 이화여대 정문 앞의 쇼핑 거리를 선택하고 싶습니다.

이대 쇼핑 거리는 이화여대 정문 앞에서 멀지 않은 곳에 있으며 그곳은 대학생들 천국으로 청춘의 스타일리시한 분위기가 가득합니다. 쇼핑 외에도 상대적으로 저렴한 가격으로 한국의 맛있는 음식을 즐길 수 있으며 가까이 서울 최고의 여자대학을 참관할 수 있고 홍대 거리를 구경하며 젊은이들의 삶을 느낄 수 있는 좋은 선택입니다.

403 이화여자대학교는 왜 중국 여행객들의 필수 관광지가 되었습니까?

▶ 이화여자대학교가 중국 관광객들의 필수 여행 코스가 된 것을 어떤 이는 '리따(이대)'의 발음이 '리파(돈을 벌다)'와 발음이 유사하기 때문이라고 하는데 저는 그렇다고 여기지 않습니다. 저는 다음과 같이 세 가지 이유가 있다고 생각합니다.

첫째, 이화여자대학교는 한국에서 가장 유명한 여자대학으로, 중국에는 여자대학이 없어서 '여학교', '명문 대학'이라는 것이 상당히 독특한 매력을 가지고 있다고 봅니다.

둘째, 한국 드라마의 영향으로 중국 여행객들의 마음속엔 한국의 스타일리시함은 다름 아닌 여자들의 패션과 화장 때문이며 이대의 여학생들이 그렇게 예쁘고 스타일리시하기 때문에 자연히 많은 관광객들이 이대에 와서 현실 속의 한국 여자의 패션을 볼 수 있도록 끌어당기는 것입니다.

셋째, 이대 부근 상인들의 노력도 무시할 수 없습니다. 중국 여행객이 증가함에 따라 그곳의 의류 상점, 음식점들이 날로 늘어나 번화한 상권을 형성하게 되었으며 게다가 많은 상인들이 '중국 여행객 환영'이라는 표어를 내걸고 중문으로 된 홍보 수첩을 나누어 주는 등의 노력을 했기에 자연히 많은 중국 여행객들을 끌어당기게 된 것입니다.

홍대가 중국의 젊은이들을 매료 시키는 특색은 무엇입니까?

▶ 홍익대학교 일대의 홍대 거리는 이미 관광지로서 많은 젊은이들에게 인기가 많습니다. 홍대 거리의 매력은 '청춘, 예술, 자유'로, 그곳은 피카소 거리, 벽화, 그래피티, 길거리 공연으로 알려져 있고 곳곳에 젊음, 예술 그리고 자유의 정취가 충만합니다. 이국적 정취가 풍부한 카페와 최고의 기분을 느끼게 하는 각종 술집과 바 그리고 상대적으로 '저렴한' 가격 등은 홍대 거리를 빠르게 젊은이들이 가장 선호하는 곳으로 만들었습니다.

405 서울에는 어떤 전통시장이 있습니까?

▶ 서울에는 전통 시장이 많은데 비교적 대표적인 것은 동대문시장, 남대문시장, 광장시장과 경동시장입니다. 동대문시장은 흥인지문 부근에 위치하며 의류와 각종 액세서리 판매를 주로 합니다. 한국의 유행을 대표하는 도소매 시장으로 특히 중국 국가 주석 시진핑의 부인인 펑리위안이 그곳에서 물건을 구입한 후 많은 중국 관광객들이 모여들었습니다. 남대문시장은 숭례문 부근에 위치한 종합 도소매 시장입니다. 광장시장은 한복이나 혼례 용품을 주로 취급하는 전통 시장이고, 마지막으로 경동시장은 한국에서 가장 유명한 한약재 시장입니다.

> **플러스 질문 모범 대답**

> ❶ 作为韩国人耳熟能详的两大传统市场——南大门市场和东大门市场，可以说各有特色。
> 南大门市场的历史可以追溯到1414年，已经有600多年的历史。如今的南大门市场仍保留着传统市场特有的商铺式经营方式，各种商品应有尽有，不但物美价廉，而且人情味十足。
> 东大门市场是由现代化的大型购物商场和传统批发市场混合而成的一个批发兼零售的综合购物区，那里可以说是"韩流"时尚的聚集地，来自东亚各国的服装及小饰品、化妆品批发商们都是在那里进货。东大门的一大特色之一是每天上午10点左右开门，营业至次日凌晨5、6点钟，营业时间近乎20个小时。

> **耳熟能详** ěrshóu néngxiáng 귀에 익숙해 자세히 말할 수 있다, 친숙하다 | **追溯** zhuīsù 거슬러 올라가다 | **物美价廉** wùměi jiàlián 물건이 좋고 가격은 저렴하다 | **人情味十足** rénqíngwèi shízú 인정미가 넘치다 | **大型购物商场** dàxíng gòuwù shāngchǎng 대형 쇼핑 센터 | **传统批发市场** chuántǒng pīfā shìchǎng 전통 도매 시장 | **批发商** pīfāshāng 도매상 | **进货** jìnhuò 물건을 구입하다

406 서울 시내에 사람들이 잘 알고 있는 곳 외에 유명하지 않지만 구경해 볼 만한 곳이 있습니까?

▶ 당연히 있습니다. 게다가 정말 많습니다. 서울은 역사가 깊고 현대화된 도시로 곳곳에 스토리가 있으며 곳곳에 생기가 있다고 할 수 있습니다. 만약 한 곳을 말한다면 저는 저희 집 부근의 전통 시장을 소개하고자 합니다. 저는 여행이라는 것이 명승고적의 유람뿐 아니라 그 지역의 풍습과 인정미를 충분히 체험해야 한다고 생각합니다. 그러나 '남들에게 잘 알려진' 곳은 대체적으로 모두 '상업적인 느낌'이 있습니다. 그러므로 저는 일반인들이 살고 있는 동네에 숨어 있는 전통 시장을 추천하고자 합니다. 그 지역 사람들의 생활 방식을 볼 수 있고 지역민의 먹을거리를 맛보는 것도 헛되지 않은 여행이라고 봅니다.

407 경기도에 대해서 소개해 보십시오.

▶ 경기도는 한국 면적의 10%를 차지하며, 북쪽은 북한과 인접하고 있고 동쪽은 강원도, 남쪽은 충청도를 접하고 있습니다. 서울특별시와 인천시를 둘러싸고 있으며, 332㎞의 해안선이 있습니다. 경기도는 서울시를 에워싸는 지리적 우세함과 편리한 교통, 아름다운 환경으로 최근 빠르게 성장하는 근 수도 경제권이 되었습니다. 유구한 역사를 지닌 경기도에는 지금도 구석기시대에 형성된 부족국가의 수많은 역사 유적들이 보존되어 있고 풍부한 관광자원과 문화시설들이 있습니다. 유네스코 문화유산으로 지정된 수원 화성, 민속 마을, 도자기로 이름난 이천 등은 모두 그 전통문화가 드러난 곳입니다. 이 밖에 에버랜드 등 테마 관광 지역이 있습니다.

408 판문점을 소개해 보십시오.

▶ 판문점은 예전에는 지명도가 높지 않은 작은 곳이었는데, 1953년 7월 27일 한국전쟁이 그곳에서 휴전협정을 맺음으로써 세상에 이름이 알려지게 되었습니다. 판문점은 한국전쟁과 한반도 분단의 증거이며 현재에도 남북한 양국의 가장 민감한 공동경비구역이기도 합니다. 현재 판문점은 국내외 관광객들의 관광지로 부상하였지만, 그곳을 방문하고자 한다면 반드시 지정 여행사를 통해서만 갈 수 있으며 관광객은 반드시 여권을 지참하고 단정한 복장을 입어야만 합니다.

409 DMZ(비무장지대)를 소개해 보십시오.

▶ 비무장지대는 1953년 남북이 휴전협정을 맺은 후 전쟁의 재발을 방지하기 위하여 설정한 비군사 지역으로, 남북 쌍방이 휴전선을 중심으로 각각 2㎞씩 후퇴하여 형성한 지역입니다. 비무장지대에서는 군대 주둔과 무기 설치를 금합니다. 비무장지대는 한반도를 둘로 나눈 곳으로 한국과 북한을 세계 유일의 분단국가로 만든 증거입니다. 60여 년 동안 지속된 삼엄한 경계로 인해 그곳은 자연환경이 잘 보존되어 있어 비록 군사 관할 구역이지만 보존이 잘 되어 있는 자연 생태 지역이기도 합니다.

410 PLZ(평화생명지대)란 무엇입니까?

▶ PLZ는 DMZ와 민통선 및 그 인접 지역을 포함하며 아름다운 자연경관을 보존하고 있습니다. 그곳은 한반도 통일의 꿈을 알려 주는 곳으로 재해석된 평화지대 개념의 평화와 생명의 공간인 것입니다. 평화생명지대는 경기도의 연천군, 파주시, 김포시, 인천시의 옹진군과 강화군, 강원도의 철원군, 화천군, 양구군, 인제군, 고성군 등 7개의 지역으로 이루어져 있습니다. 이 지대는 이전 전쟁의 폐허에서 생명의 낙원으로 변한 곳으로 어디에서나 산과 바다가 어우러진 대자연의 아름다움을 만끽할 수 있으며 또한 전쟁의 아픔을 딛고 일어선 생명의 불가사의를 느낄 수 있습니다. 이 지대는 모

래사장, 진흙, 갈대, 습지 등 풍부한 생태 지역이면서 많은 문화유산을 지니고 있습니다. 뼈아픈 역사적 아픔을 기록한 이곳은 사람들이 평화와 생명을 더욱 귀중히 여기도록 할 것입니다.

411 에버랜드에 대해 소개해 보십시오.

▶ 에버랜드는 삼성그룹의 계열의 종합 테마파크로 경기도 용인시에 위치하고 있습니다. 1967년에 영업을 시작한 이후 지금까지 50여 년의 역사를 지니고 있습니다. 현재 한국을 대표하는 종합 테마파크이자 세계 7대 테마파크 중 하나입니다. 에버랜드는 세계적으로 유명한 많은 놀이 시설과 세계 유일의 종합 야생 동물원을 가지고 있으며, 계절의 변화에 따라 다른 주제의 축제를 개최하고 있습니다. 그 밖에 한국 최대 규모의 워터파크인 캐리비안베이가 있으며, 그곳의 매력은 관광객에게 무궁한 기쁨과 환상, 스릴과 자극, 시나 그림처럼 아름다운 정경과 낭만을 선사해 주는 것입니다.

412 한국민속촌에 대해 말해 보십시오.

▶ 한국민속촌은 경기도 용인시에 위치하며, 한국 각 지역의 농가, 시장, 양반 귀족의 주택과 관청 등 크고 작은 전통 가옥들을 완벽하고도 사실에 가깝게 조선 시대의 모습으로 재현해 놓은 곳입니다. 한국 신세대의 마음속에서 점차 사라지고 있는 한국의 전통 생활 방식 등을 민속촌 내에 재현하였습니다. 이 밖에 노천 민속박물관이라고 할 수 있는 한국민속촌에서는 전통 혼례, 줄타기, 사물놀이 등의 민속 공연을 관람할 수 있어 전통 민속을 체험하기에 가장 좋은 관광지입니다.

> **플러스 질문 모범 대답**
>
> ❶ 民俗村由三部分组成，一是复原和展示民俗资料和民族文化遗产的"民俗景观区"；二是展示文化遗产和民俗资料的"博物馆区"；三是展示传统食品、工艺和销售纪念品的"集市区"。

413 낭만의 도시 '쁘띠프랑스'를 소개해 보십시오.

▶ '쁘띠프랑스'는 경기도 가평군에 위치한 프랑스 마을입니다. 많은 한국 드라마의 촬영지이며 특히 드라마 〈별에서 온 그대〉를 촬영했기 때문에 많은 팬들이 이곳에 관광 오도록 끌어당깁니다. 프랑스 마을은 16채의 프랑스식 건축물로 구성되며, 관광객들은 그곳에서 프랑스식 '의식주'의 낭만적인 기분을 체험하고 프랑스를 상징하는 '닭' 모양의 조각품과 그림들을 보고 즐길 수 있을 뿐 아니라 200여 년 된 오르골에서 흘러나오는 아름다운 선율 및 다양하고 독특한 프랑스 문화를 감상할 수 있습니다.

Unit 05 지역별(2)-광역시

414 인천에 대해 소개해 보십시오.

▶ 인천광역시는 서울의 서쪽 40㎞에 위치하는 자연환경이 아름다운 항구도시입니다. 인구는 서울과 부산의 뒤를 이으며 한국 제2의 무역항입니다. 또한 세계적으로 가장 앞선 수준의 대형 국제공항인 인천국제공항이 있어 인천은 한국이 세계로 향하는 요충지입니다. 인천은 해상 자원이 풍부하며 2014년에는 아시아경기대회를 개최한 바 있는 활력이 넘치는 젊은 도시입니다.

415 인천국제공항에 대해 소개해 보십시오.

▶ 인천국제공항은 한국 최대의 민용 비행장으로 외국 관광객들이 한국으로 들어오는 제일 관문입니다. 2001년 3월 29일에 정식 사용하기 시작하였고 각종 편의시설이 완비되어 있으며 매년 '세계에서 가장 서비스 좋은 공항'으로 뽑히는 명예를 얻고 있습니다. 인천국제공항은 인천 영종도에 위치하며 서울시에서 58㎞ 떨어져 있습니다. 자연조건이 좋고 녹지율이 30% 이상인데다 전체 설계, 기획, 공사 모두 환경보호에 목적을 두어 '녹색 공항'이라고도 불립니다. 특히 언급할 만한 것은 공항 내에 한국문화박물관, 전통문화체험관, 전통공예전시관 등이 개설되어 있어 국내외 관광객들에게 한국을 이해할 수 있는 기회를 제공한다는 것이며, 이 밖에 대형 면세점의 우수한 쇼핑 환경은 많은 관광객들을 매료시키고 있습니다.

416 인천대교에 대해 소개해 보십시오.

▶ 인천대교는 총 길이가 21.38㎞로 한국에서 가장 길고 세계에서는 7번째로 긴 대교입니다. 4년 4개월에 걸쳐 완공하여 개통된 인천대교 왕복 6차선의 운송 능력은 교통과 물류 환경을 크게 개선하였습니다. 한국의 주요 관문인 인천국제공항과 동북아 비즈니스 허브로 발전하는 송도 신도시와는 15분 거리밖에 되지 않습니다. 서울과 경기도 남부 지역에서 인천국제공항까지의 시간은 과거에 비해 40분 단축되었습니다.

417 인천 차이나타운을 소개해 보십시오.

▶ 1883년 인천항이 개항한 이후 지금의 인천 차이나타운은 1884년에 청나라의 치외법권 지역으로 지정된 후 점차 화교 거주지가 형성되고 이로부터 현재의 인천 차이나타운이 생겨나게 되었습니다. 그곳은 일찍이 한국에서 가장 큰 화교 사회 소재지로, 과거 대부분은 중국에서 수입된 여러 상품들을 판매하는 상점들이었지만 현재는 거의 모두 중국 음식

점들이 들어서 있습니다. 지금 인천 차이나타운의 중국인들은 대부분 초기 이민 세대의 2대, 3대로서 그곳의 중국 전통문화는 다소 희박해졌으나 중국요리는 여전히 정통이며 공자 조각상이나 혹은 유비, 관우, 장비의 〈삼국지〉 벽화 등은 여전히 사람들로 하여금 진한 중국의 정서를 느끼게 합니다.

플러스 질문 모범 대답

❶ 不是，韩国的"炸酱面"跟中国当地的传统炸酱面完全不一样，如今韩国人家喻户晓的中国饮食"炸酱面"其实是仁川唐人街的老华侨在中国炸酱面的制作方法中考虑到韩国人的口味而特别制作出来的，它可谓是韩国的代表饮食。

家喻户晓 jiāyù hùxiǎo 모든 사람들이 잘 알다

---

418 인천에서 유명한 섬들을 소개해 보십시오.

▶ 인천은 항구도시로서 많은 섬들이 있습니다. 가장 유명한 섬은 당연히 강화도이며, 이 밖에 월미도가 관광할 만합니다. **강화도**는 한국에서 4번째로 큰 섬으로 역사 유적과 문물들이 많고 그중 대표적인 것은 세계문화유산으로 지정된 고인돌입니다. 이 밖에 단군 왕검이 제사 지내던 곳도 강화도에 있는데 그런 점들이 강화도를 더욱 신비스럽게 합니다. 강화도는 토지가 비옥하고 물산이 풍부하며 특히 '강화 인삼'과 '화문석' 등으로 유명합니다. 화문석은 고려 중기부터 전해 내려오는 수공예 제품으로, 강화군 특산인 백색 왕골로 짠 직물로서 물기를 흡수하고 통풍이 좋은 특성이 있습니다. **월미도**는 섬의 모양이 마치 반달 모양 같아서 이름이 붙여졌으며 청춘과 낭만을 대표합니다. 푸른 바다와 이국적 정취가 가득한 카페촌, 정취가 무궁한 석양, 자극적인 오락 시설과 인천 전경을 내다볼 수 있는 전망대 등은 많은 관광객을 끌어당깁니다.

플러스 질문 모범 대답

❶ ▶白翎岛位于黄海最北端，是离北韩最近的岛屿，因而是极具军事战略性的小岛，为军事要地，要办理相关手续后才允许进入岛屿。目前其在韩国实际控制下，但是北韩宣称对其拥有主权。白翎岛的沙串海水浴场沙质坚固，是世界上仅有的两座天然飞机场之一，海边美景有仅次于意大利那不勒斯海港的美誉。白翎岛的头武津海岸以垂直绝壁和奇岩怪石而闻名，优美清净的自然环境，是垂钓游客的首选。

▶席毛岛是山、海、小岛、村庄相互辉映的美景仿佛让人置身于一幅美丽的画卷中，捡贝壳、抓螃蟹，在那里可以尽情享受大海的乐趣，是心灵放松的佳地。

极具军事战略性 jíjù jūnshì zhànlüèxìng 극히 군사 전략적 성격을 갖추다 | 沙串海水浴场 Shāchuàn Hǎishuǐyùchǎng 사곶해수욕장 | 沙质坚固 shāzhì jiāngù 모래질이 견고하다 | 天然飞机场 tiānrán fēijīchǎng 천연 비행장 | 那不勒斯海港 Nàbùlèsī hǎigǎng 나폴리 항구 | 头武津海岸 Tóuwǔjīn hǎi'àn 두무진 해안 | 垂直绝壁 chuízhí juébì 수직 절벽 | 奇岩怪石 qíyán guàishí 기암괴석 | 垂钓 chuídiào 낚시질하다 | 相互辉映 xiānghù huīyìng 서로 비추다, 서로 어우러지다 | 置身于一幅美丽的画卷中 zhìshēn yú yì fú měilì de huàjuàn zhōng 아름다운 화폭 속에 있는 듯하다 | 捡贝壳 jiǎn bèiké 조개껍질을 줍다 | 抓螃蟹 zhuā pángxiè 게를 잡다

419 인천 자유공원에 대해 간단하게 소개해 보십시오.

▶ '자유공원'은 한국 최초의 유럽식 공원으로 1888년에 세워졌습니다. 자유공원은 한미수교기념탑이 있는 바다 경치를 감상할 수 있는 광장입니다. 긴 의자에 앉아 있으면 바닷바람이 솔솔 불고 비둘기들이 좌우에서 날아다닙니다. 인천 전경을 볼 수 있을 뿐 아니라 매혹적인 석양을 감상할 수도 있는 등 무궁한 매력이 있습니다.

420 부산에 대해 소개해 보십시오.

▶ 부산은 한반도 동남쪽에 위치하며 일 년 사계절의 기후가 알맞고 인구는 총 350만 정도인 한국 제2의 대도시이자 제1의 무역항입니다. 일본과 제주도를 잇는 해운 부두이며 바다의 기운이 충만한 현대화된 국제도시입니다. 부산은 아시아경기대회와 한일 월드컵을 개최한 적이 있으며 APEC 정상회의를 주최한 바가 있는 각종 대형 국제회의를 개최한 풍부한 경험이 있는 항구도시입니다. 더욱이 매년 개최되는 부산국제영화제는 부산을 더욱 세계에 알리는 계기가 되었습니다. 부산의 주요 명승고적으로는 동래 범어사, 태종대가 있고 한국에서 가장 큰 해수욕장인 해운대 및 동래 등 휴양지가 있으며, 또한 쇼핑 천국으로 부산 신세계백화점은 기네스북에 올라 있는 세계 최대 백화점입니다. 부산은 정말 여행해 볼 만한 좋은 곳입니다.

421 부산을 대표하는 명소는 어디입니까?

▶ 부산을 얘기하자면 사람들은 곧 '해운대'를 떠올릴 것입니다. 그래서 저는 부산을 대표하는 관광지는 해운대해수욕장이라고 생각합니다. 해운대는 한국 해변의 대명사로 부산의 자랑거리이며 해안선을 따라 지어진 각종 현대화 시설들은 해운대해수욕장을 한국에서 가장 유명한 해양 휴양지로 만들었습니다. 해운대는 모래사장이 넓어 총면적이 58.4㎢에 달하며 많게는 12만 명을 수용할 수 있습니다. 이 밖에 해운대 모래사장의 모래와 조개껍데기 조각들은 풍화작용에 의하여 상당히 세밀하고 매끄러워졌고, 파도도 매우 고요해서 해운대는 해수욕장으로서 최상의 조건을 갖추고 있습니다. 더욱 언급할 가치가 있는 것은 이곳은 사계절 내내 적막할 때가 없다는 것인데 각종 풍부하고 다채로운 축제가 개최되기 때문입니다. 예를 들면 1월의 북극곰수영대회, 6월의 모래조각전, 8월의 부산바다축제 등등이 있습니다.

422 외국 관광객에게 가장 소개하고 싶은 부산의 관광지는 어디입니까?

▶ 외국 관광객에게 가장 소개하고 싶은 부산의 관광지는 영도의 태종대입니다. 신라 29대 임금인 태종 무열왕이 삼국을 통일한 후에 그곳을 유람한 후 태종대라는 명칭을 가지게 되었습니다. 태종대는 해발 250m의 최고봉을 중심으로 소나무 등 150여 종의 무성한 나무들이 자라고 있으며 우수한 자연환경과 역사적 전설을 지닌 부산의 대표 관광지입니다.

❶ 太宗台的灯塔下有一块神仙岩，据说曾有神仙来此居住。神仙岩上有一块望夫石，据说是一个女子天天在此等候被强行带到日本的丈夫归来，最后化成了石像。每当大旱时，太宗台就在举行祭雨仪式，每年阴历5月初十的雨则称为太宗雨。这样的传说都为太宗岩增添了一份神秘的色彩。

❷ 很久以前，那里以牧马场而闻名，那里的马跑起来快到连影子都看不到，因此以盛产"绝影名马"而被称为绝影岛，简称影岛。

神仙岩 Shénxiānyán 신선암 | 望夫石 Wàngfūshí 망부석 | 大旱 dàhàn 큰 가뭄, 대한 | 祭雨仪式 jìyǔ yíshì 기우제 | 增添了一份神秘的色彩 zēngtiānle yí fèn shénmì de sècǎi 신비한 분위기를 더하다 | 牧马场 mùmǎchǎng 목마장 | 盛产 shèngchǎn 많이 나다, 많이 생산하다

---

423 부산에서 가장 유명한 사원을 소개해 보십시오.

▶ 부산에서 가장 유명한 사원은 당연히 영남 지역 3대 사찰 중 하나인 범어사입니다. 범어사는 부산 금정산 기슭에 위치하고 있으며 신라 문무왕 때 건립되었으나 안타깝게도 최초 건립된 사찰은 임진왜란 때 소실되고 현재의 건물은 1613년 재건한 것입니다. 범어사는 '한국의 소림사'라고 칭해지며 불가의 무도를 중시하는 곳입니다.

---

424 한국전쟁 당시 부산이 왜 한국의 근거지가 되었습니까?

▶ 부산은 한국전쟁 당시 한국의 임시 수도였습니다. 한국전쟁 당시 북한군이 점령하지 못한 곳이기 때문에 한국전쟁 시 한국의 근거지라고 말하는 것입니다.

---

425 부산 문화를 대표하는 곳은 어디입니까?

▶ 제 생각에는 부산 문화를 대표하는 곳은 자갈치시장이라고 생각합니다. 자갈치시장은 한국 최대의 수산시장이며 매일 새벽 가장 일찍 부산의 고요함을 깨우는 곳이기도 합니다. 일 년에 한 번 '부산 자갈치' 축제가 열리는데 많은 공연과 각종 신선한 해산물을 즐길 수 있습니다. 자갈치시장에서는 평범한 부산 시민들이 열심히 일하는 모습을 볼 수 있으며, 부산 사람들의 제대로 된 경상도 사투리도 들을 수 있습니다. 또한 부산의 각종 특산물을 맛볼 수 있으며 부산의 짙은 해안 도시 문화를 느낄 수 있기 때문에 부산 자갈치시장이 부산 문화를 가장 대표하는 곳이라고 생각합니다.

---

426 부산항을 진입하자면 반드시 거치는 곳, 부산항의 상징이라고 칭하는 곳은 어디입니까?

▶ 부산 남구에 위치한 오륙도는 매일 조수 간만의 차에 따라서 5개의 혹은 6개의 섬이 드러나곤 해서 오륙도라는 이름을 얻었습니다. 오륙도는 암석으로 이루어진 섬으로 우삭도, 수리섬, 송곳섬, 굴섬, 등대섬의 작은 5개의 섬으로 이루어져 있습니다. 그중 우삭도는 방패섬과 솔섬으로 불리기도 하는데 이는 섬의 아랫부분이 거의 서로 연결되어 있는 2개의 작은 섬으로 밀물일 때에는 두 개의 섬으로 보이고 썰물일 때에는 한 개의 섬이 되어서입니다.

427 유엔기념공원을 소개해 보십시오.

▶ 유엔기념공원은 부산에 위치하며 한국전쟁 당시 참전 사망한 22개 국가 2,274명의 전사자를 안치한 곳으로 세계 유일의 유엔군 묘지입니다. 추모관과 기념관은 각각 1964년과 1968년에 유엔에 의해 건립되었으며 공원 정문은 부산 시민들의 기부금으로 세워졌습니다. 유엔기념공원은 4월 참전 용사 참배식, 5월 마지막 주에는 미군 현충일, 6월에는 6·25전쟁 기념행사, 10월에는 유엔일 기념행사 등 매년 많은 행사를 거행하며, 교육적이고 기념적 의미가 대단히 많은 곳입니다.

428 부산 신세계백화점을 소개해 보십시오.

▶ 부산 신세계백화점(센텀시티점)은 세계에서 가장 큰 규모의 백화점이며 2009년에 기네스북에 기록되었습니다. 백화점은 세계 최고의 디자이너가 공동 설계한 쇼핑과 휴식이 어우러진 공간으로, 전체적인 건축은 한국의 전통적인 고전미를 살렸을 뿐만 아니라 해변 도시의 활력과 다양성 등이 녹아 있으며, 특히 야간 개장 시 금빛 바닷물과 같은 조명이 만들어 내는 아름다운 세계는 마치 꿈과 환상 속에 빠져 있는 듯합니다.

429 부산국제영화제를 소개해 보십시오.

▶ 부산국제영화제는 1996년에 창립되었으며 한국을 비롯한 아시아 지역의 가장 주요한 영화제 중 하나로 부산시청, 영화계, 기업계 등 각계의 지지를 받아 매년 9월에서 10월에 거행합니다. 본연회장은 부산시 남포동의 BIFF 광장이며 제9회부터는 본연회장을 남포동에서 해운대로 옮겼으나 BIFF 광장은 여전히 각종 활동과 TV 공연이 이어지고 있고, 특히 각지의 스타들이 레드 카펫을 걷는 장면이 가장 화려합니다. 부산영화제는 아시아 영화의 발전에 적지 않은 공헌을 하고 있으며 매년 가을 부산의 축제로서 국내외 관광객들을 끌어당기는 대형 행사가 되었습니다.

430 대전광역시를 소개해 보십시오.

▶ 대전광역시는 한국 중부 지역에 위치하며 한국 철도와 고속도로 등 교통의 요지입니다. 또한 세계의 과학 영재들이 모여 있는 과학기술 특별지역으로서 과학 교육형 도시입니다.

> **플러스 질문 모범 대답**
>
> ❶ 大田"EXPO科学公园"是1993年大田EXPO后，为向国民提供一个了解和认识科学的窗而建立的韩国唯一一个以科技为主题的公园，外形酷似宇宙空间站，园内有各种参观项目及体验设施，是一处寓学于乐的观光地。
>
> EXPO科学公园 EXPO kēxué gōngyuán 엑스포 과학공원 | 酷似 kùsì 흡사하다 | 寓学于乐 yù xué yú lè 즐거운 방식으로 배우다

431 대구광역시를 소개해 보십시오.

▶ 대구광역시는 한국 경상북도에 위치하며 도시의 번화함도 갖추고 있고 자연의 깨끗함과 맑음도 갖춘 매력이 충만한 여행 도시입니다.

플러스 질문 모범 대답

❶ "药令市"的历史要追溯到朝鲜时代，那时当时人们进行各种药材交易的市场。大邱药令市有350多年的历史，是历史悠久的中医药买卖市场，如今那里韩药店、韩医院等等商家鳞次栉比，看看韩国韩药的发展史，还能买到便宜的健身补药，是不错的旅游观光地。

药令市 yàolìngshì 약령시(각종 약재를 교환·매매하는 시장) | 追溯到 zhuīsùdào 거슬러 올라가다 | 鳞次栉比 líncì zhìbǐ 빽빽하게 늘어서 있다 | 健身补药 jiànshēn bǔyào 보약

432 광주광역시를 소개해 보십시오.

▶ 광주광역시는 한국 서남부에 위치하며 한국 제5대 도시로서 한국 서남부의 행정, 군사, 경제, 사회, 문화의 중심 도시입니다. 광주에는 자연경관이 장엄하고 아름다운 '광주 무등산국립공원', 한국의 민주화운동을 상징하는 '5·18민주화광장', '문화 예술의 고향'이라는 칭호, 그리고 풍부한 역사 문화유산이 있습니다. 2004년 당시 한국 노무현 대통령은 광주를 한국의 문화 수도임을 정식으로 선포했습니다. 광주는 2015년 7월 제28회 유니버시아드경기대회를 성공리에 개최하였습니다.

433 울산광역시를 소개해 보십시오.

▶ 울산광역시는 한반도의 동남 연해에 위치하고 있으며, 축복받은 온난한 기후를 가진 항구도시입니다. 또한 유명한 공업 도시로서 자동차, 화학, 조선업과 관련 산업들이 발달하여 한국 내 중요한 경제적 위치를 차지하고 있습니다.

434 울산의 간절곶을 소개해 보십시오.

▶ 울산 간절곶은 정동진, 호미곶과 함께 동해안에서 일출을 감상하기 가장 좋은 곳으로 선정되었으며, 간절곶은 매일 한반도에서 가장 일찍 일출을 볼 수 있는 곳입니다. 일출이 정동진보다 5분 빠르고, 호미곶보다 1분 빠릅니다. 전하는 바에 의하면 바다에 나가 고기를 잡는 어부가 멀리서 그곳을 바라보면 마치 하나의 긴 대나무 장대 같다고 해서 간절곶이란 이름을 얻게 되었다고 합니다. 언급할 만한 것으로는 간절곶에는 소망우체통이 있는데 그곳을 여행하다가 엽서를 써서 친한 친구에게 부치면 상대방에게 기쁨을 전해 줄 수도 있고 또한 자신에게도 아름다운 추억을 선사할 수 있습니다.

Unit 06 지역별(3)–충청·강원·전라

435 충청도를 소개해 보십시오.

▶ 충청도는 충청남도와 충청북도로 나뉘며 한국인들에 의해 '양반의 고향'이라고 불립니다. 백제 시대의 중심지로서 충청남북도에는 현재 백제 도읍 유적지 두 곳이 있는데, 잘 보존되어 있는 이 역사 유적을 통하여 백제의 찬란한 문화를 느낄 수 있습니다. 중국 속담에 "한 지역의 풍토는 그 지역의 사람을 기른다"라는 말이 있습니다. 유유히 흐르는 금강의 물결처럼 충청도인들의 생활은 빠른 생활 리듬을 가진 서울 사람들과 완전히 다릅니다. 충청도에서는 시간이 매우 느린 것 같고 사람들이 특히나 침착합니다. 충청도인들의 가장 큰 특징은 성격이 온화하고 급하지도 느리지도 않은 것입니다.

충청북도는 한국에서 유일하게 해안선이 없는 내륙도입니다. 충청도청이 청주시에 위치하고 있으며 북쪽으로는 강원도, 동쪽으로는 경상북도, 서쪽은 충청남도와 경기도에 이웃하며 동쪽이 높고 서쪽은 낮은 지세로 농업, 임업, 축산업을 중심 산업으로 합니다. 충청북도는 유구한 역사 문화를 지니고 있고 세계에서 가장 먼저 금속활자 인쇄술이 나온 곳이며, 한국에서 유명한 '충효와 예의'의 고장입니다.

충청남도는 북쪽으로는 경기도, 동쪽은 대전광역시와 충청북도, 남으로는 전라북도, 서쪽으로는 황해와 이웃하고 있습니다. 그곳은 기후가 사람들에게 적합하고 주위 환경이 아름다우며 교통이 발달하여 관광자원이 풍부한 편입니다. 삼국시대 백제 문화의 중심지로서 찬란한 문화유산을 가지고 있습니다.

436 충청북도의 대표 관광지를 소개해 보십시오.(2곳)

▶ 2곳을 말한다면, 청남대와 단양 고수동굴을 말할 수 있습니다.

청남대는 일찍이 한국의 대통령 전용 별장으로서 '남쪽의 청와대'라고 불리는 한국 권력의 상징입니다. 과거 20년간 역임했던 대통령들은 모두 그곳에 가서 휴식을 취하면서 국정 대사를 고민했습니다. 2003년 3월 노무현 전 대통령이 그곳에서 하룻밤을 보내고 난 후 청남대를 지방정부로 이관하고 국민들에게 개방할 것임을 선포하였습니다. 청남대는 중국식과 서양식 건축양식을 절충하여 지어진 2층 건물로서 뜨겁게 인기를 끌었던 드라마 〈아이리스〉 등을 이곳에서 촬영했습니다.

단양 고수동굴은 한국 단양군 내에 위치하며 천연기념물로 지정된 석회암 동굴입니다. 동굴 입구에서 고대에 만들어진 석기들이 발견되어 선사시대 사람들의 거주지라고 여겨지고 있습니다. 동굴은 길이가 1700m로 동굴 안 온도는 일 년 내내 섭씨 15도를 유지합니다. 특히 동굴 내의 종유석은 매년 1mm의 속도로 자라고 있습니다. 큰 규모와 아름다운 내부 모습으로 많은 관람객들을 매료시키고 있습니다. 이 밖에 동굴 내에는 120여 개의 모양이 서로 다른 종유석과 석순들이 있는데 학술 연구 가치가 상당히 높습니다.

❶ 此外像清风文化遗产园区呀，忠州湖呀，国立清州博物馆呀，还有月岳山等都是值得一去的地方。

清风文化遗产园区 Qīngfēng Wénhuà Yíchǎnyuánqū 청풍문화재단지 | 忠州湖 Zhōngzhōuhú 충주호 | 国立清州博物馆 Guólì Qīngzhōu Bówùguǎn 국립청주박물관 | 月岳山 Yuèyuèshān 월악산

---

437 충청남도의 대표 관광지를 소개해 보십시오.(3곳)

▶ 3곳을 말한다면, 저는 현충사와 국립공주박물관 그리고 백제문화단지를 들 수 있습니다.

충청남도 아산시에 위치하고 있는 **현충사**는 이순신 장군을 기념하기 위해 건립한 사당으로 1706년 건립 당시 숙종이 현충사로 명명하였습니다. 사당 내에는 이순신 장군의 영정과 일생을 기록한 십경도가 걸려 있으며 국보 76호인 『난중일기』와 보물 326호인 장검 및 생전에 사용하던 물품들이 전시되어 있습니다.

공주가 백제 시대 제2의 수도였기 때문에 **국립공주박물관**에는 주로 충청남북도 지역에서 출토된 백제 시대의 진귀한 문물들을 보관하고 있습니다. 그중 가장 유명한 것은 1971년에 출토된 무령왕릉 문물입니다.

백제문화단지는 충청남도 부여군에 위치하며, 부여는 백제 시대 세 번째 도읍지로서 당시에는 사비라고 불렸습니다. 때문에 문화단지에는 백제 시대 사비성 내의 왕궁과 당시 백성들의 생활 모습들을 재현해 놓았으며, 이는 한국에서 가장 큰 규모의 역사 테마파크입니다.

❶ 此外，国立扶余博物馆啊，锦山人参节呀，宋山里古坟群等也都是很有代表性的地方。

锦山人参节 Jǐnshān Rénshēnjié 금산인삼축제 | 宋山里古坟群 Sòngshānlǐ Gǔfénqún 송산리 고분군

---

438 강원도를 소개해 보십시오.

▶ 강원도는 한반도 중동부에 위치하며 '한반도의 척추'라고 불리는 태백산맥을 중심으로 해안 지역과 내륙 지역으로 나뉩니다. 강원도에는 바다와 산이 있어 한국의 유명한 자연보호 지역이자 천연 관광지입니다. 북위 38도선이 강원도 중부를 가로질러 그것을 기준으로 남부와 북부로 나누어 볼 수 있는데, 북부는 북한에 속하며 대표 지역은 원산이고, 남부는 한국에 속하며 대표 지역은 춘천입니다. 강원도는 인류무형문화유산인 '강릉단오제'가 열리는 곳이기도 하며, 한국 3대 아리랑 중 하나인 '정선 아리랑'의 발원지이기도 합니다. 한국 제일의 명산인 설악산이 있을 뿐 아니라 한류를 대표하는 명작 〈겨울연가〉의 야외 촬영지이기도 한 '남이섬'도 있습니다. 또한 아름다운 일출로 유명한 '정동진'뿐 아니라 한국에서 가장 좋은 스키 리조트도 있습니다. 더욱 언급할 만한 것은 강원도 평창은 2018년도 동계올림픽 개최지로서 그때가 되면 세계인들의 가슴을 떨리게 하는 겨울철 각광받는 여행지가 될 것입니다.

439 관동 8경은 무엇입니까?

▶ 관동 8경은 한국 관동 지방 8곳의 명승지를 말합니다. 관동 지방은 강원도 태백산맥의 동쪽인 영동 지역으로 한반도의 정동쪽에 위치하고 있습니다. 구체적으로는 고성군의 청간정, 강릉시의 경포대, 고성군의 삼일포, 삼척군의 죽서루, 양양군의 낙산사, 울진군의 망양정, 통천군의 총석정, 평해군의 월송정입니다.

440 남이섬에 대해 소개해 보세요.

▶ 남이섬은 강원도 춘천시 남산면에 위치하고 있으며, 청평댐 건설 때 강물이 넘쳐 흘러 형성된 반달 모양의 작은 섬입니다. 전하는 바로는 조선 시대 남이 장군의 묘소가 있어서 남이섬이라는 이름이 붙여졌다 합니다. 남이섬은 호수와 산이 어우러진 아름다운 풍경으로 사람들을 기쁘게 하며, 드라마 〈겨울연가〉의 야외 촬영지이기도 합니다.

> **플러스 질문 모범 대답**
>
> ❶ 我想说将军址和泡菜窑子。将军址是2001年以"南怡将军的朋友们"为主题雕刻的为韩国争光的100名将军像，展出以后就吸引了众多游客，后经过多次调整而成了今天的样子；泡菜窑子是冬天储存泡菜的地方，是带有草屋顶的小窑，看上去充满乡村味道，那里举办的泡菜庆典更成了分享快乐和友情的温馨活动。
>
> 将军址 jiāngjūnzhǐ 장군묘 | 泡菜窑子 pàocài yáozi 김치 움막 | 争光 zhēngguāng 영예를 빛내다 | 储存 chǔcún 저장하여 두다 | 带有草屋顶的小窑 dàiyǒu cǎowūdǐng de xiǎoyáo 지푸라기로 엮어서 지붕을 만든 움집 | 充满乡村味道 chōngmǎn xiāngcūn wèidao 시골의 정취가 충만하다 | 温馨活动 wēnxīn huódòng 온정이 느껴지는 활동

441 고성 통일전망대에 대해 소개해 보십시오.

▶ 고성 통일전망대는 강원도 고성군 최북단에 위치하고 있으며 여기서 세계에서 유일한 분단국가의 과거와 현재를 볼 수 있습니다. 이는 1983년에 완공하여 1994년에 대외에 개방되었으며, 분단의 아픔과 고향을 그리는 상처를 달래고 통일의 염원을 실현하기 위하여 세워진 북한 지역의 조망이 가능한 첫 전망대입니다. 전망대에서는 북한 땅을 볼 수 있을 뿐만 아니라 멀리 금강산 일만 이천 봉과 해금강의 신비한 경치를 볼 수 있으며 매년 평균 100만 명 이상의 관광객들이 다녀가는 천연 관광지입니다. 또한 분단의 현실을 체험하고 통일을 염원하는 마음을 진작시킬 수 있는 안보 교육 장소이기도 합니다. 통일전망대에 서서 한국의 반대편 산중턱을 바라보면 짙푸른 나무들 사이로 한글로 쓰여진 '통일'이라는 큰 두 글자가 뚜렷하게 눈에 띕니다.

442 동해안에 대해 소개해 보십시오.

▶ 강원도의 설악산 동쪽에서 남쪽으로 향하면 바로 한국에서 가장 아름다운 해안 유람지인 동해안입니다. 연안에는 속초, 양양, 강릉, 삼척 등 몇 개의 도시가 있는데, 아름다운 해수욕장이 있을 뿐만이 아니라 몇몇 명승고적이 있어 여름에는 피서지로 겨울에는 낭만의 고장이 됩니다. 연안의 속초는 동해안에서 가장 큰 항구도시로 남쪽에는 낙산사와 홍련암 등의 명승지가 있습니다. 강릉시는 동해안에서 가장 큰 상업 도시로 매년 성대한 민속 축제인 '강릉단오제'가 열려 많은 여행객을 끌어당깁니다. 부근의 오대산 국립공원, 오죽헌, 용평스키장 등의 관광지는 더욱더 여행객들의 발길을 붙잡고 있습니다. 삼척은 강원도의 최남단에 있으며 삼척 해금강, 삼척해수욕장 그리고 국가 보물로 지정된 죽서루 등의 관광지가 있습니다.

> **플러스 질문 모범 대답**
>
> ❶ 位于江原道三陟市的竹西楼是建于朝鲜时代前期的楼阁，是朝鲜时代设宴款待宾客的地方，楼阁建筑宏伟，四周景色美丽，吸引了不少文人骚客。竹西楼建于绝壁上，由17根长短不一的柱子支撑。其中9根直接立于天然岩石上，剩余8根则立于石基上。登上竹西楼即可一览五十川景色。竹西楼入口处是树龄达350年的老槐树，楼阁内则有木莲、竹林等植物，夏季树荫清凉。
>
> ❷ 一说是因为楼阁东侧的竹林里有一座名为竹藏寺的寺庙而得名；另一说是楼阁位于当时著名青楼女子竹仙女所居住的地方的东侧而得名。
>
> 楼阁 lóugé 누각 | 设宴款待宾客 shèyàn kuǎndài bīnkè 연회를 베풀어 손님들을 환대하다 | 建筑宏伟 jiànzhù hóngwěi 장엄한 건축 | 文人骚客 wénrén sāokè 문인과 시인 | 支撑 zhīchēng 지탱하다 | 石基 shíjī 돌의 토대 | 即可 jíkě 바로 가능하다 | 一览五十川景色 yì lǎn wǔshíchuān jǐngsè 오십천의 풍경을 관람하다 | 树龄 shùlíng 나무의 나이 | 老槐树 lǎo huáishù 늙은 홰나무 | 木莲 mùlián 목련 | 树荫清凉 shùyīn qīngliáng 나무 그늘이 시원하다 | 一说是…另一说是 yì shuō shì…lìng yì shuō shì 한편으로는 ~라고 말하고 다른 한편으로는 ~라고 말한다

443 낙산사에 대해 소개해 보십시오.

▶ 낙산사는 강원도 양양군 낙산해수욕장에서 북쪽으로 4㎞에 위치하며 1300여 년의 역사를 지니고 있습니다. 신라 시대 의상대사가 건립한 것으로 절 내부에는 칠층석탑, 동종, 홍예문 등의 문화유산이 있습니다. 전하는 바로는 의상대사가 중국 당나라 유학에서 돌아와 기도 중에 관음보살을 만났는데 보살이 지정해 준 곳을 따라 법당을 짓고 이름을 낙산사라고 지었다고 합니다. 이후 낙산사는 여러 차례 중건되었으며 현재의 건축물은 1953년에 지어진 것입니다. 낙산사의 비교적 대표적인 2개의 건축물은 의상대와 홍련암입니다. 의상대는 해안 절벽 위에 지어진 정자로서 오른쪽 산언덕으로 걸어가면 신선봉 위에 바다를 바라보는 석조 불상인 해수관음상이 우뚝 세워져 있는데, 그 불상은 규모가 매우 커서 멀리 떨어져 있는 물치항에서도 보입니다.

444 봉평 효석문화마을을 소개해 보십시오.

▶ 봉평 효석문화마을은 한국 작가인 이효석 선생의『메밀꽃 필 무렵』등 여러 작품을 주제로 건립한 대형 문화마을입니다. 매년 메밀꽃이 만개하는 8, 9월이면 메밀꽃 향연 속에서 메밀꽃축제가 거행됩니다. 이는 '효석문화제'라고도 불리는데 많은 관광객들을 끌어당겨 농촌의 그 어떤 짙은 고향의 정서를 만끽할 수 있게 합니다.

445 경포대를 소개해 보십시오.

▶ 경포대는 강릉시 중심에서 북쪽으로 약 6㎞에 위치하며, 1326년에 세워진 고려 시대의 경포대 누각으로, 당시 풍류를 아는 선비들이 호수와 바다의 풍광을 감상하며 술을 마시고 노래하고 붓을 들어 글자를 쓰는 등 신선놀음을 즐기던 곳입니다. 현재의 경포대는 경포호와 동해안 일대를 포함하며 이곳에서는 일출과 바다 위에 뜬 밝은 달을 감상할 수 있습니다. 해변은 6㎞의 백사장이 펼쳐진 천연 해수욕장으로 여름철에 각광받는 피서지입니다. 경포대 누각의 지붕은 한옥 지붕에서 가장 많이 볼 수 있는 '팔작' 양식으로 지방문화유산 제6호로 지정되어 있습니다.

> **플러스 질문 모범 대답**
>
> ❶ 据说在镜浦台能同时观赏到五个月亮，高挂在星空中的月亮，倒映在海面的月亮，融入于湖水中的月亮，掉落杯中的月亮和恋人眼中的月亮。
>
> 高挂在星空中 gāoguà zài xīngkōng zhōng 별이 빛나는 하늘에 높이 걸려 있다 | 倒映在海面 dǎoyìng zài hǎimiàn 바다 수면 위에 비치다 | 融入于湖水中 róngrù yú húshuǐ zhōng 호수와 하나가 되다 | 掉落杯中 diàoluò bēi zhōng 술잔 속에 떨어지다

446 강릉 선교장에 대해 소개해 보십시오.

▶ 선교장은 조선 시대 귀족 이내번(1703~1781)이 강원도 강릉시에 지은 고급 주택으로서 300여 년 전 지어진 상류 계층의 대표적인 가옥입니다. 중국에 한류 열풍이 시작되면서 많은 한국 역사 드라마에서 선교장이 등장하자 자연스럽게 한류 여행 명승지가 되었습니다. 1965년 국가 제5호 중요민속문화재로 지정되었습니다. 선교장은 이내번을 비롯한 그의 후손들이 거주해 왔으며 300여 년 동안 전통 가옥 양식의 보존 상태가 양호하여 일찍이 한국 KBS 방송국에서 한국에서 가장 아름다운 10대 전통 가옥 중 하나로 선정되기도 하였습니다.

선교장 내부에서 가장 유명한 건축물은 남자 주인이 거주하는 열화당입니다. 열화당이란 온 가족이 한곳에 모여 담소를 나누면서 기쁨과 즐거움을 나누는 곳이란 뜻입니다. 열화당 앞에는 일반적으로 한국 전통 가옥에서는 볼 수 없는 테라스가 있는데 이는 조선 말기 러시아 공관에서 선물로 지어준 것이라고 합니다. 이 밖에 활래정도 언급하지 않을 수 없는 주요 건축물입니다. 1816년에 지어진 활래정은 대문 밖 선교장 입구 부근에 있는데 연못 가운데에서 연꽃에 빽빽하게 둘러싸여 있어 색다른 아름다운 경치를 가지고 있습니다. 선교장의 전통 건축미와 대자연이 완벽하고 조화롭게 하나가 된 그곳에서 연꽃을 감상하고 다도도 체험하면서 힐링할 수 있습니다.

❶ 船桥庄的"船"是指交通工具，据说建造船桥庄时门前就是镜浦湖，因此进出都必须以船为交通工具。镜浦湖由于常年泥沙堆积，湖面逐渐缩小，现在在船桥庄已经看不到镜浦湖了。

泥沙堆积 níshā duījī 모래 퇴적

---

447 강원 바다열차에 대해 소개해 보십시오.

▶ 56㎞의 해안선을 따라 운행하는 '바다열차'는 동해의 신비로움과 사람을 매료시키는 백사장을 완벽하게 사람들의 눈앞에 보여 줍니다. 바다열차는 모두 4량의 승객 칸으로 이루어져 있으며 모든 좌석이 바다를 향해 있고, 다른 일반 열차보다 30% 정도 더 큰 차창을 통하여 해안선의 아름다운 경치를 한눈에 볼 수 있습니다.

---

448 전라도를 소개해 보십시오.

▶ 전라도는 전라북도와 전라남도로 구성되어 있으며, 판소리, 창, 민속 요리 등 가장 한국적 특색이 농후한 전통문화를 완벽하게 계승하고 있습니다. 또한 풍광이 아름답고 경치가 수려합니다.

그중 전라북도는 한국의 서남부에 위치하며 북으로는 충청남도, 남으로는 전라남도, 동으로는 경상북도, 서쪽은 황해와 인접해 있습니다. 유명한 판소리 〈춘향전〉의 배경 지역인 남원, 슬로시티로 지정된 '전주한옥마을' 그리고 '전주비빔밥'으로 유명한 전주도 모두 전라북도에 위치합니다. 이 밖에 전라북도에는 한국 최대 평원인 호남평원이 있어 땅이 기름지기 때문에 '한국 제일의 곡식창고'라고 불립니다. 또한 전주 세계소리축제, 남원춘향제, 전주대사습놀이, 김제지평선축제, 고창읍성 답성놀이 등 각종 문화 축제는 한국 각지의 관광객들을 끌어당기고 있습니다.

전라남도는 한국에서 가장 서남쪽에 위치하고 있으며 북으로는 전라북도, 동으로는 경상남도, 남으로는 제주도와 바다를 사이에 두고 마주하고 있으며 서쪽으로는 서해가 있습니다. 세계박람회를 개최하여 세계적으로 유명한 여수가 전라남도에 있습니다. 전라남도 영산강 유역의 나주평야도 한국 최대의 식량 생산지 중 하나입니다. 그 밖에 해산물이 풍부한데, 대표적으로는 김, 굴, 고등어, 대하 등이 있습니다.

❶ 全罗道准确的说是全罗北道是三韩之马韩的中心，三国时代马韩和百济合并后，它隶属于百济，公元660年百济被罗唐联合军灭亡，从此全罗北道在唐国的统治下，直到676年（新罗文武王16年），唐国被驱逐后，全罗道成为新罗的领土。

隶属 lìshǔ 예속되다 | 驱逐 qūzhú 쫓아 내다

449 전주에 대해 소개해 보십시오.

▶ 전주는 전라북도의 행정 중심지로, 후백제의 수도였으며 삼국시대 지방 군정의 요지이자 이씨 왕조의 발원지이기도 합니다. 전통문화에 있어 전주는 한옥, 한식, 한지 등을 잘 보존하고 있는 도시로서 700여 채의 한옥들로 이루어진 전주한옥마을은 2011년에 슬로시티로 지정되었습니다. 이 밖에 전주는 전통 음식이 풍성한 도시로서 전주비빔밥은 한국에서 유명하고, 전주 한정식은 더욱 한국을 대표하는 음식이기도 합니다. 전주는 매년 가을 '전주 세계소리축제'를 거행하여 소리로 세계와 교류하고 있습니다.

450 전라북도의 대표적인 관광지를 소개해 보십시오.

▶ 전라북도에는 익산 미륵사지, 변산반도국립공원, 선운사와 고창 고인돌 군락지, 내장산국립공원, 남원 광한루원, 전주한옥마을, 전주한지박물관, 풍남문, 무주리조트 등 많은 관광지가 있습니다. 대표적인 관광지를 구체적으로 소개하자면 다음과 같습니다.

익산 미륵사지는 전라북도 익산에 위치하며 백제 무왕 때 지어진 것으로, 삼국시대 최대 사찰이며 현재 사찰에는 한국에서 가장 오래된 석탑 '미륵사지 석탑(국보 11호)'이 보존되어 있습니다.

풍남문은 전주 시내에 위치하고 있으며 서울의 동대문, 남대문처럼 동서남북의 지표를 나타내는 성문입니다. 풍남문은 4개의 성문 중 유일하게 현재까지 보존되어 있는 성문으로 역사적 가치가 높습니다. 풍남문의 모양은 마치 장독의 반이 잘려나간 것과 같으며 위로 2층으로 지어진 건축물은 상당히 대범합니다. 현재의 풍남문 부근에는 이미 상업 지구가 형성되어 상당히 번화하지만 여전히 적지 않은 전통 가옥들이 보존되어 있어 한국 전통문화와 현대 문화를 근거리에서 체험할 수 있는 유명한 곳이라고 할 수 있습니다.

남원 광한루원의 명칭은 항아가 살았던 '광한 청허부'에서 유래되었다고 합니다. 그 의미는 달에 있는 궁전에 견줄 만하다는 것입니다. 광한루원은 한국의 대표 고전소설인 『춘향전』의 배경이며, 소설의 주인공 이몽룡과 성춘향이 운명적인 첫 만남을 가졌던 곳입니다.

무주리조트는 1990년에 스키장으로서 대외에 개방했으며, 1997년 동계 유니버시아드를 성공리에 개최하였습니다. 리조트 내에는 스키장, 골프장, 실내 수영장, 노천온천 등 각종 휴식 및 편의 시설들이 있으며 부근에는 아름다운 동굴, 폭포, 계곡, 덕유산국립공원이 있어서 세계적인 휴양지로 선정되었습니다.

> **플러스 질문 모범 대답**
>
> ❶ ▶扶安边山半岛国立公园：位于扶安郡，海岸线35公里，于1988年被指定为国立公园，是韩国国立公园中唯一一个山水相映的地方，因此即可游山又可观海是其一大特色。国立公园大致可分为两个部分，一是拥有海岸地区的外边山，二是拥有内陆山区的内边山。外边山的代表观光地是彩石江和边山海滨浴场，值得一提的是彩石江并不是江，而是庞大的峭岩绝壁，长期受海浪侵蚀，形成的沉积岩层颇似万卷书堆积在那里，蔚为壮观；边山海滨浴场是西海岸三大海滨浴场之一，沙滩景色十分优美。内边山则以瀑布、山谷以及郁郁葱葱的山林而闻名。此外，边山半岛公园还有有名的三边，一是边材，即又直又高的松树；二是边兰，这是一种野生兰草；三是边山地区上产的天然蜂蜜边清，不但香气宜人，而且是入药的好食材。

▶ 全州韩纸博物馆：原泛亚细亚纸张博物馆，于2007年更名为"全州韩纸博物馆"，那里收藏着韩纸工艺品、韩纸制造工具、古代文书等与韩纸有关的文物，而且每年都会举办以韩纸为主题的各种庆典，与大家共同体验韩纸之美。博物馆可谓是韩国国内造纸行业的先锋，运营着生产新闻用纸和出版用纸的全州纸业。

▶ 高敞支石墓群：高敞郡是被指定为世界文化遗产的支石墓遗址地之一，这里有韩国最大的支石墓群集地，还有韩国唯一一个展示支石墓展品的博物馆。

▶ 淳昌辣椒酱村：淳昌是韩国辣椒酱的故乡，在清洁的空气等自然的恩惠下，生产量占据韩国国内生产量40%以上。在以传统方式制作辣椒酱的居民居住的淳昌辣椒酱村里，可以体验制作辣椒酱。特别值得一提的是2003年的美国《时代》杂志曾介绍淳昌为长寿村。

山水相映 shānshuǐ xiāngyìng 산과 바다가 서로 맞닿아 있다 | **彩石江** cǎishíjiāng 채석강 | **峭岩绝壁** qiàoyán juébì 가파른 절벽 | **受海浪侵蚀** shòu hǎilàng qīnshí 풍랑의 침식을 받다 | **沉积岩层** chénjīyáncéng 퇴적암층 | **颇似** pōsì 마치 ~인 듯하다 | **蔚为壮观** wèi wéi zhuàngguān 장관을 이루다 | **郁郁葱葱** yùyùcōngcōng 울창하다 | **边材** biāncái 변산에 있는 소나무의 일종 | **边兰** biānlán 변산에 있는 난의 일종 | **野生兰草** yěshēng láncǎo 야생 난초 | **边清** biānqīng 변산 벼랑에서 따는 꿀 | **入药** rùyào 약에 넣다 | **更名为** gèngmíng wéi ~라고 명칭을 바꾸다 | **先锋** xiānfēng 선봉 | **在…恩惠下** zài…ēnhuìxià ~의 은총하에 | **《时代》杂志** 《Shídài》 zázhì 〈타임〉지

---

451 **전라남도의 대표 관광지를 소개해 보십시오.**

▶ 전라남도에는 슬로시티로 인증받은 신안군 증도, 진도, 지리산국립공원, 한려해상국립공원, 낙안읍성민속마을, 송광사, 백양사, 여수, 보성차밭, 그리고 광주 비엔날레 등이 있습니다. 대표적인 관광지 몇 곳을 구체적으로 소개하겠습니다. **진도**는 제주도와 거제도에 이은 한국 3대 섬으로, 특히 매년 4월에서 5월에는 바닷길로 유명합니다. 진도에서는 바닷물 썰물 후에 너비 3~40m, 길이 2.8km의 길이 열리며 대략 한 시간 가량 지속되었다가 길이 점차 사라집니다. 해로가 열린 그때 뽕할머니를 기념하는 행사를 개최하는데 민족 특색이 있는 공연으로 인하여 많은 관광객이 몰려옵니다. **낙안읍성민속마을**은 전남 순천에 위치하며 사적 302호로 지정되었습니다. 그곳에는 조선 시대의 고성, 동헌, 초가집과 임경업 장군비 등의 고적들을 완벽하게 보존하고 있습니다. 다른 민속 마을과 다른 점은 그곳의 180여 가옥은 모두가 실제로 주민들이 거주하며 생활한다는 것입니다. 매년 음력 정월 보름, 5월, 10월에는 각종 민속 축제가 열립니다. **여수**는 300여 개의 사람이 사는 섬과 무인도로 구성된 자연 관광지로입니다. 전라남도의 유명한 항구도시이며 한려해상국립공원의 출발점이기도 합니다. 2012년에 세계박람회 때문에 전 세계의 사람들에게도 잘 알려져 있기도 합니다. 그 밖에 임진왜란 당시 이순신 장군이 지휘하던 전라좌수영의 본영인 '진남관'과 이와 관련 문물 유적지도 여수에 있습니다. **보성차밭**은 일본 통치 시기 찻잎을 기르던 곳으로 역사가 유구하고 규모가 큰 많은 차밭이 있습니다.

Unit 07 지역별(4)-경상·제주

452 경주에 대해 소개해 보십시오.

▶ 경주는 한국에서 가장 대표적인 역사 도시이며 경상북도에 위치하고 있습니다. 한국 역사상 가장 오랜 통치 기간을 가졌던 국가인 신라의 수도로, 몇 천 년의 찬란한 발전사가 있으며, 도시 전체가 '울타리 없는 박물관'으로 불립니다. 문화유적이 온 시내에 퍼져 있어 역사적 지위가 중국의 시안과 난징에 상당하지만, 경치의 수려함은 마치 중국의 쑤저우처럼 소박하고 고풍스러우며 아름답습니다. 중국의 많은 관광객들은 한국에 와서 경주를 방문하지 않는다면 상당히 안타까운 일이라고 생각합니다. 석굴암, 불국사는 유엔이 정한 세계문화유산입니다. 역사 지구 내에는 52개의 지정 문물이 분포되어 있으며, 신라 문화의 전성기를 생동감 있게 재현하고 있습니다.

453 경주 역사 지구에 대해 소개해 보십시오.

▶ 경주 역사 지구는 불교 유적지와 왕도 유적지가 있으며 모두 유구한 역사 문화를 가지고 있습니다. 문화유산의 성격에 따라 5개 구역으로 나눌 수 있습니다.

1. **남산 지구:** 이곳은 한국 불교 미술의 보고입니다. 경주 월성 지구와 함께 한국에서 가장 아름다운 관광지로 불립니다. 신라 건국 후 경주 남산은 '성지'로 칭해져 왔습니다. 이곳에는 전설 속 신라의 시조 '박혁거세'의 탄생지인 '나정'이 있고 신라왕조 멸망의 증거인 포석정 및 미륵곡석불좌상 등 다양한 불교 유적지들이 있어 신라의 역사와 문화를 보여 주는 자연 박물관이라 할 수 있습니다. 이 밖에 자연경관이 상당히 아름답습니다.

2. **월성 지구:** 이곳에는 천년 왕조 신라의 궁궐터가 있으며, 신라 왕궁인 월성이 자리합니다. 신라 김씨 왕조의 시조 김알지의 출생지인 계림이 있으며, 통일신라 시기 지어진 임해전지 그리고 아시아에서 가장 오래된 천문 관측소인 첨성대가 있습니다.

3. **대릉원 지구:** 이곳은 경주시의 중심이며 12만 평의 면적에 신라의 왕, 왕비, 귀족 등 귀족 계급의 무덤이 있습니다. 수많은 신라 문화의 정수와 당시 생활상을 보여 주는 생활용품 및 의복과 장식구 등 역사 유물들이 출토되었으며, 특히 고분 내 벽화는 상당히 높은 역사적 예술적 가치를 지니고 있습니다. 크고 작은 산언덕 같은 고분과 주변의 풍경들은 서로 잘 어울려 편안하고 고요한 분위기를 연출하고 있습니다.

4. **황룡사 지구:** 이곳은 신라 불교의 정수로, 황룡사지와 분황사를 포함하고 있는데, 유감스럽게도 황룡사는 몽고 침입 때 불타버렸지만, 유적지의 고증에 따라 당시의 웅장했던 대사원의 규모를 짐작할 수 있습니다. 이곳에서 출토된 4만여 점의 유물들은 신라 역사 연구의 귀한 자료가 됩니다.

5. **산성 지구:** 이곳은 왕도 방어 시설의 핵심입니다. 당시 외적의 침입을 피하기 위해 많은 산성을 축조하였는데 그중 경주 동쪽 명활산의 명활산성은 세계문화유산으로 지정되었습니다. 신라 초기의 건축 방식은 윤색하지 않은 돌을 이용하여 성을 쌓는 것이었고 이러한 축성 기술은 심지어 일본에 전해져 일본의 축성술에 상당한 영향을 미쳤습니다.

❶ 这是因为在新罗始祖朴赫居士诞生的故事中出现的 "罗井" 和新罗第55代王景哀王被甄萱生擒的地方 "鲍石亭" 也位于南山。

❷ 大陵苑最有名的是天马冢和皇南大冢。天马冢发掘于1973年，因出土的障泥上绘有天马而得名，是如今大陵苑中唯一内部开放的古坟墓。皇南大冢是大陵苑中最大的古坟，其独特之处在于作为夫妇合葬墓，夫人墓里的陪葬品更多更高级，表明了新罗时代妇女身份高于丈夫。

❸ 天马图是1500年前古新罗时代唯一的绘画作品，是在障泥上绘制天马，故称天马图。位于大陵苑的天马冢内。

甄萱 Zhēnxuān 견훤(후백제의 초대 왕) | **生擒** shēngqín 생포하다 | **天马冢** Tiānmǎzhǒng 천마총 | **皇南大冢** Huángnán Dàzhǒng 황남대총 | **发掘** fājué 발굴하다 | **障泥** zhàngní 장니, 말다래(말의 안장에 달아 옷에 흙이 튀지 않도록 하는 기구) | **天马图** Tiānmǎtú 천마도

---

454 포석정지에 대해 소개해 보십시오.

▶ 포석정지는 경주 남산의 서쪽 산허리에 위치하고 있으며, 1963년 1월 21일 사적 제1호로 지정되었습니다. 이곳은 신라 시기 행궁터로서 현재 당시의 건축물들이 남아 있지 않고 단지 전복 모양의 돌로 만든 물길만이 남아 있는데 이 모양새가 마치 전복 껍질 모양 같다 하여 그런 이름을 얻었습니다. 또한 이곳은 신라왕조가 몰락한 곳입니다.

---

455 안압지에 대해 소개해 보십시오.

▶ 한국에서 가장 오래된 역사서 『삼국사기』의 기록에 따르면 신라 문무왕 14년(기원전 647년)에 궁 안에 연못을 만들 것을 명하였는데, 후에 연못 안에 3개의 작은 섬을 쌓게 하고 동쪽과 북쪽에 작은 산을 만들고 아울러 그곳에 화초를 심고 진기한 동물들을 길렀습니다. 안압지는 바로 그 기록상의 연못으로 월성의 동북쪽에 위치하고 있습니다. 1975년 고찰 결과 안압지는 공 모양으로 동서 200m, 남북 180m였습니다. 현재의 안압지는 원형에 가까우며 호안석을 따라 건설된 것입니다.

❶ 临海殿址和雁鸭池于2011年7月被改称为 "庆州东宫与月址"。临海殿址原本是位于雁鸭池西侧的新罗王室的离宫，曾作为东宫(王位继承人居住的宫殿)。因过去史书中临海殿出现次数众多而得名 "临海殿址"。从最初挖掘出土的遗迹可见宫殿的建筑物、回廊以及雁鸭池西侧的5处楼阁轮廓。目前只重新修复了几个建筑物。

庆州东宫与月址 Qìngzhōu Dōnggōng yǔ Yuèzhǐ 경주 동궁과 월지 | **临海殿** Línhǎidiàn 임해전 | **挖掘出土** wājué chūtǔ 발굴하다 | **回廊** huíláng 회랑(정당正堂의 좌우에 있는 긴 집채) | **楼阁轮廓** lóugé lúnkuò 누각의 윤곽

456 첨성대에 대해 소개해 보십시오.

▶ 첨성대는 동양에 현존하는 가장 오래된 천문대이며, 신라 27대 선덕여왕 시기에 건립된 것으로 경주를 대표하는 역사 유적입니다. 첨성대는 1962년 12월 20일에 국보 제31호로 지정되었습니다. 첨성대는 석조 건축물로 높이가 9m에 원통형 모양이며, 직선과 곡선이 조화롭게 어우러져 있습니다. 첨성대는 362개의 30㎝ 크기 돌덩어리를 27층으로 쌓아 올려 만든 것입니다. 첨성대 밑바닥에서 4.16m 되는 높이에 한 변의 길이가 1m 되는 정사각형 모양의 문이 있고 그 문 밑에는 사다리를 놓았던 흔적이 있습니다.

> **플러스 질문 모범 대답**
>
> ❶ 这362块石块象征着阴历一年的天数。

457 경주 양동마을에 대해 소개해 보십시오.

▶ 경주 양동마을은 경주시에서 북쪽으로 16㎞ 떨어진 산기슭에 있습니다. 월성 손씨와 여강 이씨 두 집안이 500여 년 동안 여기에 살았습니다. 현재는 150여 가구 370여 명의 후손들이 마을에 거주하고 있습니다. 양동마을은 산비탈에 분포해 있는데 산비탈 쪽의 기와집에는 귀족 계급이 살았으며 평지의 초가집에는 하인들이 살았습니다. 이곳의 많은 전통 가옥들은 모두가 '국보'로 지정되어 있습니다. 양동마을을 참관하는 데는 2시간 정도 소요됩니다.

458 국립경주박물관에 대해 소개해 보십시오.

▶ 국립경주박물관은 2000년 세계문화유산으로 지정된 '경주 역사 지구' 내에 위치하고 있으며 신라 시기의 문물을 전시하고 있습니다. 그중 고대 문물관은 4개의 전시 구역으로 나뉘어져 있으며, 경주박물관을 대표하는 전시품인 신라금관 등이 전시되어 신라 왕실의 사치스런 생활상을 보여 줍니다. 미술관은 불교 조각품들을 전시하고 있습니다. 그 밖에 박물관 밖 74000여 ㎡ 규모의 실외 전시관인 박물관 정원에서는 경주 일대의 사찰 유적지에서 옮겨온 여러 석탑과 석불 등을 전시하고 있습니다.

459 경주 민속공예촌에 대해 소개해 보십시오.

▶ 경주 민속공예촌은 불국사와 보문단지 사이의 토함산 산기슭 관광 노변에 있습니다. 고대의 전통 기와집과 초가집 45동이 있습니다. 이곳에서는 한국 고대 시기의 고요하고 기품 있는 분위기를 느낄 수 있을 뿐만 아니라 금속, 도예, 목공, 보석, 자수 등 18개 분야의 공예 예술품들을 감상할 수 있습니다. 이 밖에 민속공예전시관에서는 저렴한 가격으로 좋아하는 공예품을 구입할 수 있습니다.

460 신라밀레니엄파크에 대해 소개해 보세요.

▶ '신라밀레니엄파크'는 한국 경주에 있으며, 공연, 숙소, 휴양이 결합된 민속 마을이자 체험형 종합 역사 문화 공원으로서 신라 전성 시기의 역사적 풍모를 재현하였습니다. 신라밀레니엄파크에서 일하는 모든 직원들은 모두 신라 시대의 복장을 입고 있어 신선한 느낌을 줍니다. 이곳은 한국 드라마 〈꽃보다 남자〉와 〈선덕여왕〉의 촬영지입니다.

461 경주에는 어떤 국보들이 있습니까?

▶ 경주에는 불국사, 석굴암, 첨성대, 천마총 등 28개의 국보가 있습니다. 그중 7개는 불국사에 있는데, 이들은 다보탑(국보 20호), 석가탑(국보 21호), 연화교와 칠보교(국보 22호), 청운교와 백운교(국보 23호), 금동비로자나불좌상(국보 26호), 금동아미타여래좌상(국보 27호), 불국사3층석탑 내에서 발견된 문물(국보 126호)입니다.

462 울릉도에 대해 소개해 보십시오.

▶ 울릉도는 경상북도 울릉군에 위치한 2500만 년 전 해저화산이 폭발하여 형성된 섬으로, 성인봉(984m)을 중심으로 전체 섬이 크고 작게 연결된 봉우리입니다. 해안선은 모두 가파른 절벽으로 기이한 암석과 봉우리, 희귀동물, 원시림, 바다와 하늘이 하나로 어우러지며, 아름다운 자연풍광을 완벽하게 보존하고 있는 동해 제일의 여행지 중 하나입니다. 울릉도에는 높은 빌딩이 없으며 차와 인파가 없습니다. 오로지 섬마을 특유의 고요만이 있습니다. 케이블카를 타고 산봉우리에서 바다를 내려다보면 한국 최남단의 섬 독도를 바로 눈앞에서 볼 수 있습니다.

> **플러스 질문 모범 대답**
>
> ❶ 作为韩国最大的两座岛屿，都形成于火山爆发。但是济州岛是盾状火山，那是具有宽阔顶面和缓坡的大型火山，因此济州岛虽然地域宽广，但那里的山势不高；而郁陵岛是钟状火山，那是具粘性的熔岩冷却后形成的高而陡的火山，因此郁陵岛整体是大大小小相连的高峰。
>
> **盾状火山** dùnzhuàng huǒshān 순상화산 | **宽阔顶面** kuānkuò dǐngmiàn 널다란 정상 부분 | **缓坡** huǎnpō 완만한 경사 | **地域宽广** dìyù kuānguǎng 넓은 지역 | **钟状火山** zhōngzhuàng huǒshān 종상화산 | **粘性** niánxìng 점착성 | **熔岩冷却后** róngyán lěngquè hòu 용암이 식은 후 | **高而陡** gāo ér dǒu 높고 가파르다

463 독도에 대해 소개해 보십시오.

▶ 독도는 일본에서는 죽도라고 부릅니다. 한국 울릉도에서 동쪽으로 87.4㎞ 자리에 위치하며 '동도'와 '서도'로 불리는 두 개의 암석으로 구성된 섬입니다. 독도는 비록 면적이 크지 않지만, 독특한 지리적 위치 때문에 매우 높은 전략적 가치

와 경제적 가치를 지니고 있습니다. 독도는 한국의 황금어장으로 풍부한 해양자원을 가지고 있습니다. 그 밖에 독도는 한국의 군사적 요충지로, 현재 독도 수비대와 일부 주민들이 거주하고 있습니다. 2012년 12월 27일에 울릉도와 독도는 한국 내 최초의 지질공원이 되었습니다.

플러스 질문 모범 대답

❶ 据韩国相关资料记载，在朝鲜历史上，早在新罗王朝即公元6世纪就有独岛的纪录。而根据日本资料记载，应该是17世纪初，一个渔民发现了所谓的无人岛郁陵岛，后日本人先到那里捕捞鲍鱼等，直到七八十年后的1692年，那位渔民的后代在郁陵岛与朝鲜渔民相遇，由此引发双方对该岛归属的外交纠纷。1905年，日本入侵韩半岛，随即宣告对独岛拥有自主权，此后在第二次世界大战日本战败后，包括独岛在内的韩国领土自动地归属韩国政府。但是在韩国战争时期的1953年5月，日本又曾一度占领了独岛，并在岛山建立了领土标志碑。可是韩国的一位23岁青年——洪淳七带领附近居民组成了"独岛义勇守备队"赶走日本军人，从那时起独岛完全在韩国的实际控制下。韩国于1954年把独岛划到庆尚北道郁陵郡管辖。根据国际法判断有争议领土的归属问题时，主要考虑两个方面，一是最早的关于该领土的相关记录，二是该领土的现实际控制权。由此可见，无论从哪个方面讲，独岛都无可争议的是韩国领土。

❷ 那是韩国郁陵郡政府2010年10月11日宣布的政策，即从2010年11月起，向访问独岛的游客发放"独岛名誉居民证"，以加强韩国对独岛的实际控制。居民证的正面印有持有者姓名、国籍、独岛居民证号码等内容，背面印有韩国国旗和独岛照片。

捕捞鲍鱼 bǔlāo bàoyú 전복을 채취하다 | 引发外交纠纷 yǐnfā wàijiāo jiūfēn 외교 분쟁을 일으키다 | 随即 suíjí 즉각, 즉시 | 宣告对独岛拥有自主权 xuāngào duì Dúdǎo yōngyǒu zìzhǔquán 독도 영유권을 선언하다 | 划到庆尚北道郁陵郡管辖 huàdào Qìngshàng Běidào Yùlíngjùn guǎnxiá 경상북도 울릉군 관할로 나누다 | 归属问题 guīshǔ wèntí 귀속 문제

---

464 봉정사에 대해 소개해 보십시오.

▶ 봉정사는 경북 안동에 위치하고 있습니다. 전설에 의하면 신라 무왕 때 능인대사가 종이 봉황을 날려보냈는데 이리로 날아왔다고 해서 이름을 얻게 되었습니다. 사찰 안에는 고려 시기 건축한 '극락전', 조선 초기에 건축한 '대웅보전', 그리고 조선 후기에 건축한 '고금당'과 '화엄강당'이 있습니다. 역사 기록에 의하면 극락전은 고려 공민왕 때 다시 중건한 것이고, 현재 한국에서 가장 오래된 목조 건물입니다. 영국 여왕 엘리자베스 2세가 1999년 한국 방문 시 이곳을 방문했습니다.

---

465 도산서원에 대해 소개해 보십시오.

▶ 도산서원은 경상북도 안동에 위치하고 있으며 조선 시대의 저명한 성리학자 퇴계 이황의 제자와 당시(선조 7년 1574년) 유학자들이 이황을 기념하기 위하여 설립한 서원입니다. 상덕사, 전교당, 동서재 등을 포함하며 서원을 다 지은 이듬해에는 아마도 이황이 일찍이 도산서당을 지어서 유생들에게 학문을 가르쳤기 때문에 이후 선조가 '도산서원'이라는 편액을 하사하였으며 이로부터 그곳은 영남 유학의 중심이 되었습니다.

466 경상남도를 소개해 보십시오.

▶ 경상남도는 한국의 동남부에 위치하며, 이곳에는 한국 3대 사찰이면서 불교 경전인 〈팔만대장경〉의 합천 '해인사'와 부처의 진신사리를 봉양하고 있는 '통도사'가 있습니다. 그 밖에 남부 지역에 위치한 '한려해상국립공원'은 거제도, 통영시와 남해군 등에 걸쳐 있고 배를 타고 바다의 풍경을 관람할 수 있는 특색이 있습니다. 또한 한국 최대의 벚꽃 축제인 '진해군항제', 진주에서 거행하는 역사 깊은 '진주남강유등축제', 녹차와 문학의 고향으로 유명한 슬로시티 하동군에서 거행하는 '야생차문화축제' 등의 축제에 참가할 수 있습니다. 옛 것과 자연을 감상하고 각종 문화를 체험할 수 있는 훌륭한 곳이라고 할 수 있습니다.

467 통도사에 대해 소개해 보십시오.

▶ 통도사는 경상남도 양산에 위치한 불보사찰로서 646년에 건립되었습니다. 한국의 삼보명찰 중 하나입니다. 안타깝게도 임진왜란 때 불에 타 소실되었다가 1601년과 1641년에 다시 재건되었습니다. 이곳에는 석가모니의 사리를 모시고 있기 때문에 불상이 없습니다. 대웅전과 불이문 및 1300년 된 석조 부조 등 35개의 건축물로 이루어져 있습니다.

468 거제도에 대해 소개해 보십시오.

▶ 거제도는 경상남도 거제시 남해안에 위치하며 한국 남해의 천당이라고 불립니다. 거제도에는 신비한 분위기의 해금강과 길이 몇십 m에 이르는 기이한 암석 해안, 12개의 해수욕장과 동백나무숲 등 풍부한 천연 관광자원이 있습니다. 또한 이곳은 한국 조선업의 중심이기도 합니다. 관광객들은 이곳에서 자연, 문화, 산업자원 등 다양한 모습들을 둘러볼 수 있습니다.

469 제주도의 면적은 얼마입니까? 제주도에 대해서 소개해 보십시오.

▶ 제주도의 면적은 1,849㎢이고, 인구는 60여 만 명이며 제주시와 서귀포시 두 개의 시만 있는 한국에서 제일 작은 도입니다. 제주특별자치도의 주요 섬인 제주도는 한국 최대의 화산 폭발로 형성된 섬으로 한국 최남단에 위치하고 있습니다. 제주도에서는 아열대기후의 특징인 따뜻하고 습한 기후를 즐길 수 있을 뿐만 아니라 화산폭발에 의해 형성된 부드럽고 아름다운 풍광과 기이하고 특이한 지형을 감상할 수 있습니다. 또한 제주도의 현대화된 발전을 체감할 수 있으며 한국인이라면 모두 알고 있는 삼다, 삼무, 수호신 돌하르방 등의 전설을 들을 수 있습니다. 그래서 제주도는 많은 관광객을 끌어당기며 한국의 하와이, 허니문의 섬, 낭만의 섬, 국제 휴양섬, 화산 박물관 등으로 호평받고 있습니다. 제주도는 2011년 세계 7대 자연경관으로 선정되었으며, 세계에서 유일하게 유네스코 자연 과학 분야에서 '3관왕'을 획득한 곳이기도 합니다. 한국 정부는 제주도를 동북아의 핵심 국제도시로 조성하기 위하여 2006년에 제주특별자치도로 지정

한 뒤 국방과 외교 외의 모든 행정자치권을 부여하였습니다. 중국인에게는 무비자 입국을 허락하였으며 한국인들에게 도 면세점 혜택을 누릴 수 있게 하였습니다.

플러스 질문 모범 대답

❶ 济州岛的"三多"是石头多、风多、女人多；"三无"指的是无乞丐、无小偷、岛上民宅没有门；"三宝"指的是济州岛的方言、植物资源和海产资源；"三丽"指的是人情、风景和水。

❷ "三冠王"指的是2002年被选定为生物圈保护地区，2007年被选入世界自然遗产纪录，2010年被列入世界地质公园名录。

❸ 多尔哈鲁邦是济州岛的象征物也称石头爷爷，相当于中国的"土地公"。它没有英俊威武的外表，但表情中却有一种坚强和智慧，传说中摸多尔哈鲁邦的鼻子可以生儿子，摸它的肚子和手可以升官发财。现在"多尔哈鲁邦"被大量制造，在济州几乎任何角落都可以看到，同时也被用在各种商品设计之中。据说它曾经有过很多称呼，但因多尔哈鲁邦这个名字容易好记而流传开来，并于1971年8月25日被正式命名。遗留下来的真品"多尔哈鲁邦"有47尊在济州岛保存，还有两尊保存在首尔景福宫。
据推测当时竖立这些多尔哈鲁邦，一是其有避邪、防恶疾流传、避免战祸等守护神功能；二是置于州县政府的所在地，昭示民众，凸显政府尊贵性。

生物圈保护地区 shēngwùquān bǎohù dìqū 생물권보전지역 | 多尔哈鲁邦 duō'ěrhālǔbāng 돌하르방 | 土地公 tǔdìgōng 토지를 관장하는 신 | 英俊威武 yīngjùn wēiwǔ 인물이 뛰어나고 위풍당당하다 | 坚强和智慧 jiānqiáng hé zhìhuì 강인하고 지혜롭다 | 升官发财 shēngguān fācái 높은 관직에 오르거나 큰 돈을 벌다 | 避邪 bìxié 액운을 피하다 | 防恶疾流传 fáng èjí liúchuán 악질의 전파를 막다 | 昭示民众 zhāoshì mínzhòng 사람들에게 보여 주다 | 凸显政府尊贵性 tūxiǎn zhèngfǔ zūnguìxìng 정부의 존귀함을 드러내다

---

470 제주도에는 어떤 관광지가 유명한지 5곳을 설명해 보십시오.

▶ 제주도의 유명한 관광지는 셀 수 없을 정도로 많습니다. 자연경관으로는 용두암, 만장굴, 한라산국립공원, 중문·대포 해안의 주상절리대 등이 있으며 각종 박물관, 테마파크와 리조트가 있습니다. 그리고 제주도의 빠른 발전을 대표하는 제주국제컨벤션센터와 제주 지역의 특색을 체험할 수 있는 전통 시장 등 아주 다양하게 있을 것은 모두 있다고 할 수 있습니다. 5곳을 소개한다면 3대 폭포, 중문관광단지, 더마파크, 제주돌문화공원, 제주 올레길을 말하고 싶습니다.

---

471 제주도의 3대 폭포에 대해 소개해 보십시오.

▶ 제주도의 3대 폭포는 천제연폭포, 천지연폭포, 정방폭포입니다.
천제연폭포는 3대 폭포 중 가장 큰 폭포이며 '천제의 연못'이란 뜻입니다. 전설에 의하면, 옥황상제를 모시던 선녀가 이 곳에서 목욕을 했다 하여 지어진 명칭이라고 합니다. 천제연폭포는 세 부분으로 나뉩니다. 첫 번째 폭포는 깎아지른 듯한 낭떠러지와 진흙층 사이에서 분출하는 샘물로 맑고 투명하여 음용할 수 있는데, 전설에 따르면 만병을 고칠 수 있다고 합니다. 때로는 흐르던 물결이 끊어져 '천제연못'이 되기도 하며 큰비가 오면 제2, 제3의 폭포를 만들어 냅니다. 그 중 제2폭포의 폭이 30m에 달하며, 가장 장관입니다.

천지연폭포는 용암이 응고되어 형성된 계곡에서 만들어진 것으로 높이 22m, 폭 12m입니다. 폭포 아래의 연못은 '하늘과 땅이 혼연일체가 되는 연못'이라는 평판을 가지고 있으며, 이 때문에 천지연이라는 이름을 갖게 되었습니다. 이곳에는 주로 열대 지역에서 서식하는 무태장어가 서식하고 있으며, 그 외 주변에는 기암절벽과 온대 삼림대의 진귀한 나무들이 여기저기 서식하고 있습니다. 가장 언급할 만한 것은 천지연폭포에는 조명 시설이나 편의 설비들이 완비되어 특히 조명등 아래에서의 폭포의 아름다운 경치는 발길을 돌리기 어렵게 만듭니다.

정방폭포는 한국에서 유일하게 폭포수가 바다로 떨어지는 폭포로 높이 23m이며 두 줄기 폭포의 폭은 8m입니다. 전설에 따르면 진시황의 명으로 불로장생약을 구하기 위해 온 서복이 폭포의 장관을 보고 감탄하여 벼랑에 '徐福过此(서복이 이곳을 지나가다)'라는 네 글자를 새기고 서쪽으로 갔다고 합니다. 지금도 그 네 글자를 분명하게 볼 수 있으며 '서귀포'라는 이름도 여기에서 유래되었습니다.

---

472 중문관광단지를 소개해 보십시오.

▶ 중문관광단지라는 이름에 대해 오해하지 않기를 바랍니다. 이곳의 '중문관광단지'와 '중국어'와는 아무런 관련이 없습니다. 중문 지역이라는 해변에 위치하기 때문에 얻어진 이름일 뿐입니다. 이곳은 제주도의 종합 관광단지이자 한국에서 가장 큰 규모를 지닌 휴양지로, 1971년 국제 관광단지로 지정되었습니다. 관광단지 면적은 130만 평으로 자연과 인공의 조화를 완벽하게 재현하였고, 단지 안에는 퍼시픽랜드, 여미지식물원, 골프장, 관광 어촌, 그리고 한국에서 가장 깨끗하다는 중문해수욕장이 있습니다. 이 밖에 신라호텔과 롯데호텔 등 최고급 호텔들과 최고급 관광 서비스 시설이 있습니다.

---

473 제주도의 더마파크를 소개해 보십시오.

▶ 제주도의 삼다(三多)는 바람, 돌, 여자인데 사실 한 가지 더 '많은' 것이 있는데 그것은 '말'입니다. 제주도의 자연환경은 말을 기르기에 적합합니다. 몽고가 제주를 침입했을 때 그곳은 전문적으로 말을 기르고 사육하는 곳이었습니다. 지금은 그곳에 세계 첫 번째로 '말'을 주제로 하는 테마파크가 생겼는데 이곳에서는 희귀종의 말들을 구경할 수 있을 뿐만 아니라 말 타기 체험을 할 수 있으며 기마 공연을 관람할 수도 있습니다.

---

474 제주돌문화공원을 소개해 보십시오.

▶ 돌은 제주 사람들의 마음속에 상당히 중요한 비중을 차지합니다. 그것은 신의 화신이기 때문입니다. '제주돌문화공원'은 그런 문화적 바탕 아래 건립된 종합 박물관인 동시에 체계적인 생태공원이기도 합니다. 그곳에서는 제주도에서만 볼 수 있는 아름다운 '돌 풍경'을 볼 수 있습니다. 차가운 돌덩어리, 그 안에 생명과 영혼이 깃들어 있습니다. 가장 언급할 만한 것은 모든 박물관을 지하에 건립하여 주위 자연환경을 전혀 손상시키지 않는다는 것입니다.

475 '제주 올레길'은 무엇입니까?

▶ '올레'는 제주 방언으로 '큰길에서 집의 대문까지 이어지는 좁은 길'이란 뜻으로 제주 사람들이 출생 후 외부 세계와 통하는 첫 번째 길인 것입니다. '제주 올레길'은 한국을 대표하는 도보 여행 노선이자 동시에 제주와 세계를 연결하는 길을 상징하기도 합니다. 올레길을 따라서 가면 제주도 특유의 매력적인 작은 마을들을 감상할 수 있으며 제주의 풍속을 체험할 수 있습니다. 제주 올레길은 2007년에 첫 번째 노선이 개통된 이후 지금까지 이미 26개의 노선이 개통되었고 총 거리 430㎞입니다. 평균 각 노선의 길이는 15㎞이며 대개 5시간을 걸으면 다 돌 수 있어 모든 관광객들이 가볍게 자유 여행 노선으로 즐길 수 있으며, 마을 간 작은 길, 산길과 바닷길은 풍경이 서로 달라 그 재미가 무궁합니다. 그중 노선 6, 7, 8은 올레길 중 최고이며 도보 여행자들이 가장 많이 선택하고 있습니다.

476 한국의 한라산국립공원에 대해 소개해 보십시오.

▶ 한라산은 제주도 중부에 위치하며 해발 1950m로 한국 제일의 높은 봉우리이며 제주도를 대표하는 명산입니다. 한라산에서 가장 신기한 점은 해발고도에 따라 산의 식생 분포가 다양성을 띤다는 것입니다. 아열대, 온대, 한대 식물들이 병존하며 이들이 펼치는 아름다운 풍경에 취한 많은 관광객들의 발걸음이 끊이지 않고 있습니다. 한라산국립공원 주변에는 368개의 기생화산이 있으며 화산 폭발로 인하여 생긴 산 정상의 백록담도 유명합니다. 1970년에 국립공원으로 지정되었으며, 2002년에 '유네스코 생물권보전지역'으로 지정되었습니다.

> **플러스 질문 모범 대답**
> ❶ 据说是因汉拿山神偷看仙女们沐浴而惹怒玉皇大帝，于是被贬为白鹿，守护当地，那里也因此得名为白鹿潭。
>
> 惹怒 rěnù 화나게 하다 | 被贬为白鹿 bèi biǎnwéi báilù 하얀 사슴으로 강등되다

Unit 01 한류

477 '한류'란 무엇입니까?

▶ '한류'는 간단히 말해서 한국 붐입니다. 현재 '한류' 이 말을 중국에서는 모르는 사람이 없으며 중국으로 유입되는 '한류' 문화 상품은 상당히 많습니다. 컴퓨터 게임, 영화, 드라마, 노래와 춤, 문학작품과 그에 파생된 한국 의류, 음식, 스포츠 레저, 여행 등 매우 다양한데, 그중 영향이 가장 큰 것은 영화와 드라마입니다. '한류'는 한국 여행 붐을 일으켰으며 한국 경제의 발전을 촉진시켰을 뿐만 아니라 한류 영화와 드라마의 영향으로 한국의 화장품과 한국의 성형외과 등이 이름을 날리게 되었습니다. '한류'는 한국 의류와 음식의 수출을 촉진했을 뿐만이 아니라 한국 가전제품, 자동차, 휴대전화, 컴퓨터 등 IT상품의 구매 열기를 일으켰기에 한국인들이 자랑스러워할 만한 한국 붐이라고 말할 수 있습니다.

478 당신은 '한류' 붐이 일어나게 된 원인이 무엇이라고 생각합니까?

▶ '한류' 붐을 일으킨 원인에 대해 저는 다음의 네 가지로 정리할 수 있다고 봅니다.
1. 역사 문화적 측면에서 본다면 한중 양국은 역사적으로 오랜 교류를 가졌으며 서로 비슷한 문화 배경을 가지고 있습니다. 한중 양국은 동아시아 유교 문화권에 속하며, 양국 국민들은 비슷한 외모와 비슷한 성씨와 이름을 가지고 있어 한국인의 감정 표현, 가치관, 사유 방식 등은 중국인과 상당히 비슷한 면이 있습니다. 이것 역시 중국 시청자들이 한국 드라마를 쉽게 받아들이고 '한류'가 순조롭게 중국에 안착하게 된 '선천적 조건'이기도 합니다.
2. 경제적인 측면에서 본다면 한국은 빠른 공업화를 이룬 것과 동시에 자기 민족의 역사 문화 전통을 비교적 잘 보존했습니다. 한국 문화는 '세계화'와 '현지화'의 충돌과 조화를 적절하게 처리하였으며 전통 윤리와 현대 문화의 충돌, 동서문화의 가치관의 충돌을 남김없이 드러냈기 때문에 중국인들을 매료시키는 것입니다. 비록 중국은 최근 30여 년의 개혁개방을 거치면서 국력은 증강하였지만 평균 GDP로 평가하자면 선진국과 상당히 격차를 보입니다. 그러나 한국 드라마를 통하여 중국인들은 중국과 한국의 국민 생활수준이 확실히 차이는 있었지만 그렇게 큰 격차라고 느끼진 않습니다. 그러한 현실성이 어쩌면 '한류'가 중국에서 환영받을 수 있었던 원인일 것입니다.
3. 외교적 측면에서 보자면 1992년 한중 수교 이후 양국 관계는 신속히 가까워지고 한중 양국의 보다 나은 발전을 가져왔으며, 더욱 많은 중국인들이 한국에 대해 호감을 가지게 되고 '한류' 문화를 좋아하게 되었습니다.
4. 이 밖에도 '한류' 자체가 매우 우수하여 흠잡을 데가 없습니다. 한국 영화와 드라마, 예능 프로그램, 한국의 잘생긴 남녀스타들, 한국 화장품, 한국 가전제품 등등 높은 시청률과 탄탄한 품질 등은 중국인들로 하여금 '한류'에 대한 기대를 멈출 수 없게 하며 바로 그것이 '한국'의 매력입니다.
결론적으로 이상이 '한류' 붐에 대한 제 견해입니다.

479 한류의 미래를 어떻게 보고 있습니까?

▶ 모든 일은 그 '열기가 식을 때'가 있으며 '한류' 열기도 예외는 아닙니다. 제 생각에는 지금 상태대로 간다면 한류의 발전도 걸림돌을 만나게 될 것입니다. 한류의 발전 과정 가운데, 항상 새로운 가치를 구하고, 더욱 완벽한 것을 추구하며, 완성도를 높여야 한다고 생각합니다. '문화 수출'과 동시에 마음의 문을 열고 해외 문화를 받아들여 수출과 적용을 동등하게 이루어 나간다면 이를 통해 한류는 한 단계 더 도약할 것이라고 생각합니다. 그리고 중국 문화 및 중국 여행객들에 대해서도 포용하는 마음을 가져야 합니다. 이 부분들을 준비한다면 한류의 꽃은 영원히 피어날 것이라고 생각합니다.

480 좋아하는 스타가 있습니까? 있다면 한 사람을 소개해 주십시오.

▶ 좋아하는 스타는 무척 많지만 제가 가장 좋아하는 한국 스타는 김수현이고 가장 좋아하는 중국 스타는 장쯔이입니다. 김수현은 〈별에서 온 그대〉를 통하여 중국 전역에 알려졌는데 당연히 그는 잘생겼고 연기도 말할 필요 없지만 저는 그의 그런 말로 표현하기 힘든 독특한 매력을 더욱 좋아합니다. 그의 말과 행동이 모두 특이한데, '진지함' 속에 어떤 유머러스한 면이 있고, '귀여움' 속에 어떤 성숙함이 있는 것이 매력적입니다. 장쯔이는 외모가 청초하고 연기도 뛰어납니다. 각종 큰 상을 받은 것은 (연기에 대한) 가장 좋은 증거라고 말할 수 있을 것입니다. 그러나 저는 그녀의 그러한 '노력'과 '집착'을 좋아합니다. 그녀는 어떤 일이든 쉽게 포기하지 않고 노력해서 최선을 다하고자 하는데 그것이 저에게 큰 힘을 주었기에 그녀를 좋아합니다.

481 한국 드라마는 중국에서 왜 '한류' 붐을 일으켰습니까?

▶ 한국 드라마는 10년 전 〈겨울연가〉를 시작으로 최근 2년간 〈상속자들〉에 이르기까지 중국에서 줄곧 인기가 있었으며 〈별에서 온 그대〉에 이르러 최고조에 달했습니다. 심지어 많은 대학교 학자들이 한류 붐의 원인에 대해 연구를 하기 시작했습니다. 그 이유를 말한다면 제 생각에는 다음과 같은 몇 가지와 무관하지 않습니다.

1. 어떤 인기 한국 드라마이든 모두 약간의 현실성과 약간의 허구성이 있는 극중 내용이 사람들을 끄는 특징이 있습니다.
2. 극중 남녀 주인공은 모두 '미남미녀'의 조합이며, 동시에 사람들은 한국의 최신 유행도 맛보면서 자연스럽게 매우 참신한 매력을 느낍니다.
3. 연기자의 연기가 확실히 훌륭해서 사람들로 하여금 극중 희비를 더욱 잘 느끼게 해 정서적인 공감을 불러일으킵니다.
4. 극중 한국인의 생활 방식이 현대적이면서도 전통 유교의 영향을 벗어나지 않아 사람들은 친근하게 느끼며 또한 동떨어진 이야기가 아니라고 생각합니다. 또한 한국 드라마가 중국 드라마와 다른 가장 큰 특징은 찍으면서 방영하는 것으로 시간적으로 볼 때 이야기들이 마치 내 주변에서 일어나는 것 같습니다.

5. 한국 드라마는 어떤 면에서는 중국인의 생활을 변화시켰고 영향을 끼쳤습니다. '합한족'들은 한국 드라마의 생활 방식을 모방하는 것을 시대적 유행이라고 여깁니다.

6. 과학기술의 발전과 인터넷의 보급에 따라 '한국 드라마'의 유행이 촉진되었고 '한류'의 발전을 촉진시켰습니다.

플러스 질문 모범 대답

❶ 我最近在看车和娟主演的韩国电视剧《妈妈》，那部剧讲述了一位一直牺牲自己为子女付出全部的伟大母亲，最后发现子女成为了自己的精神枷锁和负担，从而向子女展开"报复"行动的故事。我想介绍这部剧的理由是我觉得这部剧情感逼真，"天下母亲"都一样，天下的母爱都一样，我想这部剧是一部很好的让人"反省"的作品，希望这部剧能让人更尊敬母亲，珍惜母爱。

❷ 我看过的中国电视剧是中国知名女星赵薇主演的《虎妈猫爸》，是我的汉语老师推荐的，剧中讲了虎妈和猫爸像很多年轻小夫妻一样，虽然有了五岁的女儿，还过着简单轻松的生活，直到虎妈忽然发现周围妈妈们早已忙得团团转，而自己和女儿还懵然无知，从而开始面对起孩子的教育问题，为女儿上学的问题忙碌的家庭情景剧，看后感觉很有共鸣，无论是中国还是韩国，做父母的都有"望子成龙，望女成凤。"的苦心，真是可怜天下父母心，我觉得这部剧很好的反映了一个很现实的社会问题，值得一看。

车和娟 Chē Héjuān 차화연(배우) | 精神枷锁和负担 jīngshén jiāsuǒ hé fùdān 정신적 구속과 부담 | 情感逼真 qínggǎn bīzhēn 감정이 실제 같다 | 《虎妈猫爸》 《hǔmā māobà》 〈호랑이 엄마와 고양이 아빠〉 | 忙得团团转 máng de tuántuán zhuàn 바빠서 이리저리 뛰어다니다 | 懵然无知 měngrán wúzhī 어리석고 무지하다 | 望子成龙，望女成凤 wàngzǐ chénglóng, wàngnǚ chéngfèng 자녀가 성공하기를 바라다

Unit 02 경제 교류

---

482 한중 관계에 대해 얘기해 보십시오.

▶ 한중 양국은 바다를 끼고 서로 마주하여 지리적으로 근접하고, 인적으로는 서로 친근하고 문화적으로 상통하여 우호적인 교류가 오랫동안 지속되어 왔습니다. 양국은 1992년 외교 관계를 맺은 후 정치적 상호 신뢰와 경제적 상호 보완으로 여러 영역에서 사람들의 주목을 받는 성취를 이루었습니다. 양국은 중대한 국제 및 지역 문제에 있어서 입장이 근접하고 이익이 서로 비슷하여 국제 무대에서 양호한 소통과 협력 관계를 유지하고 있으며, 특히 인문적 교류의 풍부함으로 쌍방은 이미 상호 유학생 교류의 최대 원산국이 되었습니다. 한국에 오는 중국 관광객 수는 갈수록 많아지고 한류와 중국 붐이 서로 잘 호응하고 있습니다. 당연히 우리는 현재 단오절, 동북공정 등 한중 양국 국민 간의 감정에 영향을 끼치는 일들이 존재하는 것을 보기도 합니다. 하지만 속담에 "혀와 이는 서로 싸울 때도 있다"라는 말이 있듯, 미래를 내다보면 '평화'와 '발전'이라는 양대 주제 아래 한중 양국의 관계는 상당히 밝을 것임을 믿습니다.

---

483 2018년 평창 올림픽이 한국 관광업에 미칠 영향에 대해 말해 보십시오.

▶ 한국은 이미 올림픽, 월드컵, 세계육상선수권대회, 아시아경기대회 등등 대형 국제 경기들을 주최하였으며 국제적으로 지위와 명성을 얻었습니다. 2018년 평창 올림픽은 한국의 새로운 명함으로서 한국의 세계 각국에 대한 영향력을 키우고 한국의 지명도를 높여서 많은 관광객을 끌어당겨 한국 관광산업에 금상첨화가 될 것입니다. 구체적으로 말한다면 우선 올림픽은 세계 각국의 빙상 운동 애호가들을 끌어당길 것이며 자연히 한국 관광산업의 발전을 촉진시킬 것입니다. 다음으로는 한국이 올림픽을 개최하기 위하여 건설한 각종 도시의 기반 건설 및 설비는 한국 관광의 '하드웨어'가 되어 한국 관광업의 발전을 촉진시킬 것입니다.

---

484 당신은 아시아인프라투자은행을 아십니까? 한국은 아시아인프라투자은행의 창립 회원국이 되었는데, 이는 한국에 어떤 의미가 있습니까?

▶ 아시아인프라투자은행은 정부 간 성격의 아시아 지역 다국적 개발 기구로서 인프라 건설을 중점적으로 지원하며, 본부는 베이징에 있습니다. 아시아 경제는 전 지구 경제 총량의 1/3을 차지하고 있으며, 현재 세계경제의 활력과 성장 잠재력을 지닌 지역으로 전 세계 인구의 60%를 차지하고 있습니다. 그러나 건설 자본금에는 한계가 있어서 어떤 국가들은 철도, 도로, 교량, 항만, 비행장과 통신 등의 기본 인프라 건설이 심각하게 부족하고 이는 그 지역의 경제 발전을 어느 정도 저해하고 있는데, 아시아인프라투자은행은 아시아 지역의 기본 인프라 건설의 투자를 추진하여 아시아 경제 성장을 촉진시킬 수 있습니다. 한국은 OECD 회원국으로 눈부신 경제 발전을 이루었으며 아시아인프라투자은행의 회원국으로서 세계 경제 발전에 어느 정도 공헌을 할 수 있으며, 이는 한국의 책임이자 한국의 영광이기도 합니다.

485 시진핑 주석이 제시한 '일대일로'의 구체적인 내용은 무엇입니까?

▶ '일대일로'는 중국을 중심으로 대륙의 실크로드(일로)와 해상의 실크로드(일대)의 주변 국가들이 공동으로 거대한 경제 블록을 형성하자는 구상입니다. '일대일로'는 유럽과 아시아 대륙을 관통하며 동쪽으로는 아태 경제권을 연결하고, 서쪽으로 유럽 경제권에 진입하는 것으로 고대 실크로드의 전승이자 업그레이드입니다. 경제 발전이든 민생 개선이든 아니면 위기 대처이든 협력에 박차를 가하고 있으며, 많은 주변 국가들이 중국과 공동의 이익을 가지고 있습니다. 한국은 '일대일로'의 주변국으로서 적지 않은 혜택을 받을 것입니다.

486 한중 FTA 협정 체결은 한국 관광산업에 어떤 영향이 있습니까?

▶ 한중 FTA 협정은 2015년 12월 20일에 정식으로 발효되었으며 긍정적인 영향을 기대하고 있습니다. 관광산업의 측면에서 본다면 한류는 이점을 누리게 될 것이며 오락과 여행 시장의 개방은 직접 혹은 간접적으로 한국 관광업의 발전을 촉진하게 될 것입니다. 먼저 한류 상품의 중국 판매율이 증가하여 알게 모르게 한국의 지명도를 높이고 더 많은 중국 여행객을 유치하게 될 것입니다. 다음으로는 모두가 알다시피 '한류', 특히 한국 드라마가 한국 관광산업 발전에 큰 역할을 하였는데, FTA 발효 이후 한중 양국의 기업은 한국 기업이 지분 49%를 가지는 엔터테인먼트 회사를 합작 설립할 수 있게 되어 한중 양국의 합작 영화, 드라마, 애니메이션 등 산업에 활력을 불어넣을 것이며 새로운 '한류 바람'을 예견하며 보다 향상된 한국 관광산업의 발전을 이끌 것입니다. 또 다른 획기적이고 가장 중요하다고 말할 수 있는 것은 한국 여행사가 중국 국내에서 중국 여행객을 상대로 여행 상품을 개발할 수 있으며, 여행단을 조직하여 한국으로 여행 오도록 할 수 있습니다. 이전에 중국 정부는 오직 미국, 일본, 독일 기업에만 이러한 업무를 승인했고, 한국 기업은 단지 외국인이 중국을 여행한다든지 중국인이 중국을 여행하는 상품만을 판매할 수 있었으나 정책의 개방에 따라 15억 인구의 중국이라는 방대한 시장을 대상으로 할 수 있기 때문에 한국의 관광 여행업은 호랑이에게 날개를 달아 준 것과 같지 않겠습니까?

Unit 03 관광 한국

487 한국으로 여행 오는 사람이 왜 많습니까?

▶ 현재 한국으로 여행 오는 사람들이 갈수록 많아지는데 그 이유는 다양합니다. 구체적으로 개괄하자면 다음과 같습니다.

1. 중국 경제가 발전하여 사람들의 지갑이 두둑해지자 자연히 정신적 생활을 추구하게 되었습니다. 더구나 중국에는 일 년에 몇 번의 황금연휴가 있어 여행, 특히 해외여행은 곧 자연스럽게 사람들이 우선 선택이 되었습니다. 한국은 80년대 아시아의 4마리 작은 용으로 경제가 발달하고 도시 기반 건설이 완비되어 있어 중국 여행객들을 끌어당기는 독특한 면이 있습니다. 자연 조건에서도 사계절이 분명하고 산과 바다가 있습니다. 도시의 특성으로 본다면 한국의 도시는 고전과 자연이 잘 융합된 아름다움이 있는 등 이 모든 것이 한국이 여행 관광지가 된 필연적 조건입니다.

2. 한국과 중국은 바다를 끼고 서로 마주하고 있으며 교통이 편리하고 더구나 정부가 비자 수속을 완화시켰기 때문에 많은 중국인들이 한국 여행을 선택하고 있습니다.

3. 한류의 영향을 무시할 수 없습니다. 식도락에서 의류, 그리고 생활용품에 이르기까지 한류는 한국 여행붐을 일으켰으며, 동시에 여행사도 더 많은 관광객을 확보하기 위해 더욱 다양한 문화 체험 관광과 미용·의료 관광 등을 선보이는 등 이러한 것들이 모두 중국 여행객에게는 아주 매력적입니다.

4. 한국 정부가 중국 여행객을 유치하기 위해 실시한 각종 우대 정책의 효과도 무시할 수 없고 각 관광지에서도 중국 여행객들을 유치하기 위해 노력하는 것을 볼 수 있습니다. 중국어 쇼핑 안내, 중국어 홍보 수첩 등등 각종 서비스를 통하여 중국 여행객들은 언어의 장벽 없이 자연스럽고 가볍게 여행을 할 수 있습니다.

5. 한국 면세점은 아시아에서 구매 환경으로든 상품 가격에서든 우월한 편입니다. 많은 중국 여행객들이 한국을 선택해서 오는 것은 관광이든 상품 구매이든 일거양득이라고 말할 수 있습니다.

한국은 이와 같은 독특한 매력을 가지고 수많은 중국 여행객을 끌어당기고 있으며 한국으로 더욱 많은 중국 여행객들이 오기를 희망합니다.

488 한국으로 여행 오는 해외 관광객 수를 늘리기 위해서는 어떤 노력이 필요합니까?

▶ 한국으로 여행 오는 해외 관광객 수를 증가시키기 위해서는 한국 전 국민의 노력이 필요합니다. 저는 '하드웨어' 건설의 강화뿐 아니라 '소프트웨어'의 영향력 업그레이드를 중시해야 한다고 생각합니다. '하드웨어'란 바로 한국의 여행 자원을 말합니다. 관광 명소에서 인프라 건설, 또 정부의 각종 우대 정책 등등에 이르기까지 이러한 것들은 제가 생각하기에 현재 한국은 잘하고 있습니다. 그러나 제가 보기에 '신선함'이 부족합니다. 현재의 한국 여행은 특색이 없고 쇼핑 이외에는 아무것도 없는 것 같습니다. 이런 식으로 발전해 간다면 한국 관광업은 걸림돌에 부딪칠 것이므로 마땅히 다양한 '특색 있는 여행' 개발을 연구해야 할 것입니다. 예를 들면 '한류 열기'를 빌어서 각종 특색 있는 체험 여행, 이미지 설계 여행, 신혼 쇼핑 여행 등을 개발하고 한국의 각종 자원을 충분히 이용해야 합니다. 이 밖에 우리는 '소프트웨어' 영향

력의 강화가 필요합니다. 예를 들면 여행사와 상인의 서비스 질, 문화 차이로 발생하는 외국 여행객들의 '부조화한 행위'에 대한 국민들의 포용력 있는 태도 등은 우리가 무시할 수 없는 것들입니다. 현재 많은 한국 상인들은 관광객을 '돈주머니'로만 인식하고 진심 없이 제멋대로 손님을 속이는데, 이러한 '근시안적 안목' 때문에 한국으로 여행 오는 중국 여행객들의 한국 여행에 대한 만족도가 갈수록 낮아지는 것입니다.

위와 같이 저는 한국으로 여행 오는 관광객 수를 늘리기 위해서는 '하드웨어'와 '소프트웨어'라는 두 가지를 잘 잡아야 한다고 생각합니다.

489 한국이 의료 관광 대국으로 중국 여행객들의 호응을 받고 있지만 문제들이 많습니다. 근본 원인이 어디에 있다고 보며, 어떤 대책이 있습니까?

▶ 제가 생각하기에 근본 원인은 불법 중개의 '중간 이윤'이며, 이는 서비스의 품질은 나쁜데 비용은 상당히 높은 상황을 초래합니다. 모든 산업의 발전은 그 과정에서 모두 사람들이 생각지도 못한 '문제'가 생길 수 있지만 다행히도 우리는 이런 문제의 존재와 심각성을 인식하고 각종 조치를 취하였습니다. 예를 들면 지명도 있는 매체에서 한국 성형 의료의 대략적 가격표를 보여 주었으며, 많은 의료 기관들도 모두 중국어 서비스를 중시하고 '중개'의 참여를 피하게 하는 등이 그것입니다. 이러한 것들은 모두 좋은 현상이며 앞으로는 개선될 것이라 믿습니다.

490 인터넷과 스마트폰의 보급(IT산업의 발전)이 관광업에 어떤 영향을 주었습니까?

▶ 인터넷과 스마트폰의 보급이 관광산업에 미친 영향은 마치 '양날의 칼'과 같아서 장점도 있고 단점도 있습니다. '장점'은 고도로 디지털화, 정보화된 시대에 사람들이 인터넷을 통하여 외부 세계를 알게 되고 감성의 자극을 받아 직접 가 보고 싶은 욕망이 자연스럽게 생겨났고 이는 자연스럽게 관광업의 발전을 촉진시켰습니다. 다음으로는 인터넷에는 다양한 정보가 있다 보니 사람들은 이 작은 기기를 손안에 쥐고 각종 얻고 싶은 정보를 얻을 수 있습니다. 여행도 원하는 대로 자유롭게 할 수 있게 되어 자연스럽게 관광업의 발전을 촉진시켰습니다. SNS(소셜 네트워크 서비스)의 존재는 어떠한 형식으로든 사람들의 생활 방식의 변화를 가져왔습니다. 수시로 인터넷에 자신의 여행 생활을 '공유'하고, 생활의 작은 즐거움도 잃지 않게 되면서 자연스럽게 여행을 선택하는 사람이 많아졌고 모르는 사이에 관광산업의 발전을 촉진시켰습니다. '단점'이라면 저는 '정보화'가 전통적인 여행업에 충격을 주었을 것이라고 생각합니다. 특히 '관광통역안내사'에 대한 사람들의 수요가 적어질 수도 있습니다. 그러나 전반적인 관광업의 발전에 있어서 좋다고 할 수 있으므로 전체적으로 말하면 긍정적인 영향이 있다고 봅니다.

491 한국으로 여행 오는 중국 여행객의 만족도가 낮아지는 원인은 무엇입니까?

▶ 한국으로 여행 오는 중국 여행객들의 만족도가 낮아지는 주요 원인을 저는 다음과 같이 두 가지로 보고 있습니다.

1. 먼저 여행 상품의 단조로움입니다. 쇼핑 말고는 다른 특색이 없습니다.

2. 관광지의 서비스 질이 향상되어야 합니다. 많은 상인들은 '손님마다 바가지' 씌울 생각만 합니다. 이러한 중국 관광객에 대한 차별 대우는 뜻밖에도 인터넷의 보급에 따라 많은 정보들이 공유되기에 "진실은 숨길 수 없어 드러나기 마련"인 것입니다. 중국 여행객들이 자신들이 불공평한 대우를 받았다고 깨달았을 때 만족도는 당연히 낮아질 수밖에 없습니다.

492 중국어 관광통역안내사의 전망은 어떻습니까?

▶ 중국 경제가 발전함에 따라 사람들도 더욱 문화생활을 중시합니다. 마치 중국 명언 "만 권의 책을 읽고 만 리 길을 가다"라는 말처럼 정신생활을 추구하는 현대사회에서 여행은 자연히 대중문화 소비의 선두주자가 될 것입니다. 그러므로 중국어 관광통역안내사의 전망은 충분히 기대해 볼 만합니다. 다음으로는 '한류 열풍' 덕분에 한국으로 오는 중국 여행객들은 계속 늘어나고 있습니다. 한국과 바다를 사이에 두고 있는 중국의 인구는 15억 명입니다. 이로써 중국어 관광통역안내사의 전망이 밝다는 것을 알 수 있습니다. 또한 관광통역안내사라는 것은 연령의 제한을 받지 않는 직업이며 개인이 부단히 노력하고 시류에 맞추어 간다면 중국어 관광통역안내사라는 직업의 전망은 무척 찬란할 것입니다. 그러나 우리가 소홀할 수 없는 것은 과학기술의 발달과 인터넷의 보급, 특히 스마트폰이 이미 우리 생활 속에 깊이 들어와 있다 보니 인터넷 상에는 여행 정보들이 넘치며, 이런 점은 관광통역안내사들에게는 도전이 될 것입니다. 그러나 '일의 성공 여부는 사람에게 달려 있다'고 생각합니다. 시장이 있다면 분명 상업적 기회도 있는 것이기에 전반적으로 봤을 때 저는 중국어 관광통역안내사의 전망은 무척 밝다고 봅니다.

493 한식의 세계화를 실현하기 위하여 어떤 노력이 필요합니까?

▶ '한류'는 이미 한국을 넘어서 세계를 향하고 있고 '한류'가 여러 곳에서 꽃을 피우자 한식도 점차 세계화를 실현하고 있습니다. 한식의 영양, 한식의 담백함, 한식은 독특한 매력으로 많은 세계인들을 사로잡고 있지만 제가 보기에 진정한 의미에서의 '한식 세계화'를 실현시키고자 한다면 일련의 노력이 필요하다고 봅니다.

1. 우리는 우리 입맛과 정서만을 고려하지 않고 세계 각국 다른 지역 사람들의 입맛에 적합한 한식의 개발을 고려해야 합니다.

2. 널리 알려야 합니다. 세계 각국을 향해 '음식과 약은 그 근원이 같다'라는 한식의 우월성을 알리고 '발효' 식품인 한식의 특성과 건강에 미치는 영향에 대해 알려야 합니다.

3. 한식 조리법의 표준화를 강화해야 하며 특히 한식의 외국어 명칭의 표준화를 강화해야 합니다. 이 점은 현재 한국의 많은 예능 프로그램에서 간접적으로 많은 공헌을 하고 있고, 이는 칭찬받을 만합니다.

이상으로 저는 우리들의 마음속에 '한식의 세계화'라는 꿈이 있다면 그 꿈을 향해서 점차 다가갈 수 있을 것이라고 생각합니다.

---

494 많은 중국 여행객들이 "로마에 가면 로마의 법을 따르"지 않고 일부는 예의에 어긋난 행동을 하기도 합니다. 관광통역안내사로서 당신은 한국 사람들이 어떤 태도로 이러한 상황을 대해야 한다고 봅니까?

▶ "각 지방마다 각기 생활 방식이 있다"고 합니다. 성장 환경도 다르고 생활 습관도 달라 자연히 우리들이 보기에 '예의 없는' 행동들이 있을 수 있지만 우리가 마땅히 이해해야 한다고 생각합니다. 먼저 매스컴에서 어떤 일을 단순 '확대' 해석하지 않기를 바랍니다. 때로는 매스컴의 '과장'이 일을 더욱 악화시킨다고 생각합니다. 다음으로 사람들은 마땅히 입장을 바꾸어서 문제를 보는 '역지사지'를 배워야 한다고 생각합니다. 또한 '예의 없는' 행위에 대해 포용하는 마음을 가져야 하며 우호적이고 선의의 방식으로 여행객에게 우리들의 문화 차이를 알려줌으로써 그러한 '불협화음'이 생기는 것을 피할 수 있을 것입니다.

---

495 한국의 환승 관광객 무비자 입국 허용안에 대해 소개해 보십시오.

▶ 환승 관광객 무비자 입국 허용안은 중국에서 탑승하여 한국으로 입국한 뒤 환승하여 제주도로 가는 중국 여행객들에게 환승 공항 부근에서 72시간을 무비자 체류할 수 있도록 허용한 제도입니다.

한국 법무부는 2012년 10월을 시작으로 인천국제공항 또는 부산 김해국제공항을 경유하여 제주도로 가는 중국 단체 여행객들에게 무비자 입국 제도를 실시하고 있는데 이후에는 무비자 입국 범위를 확대하여 청주, 양양, 무안, 대구, 김포 공항을 경유하여 제주도로 입국하는 여행객들에게도 공항 부근 또는 수도권 지역 내에서의 무비자 72시간 체류할 수 있도록 하였습니다.

그리고 2015년부터 체류 시간 또한 72시간(3일)에서 120시간(5일)으로 연장되었으며, 그중 양양공항은 2017년 1월 1일을 시작으로 240시간 즉 10일간 체류할 수 있고, 제주도에 도착한 후에는 15일(제주도 외의 체류 기간 포함)을 체류할 수 있습니다.

496 제주도 무비자 입국 범위를 늘리는 것은 어떤 영향을 가져올 것이라고 생각합니까?

▶ 제주도 무비자 입국 범위를 늘리는 것은 '환승객 무비자 입국 허용'의 대상을 인천국제공항, 김해국제공항에서 양양, 청주, 무안, 대구, 김포 국제공항으로 확대한 것입니다. 이는 중국 여행객들이 무비자로 한국을 여행할 수 있는 중간 경유지가 5곳이 더 늘어났다는 뜻이며, 여행 경로를 고를 때에도 선택지가 많아졌다는 것을 의미합니다.

제주도 무비자 입국 범위가 늘어난 후, 한국 여행은 정말 중국 여행객들이 '가고 싶을 때 언제든지 갈 수 있는' 여행이 되었고, 이는 중국 여행객을 더 많이 유치하고, 나아가 한국 관광산업의 발전을 더욱 촉진시킵니다. 하지만 안전상의 문제, 특히 사회 치안 문제 등이 생길 수 있습니다. 어떤 일이든지 동전의 양면처럼 장점이 있으면 단점이 있습니다. 저는 전체적으로 본다면 제주도 무비자 입국 범위를 늘리는 것은 그래도 긍정적인 부분이 훨씬 크다고 생각합니다.

497 최근 시장 경쟁이 심해지고 저가 여행단이 날로 늘어가는데 이러한 저가 여행단에는 어떤 문제들이 있다고 생각합니까?

▶ 중국 속담에 "싼 게 비지떡"이라는 말이 있는데, 저가 여행단은 당연히 상품 자체 혹은 서비스에서 많은 '비용 절감'이 있습니다. 예를 들면 숙소가 편벽한 곳이거나 세 끼의 식사가 간단하든지, 쇼핑을 많이 안배하는 등입니다.

이러한 저가 여행단은 여행객의 만족도를 보장할 수 없으며 자연히 한국 관광 이미지에도 영향을 끼칠 것입니다. 특히 요즈음과 같은 정보 폭발 시대에는 많은 정보가 순식간에 SNS 상에 퍼지기 때문에 그러한 나쁜 '평판'은 한국 관광산업에 지극히 나쁜 영향을 끼칠 것입니다. 그러므로 저가 관광단은 분명히 최소 조건을 유지해야 한다고 봅니다.

498 당신은 무자격 관광통역안내사가 관광 안내를 하는 것을 어떻게 생각하십니까?

▶ 자격증이 없는 사람은 관광 통역의 자격이 없으며 전문적인 관광 통역 훈련을 받지 못했기 때문에 관광객을 위해 제대로 된 서비스나 도움을 제공하는 것을 보장할 수 없습니다. 특히 한국의 명승고적 등 관광지를 소개할 때 전문성이 부족합니다. 더욱 심한 사람들은 상품 구매를 강요하여 한국의 '관광 대국' 이미지에 심각한 영향을 끼칠 수도 있습니다. 그러므로 저는 정부가 무자격 관광통역안내사에 대해 엄중히 처벌해야 한다고 생각합니다.

499 무자격 관광통역안내사가 많이 활동하는 것은 어떤 이유 때문이라고 생각합니까?

▶ 제 생각에는 중국 여행객들이 최근 몇 년 동안 큰 폭으로 증가하였고, 중국어 관광통역안내사는 매우 부족한 것이 제일 주요한 원인이라고 생각합니다. 그리고 중국어 관광통역안내사 시험은 어려운 편입니다. 관광 기본 상식뿐 아니라 중국어도 능통해야 하기에 시험을 통과하는 것이 결코 쉬운 일이 아닙니다.

500 한국으로 여행 온 중국 관광객의 가장 큰 특징은 무엇이라고 생각합니까?

▶ 우선 중국 관광객들은 비교적 직접적입니다. 어떤 문제 혹은 불만이 생겼을 때 그 자리에서 문제를 제기합니다. 두 번째로는 중국 관광객은 상대적으로 전통 시장보다 새로운 시대 흐름을 따르는 규모가 큰 쇼핑몰을 더 좋아하며 쇼핑에 더욱 열중합니다. 또한 자유 여행객이 날로 증가하고 있기는 하지만 여전히 단체 여행객이 주를 이루고 있습니다.

동양북스 분야별 추천 교재

관광

중국어뱅크
관광 중국어 1

중국어뱅크
관광 중국어 2

중국어뱅크
의료관광 중국어

실무

중국어뱅크
판매 중국어

중국어뱅크
호텔 중국어

중국어뱅크
항공 서비스 중국어

중국어뱅크
비즈니스 실무
중국어 (초·중급)

중국어뱅크
비즈니스 실무
중국어 (중·고급)

어법

버전업!
삼위일체 중문법

똑똑한 중국어
문법책

중국어 문법·
작문 업그레이드

北京大学
중국어 어법의 모든 것

한자·어휘

중국어뱅크
중국어 간체자

중국어뱅크
중국어 간체자
1000

가장 쉬운
독학 중국어 단어장

新 버전업
중국어 한자 암기박사

문화

중국어뱅크
버전업 사진으로
보고 배우는
중국문화

중국어뱅크
시사 따라잡는 독해
중국 읽기

동양북스 단계별 추천 교재 시리즈

	한어구어		스마트 중국어(회화)	베이직 중국어
입문과정	 중국어뱅크 북경대학 한어구어 1	중국어뱅크 북경대학 12과로 끝내는 한어구어 上	 중국어뱅크 스마트 중국어 STEP 1	 중국어뱅크 베이직 중국어 1
초급과정	 중국어뱅크 북경대학 한어구어 2	 중국어뱅크 북경대학 12과로 끝내는 한어구어 下	 중국어뱅크 스마트 중국어 STEP 2	 중국어뱅크 베이직 중국어 2
초중급과정	 중국어뱅크 북경대학 한어구어 3	 중국어뱅크 북경대학 한어구어 4	 중국어뱅크 스마트 중국어 STEP 3	 중국어뱅크 베이직 중국어 3
중고급과정	 중국어뱅크 북경대학 한어구어 5	 중국어뱅크 북경대학한어구어 6	 중국어뱅크 스마트 중국어 STEP 4	

드림 중국어	실력업 중국어	교양 중국어		

중국어뱅크
DREAM 중국어 회화 1

중국어뱅크 실력UP 1
(스피드 중국어 STEP 1 개정판)

중국어뱅크
비주얼 중국어 회화 1

중국어뱅크
THE 중국어 1

중국어뱅크
NEW스타일
중국어 1

중국어뱅크
DREAM 중국어 회화 2

중국어뱅크 실력UP 2
(스피드 중국어 STEP 2 개정판)

중국어뱅크
비주얼 중국어 회화 2

중국어뱅크
THE 중국어 2

중국어뱅크
NEW 스타일
중국어 2

심화 과정

중국어뱅크
DREAM 중국어 회화 3

중국어뱅크 실력UP 3
(스피드 중국어 STEP 3 개정판)

중국어뱅크
스마트 중국어 독해 STEP 1

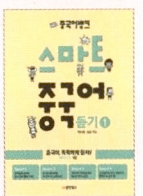

중국어뱅크
스마트 중국어 듣기 1

중국어뱅크
스마트 중국어 작문 1

중국어뱅크
DREAM 중국어 회화 4

중국어뱅크
스피드 중국어 회화
중급 독해편

중국어뱅크
스마트 중국어 독해 STEP 2

중국어뱅크
스마트 중국어 듣기 2

중국어뱅크
스마트 중국어 작문 2

🔷 📖 동양북스 단계별 추천 수험서 시리즈

新HSK 모의고사

북경대 新HSK
실전 모의고사 6급 / 5급 / 4급 / 3급 / 2급

중국어뱅크 新HSK 이거 하나면 끝!
실전 모의고사 6급 / 5급 / 4급 / 3급

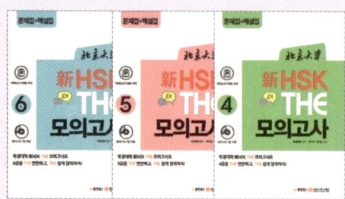

북경대학 新HSK
THE 모의고사 6급 / 5급 / 4급

중국어뱅크 新HSK
기출 적중문제집 6급 / 5급 / 4급

新HSK 종합서

버전업! 新HSK
한 권이면 끝 6급 / 5급 / 4급 / 3급

新HSK 어휘

新HSK VOCA 5000
6급 / 5급

버전업! 新HSK
VOCA 2500 6급 / 5급

新HSK 회화

新HSK 한권이면 끝
고급 회화

新HSK 한권이면 끝
중급 회화

新HSK 한권이면 끝
초급 회화

新HSK 영역별

新HSK 합격 쓰기
6급 / 5급

북경대 新HSK
듣기·독해 공략 6급

BCT / TSC

新BCT 실전 모의고사 A형 / B형

TSC 한 권이면 끝

TSC VOCA